KB153268

Introduction to Embedded Systems

A Cyber–Physical Systems Approach

사이버 물리 시스템을 이용한 임베디드 시스템 2/e

Introduction to Embedded Systems

A Cyber–Physical Systems Approach

사이버 물리 시스템을 이용한
임베디드 시스템 2/e

애드워드 애쉬포드 리·산지트 세시아 지음
정병혁·이일영 옮김

i!i
에이콘

에이콘출판의 기틀을 마련하신 故 정완재 선생님 (1935-2004)

이 책을 우리 가족에게 바칩니다.

| 지은이 소개 |

애드워드 애쉬포드 리 Edward Ashford Lee

UC 버클리의 전기 공학 및 컴퓨터 과학과 명예 교수다. 산업용 가상 물리 시스템 연구소인 iCyPhy를 운영한다. 『Plato and the Nerd』(MIT Press, 2017)를 포함해 여러 권의 책을 썼다.

산지트 세시아 Sanjit Arunkumar Seshia

캘리포니아주 캘리포니아 대학교의 전기 공학 및 컴퓨터 과학과 교수다.

6

| 감사의 글 |

이 책에 많은 기여와 도움이 되는 제안을 해준 Murat Arcak, Dai Bui, Janette Cardoso, Gage Eads, Stephen Edwards, Suhaib Fahmy, Shanna-Shaye Forbes, Daniel Holcomb, Jeff C. Jensen, Garvit Juniwal, Hokeun Kim, Jonathan Kotker, Wenchao Li, Isaac Liu, Slobodan Matic, Mayeul Marcadella, Le Ngoc Minh, Christian Motika, Chris Myers, Steve Neuendorffer, David Olsen, Minxue Pan, Hiren Patel, Jan Reineke, Rhonda Righter, Alberto Sangiovanni-Vincentelli, Chris Shaver, Shih-Kai Su(아리조나 주립 대학교에서 Georgios E. Fainekos 박사가 강의한 CSE 522 수업의 학생들과 함께), Stavros Tripakis, Pravin Varaiya, Reinhard von Hanxleden, Armin Wasicek, Kevin Weekly, Maarten Wiggers, Qi Zhu, 지난 몇 년간 UC 버클리 대학교의 EECS 149 수업을 들은 학생들, 특히 Ned Bass와 Dan Lynch에게 감사드립니다. 그리고 이 책 대부분의 장을 신중히 읽고 도움이 될 만한 편집 제안을 제공한 Elaine Cheong에게 깊은 감사를 드립니다. 또한 이 책의 초판부터 책을 개선하도록 버그 수정과 제안을 보내주며 도움을 준 여러 독자에게도 감사합니다. 마지막으로 저자 가족, 특히 Helen과 Katalina, Rhonda(Edward 가족), Amma, Appa, Ashwin, Bharathi, Shriya, Viraj(Sanjit 가족)의 인내와 지원에 특별히 감사드립니다.

| 옮긴이 소개 |

정병혁(coreatiger@gmail.com)

고려대학교 컴퓨터학과와 동대학원 네트워크 연구실을 졸업한 후 가전제품이나 휴대폰 같은 임베디드 환경에서 와이파이[Wifi] 드라이버/펌웨어 개발 및 안정성 이슈를 담당하고 있다. 임베디드 환경에서의 RTOS, 리눅스/안드로이드, 와이파이 분야에 관심이 많다.

이일영(yigane102@gmail.com)

홍익대학교 전기전자공학부를 졸업한 후 무선랜과 관련된 업무를 주로 진행해왔다. 모바일폰 제조업체에서 안드로이드 와이파이 프레임워크 업무를 시작으로 현재는 반도체 제조업체에서 WLAN 디바이스 드라이버 개발 및 유지 보수 업무를 담당하고 있다.

임베디드 시스템하면 보통 노트북이나 태블릿, 패드, 휴대폰을 떠올릴 것이다. 그렇다면 임베디드 시스템이란 정확히 무엇일까? 나는 임베디드 시스템을 개발하면서 임베디드 시스템의 메모리나 CPU 등의 물리적 제약 사항을 주로 고려할 뿐 근본적인 임베디드 시스템의 정의나 특성을 파악한 적은 없었다. 이 책은 보통 순차적인 가상 세계와 병렬적인 물리적 세계를 통합한 가상 물리 시스템의 모델링 및 설계, 분석에 대한 공학 이론을 제공해 임베디드 시스템의 정의와 특성을 이해하고, 임베디드 시스템 모델 및 구현과의 관계를 파악할 수 있도록 돕는다. 임베디드 시스템이 실시간성이나 안전성에 민감하다면 이런 개념의 이해는 필수적이다.

기존 임베디드 시스템 책들은 물리적 시스템에만 집중하거나 프로그래밍 언어나 운영체제 혹은 최적화 기법 같은 소프트웨어 측면의 컴퓨터 과학에만 집중했다. 혹은 특정 주제를 너무 심도 있게 다뤄 임베디드 시스템을 개괄적으로 알기 원하는 입문자에게는 적합하지 않았다. 이 책은 물리적 서브시스템이 연산 및 네트워킹과 결합된 시스템인 가상 물리 시스템^{CPS}을 통해 임베디드 시스템을 소개하며, 모델과 시스템 구현의 관계에 대한 '입문' 과정을 제공한다. 임베디드 시스템 입문자를 위해 여러 학과의 임베디드 시스템 관련 지식을 체계적으로 정리하고 결합해 임베디드 시스템의 구현과 분석을 위한 원칙적이고 과학적인 접근 방식을 제시하며, 모델 기반 시스템 설계와 임베디드 소프트웨어에 집중하고 있다. 이 책이 여러 학과의 지식을 결합된 가상 물리 시스템을 다루기 때문에 한 학과의 지식에 익숙한 일반적인 독자는 처음 보는 용어나 개념이 등장해 어렵다고 느낄 수 있다. 하지만 임베디드 시스템 업계에서 함께 일하는 사람들의 배경 지식을 이 책을 통해 경험할 수 있고, 다양한 기본 이론을 이해하고 실제 임베디드 시스템에 적용하려고 노력하면 더 견고한 임베디드 시스템을 만들 수 있을 것이다.

이 책은 가상 물리 시스템을 위한 모델링, 설계, 분석의 세 가지 주요 프로세스를 설명한다. 이를 통해 가상 물리 시스템을 어떻게 설계하고 구현하는지 이해하는 것이 목적이다.

그리고 대학에서 교재로 사용하기 적합하도록 구성돼 있고, 이해를 돕는 많은 예제가 포함돼 있다. 또한 각 장은 관련된 카테고리로 묶여있고 각 장 사이의 연관성도 명확하게 표현돼 있어 책을 읽을 때 원하는 부분을 먼저 읽을 수 있다. 이미 53개국의 282 기관에서 이 책을 사용했으며, 구성이나 예제들을 보며 저자들이 정성들여 쓴 책임을 느낄 수 있었다.

이 책은 운영체제 교과서처럼 임베디드 시스템의 기본 이론을 설명하고 있다. 이 책이 더 의미가 있으려면 독자가 임베디드 시스템을 구현하거나 분석할 때 이런 이론들을 적용하려고 노력해야 한다. 보통 이런 노력은 시간이 많이 필요하고 기술적으로 어렵지만 이를 통해 한 단계 더 성장할 수 있다고 믿는다. 이 책이 임베디드 관련 학계와 업계에 계시는 분들의 지식에 조금이라도 도움이 되길 바란다.

개인적인 이유로 번역이 늦어졌지만 이해해주신 에이콘출판사, 같이 열심히 번역한 이일영 님, 아빠에게 번역의 즐거움을 선물하려고 시간을 내준 우리 가족 은정, 민우, 튼튼이 그리고 부모님께 감사드린다.

– 정병혁

최근 사물인터넷^{IoT}이나 전장^{automotive}이라는 용어는 너무도 많이 접하게 되는 용어다. IT업계에서는 이 두 가지 분야를 차세대 비즈니스로 중요하게 생각하고 있으며, 이를 위해 임베디드 시스템도 빠르게 변화하고 있는 추세다.

시중에 나와 있는 많은 임베디드 시스템 책과는 다르게 이 책은 시스템의 가상^{cyber} 및 물리적인 부분에 의한 물리적 프로세스와 연산을 통합해 시스템의 공학 이론과 시스템 설계 프로세스에 접근하는 방법을 소개한다. 첫 부분에서는 시스템을 센서나 액추에이터와 같은 물리적 시스템과 소프트웨어나 알고리즘 같은 개념적, 논리적 시스템으로 구분하고 있으며, 시간에 따른 시스템의 상태가 어떻게 변하는지를 모델링하는 역학과 시스템의 속성이라고 하는 모델을 소개한다.

시스템 설계를 위해 필요한 메모리 구조와 계층 및 속성, 멀티태스킹 및 실시간 스케줄링, 동기화 등의 운영체제 개념들을 소개하고 있으며, 이를 이용해 하드웨어와 소프트웨어, 연산과 물리적 프로세스의 전반적인 고려를 통해 시스템을 구현할 수 있는 방법을 습득할 수 있는 내용을 다룬다.

임베디드 시스템에서 소프트웨어와 하드웨어가 물리적 환경과 어떻게 상호작용하는지는 매우 중요한 요소 중 하나다. 이를 위해 연산과 물리적 역학을 결합하는 모델과 추상화를 이용해 임베디드 시스템에 접근하는 방법을 보여줌으로써 독자에게 많은 도움을 줄 수 있을 것이다.

이 책을 통해 임베디드 시스템의 공학 이론에 대한 이해를 얻을 수 있기를 바라며, 책이 나오기까지 많은 도움을 주신 Bryan 님께 감사의 말씀을 전하고 싶다.

– 이일영

| 차례 |

3부 분석과 검증

4부 부록

이 책에 관해

컴퓨터와 소프트웨어의 가장 가시적인 사용법은 사람이 소비할 수 있도록 정보를 처리하는 것이다. 예를 들어 컴퓨터를 사용해 책을 쓰거나 웹에서 정보 검색, 이메일 대화, 금융 자료 추적 등을 할 수 있다. 그러나 대부분의 컴퓨터 사용은 가시적이지 않다. 컴퓨터는 차의 엔진과 브레이크, 안전벨트, 에어백, 오디오 시스템을 동작시키며, 목소리를 디지털로 인코딩하고 무선 신호로 생성해 핸드폰에서 기지국으로 해당 신호를 보낸다. 그리고 오븐이나 냉장고, 식기 세척기를 제어하거나, 데스크톱 잉크젯 프린터에서 산업용 대용량 프린터까지 동작시킨다. 공장의 로봇에 명령을 내리거나 발전소에서 전기 생산, 화학 공장의 공정 제어, 도시의 신호등을 제어한다. 생물학적 샘플에서 미생물을 찾고, 신체 내부의 이미지를 생성하고, 생체 신호를 측정하며, 우주에서 초신성이나 외계 지능을 찾으려고 무선 신호를 처리한다. 또한 컴퓨터는 장난감을 사용해 인간의 접촉이나 음성에 반응하게 하며, 비행기나 기차를 제어하기도 한다. 이런 눈에 잘 띄지 않는 컴퓨터를 임베디드 시스템이라고 부르며, 이 시스템에서 동작하는 소프트웨어를 임베디드 소프트웨어라고 부른다.

이런 임베디드 시스템의 광범위한 보급에도 불구하고 컴퓨터 과학은 상대적으로 짧은 역사 내내 주로 정보 처리에만 집중했다. 임베디드 시스템은 최근 들어 학자들이 관심을 쏟고 있고, 커뮤니티 역시 최근 들어 임베디드 시스템을 설계하고 분석하는 데 필요한 공학 기술이 별개임을 인식하기 시작했다. 임베디드 시스템이 1970년대부터 사용됐으나 그동안 작은 컴퓨터로만 인식됐다. 따라서 제한된 자원(제한된 처리 능력, 제한된 에너지원, 작은 메모리 등)을 잘 처리하는 것이 주요 엔지니어링 문제였다. 따라서 엔지니어링 과제는 설계의 최적화였다. 모든 설계가 최적화에서 이점을 얻으므로, 이 분야는 컴퓨터의 다른 분야와 구별되지 않았고, 동일한 최적화 기법을 더 적극적으로 적용했을 뿐이다.

최근 커뮤니티는 임베디드 시스템의 주요 과제가 시스템의 제한된 자원이 아닌 물리적 프로세스와의 상호 동작에서 기인한다는 것을 이해하기 시작했다. 가상 물리 시스템CPS, Cyber-Physical Systems이라는 용어는 미국 국립 과학 재단National Science Foundation의 헬렌 길Helen Gill이 연산Computation과 물리적 프로세스Physical processes의 통합을 언급하며 처음 사용됐다. CPS에서 임베디드 컴퓨터와 네트워크는 보통 물리적 프로세스가 연산에 영향을 주거나 그 반대의 경우인 피드백 루프Feedback loop를 사용해 물리적 프로세스를 관찰하고 제어한다. 따라서 이런 시스템의 설계는 컴퓨터와 소프트웨어, 네트워크, 물리적 프로세스의 공동 역학을 이해해야 한다. 이것이 이 분야를 구별 짓는 공동 역학의 연구다.

CPS를 연구할 때 범용 컴퓨팅에서는 거의 발생하지 않는 특정한 문제들이 나타난다. 예를 들어 범용 소프트웨어에서 작업을 수행할 때 걸리는 시간은 성능 문제Performance일 뿐 옳고 그름의 문제Correctness는 아니다. 작업 수행 시간이 길다고 틀린 것은 아니다. 약간 더 불편하고 가치가 덜 할 뿐이다. CPS에서는 작업을 수행하는 시간이 시스템의 올바른 동작에 매우 중요하다. 가상 세계와 반대되는 물리적 세계에서 시간의 흐름은 매우 냉혹하다.

또한 CPS에서 많은 일이 한꺼번에 일어난다. 물리적 프로세스는 한 번에 실행되는 많은 일이 결합된다. 이는 순차적 단계와 밀접합 관련이 있는 소프트웨어 프로세스와는 다르다. 아벨슨과 서스맨(Abelson and Susman, 1996)은 컴퓨터 과학을 절차적 인식론으로 묘사한다. 이와 반대로 물리적 세계의 프로세스는 거의 절차적이지 않다. 물리적 프로세스는 여러 병렬 프로세스의 결합이다. 이런 프로세스에 영향을 주는 행동을 조율함으로써 프로세스의 역학을 측정하고 제어하는 것이 임베디드 시스템의 주요 작업이다. 결론적으로 동시성은 CPS의 본성이다. 임베디드 소프트웨어를 설계하고 분석할 때 겪는 많은 기술적인 어려움은 본질적으로 순차적인 의미를 동시적인 물리적 세계와 연결하는 데서 생긴다.

이 책의 집필 이유

소프트웨어가 물리적 세계와 상호작용하는 메커니즘은 매우 빠르게 변화하고 있다. 최근 이런 트렌드는 스마트^{smart} 센서와 액추에이터로 향하고 있다. 이런 디바이스들은 센서 데이터에 원격으로 접근하거나 원격으로 액추에이터의 활동을 제어할 수 있는 마이크로프로세서와 네트워크 인터페이스, 소프트웨어를 탑재하고 있다. 사물인터넷^{IoT}이나 인더스트리 4.0, 산업 인터넷, 사물 간 통신$^{M2M, Machine-to-Machine}$, 만물인터넷$^{internet\ of\ Everything}$, 스마트 플래닛$^{Smarter\ planet}$, TSensor$^{Trillion\ Sensors}$, 포그^{Fog}(클라우드^{cloud}와 비슷하지만 땅에 더 가까운) 등 여러 가지로 불리는 이 기술은 물리적 세계를 정보의 세계와 깊이 연결하는 것이다. IoT 세상에서 이 두 세계 간 인터페이스는 정보 기술, 특히 웹 기술에서 영감을 받고 파생됐다.

IoT 인터페이스는 편리하지만 두 세계의 밀접한 상호작용을 위해서는 적합하지 않다. 특히 실시간 제어나 안전이 필수인 시스템은 더욱 그렇다. 밀접한 상호작용은 아직도 기술적으로 복잡하고 로우레벨$^{low-level}$ 설계가 필요하다. 임베디드 소프트웨어 설계자는 원하는 행동을 상세화하는 데 집중하기보다 인터럽트 제어와 메모리 구조, 어셈블리 수준의 프로그래밍(특화된 명령어를 사용하거나 정확한 타이밍 제어를 위해), 디바이스 드라이버 설계, 네트워크 인터페이스, 스케줄링 전략들로 고생해야 한다.

이런 기술의 방대한 양과 복잡도(하이레벨$^{high\ level}$과 로우레벨 모두에서)를 익히기 위한 입문자용 수업은 필요하다. 하지만 더 좋은 입문자용 수업은 소프트웨어와 네트워크, 물리적 프로세스의 공동 역학을 모델링하고 설계하는 방법에 집중하는 것이다. 이런 수업은 공동 역학을 수행하는 현재의 (오히려 원시적인) 도구로서 기술들을 제시할 것이다. 이 책은 이런 수업을 위한 교과서다.

대부분의 임베디드 시스템 관련 책들은 물리적 시스템과 상호작용하도록 컴퓨터를 사용하는 데 필요한 기술들에 집중하고 있다(Barr and Massa, 2006; Berger, 2002; Burns and Wellings, 2001; Kamal, 2008; Noergaard, 2005; Parab et al., 2007; Simon, 2006; Valvano, 2007; Wolf, 2000). 그 밖의 책들은 임베디드 시스템에서 기술적 문제를 해결하려고 컴퓨터 과학 기술(프로그래밍 언어나 운영체제, 네트워킹 등)을 적용하는 데 집중한다(Buttazzo, 2005a; Edwards, 2000; Pottie and Kaiser, 2005). 이런 구현 기술들은 시스템 설계자가 임베디드 시스템이 동작하게 하는 데 필수적이지만, 이 분야의 지적 핵심Intellectual core을 형성하지는 않는다. 오히려 지적 핵심은 연산과 물리적 역학을 결합하는 모델과 추상화에 있다.

일부 교과서는 이런 방향에 노력을 쏟는다. Jantsch(2003)는 연산의 동시 모델Concurrent model에 집중하고, Marwedel(2011)은 소프트웨어와 하드웨어 동작 모델에 관심을 가지며, Sriram and Bhattacharyya(2009)는 신호 처리 동작의 데이터플로 모델과 프로그래밍 가능한 DSP로의 매핑에 중점을 둔다. Alur(2015)는 가상 물리 시스템의 정형화 모델링과 상세화, 검증에 중점을 둔다. 이 책들은 특정 주제를 심도 있게 다루는 매우 훌륭한 교과서다. 소프트웨어의 동시성 모델(데이터플로 같은)과 (상태 차트 같은) 추상화 모델은 명령형 프로그래밍 언어(C 같은)와 인터럽트나 스레드, 그리고 설계자가 반드시 처리해야 하는 구조적인 성가신 일들(캐시 같은)보다 더 좋은 시작점을 제공한다. 그러나 이런 교과서들은 입문자용 수업의 필요에 대해 다루지 않는다. 너무 특화돼 있거나 너무 고급 주제다. 이 책은 모델과 시스템 구현의 관계에 대한 입문 과정 교과서를 제공한다.

주요 주제는 모델과 시스템 구현의 관계다. 이 책이 다루는 모델은 기본적으로 역학 관계dynamics, 즉 시간에 따른 시스템 상태의 변화다. 시스템 구축에 관한 정적 정보를 나타내는 구조적 모델은 다루지 않는다. 물론 구조적 모델 역시 임베디드 시스템 디자인에 매우 중요하다.

모델을 사용하는 것은 큰 장점이 있다. 모델은 정형formal 속성을 가질 수 있으므로 모델에 대한 확정적인 사항을 말할 수 있다. 예를 들어 한 모델이 확정적determinate

이라고 주장하는 것은 같은 입력이 주어지면 언제나 같은 출력을 생산함을 의미한다. 시스템의 물리적 구현에서는 이런 절대적 주장이 가능하지 않다. 모델이 물리적 시스템의 좋은 추상화라면(여기서 좋은 추상화는 불필요한 세부 사항만을 생략함을 의미한다) 이 모델에 대한 확실한 주장은 시스템의 물리적 구현에 대한 확신을 줄 수 있다. 이런 확신은 특히 오동작이 인간의 삶을 위협할 수 있는 임베디드 시스템에서 큰 가치가 있다. 시스템 모델을 연구하는 것은 시스템이 물리적 세상에서 어떻게 동작하는지에 대한 통찰력을 준다.

이 책은 소프트웨어와 하드웨어가 물리적 환경과 상호작용하는 것에 중점을 둔다. 이는 소프트웨어와 네트워크의 시간적temporal 역학에 대한 명시적 모델링과 애플리케이션 고유의 동시성 속성에 대한 명시적 명세가 필요하다. 구현 기술이 이런 관점을 아직 따라잡지 못했다는 사실 때문에 잘못된 엔지니어링 관점을 가르치면 안 된다. 올바른 디자인과 모델링을 가르쳐야 하고, 올바른 디자인과 모델링이 어떤 것인지에 대한 논의로 확장돼야 한다. 따라서 임베디드 시스템 기술은 앞에 언급된 책에 있는 것처럼 사실과 트릭의 집합이 아닌 견고한 설계를 향한 디딤돌이 돼야 하며, 견고한 설계가 무엇인지와 오늘날의 기술들이 이를 어떻게 방해하고 달성하는지에 집중해야 한다.

Stankovic et al.(2005)은 이 관점을 지지하며, "실시간 임베디드 시스템RTES, Real-Time Embedded Systems 설계를 위한 기존 기술은 안전하고 강인한 임베디드 시스템 개발을 효과적으로 지원하지 못한다."고 언급한다. 그들은 '프로그래밍의 추상화 수준을 올려야' 할 필요를 언급한다. 하지만 우리는 추상화 수준을 올리는 것만으로는 충분하지 않다고 생각하며, 사용하는 추상화를 근본적으로 바꿔야 한다고 주장한다. 예를 들어 소프트웨어의 타이밍 속성이 이들이 구축된 낮은 수준의 추상화에서 완전히 빠져 있다면 더 높은 수준의 추상화에서는 효과적으로 도입될 수 없다.

이제 반복 가능하며 시간적 역학을 가진 강인하고 예측 가능한 디자인이 필요하다(Lee, 2009a). 이를 위해 가상 물리 시스템의 현실을 적절하게 반영하는 추상화를 구축해야 한다. 이는 약간의 변경 사항이 큰 결과를 만들어내는 오늘날의 디자인 불안정성에서 벗어날 수 있도록 적응형 제어 로직과 시간에 따라 진화할 수 있고 향상된 안전과 안정성이 있는 훨씬 더 정교한 CPS 디자인이다.

시간적 역학을 다루는 것 이외에도 CPS 디자인은 항상 까다로운 동시성 이슈에 직면한다. 소프트웨어는 순차적 추상화에 깊이 뿌리를 두고 있기 때문에 세마포어나 상호 배제$^{mutual\ exclusion}$를 사용하는 인터럽트나 멀티태스킹 같은 동시성 메커니즘은 매우 중요하게 여겨진다. 따라서 이 책에서는 스레드와 메시지 전달, 교착 상태^{deadlock} 회피, 경합 조건$^{race\ condition}$, 데이터 결정론을 확실하게 이해시키기 위한 많은 노력을 기울였다.

개정판의 참고 사항

초판에서 여러 버그를 수정하고 새로운 두 개의 장을 추가했다. 7장에서는 모델링에 중점을 둔 센서와 액추에이터를 다룬다. 17장에서는 임베디드 시스템의 보안과 프라이버시의 기본을 다룬다.

이 책에서 다루지 않는 내용

새로 개정했음에도 이 책은 아직 완전하지 않다. 실제로 CPS에 관한 모든 임베디드 시스템을 다룬다는 것은 불가능하다. 버클리 대학교의 임베디드 시스템 학부 과정에서 다루는 특정 주제(http://LeeSeshia.org 참고)와 이 책의 다음 버전에 포함되길 원하는 주제인 네트워킹과 결함 허용, 시뮬레이션 기법, 제어 이론, 하드웨어/소프트웨어 통합 설계 등은 이 책에서 다루지 않는다.

이 책의 사용법

그림 1에 표시된 것처럼 모델링, 설계, 분석이라는 세 가지 주요 부로 나눠져 있다. 세 부는 서로 독립적이고 동시에 읽을 수 있다. 점선으로 표시된 8개의 세그먼트를 통해 이 책을 체계적으로 읽을 수 있다. 대부분의 세그먼트는 두 개의 장을 가지며, 각 세그먼트당 2주씩 총 15주 안에 이 책을 완전하게 다룰 수 있다.

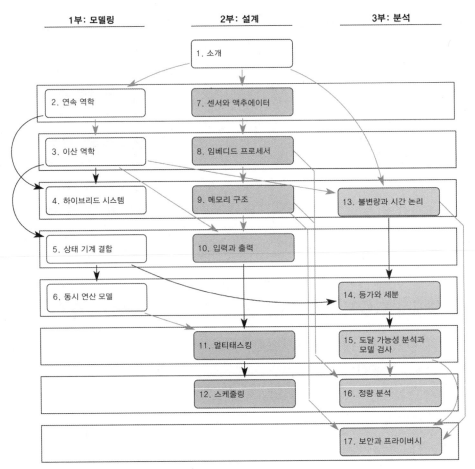

그림 1: 장 사이의 강한 의존성과 약한 의존성을 보여주는 맵. 장 사이의 강한 의존성은 검정색 화살표로 표시되고 약한 의존성은 회색으로 표시된다. i장에서 j장의 약한 의존성이 있을 때 i장을 읽지 않아도 j장은 읽을 수 있고 일부 예제나 특화된 분석 기술은 건너뛸 수 있다.

부록은 이 책을 읽는 데 매우 도움이 되는, 다른 책들에서 자세히 소개된 배경 지식을 제공한다. 부록 A는 집합과 함수의 표기법을 설명한다. 이 표기법은 임베디드 시스템 연구에서 흔히 사용하는 수준보다 정확도를 더 높일 수 있도록 만든다. 부록 B는 연산 가능성과 복잡도 이론의 기본 결과물을 설명한다. 이를 통해 시스템 모델링과 분석의 어려움을 깊이 이해할 수 있다. 부록 B는 3장에서 다루는 상태 기계의 정형화와 관련된 내용으로, 3장을 읽은 후 읽어야 한다.

기억해야 하는 표기 규칙이 있다. 용어가 정의되면 그 용어는 고딕체로 표시되며, 관련 인덱스 엔트리도 고딕체로 표시된다. 유한 상태 기계 같은 곳에서 사용하는 다이어그램에서 사용하는 표기법은 특정 프로그래밍이나 모델링 언어에 따르지 않고 익숙한 것을 사용했다.

이 책의 대상 독자

학부 고학년부터 대학원 저학년 학생과 임베디드 시스템의 공학 이론을 이해하고 싶은 엔지니어와 컴퓨터 연구원에게 적합한 책이다. 독자가 기계 구조(예를 들어 ALU가 무엇인지)와 컴퓨터 프로그래밍(이 책 전반에 걸쳐 C 언어를 사용한다), 기본 이산 수학과 알고리즘, 적어도 신호와 시스템에 대한 인식(예를 들어 연속적인 시간 신호를 샘플링하는 것이 무엇을 의미 하는지)에 대해 이해가 있다고 가정하고 설명한다.

독자 지원

오류나 오탈자를 발견하거나 책의 개선점, 혹은 다른 의견이 있다면 authors@ leeseshia.org 주소로 이메일을 주기 바란다.

한국어판의 정오표는 에이콘출판사의 도서정보 페이지 http://www.acornpub. co.kr/book/embedded-systems에서 찾아볼 수 있으며, 이 책과 관련해 질문이 있다면 이 책의 옮긴이나 에이콘출판사 편집 팀(editor@acornpub.co.kr)으로 문의해주길 바란다.

더 읽을거리

임베디드 시스템에 관한 많은 책이 발간되고 있다. 이 책들은 다양한 방식으로 이런 주제에 접근하고 VLSI 설계나 제어 시스템, 신호 처리, 로보틱스, 실시간 시스템, 소프트웨어 공학 같은 임베디드 시스템으로 옮겨간 좀 더 확립된 분야의 관점을 반영한다. 이런 책 중 일부는 이 책을 보완하고 있으므로 이 주제에 대한 이해를 넓히고자 하는 독자에게 강력히 추천한다.

특히 Patterson and Hennessy(1996)는 임베디드 프로세서에 중점을 둔 것은 아니지만 컴퓨터 구조의 고전 참고서며, 임베디드 프로세서 구조에 관심이 있는 독자가 꼭 읽어야 할 책이다. Sriram and Bhattacharyya(2009)는 무선 통신과 디지털 미디어 같은 신호 처리 애플리케이션에 중점을 두며, 데이터플로 프로그래밍 기법을 폭넓게 설명한다. Wolf(2000)는 하드웨어 디자인 기법과 마이크로프로세서 구조, 저자의 임베디드 소프트웨어 디자인에 대한 제안들을 훌륭하게 제공한다. Mishra and Dutt(2005)는 구조 설명 언어[ADL, Architecture Description Languages]를 기반으로 한 임베디드 구조에 대한 견해를 설명한다. Oshana(2006)는 텍사스 인스트루먼트[Texas Instrument]의 DSP 프로세서에 특화돼 있고, 구조적 접근에 대한 개요와 어셈블리 수준의 프로그래밍 의미를 제공한다.

소프트웨어에 좀 더 집중한 책으로 Buttazzo(2005a)는 실시간 소프트웨어의 스케줄링 기법 개요를 훌륭하게 제공한다. Liu(2000)는 소프트웨어에서 산발적으로 발생하는 실시간 이벤트를 처리하는 최고 기법 중 하나를 제공한다. Edwards(2000)는 일부 임베디드 시스템 디자인에서 사용되는 도메인 종

속적인 고급 프로그래밍 언어에 대한 훌륭한 개요를 제공한다. Pottie and Kaiser(2005)는 임베디드 시스템용 네트워킹 기법, 특히 무선에 대한 훌륭한 개요를 제공한다. Koopman(2010)은 요구 사항 관리와 프로젝트 관리, 테스트 계획, 보안 계획 등을 포함하는 임베디드 소프트웨어용 디자인 프로세스에 중점을 둔다. Alur(2015)는 가상 물리 시스템의 공식 모델링과 검증에 대한 훌륭하고 심도 있는 대처법을 제공한다.

한 개의 책만으로는 임베디드 시스템 엔지니어가 사용하는 수많은 기술을 설명할 수 없다. 나 또한 최근 디자인 기법에 중점을 둔 많은 책에서 유용한 정보를 찾았다(Barr and Massa, 2006; Berger, 2002; Burns and Wellings, 2001; Gajski et al., 2009; Kamal, 2008; Noergaard, 2005; Parab et al., 2007; Simon, 2006; Schaumont, 2010; Vahid and Givargis, 2010).

강사를 위한 노트

버클리 대학교에서는 이 책을 '임베디드 시스템 소개'라는 학부 고학년 강의에서 교재로 사용한다. 강의나 연구소에서 사용할 많은 자료는 http://leeseshia.org에서 찾을 수 있다.

그리고 문제 해답과 다른 지도 자료는 bona fide teaching institutions에서 인정된 강사에게 제공된다. 다음을 참고하거나

http://chess.eecs.berkeley.edu/instructors/

authors@leeseshia.org로 문의하기 바란다.

1

소개

가상 물리 시스템^{CPS, Cyber-Physical System}은 시스템의 가상^{cyber} 및 물리적 부분에 의해 행동이 정의되며 물리적 프로세스와 연산을 통합한 것이다. 일반적으로 물리적 프로세스가 연산에 영향을 주고 그 반대도 마찬가지인 피드백 루프^{Feedback loop}를 사용해 임베디드 컴퓨터와 네트워크는 물리적 프로세스를 관찰하고 제어한다. CPS는 가상과 물리의 합집합이 아닌 교집합에 관한 것이다. 물리적인 요소와 연산적인 요소를 따로 이해하는 것은 충분하지 않다. 반드시 두 요소의 상호작용을 이해해야 한다.

1장에서는 몇 개의 CPS 애플리케이션을 사용해 이런 시스템의 공학 이론과 시스템 설계 프로세스를 소개한다.

1.1 애플리케이션

CPS 애플리케이션은 20세기 정보기술^{IT} 혁명을 무색하게 만들 수 있다. 다음 예제를 살펴보자.

예제 1.1: 심장 수술은 보통 심장을 멈추고 수술을 한 다음 심장을 다시 뛰게 해야 한다. 이런 수술은 매우 위험하고 해로운 부작용이 많다. 많은 연구팀이 심장을 멈추지 않고 뛰는 상태에서 심장 수술을 할 수 있는 대안을 연구 중이다. 이를 위해 두 가지 주요 아이디어가 있다. 먼저 수술 도구가 심장의 움직임에 따라 움직일 수 있게 하는 로봇제어가 있다(Kremen, 2008). 따라서 외과의사는 심장이 계속 뛰는 상태에서 심장의 특정 지점에 일정한 압력을 가하려고 이 도구를 사용할 수 있다. 두 번째로 입체 비디오 시스템은 심장이 정지된 것 같은 비디오 영상을 외과의사에게 제공할 수 있다(Rice, 2008). 외과의사에게 심장은 마치 정지된 것처럼 보이지만 실제로 심장은 계속 뛰고 있다. 이런 수술 시스템을 만들려고 심장과 도구, 연산 하드웨어, 소프트웨어에 대한 광범위한 모델링이 필요하다. 그리고 정확한 타이밍과 잘못된 동작을 대처하기 위한 안전한 대비책을 확보할 수 있는 소프트웨어의 신중한 설계가 필요하다. 또한 높은 신뢰성을 제공하려고 모델과 설계의 상세한 분석도 필요하다.

예제 1.2: 효율적인 교통 흐름을 위해 신호등과 차가 협력하는 도시를 생각해보자. 교차하는 차가 없다면 빨간 불에도 멈출 필요가 없을 것이다. 이런 시스템은 길에 차가 있는지 알려면 값비싼 인프라가 필요하다. 그러나 이를 위해 차들끼리 서로 협력하는 것이 더 좋은 방법이 될 수도 있다. 차들은 서로 위치를 추적하고 교차로 같은 공유하는 자원을 사용하려고 통신할 수 있다. 이런 시스템을 실현할 수 있으려면 시스템의 신뢰성 확보는 필수다. 신뢰성을 확보하지 못하면 재앙이 될 수 있다.

예제 1.3: 충돌이 발생하지 않는 비행기를 상상해보자. 모든 충돌 가능 요인을 막는 것은 불가능하지만 잘 설계된 비행기 제어 시스템은 특정 요인들을 막을 수 있다. 이런 잘 설계된 시스템은 가상 물리 시스템의 좋은 예다.

기존 비행기는 조종사가 조종실의 제어 장치와 비행기의 날개와 꼬리의 움직일 수 있는 표면 사이의 기계적 유압식 연결을 통해 비행기를 제어한다. 컴퓨터를 통해 조종 계통을 전기 신호 장치로 바꾼^{fly-by-wire} 비행기에서는 조종사의 명령이 비행기 컴퓨터에 의해 중재된 뒤 네트워크를 통해 날개와 꼬리의 액추에이터에 전자 방식으로 전송된다. fly-by-wire 비행기는 기존 비행기보다 훨씬 가볍고, 따라서 연료측면에서 효율적이다. 그리고 더 안정적임도 증명됐다. 사실상 거의 모든 새로운 항공기 설계는 fly-by-wire 시스템이다.

fly-by-wire 비행기에서는 컴퓨터가 조종사의 명령을 중재하기 때문에 컴퓨터는 명령을 수정할 수 있다. 많은 현대의 비행기 제어 시스템은 특정 상황에서 조종사의 명령을 수정한다. 예를 들어 에어버스^{Airbus}에서 만든 상업용 비행기는 비행기가 안전한 동작 범위를 벗어나는 것을 방지하려고 비행 한계 범위 보호^{flight envelope protection}라는 기법을 사용한다. 예를 들어 이 비행기는 조종사가 시동을 꺼트리는 것을 막을 수 있다.

이 보호 기법은 다른 특정 충돌 요인들을 막도록 확장할 수 있다. 예를 들어 Lee(2001)가 제안한 부드러운 벽^{soft walls} 시스템이 구현되면 비행기의 위치를 추적하고, 산이나 빌딩같은 장애물로 비행하는 것을 방지할 수 있다. 비행기가 장애물로 다가가면 fly-by-wire 비행 제어 시스템은 항공기를 강제로 밀어내는 가상 추진력을 생성하도록 Lee는 제안한다. 조종사는 비행기가 부드러운 벽에 부딪쳐 방향을 바꾸는 것처럼 느낄 것이다. 이런 시스템을 설계하고 배치하는 것은 기술적인 방면과 비기술적인 방면에 여러 과제가 있다. 이런 과제에 대한 논의는 Lee(2003)를 참고하자.

이전 예제의 soft wall 시스템이 미래의 설계 같지만 이미 배치되거나 연구 개발의 고급 단계에 들어선 실질적 차량 안전 시스템이 있다. 예를 들어 오늘날의 많은 차량은 부주의한 차선 변경을 감지하고 운전자에게 경고를 준다. 운전자의 동작을 자동으로 고쳐줄 수 있는 더 복잡한 문제를 고려해보자. 이는 단지 운전자에게 경고를 주는 것보다 명백하게 훨씬 더 어려운 일이다. 시스템이 필요할 때만 반응하고 개입이 필요한 정도만 동작하려면 어떻게 해야 할까?

여타 애플리케이션을 쉽게 상상해볼 수 있다. 예를 들어 노약자를 도와주는 시스템이나 외과의사가 원격 장소에서 수술을 시행할 수 있는 원격 수술 시스템, 전력망의 전기 수요를 원활하게 하려고 협력하는 가전제품 등이다. 또한 로봇 제조 시스템이나 전기 생산 및 배급, 화학 공장의 프로세스 제어, 분산 컴퓨터 게임, 제조 상품의 운송, 빌딩의 온도 제어 및 빛 조절, 엘리베이터 같은 사람을 움직일 수 있는 기계, 자신의 상태를 모니터링하는 다리와 같이 기존의 많은 시스템을 개선하려고 CPS를 사용하는 것을 구상해볼 수도 있다. 이런 개선이 안전, 에너지 소비, 경제 분야에 미치는 영향은 잠재적으로 엄청나다.

위의 여러 예제는 그림 1.1에 그려진 구조를 사용해 배포될 수 있을 것이다. 이 그림에는 3가지 주요 부분이 있다. 먼저 물리적 시설physical plant은 가상 물리 시스템의 '물리적'인 부분이다. 이 부분은 컴퓨터나 디지털 네트워크로 구현되지 않는 시스템이다. 이 물리적 시설은 기계적 부분과 생물학적 혹은 화학적 프로세스, 운용자human operator 등을 포함할 수 있다. 두 번째는 한 개 이상의 연산 플랫폼이 존재하며, 이 연산 플랫폼은 센서나 액추에이터, 한 개 이상의 컴퓨터, 한 개 이상의 운영체제로 구성된다. 세 번째는 컴퓨터가 통신하기 위한 메커니즘을 제공하는 네트워크 구조network fabric가 있다. 이 플랫폼과 네트워크 구조가 가상 물리 시스템의 '가상' 부분을 구성한다.

그림 1.1은 각자의 센서와 액추에이터를 가진 두 개의 네트워크로 연결된 플랫폼을 나타낸다. 액추에이터가 취하는 동작은 물리적 시설을 통해 센서가 제공하는 데이터에 영향을 미친다. 이 그림에서 플랫폼 2는 액추에이터 1을 통해 물리적 시설을 제어하며, 센서 2를 사용해 물리적 시설의 프로세스들을 측정한다. 연산 2로 표시된 박스는 센서 데이터를 기반으로 어떤 명령을 액추에이터에 내릴지 결정하는 제어 규칙^{control law}을 구현한다. 이런 루프를 피드백 제어 루프라고 부른다. 플랫폼 1은 센서 1을 사용해 부가적인 측정을 수행하고, 네트워크 구조를 사용해 플랫폼 2로 메시지를 보낸다. 연산 3은 부가적인 제어 규칙을 구현하고 연산 2와 결합되며, 경우에 따라 연산 2를 선점할 수도 있다.

> **예제 1.4:** 주문형 인쇄 서비스용 고속 인쇄기를 생각해보자. 이 인쇄기는 그림 1.1과 비슷하게 구조화될 수 있지만 더 많은 플랫폼과 센서, 액추에이터가 필요할 것이다. 액추에이터는 인쇄기로 용지를 넣고 용지에 잉크를 공급하는 모터를 제어한다. 제어 규칙은 용지 종류와 온도, 습도에 따라 결정되는 용지 스트레치^{stretch}를 보상하기 위한 전략을 포함할 수 있다. 용지가 걸렸을 경우 장비 손상을 막으려고 그림 1.1과 같은 네트워크 구조를 사용해 빠르게 종료할 수 있을 것이다. 이런 종료는 큰 사고를 막고자 전체 시스템에서 긴밀히 협력해야 한다. 비슷한 예로 고성능 계측 시스템이나 에너지 생산 및 유통 시스템을 들 수 있다(Eidson et al., 2009).

가상 물리 시스템 용어에 관해

가상 물리 시스템이라는 용어는 2006년 미국 국립 과학 재단^{National Science Foundation}의 헬렌 길^{Helen Gill}이 처음 사용했다. 가상공간^{cyberspace}이란 용어와 CPS를 연관시키려 할 수 있지만, 사실 CPS라는 용어의 뿌리는 더 오래되고 더 깊다. 가상공간과 가상 물리 시스템이 둘 중 한 단어에서 유래했다기보다 사이버네틱스라는 같은 뿌리에서 파생한다는 관점이 더 옳은 것일 수 있다.

사이버네틱스^{cybernetics}라는 용어는 제어 시스템 이론 개발에 큰 영향을 끼친 미국 수학자인 노르버트 와이너^{Norbert Wiener}(Wiener, 1948)가 처음 사용했다. 2차 세계 대전 당시 와이너는 대공포의 자동 조준 및 발사 기술의 선구자였다. 그가 사용한 메커니즘은 디지털 컴퓨터와 관련 없지만, 관련된 이론은 엄청나게 다양한 컴퓨터 기반의 피드백 제어 시스템에서 사용되는 이론과 비슷하다. 와이너는 사이버네틱스라는 용어를 그리스어로 조타수, 통치자, 조종사, 방향타를 뜻하는 kybernetes에서 가져왔다. 이 은유는 제어 시스템에 적합하다. 와이너는 사이버네틱스를 제어와 통신의 결합으로 설명했다. 그는 제어를 제어 로직이 물리적 프로세스의 측정에 의해 구동되고 이는 다시 물리적 프로세스를 구동시키는 폐쇄 루프 피드백에 깊게 뿌리가 있는 것으로 봤다. 와이너가 디지털 컴퓨터를 사용하지 않았지만 제어 로직은 사실상 연산이므로 사이버네틱스는 물리적 프로세스와 연산, 통신의 결합이다. 와이너는 디지털 연산과 네트워크의 강력한 영향을 예상하지 못했다. 따라서 가상 물리 시스템이라는 용어가 가상공간과 물리적 프로세스와의 결합으로 애매모호하게 해석될 수 있다는 사실은 CPS가 가져올 엄청난 영향을 강조하는 데 도움을 준다. CPS는 와이너 시대의 상상을 능가하는 정보 기술을 활용한다.

CPS는 현재 유행하는 사물인터넷^{IoT, Internet of Things}이나 인더스트리 4.0, 산업인터넷, 사물간 통신^{M2M, Machine-to-Machine}, 만물인터넷^{Internet of Everything}, 스마트 플래닛^{Smarter planet}, TSensor^{Trillion Sensors}, 포그^{Fog}(클라우드와 유사하지만 땅에 더 가까운)와 관련돼 있다. 이런 모든 용어는 물리적 세계를 정보 세계와 깊이 연결하는 기술 비전을 반영한다. 이 책의 관점에서 CPS라는 용어는 위의 용어

들보다 더 기본적이고 영속성이 있다. 이는 CPS가 구현 접근법(예를 들어 IoT 의 인터넷)이나 특별한 애플리케이션(예를 들어 산업 인터넷의 산업)을 직접적으로 참조하지 않기 때문이다. 오히려 CPS는 가상 세계와 물리 세계의 공학적으로 결합하는 근본적인 지적intellectual 문제에 초점을 맞춘다.

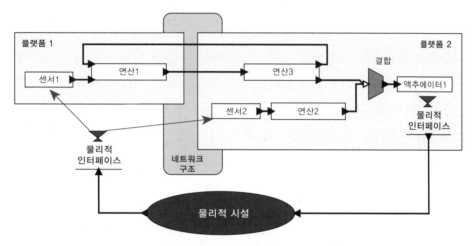

그림 1.1: 가상 물리 시스템 구조 예제

1.2 동기 부여 예제

이 절에서는 가상 물리 시스템의 동기 부여 예제를 설명한다. 이 예제를 사용해 이 책에서 다루는 광범위한 주제의 중요성을 설명하는 것을 목표로 한다. 스탠포드와 버클리(Hoffmann et al., 2004) 대학의 공동 연구로 클레어 탐린Claire Tomlin과 동료들이 개발한 '스탠포드의 다중 에이전트 제어를 위한 자율 회전 날개 항공기 rotorcraft 테스트 베드STARMAC, Stanford Testbed of Autonomous Rotorcraft for Multi Agent Control'를 예제로 사용할 것이다. STARMAC은 네 개의 작은 회전 날개를 가진 항공기며, 그림 1.2에서 날고 있는 모습을 볼 수 있다. 이 항공기의 기본 목적은 다중 운송 수단 자율 제어 기술 실험용 테스트 베드로 사용하는 것이다. 이 항공기의 목표는 공통 업무에 다중 운송 수단이 협력할 수 있게 하는 것이다.

이런 시스템을 동작시키려면 많은 도전과제가 있다. 먼저 항공기 제어가 쉽지 않다. 주요 액추에이터는 네 개의 회전 날개며, 가변적인 하향 추진력을 만들어낸다. 네 개의 회전 날개에서 나오는 추진력의 균형을 유지해 이 항공기는 이륙이나 착륙, 방향 전환, 심지어 공중에서 뒤집기도 가능하다. 어떤 추진력이 적용돼야 하는지 어떻게 결정할 수 있을까? 이를 위해 정교한 제어 알고리즘이 필요하다.

두 번째로 항공기의 무게를 잘 고려해야 한다. 무거울수록 갖고 다녀야 할 저장 에너지가 더 필요하고, 이는 항공기를 더 무겁게 만든다. 무거울수록 나는 데 더 많은 추진력이 필요하고, 더 크고 강력한 모터와 회전 날개를 필요로 한다. 항공기가 무거워 회전 날개가 인간에게 위험할 정도가 되면 이는 주요 임계점을 넘는 것이다. 상대적으로 가벼운 항공기에서도 안전은 매우 중요하게 생각해야 하는 문제며, 시스템은 오류 처리를 하게 설계돼야 한다.

그림 1.2: STARMAC 비행 중인 4개의 회전 날개를 가진 항공기(허락을 받고 재구성)

세 번째로 항공기는 주변 환경과 상호작용하며 한 맥락에서 수행돼야 한다. 예를 들어 리모컨을 사용해 항공기를 조정하는 사람의 지속적인 통제하에 있을 수 있다. 혹은 이륙하거나 미션을 수행하고, 되돌아오고, 착륙하도록 자율적으로 동작할 수도 있을 것이다. 자율 동작은 상당히 복잡하고 어려움이 많은데, 이는 사람이 없기 때문이다. 자율 동작은 더 많은 정교한 센서가 필요하다. 항공기가 어디에 있는지를 계속 추적해야 한다(위치 탐색^{localization}을 수행해야 한다). 그리고 이 항공기는 장애물을 감지해야 하며, 땅이 어디에 있는지를 알아야 한다. 좋은 설계가 있다면 이런 항공기는 배의 착륙 데크에 자동으로 착륙할 수도 있다. 또한 항공기는 오동작을 감지하고 손상을 막으려고 이런 오동작에 대처하고자 스스로의 상태를 지속적으로 체크해야 한다.

이 회전 날개 항공기 문제와 기능을 공유하는 다른 많은 애플리케이션을 어렵지 않게 상상할 수 있다. 착륙함의 데크에 이 항공기를 착륙시키는 것은 예제 1.1의 뛰고 있는 심장에서 수술을 하는 것과 비슷하다. 이런 일들은 환경(배나 심장)의 역학에 관한 상세한 모델링, 임베디드 시스템(항공기나 로봇) 역학과 환경 사이의 상호작용에 대한 명확한 이해를 필요로 한다.

1장의 나머지 부분에서 이 책의 여러 내용을 설명하며, 회전 날개 항공기 예제를 사용해 이 책의 여러 내용이 이런 시스템 설계에 어떻게 기여하는지 살펴볼 것이다.

1.3 설계 프로세스

이 책의 목적은 가상 물리 시스템을 어떻게 설계하고 구현하는지 이해하는 것이다. 그림 1.3은 모델링, 설계, 분석의 세 가지 주요 프로세스를 보여준다. 모델링은 모방을 통해 시스템을 깊이 이해하는 과정이다. 모델은 시스템을 모방하고 시스템 특성을 반영한다. 모델은 시스템이 '무엇'을 할 것인지 명시한다. 설계는 구조화된 인공물의 생성이다. 설계는 시스템이 하는 일을 '어떻게' 할 것인지 명시한다. 분석은 분류를 통해 시스템을 깊이 이해하는 과정이다. 분석은 시스템이 하는 일을 '왜' 하는지(혹은 모델에서 지정한 일을 왜 실패했는지) 명시한다.

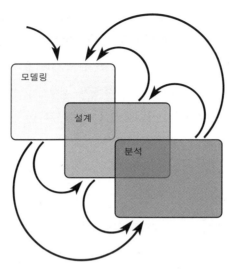

그림 1.3: 임베디드 시스템을 구축하려면 모델링과 설계, 분석의 반복적인 과정이 필요하다.

그림 1.3에서 볼 수 있듯이 이 세 과정은 겹칠 수 있고, 설계 프로세스는 이 세 과정 사이를 반복적으로 이동한다. 설계 프로세스는 문제를 이해하고 해결 전략을 만드는 모델링에서 시작한다.

예제 1.5: 1.2절의 항공기 문제에서 상하좌우로 항공기를 움직이게 하는 인간의 명령을 추진력을 생성하는 네 개의 모터 명령으로 번역하는 모델을 생각해보자. 이 모델은 추진력이 네 개의 모터에서 모두 똑같지 않다면 항공기는 기울어지고 좌우로 움직인다는 것을 보여줄 것이다.

이런 모델은 항공기의 역학을 설명하려고 미분 방정식을 구성하는 2장(연속 역학)에서 설명하는 기법을 사용할 수 있다. 그리고 이륙과 착륙, 떠다니기, 좌우 이동 등 동작 모드를 모델링하는 상태 기계를 생성하려고 3장(이산 역학)에서 설명하는 기법을 사용할 것이다. 그리고 4장(하이브리드 시스템)의 기법을 사용해 두 종류의 모델을 혼합해서 동작 모드 간 전환을 연구하기 위한 이 시스템의 하이브리드 시스템 모델을 생성할 수 있다. 5장(상태 기계 결합)과 6장(동시 연산 모델)의 기법은 다중 항공기 모델 구성, 항공기와 주변 환경 간 상호작용 모델, 항공기 내 부품들의 상호작용 모델을 위한 메커니즘을 제공할 것이다.

이 프로세스는 부품을 선택하고 조립하기 시작하는(모터, 배터리, 센서, 마이크로프로세서, 메모리 시스템, 운영체제, 무선 네트워크 등) 설계 단계로 빠르게 진행될 수 있다. 초기 프로토타입prototype은 모델의 결점을 알려줄 것이고, 이는 모델링 단계로 다시 돌아가 모델을 수정하게 할 것이다.

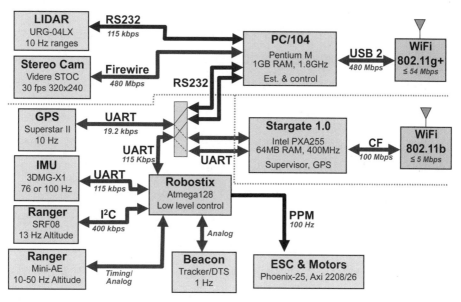

그림 1.4: STARMAC 구조(허락을 받고 재구성)

예제 1.6: 그림 1.4에 1세대generation STARMAC 항공기 하드웨어 구조가 나와 있다. 그림의 좌측하단에는 어디에 있는지(로컬라이제이션)와 주위에 무엇이 있는지를 결정하려고 항공기가 사용하는 여러 센서가 있다. 중간의 세 개

박스에 세 개의 마이크로프로세서가 있다. 로보스틱스^{Robostix}는 Atmel AVR 8비트 마이크로컨트롤러고, 운영체제 없이 동작하며 항공기 비행을 유지 시키는 로우레벨 제어 알고리즘을 수행한다. 다른 두 개 프로세서는 하이 레벨 작업을 운영체제의 도움을 얻어 수행한다. 두 개 프로세서는 협력 항 공기와 지상 제어기가 사용하는 무선 링크를 포함한다.

7장(센서와 액추에이터)은 센서와 액추에이터를 설명하며, 그림 1.4에 나와 있는 IMU와 Ranger를 포함한다. 8장(임베디드 프로세서)은 프로세서 구조를 설명하며, 한 구조와 다른 구조 간 상대적 장점을 비교하려고 몇 가지 기본 정보를 제공한다. 9장(메모리 구조)은 전체 시스템 동작에서 메모리 구조가 끼칠 수 있는 영향을 강조해 메모리 시스템 설계를 설명한다. 10장(입출력)은 프로세서와 센서, 액추에이터 간 인터페이스를 설명한다. 11장(멀티태스킹)과 12장(스케줄링)은 여러 실시간 작업을 조정하는 방법을 강조하며, 소프트웨어 구조에 집중한다.

좋은 설계 프로세스에서 분석은 프로세스의 분석은 모델 단계와 설계 단계에 적용될 것이다. 예를 들어 항공기가 땅에서 1미터 이내에 있다면 항공기의 수직 속도는 0.1m/s보다 크지 않다는 불변성을 보장하려고 안전 조건이 만족하는지 모델을 분석할 수 있다. 그리고 소프트웨어의 타이밍 동작에 대해 설계를 분석할 수 있다. 예를 들어 시스템이 위급한 중지 명령에 응답하는 데 얼마나 걸리는지 결정하려고 설계를 분석한다. 특정 분석 문제는 모델과 설계의 자세한 사항까지 관계될 것이다. 항공기 예제의 경우 네트워크 연결이 끊기고 다른 항공기와 통신할 수 없는 상황에서 시스템이 어떻게 동작하는지 이해하는 것이 중요하다. 이 항공기의 연결이 끊겼는지 어떻게 감지할 수 있을까? 이 답을 얻으려면 네트워크와 소프트웨어의 정확한 모델링이 필요하다.

예제 1.7: 항공기 예제를 위해 13장(불변량과 시간 논리)의 기법을 사용해 항공기 동작을 위한 주요 안전 요구 사항을 명시한다. 그리고 14장(등가와 개선)과 15장(도달 가능성 분석과 모델 검사)의 기법을 사용해 소프트웨어를 구현함으로써 이 안전 속성이 만족되는지를 검증한다. 16장(정량 분석)의 기법은 실시간 제약 조건이 소프트웨어에 의해 충족되는지 여부를 결정하는 데 사용된다. 17장은 악의적인 사용자가 항공기를 제어할 수 없게 하고, 수집할 수 있는 기밀 데이터가 적에게 유출되지 않음을 확인하는 데 사용한다.

그림 1.3의 구조화된 설계 프로세스처럼 이 책은 세 가지 주요 부분으로 나뉘고, 모델링, 설계, 분석에 집중한다('들어가며'의 그림 1 참고). 이제 이 세 가지 부분에 적용된 접근법을 살펴보자.

1.3.1 모델링

이 책의 첫 번째 부분인 모델링 부분은 역학^{dynamic} 동작 모델에 집중한다. 2장에서 물리적 역학 모델링의 큰 주제를 가볍게 살펴보고, 특히 시간의 연속 역학에 집중한다. 그리고 3장에서 이산 역학에 대해 상태 기계를 사용해 설명한다. 4장에서는 이 두 역학을 결합한 하이브리드 시스템에 대한 논의가 이뤄진다. 5장(상태 기계 결합)은 상태 기계의 동시 결합에 집중하며, 결합이 설계자가 해야 할 중요한 문제로 강조한다. 6장(연산의 동시 모델)은 Simulink와 Lab VIEW 같은 실무자가 자주 사용하는 설계 도구에 사용되는 연산 동시 모델에 관한 개론을 설명한다.

이 책의 모델링 부분에서는 시스템을 단순히 부분들의 조합으로 정의하고 이를 전체로 간주한다. 물리적 시스템은 물질로 구현된 것이고, 그 반대는 소프트웨어나 알고리즘처럼 개념적, 논리적 시스템이다. 시스템의 역학^{dynamics}은 시간에 따른 시스템의 진화, 즉 시스템의 상태가 어떻게 변하는지를 의미한다. 물리적 시스템의 모델은 시스템의 속성에 대한 통찰을 얻으려는 시스템의 특정 측면에 대한 설명이다.

이 책에서 모델은 시스템적 분석이 가능한 수학적 특성을 가진다. 모델은 시스템의 속성을 모방하므로 모델을 통해 해당 시스템에 대한 이해가 가능하다.

모델은 그 자체로 시스템이다. 모델과 모델링하는 시스템을 혼동하지 않는 것이 중요하다. 이들은 각기 다른 구조물이다. 시스템의 모델은 시스템의 속성을 정확하게 묘사할 때 높은 정확도^{fidelity}를 갖는다고 한다. 그리고 모델이 시스템의 세부 사항을 생략한다면 시스템을 추상화한다고 한다. 물리적 시스템의 모델은 불가피하게 세부 사항을 생략하므로 모델은 항상 시스템의 추상화다. 이 책의 주목적은 모델을 어떻게 사용하고, 모델의 장단점을 어떻게 활용하는지 이해하는 것이다.

가상 물리 시스템^{CPS}은 물리적 서브시스템이 연산 및 네트워킹과 결합된 시스템이다. 가상 물리 시스템의 모델은 일반적으로 이 세 가지 부분을 포함한다. 모델은 보통 동적 특성과 정적 특성(시스템 동작 중 변하지 않는 값)을 모두 나타내야 한다. 가상 물리 시스템 모델이 불연속 부분과 연속 부분을 모두 가질 필요는 없다는 점을 유의해야 한다. 순수 불연속 모델(혹은 순수 연속 모델)만으로도 관심 있는 속성에 대해 높은 정확도를 가질 수 있다.

여기서 설명하는 각각의 모델링 기법은 한 장 혹은 책 한 권에서 설명하기 힘든 큰 주제다. 실제로 이런 모델들은 공학과 물리학, 화학, 생물학의 여러 분야에 중점을 두고 있다. 이 책은 공학자에 초점을 맞추고 있다. 이 책은 역학의 수학적 모델링에 관한 약간의 기본 지식이 필요하고(물리학의 몇 가지 예를 가진 미적분 과정이면 충분하다), 다양한 모델을 작성하는 방법에 집중한다. 논리적이고 개념적인 가상 측면과 문제에 구체화된 물리 측면을 접합한 모델링이 문제의 핵심이기 때문에 이는 가상 물리 시스템 문제의 핵심을 형성할 것이다. 따라서 전체를 모두 살펴보기보다 공학자가 많이 사용하고 잘 이해할 수 있는 몇 개의 모델링 기법을 뽑아 살펴보고, 가상 물리 시스템을 만들려고 해당 모델을 작성해볼 것이다.

1.3.2 설계

이 책의 두 번째 부분은 주제에 대한 본질적 이질성을 반영해 매우 다른 색깔을 갖는다. 이 두 번째 부분은 CPS에서 임베디드 시스템이 하는 역할을 강조하며, 임베디드 시스템 설계에 중점을 둔다. 7장(센서와 액추에이터)은 센서와 액추에이터를 모델링하는 방법에 중점을 두고 전반적인 시스템 역학에서 역할을 이해할 수 있도록 센서와 액추에이터를 살펴본다. 8장(임베디드 프로세서)은 임베디드 시스템에 가장 최적화된 특별한 속성에 중점을 두며, 프로세서 구조를 논의한다. 9장(메모리 구조)은 프로그래밍 언어에서 메모리 모델 같은 추상화와 메모리 기술 같은 물리적 속성, 메모리 계층 구조 같은 구조적 속성(캐시, 스크래치 패드^{scratchpads} 등)을 포함하는 메모리 구조를 설명한다. 메모리 구조가 어떻게 역학에 영향을 끼치는지에 중점을 둔다. 10장(입출력)은 소프트웨어 세계와 물리적 세계 사이의 인터페이스에 관한 것이다. 소프트웨어와 컴퓨터 구조의 입출력 메커니즘과 샘플링을 포함한 디지털/아날로그 인터페이스를 논의한다. 11장(멀티태스킹)은 멀티태스킹에 중점을 두며, 운영체제의 기본 개념을 소개한다. 그리고 이 책의 1부에서 다루는 모델링 기법을 사용하는 것이 진정한 가치가 있음을 독자가 알기를 바라면서 스레드 같은 로우레벨 메커니즘 사용 시의 위험성을 강조한다. 이런 모델링 기법을 통해 설계자는 시스템 설계에 대한 확신을 가질 수 있다. 12장은 실시간 스케줄링을 소개하며, 이 분야의 많은 전통적인 실험 결과를 다룬다.

설계 부분의 모든 장은 시간상 동시성과 제어를 제공하는 메커니즘에 초점을 맞춘다. 이는 이런 이슈가 가상 물리 시스템 설계에서 큰 문제가 되기 때문이다. 임베디드 프로세서가 제품에 탑재될 때 이 프로세서는 보통 전용 기능을 가진다. 이런 프로세서는 차량 엔진을 제어하거나 북극에서 얼음 두께를 측정한다. 이 프로세서는 사용자 정의 소프트웨어에서 임의의 기능을 수행하지는 않는다. 따라서 프로세서와 메모리 구조, I/O 메커니즘, 운영체제는 좀 더 전문화될 수 있다. 이들을 더 전문화하면 방대한 이점을 얻을 수 있다. 예를 들어 에너지를 더 적게 소비하게 만들어 오랜 시간 동안 작은 배터리로 사용할 수 있다. 그리고 이미지 분석 같은 범용 하드웨어로 수행하기에 값비싼 연산을 수행하려고 전용 하드웨어를 포함할 수도 있다. 이 책의 목적은 수많은 사용 가능한 기술을 독자가 비판적으로 평가할 수 있게 하는 것이다.

이 책의 목적 중 하나는 전통적인 추상화 계층(예를 들어 하드웨어와 소프트웨어, 연산과 물리적 프로세스 같은) 전반에 걸쳐 고려하면서 시스템을 구현하도록 학생에게 가르치는 것이다. 이런 사고방식은 일반적으로 시스템을 구현하는 데 중요하지만, 임베디드 시스템의 이질적 특정 때문에 임베디드 시스템에서는 특히 중요하다. 예를 들어 실수 값의 양으로 표현된 제어 알고리즘을 구현하는 프로그래머는 신뢰성 있는 구현을 위해 컴퓨터 연산(예를 들어 고정소수점 수)을 확실히 이해해야 한다. 이와 유사하게 실시간 제약 사항을 만족해야 하는 차량 소프트웨어 개발자는 작업 실행 시간과 시스템의 실시간 동작에 영향을 줄 수 있는 프로세서 기능(예를 들어 파이프라인이나 캐시 같은)을 반드시 알아야 한다. 인터럽트 발생이나 멀티스레드 소프트웨어 개발자는 기반 소프트웨어 하드웨어 플랫폼이 제공하는 원자 조작^{atomic operation}을 반드시 이해하고 정확도를 보장하려고 적절한 동기화 구조를 사용해야 한다. 이 책은 다양한 구현 방법과 플랫폼을 조사하기보다 독자가 이런 크로스 레이어^{cross layer} 주제의 진가를 알게 하고, 각 계층을 깊이 이해할 수 있게 연습문제를 사용한다.

1.3.3 분석

모든 시스템은 특정 요구 사항을 만족시키기 위해 설계해야 한다. 안전은 매우 중요하고, 일상생활에서 사용하기 위한 임베디드 시스템에서 이런 요구 사항을 만족시키는 것은 필수다. 이런 시스템 요구 사항은 **속성**^{properties}이나 **명세**^{specifications}로 불린다. 이 명세에 대한 필요성은 Young et al.(1985)에서 언급한 다음 인용문에서 볼 수 있다.

"명세가 없는 설계는 옳을 수도 그를 수도 없다. 그건 단지 놀랄 만한 것이다."

이 책의 분석 부분은 속성의 정확한 명세와 명세를 비교하는 기법, 명세와 최종 설계를 분석하는 기법에 중점을 둔다. 이 책은 역학을 강조하고 있으므로 13장(불변량과 시간 논리)은 시스템의 동적 속성에 대한 정확한 명세^{description}를 제공하는 시간 논리에 중점을 둔다. 이 명세는 모델로 취급된다. 14장(등가와 세분)은 모델 간의 관계에 초점을 맞춘다. 한 모델이 다른 모델의 추상화인가? 이 모델이 어떤 의미에서 동일한가? 특히 14장은 모델의 정적 속성을 비교하기 위한 방법으로 타입 체계^{type} ^{system}를 소개하고, 모델의 동적 속성을 비교하기 위한 방법으로 언어 포함^{language} ^{containment}과 시뮬레이션 관계를 소개한다. 15장(도달 가능성 분석과 모델 검사)은 모델이 표현할 수많은 가능한 동적 행동을 분석하는 기법에 중점을 두며, 이런 동작을 탐구하는 기법으로 모델 검사를 강조한다. 16장(정량 분석)은 프로그램이 소비하는 자원의 유계를 찾는 임베디드 소프트웨어의 정량적 특성을 분석한다. 특히 에너지와 메모리 사용량 같은 다른 정량적 속성에 대한 약간의 소개와 함께 실행 시간 분석에 중점을 둔다. 17장(보안과 프라이버시)은 암호화 기본 요소와 프로토콜 보안, 소프트웨어 보안, 보안 정보 흐름, 사이드 채널$^{side\ channel}$, 센서 보안을 포함하는 임베디드 시스템 설계용 보안과 프라이버시에 대한 기본 내용을 소개한다.

엔지니어링 실무에서는 영어 같은 일반 언어로 명시된 시스템 요구 사항을 표현하는 것이 일반적이다. 이때 일반 언어가 갖는 모호함을 없애려고 정확하게 요구 사항을 명시하는 것이 중요하다. 이 책의 '분석' 부분의 목적은 서술형 기법을 오류가 적다고 여겨지는 형식 명세 기법으로 바꾸는 데 도움을 주는 것이다.

형식 명세서는 모델과 구현의 형식 검증을 위해 자동화 기법을 사용한다. 이 책의 '분석' 부분은 독자에게 등가와 세분 검사의 개념, 도달 가능성 분석과 모델 검사를 포함하는 형식 검증의 기본 사항을 소개한다. 이 검증 방법을 논의하면서 검증 도구 사용자에게 무엇이 핵심인지를 인식하게 함으로써 검증 도구에서 많은 혜택을 얻을 수 있을 것이다. 동시^{concurrent} 소프트웨어에서 미묘한 에러를 찾고자 모델 검사가 어떻게 적용될 수 있는지 혹은 로봇이 특정 작업을 수행하려고 제어 전략을 계산할 때 도달 가능성 분석이 어떻게 사용되는지 등을 논의하는 예제를 통해 이런 사용자 관점을 지원할 수 있다.

1.4 요약

가상 물리 시스템은 본질적으로 이질적 혼합이다. 이 시스템은 연산과 통신, 물리적 역학을 결합한다. 이 시스템은 동질의 시스템보다 모델링과 설계, 분석이 더 힘들다. 1장은 이런 시스템을 모델링과 설계, 분석을 위해 이 책에서 설명하는 공학 이론의 개요를 제공한다.

PART 01

역학 행동 모델링

1부는 임베디드 시스템의 모델링을 알아보고, 특히 소프트웨어와 물리적 역학의 결합 모델링에 중점을 둔다. 2장에서는 물리 시스템 역학 모델링 기법을 다루며, 물리 시스템의 연속적인 행동에 중점을 둔다. 3장에서는 소프트웨어 동작을 잘 나타내는 이산 행동 모델링 기법을 다룬다. 4장에서는 위 두 종류의 모델을 사용해 하이브리드 시스템이 이산과 연속 행동을 어떻게 모델링하는지 살펴본다. 5장과 6장에서는 본질적으로 동시적인 물리적 세계와 본질적으로 순차적인 소프트웨어 세계를 다룬다. 5장에서는 근본적으로 순차적인 상태 기계 모델이 어떻게 동시적으로 결합될 수 있는지 살펴본다. 특히 동기synchronous 결합의 의미를 소개한다. 6장에서는 동기 결합이 동시 결합을 가능하게 하는 방법 중 하나임을 설명한다.

2

연속 역학

2장에서는 물리적 시스템의 역학을 연구하기 위한 많은 모델링 기법 중 몇 가지를 검토한다. 먼저 움직이는 기계 부품부터 살펴보자(이 문제는 고전 역학으로 알려져 있다). 이런 부품의 역학을 연구하는 데 사용하는 기법은 회로나 화학 프로세스, 생물학적 프로세스를 비롯한 많은 다른 물리적 시스템에도 확장된다. 기계 부품은 대부분의 사람들이 시각화하기 가장 쉽기 때문에 예제를 구체적으로 만들어준다. 기계 부품의 움직임은 보통 **미분 방정식**이나 **적분 방정식**으로 모델링된다. 이런 모델은 '부드러운' 움직임(선형과 시불변, 연속성 개념을 사용해 더 정확하게 표현할 수 있는 개념)을 위해서만 매우 잘 동작한다. 기계 부품 충돌 모델링 같은 부드럽지 않은 움직임에는 모드 간 갑작스런(개념적으로 즉각적인) 전이transition로 구별되는 동작 모드인 모달modal 모델을 사용할 수 있다. 기계적 물체의 충돌은 불연속적이며 순간적인 이벤트로 모델링될 수 있다. 부드러운 움직임과 이런 불연속 이벤트의 공동 모델링 문제는 하이브리드 시스템 모델링으로 알려져 있고 4장에서 다룬다. 이런 불연속과 연속 동작의 결합은 가상과 물리적 프로세스의 공동 모델링에 한걸음 더 다가가게 해준다.

먼저 **상미분 방정식**ODE, Ordinary Differential Equations 형태로 시스템의 모델을 제공하는 움직임에 관한 간단한 방정식부터 살펴보자. 그리고 (National Instruments의) LabVIEW와 (MathWorks, Inc.의) Simulink 같이 인기 있는 모델링 언어의 모델 클래스를 포함하는 액터 모델로 이 ODE가 어떻게 표현되는지 설명할 것이다. 또한 선형성과 시불변, 안정성 같은 속성들과 모델을 조작할 때 이 속성들의 결과를 살펴본다. 불안정한 시스템을 안정화하는 피드백 제어 시스템의 간단한 예제도 만들어본다. 이런 시스템용 제어기는 보통 소프트웨어로 구현되므로 이런 시스템은 가상 물리 시스템의 표준 예제가 될 수 있다. 전체 시스템의 속성은 가상 부분과 물리적 부분의 속성에서 나온다.

2.1 뉴턴 역학

이 절은 몇 가지 고전 역학 이론을 간단히 살펴본다. 관심 있는 모델을 구성하기에 충분하지만 포괄적이지는 않으므로 고전 역학에 관심 있는 독자는 골드슈타인 Goldstein(1980)이나 란다우Landau와 리프시츠Lifshitz(1976), 마리온Marion과 손턴Thornton (1995) 등의 책을 보기 바란다.

물리적 객체 공간에서 움직임은 그림 2.1에 표현된 것처럼 6 자유도six degrees of freedom로 나타낸다. 그중 세 개는 3차원 공간의 위치를 나타내고, 나머지 세 개는 공간에서의 방향을 나타낸다. 세 개의 축 x, y, z에서 일반적으로 x는 오른쪽으로 증가하고, y는 위쪽으로 증가하며, z는 페이지 바깥쪽으로 증가한다. 롤Roll θ_x는 x축을 중심으로 한 회전각이며, 일반적으로 0 라디안 각도는 z축을 따라 수평으로 평평함을 의미한다(즉, 이 각도는 z축과 관련이 있다). 요Yaw θ_y는 y축을 중심으로 한 회전각으로, 일반적으로 0 라디안은 직접 오른쪽을 가리키는 것을 나타낸다(즉, 이 각도는 x축과 관련이 있다). 피치Pitch θ_z는 z축을 중심으로 한 회전이며, 일반적으로 0 라디안은 수평을 나타낸다(즉, 이 각도는 x축과 관련이 있다).

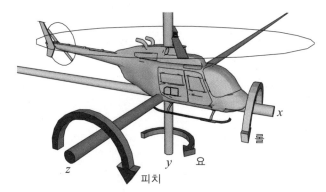

그림 2.1: 6 자유도로 표현된 모델링 위치는 위치와 더불어 피치와 롤, 요를 포함해야 한다.

따라서 공간에서 객체의 위치는 $f: \mathbb{R} \to \mathbb{R}$ 형태의 여섯 함수로 표현되며, 정의역 domain은 시간을 나타내고, 공역codomain은 한 축에 따른 거리나 한 축에 대한 각도를 나타낸다.[1] 이 형태의 함수를 연속 시간 신호continuous-time signals[2]로 부른다. 이 함수들은 x가 위치이고 θ가 방향인 벡터 값 함수 $\mathbf{x}: \mathbb{R} \to \mathbb{R}^3$과 $\theta: \mathbb{R} \to \mathbb{R}^3$으로 모을 수 있다.

위치나 방향의 변화는 힘과 가속력에 연관 있는 뉴턴의 제2법칙에 의해 좌우된다. 가속력은 위치의 2차 미분 값이다. 다음의 첫 번째 방정식은 위치 정보를 다룬다.

$$\mathbf{F}(t) = M\ddot{\mathbf{x}}(t), \tag{2.1}$$

$\mathbf{F}$는 세 방향의 힘 벡터고, M은 물체의 질량, $\ddot{\mathbf{x}}$는 시간에 대한 $\mathbf{x}$의 2차 미분 값이다 (즉, 가속력). 속도는 가속도의 적분이며, 다음 식에서 $\dot{\mathbf{x}}(0)$는 세 방향의 초기 속도다.

$$\forall\, t > 0, \quad \dot{\mathbf{x}}(t) \;=\; \dot{\mathbf{x}}(0) + \int_0^t \ddot{\mathbf{x}}(\tau)d\tau$$

식 (2.1)을 사용해 다음과 같이 변형할 수 있다.

---

1. 표기법이 익숙하지 않다면 부록 A를 참고하자.
2. 연속 시간 신호의 정의역은 $\mathbb{R}$의 연결 부분집합, 즉 음이 아닌 실수 $\mathbb{R}_+$나, 0과 1 사이의 구간인 [0, 1]로 제한될 수 있다. 이 신호의 공역은 임의의 집합이 가능하지만, 물리량을 표현할 때는 실수가 가장 유용하다.

$$\forall\, t > 0, \quad \dot{\mathbf{x}}(t) = \dot{\mathbf{x}}(0) + \frac{1}{M}\int_0^t \mathbf{F}(\tau)d\tau$$

위치는 속도의 적분이며, 다음 식에서 $\mathbf{x}(0)$는 초기 위치다.

$$
\begin{aligned}
\mathbf{x}(t) &= \mathbf{x}(0) + \int_0^t \dot{\mathbf{x}}(\tau)d\tau \\
&= \mathbf{x}(0) + t\dot{\mathbf{x}}(0) + \frac{1}{M}\int_0^t\int_0^\tau \mathbf{F}(\alpha)d\alpha\,d\tau
\end{aligned}
$$

물체의 초기 위치와 초기 속도, 세 방향에서 물체에 가해지는 힘을 시간 함수로 알고 있다면 이 식을 이용해 물체의 가속도와 속도, 위치를 항상 결정할 수 있다.

방향에 영향을 주는 이런 운동 방정식은 회전력을 나타내는 토크^{torque}를 사용한다. 이 식은 시간 함수로서 세 인자 벡터며, 물체에 대한 순회전력을 나타낸다. 이 함수는 식 (2.1)과 비슷한 방식으로 각속도와 연관될 수 있다.

$$\mathbf{T}(t) = \frac{d}{dt}\left(\mathbf{I}(t)\dot{\boldsymbol{\theta}}(t)\right), \tag{2.2}$$

$\mathbf{T}$는 세 축에 대한 토크 벡터고, $\mathbf{I}(t)$는 물체의 관성 텐서^{tensor} 모멘트^{moment}다. 관성 모멘트는 3×3 행렬로 물체의 형상과 방향에 따라 달라진다. 직관적으로 관성 모멘트는 세 축에 대한 방향 함수로, 물체가 한 축 주위로 회전해야 하는 저항을 나타낸다. 물체가 구 모양이면 이 저항은 모든 축에 대해 똑같다. 따라서 이 저항은 상수 스칼라 I로 감소한다(혹은 같은 대각 원소인 I를 갖는 대각행렬 I로 감소한다). 그러면 이 식은 식 (2.1)과 더 비슷해 보인다.

$$\mathbf{T}(t) = I\ddot{\boldsymbol{\theta}}(t) \tag{2.3}$$

3차원에 대해 명시적으로 식 (2.2)를 다음과 같이 쓸 수 있다.

$$
\begin{bmatrix} T_x(t) \\ T_y(t) \\ T_z(t) \end{bmatrix} = \frac{d}{dt} \left(\begin{bmatrix} I_{xx}(t) & I_{xy}(t) & I_{xz}(t) \\ I_{yx}(t) & I_{yy}(t) & I_{yz}(t) \\ I_{zx}(t) & I_{zy}(t) & I_{zz}(t) \end{bmatrix} \begin{bmatrix} \dot{\theta}_x(t) \\ \dot{\theta}_y(t) \\ \dot{\theta}_z(t) \end{bmatrix} \right)
$$

여기서 $T_y(t)$는 y축 주위의 순토크$^{\text{net torque}}$(요를 변경하는)며, $I_{yx}(t)$는 x축 주위의 가속도가 y축 주위의 토크와 어떻게 관련되는지 결정하는 관성이다.

회전 속도는 가속도의 적분이며, 다음 식에서 $\dot{\theta}(0)$은 세 축에서의 초기 회전 속도다.

$$
\dot{\theta}(t) = \dot{\theta}(0) + \int_0^t \ddot{\theta}(\tau)d\tau
$$

구체$^{\text{spherical object}}$의 경우 식 (2.3)을 사용하면 이 식은 다음과 같다.

$$
\dot{\theta}(t) = \dot{\theta}(0) + \frac{1}{I}\int_0^t \mathbf{T}(\tau)d\tau
$$

방향은 회전 속도의 적분이며, 다음 식에서 $\theta(0)$는 초기 방향이다.

$$
\begin{aligned}
\theta(t) &= \theta(0) + \int_0^t \dot{\theta}(\tau)d\tau \\
&= \theta(0) + t\dot{\theta}(0) + \frac{1}{I}\int_0^t \int_0^\tau \mathbf{T}(\alpha)d\alpha d\tau
\end{aligned}
$$

물체의 초기 방향과 초기 회전 속도, 세 축에 대한 물체의 토크 등을 시간 함수로 알고 있다면 이 식을 사용해 언제라도 물체의 회전 가속력과 속도, 방향을 알 수 있다.

위의 구체와 같이 차수를 줄여 식을 간단히 만들 수 있다. 일반적으로 이러한 단순화를 모델 차수 축소$^{\text{model-order reduction}}$라고 부른다. 예를 들어 물체가 평평한 표면에서 움직인다면 y축 움직임이나 물체의 피치, 롤을 생각할 필요가 없다.

예제 2.1: 이런 차수 축소가 가능한 간단한 제어 문제를 생각해보자. 헬리콥터는 두 개의 회전 날개를 가지며, 위쪽 날개는 헬리콥터를 끌어올리며, 다른 날개는 꼬리에 있다. 꼬리에 있는 회전 날개가 없다면 헬리콥터 몸체는 회전할 것이다. 꼬리의 회전 날개는 몸체 회전을 방해한다. 구체적으로 살펴보면 꼬리 회전 날개에서 만들어진 힘은 메인 날개에서 만들어진 토크에 대응해야 한다. 여기서 꼬리 회전 날개의 이런 역할을 헬리콥터의 모든 다른 동작과 독립적으로 생각한다.

이 헬리콥터의 단순화 모델은 그림 2.2에 있다. 여기서 헬리콥터 위치는 원점에 고정돼 있다고 가정하므로 위치를 나타내는 식은 고려할 필요가 없다. 또한 헬리콥터는 수직으로 서 있다고 가정하므로 피치와 롤도 0으로 고정돼 있다. 좌표계를 헬리콥터에 고정되도록 정의할 수 있기 때문에 이런 가정은 현실적이다.

이런 가정하에서 **관성 모멘트**는 요의 변화를 방해하는 토크인 스칼라로 감소한다. 요의 변화는 뉴턴의 제3법칙인 작용-반작용의 법칙에 의해 발생한다. 이 법칙은 모든 동작이 같은 크기의 반작용을 가진다는 것이다. 이는 날개의 회전과 반대 방향으로 헬리콥터를 회전하게 만든다. 헬리콥터의 몸체가 회전하지 않도록 꼬리 날개는 토크를 방해하는 역할을 한다.

y축 주변의 토크(요의 변화를 초래하는)인 연속 시간 신호 T_y를 입력으로 받는 시스템으로 이 단순화된 헬리콥터를 모델링한다. 이 토크는 메인 날개와 꼬리 날개가 만든 토크의 합이다. 이 토크들이 완벽하게 균형이 잡혀 있을 때 합은 0이다. 이 시스템의 출력은 y축에 대한 각속도 $\dot{\theta}_y$가 될 것이다. 식 (2.2)의 차수 축소 버전은 다음과 같이 쓸 수 있다.

$$\ddot{\theta}_y(t) = T_y(t)/I_{yy}$$

양쪽을 적분하면 입력 T_y의 함수로서 출력 $\dot{\theta}$를 얻을 수 있다.

$$\dot{\theta}_y(t) = \dot{\theta}_y(0) + \frac{1}{I_{yy}} \int_0^t T_y(\tau)d\tau. \tag{2.4}$$

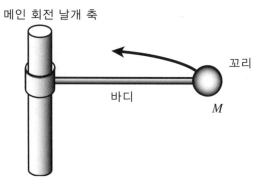

그림 2.2: 헬리콥터 단순화 모델

이 예제를 통해 관찰할 수 있는 중요한 점은 $x \colon \mathbb{R} \to \mathbb{R}^3$이 헬리콥터 꼬리 공간의 절대 위치를 나타내도록 헬리콥터를 모델링했다면 훨씬 더 복잡한 모델이 된다는 것이다. 제어 시스템 설계 역시 훨씬 더 어려웠을 것이다.

2.2 액터 모델

앞 절에서 물리적 시스템 모델은 입력 신호(힘이나 토크)를 출력 신호(위치나 방향, 속도, 각속도)와 연관 시키는 미분 방정식이나 적분 방정식으로 표현한다. 이런 물리적 시스템은 더 큰 시스템의 컴포넌트^{component}로 볼 수 있다. 특히 연속 신호 시스템(연속 시간 신호에서 동작하는 시스템)은 다음과 같이 입력 **포트**와 출력 포트를 갖는 상자로 모델링할 수 있다.

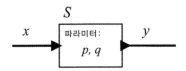

여기서 입력 신호 x와 출력 신호 y는 다음 형식의 함수다.

$$x: \mathbb{R} \to \mathbb{R}, \; y: \mathbb{R} \to \mathbb{R}$$

여기서 정의역은 시간이고, 공역은 특정 시점의 신호 값이다. 실제 존재하고 특정 시점에 동작하는 시스템을 명시적으로 모델링하고자 한다면 정의역 $\mathbb{R}$은 음이 아닌 실수인 $\mathbb{R}_+$로 치환될 수 있다.

이 시스템은 다음 형태의 함수며, $X = Y = \mathbb{R}^\mathbb{R}$이고, 위의 x와 y처럼 실수를 실수로 매핑하는 함수의 집합이다.[3]

$$S: X \to Y, \tag{2.5}$$

함수 S는 이 시스템의 파라미터에 의존하며, 이 경우 파라미터는 박스 안에 있거나 함수 표기 시 포함될 수도 있다. 예를 들어 위 그림에서 파라미터 p와 q가 있다면 시스템 함수는 $S_{p,q}$나 $S(p,q)$로 쓸 수 있다. 이 두 표기법은 식 (2.5)에 나온 형태의 함수를 나타낸다. 위에서 살펴본 것처럼 입력이 함수고 출력이 함수인 박스를 액터[actor]라고 부른다.

> **예제 2.2:** 예제 2.1의 헬리콥터에 대한 액터 모델은 다음과 같이 나타낼 수 있다.

---

3. 부록 A에서 설명하는 것처럼 $\mathbb{R}^\mathbb{R}$ 표기($(\mathbb{R} \to \mathbb{R})$로 쓸 수 있는)는 정의역 $\mathbb{R}$과 공역 $\mathbb{R}$을 가진 모든 함수의 집합을 나타낸다.

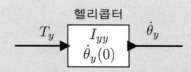

입력과 출력은 모두 연속 시간 함수다. 액터의 파라미터는 초기 각속도 $y(0)$ 과 관성 모멘트 I_{yy}다. 이 액터의 함수는 식 (2.4)로 정의한다.

액터 모델은 결합할 수 있다. 특히 두 액터 S_1과 S_2가 있을 때 다음과 같이 직렬 결합 cascade composition을 구성할 수 있다.

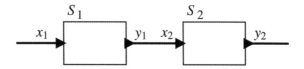

이 다이어그램에서 S_1의 출력과 S_2의 입력 사이 연결은 정확히 $y_1 = x_2$를 의미하고, 유식하게 표현하면 다음과 같다.

$$\forall\, t \in \mathbb{R}, \quad y_1(t) = x_2(t)$$

예제 2.3: 헬리콥터의 액터 모델은 다음과 같이 두 개의 액터를 직렬 결합한 것으로 나타낼 수 있다.

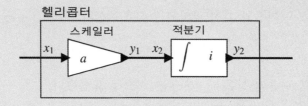

왼쪽 액터는 다음 식으로 정의된 상수 a를 파라미터로 갖는 스케일러 액터 를 나타낸다.

$$\forall\, t \in \mathbb{R}, \quad y_1(t) = ax_1(t). \tag{2.6}$$

간단히 표현하면 $y_1 = ax_1$로 쓸 수 있고, 스칼라 a와 함수 x_1의 곱은 식 (2.6)과 같이 해석된다. 오른쪽 액터는 다음 식에 의해 정의된 초깃값 i를 파라미터로 갖는 적분기를 나타낸다.

$$\forall\, t \in \mathbb{R}, \quad y_2(t) = i + \int_0^t x_2(\tau)d\tau$$

파라미터 값이 $a = 1/I_{yy}$와 $i = \dot{\theta}_y(0)$이면 이 시스템은 입력 $x_1 = T_y$가 토크고 출력 $y_2 = \dot{\theta}_y$는 각속도인 식 (2.4)를 나타낸다.

위 그림에서 액터를 나타내는 박스인 아이콘들을 커스터마이징했다. 이 특별한 액터(스케일러와 적분기)는 특히 물리적 역학 모델을 구축하는 데 유용하다. 따라서 인식 가능한 시각적 표기법을 이 액터에 사용하는 것이 유용하다.

액터는 여러 입력 신호와 여러 출력 신호를 가질 수 있다. 이런 액터는 두 개의 입력 신호와 한 개의 출력 신호를 갖는 다음 예제와 비슷하게 표현된다.

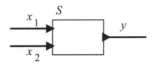

이 형태의 블록은 다음과 같이 정의되는 신호 가산기[adder]다.

$$\forall\, t \in \mathbb{R}, \quad y(t) = x_1(t) + x_2(t)$$

이 블록은 보통 다음과 같은 사용자 아이콘으로 표현된다.

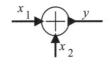

입력 중 하나를 뺄 수도 있다. 이 경우 아이콘의 입력 옆에 빼기 부호가 함께 그려진다.

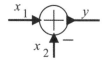

이 액터는 다음의 조건을 가진 함수 $S: (\mathbb{R} \to \mathbb{R})^2 \to (\mathbb{R} \to \mathbb{R})$을 나타낸다.

$$\forall\, t \in \mathbb{R}, \forall\, x_1, x_2 \in (\mathbb{R} \to \mathbb{R}), \quad (S(x_1, x_2))(t) = y(t) = x_1(t) - x_2(t)$$

표기법에 유의하자. $S(x_1, x_2)$는 $\mathbb{R}^{\mathbb{R}}$의 함수이므로 $t \in \mathbb{R}$에서 값을 구할 수 있다.

이 장의 나머지 부분에서는 설명에 영향을 끼치지 않는다면 시스템과 시스템 액터 모델을 구분하지 않을 것이다. 액터 모델은 시스템의 모든 부분을 나타낸다고 가정할 것이다. 사실 이는 매우 대담한 가정이다. 일반적으로 액터 모델의 속성은 실제 시스템의 대략적인 명세일 뿐이다.

2.3 시스템의 속성

이 절에서는 인과성과 메모리리스, 선형성, 시불변성, 안정성 등 액터와 액터가 구성하는 시스템이 가질 수 있는 여러 속성을 다룬다.

2.3.1 인과관계 시스템

직관적으로 시스템의 출력이 현재와 과거 입력에만 의존한다면 인과적^{causal}이다. 하지만 이 표현을 더 정확히 하는 것은 약간 까다롭다. 먼저 '현재와 과거 입력'에 대한 표기법을 살펴보자. 어떤 집합 A에 대한 연속 시간 신호 $x: \mathbb{R} \to A$를 생각해보자. $x|_{t \leq \tau}$는 $t \leq \tau$의 시간에서만 정의되는 **시간제한**$^{restriction\ in\ time}$이라는 함수를 나타내고, $x|_{t \leq \tau}(t) = x(t)$로 정의하자. 따라서 x가 시스템의 입력이면 $x|_{t \leq \tau}$는 시간 τ에서 '현

재와 과거 입력'을 나타낸다.

A와 B 집합에 대해 $X = A^{\mathbb{R}}$이고 $Y = B^{\mathbb{R}}$인 연속 시간 시스템 $S: X \rightarrow Y$를 생각해보자. 이 시스템은 모든 $x_1, x_2 \in X$와 $\tau \in \mathbb{R}$에 대해 다음을 만족하면 인과적이다.

$$x_1|_{t \leq \tau} = x_2|_{t \leq \tau} \Rightarrow S(x_1)|_{t \leq \tau} = S(x_2)|_{t \leq \tau}$$

즉, 시간 τ까지(τ 포함) 동일한 두 가능한 입력 x_1과 x_2에 대해 출력이 시간 τ까지(τ 포함) 동일하다면 이 시스템은 인과적이다. 지금까지 살펴본 모든 시스템은 모두 인과적이다.

시스템은 모든 $x_1, x_2 \in X$와 $\tau \in \mathbb{R}$에 대해 다음을 만족하면 **엄격히 인과적**^{strictly causal}이다.

$$x_1|_{t < \tau} = x_2|_{t < \tau} \Rightarrow S(x_1)|_{t \leq \tau} = S(x_2)|_{t \leq \tau}$$

즉, 시간 τ까지(τ 포함하지 않음) 동일한 두 가능한 입력 x_1과 x_2에 대해 출력이 시간 τ까지(τ 포함) 동일하다면 이 시스템은 엄격히 인과적이다. 엄격한 인과 시스템에서 시간 t에서의 출력은 시간 t에서의 입력에 의존하지 않는다. 이 출력은 오직 과거 입력에만 의존한다. 엄격한 인과 시스템은 당연히 인과적이다. 적분기 액터는 엄격히 인과적이다. 가산기는 엄격히 인과적이지 않지만, 인과적이다. 엄격히 인과적인 액터는 피드백 시스템을 구축하는 데 유용하다.

2.3.2 메모리리스 시스템

직관적으로 시스템은 출력이 현재 입력뿐만 아니라 과거 입력(혹은 시스템이 인과적이지 않은 경우 미래 입력)에도 의존하는 경우 메모리를 가진다. 집합 A와 B에 대해 $X = A^{\mathbb{R}}$이고 $Y = B^{\mathbb{R}}$인 연속 시간 시스템 $S: X \rightarrow Y$를 생각해보자. 모든 $x \in X$와 모든 $t \in \mathbb{R}$에 대해 다음을 만족하는 함수 $f: A \rightarrow B$가 존재한다면 형식적으로 이 시스템은 **메모리리스**^{Memoryless}, 즉 메모리가 없다.

$$(S(x))(t) = f(x(t))$$

즉, 시간 t에서 출력 $(S(x))(t)$는 시간 t에서의 입력 $x(t)$에만 의존한다.

앞에서 살펴본 적분기는 메모리리스가 아니지만 가산기는 메모리리스다. 연습문제 2번은 시스템이 엄격히 인과적이고 메모리리스이면 이 시스템 출력은 모든 입력에 대해 일정하다는 것을 보여준다.

2.3.3 선형 시불변

선형 시불변LTI, Linear and Time Invariant인 시스템은 특히 좋은 수학적 속성들을 갖는다. 대부분의 제어 시스템 이론은 이 속성들에 의존한다. 이 속성들은 신호 및 시스템 과목의 주요 주제로서 이 책의 범위를 벗어나지만, 이 속성들의 간단한 버전을 이책에서 가끔 사용하므로 시스템이 언제 LTI인지 결정하는 것은 유용하다.

X와 Y가 신호의 집합인 시스템 $S: X \to Y$는 다음의 **중첩**superposition 속성을 만족하면 선형적이다.

$$\forall\, x_1, x_2 \in X \text{이고 } \forall\, a, b \in \mathbb{R}, \quad S(ax_1 + bx_2) = aS(x_1) + bS(x_2)$$

예제 2.1에 정의된 헬리콥터 시스템은 초기 각속도 $\dot{\theta}_y(0) = 0$인 경우에만 선형임을 쉽게 알 수 있다(연습문제 3 참고).

더 일반적으로 예제 2.3에서 정의한 적분기는 초깃값 $i = 0$이고, Scale 액터가 항상 선형이며, 임의의 두 직렬 선형 액터가 선형인 경우에만 선형임을 쉽게 알 수 있다. 선형성의 정의를 한 개 이상의 입출력 신호를 가진 액터로 확장하면 가산기 역시 선형이다.

시불변성을 정의하려고 먼저 지연delay이라는 특별한 연속 시간 액터를 정의하자. 그리고 X와 Y가 연속 시간 신호의 집합인 $D_\tau: X \to Y$를 다음과 같이 정의하자.

$$\forall\, x \in X \text{ and } \forall\, t \in \mathbb{R}, \quad (D_\tau(x))(t) = x(t - \tau) \tag{2.7}$$

여기서 τ는 지연 액터의 파라미터다. 시스템 $S\colon X \to Y$는 다음 조건을 만족하면 시불변$^{\text{time invariant}}$이다.

$$\forall\, x \in X \text{ and } \forall\, \tau \in \mathbb{R}, \quad S(D_\tau(x)) = D_\tau(S(x))$$

예제 2.1과 식 (2.4)에 정의된 헬리콥터 시스템은 시불변이 아니다. 그러나 다음과 같이 약간 변형된 시스템은 시불변이다.

$$\dot{\theta}_y(t) = \frac{1}{I_{yy}} \int\limits_{-\infty}^{t} T_y(\tau)\, d\tau$$

이 버전은 초기 각회전을 허용하지 않는다.

선형 시불변 시스템은 선형적이며 시불변인 시스템이다. 물리적 역학 모델링의 주요 목표는 가능할 때마다 LTI 모델을 선택하는 것이다. 합리적 근사치로 LTI 모델이 생성되면 이 근사치를 만드는 것이 좋다. 근사치가 합리적인지 결정하는 것과 근사치가 합리적인 모델을 찾는 것이 항상 쉬운 것은 아니다. 보통 실제 필요한 것보다 더 복잡한 모델을 구성하는 것이 쉽다(연습문제 4 참고).

2.3.4 안정성

모든 유계^{bounded} 입력 신호에 대해 출력 신호가 유계라면 시스템은 BIBO$^{\text{Bounded-Input}}$ $^{\text{Bounded-Output}}$ 안정^{stable}하다고 할 수 있다.

입력 w와 출력 v를 갖는 연속 시간 시스템을 생각해보자. 모든 $t \in \mathbb{R}$에 대해 $|w(t)| \le A$인 실수 $A < \infty$가 존재한다면 이 입력은 유계다. 모든 $t \in \mathbb{R}$에 대해 $|v(t)| \le B$인 실수 $B < \infty$가 존재한다면 이 출력 역시 유계다. 어떤 A에 의해 유계인 입력에 대해 출력에 대한 유계 B가 존재한다면 이 시스템은 안정적이다.

예제 2.4: 이제 예제 2.1의 헬리콥터 시스템이 불안정하다는 것을 쉽게 알 수 있다. 다음을 만족하며, u가 단위 계단$^{unit\ step}$인 $T_y = u$를 입력이라 하자.

$$\forall t \in \mathbb{R}, \quad u(t) = \begin{cases} 0, & t < 0 \\ 1, & t \geq 0 \end{cases}. \tag{2.8}$$

이는 시간 0 이전에 시스템에 가해지는 토크가 없고, 시간 0부터 시작해서 단위 크기의 토크를 시스템에 가한다는 의미다. 이 입력은 명백히 유계다. 이 입력은 크기가 1을 절대 초과하지 않는다. 그러나 출력은 유계 없이 커진다. 실제로 헬리콥터는 피드백 시스템을 사용해 헬리콥터 몸체를 똑바로 유지시키려고 얼마나 많은 토크를 적용해야 하는지 결정해야 한다.

2.4 피드백 제어

피드백을 가진 시스템은 방향성 사이클$^{directed\ cycle}$을 가지며, 한 액터의 출력이 동일 액터의 입력에 영향을 줄 수 있도록 다시 되돌아 들어간다. 이런 시스템의 예는 그림 2.3에 나와 있다. 대부분의 제어 시스템은 피드백을 사용한다. 이 시스템은 요청된 동작(그림의 ψ)과 실제 동작(그림의 $\dot{\theta}_y$) 간의 차이인 **오류**^{error}(그림의 e)를 측정하고, 이 측정을 사용해 동작을 보정한다. 오류 측정은 피드백이고, 이에 대응하는 보정 신호(그림의 T_y)는 앞으로의 오류를 줄이고자 보상해야 한다. 보정 신호는 보통 앞으로 발생할 오류에만 영향을 끼칠 수 있으므로 피드백 시스템은 각 방향성 사이클에서 보통 최소 한 개의 엄격한 인과적 액터(그림의 헬리콥터)를 포함해야 한다.

피드백 제어는 여러 책과 강의에서 다루는 복잡한 주제다. 이 책에서는 이 주제를 소프트웨어와 물리적 시스템 간의 상호작용을 유도하기에 충분한 정도만 가볍게 다룬다. 피드백 제어 시스템은 보통 임베디드 소프트웨어를 사용해 구현되고, 전

반적인 물리적 역학은 소프트웨어와 물리적 역학의 결합이다. 더 자세한 사항은
Lee and Varaiya(2011)의 12–14장을 참고하자.

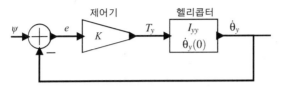

그림 2.3: 헬리콥터 안정화를 위한 비례 제어 시스템

예제 2.5: 예제 2.1의 헬리콥터 모델은 안정적이지 않다. 그림 2.3에 나온 것
처럼 간단한 피드백 시스템을 사용해 이 모델을 안정화할 수 있다. 이 시스
템의 입력 ψ는 원하는 각속도를 지정하는 연속 시간 시스템이다. 오류 신호
e는 실제 각속도와 원하는 각속도의 차이를 나타낸다. 그림 2.3에서 제어기
는 단순히 오류 신호를 상수 K로 조정하고, 제어 입력을 헬리콥터로 제공한
다. 식 (2.4)를 사용해 다음 식을 작성할 수 있다.

$$\dot{\theta}_y(t) = \dot{\theta}_y(0) + \frac{1}{I_{yy}}\int_0^t T_y(\tau)d\tau \qquad (2.9)$$

$$= \dot{\theta}_y(0) + \frac{K}{I_{yy}}\int_0^t (\psi(\tau) - \dot{\theta}_y(\tau))d\tau, \qquad (2.10)$$

이 식은 $e(t) = \psi(t) - \dot{\theta}_y(t)$와 $T_y(t) = Ke(t)$를 사용했다.

식 (2.10)은 $\dot{\theta}_y(t)$를 양쪽에 가지므로 풀기 쉽지 않다. 가장 쉬운 해법은 라플
라스 변환$^{\text{Laplace transforms}}$을 사용하는 것이다(Lee and Varaiya (2011)의 14장 참고).
그러나 이 책에서는 미적분의 무작위 대입 기법$^{\text{brute-force technique}}$을 사용할 수
있다. 이 문제를 가능하면 간단히 만들려고 모든 t에 대해 $\psi(t) = 0$이라고 가
정하자. 즉, 헬리콥터가 단순히 회전하지 않도록 제어해보자. 원하는 각속

도는 0이다. 이 경우 식 (2.10)은 다음과 같이 단순화된다.

$$\dot{\theta}_y(t) = \dot{\theta}_y(0) - \frac{K}{I_{yy}} \int\limits_0^t \dot{\theta}_y(\tau)d\tau. \qquad (2.11)$$

미적분에서 다음의 사실을 이용하면 $t \geq 0$이고 u가 식 (2.8)로 주어졌을 때

$$\int\limits_0^t a e^{a\tau} d\tau = e^{at}u(t) - 1$$

식 (2.11)의 해법은 다음과 같다.

$$\dot{\theta}_y(t) = \dot{\theta}_y(0)e^{-Kt/I_{yy}}u(t). \qquad (2.12)$$

(이 해법이 옳다는 것을 검증하는 것은 쉽지만, 해법을 유도하는 것은 그리 쉽지 않다. 이를 위해 라플라스 변환은 훨씬 좋은 메커니즘을 제공한다.)

식 (2.12)를 통해 K가 양수면 t가 커짐에 따라 각속도는 원하는 각속도(0)에 접근한다는 것을 알 수 있다. 더 큰 K의 경우 더 빨리 접근할 것이다. 음수 K의 경우 시스템은 불안정하고 각속도는 유계 없이 증가할 것이다.

위 예제는 비례 제어 피드백 루프를 나타내며, 제어 신호가 오류에 비례하기 때문에 이와 같이 부른다. 원하는 신호를 0으로 가정했다. 이와 마찬가지로 헬리콥터는 처음에 정지 상태에 있다고 가정할 수 있고(각속도가 0이다), 다음 예제처럼 0이 아닌 원하는 특정 신호에 대한 동작을 결정할 수 있다.

예제 2.6: 헬리콥터가 처음에 정지 상태에 있다고 가정할 때 $\dot{\theta}(0) = 0$이고 원하는 신호는 어떤 상수 a에 대해 다음과 같다.

$$\psi(t) = au(t)$$

즉, 헬리콥터를 고정된 비율로 회전하게 제어하는 것이다.

식 (2.4)를 사용해 다음과 같이 쓸 수 있다.

$$
\begin{aligned}
\dot{\theta}_y(t) &= \frac{1}{I_{yy}} \int_0^t T_y(\tau) d\tau \\
&= \frac{K}{I_{yy}} \int_0^t (\psi(\tau) - \dot{\theta}_y(\tau)) d\tau \\
&= \frac{K}{I_{yy}} \int_0^t a\, d\tau - \frac{K}{I_{yy}} \int_0^t \dot{\theta}_y(\tau) d\tau \\
&= \frac{Kat}{I_{yy}} - \frac{K}{I_{yy}} \int_0^t \dot{\theta}_y(\tau) d\tau
\end{aligned}
$$

동일한 방법을 사용해 식을 풀면 해가 다음과 같음을 알 수 있다.

$$\dot{\theta}_y(t) = au(t)(1 - e^{-Kt/I_{yy}}). \tag{2.13}$$

K가 양수일 때 t가 커질수록 각속도는 원하는 각속도에 접근한다. 큰 K의 경우 더 빨리 접근할 것이다. K가 음수일 경우 시스템은 불안정하며, 각속도는 유계 없이 커질 것이다.

위 해법의 첫 번째 항은 요청한 각속도임을 주목하자. 두 번째 항은 **트래킹 에러**tracking error라고 하는 오류며, 이 예제에서는 점근적으로 0에 접근한다.

위 예제는 약간 비현실적이다. 헬리콥터의 순수 토크를 독립적으로 제어할 수 없기 때문이다. 특히 다음과 같이 순수 토크 T_y는 위쪽 회전 날개의 토크 T_t와 꼬리 회전 날개 토크 T_r의 합이다.

$$\forall\, t \in \mathbb{R}, \quad T_y(t) = T_t(t) + T_r(t)$$

T_t는 헬리콥터의 회전과 무관하게 원하는 고도를 유지하거나 달성하려고 필요한 회전에 의해 결정된다. 따라서 T_r을 제어하며 모든 T_t(더 정확히는 동작 파라미터 내의 모든 T_t)에서 헬리콥터를 안정시키는 제어 시스템을 설계해야 한다. 다음 예제에서는 이 부분이 제어 시스템의 성능을 어떻게 바꿀 수 있는지 살펴본다.

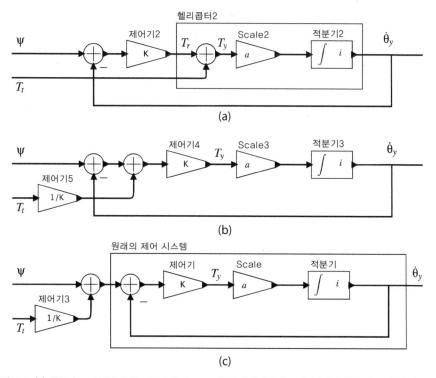

그림 2.4: (a) 위쪽과 꼬리 날개에 별도로 제어되는 토크를 가진 헬리콥터 모델. (b) 동등한 모델로 변환($K > 0$으로 가정). (c) 제어기 동작의 이해를 위해 동등한 모델로 추가 변환

예제 2.7: 그림 2.4(a)에서 각각 위쪽 회전 날개와 꼬리 회전 날개에서 발생하는 토크 T_t와 T_r을 갖도록 헬리콥터 모델을 수정했다. 이 피드백 제어 시스템은 이제 T_r만을 제어하며, T_t는 외부(제어되지 않는) 입력 신호로 취급된다. 이 제어 시스템은 얼마나 잘 동작할까?

이 주제를 완전히 다루는 것은 이 책의 범위를 벗어나지만, 이 책에서는 특정 예제를 다룰 것이다. 위쪽 회전 날개에서 나오는 토크를 어떤 상수 b에 대해 다음과 같이 가정하자.

$$T_t = bu(t)$$

즉, 시간 0일 때 위쪽 회전 날개는 일정한 속도로 회전을 시작하고 그 속도를 유지한다. 헬리콥터가 초기에는 정지 상태라고 가정해보자. 이 시스템의 동작을 파악하려고 예제 2.6의 결과를 사용할 수 있다.

먼저 이 모델을 그림 2.4(b)에 나온 모델로 바꿀 수 있다. 이 변형은 임의의 실수 a_1, a_2, K에 대해 다음을 만족하는 대수적 사실에 의존한다.

$$Ka_1 + a_2 = K(a_1 + a_2/K)$$

이 모델은 덧셈이 교환법칙이 성립함을 이용해 그림 2.4(c)에 나온 모델로 바꿀 수 있다. 그림 2.4(c)에서, 박스에 있는 모델의 일부가 그림 2.3에 나타나 있는 예제 2.6에서 분석한 제어 시스템과 정확히 같음을 알 수 있다. 따라서 예제 2.6의 동일한 분석이 이 예제에도 적용될 수 있다. 원하는 각회전이 다음과 같다고 가정하자.

$$\psi(t) = 0$$

그러면 원래의 제어 시스템의 입력은 다음과 같다.

$$x(t) = \psi(t) + T_t(t)/K = (b/K)u(t)$$

식 (2.13)에 의해 해법은 다음과 같다.

$$\dot{\theta}_y(t) = (b/K)u(t)(1 - e^{-Kt/I_{yy}}). \tag{2.14}$$

원하는 각회전은 0이지만 제어 시스템은 점진적으로 0이 아닌 각회전 b/K에 접근한다. 이 트래킹 에러는 제어 시스템 피드백 게인^{gain} K를 증가시킴으로써 임의로 작게 할 수 있지만, 이 제어기 설계에서는 0으로 만들 수 없다. 점근적으로 트래킹 에러를 0으로 할 수 있는 대체 제어기 설계는 연습문제 7에서 다룬다.

2.5 요약

2장에는 물리적 역학을 설명하는 두 가지 모델링 기법을 설명했다. 첫 번째 기법은 엔지니어를 위한 훌륭한 도구인 상미분 방정식이며, 두 번째 모델은 소프트웨어 모델링과 시뮬레이션 도구로 구동되는 새로운 기법인 액터 모델이다. 이 두 가지 기법은 밀접한 관련이 있다. 2장에서는 이 두 모델의 관계와 모델링되는 시스템, 이들 모델과의 관계를 강조했다. 그러나 이 관계는 쉽게 접근할 수 없는 심오한 주제다. 이 책의 목적은 시스템을 위해 여러 모델을 사용할 수 있고, 모델은 모델링되는 시스템과는 구별된다는 사실을 독자에게 알리는 것이다. 모델의 정확도(모델이 모델링되는 시스템에 얼마나 근접하는지)는 모든 공학적인 노력이 성공하느냐 실패하느냐를 결정하는 큰 요인이다.

연습문제

1. 그림 2.5에 나온 소리굽쇠$^{tuning\ fork}$는 해머로 쳐서 이동할 수 있는 타인^{tine}이라고 불리는 금속 손가락으로 구성돼 있다. 해머로 치면 타인은 진동한다.

타인이 마찰 저항이 없다면 계속 진동할 것이다. 시간 0에서 때린 후 이 타인의 이동을 함수 $y: \mathbb{R}_+ \to \mathbb{R}$로 나타낼 수 있다. 해머가 만든 초기 이동을 1 유닛으로 가정하면 물리학 지식을 이용해 모든 $t \in \mathbb{R}_+$에 대해 이 이동은 다음의 미분 방정식을 만족한다.

$$\ddot{y}(t) = -\omega_0^2 y(t)$$

여기서 ω_0^2은 타인의 질량과 강성에 의존하는 상수고, $\ddot{y}(t)$은 y의 시간에 대한 2차 미분을 나타낸다. 다음과 같이 주어진 y가 이 미분 방정식의 해임을 쉽게 증명할 수 있다(그냥 2차 미분을 취하면 된다).

$$\forall\, t \in \mathbb{R}_+, \quad y(t) = \cos(\omega_0 t)$$

따라서 소리굽쇠의 이동은 사인 곡선^{sinusoidal}이다. $\omega_0 = 2\pi \times 440$ raidans/sec가 되도록 소리굽쇠의 재질을 선택하면 소리굽쇠는 음계에서 A-440의 음색을 낸다.

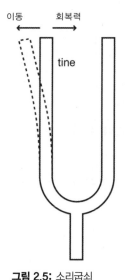

그림 2.5: 소리굽쇠

(a) 해법이 $y(t) = \cos(\omega_0 t)$만 있는가? 그렇지 않다면 다른 해법을 구해보자.

(b) 해법이 $y(t) = \cos(\omega_0 t)$라고 가정하면 초기 이동은 얼마인가?

(c) 적분기나 가산기, 스케일러, 이와 유사한 간단한 액터 같은 일반적인 액터를 사용해 출력을 y로 만드는 소리굽쇠를 모델링해보자. 초기 이동을 파라미터로 처리하자. 주의 깊게 다이어그램에 라벨을 지정하자.

2. 시스템 $S: A^{\mathbb{R}} \to B^{\mathbb{R}}$이 엄격히 인과적이고 메모리리스 특성을 갖는다면 이 시스템의 출력은 일정함을 보여라. 여기서 일정하다는 것은 시간 t에서 출력 $(S(x))(t)$가 t에 의존하지 않음을 의미한다.

3. 이 연습문제는 선형성을 살펴본다.

(a) 예제 2.1에 정의된 헬리콥터 모델이 초기 각속도 $\dot{\theta}_y(0) = 0$인 경우에만 선형임을 보여라.

(b) 두 개의 직렬 선형 액터는 선형임을 보여라.

(c) 두 개의 입력 신호와 한 개의 출력 신호를 가진 액터에 적용할 수 있게 선형성의 정의를 확장해보자. 가산기 액터가 선형임을 보여라.

4. 예제 2.1의 헬리콥터와 입출력의 정의가 약간 다른 헬리콥터를 생각해보자. 예제 2.1처럼 입력이 $T_y: \mathbb{R} \to \mathbb{R}$이지만, 출력은 주 회전 날개 축에 대한 꼬리의 위치다. 구체적으로 x–y 평면은 주 회전 날개 축과 직교하는 평면이고, 시간 t에서의 꼬리 위치는 튜플$((x(t), y(t))$로 정의하자. 이 모델은 LTI인가? 이 모델은 BIBO 안정적인가?

5. 고정된 축을 중심으로 각속도를 제어할 수 있는 회전 로봇을 생각해보자.

(a) 입력이 각속도 $\dot{\theta}$이고 출력이 각도 θ인 시스템으로 이 로봇을 모델링해보자. 입력과 출력을 시간 함수로 나타내는 방정식으로 이 모델을 만들어보자.

(b) 이 모델은 BIBO 안정적인가?

(c) 이 로봇을 원하는 각도로 설정하는 비례 제어기를 설계해보자. 다시 말해 초기 각도는 θ(0) = 0이고, 원하는 각도는 ψ(t) = au(t)며, 이때 u는 단위 계단 함수다. 시간과 비례 제어기 피드백 게인 K의 함수로서 실제 각도를 구해보자. t = 0일 때 출력값은 무엇인가? 이 출력은 t가 커지면 어디로 접근하는가?

6. DC 모터는 모터의 권선^{winding}을 통과하는 전류에 비례한 토크를 생성한다. 따라서 마찰을 무시하면 모터의 순수 토크는 모터에 연결된 모든 부하가 가하는 토크를 이 토크에서 뺀 값이다. 뉴턴의 제2법칙(회전 버전)은 다음과 같다.

$$k_T i(t) - x(t) = I \frac{d}{dt} \omega(t) \qquad (2.15)$$

여기서 k_T는 모터 토크 상수고, $i(t)$는 시간 t에서의 전류, $x(t)$는 시간 t에서 부하가 가하는 토크, I는 모터의 관성 모멘트, $\omega(t)$는 모터의 각속도다.

(a) 모터가 초기에 정지 상태라고 가정하고 식 (2.15)를 적분 방정식으로 바꿔보자.

(b) x와 i가 입력이고 ω는 출력일 때 이 모터를 모델링하는 액터 모델(블록 다이어그램)을 만들어보자. 단, 적분기 같은 원시^{primitive} 액터와 스케일러나 가산기 같은 기본 산술 액터만을 이용해야 한다.

(c) 실제 DC 모터의 입력은 전류가 아니고 전압이다. 모터 권선의 인덕턴스가 무시할 정도라고 가정하면 전압과 전류 사이의 관계는 다음과 같다.

$$v(t) = Ri(t) + k_b \omega(t)$$

여기서 R은 모터 권선의 저항이고, k_b는 모터 역전력 상수라 불리는 상수다. 두 번째 항은 회전하는 모터가 전기 발전기로 동작하기 때문에 나타난다. 생성된 전압은 각속도에 비례한다.

입력이 i와 x가 아닌 v와 x가 되도록 액터 모델을 수정해보자.

7. (a) 연속 시간 모델링 소프트웨어(LabVIEW나 Simulink, Ptolemy II 같은)를 사용해 그림 2.4에 나온 헬리콥터 제어 시스템 모델을 만들어보자. 원하는 각속도가 0, 즉 $\psi(t) = 0$이며, 위쪽 회전 날개 토크가 0이 아닌 $T_t(t) = bu(t)$임을 가정하고, 합리적인 파라미터를 선택하고, 실제 각속도를 시간 함수로 그려보자. 여러 K 값에 대해 그려보고, K에 따라 동작이 어떻게 변하는지 논의해보자.

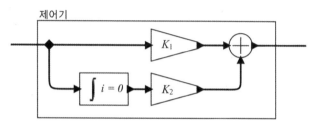

그림 2.6: 헬리콥터용 비례 적분기 제어기

(b) 그림 2.4의 제어기(K에 의한 간단한 스케일 액터)를 그림 2.6의 제어기로 바꾸려고 (a)의 모델을 수정하자. 이 대체 제어기는 비례 적분기[PI] 제어기라 부른다. 이 제어기는 두 개의 파라미터 K_1, K_2를 가진다. 이 파라미터 값을 이용해 실험해보고, (a)와 동일한 입력을 가질 때 동작을 그려보자. 그리고 (a)의 제어기와 이 제어기의 동작을 비교해보자.

임베디드 시스템 모델은 이산적이고 연속적인 구성 요소 모두를 포함한다. 연속적인 구성 요소는 부드럽게 전개되고, 이산적인 구성 요소는 갑자기 전개된다. 2장에서는 연속적인 구성 요소들을 살펴봤고, 시스템의 물리적 역학은 보통 상미분 혹은 적분 방정식으로 모델링되거나, 이 방정식을 반영하는 액터 모델로 모델링될 수 있음을 보였다. 그러나 이산 구성 요소는 ODE로 모델링하기 쉽지 않다. 3장에서는 이산 역학을 모델링하려고 상태 기계를 어떻게 사용하는지 살펴본다. 4장에서는 하이브리드 시스템 모델을 만들고자 상태 기계가 연속 역학 모델과 어떻게 결합될 수 있는지 살펴볼 것이다.

3.1 이산 시스템

이산 시스템^{discrete system}은 이산 단계들의 수열로 동작하며, 이산 역학^{discrete dynamics}을 갖는다고 말한다. 어떤 시스템들은 본질적으로 이산적이다.

예제 3.1: 주차장에 몇 대의 차가 있는지 항상 추적하려고 주차장에 들어오고 나가는 차의 수를 세는 시스템을 생각해보자. 이 시스템은 그림 3.1처럼 모델링될 수 있다. 지금은 차의 입출입 감지 센서를 설계하는 방법은 무시하자. 입차 감지 액터는 차가 들어오면 이벤트를 생성하고, 출차 감지 액터는 차가 나가면 이벤트를 생성한다. 카운터^{counter} 액터는 초깃값 i에서 시작해 현재 차의 수를 가진다. 차의 수가 변할 때마다 이 액터는 화면을 업데이트하는 출력 이벤트를 생성한다.

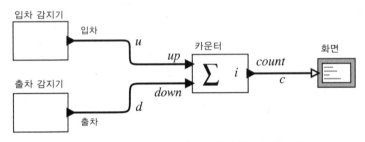

그림 3.1: 주차장 내 자동차의 수를 추적하는 시스템 모델

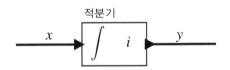

그림 3.2: 2장에서 사용한 적분기 액터를 나타내는 아이콘

위 예제에서 각 입차나 출차는 이산 이벤트로 모델링된다. 이산 이벤트는 시간에 걸쳐 발생하지 않고 순간적으로 발생한다. 그림 3.1의 카운터 액터는 그림 3.2에 나온 것처럼 2장에서 사용한 적분기 액터와 유사하다. 카운터 액터처럼 적분기는 입력값을 누적한다. 그러나 동작은 매우 다르다. 적분기의 입력은 $x: \mathbb{R} \rightarrow \mathbb{R}$이나 $x: \mathbb{R}_+ \rightarrow \mathbb{R}$인 연속 시간 신호 형태의 함수다. 반면 카운터의 up 입력 포트로 들어오는 신호 u는 다음 형태의 함수다.

$$u \colon \mathbb{R} \to \{absent, present\}$$

이 함수는 $t \in \mathbb{R}$인 임의의 시간에서 입력 $u(t)$는 그 시간에 이벤트가 없음을 나타내는 *absent*나 이벤트가 있음을 나타내는 *present*임을 의미한다. 이 형태의 신호를 순수 신호^pure signal라고 부른다. 이 신호는 값을 전달하지 않지만 주어진 시간에 존재^present 혹은 부재^absent라는 정보를 제공한다. 그림 3.1의 신호 d도 순수 신호다.

카운터가 다음과 같이 동작한다고 가정하자. 이벤트가 입력 포트 *up*에 존재할 때 카운터는 증가되고 새로운 값을 출력한다. 이벤트가 입력 포트 *down*에 존재할 때 카운터는 감소하고 새로운 값을 출력한다.[1] 다른 경우(즉, 모든 입력이 없을 경우)에는 어떤 출력도 없다(즉, *count* 출력은 없다). 그러므로 그림 3.1의 신호 c는 다음 형태의 함수로 모델링될 수 있다.

$$c \colon \mathbb{R} \to \{absent\} \cup \mathbb{Z}$$

(표기법은 부록 A를 참고하자.) 이 신호는 순수 신호는 아니지만 u나 d와 같이 부재거나 존재한다. 하지만 u나 d와 다르게 신호가 존재할 때 값(정수)을 갖는다.

입력이 대부분의 시간 동안 부재, 좀 더 기술적으로 표현하면 입력이 이산적이라고 가정해보자. 그러면 카운터는 각각의 입력 이벤트 수열에 순서대로 반응한다. 이는 연속된 입력에 연속적으로 반응하는 적분기와 매우 다르다.

카운터의 입력은 특정 시간에는 이벤트를 갖고(즉, 존재하고), 그 이외의 시간에는 이벤트를 갖지 않는(즉, 부재하는) 한 쌍의 이산 신호다. 출력 역시 입력이 존재할 때 자연수를 값으로 갖고 입력이 존재하지 않을 때는 부재하는 이산 신호다.[2] 이 카운터는 입력이 부재할 때는 어떤 것도 할 필요가 없다. 입력이 존재할 때만 동작하면

---

1. 카운트 수가 0 밑으로 떨어지면 이를 합리적으로 처리할 수 있는 오류 처리기가 있는 시스템을 설계하는 것이 좋을 것이다. 하지만 지금은 이 경우를 무시하자.

2. 연습문제 8에서 나온 것처럼 입력 신호가 이산이라는 사실이 출력 신호가 이산임을 반드시 의미하지는 않는다. 그러나 이 애플리케이션에서는 입출차 가능 속도에 물리적 제약이 있고, 이는 이 신호들이 이산임을 나타낸다. 따라서 이 신호들이 이산이라 가정해도 안전하다.

된다. 따라서 이 카운터는 이산 역학을 갖는다.

이산 시스템의 역학은 반응^reaction이라 부르는 과정들의 수열로 나타낼 수 있고, 각 반응은 순간적임을 가정한다. 이산 시스템의 반응은 이산 시스템이 동작하는 환경에 의해 일어난다. 그림 3.1의 경우 카운터 액터의 반응은 한 개 이상의 입력 이벤트가 존재할 때 일어난다. 즉, 이 예제에서 반응은 이벤트 트리거^event triggered다. 카운터의 두 개 입력이 모두 부재할 때는 어떤 반응도 일어나지 않는다.

더 알아보기: 이산 신호

이산 신호는 시간에 따른 순간적 이벤트들의 수열로 구성된다. 여기서 이 직관적 개념을 좀 더 정확히 만들어보자.

X가 임의의 값 집합인 $e: \mathbb{R} \rightarrow \{absent\} \cup X$ 형태의 신호를 생각해보자. 이 신호는 직관적으로 대부분의 시간에 부재하고 이 신호가 존재하는(부재하지 않는) 시간을 순서대로 셀 수 있다면 이산 신호가 된다. 신호가 존재할 때마다 이산 이벤트를 갖는다.

이벤트를 순서대로 셀 수 있는 것이 중요하다. 예를 들어 e가 모든 유리수 t에 존재한다면 이 신호를 이산이라 하지 않는다. 이 경우 신호가 존재하는 시간을 순서대로 셀 수 없다. 이 신호는 직관적으로 시간에 따른 순간적 이벤트들의 수열이 아니다(이 신호는 시간에 따른 순간적 이벤트의 집합이지만 수열은 아니다).

이를 형식적으로 정의하려고 $T \subseteq \mathbb{R}$을 e가 존재하는 시간의 집합이라 하면 다음과 같이 나타낼 수 있다.

$$T = \{t \in \mathbb{R} \ : \ e(t) \neq absent\}$$

이때 순서 보존^order preserving 일대일 함수 $f: T \rightarrow \mathbb{N}$이 존재하면 e는 이산적이

다. 순서 보존은 $t_1 \leq t_2$인 모든 $t_1, t_2 \in T$에 대해 $f(t_1) \leq f(t_2)$임을 의미한다. 이런 일대일 함수가 존재하는 것은 이벤트를 시간 순서대로 셀 수 있음을 보장한다. 이산 신호의 속성은 연습문제 8에서 살펴본다.

더 알아보기: 함수로 액터 모델링

2.2절과 같이 그림 3.2의 적분기 액터는 다음 형태의 함수로 모델링될 수 있다.

$$I_i : \mathbb{R}^{\mathbb{R}_+} \to \mathbb{R}^{\mathbb{R}_+}$$

이 함수는 다음과 같이 쓸 수 있다.

$$I_i : (\mathbb{R}_+ \to \mathbb{R}) \to (\mathbb{R}_+ \to \mathbb{R})$$

(표기법이 익숙하지 않다면 부록 A를 참고하자.) 그림 3.2에서 다음 식이 성립하고, 이때 i는 적분의 초깃값이고 x와 y는 연속 시간 신호다.

$$y = I_i(x)$$

예를 들어 $i = 0$이고 모든 $t \in \mathbb{R}_+$에 대해 $x(t) = 1$이면 다음 식이 성립한다.

$$y(t) = i + \int_0^t x(\tau)d\tau = t$$

이와 유사하게 그림 3.1의 카운터는 다음 형태의 함수로 모델링될 수 있다.

$$C_i : (\mathbb{R}_+ \to \{absent, present\})^P \to (\mathbb{R}_+ \to \{absent\} \cup \mathbb{Z})$$

여기서 $\mathbb{Z}$는 정수이고 P는 입력 포트의 집합 $P = \{up, down\}$이다. A^B은 B에서 A로의 모든 함수 집합을 나타낸다. 따라서 함수 C의 입력은 정의역이 P인 함수며, 이때 P는 $p \in P$의 각 포트에 대해 $(\mathbb{R}_+ \rightarrow \{absent, present\})$의 함수이고 $t \in \mathbb{R}_+$인 모든 시간에 대해 존재이거나 부재를 나타낸다.

특정 반응은 특정 시간 t에서의 입력값을 관찰하고, 같은 시간 t에서의 출력값을 계산할 것이다. 한 액터가 입력 포트 $P = \{p_1, ..., p_N\}$을 가지며 p_i는 i번째 입력 포트의 이름을 나타낸다고 가정하자. 그리고 각 입력 포트 $p \in P$에 대해 집합 V_p는 입력이 존재할 때 포트 p에서 받을 수 있는 값을 나타낸다고 가정하자. V_p는 포트 p의 타입^{type}이라고 부른다. 한 반응에서 각 $p \in P$는 $p \in V_p \cup \{absent\}$ 값을 받는 변수로 취급한다. 입력 P의 값매김^{valuation}은 V_p의 값을 $p \in P$의 각 변수에 대입하거나 p가 부재함을 나타낸다.

포트 p가 순수 신호를 받으면 $V_p = \{present\}$가 성립하며, 이는 한 원소 집합^{singleton} ^{set}이다. 신호가 있을 때 가능한 값은 $present$뿐이다. 따라서 한 반응에서 변수 p는 집합 $\{present, absent\}$의 한 값을 가질 것이다.

예제 3.2: 주차장 카운터에서 입력 포트의 집합은 $P = \{up, down\}$이다. 두 포트는 순수 신호를 받으므로 타입은 $V_{up} = V_{down} = \{Present\}$다. 차 한 대가 시간 t에 입차하고 다른 차는 출차하지 않는다면 해당 반응에서 $up = present$이고 $down = absent$가 된다. 한 대가 입차하고 다른 한 대가 동시에 출차한다면 $up = down = present$가 된다. 두 경우가 참이 아니라면 두 포트 모두 $absent$가 된다.

출력도 입력과 유사하게 지정된다. 타입이 $V_{q_1}, ..., V_{q_M}$인 출력 포트 $Q = \{q_1, ..., q_M\}$을 가진 이산 시스템을 생각해보자. 각 반응에서 시스템은 값 $q \in V_q \cup \{absent\}$를 각 $q \in Q$에 대입하며 출력 값매김을 생성한다. 3장에서는 반응이 발생하지 않는 시간 t에서 출력은 $absent$라고 가정한다. 따라서 이산 시스템의 출력은 이산 신호다. 4장에서는 출력이 이산이 아닌 시스템까지 설명한다(이후의 '무어 기계와 밀리 기계' 참고).

> **예제 3.3:** 그림 3.1의 카운터 액터는 *count*라는 이름을 가진 한 개의 출력 포트를 가지므로 $Q = \{count\}$다. 이 액터의 타입은 $V_{count} = \mathbb{Z}$다. 한 반응에서 주차장의 차의 수를 *count*에 대입한다.

3.2 상태의 개념

직관적으로 시스템의 **상태**^{state}는 특정 시점에서 시스템의 상태^{condition}다. 일반적으로 이 상태는 시스템이 입력에 어떻게 반응하는지 영향을 미친다. 보통 현재나 미래의 입력에 대한 시스템 반응에 영향을 주는 과거 모든 것의 인코딩^{encoding}으로 상태를 정의한다. 즉, 상태는 과거의 요약이다.

그림 3.2의 **적분기** 액터를 생각해보자. 이 액터는 상태를 가지며 이 액터의 경우 상태는 임의의 시간 t에서의 출력과 동일한 값을 갖는다. 시간 t에서 액터의 상태는 시간 t까지 입력 신호의 적분 값이다. 시간 t 이후에 하위 시스템이 입력에 어떻게 반응할지 알려면 시간 t에서의 이 적분 값을 알아야 한다. 과거 입력에 관해 더 알아야 할 필요는 없다. 미래에 영향을 주는 과거 입력은 t에서의 현재 값에 모두 나와 있다. 그림 3.2의 아이콘은 초기 상태 값 i를 포함하며, 이 값은 어떤 시작 시점에서 시작할 때 필요하다.

적분기는 시간 연속체^{time cntinuum}로 동작한다. 적분기는 연속 시간 입력 신호를 적분하며, 입력에 의해 주어진 곡선 밑의 누적 영역에 초기 상태를 더해 매번 출력을 만들어낸다. 어떤 시점의 적분기 상태는 누적 영역에 초기 상태를 더한 것이다. 앞 절의 카운터 액터도 상태를 가지며, 이 상태 또한 과거 입력값의 누적이지만 이산적으로 동작한다.

시간 t에서의 적분기의 상태 $y(t)$는 실수다. 따라서 적분기의 **상태 공간**state space은 $States = \mathbb{R}$이다. 그림 3.1에서 사용한 카운터에서 시간 t에서의 상태 $s(t)$는 정수이 므로 $States \subset \mathbb{Z}$다. 실제 주차장은 유한하고 음이 아닌 M의 공간을 가지므로 이런 방식으로 사용된 카운터 액터의 상태 공간은 다음과 같다.

$$States = \{0, 1, 2, \cdots, M\}$$

(이는 주차장 내에 존재하는 공간보다 더 많은 차를 넣지 않음을 가정한다.) 적분기의 상태 공 간은 무한(실제로는 비가산 무한uncountably infinite)하다. 주차장 카운터의 상태 공간은 유 한하다. 유한 상태 공간을 가진 이산 모델을 유한 **상태 기계**FSM, Finite-State Machines라고 부른다. 이런 모델에 사용할 수 있는 강력한 분석 기법을 지금부터 살펴보자.

3.3 유한 상태 기계

상태 기계는 각 반응에서 입력 값매김을 출력 값매김에 매핑하는 이산 역학을 가 진 시스템 모델이며, 이 매핑은 현재 상태에 의존할 수 있다. 유한 상태 기계FSM는 가능한 상태들의 집합 $States$가 유한finite인 상태 기계state machine다.

상태의 개수가 충분히 적은 경우 FSM은 그림 3.3처럼 시각적 표기법을 사용해 간 단히 그릴 수 있다. 여기서 각 상태는 버블bubble로 나타내므로, 이 다이어그램에서 상태 집합은 다음과 같다.

$$States = \{ \text{State1, State2, State3} \}$$

각 반응의 시작에는 초기 상태인 State1이 있고, 화살표가 이 상태로 들어오게 표 시된다.

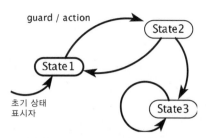

그림 3.3: 시각적으로 표기한 유한 상태 기계

3.3.1 전이

상태들 간 전이[Transitions]는 상태 기계의 이산 역학 및 입력 값매김을 출력 값매김에 매핑하는 것을 제어한다. 전이는 그림 3.3처럼 한 상태에서 다른 상태로 가는 곡선 화살표로 나타낸다. 그림 3.3의 State3에 나타난 것처럼 전이는 같은 상태에서 시작하고 끝날 수 있다. 이 경우 전이를 자기 전이[self-transition]라고 부른다.

그림 3.3의 State1에서 State2로 전이는 'guard/action' 라벨이 있다. 가드[guard]는 한 반응에서 전이 발생 여부를 결정한다. 액션[action]은 각 반응에서 만들어지는 출력을 지정한다.

가드는 전이가 발생해야 할 때 참[true]으로 평가되는 술어[predicate](불리언 값 표현식)이며, 상태를 전이 시작 지점의 상태에서 전이 끝 지점의 상태로 변경한다. 가드가 참으로 평가되면 전이가 **활성화**[enabled]된다고 부른다. 액션은 값(혹은 부재)을 출력 포트에 대입하는 것이다. 수행되는 전이에서 언급되지 않은 출력 포트는 암묵적으로 부재[absent]다. 액션이 없다면 모든 출력은 암묵적으로 부재다.

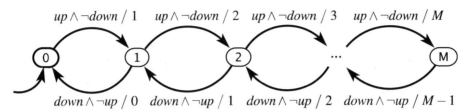

입력: *up, down* : 순수
출력: *count* : $\{0, \cdots, M\}$

그림 3.4: 그림 3.1에 나온 주차장 카운터용 FSM 모델

예제 3.4: 그림 3.4는 주차장 카운터 FSM 모델을 보여준다. 입력과 출력은 이름:타입 표기법을 사용해 나타낸다. 상태 집합은 *States* = {0, 1, 2, …, *M*}이다. 상태 0에서 1로의 전이는 *up* $\wedge$ ¬*down*인 가드를 갖는다. 이 가드는 *up*이 존재하고 *down*이 부재할 때 참으로 평가되는 술어다. 한 반응에서 현재 상태가 0이고 이 가드가 참으로 평가되면 이 전이는 수행되며, 다음 상태는 1이 될 것이다. 그리고 이 가드 옆의 액션은 출력에 값 1을 대입해야 함을 나타낸다. 출력 포트 *count*는 명시적으로 지정되지 않았는데, 출력 포트가 한 개만 있으므로 모호성이 없기 때문이다.

0에서 1로의 전이에서 가드 식에 *up*만 있었다면 *down*이 존재할 때도 참으로 평가될 수 있다. 이 경우 한 차가 떠나는 동시에 다른 차가 들어올 때 차의 수를 잘못 셀 것이다.

p_1과 p_2가 한 이산 시스템의 순수 입력이라면 다음의 가드 예제는 유효하다.

true	전이는 항상 활성화 된다.
p_1	전이는 p_1이 존재할 때 활성화된다.
¬p_1	전이는 p_1이 부재할 때 활성화된다.
$p_1 \wedge p_2$	전이는 p_1과 p_2가 모두 존재할 때 활성화된다.

$p_1 \lor p_2$ 　　전이는 p_1이나 p_2가 존재할 때 활성화된다.

$p_1 \land \neg p_2$ 　전이는 p_1이 존재하고 p_2가 부재할 때 활성화된다.

위 내용은 표준 논리 연산자로, 존재^{Present}는 참, 부재^{absent}는 거짓의 동의어로 사용된다. 기호 $\neg$은 논리 부정^{negation}을 나타낸다. 연산자 $\land$은 **논리곱**(논리 AND)이고, $\lor$은 **논리합**(논리 OR)이다.

이 이산 시스템이 타입 $V_{p_3} = \mathbb{N}$을 갖는 세 번째 입력 포트 p_3를 갖는다고 가정해보자. 그러면 다음 가드 예제는 유효하다.

p_3 　　　　　전이는 p_3가 존재할 때(부재하지 않을 때) 활성화된다.

$p_3 = 1$ 　　　전이는 p_3가 존재하고 값이 1일 때 활성화된다.

$p_3 = 1 \land p_1$ 　전이는 p_3가 값이 1이고 p_1이 존재할 때 활성화된다.

$p_3 > 5$ 　　　전이는 p_3가 존재하고 값이 5보다 클 때 활성화된다.

예제 3.5: 전 세계 대부분의 에너지는 난방, 환기, 공조(HVAC) 시스템에 사용된다. 온도 역학과 온도 제어 시스템의 정확한 모델은 에너지 절약을 크게 개선할 수 있다. 이런 모델링은 간단한 **온도 조절 장치**^{thermostat}부터 시작할 수 있다. 이 장치는 온도를 설정 값이나 특정 온도로 유지시킨다. 'thermostat'란 단어는 '뜨거운'과 '움직이지 않는'이라는 그리스어에서 나온 것이다.

그림 3.5와 같이 *States* = {heating^{난방}, cooling^{냉방}}을 가진 FSM으로 모델링되는 온도 조절 장치를 생각해보자. 설정 값을 섭씨 20도로 가정하자. 난방기가 켜지면 온도 조절 장치는 온도가 22도까지 오르게 할 것이다. 난방기가 꺼지면 18도까지 온도가 떨어지게 할 것이다. 이 전략을 **이력**^{hysteresis}이라고 한다(뒤의 '더 알아보기: 이력(Hysteresis)' 참고). 이는 난방기가 설정 온도 근처에 도달할 때 빠르게 켜지고 꺼지는 현상인 **채터링**^{chattering}을 방지한다.

타입 $\mathbb{R}$을 갖는 한 개의 입력 *temperature*^{온도}와 두 개의 순수 출력인 *heatOn*^{난방} ^{시작}, *HeatOff*^{난방 중지}가 있다. 이 출력은 난방기 상태가 변해야 할 때(즉, 난방기가 켜진 상태에서 꺼져야 한다거나 난방기가 꺼진 상태에서 꺼져야 하는)만 존재할 것이다.

입력: *temperature* : $\mathbb{R}$
출력: *heatOn*, *heatOff* : 순수

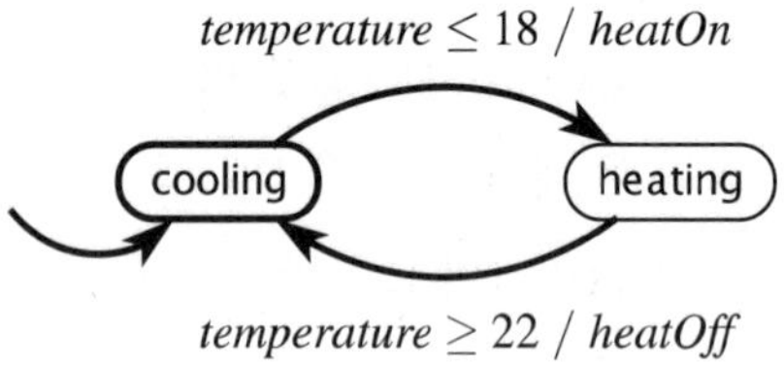

$temperature \leq 18 \ / \ heatOn$

cooling   heating

$temperature \geq 22 \ / \ heatOff$

그림 3.5: 이력(hysteresis)을 가진 온도 조절 장치 모델

그림 3.5의 FSM은 주차장 카운터처럼 이벤트 트리거가 될 수 있고, 이 경우 입력 *temperature*^{온도}가 주어질 때마다 반응할 것이다. 혹은 시간 트리거^{time trigger}가 될 수도 있는데, 이는 정기적인 시간 간격에 반응하는 것이다. FSM 정의는 이 두 경우에 변하지 않는다. 이는 FSM이 반응해야 할 때 FSM이 동작하는 환경에 달려있다.

전이 수행 시 액션(슬래시 다음 부분)은 전이가 일어날 때 출력 포트의 결괏값을 지정한다. q_1과 q_2가 순수 출력이고 q_3가 타입 $\mathbb{N}$을 가진다면 다음은 유효한 액션 예제다.

q_1	q_1은 존재하고 q_2와 q_3는 부재한다.
q_1, q_2	q_1과 q_2는 존재하고 q_3는 부재한다.
$q_3 := 1$	q_1과 q_2는 부재하고 q_3는 값 1로 존재한다.
$q_3 := 1, q_1$	q_1은 존재하고, q_2는 부재하고, q_3는 값 1로 존재한다.
(아무것도 없는)	q_1과 q_2, q_3 모두 부재한다.

발생한 전이에서 언급되지 않은 모든 출력 포트는 암묵적으로 부재한다. 값을 출

력 포트에 대입할 때 이름 := 값 표기법을 사용하며, 이는 이름 = 값 표기법으로 써지는 술어와 구분하기 위해서다. 그림 3.4처럼 한 개의 출력만 있다면 대입은 포트 이름을 언급할 필요가 없다.

3.3.2 반응 발생 시점

상태 기계의 정의에는 반응 발생 시점의 제약이 없다. 환경이 이 상태 기계가 반응할 시점을 결정한다. 5장과 6장에서 수많은 메커니즘을 설명하고, 이벤트 트리거와 시간 트리거 같은 용어의 정확한 의미를 다룬다. 지금은 상태 기계가 반응할 때 상태 기계가 무엇을 하는지에만 집중하자.

상태 기계가 반응해야 한다고 환경이 결정할 때 입력은 값매김을 가질 것이다. 상태 기계는 값을 출력 포트에 대입하고 (아마도) 새로운 상태로 변경할 것이다. 현재 상태를 벗어나는 전이에 대한 가드가 참이 아니면 상태 기계는 같은 상태에 머물 것이다.

모든 입력이 한 반응에서 부재할 수도 있다. 이런 경우에도 가드가 참으로 평가될 수 있으며, 이 경우 전이가 수행된다. 입력이 부재하고 현재 상태를 벗어나는 전이에서 참으로 평가되는 가드가 없다면 상태 기계는 더듬거릴^{stutter} 것이다. 스터터링^{stuttering} 반응은 입력과 출력 모두 부재하고 기계가 상태를 변경하지 않는 것이다. 즉, 더 이상 진전이 없고 변화가 없다.

> **예제 3.6:** 그림 3.4에서는 어떤 반응에서 두 입력이 부재하면 상태 기계는 더듬거릴 것이다. 상태 0에서 입력 *down*이 존재하면 하나밖에 없는 나가는 전이의 가드가 거짓이고, 상태 기계는 같은 상태에 머물게 된다. 그러나 이 경우에는 입력이 모두 부재하지 않기 때문에 스터터링 반응으로 부르지 않는다.

예제 3.1의 주차장 카운터는 카운트가 0일 때 차가 나가면 어떤 일이 발생하는지 명시적으로 언급하지 않았다. FSM 모델의 큰 장점은 이 모델이 모든 가능한 행동을 정의한다는 것이다. 그림 3.4의 모델은 위 상황에서 어떤 일이 발생하는지 정의한다. 즉, 카운트는 0을 유지한다. 결론적으로 FSM 모델은 지정된 행동이 실제 바람직한 행동인지 결정하는 형식 검사를 할 수 있다. 비형식적 명세는 이런 테스트를 받을 수 없거나 적어도 완벽하지 않다.

더 알아보기: 이력(Hysteresis)

그림 3.5의 온도 조절 장치는 이력이라 불리는 특별한 형태의 상태 의존적 행동을 보인다. 이력은 채터링을 방지하려고 사용된다. 이력을 가진 시스템은 메모리가 있으며, 시간 비율 척도 불변성$^{time\text{-}scale\ invariance}$이라 불리는 유용한 속성도 갖는다. 예제 3.5에서 시간 함수로서 입력 신호는 다음 형태의 신호다.

$$temperature: \mathbb{R} \rightarrow \{absent\} \cup \mathbb{R}$$

따라서 $temperature(t)$는 시간 t에서 읽은 온도이고, 해당 시간에 읽은 온도가 없다면 부재한다. 시간 함수로서 출력은 다음 형태를 갖는다.

$$heatOn,\ heatOff: \mathbb{R} \rightarrow \{absent,\ present\}$$

입력이 $temperature$ 대신 어떤 $\alpha > 0$에 대해 다음과 같이 주어진다고 가정해 보자.

$$temperature'(t) = temperature(\alpha \cdot t)$$

$\alpha > 1$이면 입력은 시간에 따라 상에서 더 빨리 변하고, $\alpha < 1$이면 입력은 더 느리게 변화한다. 하지만 두 경우 모두 입력 패턴은 같다. 그리고 이 FSM에서 출력 $headOn'$과 $heatOff'$는 다음과 같이 주어진다.

$$heatOn'(t) = heatOn(\alpha \cdot r) \quad heatOff'(t) = heatOff(\alpha \cdot t)$$

시간 비율 척도 불변성은 입력에서 시간 축을 조정하면 출력에서 시간 축이 조정되는 결과를 보임을 의미하므로 절대 시간 비율은 관련이 없다.

온도 조절 장치를 위한 다른 구현 방법은 단일 온도 임계치^{threshold}를 사용하는 것이지만, 대신 난방기가 온도에 관계없이 최소 시간 동안 켜지거나 꺼져 있어야 한다. 이 설계를 선택한 결과는 연습문제 2에서 살펴볼 것이다.

그림 3.4의 모델이 상태가 0이고 *down*이 존재할 때 어떤 일이 발생하는지 정의하지 않은 듯하지만, 사실 임묵적으로 정의하고 있다. 상태는 변하지 않고 출력은 없다. 이 반응은 이 다이어그램에서 명시적으로 나타나지 않는다. 때때로 이런 반응을 강조하는 것이 유용할 때는 명시적으로 나타낼 수 있다. 이를 위한 편리한 방법은 그림 3.6에 나타난 것처럼 **디폴트 전이**$^{default\ transition}$를 사용하는 것이다. 이 그림에서 디폴트 전이는 점선으로 표기돼 있고 "*true/*"로 라벨이 붙어 있다. 디폴트 전이는 디폴트 전이가 아닌 전이가 비활성화돼 있고 해당 전이의 가드가 참으로 평가될 때 활성화된다. 따라서 그림 3.6에서 디폴트 전이는 *up* $\wedge$ ¬*down*이 거짓이면 활성화되고, 디폴트 전이가 발생할 때 출력은 부재한다.

디폴트 전이는 편리한 표기법이지만 정말 필요한 것은 아니다. 모든 디폴트 전이는 적절히 선택한 가드를 가진 일반 전이로 대체될 수 있다. 예를 들어 그림 3.6에서 ¬(*up* $\wedge$ ¬*down*) 가드를 가진 일반 전이를 사용할 수도 있다.

다이어그램에서 일반 전이와 디폴트 전이를 모두 사용하는 것은 우선순위를 전이에 할당하는 방법으로 생각할 수 있다. 일반 전이는 디폴트 전이보다 높은 우선순위를 가진다. 두 전이 모두 참으로 평가되는 가드를 가질 때 일반 전이가 먼저다. 상태 기계를 다루는 일부 형식론은 두 레벨 이상의 우선순위를 지원한다. 예를 들어 SyncCharts(Andre, 1996)은 정수 우선순위를 각 전이에 연관시킨다. 이는 다이어그램의 우선순위를 표시해야 하지만 가드 식을 더 간단히 만들 수 있다.

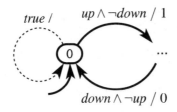

그림 3.6: 같은 상태로 돌아오고 출력이 없으므로, 명시적으로 표현될 필요가 없는 디폴트 전이

3.3.3 업데이트 함수

시각적 FSM 표기법은 상태 기계의 역학에 대한 특정 수학적 모델을 정의한다. 특히 시각적 표기법이 복잡한 큰 상태 기계의 경우 시각적 표기법과 같은 의미를 가진 수학적 표기법이 간편하다. 이런 수학적 표기법에서 유한 상태 기계는 다음과 같은 5개의 요소로 된 튜플^{tuple}이다.

$$(\textit{States, Inputs, Outputs, update, initialState})$$

- $\textit{States}$는 상태들의 유한 집합이다.
- $\textit{Inputs}$는 입력 값매김들의 집합이다.
- $\textit{Outputs}$는 출력 값매김들의 집합이다.
- $\textit{Update : States} \times \textit{Inputs} \rightarrow \textit{States} \times \textit{Outputs}$는 업데이트 함수며, 한 상태와 입력 값매김을 다음 상태와 출력 값매김으로 매핑한다.
- $\textit{initialState}$는 초기 상태다.

FSM은 반응들의 수열로 동작한다. 각 반응에서 FSM은 현재 상태를 가지며, 해당 반응은 다음 상태로 전이될 수 있고 다음 반응의 현재 상태가 될 것이다. 초기 상태인 0부터 시작해서 이 상태들에 번호를 매길 수 있다. $s: \mathbb{N} \rightarrow \textit{States}$를 반응 $n \in \mathbb{N}$에서 FSM 상태를 제공하는 함수라고 하자. 처음에는 $s(0) = \textit{initialState}$다.

$x: \mathbb{N} \rightarrow Inputs$와 $y: \mathbb{N} \rightarrow Outputs$가 각 반응에서 입력과 출력 값매김을 나타내게 하자. 따라서 $x(0) \in Inputs$는 첫 번째 입력 값매김이고, $y(0) \in Outputs$는 첫 번째 출력 값매김이다. 이 상태 기계의 역학은 다음 방정식으로 주어진다.

$$(s(n+1), y(n)) = update(s(n), x(n)) \tag{3.1}$$

이 식은 현재 상태와 입력에 대해 다음 상태와 출력을 제공한다. 업데이트 함수는 FSM의 모든 전이와 가드, 출력 명세를 인코딩한다. 업데이트 함수 대신 전이 함수 transition function라는 용어도 종종 사용한다.

입력과 출력 값매김은 자연스러운 수학적 형태도 갖는다. FSM이 입력 포트 $P = \{p_1, \ldots, p_M\}$을 가지며, 각 $p \in P$는 대응하는 타입 V_p를 갖는다고 가정하자. 그러면 $Inputs$는 다음 형태의 함수 집합이며,

$$i: P \rightarrow V_{p_1} \cup \cdots \cup V_{p_N} \cup \{absent\}$$

각 $p \in P$에 대해 $i(p) \in V_p \cup \{absent\}$는 포트 p의 값을 제공한다. 따라서 함수 $i \in Inputs$는 입력 포트의 값매김이다.

FSM을 지원하는 소프트웨어 도구

FSM은 오랫동안 이론 컴퓨터 과학과 소프트웨어 공학에 사용돼 왔다(Hopcroft and Ullman, 1979). 많은 소프트웨어 도구가 FSM 설계와 분석을 지원한다. 계층적 FSM의 동시 결합 표기법인 Statechart(Harel, 1987)는 많은 도구에 영향을 끼쳤다. Statechart 표기법을 지원하는 첫 번째 도구 중 하나는 STATEMATE (Harel et al., 1990)며 IBM이 판매한 Rational Rhapsody로 발전했다. Statechart 의 많은 변형이 생겼으며(von der Beeck, 1994), 어떤 변형은 UML Unified Modeling Language 기능을 제공하는 거의 모든 소프트웨어 공학 도구가 현재 지원하고 있다(Booch et al., 1998). SyncCharts(André, 1996)는 동시 FSM 결합을 위한 Esterel

(Berry and Gonthier, 1992)의 엄격한 의미론을 차용한 훌륭한 변형이다. LabVIEW는 데이터플로우 다이어그램 내에서 동작할 수 있는 Statecharts의 변형을 지원하며, 상태 흐름도 확장 기능을 가진 Simulink는 연속 시간 모델 내에서 동작하는 변형을 지원한다.

예제 3.7: 그림 3.4의 FSM은 수학적으로 다음과 같이 표현할 수 있다.

$$
\begin{aligned}
States &= \{0, 1, \cdots, M\} \\
Inputs &= (\{up, down\} \to \{present, absent\}) \\
Outputs &= (\{count\} \to \{0, 1, \cdots, M, absent\}) \\
initialState &= 0
\end{aligned}
$$

업데이트 함수는 모든 $s \in State$와 $i \in Inputs$에 대해 다음과 같이 주어진다.

$$
update(s, i) = \begin{cases}
(s+1, s+1) & \text{if } s < M \\
& \wedge\, i(up) = present \\
& \wedge\, i(down) = absent \\
(s-1, s-1) & \text{if } s > 0 \\
& \wedge\, i(up) = absent \\
& \wedge\, i(down) = present \\
(s, absent) & \text{otherwise}
\end{cases}
\tag{3.2}
$$

출력 값매김 $o \in Outputs$가 $o: \{count\} \to \{0, 1, \ldots, M, absent\}$ 형태의 함수임을 유의하자. 식 (3.2)에서, 첫 번째 식은 $o = s + 1$로 출력 값매김을 제공하고, 이는 모든 $q \in Q = \{count\}$에 대해 $o(q) = s + 1$인 상수 함수를 의미한다. 한 개 이상의 출력 포트가 있을 때 어떤 출력값이 어떤 출력 포트에 대입해야 하는지 더 확실해야 할 것이다. 이런 경우 위 다이어그램의 액션에서 사용했던 동일한 표기법을 사용할 수 있다.

무어 기계와 밀리 기계

3장에서 설명한 상태 기계는 1955년에 이 상태 기계를 서술한 벨연구소^{Bell} ^{Lab} 엔지니어인 조지 밀리^{George H. Mealy}의 이름을 딴 밀리 기계^{Mealy Machines}로 알려져 있다(Mealy, 1955). 밀리 기계는 전이가 수행될 때 출력을 만들어내는 특징을 가진다. 무어 기계^{Moor Machines}로 알려진 다른 상태 기계는 전이가 수행될 때가 아닌 상태 기계가 상태에 있을 때 출력을 만들어낸다. 즉, 출력은 현재 전이에 의해서가 아닌 현재 상태에 의해 정의된다. 무어 기계는 1956년, 논문에서 이 상태 기계를 설명한 벨연구소의 또 다른 엔지니어인 에드워드 무어^{Edward F. Moore}의 이름을 땄다(Moore, 1956).

이 상태 기계들의 차이는 미묘하지만 중요하다. 두 상태 기계 모두 이산 시스템이므로 동작은 이산 반응의 수열로 구성된다. 무어 기계의 경우 각 반응에서 만들어진 출력은 현재 상태(반응의 시작 지점에서, 끝 지점이 아님)에 의해 정의된다. 따라서 반응이 일어날 시점의 출력은 같은 시점의 입력에 의존하지 않는다. 입력은 수행될 전이를 결정하지만 어떤 출력이 반응에 의해 만들어지는지 결정하지 않는다. 따라서 무어 기계는 엄격하게 인과적이다.

그림 3.7은 주차장 카운터의 무어 기계 버전을 보여준다. 출력은 슬래시가 있는 비슷한 표기법을 사용해 전이가 아닌 상태에 나타난다. 그러나 이 상태 기계가 그림 3.4의 상태 기계와 같지 않음을 유의해야 한다. 차이를 보려고 첫 번째 반응에서 *up = present*이고 *down = absent*라고 가정해보자. 이 시점에 출력은 그림 3.7에서 0이 되지만 그림 3.4에서는 1이다. 무어 기계의 출력은 새로운 차가 도착하는 시점에 주차장의 차 대수를 나타내며, 새 차가 도착한 이후 차의 대수가 아니다. 이번에는 첫 반응에서 *up = down = absent*라고 가정해보자. 그러면 이 시점의 출력은 그림 3.7에서 0이고 그림

3.4에서는 부재한다. 반응 시 무어 기계는 항상 현재 상태와 연관된 출력을 알려준다. 밀리 기계는 출력을 명시적으로 표기한 전이가 없으면 어떤 출력도 만들지 않는다.

모든 무어 기계는 동일한 밀리 기계로 변환될 수 있다. 밀리 기계는 거의 동일한 무어 기계로 변환될 수 있고, 출력이 현재 반응이 아닌 다음 반응에 만들어진다는 점만 다르다. 밀리 기계가 더 간단한 경향이 있고(같은 기능을 나타내려고 적은 상태를 요구함), 입력에 순간적으로 반응하는 출력을 만들어내기 편하기 때문에 이 책에서는 밀리 기계를 사용한다.

입력: *up*, *down* : 순수
출력: *count*: $\{0, \cdots, M\}$

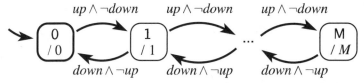

그림 3.7: 주차장의 차 대수를 추적하는 시스템용 무어 기계. 이 기계는 그림 3.4의 기계와 동일하지 않음을 유의하자.

3.3.4 결정성과 수용성

이 절에서 설명하는 상태 기계는 다음 두 가지 중요한 속성을 갖고 있다.

결정성[Determinacy]**:** 각 상태에서 각 입력값으로 활성화되는 최대 한 개의 전이가 있을 때 상태 기계는 **결정적**[deterministic]이라고 한다. *update*가 함수이고 일대다[one to many] 매핑이 아니기 때문에 앞에서 주어진 FSM의 형식적 정의는 이 FSM이 결정적임을 보장한다. 그러나 전이에 가드가 있는 시각적 표기법은 이런 제약을 갖지 않는다. 이런 상태 기계는 각 상태를 벗어나는 가드가 겹치지 않는 경우에만 결정적이다. 결정적 상태 기계는 **확정적**[determinate]임을 유의하자.

이는 같은 입력이 주어지면 언제나 같은 출력을 생성함을 의미한다. 그러나 모든 확정적 상태 기계가 결정적인 것은 아니다.

수용성^{Receptiveness}: 상태 기계는 각 상태에서 각 입력 심볼에 최소 한 개의 전이가 있을 경우 **수용적**^{receptive}이라고 한다. 즉, 수용성은 상태 기계가 언제나 모든 입력에 반응할 준비가 돼 있고 어떤 상태에서도 멈추지 않음을 보장한다. *update*가 부분 함수가 아닌 함수이므로 위에서 주어진 FSM의 형식 정의는 이 FSM이 수용적임을 보장한다. 이는 모든 가능한 상태와 입력값에 대해 정의된다. 또한 앞의 시각적 표기법에서 암묵적 디폴트 전이가 존재하므로, 앞의 시각적 표기법으로 나타낸 모든 상태 기계도 수용적이다.

상태 기계가 결정적이고 수용적이면 모든 상태에서 각 입력값에 정확히 한 개의 전이가 존재한다.

3.4 확장 상태 기계

FSM 표기법은 상태의 개수가 많아지면 이상해 보인다. 그림 3.4의 주차장 카운터는 이 점을 명확히 보여준다. M이 커지면 버블과 아크^{arc} 표기법은 너무 복잡해지므로 그림 3.4에서는 비형식적인 "..."을 사용했다.

상태 간 전이하는 과정에 읽거나 쓸 수 있는 변수를 갖도록 FSM 모델을 보완함으로써 확장 상태 기계는 이 문제를 해결한다.

예제 3.8: 그림 3.4의 주차장 카운터는 그림 3.8의 확장 상태 기계로 더 간단히 표현할 수 있다.

이 그림은 변수 c를 가지며, c가 변수이고 입력이나 출력이 아님을 명확히 하려고 좌측 상단에 명시적으로 선언돼 있다. 초기 상태를 나타내는 전이는 이 변수의 값을 0으로 초기화한다.

상단의 자기 반복$^{self\ loop}$ 전이는 입력 *up*이 존재하고 입력 *down*이 부재하며 변수 *c*가 *M*보다 작을 때 수행된다. 이 전이가 수행될 때 상태 기계는 출력 *count*에 값 $c + 1$을 생성하고, *c*의 값은 1씩 증가한다.

하단의 자기 전이는 입력 *down*이 존재하고 입력 *up*이 부재하며 변수 *c*가 0보다 클 때 발생한다. 이 전이가 발생하면 상태 기계는 출력에 값 $c - 1$을 생성하고, *c*의 값을 1씩 감소시킨다.

*M*은 파라미터며 변수가 아님을 유의하자. *M*은 이 상태 기계가 실행되는 동안 상수로 가정한다.

변수: $c : \{0, \cdots, M\}$
입력: *up*, *down* : 순수
출력: $count : \{0, \cdots, M\}$

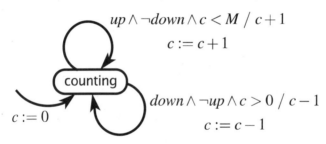

그림 3.8: 그림 3.4의 주차장 카운터 확장 상태 기계

확장 상태 기계의 일반적 표기법은 그림 3.9에 나와 있다. 이 표기법은 그림 3.3의 기본 FSM 표기법과 3가지가 다르다. 첫째, 변수 선언이 명시적으로 표시되며, 가드나 액션 내 식별자가 변수인지 혹은 입력이나 출력인지 결정하기 쉽게 한다. 둘째, 초기화 중에 선언된 변수가 초기화된다. 초깃값은 초기 상태를 나타내는 전이에 표시된다. 셋째, 전이 표기는 다음의 형태를 갖는다.

가드/출력 액션

설정 액션

가드와 출력 액션은 이제 변수가 될 수 있다는 점을 제외하면 표준 FSM과 동일하다. **설정 액션**$^{set\ action}$이 새로 생겼다. 설정 액션은 전이가 발생할 때 만들어진 변수에 값을 대입한다. 가드가 평가되고 출력이 생성된 후 이 대입은 수행된다. 따라서 가드나 출력 액션이 변수를 참조한다면 변수의 값은 설정 액션의 대입 전 값이다. 한 개 이상의 설정 액션이 있으면 대입은 순차적으로 수행된다.

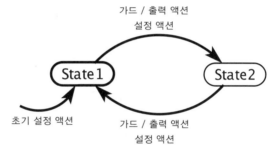

변수 선언
입력 선언
출력 선언

그림 3.9: 확장 상태 기계 표기법

확장 상태 기계는 시간의 흐름을 추적하는 편리한 방법을 제공한다.

예제 3.9: 횡단보도 신호등을 나타내는 확장 상태 기계가 그림 3.10에 나와 있다. 이 기계는 1초에 한 번씩 반응하는 시간 트리거다. red(빨간색) 상태에서 시작하며 변수 *count*를 사용해 60초를 센다. 그리고 green(녹색)으로 전이하며 순수 입력인 *pedestrian*(보행자)가 존재할 때까지 이 상태에 머무른다. 보행자가 걷기 신호를 요청하려고 버튼을 누르면 *pedestrian* 입력은 생성된다. *pedestrian*이 존재할 때 green 상태에서 이미 최소 60초 동안 머물렀으면 이 기계는 yellow(노란색)으로 전이한다. 그렇지 않으년 이 기계는 pending (보류) 상태로 전이하며 60초의 남은 시간 동안 머무른다. 이는 신호등이 녹색으로 변경되고 최소 60초간 머무르도록 보장한다. 60초가 끝나면 yellow 으로 전이하고, red로 전이하기 전 5초 동안 더 머무른다.

이 기계로 생성된 출력은 녹색등을 켜는 $sigG$와 노란등으로 변경하는 $sigY$, 빨간등으로 변경하는 $sigR$이다.

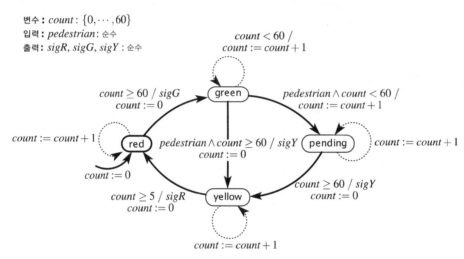

변수 : $count$: $\{0, \cdots, 60\}$
입력 : $pedestrian$: 순수
출력 : $sigR$, $sigG$, $sigY$: 순수

그림 3.10: 일정한 간격에 반응하며, 시간의 흐름을 추적하는 신호등 제어기 확장 상태 기계

확장 상태 기계의 상태는 이 기계가 어떤 이산 상태(버블로 표현되는)에 있는지에 대한 정보뿐만 아니라 모든 변수가 가진 값들을 포함한다. 따라서 가능한 상태의 개수는 매우 클 수 있고 무한일 수도 있다. n개의 이산 상태(버블)와 각 p개의 가능한 값 중 하나를 가질 수 있는 m개의 변수가 있다면 이 상태 기계의 상태 공간 크기는 다음과 같다.

$$|States| = np^{m}$$

예제 3.10: 그림 3.8의 주차장 카운터는 $n = 1$이고, $m = 1$, $p = M + 1$이므로 전체 상태의 개수는 $M + 1$이다.

확장 상태 기계는 FSM일 수도 있고 아닐 수도 있다. 특히 p가 무한인 경우가 드물지 않다. 예를 들어 어떤 변수는 자연수 $\mathbb{N}$의 값을 가질 수 있고, 이 경우 상태의 개수는 무한이다.

예제 3.11: 그림 3.8의 상태 기계에서 위쪽 전이의 가드를 $up \wedge \neg down \wedge c < M$ 대신 $up \wedge \neg down$으로 변경하면 이 상태 기계는 더 이상 FSM이 아니다.

어떤 상태 기계는 절대 도달 수 없는 상태를 가지며, **도달 가능한 상태**^{reachable state}의 집합은 (어떤 입력 수열에 있는 초기 상태에서 도달할 수 있는 모든 상태로 구성된 집합) 전체 상태 집합보다 작을 수 있다.

예제 3.12: 그림 3.10에는 4개의 버블이 있지만 상태의 개수는 실제로 더 많다. *count* 변수는 61개 값을 가질 수 있고 4개의 버블이 있으므로, 이 조합의 총 개수는 $61 \times 4 = 244$이다. 따라서 상태 공간의 크기는 244다. 그러나 모든 상태가 도달 가능한 것은 아니다. 특히 yellow 상태에 있을 때 *count* 변수는 $\{0, \ldots, 5\}$ 내의 6개 값만 가질 수 있다. 따라서 도달 가능한 상태의 개수는 $61 \times 3 + 6 = 189$다.

3.5 비결정론

대부분의 관심 있는 상태 기계들은 입력에 반응하고 출력을 만들어낸다. 이 입력은 반드시 어딘가에서 들어와야 하고, 출력은 어딘가로 나가야 한다. 이 '어딘가'를 상태 기계의 **환경**^{environment}이라고 한다.

> **예제 3.13:** 그림 3.10의 신호등 제어기는 한 개의 순수 입력 신호 *pedestrian*을 가진다. 이 입력은 보행자가 횡단보도에 도착할 때 존재한다. 신호등은 보행자가 도착하지 않으면 녹색으로 유지될 것이다. 보행자가 도로를 건너려고 버튼을 누르면 다른 하위 시스템은 *pedestrian* 이벤트를 생성하는 책임이 있다. 이 다른 하위 시스템은 그림 3.10에서 FSM 환경의 일부다.

여기서 환경을 어떻게 모델링할 것인지 궁금할 것이다. 신호등 예제에서 환경을 모델링하려고 도시의 보행자 흐름 모델을 생성할 수 있지만, 이는 매우 복잡한 모델이 될 것이고 필요 이상으로 매우 상세할 것이다. 여기서는 불필요한 것을 무시하고 신호등 설계에 집중하자. 이를 위해 비결정적^{nondeterministic} 상태 기계를 사용할 수 있다.

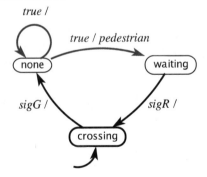

입력: *sigR, sigG, sigY* : 순수
출력: *pedestrian* : 순수

그림 3.11: 횡단보도에 도착한 보행자의 비결정적 모델

예제 3.14: 그림 3.11의 FSM은 그림 3.10과 같은 신호등 제어기로 횡단보도의 보행자 도착을 모델링한다. 이 FSM은 그림 3.10의 출력에서 사용한 세 개의 입력을 가진다. 한 개의 출력인 *pedestrian*(보행자)은 그림 3.10의 입력이다.

초기 상태는 crossing(횡단)이다(이유는 연습문제 6을 참고하자). *sigG*를 받을 때 FSM은 none(없음)으로 전이한다. 이 상태에서 나가는 두 개의 전이는 가드 '참'을 가지며, 이는 항상 활성화됐음을 나타낸다. 두 전이 모두 활성화됐으므로 이 기계는 비결정적이다. FSM은 같은 상태에 머물면서 출력을 만들지 않거나 waiting(기다림) 상태로 전이하고, 순수 출력인 *pedestrian*을 생성할 수 있다.

이 기계와 그림 3.10의 기계 간 상호작용은 놀라울 정도로 미묘하다. 연습문제 6에서 이 설계의 변형을 다루며, 두 기계의 결합은 5장에서 자세히 살펴본다.

한 상태 기계의 어떤 상태에서 같은 반응에 참으로 평가되는 가드들을 가진 두 개의 다른 전이가 있다면 이 상태 기계는 비결정적이다. 이런 상태 기계를 위한 다이어그램에서 상태 기계를 비결정적으로 만드는 전이는 빨간색으로 그린다. 그림 3.11에서 none 상태에 나가는 전이들은 이 상태 기계를 비결정적으로 만든다.

한 개 이상의 초기 상태를 갖는 상태 기계도 정의할 수 있다. 이런 상태 기계 또한 비결정적이다. 이 예제는 연습문제 6에서 다룬다.

위 두 경우에서 비결정적 FSM은 단일 반응이 아닌 가능한 반응군^{family}을 명시한다. 이 반응군의 모든 반응은 가능하다. 이 비결정적 FSM은 다양한 반응의 가능성에 관해 전혀 언급하지 않는다. 예를 들어 그림 3.11의 상태 none에서 자기 전이를 항상 실행하는 것은 완벽히 옳다. 가능성(확률의 형식으로)을 지정하는 모델은 **확률 모**

델stochastic model이며, 비결정적 모델과는 확연히 다르다.

3.5.1 형식 모델

형식적으로 비결정적 FSM은 결정적 FSM과 비슷하게 다음과 같은 5개의 원소로 이뤄진 튜플로 나타낸다.

$$(States, Inputs, Outputs, possibleUpdates, initialStates)$$

앞쪽 세 개 인자는 결정적 FSM과 동일하며, 뒤쪽 두 개는 다르다.

- *States*는 상태의 유한 집합이다.
- *Inputs*는 입력 값매김의 집합이다.
- *Outputs*는 출력 값매김의 집합이다.
- *possibleUpdates*: *States* × *Inputs* → $2^{States \times Outputs}$ 은 업데이트 관계update relation며, 상태와 입력 값매김을 가능한 (다음 상태, 출력 값매김) 쌍pair의 집합으로 매핑한다.
- *initialStates*는 초기 상태의 집합이다.

함수 *possibleUpdates*의 형식은 현재 상태와 입력 값매김이 있는 경우 한 개 이상의 다음 상태와 출력 값매김이 존재할 수 있음을 나타낸다. 공역은 *States* × *Outputs*의 멱집합이다. 이 차이를 강조하려고 *possibleUpdates* 함수를 업데이트 관계relation로 나타낸다. 전이 관계transition relation라는 용어가 업데이트 관계 대신 사용되기도 한다.

비결정적 FSM에서 한 개 이상의 초기 상태가 있을 수 있다는 사실을 뒷받침하려고 *initialStates*는 *States*의 단일 요소가 아닌 집합이다.

예제 3.15: 그림 3.11의 FSM은 다음과 같이 형식적으로 표현될 수 있다.

$$States = \{none,\ waiting,\ crossing\}$$
$$Inputs = (\{sigG,\ sigY,\ sigR\} \rightarrow \{present,\ absent\})$$
$$Outputs = (\{pedestrian\} \rightarrow \{present,\ absent\})$$
$$initialStates = \{crossing\}$$

업데이트 관계는 모든 $s \in States$와 $i \in Inputs$에 대해 다음과 같다.

$$possibleUpdates(s,i) = \begin{cases} \{(none, absent)\} \\ \quad \text{if } s = \text{crossing} \\ \quad \wedge\ i(sigG) = present \\ \{(none, absent), (waiting, present)\} \\ \quad \text{if } s = \text{none} \\ \{(crossing, absent)\} \\ \quad \text{if } s = \text{waiting} \\ \quad \wedge\ i(sigR) = present \\ \{(s, absent)\} \qquad \text{otherwise} \end{cases} \tag{3.3}$$

출력 값매김 $o \in Outputs$가 o: $\{pedestrian\} \rightarrow \{present,\ absent\}$ 형태의 함수임을 유의하자. 식 (3.3)에서 두 번째 식은 두 가지 가능한 출력을 제공하며, 이는 이 기계의 비결정성을 보여준다.

3.5.2 비결정성 사용

비결정성은 그 자체로도 흥미로운 수학적 개념이지만 임베디드 시스템 모델링 시 크게 두 가지로 사용된다.

환경 모델링: 환경이 어떻게 동작하는지에 관한 관련 없는 세부정보는 숨기는 것이 유용하며, 이는 비결정적 FSM 모델이 된다. 이미 그림 3.11에서 환경 모델링의 한 예를 살펴봤다.

명세: 시스템 명세는 일부 시스템 기능에 대한 요구 사항을 부과하지만 다른 기능들은 제한하지 않는다. 비결정론은 이런 설정에서 유용한 모델링 기법이다. 예를 들어 신호등이 출력들 간 타이밍에 관계없이 빨간색, 녹색, 노란색 순서로 바뀌는 명세를 생각해보자. 그림 3.12의 비결정적 FSM은 이 사양을 모델링한다. 각 전이에서 가드 '참^{true}'은 전이가 어떤 단계에서도 수행될 수 있음을 나타낸다. 기술적으로 이는 입력에 있는 모든 값매김에 대해 각 전이가 활성화됨을 의미한다.

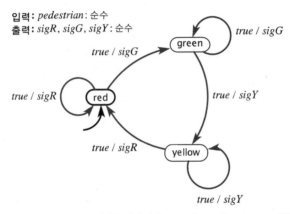

그림 3.12: 신호등의 타이밍이 아닌 순서를 지정한 비결정적 FSM. 이 FSM은 *pedestrian* 입력을 무시하고 있음을 유의하자.

3.6 동작과 추적

FSM은 이산 역학을 갖는다. 3.3.3절에서 했던 것처럼 시간의 흐름은 무시하고 각 반응이 언제 발생하는지에 관계없이 반응의 순서만 고려할 수 있다. 각 반응 사이의 시간에 대해 명시적으로 언급할 필요가 없으며, 이 시간은 FSM의 동작에 실제로 무관하기 때문이다.

타입 V_p를 갖는 상태 기계의 포트 p를 생각해보자. 이 포트는 집합 $V_p \cup \{absent\}$ 값들의 수열을 가지며, 각 반응에 한 개의 값을 갖는다. 이 수열은 다음 형식의 함수로 나타낼 수 있다.

$$s_p: \mathbb{N} \rightarrow V_p \cup \{absent\}$$

이 함수는 해당 포트에서 받은 신호(입력일 경우)거나 해당 포트에서 생성된 신호(출력일 경우)다.

어떤 상태 기계의 **동작**^{behavior}은 이런 신호를 각 포트에 대입하는 것으로, 모든 출력 포트의 신호는 주어진 입력 신호에 대해 생성된 출력 수열이 된다.

예제 3.16: 그림 3.4의 주차장 카운터는 입력 포트 집합 $P = \{up, down\}$과 타입 $V_{up} = V_{down} = \{present\}$를 갖고, 출력 포트 집합 $Q = \{count\}$와 타입 $V_{count} = \{0, \dots, M\}$을 갖는다. 입력 수열의 예는 다음과 같다.

$$s_{up} = (present,\ absent,\ present,\ absent,\ present,\ \dots)$$
$$s_{down} = (present,\ absent,\ absent,\ present,\ absent,\ \dots)$$

이에 대응하는 출력 수열은 다음과 같다.

$$s_{count} = (absent,\ absent,\ 1,\ 0,\ 1,\ \dots)$$

이 세 신호 s_{up}과 s_{down}, s_{count}는 이 상태 기계의 동작이다. 다음과 같이 가정하면

$$s'_{count} = (1,\ 2,\ 3,\ 4,\ 5,\ \dots)$$

s_{up}과 s_{down}, s'_{count}는 이 상태 기계의 동작이 아니다. 신호 s'_{count}는 이 입력들에 대한 반응으로 생성되지 않는다.

결정적 상태 기계는 입력 수열의 각 집합에 대해 정확히 한 개의 동작이 있다는 속성을 갖는다. 즉, 입력 수열을 알면 출력 수열도 모두 결정된다. 즉, 이 기계는 확정적이다. 이런 기계는 입력 수열을 출력 수열로 매핑하는 함수로 볼 수 있다. 비결

정적 상태 기계는 같은 입력 수열을 공유하는 한 개 이상의 동작을 가질 수 있으므로 입력 수열을 출력 수열로 매핑하는 함수로 볼 수 없다.

상태 기계 M의 모든 동작 집합을 언어^{language}라고 부르며, $L(M)$으로 쓴다. 이 장의 상태 기계는 수용적이므로 이 기계의 언어는 모든 가능한 입력 수열을 항상 포함한다.

동작은 **관찰 가능한 추적**$^{observable\ trace}$이라 부르는 값매김 수열로 더 편리하게 나타낼 수 있다. 반응 i에서 x_i는 입력 포트의 값매김이고 y_i는 출력 포트의 값매김으로 가정하면 관찰 가능한 추적은 다음의 수열이다.

$$((x_0, y_0), (x_1, y_1), (x_2, y_2), \ldots)$$

관찰 가능한 추적은 실제로 동작의 다른 표현이다.

한 동작에서 이동하는 상태에 관해 추론할 수 있는 것은 때론 유용하다. 실행 추적$^{execution\ trace}$은 상태 이동 궤적^{trajectory}을 포함하고, $s_0 = initialState$인 다음 수열로 쓸 수 있다.

$$((x_0, s_0, y_0), (x_1, s_1, y_1), (x_2, s_2, y_2), \ldots)$$

이는 다음과 같이 시각적으로 표현할 수 있다.

$$s_0 \xrightarrow{x_0/y_0} s_1 \xrightarrow{x_1/y_1} s_2 \xrightarrow{x_2/y_2} \cdots$$

모든 $i \in \mathbb{N}$에 대해 $(s_{i+1}, y_i) = update(s_i, x_i)$(결정적 기계에 대해)이거나 $(s_{i+1}, y_i) \in possibleUpdates(s_i, x_i)$(비결정적 기계에 대해)이면 이는 실행 추적이다.

> **예제 3.17:** 예제 3.16과 같은 입력 수열 s_{up}과 s_{down}을 사용하는 그림 3.4의 주차장 카운터를 생각해보자. 이 카운터의 실행 추적은 다음과 같이 써질 수 있다.

$$0 \xrightarrow{up \wedge down} 0 \xrightarrow{/} 0 \xrightarrow{up\;/\;1} 1 \xrightarrow{down\;/\;0} 0 \xrightarrow{up\;/\;1} \cdots$$

여기서 3.3.1절의 전이에 사용된 것과 같은 값매김용 약식 표현을 사용했다. 예를 들어 'up/1' 라벨은 up이 존재하고 down이 부재하며, count는 1 값을 가짐을 의미한다. 입력과 출력 값매김을 명확하게 표현하는 어떤 표기법도 사용할 수 있다.

비결정적 기계에서는 특정 입력 수열에 대응하는 모든 가능한 추적을 나타내거나 모든 가능한 입력 수열로 만들어지는 모든 가능한 추적을 나타내는 것이 유용할 수도 있다. 이는 **계산 트리**computation tree를 사용해 가능하다.

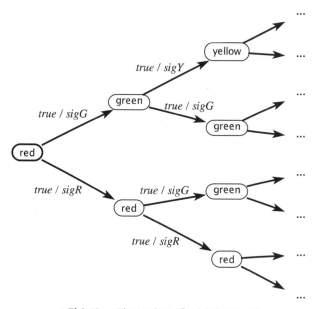

그림 3.13: 그림 3.12의 FSM을 나타낸 계산 트리

추적과 계산 트리는 상태 기계의 동작을 살펴보거나 의도치 않은 동작을 검증할 때 유용하다.

3.7 요약

3장은 이산 역학을 가진 시스템을 모델링하기 위한 상태 기계의 사용을 살펴봤다. 유한 상태 기계에 적합한 시각적 표기법과 많은 상태 개수를 간단하게 표현할 수 있는 확장 상태 기계 표기법을 다뤘다. 또한 시각적 표기법 대신 집합과 함수를 사용하는 수학적 모델도 살펴봤다. 수학적 표기법은 모델의 정확한 해석을 보장하고 모델의 속성을 증명하는 데 유용할 수 있다. 또한 편리한 추상화를 제공해 동작들을 간단히 나타낼 수 있는 비결정론도 다뤘다.

연습문제

1. 3.1절 카운터의 간단한 버전인 이벤트 카운터를 생각해보자. 이 카운터는 다음과 같은 아이콘을 갖는다.

이 액터는 상태 i에서 시작하며 입력에 이벤트 도착 시 상태 값을 한 개씩 증가시키며 새로운 값을 출력으로 보낸다. 따라서 e는 순수 신호며 c는 $i \in \mathbb{N}$을 가정할 때 $c: \mathbb{R} \rightarrow \{absent\} \cup \mathbb{N}$ 형식을 갖는다. 온도가 특정 기준치 이상으로 올라가는 횟수를 세려고 기상청에서 이 이벤트 카운터를 사용한 다고 가정해보자. 이 연습문제는 이 이벤트 카운터에서 합리적인 입력 신호 e를 생성하는 것이다. 여러 버전을 만들 것이고, 모든 버전에서 입력이 매 시간당 한 번씩 현재 온도(섭씨온도)를 제공하는 신호 $\tau: \mathbb{R} \rightarrow \{absent\} \cup \mathbb{Z}$인 상태 기계를 설계할 것이다. 출력 $e: \mathbb{R} \rightarrow \{absent, present\}$는 이벤트 카 운터로 나가는 순수 신호가 될 것이다.

(a) 첫 번째 버전에서 상태 기계는 입력이 존재하고 38도보다 클 때 단순히 항상 출력으로 $present$를 생성한다. 위 조건이 아니면 출력은 $absent$다.

(b) 두 번째 버전에서 상태 기계는 이력을 가진다. 입력이 38도보다 처음으로 클 때 $present$ 출력을 생성하고, 이어서 $present$ 출력이 생성된 마지막 시점 이후로 입력이 36도 밑으로 떨어졌다가 38도보다 커지는 경우 $present$ 출력을 생성한다.

(c) 세 번째 버전에서 상태 기계는 b와 같은 이력을 구현하지만 하루에 최대 한 번 $present$ 출력을 생성한다.

2. 예제 3.5의 온도 조절 장치 변형을 생각해보자. 이 변형에서 단 한 개의 온도 임곗값이 존재하고 채터링을 피하려고 온도 조절 장치는 최소 특정 시간 동안 열을 켜거나 꺼둔 상태를 유지한다. 초기 상태에서 온도가 20도 이하일 경우 히터를 켜고 최소 30초 동안 켜둔 상태를 유지한다. 이후 온도가 20도보다 높으면 히터를 끄고 최소 2분 동안 끈 상태를 유지한다. 온도가 20도 이하일 경우에만 다시 히터를 켠다.

(a) 위 설명대로 동작하는 FSM을 설계해보자. FSM은 매 30초마다 한 번씩 정확히 반응한다고 가정하자.

(b) 이 FSM은 몇 개의 가능한 상태를 갖는가? 이 상태 개수가 가능한 상태들의 가장 작은 개수인가?

(c) 이 온도 조절 장치 모델은 시간 척도 불변성이 있는가?

3. 다음 상태 기계를 생각해보자.

출력: y: $\{0,1\}$

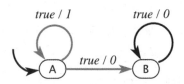

다음 명제가 참인지 거짓인지 결정하고 근거를 설명해보자.

출력은 최종적으로 상수 0 혹은 상수 1이 될 것이다. 즉 어떤 $n \in \mathbb{N}$에 대해 n번째 반응 후 모든 후속 반응에서 출력은 0 혹은 1이 될 것이다.

13장에서는 이 명제를 정확하게 만들고 명제를 추론하는 메커니즘을 설명한다.

4. 다음 상태 기계는 몇 개의 도달 가능한 상태를 갖는가?

입력: a : 순수
출력: $n \in \mathbb{Z}$

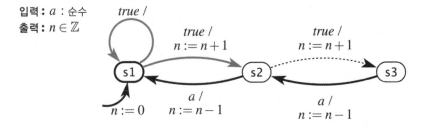

5. 간단한 신호등을 모델링하는 그림 3.14의 결정적 유한 상태 기계를 생각해보자.

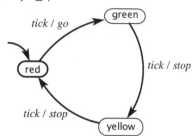

입력: *tick* : 순수
출력: *go, stop* : 순수

그림 3.14: 연습문제 5의 결정적 유한 상태 기계

(a) 아래 5개의 요소로 된 튜플^tuple을 사용해 이 FSM을 형식적으로 작성하자.

$$(States, Inputs, Outputs, update, initialState)$$

(b) 입력 *tick*이 각 반응에 존재함을 가정하고, 길이가 4인 이 FSM의 실행 추적을 표현해보자.

(c) 이제 red와 yellow 상태를 한 개의 *stop* 상태로 합쳐보자. 이 상태들로 들어가거나 나오는 전이는 이제 새로운 *stop* 상태로 들어오거나 나가게 될 것이다. 다른 전이, 입력, 출력은 기존과 같다. 새로운 *stop* 상태는 새로운 초기 상태다. 이 상태 기계는 결정적인가? 왜 결정적인가? 결정적이라면 길이 4인 추적을 표현하고, 비결정적이라면 깊이 4까지의 계산 트리를 그려보자.

6. 이 문제는 그림 3.11 FSM의 변형으로, 횡단보도에서 보행자의 도착을 모델링한다. 횡단보도의 신호등을 그림 3.10의 FSM이 제어한다고 가정한다. 모든 경우에 대해 보행자 모델과 신호등 모델은 초당 한 번씩 반응하는 시간 트리거 모델을 가정하자. 또한 각 반응에서 각 기계는 같은 반응에서 다른 기계에 의해 만들어진 출력을 입력으로 본다(동기 결합^synchronous composition 이라 부르는 이런 형태의 결합은 6장에서 더 다룬다).

(a) 그림 3.11 대신 보행자 도착을 모델링하는 다음 FSM을 사용하자.

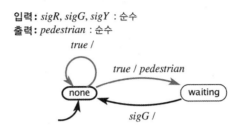

보행자가 도착하지만(위 기계는 waiting으로 전이) 보행자가 횡단을 할 수 없는 추적을 찾아보자. 즉, 보행자가 도착한 후에는 신호등이 red 상태에 있지 않다.

(b) 그림 3.11 대신 보행자 도착을 모델링하는 다음 FSM을 사용하자.

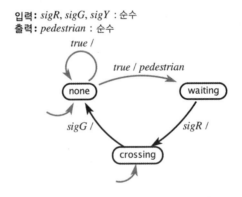

여기서 초기 상태는 비결정적으로 none이나 crossing 중 하나로 결정된다. 보행자가 도착하지만(위 기계는 none에서 waiting으로 전이) 보행자가 절대 횡단할 수 없는 추적을 찾아보자. 즉, 보행자가 도착한 후에 신호등은 red 상태에 있지 않다.

7. 그림 3.15의 상태 기계를 생각해보자. 다음의 각각이 이 기계의 동작인지 결정해보자. 다음의 각각에서 생략 부호인 '…'은 마지막 심볼이 계속 반복된다는 의미다. 그리고 가독성을 위해 부재는 a로, 존재는 p로 표시된다.

(a) $x = (p, p, p, p, p, \ldots), y = (0, 1, 1, 0, 0, \ldots)$

(b) $x = (p, p, p, p, p, \ldots), y = (0, 1, 1, 0, a, \ldots)$

(c) $x = (a, p, a, p, a, \ldots), y = (a, 1, a, 0, a, \ldots)$

(d) $x = (p, p, p, p, p, \ldots), y = (0, 0, a, a, a, \ldots)$

(e) $x = (p, p, p, p, p, \ldots), y = (0, a, 0, a, a, \ldots)$

8. (이 연습문제는 어려운 문제다.) 이 문제는 앞에서 형식적으로 정의한 이산 신호의 특성을 다룬다. 구체적으로 이산성^{discreteness}은 합성 속성이 아님을 보인다. 즉, 단일 시스템에서 두 개의 이산 동작을 합성할 때 합성 결과는 반드시 이산적인 것은 아니다.

(a) 모든 $t \in \mathbb{R}$에 대해 다음과 같이 주어진 순수 신호 $x: \mathbb{R} \rightarrow \{present, absent\}$를 생각해보자.

$$x(t) = \begin{cases} present & t\text{가 음의 정수가 아닐 때} \\ absent & \text{그렇지 않다면} \end{cases}$$

이 신호가 이산적임을 밝혀보자.

(b) 모든 $t \in \mathbb{R}$에 대해 다음과 같이 주어진 순수 신호 $y: \mathbb{R} \rightarrow \{present, absent\}$를 생각해보자.

$$y(t) = \begin{cases} present & \text{모든 양의 정수 } n \text{에 대해 } t = 1 - 1/n \text{인 경우} \\ absent & \text{그렇지 않다면} \end{cases}$$

이 신호가 이산적임을 밝혀보자.

(c) 위의 x와 y를 병합한 신호 w를 생각해보자. 즉, $x(t) = present$이거나 $y(t) = present$면 $w(t) = present$이고, 그렇지 않다면 $absent$다. w가 이산적이지 않음을 밝혀보자.

(d) 그림 3.1의 예제를 살펴보자. 두 신호 *arrival*^{입차}과 *departure*^{출차}는 모두 이산임을 가정하자. 이 가정이 출력 *count*가 이산 신호임을 의미하지 않음을 밝혀보자.

입력: x: 순수
출력: y: $\{0,1\}$

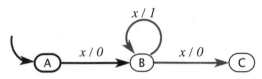

그림 3.15: 연습문제 7의 상태 기계

4

하이브리드 시스템

2장과 3장에서 매우 다른 두 개의 모델링 전략을 다뤘다. 한 개는 연속 역학이고, 다른 하나는 이산 역학이었다. 연속 연학은 미분 방정식과 이에 대응하는 액터 모델을 사용하고, 이산 역학은 상태 기계를 사용한다.

가상 물리 시스템은 물리적 역학과 계산 시스템을 통합하므로 이 시스템은 일반적으로 이산과 연속 역학을 결합한다. 4장은 2장과 3장의 모델링 기법들이 결합될 수 있음을 설명하며 이런 시스템을 **하이브리드 시스템**hybrid system이라 부른다. 하이브리드 시스템 모델은 2장과 3장의 두 가지 스타일 중 한 개로 모델을 제한하는 무작위 대입 모델보다 훨씬 간단하고 더 이해하기 쉽다. 하이브리드 시스템 모델은 실세계 시스템을 이해하기 위한 강력한 도구다.

4.1 모달 모델

이 절은 상태 기계가 연속적인 입력과 출력이 가능하고 이산과 연속 역학을 결합하게 일반화될 수 있음을 보인다.

4.1.1 상태 기계의 액터 모델

3.3.1절에서 상태 기계는 순수 신호이거나 값을 전달할 수 있는 *Inputs* 집합으로 정의된 입력을 갖는다고 설명했다. 순수 신호가 존재 혹은 부재하는 경우 혹은 값이 있는 신호가 상태 기계의 각 반응에서 값을 갖는 경우에 상태 기계는 여러 입력 포트를 갖는다.

3.3.1절에서 설명한 것처럼 전이의 액션은 출력값을 설정한다. 이 출력은 포트로 표현될 수 있고, 포트는 순수 신호나 값이 있는 신호를 전송할 수 있다. 순수 신호의 경우 수행되는 전이가 출력이 존재하거나 부재하는지를 지정하고, 값이 있는 신호의 경우 값을 대입하거나 신호가 부재함을 나타낸다. 전이들 사이에 출력은 부재한다고 가정한다.

이런 상태 기계의 입/출력 관점에서 그림 4.1과 같이 상태 기계를 액터로 생각할 수 있다. 이 그림에서 이름이 $i_1 \ldots i_n$인 n개의 입력 포트를 가정하자. 각 반응에서 이 포트들은 값이 있거나 없을 수 있고(포트가 순수 신호를 전송할 때), 일부 집합 값의 구성원(포트가 값이 있는 신호를 전송할 때)일 수 있다. 출력도 유사하다. 전이에서 가드는 입력 포트의 가능한 값들의 부분집합을 정의하고, 액션은 값을 출력 포트로 대입한다. 이런 액터 모델이 주어지면 입력으로 연속 시간 신호를 사용하려고 FSM을 일반화하는 것은 간단하다.

4.1.2 연속 입력

지금까지 상태 기계는 이산 반응들의 수열로 동작한다고 가정했다. 또한 입력과 출력은 반응에는 부재한다고 가정했다. 이제 입력과 출력이 연속 시간 신호가 되게 해 이전 가정을 일반화할 것이다.

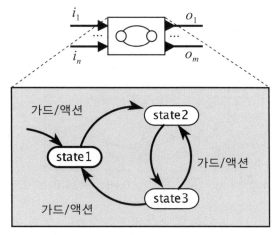

그림 4.1: 액터로 표현된 FSM

상태 기계 모델이 시간 기반 모델과 공존하려면 이 시스템의 시간 기반 부분에 사용된 동일 타임라인timeline에서 상태 전이들이 발생하도록 해석해야 한다. 3.1절에서 설명한 이산 반응 개념이 이 목적에 충분하지만 앞으로 입력과 출력이 반응들 사이에 부재할 필요가 없다. 대신 현재 상태에서 나가는 전이의 가드가 활성화될 때 수행되는 전이를 정의할 것이다. 이전처럼 반응들 사이의 시간 동안 상태 기계는 모드 간 전이하지 않도록 가정한다. 그러나 입력과 출력은 더 이상 이 시간 동안 부재하도록 요구되지 않는다.

예제 4.1: 그림 4.2에 나온 $\sum$ = {heating, cooling} 상태를 갖는 상태 기계로 모델링된 온도 조절 장치를 생각해보자. 이 장치는 예제 3.5 모델의 변형이며, 각 반응에서 온도를 제공하는 이산 입력 대신 입력이 연속 시간 신호 $\tau: \mathbb{R} \rightarrow \mathbb{R}$이다. $\tau(t)$는 시간 t에서의 온도를 나타낸다. 초기 상태는 cooling(냉방)이고, 이 상태를 벗어나는 전이는 $\tau(t) \leq 18$인 시작 시간 이후 가장 빠른 시간 t에서 활성화된다. 이 예제에서 출력은 순수 신호 heatOn(난방 켜기)과 heatOff(난방 끄기)로 가정한다.

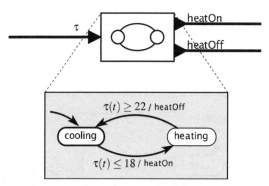

그림 4.2: 연속 시간 입력 신호를 갖는 FSM으로 모델링된 온도 조절 장치

예제에서 출력은 전이가 수행되는 시간에만 존재한다. 또한 연속 시간 출력을 지원하는 FSM으로 일반화할 수 있지만, 이를 위해 상태 세분 개념이 필요하다.

4.1.3 상태 세분

하이브리드 시스템은 FSM의 각 상태와 동적 행동을 연관시킨다. 첫 번째 (매우 간단한) 예제는 연속 시간 출력을 만들고자 이 기능을 사용한다.

> **예제 4.2** : 예제 4.1의 이산 출력 대신 *heatOn*일 때 값이 1이고 *heatOff*일 때 0인 제어 신호를 생성한다고 가정하자. 이런 제어 신호는 직접 히터를 조작한다. 그림 4.3의 온도 조절 장치가 이렇게 동작한다. 이 그림에서 각 상태는 상태 기계가 해당 상태에 있는 동안 출력 *h*의 값을 제공하는 세분을 갖는다.

하이브리드 시스템에서 상태 기계의 현재 상태는 출력의 동적 행동을 입력의 함수로 제공하는 **상태 세분**state refinement을 갖는다. 위의 간단한 예제에서 출력은 각 상태에서 상수이므로 아주 간단한 동적 행동을 갖는다. 하이브리드 시스템은 훨씬 더 복잡해질 수 있다.

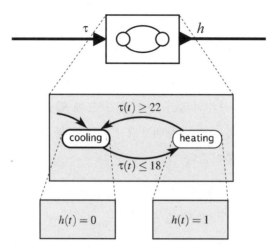

그림 4.3: 연속 시간 출력을 가진 온도 조절 장치

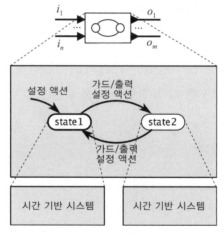

그림 4.4: 하이브리드 시스템의 표기법

하이브리드 시스템 모델의 일반적인 구조는 그림 4.4에서 볼 수 있다. 이 그림에서 두 가지 상태를 가진 유한 상태 기계를 볼 수 있다. 각 상태는 그림에서 '시간 기반 시스템'으로 써진 상태 세분과 연관돼 있다. 상태 세분은 출력의 동적 행동과 (가능하다면) 추가적인 연속 상태 변수를 정의한다. 그리고 각 전이는 선택적으로 설정 액션을 지정할 수 있고, 설정 액션은 전이가 수행될 때 이런 추가적인 상태 변수의

값을 설정한다. 그림 4.3의 예제는 간단해서 연속 상태 변수와 출력 액션, 설정 액션이 없다.

하이브리드 시스템은 종종 모달 모델^{modal model}로 불리며, 이는 FSM의 각 상태당 한 개의 모드^{mode}를 가져 유한개의 모드가 있고, 모드에 있을 때 상태 세분으로 지정된 역학을 갖는다. FSM의 상태는 상태보다는 모드로 불리고, 이는 앞으로 살펴볼 세분 상태와의 혼동을 줄여준다.

간단히 상수 출력을 갖는 그림 4.2 외에도 가장 간단한 이런 역학은 다음에 살펴볼 타임드 오토마타^{Timed automata}에서 볼 수 있다.

4.2 하이브리드 시스템의 종류

하이브리드 시스템은 매우 복잡할 수 있다. 이 절은 타임드 오토마타로 알려진 상대적으로 간단한 형태를 먼저 설명한다. 그리고 간단하지 않은 물리적 역학과 제어 시스템을 모델링하는 좀 더 복잡한 형태를 다음으로 설명한다.

4.2.1 타임드 오토마타

대부분의 가상 물리 시스템은 시간의 흐름을 측정하고, 특정 시간의 액션을 실행해야 한다. 시간의 흐름을 측정하는 장치인 클럭^{clock}은 특히 간단한 역학을 갖는다. 이 장치의 상태는 시간에 따라 선형적으로 증가한다. 이 절은 Alur and Dill(1994)에서 처음 소개한 정형 기법인 타임드 오토마타를 설명하며, 이 기법은 이런 간단한 클럭으로부터 더 복잡한 시스템을 만들 수 있다.

타임드 오토마타는 가장 간단하면서 중요한 하이브리드 시스템이다. 이 오토마타는 시간 기반 세분이 매우 간단한 역학을 갖는 모달 모델이다. 이 모델이 하는 전부는 시간의 흐름을 측정하는 것이다. 클럭은 다음의 1차 미분 방정식으로 모델링되며,

$$\forall \, t \in T_m, \quad \dot{s}(t) = a$$

$s: \mathbb{R} \to \mathbb{R}$은 연속 시간 신호고, $s(t)$는 시간 t에서의 클럭 값, $T_m \subset \mathbb{R}$은 하이브리드 시스템이 모드 m에 있는 시간의 부분집합이다. 클럭의 속도 a는 시스템이 이 모드에 있는 동안 일정하다.[1]

예제 4.3: 예제 4.1의 온도 조절 장치를 다시 생각해보자. 이 장치는 채터링을 방지하려고 이력을 사용한다. 채터링을 방지하기 위한 다른 방법은 한 개의 온도 임곗값을 사용하는 것이다. 대신 온도에 상관없이 히터가 최소 시간 동안은 켜져 있거나 꺼져 있어야 한다. 이 설계는 이력 특성을 갖지 않지만 그럼에도 유용할 수 있다. 이 설계는 그림 4.5처럼 타임드 오토마타로 모델링될 수 있다. 이 그림에서 각 상태 세분은 클럭을 가지며, 다음과 같이 주어지는 역학을 갖는 연속 시간 신호 s다.

$$\dot{s}(t) = 1$$

값 $s(t)$는 t와 함께 선형적으로 증가한다. 이 그림에서 상태 세분은 상태 버블에 상태의 이름과 같이 직접 표시된다. 이 요약 표기는 세분이 상대적으로 간단할 때 편리하다.

초기 상태 cooling은 초기 상태를 나타내는 매달린 전이에서 다음과 같은 설정 액션을 가진다.

$$s(t) \coloneqq T_c$$

확장 상태 기계에서 했던 것처럼 ':='를 사용해 술어가 아니라 대입임을 나타낸다. 이 액션은 온도 조절 장치가 작동을 시작할 때 온도 $\tau(t)$가 20도 이하

---

1. 4장에서 설명하는 타임드 오토마타의 변형은 다른 모드들에서 클럭의 속도가 다를 수 있다는 점에서 Alur과 Dill(1994)의 원래 모델과 다르다. 이 변형은 다중 속도 타임드 오토마타라고 불리기도 한다.

일 경우 heating 모드로 바로 전이하게 한다. 다른 두 전이는 클럭 s를 0으로 재설정하는 설정 액션을 갖는다. 가드 중 $s(t) \geq T_h$를 지정하는 부분은 히터가 최소 T_h 시간 동안 켜져 있게 지정한다. 그리고 가드 중 $s(t) \geq T_c$를 지정하는 부분은 히터가 꺼지면 적어도 T_c 시간 동안 꺼진 상태로 유지하도록 보장한다.

그림 4.6에 이 타임드 오토마타의 가능한 실행이 나와 있다. 이 그림은 초기 온도가 20도의 설정 값보다 높다고 가정하며, FSM은 온도가 20도로 떨어질 때까지 cooling 상태에 머무른다. 시간 t_1에서 FSM은 $s(t_1) > T_c$로 인해 즉시 전이할 수 있다. 이 전이는 s를 0으로 재설정하고 히터를 켠다. 온도는 히터가 켜질 때만 오른다는 가정하에 히터는 시간 $t_1 + T_h$가 될 때까지 켜져 있다. 시간 $t_1 + T_h$에서 cooling 상태로 다시 전이되고 히터가 꺼진다(여기서 전이는 활성화되는 순간 수행된다고 가정한다. 다른 전이 의미론도 가능하다). 최소 시간 T_c가 지나고 온도가 20도에 다시 떨어질 때까지 차가워지며, 이 시점이 되면 히터가 다시 켜질 것이다.

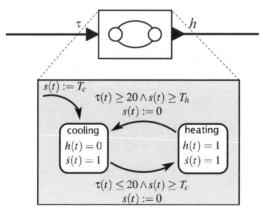

그림 4.5: 단일 온도 임곗값 20과 각 모드에서 최소 시간 T_c와 T_h를 갖는 온도 조절 장치를 모델링한 타임드 오토마타

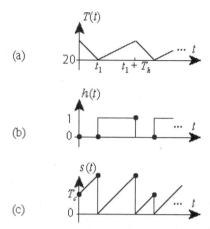

그림 4.6: (a) 그림 4.5의 하이브리드 시스템의 온도 입력, (b) 출력 h, (c) 세분 상태 s

앞 예제에서는 어떤 시간 t에서 시스템의 상태는 heating이나 cooling인 모드이면서 클럭의 현재 값 $s(t)$도 된다. s를 연속 상태$^{continuous\ state}$ 변수라고 부르고, heating과 cooling은 이산 상태$^{discrete\ state}$다. 따라서 이런 하이브리드 시스템에서 '상태'라는 용어는 혼동될 수 있다. FSM은 상태를 갖고, 세분 시스템(이 시스템이 메모리리스 일지라도)도 상태를 갖는다. 이런 혼동의 가능성이 있을 때 명시적으로 기계의 상태를 모드라고 부른다.

모드 간 전이는 전이와 연관된 액션을 갖는다. 때로는 어떤 모드 스스로에게 가는 전이를 통해 액션만 실행되게 할 수 있다. 다음 예제는 이런 전이를 보여주며, 순수 출력을 생성하는 타임드 오토마타도 보여준다.

> **예제 4.4:** 그림 4.7의 타임드 오토마타는 매 T 시간 단위마다 존재하는 순수 출력을 생성하며, 시스템이 실행을 시작할 때 시작한다. 전이의 가드인 $s(t)$ $\geq T$ 뒤로 출력 액션 $tick$, 설정 액션 $s(t) := 0$이 나온다.

그림 4.7은 간단한 다이어그램에서 잘 동작하는 또 다른 요약 표기법을 보여준다. 오토마타는 액터 모델의 아이콘 안에 직접 표시된다.

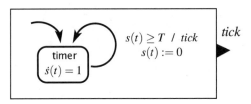

그림 4.7: 매 T 시간 단위마다 순수 출력을 생성하는 타임드 오토마타

예제 4.5: 그림 3.10의 신호등 제어기는 시간 트리거 기계며, 매 초마다 반응한다고 가정한다. 그림 4.8은 같은 동작을 하는 타임드 오토마타를 나타낸다. 이 오토마타의 시간적 역학은 이 기계가 반응하는 시점에 관해 언급하지 않은 가정에는 의존하지 않는다는 점에서 이 오토마타는 시간의 흐름에 대해 더 명시적이다.

연속 변수: $x(t): \mathbb{R}$
입력: $pedestrian$: 순수
출력: $sigR, sigG, sigY$: 순수

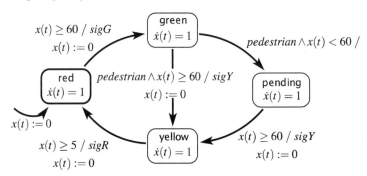

그림 4.8: 그림 3.10의 신호등 제어기와 같은 동작을 하는 타임드 오토마타 변형

4.2.2 고차 역학

타임드 오토마타의 경우 시간 기반 세분 시스템에서 항상 일어나는 일은 시간이 흐르는 것이다. 그러나 하이브리드 시스템은 세분의 동작이 더 복잡할 때 더욱 흥미롭다.

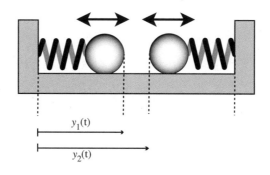

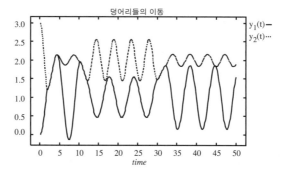

그림 4.9: 예제 4.6에서 살펴볼 끈적한 덩어리 시스템

예제 4.6: 그림 4.9의 물리 시스템을 생각해보자. 두 개의 끈적한 둥근 덩어리에 스프링이 붙어있다. 스프링은 압축되거나 확장되고, 풀릴 수 있다. 이 덩어리는 마찰이 없는 테이블 위에서 진동한다. 충돌하면 서로 붙어 진동하며, 얼마 후 끈적임이 사라지고 덩어리는 다시 떨어진다.

그림 4.9는 두 덩어리가 이동하는 플롯^{plot}을 나타낸다. 두 스프링이 압축되기 시작하고 덩어리들이 서로의 방향으로 움직이기 시작한다. 덩어리는 거의 즉시 충돌하고 서로 떨어질 때까지 잠시 동안 함께 진동한다. 이 플롯에서 덩어리는 두 번 더 충돌하고, 세 번째는 거의 충돌할 뻔 했다.

이상적인 스프링을 가정한다면 이 문제의 물리학은 매우 간단하다. 그림

4.9에 나온 것처럼 $y_1(t)$는 시간 t에서 왼쪽 덩어리의 오른쪽 가장자리를 나타내고, $y_2(t)$는 시간 t에서 오른쪽 덩어리의 왼쪽 가장자리를 나타낸다. p_1과 p_2는 두 덩어리의 중립 위치, 즉 스프링이 확장되거나 압축되지 않아 힘이 0인 상태다. 이상적인 스프링인 경우 시간 t에서 덩어리의 힘은 $p_1 - y_1(t)$ (왼쪽 덩어리 경우)와 $p_2 - y_2(t)$(오른쪽 덩어리 경우)에 비례한다. 힘은 오른쪽이 양수이고 왼쪽이 음수다.

스프링 상수는 각각 k_1과 k_2다. 그러면 왼쪽 스프링에서의 힘은 $k_1(p_1 - y_1(t))$이고, 오른쪽 스프링에서의 힘은 $k_2(p_2 - y_2(t))$다. 질량은 각각 m_1과 m_2다. 이제 힘, 질량, 가속도와 관련 있는 뉴턴의 제2법칙을 사용할 수 있다.

$$f = ma$$

가속도는 시간에 대한 위치의 2차 미분 값이고 $\ddot{y}_1(t)$와 $\ddot{y}_2(t)$로 쓴다. 따라서 질량들이 서로 떨어져 있다면 각 질량의 역학은 다음과 같이 주어진다.

$$\ddot{y}_1(t) = k_1(p_1 - y_1(t))/m_1 \tag{4.1}$$
$$\ddot{y}_2(t) = k_2(p_2 - y_2(t))/m_2. \tag{4.2}$$

그러나 덩어리가 충돌할 때 상황은 변한다. 덩어리들이 붙으면 질량 $m_1 + m_2$를 가진 한 개의 객체로 동작한다. 이 단일 객체는 두 개의 스프링에 의해 반대 방향으로 당겨진다. 덩어리가 함께 붙어 있는 동안은 $y_1(t) = y_2(t)$다. 다음과 같이 정의하자.

$$y(t) = y_1(t) = y_2(t)$$

그러면 해당 역학은 다음과 같이 주어진다.

$$\ddot{y}(t) = \frac{k_1 p_1 + k_2 p_2 - (k_1 + k_2)y(t)}{m_1 + m_2}. \tag{4.3}$$

이제 이 물리 시스템의 하이브리드 시스템 모델을 어떻게 생성하는지 쉽게 알 수 있다. 그림 4.10은 이 모델을 보여준다. 이 모델은 apart(떨어진)와 together(함께)라는 두 개의 모드를 가진다. apart 모드의 세분은 식 (4.1)과 식 (4.2)로 주어지며, together 모드의 세분은 식 (4.3)으로 주어진다.

아직 전이에 레이블을 붙이는 작업이 남아있다. 초기 전이는 apart 모드에 들어가도록 그림 4.10에 나타나 있다. 따라서 덩어리들은 서로 떨어져 있도록 가정한다. 또한 이 전이는 두 덩어리의 초기 위치를 i_1과 i_2로 설정하고 초기 속도를 0으로 설정하는 설정 액션을 갖는다.

apart에서 together로 가는 전이는 다음의 가드를 갖는다.

$$y_1(t) = y_2(t)$$

이 전이는 두 연속 상태 변수 $y(t)$와 $\dot{y}(t)$에 값을 대입하는 설정 액션을 갖는다. 이는 서로 붙어 있는 두 덩어리의 움직임을 나타낼 것이다. $\dot{y}(t)$에 대입하는 값은 운동량^{momentum}을 보존한다. 왼쪽 덩어리의 운동량은 $\dot{y}_1(t)m_1$이고 오른쪽 덩어리의 운동량은 $\dot{y}_2(t)m_2$며, 합쳐진 덩어리의 운동량은 $\dot{y}(t)(m_1 + m_2)$다. 이를 동일하게 만들려고 다음을 설정한다.

$$\dot{y}(t) = \frac{\dot{y}_1(t)m_1 + \dot{y}_2(t)m_2}{m_1 + m_2}$$

together 모드의 세분은 덩어리가 함께 움직이기 때문에 y의 역학을 제공하고 단순히 $y_1(t) = y_2(t) = y(t)$를 설정한다. apart에서 together로의 전이는 $y(t)$를 $y_1(t)$와 동일하게 설정한다(모두 같기 때문에 $y_2(t)$도 선택할 수 있다).

together에서 apart로의 전이는 더 복잡한 아래의 가드를 가지며,

$$(k_1 - k_2)y(t) + k_2 p_2 - k_1 p_1 > s$$

s는 두 덩어리의 끈적임을 나타낸다. 이 가드는 오른쪽 덩어리의 오른쪽 당김 힘이 왼쪽 덩어리의 오른쪽 당김 힘보다 끈적임 이상으로 클 때 만족한다. 오른쪽 덩어리의 오른쪽 당김 힘은 간단히 다음과 같고

$$f_2(t) = k_2(p_2 - y(t))$$

왼쪽 덩어리의 오른쪽 당김 힘은 다음과 같다.

$$f_1(t) = k_1(p_1 - y(t))$$

따라서 다음이 성립한다.

$$f_2(t) - f_1(t) = (k_1 - k_2)y(t) + k_2 p_2 - k_1 p_1$$

이 값이 끈적임 s보다 크면 이 두 덩어리는 서로 떨어진다.

연습문제 11에서 살펴볼 이 예제의 흥미로운 복잡한 버전은 together 모드를 수정해서 끈적임이 시작 값으로 초기화되고, 다음 미분 방정식에 따라서 줄어든다.

$$\dot{s}(t) = -as(t)$$

$s(t)$는 시간 t에서의 끈적임이고, a는 양의 상수다. 사실 그림 4.9의 플롯은 이 복잡한 버전의 역학이다.

예제 4.4와 같이 단 한 개의 상태를 갖는 하이브리드 시스템 모델도 종종 유용하다. 하나 이상의 상태 전이에 대한 액션들은 시간 기반 동작^{time based behavior}과 결합된 이산 이벤트 동작^{discrete event behavior}을 정의한다.

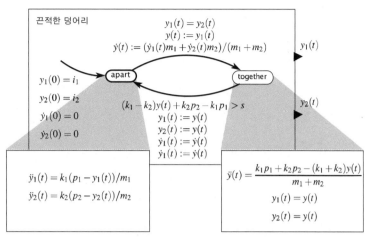

끈적한 덩어리

$$y_1(t) = y_2(t)$$
$$y(t) := y_1(t)$$
$$\dot{y}(t) := (\dot{y}_1(t)m_1 + \dot{y}_2(t)m_2)/(m_1 + m_2)$$

$y_1(0) = i_1$

apart → together

$y_2(0) = i_2$

$\dot{y}_1(0) = 0$

$(k_1 - k_2)y(t) + k_2p_2 - k_1p_1 > s$

$\dot{y}_2(0) = 0$

$$y_1(t) := y(t)$$
$$y_2(t) := y(t)$$
$$\dot{y}_1(t) := \dot{y}(t)$$
$$\dot{y}_1(t) := \dot{y}(t)$$

$y_1(t)$

$y_2(t)$

$$\ddot{y}_1(t) = k_1(p_1 - y_1(t))/m_1$$
$$\ddot{y}_2(t) = k_2(p_2 - y_2(t))/m_2$$

$$\ddot{y}(t) = \frac{k_1p_1 + k_2p_2 - (k_1 + k_2)y(t)}{m_1 + m_2}$$
$$y_1(t) = y(t)$$
$$y_2(t) = y(t)$$

그림 4.10: 예제 4.6의 끈적한 덩어리 시스템을 나타내는 하이브리드 시스템 모델

예제 4.7: 튀는 공을 생각해보자. 시간 $t = 0$에서 공은 $y(0) = h_0$ 높이에서 떨어지며, h_0는 미터 단위의 초기 높이 값이다. 공은 자유 낙하한다. 약간 지난 시간 t_1에서 공은 속도 $\dot{y}(t_1) < 0$ m/s(초당 미터)로 땅과 부딪친다. *bump* 이벤트는 공이 땅에 부딪치면 발생한다. 충돌은 비탄성이고^{inelastic}(운동 에너지가 손실됨을 의미), 공은 속도 $-a\dot{y}(t_1)$으로 튀어 오른다. a는 $0 < a < 1$을 만족하는 상수다. 그리고 공은 특정 높이로 올라가고 다시 땅으로 떨어지는 동작을 반복한다.

튀는 공의 동작은 그림 4.11의 하이브리드 시스템으로 설명할 수 있다. free로 불리는 한 개의 모드가 존재한다. 땅과 접촉이 없을 때 공은 다음의 이차 미분 방정식을 따르며,

$$\ddot{y}(t) = -g \tag{4.4}$$

$g = 9.81$ m/sec^{2}은 중력 가속도다. 이 free 모드의 연속 상태 변수는 다음과 같고,

$$s(t) = \begin{bmatrix} y(t) \\ \dot{y}(t) \end{bmatrix}$$

$y(0) = h_0$와 $\dot{y}(0) = 0$을 초기 조건으로 갖는다. 그러면 식 (4.4)를 적절히 선택한 함수 f에 대한 1차 미분 방정식으로 다음과 같이 쓸 수 있다.

$$\dot{s}(t) = f(s(t)) \tag{4.5}$$

공이 처음으로 땅과 부딪치는 시간 $t = t_1$에서 다음 가드는 만족되고, 자기 전이가 수행된다.

$$y(t) = 0$$

출력 *bump*가 발생하며, 설정 액션 $\dot{y}(t) := -a\dot{y}(t)$는 $\dot{y}(t_1)$을 변경해 $-a\dot{y}(t_1)$ 값을 갖게 한다. 그러면 가드가 다시 참이 될 때까지 식 (4.4)가 뒤따른다.

식 (4.4)를 적분하면 모든 $t \in (0, t_1)$에 대해 다음이 성립한다.

$$\begin{aligned} \dot{y}(t) &= -gt \\ y(t) &= y(0) + \int_0^t \dot{y}(\tau)d\tau = h_0 - \frac{1}{2}gt^2 \end{aligned}$$

따라서 $t_1 > 0$이 $y(t_1) = 0$에 의해 결정된다. 이는 다음 방정식의 해다.

$$h_0 - \frac{1}{2}gt^2 = 0$$

따라서 다음과 같다.

$$t_1 = \sqrt{2h_0/g}$$

그림 4.11은 시간에 따른 연속 상태를 표시한다.

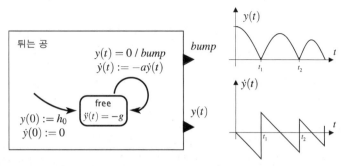

그림 4.11: 튀는 공의 움직임은 하나의 모드를 가진 하이브리드 시스템으로 설명할 수 있다. 이 시스템은 공이 땅과 부딪칠 때마다 *bump*를 출력하고, 공의 위치를 출력한다. 오른쪽에 시간에 따른 위치와 속도가 나와 있다.

앞의 튀는 공 예제는 연습문제 10에서 살펴볼 흥미로운 점을 보여준다. 특히 시간이 증가하면서 각 튕김 간의 시간은 작아진다. 실제로 무한 번의 튕김이 유한의 시간 내에 발생할 정도로 빠르게 튕김 간 시간이 작아진다. 유한 시간 내에 무한 번의 이산 이벤트를 갖는 시스템을 제노의 역설로 유명한 소크라테스 이전의 그리스 철학자인 Zeno of Elea의 이름을 딴 **제노**zeno 시스템이라 부른다. 물론 물리적 세계에서 공은 결국 튕김을 멈출 것이다. 제노 동작은 이 모델의 인공적 결과물이다. 제노 하이브리드 시스템의 다른 예제를 연습문제 13에서 다룬다.

4.2.3 감시 제어

제어 시스템은 4개의 컴포넌트를 포함하는데, **플랜트**plant라 불리는 시스템과 제어돼야 할 물리적 프로세스, 플랜트가 동작할 환경, 플랜트와 환경의 변수를 측정하는 센서, 모드 전이 구조를 결정하고 플랜트의 시간 기반 입력을 선택하는 제어기로 구성된다. 제어기는 두 레벨 있으며, 모드 전이 구조를 결정하는 **감시 제어**supervisory control와 플랜트의 시간 기반 입력을 결정하는 **로우레벨 제어**lew-level control가 있다. 직관적으로 알 수 있듯이 감시 제어기는 여러 전략 중 수행돼야 할 것을 결정하며, 로우레벨 제어기는 선택된 전략을 구현한다. 하이브리드 시스템은 이런 두 가지 레벨 제어기를 모델링하는 데 이상적이다. 자세한 예제로 살펴보자.

예제 4.8: 자동차 크루즈 제어 시스템은 여러 시스템 동작 모드를 바꾸는 감시 제어기(보통 인간)를 갖는다. 그림 4.12는 이런 시스템의 간단한 모델을 보여준다. 이 모델은 운전자(혹은 자율주행 자동차의 경우 자동으로)로부터 오는 순수 입력을 갖는다. 이 입력은 크루즈 제어를 켜고 크루즈 제어가 지켜야 할 속도를 설정하는 *set*^{설정}이 있고, 매뉴얼 제어로 되돌리는 *cancel*^{취소}이 있으며, 크루즈 제어를 일시적으로 비활성화하고 차의 속도를 줄이는 *coast*^{코스트}, 마지막 스피드 설정 값으로 올리도록 크루즈 제어를 다시 동작시키는 *resume*^{재개}이 있다. 이 모델은 또한 다음에 요약된 여러 실제 값 변수를 포함한다.

$s(t)$ = 시간 t에서 속도

$p(t)$ = 시간 t에서 운전자의 가속 페달 명령

$r(t)$ = 시간 t에서 항력, 마찰, 경사에 의한 저항

d = 원하는 속도

G = 비례 제어기의 게인^{gain}

이 모델은 세 가지 동작 모드를 보여준다. off는 운전자가 직접 운전하는 것이고, engaged는 크루즈 제어가 설정된 속도로 올리는 것이며, coasting은 관성으로 차가 달리게 하면서 항력이나 마찰로 속도가 줄어드는 것이다. 각각의 모드에서 속도의 변화 비율 $\dot{s}(t)$는 세 값의 부분집합에 관한 함수다.

입력 $p(t)$는 운전자의 명령을 나타낸다(가속 페달을 사용해 수행하는). 이 입력은 engaged와 coasting 모드에서 지금은 무시되지만 좀 더 복잡한 모델에서는 무시되지 않고 크루즈 제어를 취소하고 off 모드로 변경하는 데 사용돼야 한다. 일반적인 차량인 크루즈 제어는 운전자가 가속 페달을 밟으면 크루즈 제어를 해제한다.

입력 $r(t)$는 차가 항력이나 마찰, 길의 경사 때문에 겪을 수 있는 전진 움직임

에 대한 저항을 나타낸다. 이 입력은 이 세 가지 모드에서 차의 속도를 줄이는 경향이 있다. 보통 항력은 저속에서는 속도에 비례하고, 고속에서는 속도의 제곱에 비례한다.

off 모드에서 속도 변화 비율 $\dot{s}(t)$은 운전자 명령 $p(t)$와 저항 $r(t)$ 간의 차이에 의해 주어진다. coasting 모드에서 속도 변화 비율은 운전자가 가속을 하지 않은 것과 동일한 음의 저항$^{negative\ of\ the\ resistance}$으로 주어진다.

가장 흥미로운 모드는 engaged다. 이 간단한 모델은 비례 제어기^{proportional} ^{controler}를 구현하며, 간단히 에러에 상수 게인 G를 곱하고 가속 명령으로 이 결과를 사용한다. 에러 신호는 engaged 모드에 들어갈 때 설정하는 요청 속도 d와 현재 속도 $s(t)$의 차이다. 더 정교한 제어기는 PID 제어기(Lee and Varaiya(2011) 참고)라고 불리는 종류의 제어기를 사용하지만 이 책의 목적에는 간단한 P 제어기도 충분하다.

이 예제에서 플랜트는 자동차고, 이 차는 속도의 변화 비율을 설정하는 매우 간단한 방식으로 가속 입력에 반응한다. 이 예제의 환경은 차와 길 주위의 공기고, 함께 저항 $r(t)$를 결정한다. 센서는 차의 현재 속도 $s(t)$를 측정하고, 이 속도는 engaged 모드에서 로우레벨 제어기의 입력이 된다. 제어기는 두 가지 레벨이 있다. 로우레벨 제어기는 인간이거나(off 모드에서) 크루즈 제어기 시스템(engaged나 coasting 모드에서)이다. 감시 제어 시스템은 이 모드 간 변환을 통해 모델링되는 반면 로우레벨 제어기는 각 세 모드에서 차의 속도가 어떻게 변하는지 결정하는 미분 방정식으로 모델링된다.

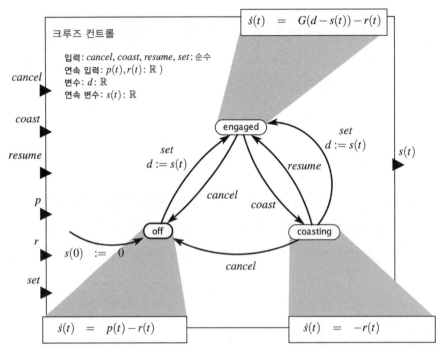

그림 4.12: 크루즈 제어 시스템의 감시 제어기

4.3 요약

하이브리드 시스템은 시간 기반 모델과 상태 기계 모델 간의 연결 다리를 제공한다. 이 두 모델의 병합은 실세계 시스템을 묘사할 때 풍부한 프레임워크를 제공한다. 두 개의 주요 아이디어가 존재한다. 첫째, 이산 이벤트(상태 기계에서 상태 변화)는 시간 기반으로 포함된다. 둘째, 계층적 설명이 특히 유용하며, 시스템은 다른 모드의 동작 사이에서 이산 전이를 겪는다. 모드의 세분이라 불리는 시간 기반 시스템은 각 모드의 동작이 연관돼 있다. 모드 전이는 입력과 연속 상태의 결합을 나타내는 가드가 만족할 때 수행된다. 뒤이어 전이와 연관된 액션은 목적지 모드의 연속 상태를 설정한다.

모드 전이에는 상태 기계 분석 도구를 사용하고 세분 시스템은 시간 기반 분석 도구를 사용해 하이브리드 시스템 동작을 이해할 수 있다. 하이브리드 시스템의 설계는 유사하게 두 가지 레벨로 진행된다. 상태 기계는 모드 전이에 적합한 로직을 만들려고 설계되고 연속 세분 시스템은 각 모드에서 요청된 시간 기반 동작을 보장하려고 설계된다.

연습문제

1. 그림 4.7과 유사한 타임드 오토마타를 구성해보자(종이에 하는 것으로도 충분하다). 이 오토마타는 1, 2, 3, 5, 6, 7, 8, 10, 11, ... 시간에 tick을 생성한다. 즉, tick이 1초 간격으로 세 번, 2초 간격으로 한 번 식으로 발생한다.

2. 이 문제의 목적은 타임드 오토마타를 이해하는 것이고 지정한 대로 오토마타를 수정하는 것이다.

   (a) 아래 그림의 타임드 오토마타에서 출력 y를 설명해보자. 부정확하거나 엉성한 표기법은 피하자.

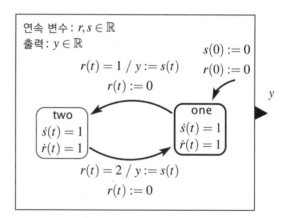

   (b) 새로운 순수 입력 *reset*이 있다고 가정하자. 이 입력이 존재할 때 하이브리드 시스템이 시작하고 마치 시간 0에서 다시 시작하는 것과 같이

동작한다. 이를 위해 (a)의 하이브리드 시스템을 수정해보자.

3. 2장의 연습문제 6에서는 입력 전압에 의해 제어되는 DC 모터를 살펴봤다. 입력 전압을 다르게 해서 모터를 제어하는 것은 현실적으로 실용적이지 않다. 이 방법은 상당한 전력을 처리할 수 있는 아날로그 회로가 필요하다. 대신 고정된 전압을 사용하는 것이 더 일반적이고, 모터에 전달되는 전력의 양을 변화시키려고 주기적으로 껐다 켠다. 이 방법을 **펄스 폭 변조**^{PWM,} Pulse Width Modulation라고 한다.

   연습문제 6의 모터 모델에 전압 입력을 제공하는 타임드 오토마타를 구성해보자. 이 하이브리드 시스템은 PWM 회로가 듀티 사이클이 0에서 100% 사이인 25kHz 구형파를 전달함을 가정해야 한다. 이 하이브리드 시스템의 입력은 듀티 사이클이고 출력은 전압이다.

4. 다음의 타임드 오토마타를 생각해보자.

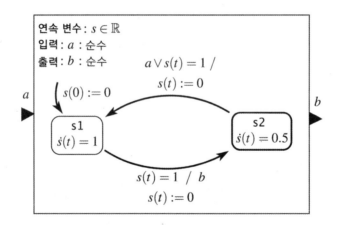

신호 a와 b가 이산 연속 시간 신호임을 가정하자. 이는 각 신호가 거의 모든 시간 $t \in \mathbb{R}$에서 $a(t) = absent$인 $a: \mathbb{R} \rightarrow \{present, absent\}$ 형태의 함수로 주어짐을 의미한다. 상태 기계가 각각의 시간 t에서 최대 한 개의 전이를 가질 수 있고, 이 기계는 시간 $t = 0$에서 동작하기 시작함을 가정하자.

(a) 입력 a가 아래의 시간에만 존재할 때 출력 b를 생각해보자.

$$t = 0.75, 1.5, 2.25, 3, 3.75, 4.5, \ldots$$

최소 $t = 0$에서 $t = 5$까지의 시간을 고려하자.

(b) 입력 a가 $t = 0, 1, 2, 3, \ldots$인 경우에만 존재할 때 출력 b를 생각해보자.

(c) 입력 a가 어떤 이산 신호라도 될 수 있다고 가정하고, 이벤트 b들 간의 총시간에 대한 하계$^{lower\ bound}$를 찾아보자. 어떤 입력 신호 a(존재한다면)가 이 하계를 만들 수 있는가?

5. 순음$^{pure\ tone}$을 만드는 아날로그 소스가 있다. 입력 이벤트 on이나 off에 의해 이 소스를 켜거나 끌 수 있다. 출력으로 on과 off 신호를 제공하는 타임드 오토마타를 구성해보자. 이 신호는 음원의 입력으로 연결된다. 이 시스템은 다음과 같이 동작한다. 입력 이벤트 $ring$을 받으면 80ms 길이의 사운드를 생성한다. 이 사운드는 두 개의 10ms 길이 묵음으로 분리된 세 개의 20ms 길이의 음정으로 구성된다. 이 시스템이 50ms 간격으로 두 개의 $ring$ 이벤트를 받으면 이 시스템은 어떤 동작을 하는가?

6. 요즘 자동차는 다음의 기능 리스트를 가진다. 각 기능을 타임드 오토마타로 구현해보자.

(a) 차의 실내등은 어떤 문이라도 열리면 곧바로 켜진다. 모든 문이 닫힌 뒤 30 동안 켜져 있다. 어떤 센서가 필요한가?

(b) 엔진이 시작되고 안전벨트를 하지 않은 탑승자가 있다면 비프음과 함께 빨강 경고등이 표시된다. 비프음은 30초가 지나거나 안전벨트를 하는 동작 중 빠른 동작에 의해 멈춘다. 경고등은 안전벨트를 하지 않으면 계속 켜져 있다. 힌트: 엔진이 켜지고 탑승자가 안전벨트를 하지 않았을 때나 이미 엔진이 켜 있는 상태에서 탑승자가 안전벨트를 하지 않았을 때 센서가 $warn$ 이벤트를 제공한다고 가정하자. 또한 센서는 탑승자가 자리에서 떠나거나 안전벨트를 했거나 엔진이 꺼지면 $noWarn$ 이벤트

를 제공한다고 가정하자.

7. 프로그래밍 가능한 온도 조절 장치는 4개의 시간 $0 \leq T_1 \leq \ldots \leq T_4 < 24$(24 시간 사이클)과 각 시간에 해당하는 설정 온도 $a_1, \ldots, a_4$를 선택할 수 있다. 이벤트 a_i를 히터 시스템 제어기로 보내는 타임드 오토마타를 구성해보자. 이 제어기는 다음 이벤트를 받을 때까지 값 a_i에 가까운 온도로 유지한다. 몇 개의 타이머와 모드가 필요한가?

8. 다음의 타임드 오토마타를 생각해보자

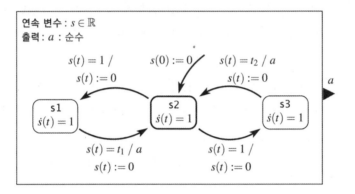

t_1과 t_2는 양의 실수임을 가정하자. 이벤트 a들 사이의 최소 시간은 얼마인가? 즉, 신호 a가 존재하는 두 개 사이에 가능한 가장 작은 시간이 얼마인가?

9. 그림 4.13은 주^{Main}과 보조^{Secondary}라고 불리는 두 개의 일방통행 도로의 교차로를 보여준다. 각 도로의 신호등은 교통을 제어한다. 각 신호등은 빨강 (R)과 녹색(G), 노랑(Y) 단계로 구성되는 한 사이클을 갖는다. 신호등 한 개가 녹색이나 노랑이면 다른 쪽은 빨강이어야 한다는 안전 요구 사항이 있다. 노랑 신호는 항상 5초 동안 지속된다.

신호등은 다음과 같이 동작한다. 보조도로의 센서는 차를 감지한다. 차가 없음을 감지하는 동안 주도로의 신호등은 3분의 녹색과 5초의 노랑, 55초의 빨강으로 이뤄진 4분짜리 사이클을 갖는다. 보조 신호등은 3분 5초의 빨강(주도로가 녹색과 노랑일 때)과 50초의 녹색, 5초의 노랑 신호를 갖는다. 보조도로에서 차가 감지되면 신호등은 신속하게 보조도로에 통행권을 제공한다. 이 경우 주도로의 신호등은 녹색 신호를 멈추고 곧바로 5초의 노랑 신호로 바뀐다. 주도로의 신호등이 노랑이나 빨강일 때 차가 감지되면 이 시스템은 차가 없었던 것처럼 동작한다.

이 신호등을 제어하는 하이브리드 시스템을 설계해보자. 이 하이브리드 시스템은 여섯 개의 순수 출력을 가지며, 각 신호당 한 개씩 주도로 신호등이 녹색과 노랑, 빨강을 나타내는 mG, mY, mR와 보조도로 신호등이 녹색과 노랑 빨강을 나타내는 sG, sY, sR로 이름 짓는다. 이 신호는 신호를 켤 때 발생해야 한다. 한 신호가 켜질 때 켜져 있던 신호는 꺼지는 것을 암묵적으로 가정할 수 있다.

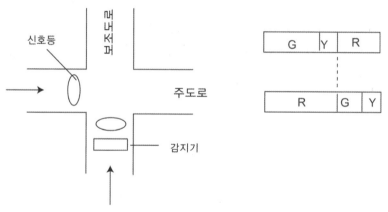

그림 4.13: 신호등은 주도로와 보조도로의 교차로를 제어한다. 감지기는 자동차가 지나갈 때 감지한다. 한 신호등이 빨간불일 때 다른 신호등은 녹색과 노란색이어야 한다.

10. 예제 4.7의 튀는 공 시스템에서 t_n을 공이 n번째 땅과 부딪치는 시간이라고 하고, $v_n = \dot{y}(t_n)$을 그 시간의 속도라고 하자.

    (a) $n > 1$일 때 V_{n+1}과 V_n 사이의 관계를 찾고 v_1에 대한 V_n을 계산해보자.

    (b) v_1과 a에 대한 t_n을 구해보자. 이 값을 사용해 튀는 공이 제노 시스템임

을 보여라. 힌트: 등비 급수 등식이 유용할 것이다. $|b| < 1$에 대해 다음
이 성립한다.

$$\sum_{m=0}^{\infty} b^m = \frac{1}{1-b}$$

(c) 여러 번의 충돌 후 공이 도달하는 최대 높이를 계산해보자.

11. *together* 모드에서 끈적임이 다음 미분 방정식에 의해 감소하는 그림 4.10
    의 하이브리드 시스템 모델을 자세히 설명해보자.

$$\dot{s}(t) = -as(t)$$

$s(t)$는 시간 t에서의 끈적임이며, a는 양의 상수다. *together* 모드로 전이 시
끈적임은 시작 끈적임 b로 초기화돼야 한다.

12. 그림 4.14의 AGV가 left나 right 모드에 있는 동안 AGV의 이동 궤적이 원임
    을 보여라. 이 원의 반지름은 얼마인가? 그리고 원을 완성하려면 얼마나 걸
    리는가?

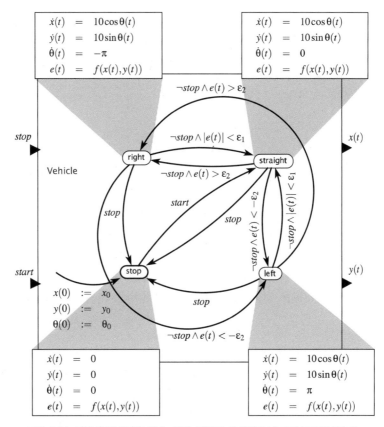

$$\begin{aligned}\dot{x}(t) &= 10\cos\theta(t)\\ \dot{y}(t) &= 10\sin\theta(t)\\ \dot{\theta}(t) &= -\pi\\ e(t) &= f(x(t),y(t))\end{aligned}$$

$$\begin{aligned}\dot{x}(t) &= 10\cos\theta(t)\\ \dot{y}(t) &= 10\sin\theta(t)\\ \dot{\theta}(t) &= 0\\ e(t) &= f(x(t),y(t))\end{aligned}$$

stop

$\neg stop \wedge e(t) > \varepsilon_2$

$x(t)$

Vehicle

$\neg stop \wedge |e(t)| < \varepsilon_1$

right — straight

$\neg stop \wedge e(t) > \varepsilon_2$

$\neg stop \wedge |e(t)| > \varepsilon_1$

start

stop

stop

$\neg stop \wedge e(t) < -\varepsilon_2$

left

stop

start

stop

$y(t)$

$$\begin{aligned}x(0) &:= x_0\\ y(0) &:= y_0\\ \theta(0) &:= \theta_0\end{aligned}$$

stop

$\neg stop \wedge e(t) < -\varepsilon_2$

$$\begin{aligned}\dot{x}(t) &= 0\\ \dot{y}(t) &= 0\\ \dot{\theta}(t) &= 0\\ e(t) &= f(x(t),y(t))\end{aligned}$$

$$\begin{aligned}\dot{x}(t) &= 10\cos\theta(t)\\ \dot{y}(t) &= 10\sin\theta(t)\\ \dot{\theta}(t) &= \pi\\ e(t) &= f(x(t),y(t))\end{aligned}$$

그림 4.14: 자동 운전 차량은 멈춤, 직진, 좌회전, 우회전의 네 가지 모드를 갖는다.

13. 물을 가진 두 개의 탱크로 구성된 시스템을 표현한 그림 4.15를 살펴보자. 각 탱크는 상수 비율로 물이 샌다. 물은 호스를 통해 시스템에 상수 비율로 채워지며 언제나 두 탱크 중 하나에 물을 채운다. 호스는 탱크 사이에 즉시 옮겨짐을 가정하자. $i \in \{1, 2\}$에 대해 x_i는 탱크 i의 물의 양을 나타내고 $v_i > 0$은 탱크 i에서 나가는 물의 상수 흐름을 나타낸다. w는 이 시스템으로 채워지는 물의 상수 흐름을 나타낸다. 물의 양은 각각 r_1과 r_2 이상 채워지는 것이 목표며, 물의 양은 r_1과 r_2에서 시작함을 가정하자. 이는 $x_1(t) \leq r_1(t)$가 될 때는 탱크 1로, $x_2(t) \leq r_2(t)$가 될 때는 탱크 2로 물의 흐름을 바꾸는 제어기로 가능하다.

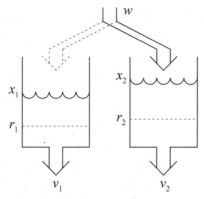

그림 4.15: 물탱크 시스템

이 두 탱크 시스템을 나타내는 하이브리드 오토마타는 그림 4.16에 나와 있다. 다음의 질문에 답해보자.

(a) Ptolemy II나 LabView, Simulink에서 이 하이브리드 오토마타 모델을 구성해보자. $r_1 = r_2 = 0$이고 $v_1 = v_2 = 0.5$, $w = 0.75$ 파라미터 값을 사용하자. 초기 상태는 $(q_1, (0, 1))$로 설정하자(즉, 초깃값 $x_1(0)$은 0이고 $x_2(0)$은 1이다). 이 하이브리드 오토마타가 제노임을 증명하라. 이 제노 동작의 이유가 무엇인가? 이 모델을 시뮬레이션하고 x_1과 x_2가 시간 t의 함수로 어떻게 변화하는지 표시하자. 제노 동작을 나타내기 위한 충분한 시간 동안 시뮬레이션하라.

(b) 전이들 간 시간이 어떤 양의 수 ε보다 절대 작지 않음을 보장함으로써 제노 시스템은 정규화^{regularized}될 수 있다. 이는 하이브리드 오토마타가 시간 ε 동안 머무르는 추가적인 모드를 삽입함으로써 에뮬레이션할 수 있다. 정규화를 사용해 (a)의 모델을 제노가 되지 않게 만들어라. 첫 번째 파트와 같은 시간 동안 x_1과 x_2를 표시하라. 사용한 ε의 값을 기술하라.

답변과 함께 플롯 출력물을 포함시키자.

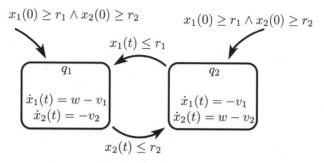

그림 4.16: 물탱크 시스템을 나타내는 하이브리드 오토마타

CHAPTER
5
상태 기계 결합

상태 기계는 시스템의 동작을 모델링하는 편리한 방법을 제공한다. 상태 기계의 한 가지 단점은 대부분의 관심 있는 시스템들에서 상태의 개수가 매우 많다는 것 (심지어 종종 무한)이다. 자동화 도구는 많은 상태 공간을 처리할 수 있지만, 인간은 많은 상태 공간을 직접 표현하는 데 어려움을 느낀다.

공학 분야의 오래된 이론 중 하나는, 복잡한 시스템은 간단한 시스템들의 결합으로 나타내야 한다는 것이다. 5장에서는 상태 기계를 결합하는 여러 방법을 설명한다. 그러나 상태 기계를 결합하는 미묘한 여타 방법이 있음을 독자는 인지해야 한다. 겉에서는 비슷해 보이는 결합이 다른 사람에게 다른 의미가 될 수 있다. 모델 표기 규칙을 **구문**syntax이라 하고, 표기가 뜻하는 것을 의미semantics라 한다.

> **예제 5.1:** 연산 표준 구문에서 덧셈 기호 +는 기호 앞과 뒤에 숫자나 식이 올 수 있다. 따라서 연속된 세 개의 심볼인 1 + 2는 유효한 연산 식이지만 1 + 는 유효하지 않다. 식 1 + 2의 의미는 두 숫자의 덧셈이다. 이 식은 숫자 '1과 2를 더해 얻어진 숫자 3'을 의미한다. 식 2 + 1은 구문적으로는 다르지

만 의미적으로는 동일하다(덧셈은 교환법칙이 성립하기 때문이다).

이 책의 모델은 주로 시각적 구문을 사용한다. 즉, 요소^{element}는 문자 집합의 문자보다는 상자, 원, 화살표며, 요소의 위치는 수열일 필요가 없다. 이런 구문은 연산 구문보다 덜 표준화돼 있다. 같은 구문이 다른 여러 의미를 가질 수 있고, 이는 혼동을 줄 수 있음을 보게 될 것이다.

예제 5.2: 상태 기계의 동시 결합에 널리 쓰이는 표기법인 상태도^{Statechart}는 Harel(1987)이 처음 제안했다. 이 상태도들은 같은 논문을 기반으로 하지만, 많은 변형이 있다(von der Beeck, 1994). 이러한 변형들은 보통 같은 구문에 다른 의미를 부여한다.

5장에서는 그림 5.1에 요약된 구문^{syntax}을 사용하는 확장 상태 기계^{extended state machine}의 액터 모델을 가정한다. 단일 상태 기계의 의미^{semantics}는 3장에서 설명했고, 5장에서는 다중 상태 기계의 결합에 부여되는 의미를 논의할 것이다.

첫 번째로 살펴볼 결합 기법은 동시 결합^{Concurrent composition}이다. 두 개 이상의 상태 기계들이 동시에 혹은 독립적으로 반응한다. 이 반응이 동시에 일어나면 **동기 결합**^{synchronous composition}이라 부르고, 독립적으로 일어나면 **비동기 결합**^{asynchronous composition}이라 부른다. 그러나 이런 종류의 결합에서도 의미적으로 미묘한 많은 변형이 존재할 수 있다. 이러한 변형들은 상태 기계 간 통신 및 변수 공유 여부와 방법을 중점적으로 다룬다.

두 번째로 살펴볼 결합 기법은 계층^{hierarchy} 결합이다. 계층적 상태 기계 역시 복잡한 시스템을 더 간단한 시스템들의 결합으로 나타낼 수 있다. 여기서도 의미적으로 미묘한 차이가 존재할 수 있음을 보게 될 것이다.

5.1 동시 결합

상태 기계의 동시 결합^{concurrent Composition}을 설명하려고 일련의 결합 패턴들을 살펴
보자. 임의의 복잡한 시스템을 만들려고 이런 패턴들은 결합될 수 있다. 먼저 가장
간단한 경우인 결합된 상태 기계들이 서로 통신하지 않는 병행 결합^{side by side}
composition부터 살펴본다. 다음으로 공유 변수를 통해 상태 기계가 통신할 수 있게
해보고, 이 기법이 모델링을 복잡하게 하는 많은 미묘함을 만든다는 것을 보인다.
이후 포트를 사용한 통신을 고려하는데, 먼저 직렬 결합^{serial composition}을 살펴본 후
임의의 상호 연결이 가능하게 확장할 것이다. 각 유형의 결합에 대해 동기 및 비동
기 결합에 대해 고려할 것이다.

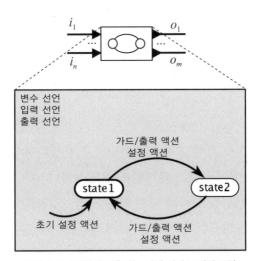

그림 5.1: 5장에서 사용하는 상태 기계 표기법 요약

동시성(Synchrony)에 관해

동기적^{synchronous}이란 용어는 (1) 동시에 발생 혹은 존재, (2) 같은 속도로 이동
혹은 동작함을 의미한다. 공학과 컴퓨터 과학에서 이 용어는 대부분 위 정
의와 일치하지만 어떤 때는 일치하지 않는 많은 의미를 갖는다. 스레드나

프로세스를 사용하는 병행concurrent 소프트웨어를 보면 동기적 통신은 랑데부(rendezvouns) 스타일의 통신을 의미한다. 즉, 이 통신에서 메시지 송신자는 수신자가 수신할 수 있을 때까지 반드시 기다려야 하고, 수신자는 송신자를 기다려야 한다. 개념적으로 두 개의 스레드는 동시에 발생하는 통신(앞의 정의 1번과 같은)을 본다. 자바에서 synchronized 키워드는 동시에 실행할 수 없는 코드 블록을 정의한다. 이상하게 보이겠지만 synchronized된 두 개의 코드 블록은 동시에 실행될 수 없고, 이는 앞 두 개의 정의와 일치하지 않는다.

소프트웨어 세계에서 동기적이란 단어는 세 번째 의미가 존재하며, 5장에서는 이 세 번째 의미를 사용한다. 이 세 번째 의미는 동기적 언어synchronous language의 기초가 된다. 아래 두 개의 주요 아이디어가 이 언어를 지배한다. 첫째, 프로그램 내 컴포넌트들의 출력은 (개념적으로) 컴포넌트들의 입력과 동시에 발생한다(이를 동시성 가설synchrony hypothesis이라 한다). 둘째, 프로그램 내 컴포넌트들은 (개념적으로) 동시에simultaneously 그리고 즉시instantaneously 실행된다. 실제로 실행은 동시에 그리고 즉각적으로 발생하지 않고, 출력은 실제로는 입력과 동시에 발생하지 않지만 올바른 실행은 마치 그런 것처럼 동작해야 한다. 동기적이란 단어의 이런 사용은 컴포넌트의 실행이 동시에 그리고 같은 속도로 발생한다는 위의 두 정의와 일치한다.

회로 설계에서 회로 전반에 걸쳐 분산돼 있는 클럭과 클럭 에지edge에서 입력을 저장하는 래치latch가 있을 때 동기적이라는 단어는 이 클럭이 래치를 구동시키는 설계 스타일을 나타낸다. 클럭 에지들 사이의 시간은 래치들 사이에 있는 회로가 안정화될 만큼 충분해야 한다. 개념적으로 이 모델은 동기적 언어의 모델과 비슷하다. 래치들 사이의 회로가 지연이 없음을 가정하는 것은 동시성 가설과 같은 것이고, 전역 클럭 분산global clock distribution은 동시적이고 즉각적인 실행을 제공한다.

전력 시스템 공학에서 동기적은 전기 파형이 동일한 주파수와 파형을 갖는다는 것을 의미한다. 신호 처리에서 동기적은 신호가 같은 샘플 레이트를 가짐을 의미하거나 이 샘플 레이트가 다른 신호의 샘플 레이트의 고정 배수임을 나타낸다. 6.3.2절에서 설명하는 동기적 데이터 흐름^{synchronous dataflow}이라는 용어는 이런 동기적이란 단어의 후자 의미에 기초를 둔다. 이는 위의 (2)번째 정의와 일치한다.

5.1.1 병행 동기 결합

살펴볼 첫 번째 결합 패턴은 그림 5.2에서 두 개의 액터로 나타낸 병행 결합^{side by side composition}이다. 이 패턴에서 두 액터의 입력과 출력은 분리^{disjoint}돼 있다. 즉, 이 상태 기계들은 서로 통신하지 않는다. 이 그림에서 액터 A는 입력 i_1과 출력 o_1을 갖고 액터 B는 입력 i_2와 출력 o_2를 갖는다. 이 두 액터의 결합은 입력 i_1 및 i_2와 출력 o_1과 o_2를 갖는 액터 C 자체다.[1]

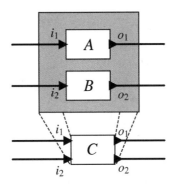

그림 5.2: 두 액터의 병행 결합

---

1. 결합 액터 C는 입력과 출력 포트의 이름을 바꿀 수 있지만 여기서는 컴포넌트 액터들과 같은 이름을 사용한다.

가장 간단한 시나리오에서 두 액터가 변수들을 갖는 확장 상태 기계라면 이 변수들 역시 분리된다. 두 개의 상태 기계가 변수들을 공유할 때 어떤 일이 발생하는지 나중에 살펴볼 것이다. 동기 결합에서 *C*의 반응은 *A*와 *B*의 동시 반응이다.

예제 5.3: 그림 5.3에 있는 *A*와 *B*의 FSM을 살펴보자. *A*는 한 개의 순수 출력 *a*를 갖고, *B*는 한 개의 순수 출력 *b*를 갖는다. 병행 결합 *C*는 두 개의 순수 출력 *a*와 *b*를 갖는다. 이 결합이 동기적이면 첫 번째 반응에서 *a*는 부재하고 *b*는 존재할 것이다. 두 번째 반응은 반대가 될 것이다. 이후 반응에서 *a*와 *b*는 계속해서 번갈아 존재할 것이다.

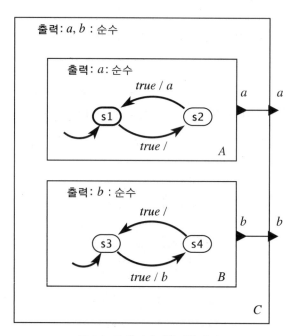

그림 5.3: 두 액터의 병행 결합 예제

동기적 병행 결합은 여러 이유로 간단하다. 먼저 환경이 상태 기계가 반응할 시점을 결정한다는 3.3.2절을 기억해보자. 동기적 병행 결합에서 환경은 *C*가 두 상태 기계의 결합임을 인지할 필요가 없다. 이 결합은 마치 자신이 원자 컴포넌트인 것처럼 결합 가능한 컴포넌트가 된다는 측면에서 모듈 방식^{modular}이다.

게다가 두 상태 기계 A와 B가 결정적^{deterministic}이면 동기적 병행 결합도 결정적이다. 컴포넌트들이 가진 속성이 결합의 속성이라면 해당 속성은 결합적^{compositional}이라고 한다. 동기적 병행 결합에서 결정성은 결합적 속성이다.

그리고 유한 상태 기계의 동기적 병행 결합은 그 자체가 FSM이다. 결합의 의미를 제공하는 엄격한 방법은 결합에 대한 단일 상태 기계를 정의하는 것이다. 3.3.3절과 같이 상태 기계 A와 B가 5 원소 튜플로 주어졌다고 가정하자.

$$A = (States_A, \ Inputs_A, \ Outputs_A, \ update_A, \ initialState_A)$$
$$B = (States_B, \ Inputs_B, \ Outputs_B, \ update_B, \ initialState_B).$$

그러면 동기적 병행 결합 C는 다음과 같이 주어진다.

$$States_C \quad = \quad States_A \times States_B \tag{5.1}$$
$$Inputs_C \quad = \quad Inputs_A \times Inputs_B \tag{5.2}$$
$$Outputs_C \quad = \quad Outputs_A \times Outputs_B \tag{5.3}$$
$$initialState_C \quad = \quad (initialState_A, \ initialState_B) \tag{5.4}$$

그리고 업데이트 함수는 모든 $s_A \in States_A$, $s_B \in States_B$, $i_A \in Inputs_A$, $i_B \in Inputs_B$에 대해 다음과 같이 정의되며,

$$update_C((s_A, s_B), (i_A, i_B)) = ((s_A', s_B'), (o_A, o_B))$$

여기서 $(s_A', o_A) = update_A(s_A, i_A)$이며, $(s_B', o_B) = update_B(s_B, i_B)$다.

$Inputs_A$와 $Inputs_B$가 값매김의 집합임을 기억해보자. 이 집합에 있는 각 값매김은 값을 포트에 대입하는 것이다. 다음 식은 C의 입력 값매김이 반드시 A의 입력과 B의 입력에 대한 두 값매김을 포함해야 되는 것을 의미한다.

$$Inputs_C = Inputs_A \times Inputs_B$$

다음 예제에 나온 것처럼 보통 단일 FSM C는 기호보다는 그림으로 주어질 수 있다.

예제 5.4: 그림 5.3의 동기 병행 결합 C는 그림 5.4의 단일 FSM으로 주어진다. 이 상태 기계는 예제 5.3에서 설명한 것과 똑같이 동작한다. 출력 a와 b는 번갈아가며 존재한다. (s1, s4)와 (s2, s3)는 도달 가능한 상태가 아니다.

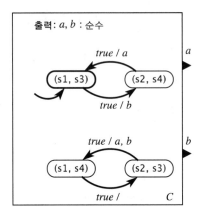

그림 5.4: 그림 5.3에 있는 상태 기계의 동기적 병행 결합 의미를 제공하는 단일 상태 기계

5.1.2 병행 비동기 결합

상태 기계들의 비동기 결합^{asynchronous composition}에서 컴포넌트 기계들은 독립적으로 반응한다. 이 말은 매우 불분명하고, 실제로 다른 여러 의미로 해석될 수 있다. 각각의 해석은 이 결합에 의미를 부여한다. 각 의미의 핵심은 그림 5.2에 있는 결합 C의 반응을 정의하는 방법이다. 다음 두 가지 가능성이 있다.

- **의미 1.** C의 반응은 A와 B 중 하나의 반응이며, 이 선택은 비결정적이다.
- **의미 2.** C의 반응은 A나 B의 반응 혹은 A와 B 모두의 반응이며, 이 선택은 비결정적이다. 이 가능성은 둘 다 반응하지 못하도록 변형될 수도 있다.

의미 1은 인터리빙 의미^{interleaving semantics}로 불리며, A나 B가 절대 동시에 반응하지 않음을 의미한다. 이 반응은 어떤 순서로 교대로 배치^{interleaved}된다.

중요한 것은 이 의미들에서 상태 기계 A와 B는 입력 이벤트를 완전히 놓칠 수도 있다는 것이다. 즉, 비결정적 선택이 A가 아닌 B가 반응하게 할 때 A로 향하는 C의 입력이 존재할 수도 있다. 이 경우를 의도한 게 아니라면 스케줄링에 대한 제어나 동기 결합이 더 나은 선택이 될 수 있다.

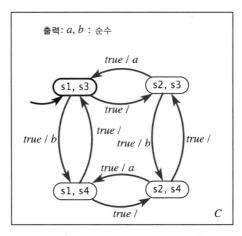

그림 5.5: 그림 5.3에 있는 상태 기계의 비동기 병행 결합의 의미를 제공하는 상태 기계

> **예제 5.5:** 그림 5.3의 예에서 의미 1은 그림 5.5에 표시된 결합 상태 기계를 나타낸다. 이 기계는 비결정적이다. 상태 (s1, s3)에서 시작해 C가 반응할 때 (s2, s3)로 이동하고 출력은 없을 수 있고, (s1, s4)로 이동하고 b를 출력할 수도 있다. 의미 2를 선택했다면 (s2, s4)로도 이동 가능했을 것이다.

의미 1의 비동기 결합인 경우 C의 기호적 정의는 식 (5.1)부터 식 (5.4)에 주어진 동기 결합에서의 $States_C$와 $Inputs_C$, $Outputs_C$, $initialState_C$들과 같은 정의를 갖는다. 그러나 업데이트 함수는 다음과 같이 다르다. 업데이트 함수는 모든 $s_A \in States_A$,

$s_B \in States_B$, $i_A \in Inputs_A$, $i_B \in Inputs_B$에 대해 다음과 같다.

$$update_C((s_A, s_B), (i_A, i_B)) = ((s'_A, s'_B), (o'_A, o'_B))$$

여기서 다음 중 하나를 만족한다.

$$(s'_A, o'_A) = update_A(s_A, i_A) \text{ and } s'_B = s_B \text{ and } o'_B = absent$$

$$(s'_B, o'_B) = update_B(s_B, i_B) \text{ and } s'_A = s_A \text{ and } o'_A = absent$$

$o'_B = absent$는 B의 모든 출력이 부재함을 의미한다. 의미 2도 비슷하게 정의할 수 있다(연습문제 2 참고).

비동기 결합의 스케줄링 의미

5.1.2절의 의미 1과 2의 경우 어떤 컴포넌트 기계가 반응할지에 대한 선택은 비결정적이다. 이 모델은 특별한 제약을 표현하지 않는다. 환경이 비결정적 선택에 영향을 주거나 제어할 수 있는 스케줄링 정책을 사용하는 것이 종종 더 유용하다. 이는 비동기 결합의 추가적인 두 개의 의미를 더 만든다.

- **의미 3.** C의 반응은 A나 B 중 하나의 반응이고, 환경이 A나 B 중 누가 반응할지 결정한다.
- **의미 4.** C의 반응은 A나 B의 반응 혹은 A와 B 모두의 반응이며, 이 선택은 환경에 의해 이뤄진다.

의미 1과 같이 의미 3은 인터리빙 의미interleaving semantics다.

어떤 의미에서 의미 1과 2는 의미 3과 4보다 더 결합적이다. 의미 3과 4를 구현하려고 결합은 환경이 어떤 컴포넌트 기계가 반응해야 하는지 선택하는 메커니즘(컴포넌트 스케줄링을 위해)을 제공해야 한다. 이는 그림 5.2에서 제안한 계층이 잘 동작하지 않음을 의미한다. 액터 C는 포트 및 반응하는

능력보다 더 많은 내부 구조를 외부로 노출해야 한다.

다른 의미에서 의미 1과 2는 의미 3과 4보다 덜 결합적이다. 결정성이 결합에 의해 보존되지 않기 때문이다. 결정적 상태 기계의 결합은 결정적 상태 기계가 아니다.

의미 1은 의미 3의 모든 동작이 의미 1의 동작이라는 점에서 의미 3의 추상화abstraction다. 이 추상화에 대한 개념은 14장에서 더 자세히 다룬다.

이들 선택 간의 미묘한 차이는 비동기 결합을 믿을 수 없게 만든다. 따라서 어떤 의미가 사용되는지 명확하게 하기 위한 상당한 주의가 필요하다.

5.1.3 공유 변수

확장 상태 기계는 전이를 수행하는 과정에서 읽거나 쓸 수 있는 지역 변수를 갖는다. 상태 기계를 결합할 때 기계들 간 변수가 공유될 수 있게 하는 것이 때로는 유용하다. 특히 이런 공유 변수는 10장에서 다루는 인터럽트interrupt나 11장에서 다루는 스레드thread를 모델링할 때 유용하다. 그러나 이런 모델의 의미가 인터럽트나 스레드를 포함하는 프로그램의 의미와 일치하게 하려면 상당한 주의가 필요하다. 메모리 일관성memory consistency 모델과 원자 조작atomic operation의 개념 같은 복잡한 부분들이 생길 수 있다.

예제 5.6: 네트워크에서 요청request을 받을 수 있는 두 개의 서버를 생각해보자. 각 요청은 처리되는 시간을 알 수 없어 두 서버는 받은 요청을 넣은 큐queue를 공유한다. 이 요청이 첫 번째 서버의 네트워크 인터페이스로 왔다고 하더라도 이 서버가 바쁘면 다른 서버가 요청을 처리할 수 있다.

이 시나리오는 그림 5.2와 유사한 패턴(A와 B가 서버인)에 잘 맞는다. 이 서버들을 그림 5.6에 표시된 상태 기계로 모델링할 수 있다. 이 모델에서 공유 변수 *pending*은 대기 중인 요청의 개수를 센다. 요청이 결합 기계 C에 도착할 때 두 서버 중 한 개는 비결정적으로 반응하게 선택된다(의미 1에서 비동기 결합을 가정). 선택된 서버가 유휴 상태idle라면 해당 서버가 이 요청을 처리한다. 해당 서버가 다른 요청을 처리 중이면 다음 두 가지 중 한 동작이 일어난다. 현재 처리하는 요청을 우연히 끝내고 출력 *done*을 내보내며 새로운 요청을 처리할 수 있다. 혹은 대기 중인 요청의 수를 늘리고 현재 요청을 계속 처리할 수 있다. 요청을 처리하는 데 걸리는 시간은 알 수 없다는 사실을 모델링하려고 이 동작들 사이의 선택은 비결정적이다.

요청이 없을 때 C가 반응한다면 서버 A나 B는 반응하려고 비결정적으로 선택될 것이다. 반응하는 서버가 유휴 상태이고 한 개 이상의 대기 중인 요청이 있다면 이 서버는 *serving* 상태로 전이하고 변수 *pending*을 감소시킬 것이다. 반응하는 서버가 유휴 상태가 아니라면 세 가지 중 한 동작이 일어난다. 현재 요청을 계속 처리할 수 있다. 이 경우 *serving*으로 다시 돌아가는 자기 전이가 발생한다. 혹은 현재 요청 처리를 끝낼 수 있다. 이 경우에는 대기 중인 요청이 없으면 idle로 전이한다. 마지막으로, 대기 중인 요청이 있으면 serving으로 전이하고 *pending*을 감소시킨다.

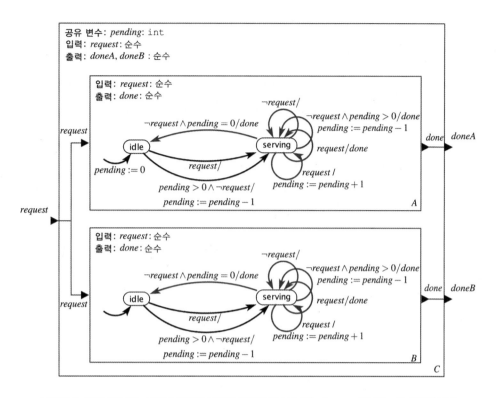

그림 5.6: 의미 1를 갖는 비동기 결합을 가정한 공유된 태스크 큐(task queue)를 갖는 두 서버의 모델

이전 예제의 모델은 동시 시스템의 많은 미묘함을 보여준다. 첫 번째로 인터리빙 의미로 인해 공유 변수에 접근 하는 것은 원자 조작[atomic operation]이다. 원자 조작은 현실적으로 보장되기 어려우며, 10장과 11장에서 다룬다. 두 번째로 의미 1을 선택하는 것이 이 경우에 합리적이다. 입력은 두 컴포넌트 기계로 가기 때문이다. 따라서 어떤 컴포넌트 기계가 반응하더라도 입력 이벤트는 누락되지 않는다. 그러나 두 개의 기계가 독립적 입력을 갖는다면 의미 1은 동작하지 않을 것이다. 이는 요청들이 누락될 수 있기 때문이다. 의미 2는 이를 방지하는 데 도움을 줄 수 있다. 이때 어떤 기계가 반응할지 결정하려면 환경은 어떤 전략을 사용해야 할까? 두 개의 독립적 입력들이 C의 동일한 반응에서 존재하는 요청을 갖는다면 어떻게 될까? 의미 4를 선택해 두 기계가 동시에 반응하게 하면 두 기계가 공유 변수를 업

데이트할 때의 의미는 무엇일까? 이 업데이트는 인터리빙 의미를 갖기 때문에 더 이상 원자^{atomic}적이지 않다.

의미 1에서 비동기 결합을 선택하면 유휴 기계를 효율적으로 사용하지 않는 동작을 허용하게 된다. 기계 A가 처리 상태이고 기계 B가 유휴 상태일 때 요청이 들어왔다고 가정하자. 비결정적 선택은 기계 A가 반응하게 한다면 간단히 *pending*을 증가시키게 될 것이다. 비결정적 선택이 B가 반응하게 할 때까지 유휴 기계는 사용되지 않을 것이다. 실제로 의미 1은 기계 중 하나를 절대 사용하지 않는 동작을 허용한다.

공유 변수는 동기 결합에서도 사용될 수 있다. 그렇지만 복잡한 미묘함들이 다시 나타난다. 특히 같은 반응에서 한 기계는 공유 변수를 읽어 가드를 평가하고 다른 기계는 공유 변수를 쓴다면 어떻게 될까? 읽는 동작 전에 쓰기 동작을 해야 할까? 공유 변수에 쓰는 동작을 하는 전이가 해당 전이의 가드식$^{guard\ expression}$에서 같은 변수를 읽는다면 어떻게 될까? 한 가지 해법은 동기 인터리빙 의미$^{synchronous\ interleaving\ semantics}$를 선택하는 것이다. 이 경우 컴포넌트 기계들은 임의의 순서로 반응하고 비결정적으로 선택된다. 이 전략은 두 개의 결정적 기계들의 결합이 비결정적이 될 수 있다는 단점이 있다. 동기 인터리빙 의미의 대체 방법으로 환경이 결정하거나 우선순위 같은 어떤 부가적인 메커니즘이 결정하는 고정된 순서에 따라 컴포넌트 기계가 반응하는 방법이 있다.

공유 변수 처리의 어려움(특히 비동기 결합에서)은 공유 변수를 가진 동시 모델의 내재된 복잡성을 반영하는 것이다. 이를 위한 정확한 해법에는 더 정교한 의미가 필요하며, 6장에서 다룰 것이다. 6장에서는 계산 동기 반응 모델을 설명하며, 이 모델은 합리적으로 결합되는 동기 결합 의미를 제공한다.

지금까지 직접 통신하지 않는 기계들의 결합을 고려했다. 다음 절에서는 한 기계의 출력이 다른 기계의 입력이 될 때 발생하는 것들을 살펴본다.

5.1.4 직렬 결합

그림 5.7의 결합된 두 상태 기계 A와 B를 생각해보자. 기계 A의 출력은 B의 입력으로 들어간다. 이런 스타일의 결합을 **직렬 결합**cascade composition 혹은 **연쇄 결합**serial composition이라고 한다.

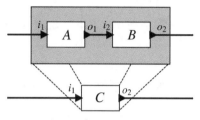

그림 5.7: 두 액터의 직렬 결합

이 그림에서 A의 출력 포트 o_1은 B의 입력 포트 i_2로 이벤트를 보낸다. o_1의 데이터 타입은 V_1(o_1은 V_1의 값을 갖거나 부재함을 의미)이고 i_2의 데이터 타입은 V_2임을 가정하자. 이때 유효한 결합이 되기 위한 조건은 다음과 같다.

$$V_1 \subseteq V_2$$

이는 A의 포트 o_1에 만들어진 모든 출력은 B의 포트 i_2에서 수용 가능한 입력임을 의미한다. 이 결합 타입을 검사type check한다.

직렬 결합에서 비동기로 동작하려면 A에서 B로 보내는 데이터를 버퍼링하는 기계가 필요하다. 이런 비동기 결합에 대한 논의는 6장에서 다룬다. 계산의 데이터 플로우dataflow와 프로세스 네트워크 모델은 이런 비동기 결합을 제공할 것이다. 5장에서는 직렬 시스템의 동기 결합만 고려할 것이다.

그림 5.7의 직렬 구조 동기 결합에서 C의 반응은 A와 B 모두의 반응으로 구성되고, A가 먼저 반응하며 출력을 생성하고(있다면), 이후 B가 반응한다. 논리적으로 이런 동작의 실행 시간이 없다고zero time 보기 때문에 이 두 반응은 동시적이고simultaneous 즉각적instantaneous으로 발생한다. 그러나 A의 출력이 B의 동작에 영향을 미칠 수 있

다는 점에서 두 반응은 서로 인과관계가 있다.

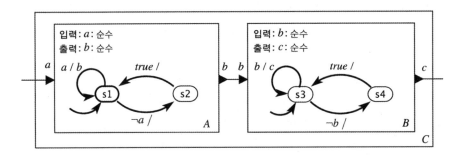

그림 5.8: 두 FSM의 직렬 결합 예제

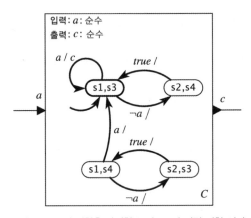

그림 5.9: 동기 결합을 가정한 그림 5.8의 직렬 결합 의미

예제 5.7: 그림 5.8에 있는 두 FSM의 직렬 결합을 생각해보자. 동기적 의미를 가정하면 C에서 반응의 의미는 그림 5.9로 나타낼 수 있다. 이 그림은 두 기계의 반응이 동시적이고 즉각적임을 확실히 보여준다. 초기 상태 (s1, s3)에서 (s2, s4)로 이동할 때(입력 a가 부재할 때 발생하는) 결합 기계 C는 (s2, s3)를 지나가지 않는다. 실제로 (s2, s3)는 도달 가능한 상태가 아니다. 이런 방식으로 C의 단일 반응은 A와 B의 반응을 포함한다.

그림 5.9에 있는 결합 기계를 생성하려고 먼저 상태 공간$^{\text{state space}}$을 컴포넌트 기계들의 상태 공간 벡터곱$^{\text{cross product}}$으로 만들자. 그리고 어떤 조건에서 어떤 전이가 발생할지 결정하자. 하나가 다른 하나에 논리적으로 영향을 줄 때도 전이는 동시적임을 기억하자.

예제 5.8: 그림 3.10의 차 신호등 모델을 기억해보자. 이 모델을 그림 5.10과 같이 보행자 신호등 모델과 결합한다고 가정해보자. 차 신호등의 출력 *sigR*은 보행자 신호등의 입력 *sigR*로 제공될 수 있다. 동기 직렬 결합에서 이 결합의 의미는 그림 5.11로 나타낼 수 있다. 차와 보행자가 모두 녹색등을 가질 수 있는 (green, green) 같은 안전하지 않은 상태는 도달 가능한 상태가 아니므로 그림에서 표시되지 않는다.

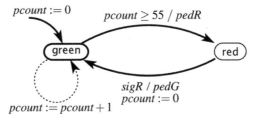

변수: *pcount*: $\{0, \cdots, 55\}$
입력: *sigR*: 순수
출력: *pedG, pedR*: 순수

그림 5.10: 그림 3.10의 자동차 신호등 모델과 동기적 직렬 결합해야 하는 보행자 신호등 모델

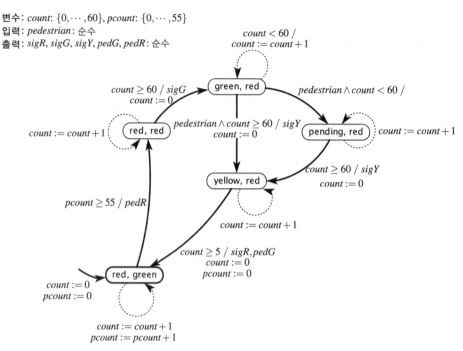

변수: *count*: {0, ⋯ , 60}, *pcount*: {0, ⋯ , 55}
입력: *pedestrian*: 순수
출력: *sigR, sigG, sigY, pedG, pedR*: 순수

$count < 60$ /
$count := count + 1$

$count \geq 60$ / $sigG$
$count := 0$

green, red

$pedestrian \wedge count < 60$ /

$pedestrian \wedge count \geq 60$ / $sigY$
$count := 0$

$count := count + 1$

red, red

pending, red

$count := count + 1$

$count \geq 60$ / $sigY$
$count := 0$

yellow, red

$pcount \geq 55$ / $pedR$

$count := count + 1$

$count \geq 5$ / $sigR, pedG$
$count := 0$
$pcount := 0$

red, green

$count := 0$
$pcount := 0$

$count := count + 1$
$pcount := pcount + 1$

그림 5.11: 그림 3.10의 자동차 신호등 모델과 그림 5.10의 보행자 신호등 모델의 동기적 직렬 결합 의미

직렬 결합의 가장 간단한 형태에서 직렬 결합은 컴포넌트들의 반응 순서를 뜻한다. 이 순서가 잘 정의되기 때문에 병행 결합에서의 공유 변수 관련 어려움을 겪지 않을 수 있다. 그러나 더 일반적 결합에서는 이 순서가 그다지 간단하지 않음을 앞으로 살펴볼 것이다.

5.1.5 일반적 결합

기계들의 더 복잡한 결합을 생성하려고 병행과 직렬 결합은 기본 생성 블록을 제공한다. 그림 5.12의 결합 예제를 살펴보자. A_1과 A_3는 병행 결합이며, 이 둘은 기계 B를 정의한다. B와 A_2는 직렬 결합이며, B가 A_2에 이벤트를 보낸다. 그러나 B와 A_2는 역순[opposite order]으로 직렬 결합이며, A_2가 B에 이벤트를 보낸다. 이와 같은 사이클[cycle]을 피드백[feedback]이라고 부른다. 이런 사이클은 B나 A_2 중 어떤 기계가 먼저 반응하느냐 같은 수수께끼^{conundrum}를 만든다. 이 수수께끼는 동기적 반응 계산 모델을 설명하는 6장에서 풀 수 있다.

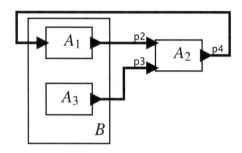

그림 5.12: 상태 기계들의 임의의 상호 연결은 병행과 직렬 결합의 조합이며 이 예제처럼 사이클을 만들 수 있다.

5.2 계층적 상태 기계

상태도(sharel, 1987)로 다시 돌아가 이 절에서는 **계층적** FSM을 살펴본다. 약간의 의미적 차이가 있는 매우 다양한 상태도가 존재한다(von der Beeck, 1994). 여기서는 일부 상태도를 간단히 살펴보고 특정한 의미적 변형을 선택할 것이다.

계층적 상태 기계$^{Hierarchical\ State\ Machines}$의 주요 아이디어는 상태 세분이다. 그림 5.13에서 상태 B는 C와 D 상태를 갖는 또 다른 FSM인 세분을 갖는다. 상태 기계가 상태 B에 있다는 것은 상태 C나 D 중 한 개에 있음을 의미한다.

그림 5.13에서 계층의 의미는 그림 5.14에서 동일한 의미를 갖는 평평한 FSM과 비교해서 이해할 수 있다. 이 기계는 상태 A에서 시작한다. 가드 g_2가 참이 될 때 이 기계는 상태 B로 전이한다. 이는 세분의 초기 상태인 상태 C로 전이를 의미한다. C로 전이가 발생할 때 이 기계는 액션 a_2를 수행해서 출력 이벤트를 생성하거나 변수를 설정한다(확장 상태 기계인 경우).

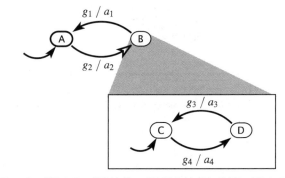

그림 5.13: 계층적 FSM에서 상태는 다른 상태 기계인 세분을 가질 수 있다.

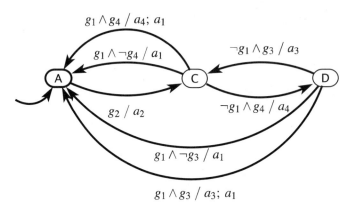

그림 5.14: 그림 5.13에 있는 계층적 FSM의 의미

그리고 C를 벗어나기 위한 두 가지 방법이 있다. 가드 g_1이 참으로 평가돼 기계가 B를 벗어나고 A로 돌아가거나, 가드 g_4가 참이 돼 기계가 D로 전이하는 것이다. 이 때 가드 g_1과 g_4가 모두 참이 되면 어떻게 될까? 상태도의 다른 여러 변형은 이 시점에 서로 다른 선택을 할 수 있다. 기계가 상태 A에서 끝나는 것도 합리적으로 보이지만 a_4나 a_1 혹은 두 개 모두 중에서 어떤 액션이 실행돼야 할까? 이런 미묘한 질문들이 상태도의 다른 여러 변형을 생성되게 한다.

흥미로운 모듈화^{modularity} 특성(Lee and Tripakis, 2010)을 갖는 특정 의미를 살펴보자. 이 의미에서 계층적 FSM의 반응은 깊이 우선 방식^{depth-first fashion}으로 정의된다. 현재 상태의 가장 깊은 세분이 먼저 반응하고, 그다음은 해당 세분의 컨테이너 상태 기계, 그다음 컨테이너 순으로 반응한다. 그림 5.13으로 예를 들어보면 기계가 상태 B에 있다면(이는 C나 D에 있음을 의미) 세분 기계가 첫 번째로 반응한다. 상태가 C이고 가드 g_4가 참이면 D로 전이가 일어나고 액션 a_4가 실행된다. 이후 같은 반응의 일부분으로 최상위$^{\text{top-level}}$ FSM이 반응한다. 가드 g_1도 참이면 이 기계는 상태 A로 전이한다. 논리적으로 두 전이는 동시적이고 즉각적이므로 이 기계가 실제로 상태 D로 가지 않는다는 점이 중요하다. 그럼에도 불구하고 액션 a_4는 실행되고 액션 a_1도 실행된다. 이 조합은 그림 5.14의 가장 위쪽 전이에 해당한다.

또 다른 미묘한 부분은 두 개의 액션(부재하지 않는)이 같은 반응에서 실행된다면 충돌^{conflict}이 발생할 수 있다는 것이다. 예를 들어 두 액션이 다른 값을 같은 출력 포트에 쓸 수도 있다. 혹은 같은 변수에 다른 값을 설정할 수도 있다. 이 책에서는 액션 $a4; a_1$에서 세미콜론을 사용한 것처럼 액션은 순서대로 실행된다. C와 같은 명령형^{imperative} 언어와 같이 세미콜론은 순서를 나타낸다. 두 개의 액션이 충돌하면 후자가 우위에 있다.

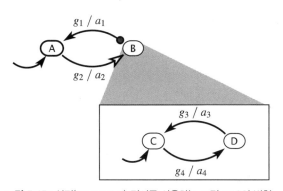

그림 5.15: 선점(preemptive) 전이를 사용하는 그림 5.13의 변형

이런 미묘함들은 그림 5.15에 나온 것처럼 선점 전이$^{\text{preemptive transition}}$를 사용해 피할 수 있다. 그림 5.16은 그림 5.15의 의미를 보여준다. 선점 전이의 가드들은 세분이 반응하기 전에 평가^{evaluated}되고 어떤 가드가 참으로 평가되면 세분은 반응하지 않는다. 결론적으로 기계가 상태 B에 있고 g_1이 참이면 액션 a_3나 a_4 모두 수행되지

않는다. 선점 전이는 전이의 시작점에 (빨간)원으로 표시된다.

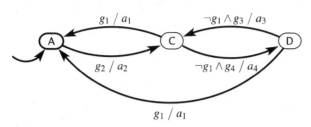

그림 5.16: 선점 전이를 갖는 그림 5.15의 의미

그림 5.13과 5.14에서 기계가 B로 들어갈 때 항상 C로 들어가고 D로 들어가지 않음을 유의하자. B에서 벗어나는 시점에 상태 D에 있었더라도 마찬가지다. A에서 B로의 전이는 리셋 전이[reset transition]라고 부르는데, 목적지[destination]의 세분이 이전에 어떤 상태에 있든지 상관없이 초기 상태로 리셋되기 때문이다. 리셋 전이는 전이의 목적지 지점을 빈 화살촉으로 표시한다.

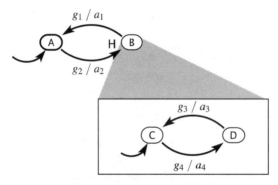

그림 5.17: 히스토리 전이를 갖는 그림 5.13의 계층적 상태 기계의 변형

그림 5.17에서 A에서 B로의 전이는 히스토리 전이[history transition]며, 리셋 전이의 대안[alternative]이다. 속이 찬[solid] 화살촉은 히스토리 전이를 나타낸다. 강조를 위해 'H'를 쓸 수도 있다. 히스토리 전이가 일어날 때 목적지 세분은 이전에 있었던 상태에서 다시 시작한다(첫 번째 엔트리는 초기 상태에서).

히스토리 전이의 의미는 그림 5.18에 나와 있다. 초기 상태는 (A, C)이고, 기계가 상태 A에 있음을 나타낸다. 기계가 B로 들어간다면 C로 이동할 것이다. 처음으로 B로 이동하면 상태 (B, C)에 있을 것이고, 이는 상태 B와 (더 구체적으로) C에 있음을 나타낸다. 기계가 (B, D)로 전이하고 다시 A로 돌아가면 상태 (A, D)로 결국 이동하게 된다. 이는 기계가 상태 A에 있고 다음에 B로 간다면 D로 이동하게 됨을 의미한다. 즉, 이 기계는 히스토리, 좀 더 구체적으로 말하면 B를 떠날 때 어떤 상태에 있었는지를 기억한다.

동시 결합에서 계층적 상태 기계는 많은 의미를 가질 수 있다. 차이는 매우 미묘하다. 모델이 명확해야 하고 의미가 모델링되는 것과 매치가 되도록 상당한 주의가 필요하다.

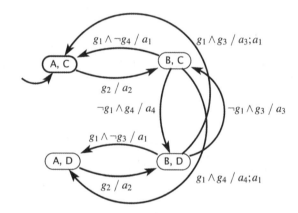

그림 5.18: 히스토리 전이를 갖는 그림 5.17의 계층적 상태 기계의 의미

5.3 요약

잘 설계된 모든 시스템은 간단한 컴포넌트들의 결합이다. 5장에서 상태 기계 결합의 두 가지 형태인 동시 결합과 계층적 결합을 살펴봤다.

동시 결합에서 동기와 비동기 결합을 소개했지만 전체를 다 다루지는 않았다. 피드백에 관한 처리는 6장에서 살펴본다. 이는 동기 결합에서 중대한 미묘함들이 발생하기 때문이다. 비동기 결합에서 포트를 통한 통신은 이 책에서 (아직) 다루지 않은 추가적인 메커니즘이 필요하다. 포트를 통한 통신이 없어도 비동기 결합에 여러 의미가 존재할 수 있기 때문에 중대한 미묘함들이 발생한다. 각 의미들은 장단점을 가진다. 의미 중 하나를 선택하는 것은 한 애플리케이션에는 적합하지만 다른 애플리케이션에는 적합하지 않을 수 있다. 이런 미묘함은 6장의 주제를 끌어내며, 더 많은 구조를 동기 결합에 제공하고 대부분의 이런 질문을 (다양한 방식으로) 해결한다.

계층적 결합에서는 상태도라고 부르는 Harel(1987)이 처음 소개한 스타일에 초점을 맞췄다. 특히 FSM 내의 상태는 세분을 가질 수 있고, 세분 자체가 상태 기계임을 설명했다. 세분 FSM들의 반응은 세분들을 포함하는 기계의 반응으로 구성된다. 보통 많은 의미가 존재할 수 있다.

연습문제

1. 그림 3.8에 있는 주차장 카운터의 확장 상태 기계 모델을 생각해보자. 이 주차장은 두 개의 서로 다른 입구와 출구가 있다고 가정하자. 주차장의 현재 차량 수를 추적하는 변수 c가 있을 때 이 변수를 공유하는 두 개 카운터의 병행 동시 결합을 구성해보자. 동기 혹은 비동기 결합인지를 결정하고 이 결합을 모델링하는 단일 기계를 제공함으로써 이 결합의 의미를 정확히 정의하자. 동기 의미를 선택한다면 두 기계가 동시에 공유 변수를 수정할 경우 어떤 일이 발생하는지 설명해보자. 비동기 결합을 선택한다면 어떤 비동기 의미의 변형을 선택했고 이유는 무엇인지 정확히 설명해보자. 만들고자 하는 결합 기계는 결정적인가?

2. 5.1.2절에 있는 의미 2에 대해 상태 기계 A와 B의 병행 비동기 결합인 결합 C를 나타내는 단일 기계의 5 원소 튜플을 만들어보자.

$$(States_C, Inputs_C, Outputs_C, update_C, initialState_C)$$

만들어진 튜플은 다음과 같이 A와 B에 대한 5 원소 튜플로 정의돼야 한다.

$$(States_A, Inputs_A, Outputs_A, update_A, initialState_A),$$

$$(States_B, Inputs_B, Outputs_B, update_B, initialState_B)$$

3. 다음의 상태 기계 A와 B의 비동기 결합을 생각해보자.

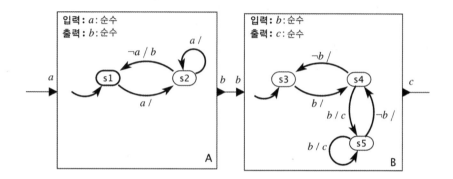

이 결합을 나타내는 단일 상태 기계 C를 생성해보자. 이 결합의 어떤 상태
들이 도달할 수 없는가?

4. 다음의 상태 기계 A와 B의 동기 결합을 생각해보자

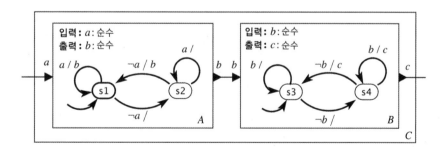

이 결합을 나타내는 단일 상태 기계 C를 생성해보자. 이 결합의 어떤 상태
들이 도달할 수 없는가?

5. 다음의 계층적 상태 기계를 생각해보자.

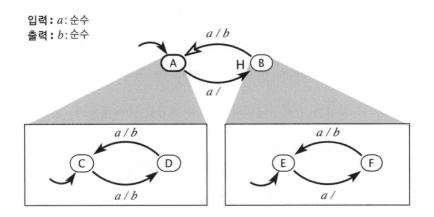

이 계층의 의미를 동일하게 제공하는 평평한^{flat} FSM을 구성해보자. 이 기계의 입/출력 동작을 문장으로 기술하자. 같은 동작을 나타내는 더 간단한 기계가 존재하는가?(상태 기계 간 등가성^{equivalence relation}은 14장에서 다룬다. 여기서는 직관적으로 상태 기계가 반응할 때 어떤 일이 발생하는지만 고려하자)

6. 다음 상태 기계는 몇 개의 도달 가능한 상태를 갖는가?

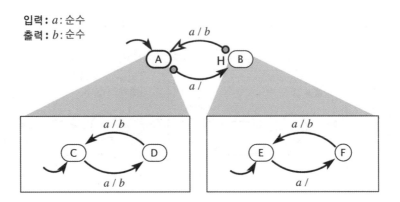

7. 4장의 연습문제 8에 있는 기계가 다음과 같은 기계의 동기 병행 결합으로 구성된다고 가정하자.

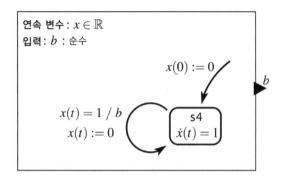

이벤트 a와 b 사이의 시간에 대한 최대 하한[tight lower bound]을 찾아보자. 즉, 신호 a나 b에 이벤트가 없는 동안의 시간차에 대한 하계를 찾고, 찾은 하한이 최대 하한임을 보여라.

동시 연산 모델

견고한 엔지니어링을 위해 시스템은 구성 요소들을 결합해 만들어진다. 결합을 잘 이해하려면 먼저 개별 구성 요소를 잘 이해하고, 구성 요소 사이에서 상호작용의 의미를 잘 이해해야 한다. 5장에서는 유한 상태 기계^{FSM}의 결합을 다뤘다. 이러한 결합에서 구성 요소는 잘 정의돼 있지만(구성 요소는 FSM이다) 구성 요소 간의 상호작용에 관해 다양한 해석이 가능하다. 결합의 의미는 결합 의미론^{semantic}으로 불린다.

6장에서는 동시 결합 의미론에 초점을 맞춘다. '동시^{concurrent}'라는 단어는 문자 그대로 '함께 달리는 것'을 의미한다. 시스템은 개념적으로 서로 다른 부분의 시스템(구성 요소^{components})이 같은 시간에 동작하는 경우에 동시라고 불린다. 동작에 정해진 순서는 없다. 그러나 이러한 동시 동작의 의미는 상당히 파악하기 어려울 수 있다.

6장에서 고려하는 구성 요소는 입력 포트의 자극에 반응하고 출력 포트에서 자극을 생성하는 액터다. 이 장에서는 액터 자체가 어떻게 정의되는지만 다룬다. 액터는 FSM이거나 하드웨어 혹은 명령형 프로그래밍 언어로 지정된 프로그램일 수 있다. 이러한 액터가 할 수 있는 것에 대해 다소 제한을 둘 필요가 있겠지만, 어떻게 명시돼 있는지는 제한할 필요가 없다.

액터의 동시 결합 의미론은 전체적으로 **연산 모델**MoC, Model of Computation이라고 부르는 세 가지 규칙 집합에 의해 결정된다. 첫 번째 규칙의 집합은 무엇이 구성 요소에 구성하는지 명시한다. 두 번째 집합은 동시 메커니즘을 명시한다. 세 번째는 통신 메커니즘을 명시한다.

6장에서 구성 요소는 포트와 **실행 동작**execution actions 집합을 가진 액터다. 하나의 실행 동작은 액터가 출력을 생성하고 상태를 변경하려고 어떻게 입력에 반응하는지를 정의한다. 포트는 액터 사이에서 통신을 제공하려고 서로 연결되고, 실행 동작은 액터가 자신의 기능을 수행하도록 액터의 환경에 의해 호출된다. 예를 들어 FSM들에 대해 반응을 유발하는 한 동작이 제공된다. 이 장의 목적은 이러한 액터 간의 상호작용을 통제할 수 있는 몇 개의 가능한 동시성 메커니즘과 통신 메커니즘을 소개하는 것이다.

먼저 6장에서 설명하는 모든 MoC에 적용되는 모델의 공통 구조를 알아본 후 몇 가지 MoC를 설명한다.

6.1 모델 구조

6장에서 모델은 그림 6.1(a)와 같이 액터의 고정된 상호 연결로 구성된다고 가정한다. 액터 간의 상호 연결은 통신 경로를 지정한다. 통신은 자체로 하나 이상의 **통신 이벤트**communication event로 구성된 **신호**signal의 형태를 가진다. 예를 들어 3.1절에서 이산 신호의 경우 신호 s는 다음과 같은 함수의 형태를 가진다.

$$s: \mathbb{R} \rightarrow V_s \cup \{absent\}$$

여기서 V_s는 신호 s의 타입으로 불리는 값들의 집합이다. 이 경우의 통신 이벤트는 s의 부재하지 않는non-absent 값이다.

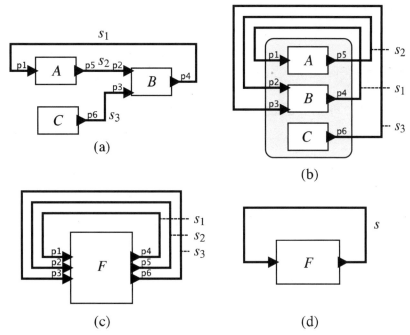

그림 6.1: 모든 액터 간의 상호 연결은 피드백을 가진 단일(병행 결합) 액터로 모델링할 수 있다.

예제 6.1: 모든 $t \in \mathbb{R}$과 어떤 $P \in \mathbb{R}$에 대해 다음과 같이 주어진 이산 신호인 순수 신호 s를 생각해보자.

$$s(t) = \begin{cases} present & t\text{가 } P\text{의 배수일 경우} \\ absent & \text{그 밖의 경우} \end{cases}$$

이러한 신호를 주기가 P인 클럭 신호$^{\text{clock signal}}$라고 한다. 통신 이벤트는 매 P 단위 시간마다 발생한다.

2장에서 연속 시간 신호는 다음과 같은 함수의 형태를 갖는다.

$$s \colon \mathbb{R} \to V_s$$

이 경우 모든 $t \in \mathbb{R}$에 대해 (셀 수 없는) 무한 집합 값인 $s(t)$의 각각은 통신 이벤트다.

또한 6장에서는 시간을 갖지 않은 다음과 같은 형태의 신호를 접할 것이다.

$$s: \mathbb{N} \rightarrow V_s$$

이 신호는 단지 값들의 수열이다.

통신 이벤트에는 타입이 있으며, 액터 사이의 연결에는 타입 검사가 필요하다. 즉, 타입 V_y를 가진 출력 포트가 타입 V_x를 가진 입력 포트에 연결돼 있으면 다음과 같이 된다.

$$V_y \sqsubseteq V_x$$

그림 6.1(b-d)에서 제시된 것처럼 모든 액터 네트워크는 간결한 형태로 축소될 수 있다. 액터를 그림 6.1(b)와 같이 변경하면 액터는 등근 모서리 상자로 표현된 병행 결합 형태를 갖춘다. 이 상자는 입력이 3 원소 튜플(s_1, s_2, s_3)인 신호이고, 출력은 동일한 3 원소 튜플 신호를 갖는 그림 6.1(c)에 있는 액터 F다. $s = (s_1, s_2, s_3)$라고 가정하면 액터는 모델의 모든 복잡한 부분을 감춘 그림 6.1(d)처럼 묘사될 수 있다.

그림 6.1(d)가 피드백 시스템임을 주목하자. 앞에서 사용한 절차를 따르면 액터의 모든 상호 연결은 유사한 피드백 시스템으로 구성될 수 있다(연습문제 1 참고).

연립방정식으로서의 액터 네트워크

한 모델에서 액터들이 확정적^{determinate}이면 각 액터는 입력 신호를 출력 신호에 매핑하는 함수다. 예를 들어 그림 6.1(a)에서 액터 A는 다음과 같이 신호 s_1 및 s_2와 연관된 함수일 것이다.

$$s_2 = A(s_1)$$

유사하게 액터 B는 다음과 같이 세 가지 신호와 연관돼 있다.

$$s_1 = B(s_2, s_3)$$

액터 C는 입력 포트가 없기 때문에 조금 알아채기 힘들다. 이것은 어떻게 함수가 될 수 있을까? 이 함수의 정의역은 무엇인가? 이 액터가 확정적이면 출력 신호 s_3는 일정한 신호가 된다. 함수 C는 모든 입력에 대해 동일한 출력을 내는 일정한 함수가 돼야 한다. 이를 보장하는 간단한 방법은 정의역이 한원소 집합$^{singleton\ set}$(하나의 요소만을 가진 집합)인 C를 정의하는 것이다. $\{\phi\}$을 한원소 집합이라고 하면 C에는 ϕ만 적용할 수 있다. 그러면 함수 C는 다음과 같이 주어진다.

$$C(\phi) = s_3$$

따라서 그림 6.1(a)는 다음과 같은 연립방정식을 보여준다.

$$s_1 = B(s_2, s_3)$$

$$s_2 = A(s_1)$$

$$s_3 = C(\phi)$$

그러므로 이와 같은 모델의 의미는 이런 연립방정식에 대한 해다. 이는 다음과 같이 그림 6.1(d)에서 사용하는 함수 F와 같이 간단히 표현할 수 있다.

$$F(s_1, s_2, s_3) = (B(s_2, s_3), A(s_1), C(\phi))$$

그림 6.1(a)의 모든 액터는 출력 포트를 갖고 있다. 출력 포트를 갖지 않은 액터라면 비슷하게 공역이 $\{\phi\}$인 함수로 정의할 수 있다. 이러한 함수의 출력은 모든 입력에 대해 ϕ이다.

6.2 동기 반응 모델

5장에서 상태 기계$^{\text{state machine}}$의 동기 결합에 대해 살펴봤지만, 피드백 결합의 미묘한 차이는 살펴보지 않았다. 그림 6.1(d)의 피드백 시스템$^{\text{feedback system}}$과 같은 모델에서는 5.1.5절에서 논의했던 수수께끼는 특히 간단한 형태를 가진다. 그림 6.1(d)의 F가 상태 기계로 구현되고 F가 반응하려면 반응 시점의 입력을 알아야 한다. 그러나 F의 입력이 출력과 같기 때문에 F가 반응하려면 출력을 알아야 한다. 하지만 F가 반응할 때까지 F의 출력을 알 수 없다.

6.1절과 연습문제 1에서 보여주듯이 모든 액터 네트워크는 피드백 시스템으로 볼 수 있으므로 이 수수께끼를 풀어야 한다. 이제는 동기 반응$^{\text{SR, Synchronous-Reactive}}$ MoC 로 알려진 연산 모델을 제공함으로써 이 수수께끼를 풀어본다.

SR 모델은 (가능한 한) 글로벌 클럭의 틱을 제외한 모든 시간에서 신호가 없는 이산 시스템이다. 개념적으로 모델의 실행은 이산 시간에 일어나는 일련의 글로벌 반응이며, 각 반응에서 모든 액터의 반응은 동시적이며 즉각적이다.

고정점(Fixed-Point)의 의미

한 모델에서 액터들이 확정적이면 각 액터는 입력 신호를 출력 신호와 연결해주는 함수다. 이러한 모델의 의미는 연립방정식이고, 다음과 같이 $s = (s_1, s_2, s_3)$인 그림 6.1(d)의 축약된 형태가 된다.

$$s = F(s) \tag{6.1}$$

이 방정식은 단순해 보이지만, 이 방정식의 복잡도는 함수 F의 정의와 F의 정의역과 치역의 구조에 의존한다.

임의의 집합 X에 대해 임의의 함수 $F: X \rightarrow X$가 주어졌을 때 $F(x) = x$가 되는 $x \in X$가 존재한다면 x를 고정점$^{\text{fixed point}}$이라 한다. 따라서 식 (6.1)은 확정적

액터 네트워크의 의미가 고정점임을 나타낸다. 고정점의 존재 여부, 고정점이 고유한지 여부, 어떻게 고정점을 찾을 수 있는지가 연산 모델의 핵심이 되는 흥미로운 질문이 된다.

SR 연산 모델에서 모든 액터의 실행은 동시적이고 즉각적이며, 글로벌 클럭global clock의 틱ticks에서 발생한다. 액터가 확정적이면 각각의 이런 실행은 파이어링 함수firing function라고 불리는 함수를 구현한다. 예를 들어 글로벌 클럭의 n번째 틱에서 그림 6.1의 액터 A는 다음 형태의 함수를 구현한다.

$$a_n: V_1 \cup \{absent\} \rightarrow V_2 \cup \{absent\}$$

이때 V_i는 신호 s_i의 타입이다. 따라서 $s_i(n)$이 n번째 틱에서의 s_i 값이라면 다음과 같이 표현할 수 있다.

$$s_2(n) = a_n(s_1(n))$$

그림 6.1(d)와 같이 각 액터 F에 대해 이와 같은 파이어링 함수 f_n이 주어지면 단일 틱에서의 실행을 다음과 같이 고정점으로 정의할 수 있다.

$$s(n) = f_n(s(n))$$

여기서 $s(n) = (s_1(n), s_2(n), s_3(n))$이고 f_n은 다음과 같은 함수다.

$$f_n(s_1(n), s_2(n), s_3(n)) = (b_n(s_2(n), s_3(n)), a_n(s_1(n)), c_n(\phi))$$

따라서 SR에서 글로벌 클럭의 각 틱에서의 의미는 함수 f_n의 고정점이며, 모든 틱에 대한 실행이 함수 F의 고정점인 것과 마찬가지다.

6.2.1 피드백 모델

우선 F가 상태 기계로 구현되는 그림 6.1(d) 형태의 피드백 모델에 초점을 맞추자. 글로벌 클럭의 n번째 틱에서 현재 상태가 주어지면 상태 기계에서 유효한 입력이자 유효한 출력인 신호 s의 값을 찾아야 한다. $s(n)$을 n번째 반응에서의 신호 s의 값이라고 하자. 목표는 글로벌 클럭의 각 틱에서 $s(n)$의 값을 결정하는 것이다.

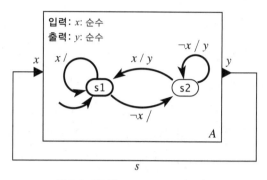

그림 6.2: 간단한 well-formed 피드백 모델

예제 6.2: 먼저 그림 6.2에 있는 간단한 예제를 생각해보자(신호 s가 3가지 신호의 집합이 아닌 단일 순수 신호이기 때문에 그림 6.1(d)보다 간단하다). 반응이 발생할 때 A가 s_1 상태에 있다면 반응은 s_1에서 나가는 전이 중 하나를 선택해야 하고, 이 두 전이는 *absent*^{부재}를 만든다. 따라서 $s(n)$이 가질 수 있는 값은 $s(n)$ = *absent*뿐이다. 더욱이 $s(n)$ = *absent*라는 것을 알고 있다면 입력 포트 x는 값 *absent*를 갖기 때문에 A가 s_2 상태로 전이할 것이다.

반응이 발생할 때 A가 s_2 상태에 있다면 $s(n)$은 $s(n)$ = *present*의 값만을 가질 수 있을 것이고, 기계는 s_1 상태로 전이할 것이다. 그러므로 s는 *absent*와 *present* 사이를 번갈아 전이한다. 따라서 피드백 모델에서 기계 A의 의미는 그림 6.3에 나와 있다.

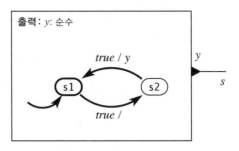

그림 6.3: 그림 6.2 모델의 의미

앞 예제에서 입력 x와 출력 y가 동일한 값을 갖고 있다는 점에 유의해야 한다. 이는 피드백 연결을 의미하는 것이다. 출력 포트에서 입력 포트로의 모든 연결은 입력 포트의 값이 출력 포트의 값과 항상 같다는 것을 의미한다.

그림 6.2와 같은 피드백 모델에서 결정적 상태 기계가 주어지면 각 상태 i에서 입력값을 출력값에 매핑하는 함수 a_i를 다음과 같이 정의할 수 있다.

$$a_i: \{present, absent\} \rightarrow \{present, absent\}$$

이때 이 함수는 상태 기계가 있는 상태에 따라 다르다. 이 함수는 업데이트 함수 update function로 정의된다.

예제 6.3: 그림 6.2에서 기계가 s1 상태에 있다면 모든 $x \in \{present, absent\}$에 대해 $a_{s1}(x) = absent$다.

함수 a_i는 상태 i에 대한 파이어링 함수firing function로 불린다. 파이어링 함수가 주어지고 n번째 반응에서의 $s(n)$ 값을 찾으려면 다음을 만족하는 $s(n)$ 값을 찾아야 한다.

$$s(n) = a_i(s(n))$$

이러한 $s(n)$ 값을 함수 a_i의 고정점이라고 한다. 신호 s가 모든 타입을 가질 수 있도록 일반화하는 방법을 쉽게 알 수 있다. 신호 s는 그림 6.1(d)와 같이 신호의 집합이 될 수도 있다.

6.2.2 Well-Formed와 Ill-Formed 모델

고정점을 찾을 때 발생할 수 있는 두 가지 잠재적인 문제가 있다. 첫째, 고정점이 없을 수 있다. 둘째, 고정점이 둘 이상 있을 수 있다. 한 경우라도 도달 가능한 상태에서 발생하면 해당 시스템은 잘못 만들어진[ill-formed] 것이다. 그렇지 않으면 잘 만들어진[well-formed] 것이다.

> **예제 6.4:** 그림 6.4의 기계 B를 살펴보자. s1 상태에서 유일한 고정점 $s(n)$ = *absent*를 얻는다. 그러나 상태 s2에서 고정점이 없다. $s(n)$ = *present*를 선택하려고 하면 기계는 s1으로 전이할 것이고 출력은 부재한다. 그러나 출력은 입력과 동일해야 하고 입력이 존재하기 때문에 모순이 발생하게 된다. $s(n)$ = *absent*를 선택해도 비슷한 모순이 발생한다.
>
> s2 상태가 도달 가능하기 때문에 이 피드백 모델은 잘못 만들어졌다.

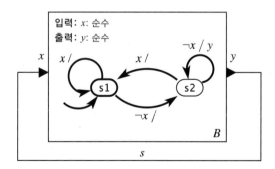

그림 6.4: s2 상태에서 고정점이 없는 ill-formed 피드백 모델

예제 6.5: 그림 6.5의 기계 C를 살펴보자. s1 상태에서 $s(n) = absent$와 $s(n)$ = $present$는 고정점이다. 두 경우 모두 유효하다. s1 상태에 도달 가능하므로 이 피드백 모델은 잘못 만들어졌다.

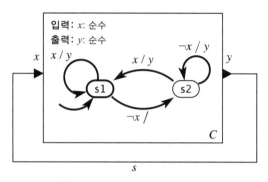

그림 6.5: s1 상태에서 둘 이상의 고정점을 가진 ill-formed 모델

도달 가능한 상태에 둘 이상의 고정점이 존재한다면 이 책에서 이 기계는 ill-formed로 정의한다. 일부 의미론들은 그러한 모델을 거부하지 않고 비결정적 nondeterministic이라고 정의한다. 이는 유효한 의미가 될 수 있지만, 결정적 상태 기계들의 결합이 결정적이라는 보장이 없는 단점을 가질 수 있다. 실제로 그림 6.5의 C는 결정적이고, 이런 일부 의미론에서 이 그림의 피드백 결합은 결정적이지 않다. 결정성은 결합 속성이 아닐 수 있다. 따라서 이 책은 이런 모델은 거부하고 있다.

6.2.3 고정점 구성

신호 s 혹은 집합체인 신호의 타입 V_s가 유한인 경우 고정점을 찾는 한 가지 방법은 모든 값을 시도해보는 **완전 검색**exhaustive search이다. 정확히 하나의 고정점을 찾는다면 이 모델은 잘 만들어진 것이다. 하지만 완전 검색은 비용이 많이 든다(그리고 타입이 유한하지 않으면 불가능하다). 대안으로 전부는 아니지만 대부분 모델들의 고정점을 찾을 수 있는 체계적인 절차systematic procedure를 개발할 수 있다. 이 절차는 다음과 같다. 도달 가능한 상태 i마다 다음과 같이 한다.

1. 알려지지 않은 $s(n)$으로 시작하자.
2. f_i가 상태 i에서 파이어링 함수일 때 가능한 한 많은 $f_i(s(n))$을 결정하라. 이 단계에서는 상태 기계에서 제공하는 파이어링 함수만 사용해야 함을 명심하라. 상태 기계가 어떻게 외부와 연결돼 있는지에 대한 지식을 사용하면 안 된다.
3. $s(n)$의 모든 값을 알 수 있을 때까지(존재 여부와 그 값이 무엇인지) 또는 더 이상 진행할 수 없을 때까지 2단계를 반복하라.
4. 알 수 없는 값이 남아 있으면 그 모델을 불합격으로 처리하라.

이 절차는 다음 예제에서 설명하듯이 유일한 고정점을 가진 모델을 불합격 처리할 수 있다.

예제 6.6: 그림 6.6에 표시된 기계 D를 생각해보자. s1 상태에서 입력을 알수 없다면 출력이 무엇인지 바로 이야기할 수 없다. 모든 n에 대해 $s(n) =$ *absent*인지 결정하고자 입력에 대한 모든 가능한 값을 확인해야 한다.

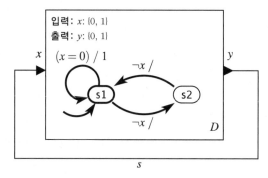

그림 6.6: 유용하지 않은 well-formed 피드백 모델

이 절차가 모든 도달 가능한 상태에서 동작하는 상태 기계를 유용[constructive]하다고 한다(Berry, 1999). 그림 6.6은 유용하지 못하다. 유용하지 못한 기계에서는 완전 검색을 수행하거나 더욱 정교한 솔루션 기술을 개발해야 한다. 보통 완전 검색을 실제 사용하기에는 비싼 비용을 지불하기 때문에 많은 SR 언어와 모델링 도구가 유용하지 못한 모델을 불합격시킨다.

앞 절차의 2단계가 핵심이다. 입력을 모두 알지 못할 경우 어떻게 정확하게 출력을 결정할 수 있을까? 이를 위해서는 모델의 필수 분석[must-may analysis]이 필요하다. 기계를 시험해 출력에 대해 무엇이 반드시[must] 참이어야 하는지와 무엇이 참일 수[may] 있는지 판단할 수 있다.

> **예제 6.7:** 그림 6.2의 모델은 유용하다. s1 상태에서 기계는 출력을 만들지 않을 수 있다[may not]는 것을 즉시 결정할 수 있다. 그래서 입력을 알지 못해도 출력이 부재임을 바로 결정할 수 있다. 일단 출력이 부재하다고 결정했다면 입력도 부재함을 알게 되므로 이 방법은 종료된다.
>
> s2 상태에서는 기계가 출력을 생성해야만[must] 하는 것을 바로 결정할 수 있으므로 출력이 존재한다고 즉시 판단할 수 있다.

이 방법은 임의의 모델 구조로 일반화될 수 있다. 그림 6.1(a)이 있는 예를 생각해보자. 이것을 그림 6.1(d)의 형태로 바꿀 필요는 없다. 대신 모르는 모든 신호를 표시[labelling]한 후 초기 상태가 주어졌을 때 출력이 무엇으로 결정되는지 임의의 순서로 각 액터를 시험하자. 더 이상의 진전이 이뤄지지 않을 때까지 이 과정을 반복하면 모든 신호를 알게 되거나 모델을 잘못된 혹은 유용하지 않은 것으로 판단해 거부할 것이다. 모든 신호를 알게 되면 모든 액터가 상태 전이를 만들 수 있고, 다음 반응 시 새로운 상태에서 이 과정을 반복한다.

앞의 유용한 방법이 비결정적인 기계를 지원하도록 적용될 수 있다(연습문제 4 참고).

하지만 이제 상황이 더욱 미묘해지고 의미의 변형들이 존재한다. 비결정성을 다루는 한 가지 방법은 유용한 방법을 실행할 때나 비결정적 선택을 만났을 경우 임의의 선택을 하는 것이다. 그 결과가 고정점을 찾는 데 실패했을 경우 모델을 불량 처리하거나(모든 선택이 잘 형성되거나 유용한 모델로 이어지지는 않음) 선택을 거부하고 다시 시도할 수 있을 것이다.

SR 연산 모델에서 액터는 최소한 개념적으로는 동시적이면서 즉각적이다. 현실적인 연산으로 이를 달성하려면 견고한 연산의 조정이 필요하다. 다음에서 이 조정이 덜 필요한 연산 모델들을 살펴보자.

6.3 데이터 흐름 연산 모델

이 절에서는 SR보다 훨씬 비동기적인 MoC를 살펴본다. 반응들은 동시적으로 발생할 수도 있고 아닐 수도 있다. 반응들이 동시 발생하는지 여부는 의미론^{semantics}에서 필수적인 부분은 아니다. 동작이 언제 발생하는지에 대한 결정은 훨씬 더 분산화될 수 있으며, 실제로 각 액터에 달려 있다. 반응들이 서로 의존적일 때 이 의존성^{dependence}은 이벤트의 동시성보다는 데이터의 흐름에 기인한다. 액터 A의 반응이 액터 B의 반응으로 생성된 데이터가 필요하다면 A의 반응은 B의 반응 이후에 발생해야 한다. 이러한 데이터의 의존성을 반응에서 주요 제약 사항으로 가진 MoC를 데이터 흐름^{dataflow} 연산 모델이라고 한다. 데이터 흐름 MoC에는 여러 변형이 있으며 여기서 일부를 살펴본다.

동기식 반응 언어

동기식 반응 MoC는 적어도 프로그래밍 언어가 개발된 1980년대 중반까지 거슬러 올라간다. '반응성^{reactive}'이라는 용어는 입력 데이터를 받아서 연산

을 수행하며, 출력 데이터를 생성하는 변환 시스템transformational systems과 해당 환경과의 지속적인 대화에 참여하는 반응 시스템reactive systems 간의 연산 시스템의 차이에서 비롯된다(Harel과 Pnueli, 1985). Manna와 Pnueli(1992)는 '반응형 프로그램의 역할은 최종 결과를 산출하는 것이 아니라 주변 환경과의 지속적인 상호작용을 유지하는 것'이라고 언급한다. 변환 시스템과 반응 시스템의 차이로 인해 여러 가지 혁신적인 프로그래밍 언어가 개발됐다. 동기식 언어synchronous language(Benvenniste와 Berry, 1991)는 반응형 시스템의 설계에 특별한 접근 방식을 취하는데, 프로그램의 일부분은 글로벌 클럭의 틱에 동시적이고 즉각적으로 반응한다. 이 언어 중 첫 번째는 Lustre(Halbwachs et al., 1991), Esterel(Berry와 Gonthier, 1992)과 Signal(Le Guernic et al., 1991)이다. 또한 Statecharts(Harel, 1987)와 Statemate(Harel et al., 1990)에서의 구현은 강한 동기식 특징을 가진다.

Esterel Technologies의 상용 제품인 SCADE(Berry, 2003)(필수 안전 애플리케이션 개발 환경)는 Lustre를 기반으로 Esterel의 개념을 차용하고, 이 책의 그림과 비슷한 방식으로 구성된 액터 모델과 상태 기계가 그려진 시각적 구문을 제공한다. 동기식 언어의 주요 매력 중 하나는 형식 분석과 검증 기법에 상당히 효과적으로 적용되는 강력한 정형적 특성이다. 이러한 이유로 SCADE 모델은 Aribus가 만든 상업용 항공기의 안전 필수적인safety- critical 비행 제어 소프트웨어 시스템 설계에 사용된다.

동기식 언어의 원칙은 PtolemyII(Edwards and Lee, 2003) 및 ForSyDe(Sander and Jantsch, 2004)에서와 같이 프로그래밍 언어가 아닌 조정 언어coordination language 방식으로도 사용할 수 있다. 이를 통해 시스템의 '기초 요소primitives'가 기본 제공 언어의 기초 요소보다 복잡한 구성 요소가 될 수 있게 한다. 이 복잡한 구성 요소는 일부 다른 MoC에서 더 하위 구성 요소들의 결합으로 주어질 수 있기 때문에 이 접근 방법은 MoC의 이종 결합을 가능하게 한다.

6.3.1 데이터 흐름 원칙

데이터 흐름 모델에서 액터 간의 통신을 제공하는 신호는 토큰[token]이라는 메시지의 수열[sequence]이다. 즉, 신호 s는 다음과 같은 형식의 부분 함수[partial function]다.

$$s: \mathbb{N} \to V_s$$

여기서 V_s는 신호의 타입이고 신호는 초기 세그먼트[initial segment] $\{0, 1, \ldots, n\} \subset \mathbb{N}$에서 정의되거나 (무한 실행의 경우) 전체 집합 $\mathbb{N}$에서 정의된다. 이 수열의 각 요소 $s(n)$이 토큰이다. (확정적) 액터는 입력 수열을 출력 수열에 매핑하는 함수로 설명될 수 있다. 다음 예제에서 설명돼 있듯이 전체 입력 수열을 전체 출력 수열에 매핑하는 액터 함수[actor function]와 일부분의 입력 수열을 출력 수열에 매핑하는 파이어링 함수[firing function]를 사용할 것이다.

> **예제 6.8:** 다음 그림과 같이 하나의 입력과 하나의 출력 포트를 가진 액터를 생각해보자.
>
>
>
> 입력 타입이 $V_x = \mathbb{R}$이라고 가정하자. 예제 2.3과 유사하게 파라미터 $a \in \mathbb{R}$을 갖는 Scale 액터가 입력에 a를 곱한다고 가정하면 $F(x_1, x_2, x_3, \ldots) = (ax_1, ax_2, ax_3, \ldots)$이다.
>
> 액터가 작동 중에 한 번의 곱셈이 수행된다고 가정하자. 그러면 파이어링

함수 f는 입력 수열의 첫 번째 요소에서만 동작하므로 $f(x_1, x_2, x_3, \ldots) = f(x_1)$ $= (ax_1)$이 된다. 출력은 길이 1인 수열이다.

앞선 예제에서 설명한 것처럼 액터 함수 F는 파이어링 함수 f를 여러 번 호출한 효과를 나타낸다. 게다가 파이어링 함수는 액터의 입력 수열에 관한 부분적인 정보만을 갖고도 호출될 수 있다. 앞의 예제에서 하나 이상의 토큰을 입력에 사용할 수 있는 경우 파이어링 함수는 호출될 수 있다. 하나의 토큰이 필요한 규칙을 Scale 액터에 대한 **파이어링 규칙**$^{firing\ rule}$이라고 한다. 파이어링 규칙은 액터를 실행하려고 각 입력 포트에서 필요로 하는 토큰의 수를 지정한다.

위 예제에서 Scale 액터는 파이어링 규칙과 파이어링 함수가 절대 변하지 않기 때문에 특히 간단하다. 모든 액터가 그렇게 간단하지는 않다.

예제 6.9: 이제 파라미터 $d \in \mathbb{R}$을 갖는 다른 액터인 Delay를 생각해보자. 액터 함수는 다음과 같다.

$$D(x_1, x_2, x_3, \ldots) = (d, x_1, x_2, x_3, \ldots)$$

이 액터는 수열 앞에 값 d를 갖는 토큰을 둔다. 이 액터는 d_1과 d_2 두 개의 파이어링 함수와 두 개의 파이어링 규칙을 가진다. 첫 번째 파이어링 규칙은 입력 토큰을 전혀 필요로 하지 않으며, 길이가 1인 출력 수열을 생성한다. 따라서 다음이 성립한다.

$$d_1(s) = (d)$$

이때 s는 길이가 0(비어있는 수열)을 포함하는 모든 길이의 수열이다. 이 파이어링 규칙은 처음에 사용된 규칙이며, 정확히 한 번 사용된다. 두 번째 파이어링 규칙은 하나의 입력 토큰을 필요로 하며, 모든 후속 동작에 사용된다.

이 규칙은 파이어링 함수 $d_2(x_1, \ldots) = (x_1)$을 작동시킨다.

액터는 하나의 입력 토큰을 소비하고 출력에서 동일한 토큰을 생성한다. 이 액터는 그림 6.7의 상태 기계로 모델링될 수 있다. 이 그림에서 파이어링 규칙이 가드^{guards}에 내포돼 있다. 동작할 때 필요한 토큰은 가드를 평가하려고 요구되는 토큰과 같다. 파이어링 함수 d_1은 상태 s_1과 연관되고, d_2는 s_2와 연관된다.

한 액터의 출력이 다른 액터의 입력으로 가는 데이터 흐름 액터들이 결합할 때 통신 메커니즘은 6장에서 고려하는 이전의 MoC와는 상당히 다르다.

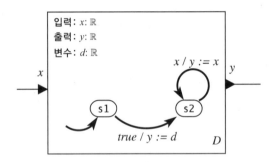

그림 6.7: 예제 6.9에서 Delay 액터의 FSM 모델

액터의 동작은 비동기식이기 때문에 한 액터에서 다른 액터로 보내지는 토큰을 버퍼링해야 한다. 목적지 액터가 토큰을 소비할 준비가 될 때까지 저장해야 한다. 목적지 액터가 동작할 때 하나 이상의 입력 토큰이 소비된다. 소비된 이후에 토큰은 버려질(토큰이 버퍼링돼 있던 메모리가 다른 목적으로 재사용이 가능하게 되는 것을 의미) 것이다.

데이터 흐름 모델은 몇 가지 흥미로운 문제를 제기한다. 한 가지 질문은 토큰을 버퍼링하려고 할당된 메모리가 유계인지 어떻게 보장하는가이다. 데이터 흐름 모델은 영원히(또는 상당히 긴 시간 동안) 실행할 수 있다. 이를 무한 실행^{unbounded}

execution이라고 한다. 무한 실행을 위해 소비되지 않은 토큰을 버퍼링할 때 사용할 수 있는 메모리를 초과하지 않도록 조치해야 한다.

예제 6.10: 다음 데이터 흐름 액터들의 직렬 결합을 생각해보자.

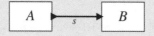

A는 입력 포트가 없기 때문에 파이어링 규칙은 단순하다. A는 언제든 동작할 수 있다. 각 동작에서 A가 한 개의 토큰을 생성한다고 가정해보자. 동작에서 A가 B보다 빠른 속도로 실행되는 것을 막는 방법은 무엇인가? 이러한 빠른 실행은 A와 B 사이에서 소비되지 않은 토큰을 무한정 축적할 수 있다. 이런 동작이 결국 사용 가능한 메모리를 모두 소모할 것이다.

일반적으로 무한 실행이 가능한 데이터 흐름 모델에서는 한정된 버퍼bounded buffer를 제공하는 스케줄링 정책이 필요하다.

두 번째로 발생할 수 있는 문제는 **교착 상태**deadlock다. 교착 상태는 그림 6.1과 같이 주기cycle가 있고, 방향성 루프directed loop가 루프 내 액터의 모든 파이어링 규칙을 충족시키기에 불충분한 토큰을 가질 때 발생한다. 예제 6.9의 Delay 액터는 가능한 입력 토큰 없이 초기 출력 토큰을 생성할 수 있기 때문에 교착 상태를 방지할 수 있다. 피드백이 있는 데이터 흐름 모델은 일반적으로 매 주기마다 Delay 액터(또는 유사한 무언가)가 필요하다.

일반적인 데이터 흐름 모델의 경우 모델이 교착 상태가 있는지 여부와 한정된 버퍼를 가진 무한 실행이 있는지 여부를 판별하는 것이 어려울 수 있다. 사실 이 두 가지 질문은 결정할 수 없다. 즉, 한정된 시간에 모든 데이터 흐름 모델에 관해 이러한 질문에 대답할 수 있는 알고리즘은 없다(Buck, 1993). 다행히도 이러한 질문을 결정할 수 있는 액터 설계에 도입할 수 있는 유용한 규제가 있다. 다음으로 이러한 규제 조건을 검토한다.

6.3.2 동기식 데이터 흐름

동기식 데이터 흐름[SDF, Synchronous DataFlow]은 각 액터에서 모든 동작이 각 입력 포트에서 고정된 수의 입력 토큰을 소비하고 각 출력 포트에서 고정된 수의 출력 토큰을 생성하는 데이터 흐름의 제한된 형태다(Lee and Messerschmitt, 1987).[1]

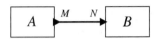

그림 6.8: SDF 액터 A는 동작할 때 M개의 토큰을 만들고, 액터 B는 동작할 때 N개의 토큰을 소모한다.

그림 6.8에서와 같이 두 액터 A와 B 사이의 단일 연결을 생각해보자. 여기서의 표기는 A가 동작할 때 출력 포트에 M개의 토큰을 생성하고, B가 동작할 때 입력 포트에서 N개의 토큰을 소모한다는 의미다. M과 N은 양의 정수다. A가 q_A번 동작하고 B가 q_B번 동작한다고 가정하자. A가 생성하는 모든 토큰은 다음 **균형 방정식**[balance equation]을 만족하는 경우에만 B에 의해 소모된다.

$$q_A M = q_B N \tag{6.2}$$

식 (6.2)를 만족하는 q_A와 q_B 값이 주어지면 한정된 버퍼로 무한 실행을 제공하는 스케줄을 찾을 수 있다. 이러한 스케줄의 예는 q_A번 반복적으로 A를 동작하고, 이어서 q_B번 반복적으로 B를 동작한다. 이는 사용 가능한 메모리를 모두 소모하지 않고 이 수열을 영원히 반복할 수 있다.

---

1. 이 용어 자체와 달리 동기식 데이터 흐름 SR의 관점에서 동기식은 아니다. SDF 모델에서 글로벌 클럭(global clock)이 없으며, 액터의 실행은 비동기식이다. 이러한 이유 때문에 일부 저자는 동기식 데이터 흐름 대신 정적(static) 데이터 흐름이라는 용어를 사용한다. 그러나 Dennis(1974)가 버퍼가 최소 하나의 토큰을 보유할 수 있는 데이터 흐름 그래프를 나타내려고 '정적 데이터 흐름'이라는 용어를 사용했기 때문에 모든 혼동을 피할 수는 없다. 용어의 충돌을 피할 수 있는 방법이 없으므로 문헌에서 사용된 원래의 '동기식 데이터 흐름'이라는 용어를 고수한다. SDF라는 용어는 유리배수(rational multiple)의 관계가 있는 샘플 속도(sample rate)들을 갖는 두 개의 신호는 동기식이라고 여기는 신호 처리 개념에서 비롯됐다.

예제 6.11: 그림 6.8에서 $M = 2$이고 $N = 3$이라고 가정하자. 그러면 $q_A = 3$과 $q_B = 2$가 식 (6.2)를 만족시킨다. 그러므로 다음 A, A, A, B, B 스케줄이 영원히 반복될 수 있다.

다른 일정 A, A, B, A, B도 가능하다.

사실 후자의 스케줄은 메모리가 덜 필요하다는 점에서 전자의 스케줄보다 이점이 있다. 후자의 스케줄에서 B는 A가 전체 사이클을 완료하기 기다리지 않고 충분한 토큰이 있으면 바로 동작한다.

식 (6.2)의 또 다른 해는 $q_A = 6$과 $q_B = 4$다. 이 방법은 시스템을 균형 있게 유지하고자 필요한 것보다 스케줄에 더 많은 동작을 포함한다.

이 방정식은 $q_A = 0$과 $q_B = 0$인 경우에도 만족되지만 액터의 동작 횟수가 0이면 유용한 작업이 수행되지 않는다. 명백히 이는 원하는 해가 아니다. 값이 음인 해법들도 바람직하지 않다.

일반적으로 균형 방정식에서 최소 양의 정수해를 찾는 것에 관심을 가질 것이다.

더 복잡한 SDF 모델에서는 액터들 간의 모든 연결이 균형 방정식을 이룬다. 따라서 이 모델은 연립 방정식을 정의한다.

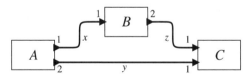

그림 6.9: 일관적인 SDF 모델

예제 6.12: 그림 6.9는 세 개의 SDF 액터를 가진 네트워크를 보여준다. x와 y, z의 연결은 다음 연립 균형 방정식을 만든다.

$$q_A = q_B$$

$$2q_B = q_C$$

$$2q_A = q_C$$

이 방정식에서의 최소 양의 정수해는 $q_A = q_B = 1$과 $q_C = 2$이므로 한정된 버퍼를 갖고 무한 실행을 하려면 다음 스케줄이 영원히 반복될 수 있다.

$$A, B, C, C$$

다음 예제에서 보듯이 균형 방정식이 항상 자명하지 않은$^{non-trivial}$ 해를 갖는 것은 아니다.

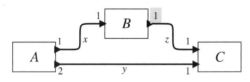

그림 6.10: 일관적이지 않은 SDF 모델

예제 6.13: 그림 6.10은 세 개의 SDF 액터를 가진 네트워크를 보여주며, 이 균형 방정식에 대한 유일한 해는 자명하게 $q_A = q_B = q_C = 0$이다. 결과적으로 이 모델에서 한정된 버퍼를 가진 무한 실행은 없다. 그것은 균형을 유지할 수 없다.

균형 방정식에서 0이 아닌 해를 가진 SDF 모델은 일관적^{consistent}이라고 한다. 유일한 해가 0이면 비일관적^{inconsistent}이라고 한다. 비일관적인 모델은 한정된 버퍼를 가진 무한 실행이 없다.

Lee와 Messerschmitt(1987)는 균형 방정식이 0이 아닌 해를 가질 경우 모든 액터 i에 대해 q_i가 양의 정수해를 가진다는 것을 보였다. 그리고 연결된 모델(두 액터 사이에 통신 경로가 있는 경우)에 대해 최소 양의 정수해를 찾기 위한 절차를 제공했다. 이런 절차는 SDF 모델 스케줄러의 기초를 형성한다.

일관성은 한정된 버퍼를 확인하기에 충분하지만 무한 실행이 존재하는지 확인하기에는 충분하지 않다. 특히 그림 6.1과 같이 피드백이 있을 때 교착 상태가 발생할 수 있다. 교착 상태는 실행을 제한한다.

피드백을 허용하고자 SDF 모델은 특별히 Delay 액터를 다룬다. 그림 6.9에서 Delay 액터는 입력 토큰을 받기 전에 출력 토큰을 생성할 수 있으며, 이후 입력을 출력에 복사하는 SDF 액터처럼 동작한다. 그러나 이런 액터는 실제로 필요하지 않으며, 입력을 출력으로 복사하는 비용도 불필요하다. Delay 액터는 초기 토큰(액터가 입력을 받기 전에 생성할 수 있는 토큰)을 연결해서 매우 효율적으로 구현될 수 있다. 런타임에서는 실제로 액터가 필요 없다. 스케줄러는 반드시 초기 토큰을 고려해야 한다.

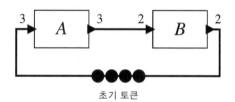

그림 6.11: 피드백 루프에서 초기 토큰을 가진 SDF 모델

예제 6.14: 그림 6.11은 피드백 루프에서 초기 토큰들을 가진 SDF 모델을 보여준다. 이것들은 초기에 네 개의 토큰을 생성할 수 있는 Delay 액터를 대체한다. 균형 방정식은 다음과 같다.

$$3q_A = 2q_B$$

$$2q_B = 3q_A$$

최소 양의 정수해는 $q_A = 2$, $q_B = 3$이고 모델은 일관적이다. 살펴본 것처럼 피드백 연결에서 네 개의 초기 토큰을 갖고 다음 스케줄이 영원히 반복될 수 있다.

$$A, B, A, B, B$$

그러나 초기 토큰이 네 개 미만일 경우 교착 상태에 빠지게 된다. 예를 들어 토큰이 세 개만 있는 경우 A가 동작하고 B가 뒤따라 수행되지만, 이후 버퍼들의 상태에서는 둘 다 다시 동작할 수 없다.

평형 방정식을 풀기 위한 절차 외에도 Lee and Messerschmitt(1987)는 무한 실행을 위한 스케줄을 제공하거나 그러한 스케줄이 없다는 것을 증명하는 절차를 제공했다. 따라서 한정된 버퍼와 교착 상태는 SDF 모델에서 결정 가능decidable하다.

6.3.3 동적인 데이터 흐름

한정된 버퍼를 보장하고 교착 상태를 제거하는 기능은 가치가 있지만 대가가 따른다. SDF는 표현력이 뛰어나지 않다. 예를 들어 토큰이 특정한 값을 갖는 경우에만 액터가 동작하는 조건부 동작을 SDF는 직접적으로 표현할 수 없다. 이러한 조건부 동작은 동적 데이터 흐름DDF, Dynamic DataFlow으로 알려진 더 일반적인 MoC 데이터 흐름에 의해 지원된다. SDF 액터와는 달리 DDF 액터는 다중 파이어링 규칙을 가질 수 있으며, 매 동작마다 같은 수의 출력 토큰을 생성하도록 제한돼 있지는 않다. 예제 6.9의 Delay 액터는 초기 토큰의 특수한 처리 없이 DDF MoC가 직접 지원한다. 그래서 Switch(전환)와 Select(선택)로 알려진 기본 액터들을 그림 6.12에서 보여준다.

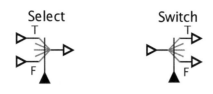

그림 6.12: 동적 데이터 흐름 액터

왼쪽의 Select 액터는 세 가지 파이어링 규칙이 있다. 먼저 이 액터는 하단 입력 포트
에 하나의 입력 토큰이 필요하다. 이 포트의 타입은 불리언^{Boolean}이므로 토큰의 값
은 *true* 혹은 *false*여야만 한다. *true* 값을 갖는 토큰을 입력 포트에서 받는다면 액터
는 출력을 생성하지 않지만, 대신 좌측 상단의 T 라벨이 표시된 입력 포트에 하나의
토큰을 요구하는 다음 파이어링 규칙을 활성화한다. 이 액터가 다음에 실행될 때
T 포트에서 토큰을 소모하고 출력 포트로 해당 토큰을 보낸다. 값이 *false*인 토큰이
하단 입력 포트에서 수신되면 액터는 F 라벨로 표시된 왼쪽 아래의 입력 포트에서
토큰을 필요로 하는 파이어링 규칙을 활성화한다. 이 토큰을 소비하면 다시 이 토큰
을 출력 포트로 보낸다. 따라서 하나의 출력을 만들려고 두 번의 동작을 실행한다.

Switch 액터는 보완적인 기능을 수행한다. 이 액터는 두 개의 입력 포트에서 하나
의 토큰을 필요로 하는 파이어링 규칙을 가진다. 좌측 입력 포트의 토큰은 하단
입력 포트에서 받은 불리언 값의 토큰에 따라 출력 포트 T나 F로 전송된다. 따라서
Switch와 Select는 다음 예제에서 설명하는 것과 같이 토큰들을 조건부 라우팅한다.

예제 6.15: 그림 6.13은 조건부 수행을 위해 Switch와 Select를 사용한다. B
액터는 불리언 값을 갖는 토큰 x의 스트림^{stream}을 생성한다. 이 스트림은 제
어 입력 y와 z를 Switch 액터와 Select 액터에 제공하려고 fork(갈라짐)에 의해
복제된다. 이러한 스트림에 있는 제어 토큰의 값에 따라 액터 A가 생성한 토
큰들이 C나 D로 전송되고, 결과 출력이 수집돼 E로 전송된다. 이 모델은 명
령형 언어의 친숙한 if-then-else 프로그래밍 구조와 같은 의미의 DDF다.

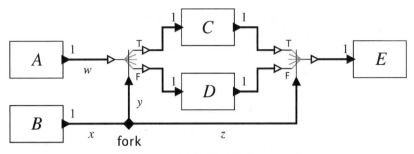

그림 6.13: 조건부 동작을 수행하는 DDF 모델

Switch와 Select를 액터 라이브러리에 추가하는 것은 더 이상 한정된 버퍼 스케줄을 찾을 수 없으며, 모델이 교착 상태가 되지 않을 것이라는 보장도 제공할 수 없음을 의미한다. Buck(1993)은 한정된 버퍼와 교착 상태가 DDF 모델에서 결정 불가능함을 보였다. 따라서 표현력과 유연성 향상의 대가로 비용이 든다. 이 모델들은 손쉽게 분석되지 않는다.

Switch와 Select는 명령형 언어로 된 goto 구문과 유사한 데이터 흐름이다. 이 둘은 조건부 라우팅 토큰을 사용해 실행에 대한 로우레벨^{low-level}의 제어를 제공한다. goto 구문과 마찬가지로 Switch와 Select를 사용하면 매우 이해하기 어려운 모델이 될 수 있다. Dijkstra(1968)는 goto 구문에 대해 의문을 제기하고 사용을 만류했으며, 대신 **구조화된 프로그래밍**의 사용을 지지했다. 구조화된 프로그래밍은 goto 구문을 중첩된 for 루프, if-then-else, do-while, 재귀로 대체한다. 다행히도 구조화된 프로그래밍은 데이터 흐름 모델에서도 사용할 수 있으며 다음 절에서 살펴보자.

6.3.4 구조화된 데이터 흐름

그림 6.14는 그림 6.13의 DDF 모델에 비해 많은 장점을 가진 조건부 동작을 수행할 수 있는 다른 방법을 보여준다. 그림에 있는 회색 박스는 Conditional^{조건부}이라고 불리는 고차원 액터의 예다. **고차원 액터**^{higher-order actor}는 하나 이상의 모델을 파라미터로 갖는 액터다. 이 그림의 예에서 Conditional은 액터 *C*를 가진 모델과 액터 *D*를

가진 두 개의 하위 모델을 파라미터로 가진다. Conditional 동작할 때 각 입력 포트에서 하나의 토큰을 소모하고 출력 포트에서 하나의 토큰을 생성하므로 SDF 액터다. 그러나 이 액터가 동작할 때 수행하는 액션은 하위 입력 포트에 도착하는 토큰의 값에 따라 달라진다. 그 값이 참이면 액터 C가 동작한다. 그렇지 않다면 액터 D가 동작한다.

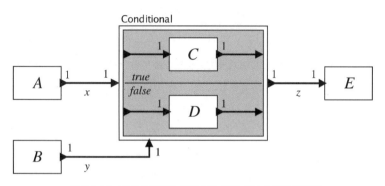

그림 6.14: 조건부 동작을 위한 구조화된 데이터 흐름 접근법

조건부 동작의 이런 방식은 구조화된 프로그래밍과 마찬가지로 제어 구조가 계층 구조로 중첩돼 있기 때문에 **구조화된 데이터 흐름**structured dataflow이라고 한다. 임의의 데이터 종속 토큰 라우팅을 피할 수 있다(goto 명령을 사용하는 임의 분기를 피하는 것과 유사하다). 게다가 이러한 Conditional 액터를 사용할 때 전반적인 모델은 여전히 SDF 모델이다. 그림 6.14의 예에서 모든 액터가 각 포트에서 정확하게 하나의 토큰을 소모하고 생산한다. 따라서 이 모델은 교착 상태와 한정된 버퍼에 대해 분석될 수 있다.

이런 구조화된 데이터 흐름의 방식은 National Instruments(Kodosky et al. 1991)가 개발한 설계 도구인 LabVIEW에서 도입됐다. 그림 6.14와 유사한 조건부 외에도 LabVIEW는 (명령형 언어의 for나 do-while 루프와 유사한) 반복 및 (임의의 개수의 조건부 실행 하위 모델) case문, (하위 모델들의 유한 집합을 순환하는) 수열을 위한 구조화된 데이터 흐름 구성을 제공한다. 또한 구조화된 데이터 흐름(Lee and Parks, 1995)을 사용해 재귀를 지원할 수도 있지만 주의 깊은 제한 사항이 없다면 유계성이 결정 불가능해진다.

6.3.5 프로세스 네트워크

데이터 흐름 모델과 밀접하게 관련된 연산 모델은 Kahn process networks(간단히 프로세스 네트워크process networks 또는 PN)이며, 이것을 도입한 Gilles Kahn(Kahn, 1974)의 이름을 따서 지어졌다. 데이터 흐름과 PN의 관계는 Lee와 Parks(1995), Lee and Matsikoudis(2009)에 의해 자세히 연구됐지만 짧게 이야기하면 매우 간단하다. PN 에서 각 액터는 자체 프로세스에서 동시에 실행된다. 즉, 파이어링 규칙과 파이어 링 함수에 의해 정의되는 대신 PN 액터는 입력 포트에서 데이터 토큰을 읽고 출력 포트에 데이터 토큰을 쓰는 프로그램(일반적으로 비종단)에 의해 정의된다. 모든 액 터는 동시에 실행된다(개념상 실제로 동시에 실행되는지 또는 교차 배치interleaved되는지 여부 는 상관없다).

원래의 논문에서 Kahn(1974)은 액터 사이의 모든 연결에 대한 토큰의 순서가 고유 하고, 특히 프로세스의 스케줄 방법과는 독립적이라는 의미에서 액터들의 네트워 크는 확정적임을 보장하는 명확한 수학적 조건을 제시했다. 따라서 Kahn은 비결 정성 없이 동시 실행이 가능함을 보여줬다.

3년 후에 Kahn and MacQueen(1977)은 결정성 보장을 위해 수학적 조건이 충족되 도록 보장하는 프로그램을 위한 간단하고 쉽게 구현된 메커니즘을 제공했다. 이 메커니즘의 핵심은 프로세스가 입력 데이터를 읽을 때마다 블로킹 읽기blocking reads 를 수행하는 것이다. 블로킹 읽기를 한다는 의미는 프로세스가 입력 포트를 통해 데이터에 접근하기로 선택하면 프로세스는 읽기 요청을 하고 데이터가 사용 가능 할 때까지 기다린다. 프로세스는 데이터가 가용한지 입력 포트를 시험한 다음 데 이터 가용 여부에 따라 조건부 분기를 수행할 수 없다. 이런 분기는 스케줄 의존적 인 동작을 발생시키기 때문이다.

블로킹 읽기는 파이어링 규칙과 밀접한 관련이 있다. 파이어링 규칙은 (새로운 파이 어링 함수로) 연산을 계속하고자 필요한 토큰을 지정한다. 마찬가지로 블로킹 읽기 (프로세스를 계속 실행해) 연산을 계속하는 데 필요한 단일 토큰을 지정한다.

프로세스가 출력 포트에 쓸 때 이 프로세스는 쓰기가 즉시 성공하고 반환되는 **논블로킹 쓰기**[non-blocking write]를 수행한다. 이 프로세스는 수신 프로세스가 데이터를 수신할 준비가 될 때까지 대기하지 않는다. 이는 출력 포트에 쓰기가 MoC 데이터 흐름에서 어떻게 동작하는지 정확하게 나타낸다. 따라서 데이터 흐름과 PN 사이에서 유일하게 주목할 만한 차이점은 PN의 경우 액터가 파이어링 함수들로 나눠지지 않는다는 점이다. 액터는 지속적으로 실행되는 프로그램으로 설계돼 있다.

Kahn과 MacQueen(1977)은 흥미로운 이유로 PN 네트워크의 프로세스를 **동시 실행 루틴**[coroutines]으로 불렀다. 루틴[routine]이나 서브루틴[subroutine]은 다른 프로그램이 '호출'하는 프로그램 일부다. 호출하는 쪽이 계속 실행할 수 있기 전에 서브루틴은 완료될 때까지 실행된다. PN 모델에서 프로세스 간의 상호작용은 호출자와 피호출자가 없다는 점에서 좀 더 대칭적이다. 프로세스가 블로킹 읽기를 수행할 때 이는 어떤 의미에서 데이터를 제공하는 **업스트림**[upstream] 프로세스에서 루틴을 호출하는 것이다. 유사하게 쓰기를 수행할 때 이는 어떤 의미에서 데이터를 처리하기 위한 다운스트림에서 루틴을 호출하는 것이다. 그러나 데이터의 생산자와 소비자 사이의 관계는 서브루틴보다 훨씬 더 대칭적이다.

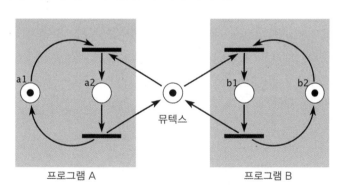

그림 6.15: 상호 배제 프로토콜을 사용하는 두 동시 프로그램의 Petri net 모델

페트리 넷(Petri Nets)

칼르 아담 페트리[Carl Adam Petri]의 이름을 따서 명명된 페트리 넷[Petri Nets]은 데이터 흐름과 관련된 널리 사용되는 모델링 형식론이다(Murata, 1989). 각각 흰색 원과 직사각형으로 표시되는 **위치**[places]와 **전환**[transitions]이라는 두 가지 유형의 요소를 가진다.

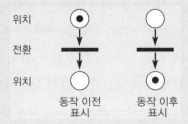

위치에는 검정색 원으로 표시된 임의의 수의 토큰을 포함할 수 있다. 입력으로써 전환에 연결된 모든 위치가 최소 한 개 이상의 토큰을 포함하면 이 전환은 활성화된다. 전환이 활성화되면 이 전환이 동작해 각 입력 위치에서 하나의 토큰을 소비하고 각 출력 위치에 토큰을 놓을 수 있다. **표시**[marking]라고 하는 네트워크의 상태는 네트워크의 각 위치에 있는 토큰의 수다. 위의 그림은 전환 동작 전후의 표시가 있는 간단한 네트워크를 보여준다. 한 위치에서 하나 이상의 전환에 입력을 제공하면 해당 네트워크는 비결정적이다. 그 위치에 있는 토큰은 목적지 전환들 중 하나의 동작을 일으킬 것이다.

페트리 넷 모델의 예가 그림 6.15에 나와 있으며, 상호 배제 프로토콜[mutual exclusion protocol]을 사용해 두 개의 동시 프로그램을 모델링한다. 두 개의 프로그램은 각각 **임계 구역**[critical section]을 가진다. 즉, 동시 프로그램 중에서 하나의 프로그램만 임계 구역에 들어갈 수 있다. 모델에서 토큰이 a2 위치에 있다면 프로그램 A가 임계 구역에 있고, 토큰이 b1의 위치에 있다면 프로그램

B가 임계 구역에 있다. 상호 배제 프로토콜의 역할은 이러한 두 위치에서 하나의 토큰을 동시에 가질 수 없게 하는 것이다.

이 모델의 초기 표시가 그림에서 보여주는 것과 같으면 양쪽의 상단 전환이 활성화되지만 하나만 동작할 수 있다(mutex라고 표시된 위치에는 하나의 토큰만 있다). 어느 한 동작이 비결정적으로 선택된다. 프로그램 A가 동작한다고 가정해보자. 이 동작 이후에 a2 위치에 토큰이 있으므로 이에 대응하는 하단의 전환이 활성화된다. 전환 동작이 발생하면 모델은 초기 표시로 돌아간다. 이 모델에서 상호 배제 프로토콜이 올바름을 쉽게 알 수 있다. 데이터 흐름 버퍼와는 달리 위치는 토큰의 순서를 보존하지 않는다. 유한개의 표시가 있는 페트리 넷은 FSM과 동일하다.

데이터 흐름과 마찬가지로 PN MoC는 버퍼의 유계성과 교착 상태에 대해 어려운 질문을 제기한다. PN은 이러한 질문들이 결정 불가능하다고 충분히 표현할 수 있다. 유계성에 관한 질문에 명쾌한 해결책은 Park(1995)가 제공하며, Geilen과 Basten(2003)에 의해 정교하게 만들어진다.

프로세트 네트워크의 흥미로운 변형은 논블로킹 쓰기 대신 블로킹 쓰기[blocking writes]를 수행한다. 즉, 프로세스가 출력 포트에 쓰면 수신 프로세스가 데이터를 수신할 준비가 될 때까지 기다린다. 프로세스 간의 이러한 상호작용을 랑데뷰[rendezvous]라고 한다. 랑데부는 통신 순차 프로세스[CSP, Communicating Sequential Processes](Hoare, 1978), 통신 시스템의 계산법[CCS, Calculus of Communicating Systems](Milner, 1980)과 같이 잘 알려진 프로세스 형식론의 기초를 형성한다. 또한 1980년대와 1990년대에 병렬 컴퓨터 프로그래밍에서 일정 기간 성공의 재미를 봤던 Occam 프로그래밍 언어(Galletly, 1996)의 기초를 형성한다.

지금까지 고려한 SR과 데이터 흐름 연산 모델에서 시간은 중요한 역할을 하지 않왔다. 데이터 흐름에서 시간은 아무런 역할을 하지 않는다. SR에서 연산은 글로벌 클럭의 각 틱 수열에서 동시에 순간적으로 발생한다. '클럭clock'이라는 용어가 시간이 역할을 하는 것을 함축하고 있음에도 불구하고 실제로는 그렇지 않다. SR MoC에서 중요한 것은 수열이다. 틱이 발생하는 물리적인 시간은 MoC와는 관련이 없다. 그것은 단지 틱의 수열이다. 그러나 많은 모델링 작업에서는 시간의 명확한 개념이 더 필요하다. 이런 개념을 가진 MoC를 다음에 검토한다.

6.4 타임드 연산 모델

가상 물리 시스템의 경우 소프트웨어가 물리적 프로세스와 상호작용을 하기 때문에 소프트웨어에서 어떤 일이 발생한 시간이 중요할 수 있다. 이번 절에서는 명시적으로 시간을 참조하는 몇 가지 동시 MoC를 고려한다. 각각 많은 변형이 있는 3가지 타임드 MoC을 알아보자. 이 책에서는 간단히 다룰 수밖에 없다. 이러한 MoC에 대한 완벽한 연구는 훨씬 더 많은 지면이 필요하다.

6.4.1 시간 트리거 모델

Kopetz and Grunsteidl(1994)은 시간의 경과를 측정하는 분산 클럭에 따라 주기적으로 분산 계산을 실행하는 메커니즘을 소개했다. 이것이 **시간 트리거 아키텍처**TTA, Time-Triggered Architecture라고 불리는 시스템 아키텍처다. TTA가 특정 종류의 결함을 어떻게 용인할 수 있는지, 이로 인해 시스템에서 한 부분의 실패가 시스템의 다른 부분에서의 동작을 방해할 수 없음을 보였다(Kopetz(1997) 및 Kopetz와 Bauer(2003) 참고). Henzinger et al.(2003)은 TTA의 핵심 개념을 프로그래밍 언어 수준으로 끌어올렸으며, 분산 시간 트리거 시스템을 모델링하기 위한 잘 정의된 의미론을 제공했다. 그 이후로 이러한 기술들은 자동차 회사 컨소시엄에 의해 개발된 네트워킹 표준인 FlexRay와 같은 표준 핵심 부분이 돼 안전 필수safety-critical인 항공 전자 시스템 및 자동차 시스템 설계에 실용화됐다.

시간 트리거 MoC는 연산을 조정하는 글로벌 클럭이 있다는 점에서 SR과 유사하다. 그러나 연산은 동시적이거나 순간적이지 않고 시간이 걸린다. 구체적으로 시간 트리거 MoC는 논리적인 실행 시간logical execution time을 연산과 연관시킨다. 연산에 대한 입력은 글로벌 클럭의 틱에서 제공되지만 출력은 글로벌 클럭의 다음 틱까지 다른 연산에서 보이지 않는다. 틱 간에는 연산 간에 상호작용이 없으므로 경합 조건race condition과 같은 동시성 문제가 존재하지 않는다. (논리적으로) 연산이 순간적으로 되지 않기 때문에 피드백에 어려움은 없고 모든 모델이 유용하다.

MathWorks에서 판매하는 Simulink 모델링 시스템은 시간 트리거 MoC를 지원하며, 리얼타임 워크숍Real-Time Workshop이라는 다른 제품과 함께 이러한 모델을 임베디드 C 코드로 변환할 수 있다. 내셔널 인스트루먼트National Instruments의 LabVIEW에서 타임드 루프는 데이터 흐름 MoC 내에서 유사한 능력을 보여준다.

가장 간단한 형태의 시간 트리거 모델은 클럭의 틱들 사이의 고정된 시간 간격(주기)으로 주기적 연산을 지정한다. Giotto(Henzinger et al., 2003)는 다른 모드들에서 주기가 다른 모달 모델modal models을 지원한다. 일부 저자는 논리적 실행 시간을 비주기적non-periodic 시스템으로 더 확장했다(Liu and Lee, 2003; Ghosal et al., 2004).

시간 트리거 모델은 개념적으로는 간단하지만 연산은 주기적인 클럭과 밀접하게 연관돼 있다. 액션들이 주기적이지 않을 때 모델은 이상해진다. 다음에 살펴볼 DE 시스템은 타이밍 동작의 더 많은 집합을 아우른다.

6.4.2 이산 이벤트 시스템

이산 이벤트 시스템Discrete-event systems, DE systems은 수십 년 동안 디지털 네트워크, 군사 시스템, 경제 시스템을 비롯한 방대하고 다양한 애플리케이션에 대한 시뮬레이션을 구축하는 방법으로 사용돼 왔다. DE 모델에 대한 선구자적 형식론은 이산 이벤트 시스템 규격DEVS, Discrete Event system specification이라고 부른 Zeigler(1976) 덕분이다. DEVS는 각 상태를 0이 아닌 수명과 연관시키는 무어Moore 기계의 확장이므로, 무어 기계에 시간의 흐름에 대한 명백한 개념(vs. 반응의 수열)을 부여했다.

시간 모델(Models of Time)

물리적인 시간을 모델링하는 방법은 의외로 어렵다. 분산 시스템에서 동시성을 어떻게 정의해야 할까? 이 질문은 Galison(2003)에 의해 심도 있게 논의됐다. 한 이벤트로 인해 다른 이벤트가 발생한다는 것은 무엇을 의미할까? 다른 이벤트를 발생시키는 한 이벤트는 동시에 있을 수 있을까? Price and Corry(2007)가 이 주제에 대해 심도 있는 글을 제출했다.

2장에서는 시간이 변수 $t \in \mathbb{R}$ 또는 $t \in \mathbb{R}_+$로 표현된다고 가정한다. 이 모델은 뉴턴의 시간$^{\text{Newtonian time}}$이라고도 한다. 이는 세계적으로 공유되는 절대 시간을 가정하며, 변수 t는 언제 어디서 참조해도 동일한 값을 반환한다. 이러한 시간 개념은 물리적 현실을 완벽하게 반영하지는 않지만 종종 모델링에 유용하다. 하지만 불완전성을 갖고 있다. 예를 들어 5개의 강철공이 줄에 매달려 있는 뉴턴의 진자$^{\text{Newton's cradle}}$를 생각해보자. 한 개의 공을 들었다 놓으면 이 공이 두 번째 공을 치지만 두 번째 공은 움직이지 않는다. 대신 다섯 번째 공이 올라가는 반응을 보인다. 중간에 있는 공의 운동량을 시간 함수로 생각해보자. 중간에 있는 공은 움직이지 않으므로 운동량은 어디에서나 0이 된다. 그러나 첫 번째 공의 운동량이 중간 공을 통해 다섯 번째 공으로 어떻게든 전달된다. 따라서 운동량은 항상 0이 될 수 없다. $m: \mathbb{R} \rightarrow \mathbb{R}$이 이 공의 운동량을 나타내고, τ는 충돌 시간을 나타낸다고 하자. 그러면 모든 $t \in \mathbb{R}$에 대해 다음과 같다.

$$m(t) = \begin{cases} M & \text{if } t = \tau \\ 0 & \text{다른 경우} \end{cases}$$

그러나 가상 물리 시스템에서 소프트웨어로 이 함수를 표현하길 원할 수 있다. 이 경우 표본의 수열이 필요할 것이다. 그러나 어떻게 이런 표본이 이 신호의 다소 특이한 구조를 모호하지 않게 표현할 수 있을까?

한 가지 방법은 $\mathbb{R}$ 대신 집합 $\mathbb{R} \times \mathbb{N}$으로 표현되는 시간인 초농도 시간superdense time을 사용하는 것이다(Manna and Pnueli, 1993; Maler et al., 1992; Lee and Zheng, 2005; Cataldo et al., 2006). 시간 값은 튜플 (t, n)이고, 여기서 t는 뉴턴 시간을 나타내며 n은 한 순간의 수열 인덱스를 나타낸다. 이 표현에서 중간에 있는 공의 운동량은 $m(\tau, 0) = 0$, $m(\tau, 1) = M$과 $m(\tau, 2) = 0$인 수열로 명확하게 나타낼 수 있다. 이러한 표현은 동시적이며 즉각적이지만 인과관계를 가진 이벤트를 처리한다.

다른 대안은 두 개의 시간 값이 서로 상대적으로 정렬되거나 그렇지 않은 부분적으로 순서화된 시간partially ordered time이다. 이 사이에 일련의 인과관계가 있을 때 순서화되고, 그렇지 않은 경우 순서화되지 않는다.

더 알아보기: 이산 이벤트 의미(Discrete Event Semantics)

이산 이벤트 연산 모델은 여러 교재에서 수년간 연구 주제로 다뤄졌다 (Zeigler et al., 2000; Cassandras, 1993; Fishman, 2001). 이 모델들의 의미 간 미묘함은 매우 다르다(Lee (1999), Cataldo et al. (2006), Liuet al. (2006), Liu and Lee(2008) 참조). 여기서는 형식적인 의미를 논의하는 대신 DE 모델이 어떻게 실행되는지 설명한다. 이러한 설명이 실제로 모델의 의미를 제공하는 유효한 방법이다. 이 설명을 운영 의미operational semantics(Scott and Strachey, 1971; Plotkin, 1981)라고 한다.

DE 모델은 종종 상당히 크고 복잡하므로 실행 성능이 매우 중요하다. 단일 이벤트 큐single event queue를 사용하기 때문에 DE 모델의 병렬화나 분산화는 어려울 수 있다(Misra, 1986; Fujimoto, 2000). 최근에 제안된 PTIDESProgramming Temporally Integrated Distributed Embedded Systems 전략은 네트워크 시간을 동기화해 효율적인 분산 실행을 제공한다. DE는 시뮬레이션 기술로 사용될 수 있을 뿐만 아니라 구현 기술로도 사용될 수 있는 만큼 실행이 효율적이라고 이 전략은 주장한다. 즉, DE 이벤트 큐와 실행 엔진이 배포된 임베디드 소프트웨어의 일부분이 된다. 이 글을 쓰는 시점에서 이 주장은 실례로 입증되지는 않았다.

DE MoC에서의 핵심은 이벤트에 어떤 시간 모델의 값인 **타임스탬프**time stamp가 부여된다는 것이다. 일반적으로 다른 두 개의 타임스탬프는 비교 가능해야 한다. 즉, 둘이 같거나 하나가 다른 것보다 빠르다. DE 모델은 각 액터가 타임스탬프 순서대로 입력 이벤트에 반응하고 타임스탬프 순서대로 출력 이벤트를 생성하는 액터 네트워크다.

예제 6.16: 예제 6.1에서 주기 P를 갖는 클럭 신호는 모든 $n \in \mathbb{Z}$에 대해 타임스탬프 nP를 갖는 이벤트로 구성된다.

DE 모델을 실행하려고 타임스탬프로 정렬된 이벤트 리스트인 **이벤트 큐**event queue를 사용할 수 있다. 이 리스트는 빈 상태로 시작한다. 네트워크의 각 액터는 이벤트 큐에 넣으려는 모든 초기 이벤트의 정보를 제공한다. 이러한 이벤트는 다른 액터로 갈 수 있고 액터 자체에서 처리할 수도 있다. 이 경우 이 이벤트들은 적절한 시점에 액터의 반응을 유발할 수 있다. 이벤트 큐에서 가장 오래된 이벤트를 선택하고 어떤 액터가 그 이벤트를 수신해야 하는지 결정하면서 실행을 계속한다. 해당 이벤트의 값(있는 경우)은 액터에 대한 입력으로 제공되고 액터는 반응(동작)한다. 반응은 출력 이벤트나 어떤 특정 타임스탬프에서 동일 액터가 나중에 동작하도록 요청하는 이벤트를 만들 수 있다.

이 시점에 DE MoC의 변형들은 다르게 동작한다. DEVS와 같은 일부 변형은 액터에 의해 생성된 출력이 방금 제공된 입력의 타임스탬프보다 확실하게 큰 타임스탬프를 가질 것을 요구한다. 모델링 관점에서 볼 때 모든 액터는 0이 아닌 지연을 부과함으로써 해당 액터의 반응(출력)이 반응을 유발한 입력보다 엄격히 늦게 다른 액터에게 보인다. 다른 변형은 액터가 입력과 동일한 타임스탬프를 갖는 출력 이벤트를 생성할 수 있게 한다. 즉, 즉각적으로 반응할 수 있다. SR 연산 모델과 마찬가지로 이러한 순간적인 반응은 입력이 출력과 동시에 발생하기 때문에 상당히 미묘한 차이를 만들 수 있다.

동시 이벤트에 의해 발생된 미묘함은 DE를 SR의 일반화로 처리함으로써 해결될 수 있다(Lee and Zheng, 2007). DE 의미의 이러한 변형에서 실행은 다음과 같이 진행된다. 이벤트 큐를 사용하고 초기 이벤트를 큐에 넣도록 액터에서 정보를 얻는다. 큐에서 가장 작은 타임스탬프를 가진 이벤트와 동일한 타임스탬프를 가진 다른 모든 이벤트를 선택하고, 이 이벤트들을 입력으로 모델의 액터에게 제공한다. 그리고 SR에서처럼 유용한 고정점 반복constructive fixed-point iteration 방식으로 모든 액터를 동작시킨다. 이런 변형의 의미에서 액터가 생성한 출력은 입력(동일한 타임스탬프를 가짐)과 동시에 발생해야 하고, 따라서 이 출력은 고정점과 관련 있다. 액터가 나중에 출력 이벤트를 생성하고 싶을 경우 나중에 동작을 요청(이벤트 큐에 이벤트를 보냄)하면 된다.

6.4.3 연속 시간 시스템

2장에서 상미분 방정식ODE, Ordinary Differential Equations에 기초한 연속 시간 시스템Continuous-Time Systems의 모델을 살펴봤다. 구체적으로 $x\colon \mathbb{R} \to \mathbb{R}^n$이 벡터 값 연속 시간 함수인 다음 형식의 방정식을 살펴봤다.

$$\dot{\mathbf{x}}(t) = f(\mathbf{x}(t),\, t)$$

이와 동등한 모델은 다음 형태의 적분 방정식이다.

$$\mathbf{x}(t) \;=\; \mathbf{x}(0) + \int_0^t \dot{\mathbf{x}}(\tau) d\tau \tag{6.3}$$

$$\;=\; \mathbf{x}(0) + \int_0^t f(\mathbf{x}(\tau),\tau) d\tau. \tag{6.4}$$

2장은 ODE들에 의해 주어진 시스템의 모델이 액터 간의 상호 연결로 기술될 수 있음을 보여주며, 액터들 간의 통신은 연속적인 시간 신호로 이뤄진다. 식 (6.4)는 그림 6.16에서 보여주는 것처럼 상호 연결로 표현될 수 있고, 그림 6.1(d)의 피드백 패턴과 일치한다.

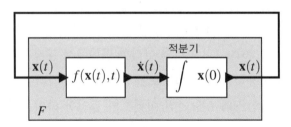

그림 6.16: 식 (6.4)에 기술된 시스템의 액터 모델

예제 6.17: 예제 2.3의 헬리콥터 모델을 사용하는 그림 2.3의 피드백 제어 시스템은 그림 6.17에서 표시된 것처럼 다시 그릴 수 있고, 이는 그림 6.16의 패턴과 일치한다. 이러한 경우에 $x = \dot{\theta}_y$는 스칼라 값 연속 시간 함수(또는 길이가 1인 벡터)다. 함수 f는 다음과 같이 정의되며,

$$f(\mathbf{x}(t),\, t) = (K/I_{yy})(\psi(t) - \mathbf{x}(t))$$

적분기의 초깃값은 다음과 같다.

$$\mathbf{x}(0) = \dot{\theta}_y(0)$$

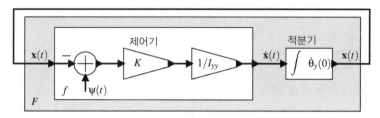

그림 6.17: 예제 2.3의 헬리콥터 모델을 그림 6.16의 형태에 부합되게 다시 그린 그림 2.3의 피드백 제어 시스템

사실 이러한 모델은 **연속 시간 연산 모델**에서의 액터 결합이지만, 이전의 MoC와는 달리 디지털 컴퓨터에서 정확하게 실행될 수 없다. 디지털 컴퓨터는 시간 연속체를 직접 처리할 수 없지만 상당히 정확하게 근사화할 수 있다.

연속 시간 모델의 근사 실행은 ODE의 해에 대한 근사 수치를 만드는 **해법기**^{solver}에 의해 수행된다. 해법기를 위한 알고리즘 연구는 19세기로 거슬러 올라가는 가장 보편적인 기술로, 상당히 오래된 것이다. 여기서는 가장 간단한 해법기 중의 하나인 **포워드 오일러**^{forward Euler} 해법기만 고려할 것이다.

포워드 오일러 해법기는 $0, h, 2h, 3h, \ldots$ 시점에서 $\mathbf{x}$의 값을 추정한다. 여기서 h는 **계단 크기**^{step size}라고 한다. 적분은 다음과 같이 근사화된다.

$$\mathbf{x}(h) = \mathbf{x}(0) + hf(\mathbf{x}(0), 0)$$
$$\mathbf{x}(2h) = \mathbf{x}(h) + hf(\mathbf{x}(h), h)$$
$$\mathbf{x}(3h) = \mathbf{x}(2h) + hf(\mathbf{x}(2h), 2h)$$
$$\ldots$$
$$\mathbf{x}((k+1)h) = \mathbf{x}(kh) + hf(\mathbf{x}(kh), kh)$$

이 과정은 $\dot{\mathbf{x}}$의 '실제' 값이 시간 함수로 그려지는 그림 6.18(a)에 나와 있다. $\mathbf{x}(t)$의 실제 값은 0과 t 사이의 곡선 아래 영역에 초깃값 $\mathbf{x}(0)$을 더한 값이다. 이 알고리즘의 첫 번째 단계에서 영역의 증가분은 너비 h와 높이 $f(\mathbf{x}(0), 0)$를 갖는 직사각형 영역으로 근사화된다. 이 증가분은 $\mathbf{x}(h)$의 근삿값을 만들어내고, 이 값은 두 번째 직사각형의 높이 $\dot{\mathbf{x}}(h) = f(\mathbf{x}(h), h)$를 계산하는 데 사용할 수 있다. 이런 방식으로 계속 진행된다.

근사에 따른 오차는 시간이 지남에 따라 누적되는 것을 알 수 있다. 알고리즘은 크게 두 가지 핵심 기법으로 향상시킬 수 있다. 첫 번째로 가변 계단 해법기$^{variable-}$ $^{step\ solver}$는 오차를 작게 유지하려고 오차 추정에 기반을 두고 계단 크기$^{step\ size}$를 변화시킨다. 두 번째로 좀 더 정교한 해법기는 곡선의 기울기를 고려하고 그림 6.18(b)에서 제시된 사다리꼴 근삿값을 사용할 것이다. Runge–Kutta 해법기로 알려진 이런 해법기의 계열이 널리 사용된다. 그러나 이 책의 용도상 어떤 해법기가 사용됐는지는 중요하지 않다. 중요한 것은 (a) 해법기가 계단 크기를 결정하고, (b) 각 단계에서 해법기가 적분에 대한 근삿값을 갱신하는 계산을 수행한다는 것이다.

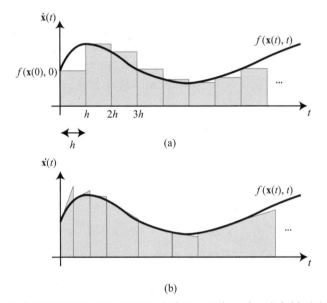

그림 6.18: (a) 식 (6.4)의 적분에 대한 포워드 오일러 근삿값($\mathbf{x}$를 스칼라(scalar)로 가정), (b) 가변 계단 크기를 사용하고 곡선의 기울기를 고려한 더 좋은 근사

이러한 해법기를 사용할 때 SR 및 DE 모델과 유사한 방식으로 그림 6.16의 모델을 해석할 수 있다. f 액터는 메모리리스이므로 입력과 현재 시간에만 의존하는 출력을 생성하기 위한 계산만을 수행한다. 적분기는 해법기에 의해 각 반응에서 상태가 업데이트되는 상태 기계이며, 업데이트가 무엇이어야 하는지 결정하려고 입력을 사용한다.

상태 변수 $\mathbf{x}(t)$가 실수의 벡터이기 때문에 이 상태 기계의 상태 공간은 무한하다.

따라서 연속 시간 모델은 해법기에 의해 결정된 전역 반응들 사이 시간 간격을 갖는 SR 모델로 볼 수 있다(Lee and Zheng, 2007). 구체적으로 연속 시간 모델은 액터들의 네트워크며, 각각은 간단한 메모리리스 연산 액터와 상태 기계의 직렬 결합이며, 액터 반응은 동시적이고 즉각적이다. 반응 시간은 해법기에 의해 결정된다. 해법기는 일반적으로 시간 간격을 결정할 때 액터를 참조하므로, 예를 들어 레벨 교차[level crossing](연속 신호가 임곗값을 초과 하는 경우)와 같은 이벤트를 정확하게 포착할 수 있다. 따라서 해법기를 제공해야 하는 추가적인 복잡성에도 불구하고 연속 시간 연산 모델을 만들려고 필요한 이 메커니즘은 SR과 DE를 만들 때 필요한 메커니즘과 크게 다르지 않다.

연속 시간 MoC를 사용하는 유명한 소프트웨어 도구는 MathWorks의 Simulink다. Simulink는 액터들의 상호 연결인 블록 다이어그램과 유사하게 모델을 나타낸다. 또한 연속 시간 모델은 같은 회사의 문자 기반 도구[textual tool]인 MATLAB을 사용해 연속 시간 신호를 시뮬레이션할 수도 있다. 내셔널 인스트루먼트[National Instruments]의 MATRIXx도 시각적 연속 시간 모델링을 지원한다. 연속 시간 모델은 그래픽 기반의 Control Design과 Simulation Module을 이용하거나 문자 기반의 프로그래밍 언어인 MathScript를 이용해 LabVIEW 모델로 통합될 수 있다.

6.5 요약

6장에서는 동시 연산 모델인 다소 큰 주제를 간략하게 살펴봤다. 5장에서 살펴본 상태 기계의 동기 결합과 매우 유사한 동기 반응 모델에서부터 시작한다. 그리고 실행이 좀 더 엄밀하지 않게 조정될 수 있는 데이터 흐름 모델을 고려한다. 데이터 우선순위만이 액터 연산의 순서에 제약을 가한다. 그리고 시간 개념을 명시적으로 포함하는 몇 가지 연산 모델을 간략히 살펴보는 것으로 결론을 맺는다. 이러한 MoC는 가상 물리 시스템을 모델링하는 데 특히 유용하다.

연습문제

1. 그림 6.1(b)와 유사한 재구성을 사용해 각각의 다음 액터 모델이 어떻게 피드백 시스템으로 변환될 수 있는지 보여라. 즉, 액터들은 병행 결합 액터로 모아야 한다.

   (a)

   (b)

   (c)

2. 동기식 피드백 결합인 다음 상태 기계를 살펴보자.

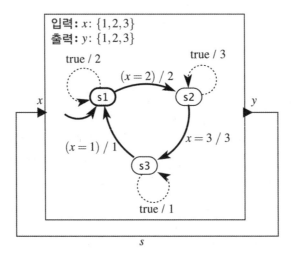

(a) 잘 형성^{well formed}됐는가? 유용한가^{constructive}?

(b) 잘 형성되고 유용하다면 처음 10가지 반응에 대한 출력 기호를 찾아라. 그렇지 않다면 문제가 어디에 있는지 설명하라.

(c) 결합에 입력이 없고 출력은 y만 있다고 가정하고 결합 기계를 보여라.

3. 다음 동기식 모델의 경우 잘 형성되고 유용한지 여부를 결정하고, 그렇다면 신호 s_1 및 s_2 값의 수열을 결정하라.

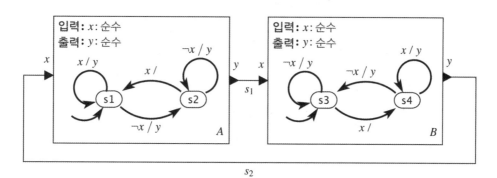

4. 다음 동기식 모델의 경우 잘 형성되고 유용한지 여부를 결정하고, 그렇다면 신호 s_1 및 s_2 값의 가능한 수열을 결정하라. 기계 A는 비결정적임을 주의하라.

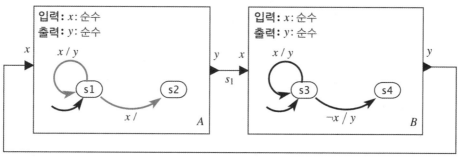

5. (a) 다음 동기식 모델이 잘 형성되고 유용한지 여부를 결정하고 이를 설명하라.

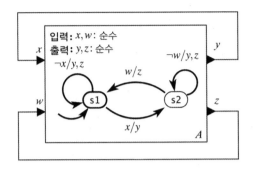

(b) 파트 (a)의 모델과 동일한 평평한 상태 기계를 표시해 의미를 설명해보자. 이 기계는 입력이 없고 출력이 2개다.

6. 다음 동기식 피드백 결합을 살펴보자.

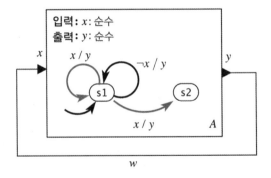

FSM *A*는 비결정적임을 주목하라.

(a) 이 결합은 잘 형성됐는가? 유용한 이유를 설명해보자.

(b) 정확히 똑같은 가능한 동일 수열 *w*를 만드는 평평한 FSM(입력과 연결이 없는)을 만들어보자.

7. 그림 3.10의 교통 신호등 제어기를 생각해보자. 이 제어기의 출력이 보행자 신호등 제어기에 연결되는 것을 고려하자. 보행자 신호등 제어기의 FSM은 그림 5.10에 표시돼 있다. 상태 기계를 지원하는 모델링 소프트웨어(PtolemyII, LabVIEW State charts 또는 Simulink/Stateflow와 같은)를 사용해 환경을 모델링하고 입력 기호 *timeR*, *timeG*, *timeY*와 *isCar*를 생성하는 결정적 확장 상태 기계를 갖는 두 FSM의 결합을 만들어보자.

8. 다음 SDF 모델을 살펴보자.

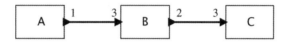

포트 근처의 숫자는 액터가 동작할 때 생성하거나 소비하는 토큰의 수를 나타낸다. 이 모델에 대한 다음 질문에 답하라.

(a) q_A, q_B, q_C는 각 액터 *A*, *B*, *C*의 동작 횟수를 나타낸다. 균형 방정식을 적고 최소 양의 정수해를 구하라.

(b) 두 통신 채널의 버퍼 크기를 최소화하는 무한 실행 스케줄을 찾아라. 버퍼의 크기는 얼마인가?

9. 다음 각 데이터 흐름 모델에 대해 유한한 버퍼를 가진 무한 실행이 있는지 여부를 결정하라. 있다면 최소 버퍼 크기를 결정하라.

(a)

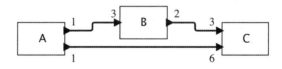

(b)

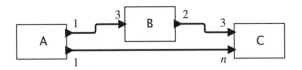

여기서 n은 정수다.

(c)

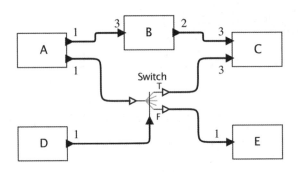

여기서 D는 임의의 불리언 수열을 생성한다.

(d) 파트(c)와 같은 데이터 흐름 모델의 경우 D에 의해 생성되는 주기적인 불리언 출력 수열을 지정할 수 있다고 가정하자. 유한한 버퍼를 생성하는 수열을 찾고, 버퍼 크기를 최소화하는 스케줄을 설명하고, 버퍼 크기를 결정하라.

10. 다음에 표시된 SDF 그래프를 살펴보자.

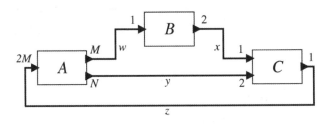

이 그림에서 A, B, C는 액터다. 포트에서 액터의 동작에 의해 소비되거나 생성되는 토큰의 수가 각 포트 옆에 있고, 여기서 N과 M은 양의 정수 값을 갖는 변수다. 변수 w, x, y, z는 이 변수들이 다이어그램에 표시되는 연결에서의 초기 토큰 수라고 가정하자. 이 변수는 음수가 아닌 정수 값을 가진다.

(a) 모델이 일관성을 갖도록 N과 M 사이의 간단한 연관성을 도출하거나 일관적인 모델을 만드는 N과 M의 양의 정수가 없음을 보여라.

(b) $w = x = y = 0$이고 모델은 일관성을 가진다고 가정한다면 이러한 모델이 교착 상태가 되지 않는 z(N과 M은 함수)의 최솟값을 찾아라.

(c) $z = 0$이고 모델은 일관성을 가진다고 가정하자. 모델이 교착 상태를 갖지 않고 $x + y + z$가 최솟값을 갖는 w, x, y의 값을 찾아라.

(d) $w = x = y = 0$이고 z는 파트 (b)에서 찾은 모든 값이라고 가정하자. b_w, b_x, b_y, b_z는 각각 w, x, y, z의 버퍼 크기다. 이 버퍼 크기들의 최솟값은 얼마인가?

PART
02

임베디드 시스템 설계

2부는 동시적^{Concurrent}이며 실시간$^{real\ time}$ 특성을 갖는 임베디드 소프트웨어를 만들려고 사용하는 기술에 중점을 두고 임베디드 시스템의 설계를 다룬다. 상향식으로 논의를 진행하려고 7장에서는 센서와 액추에이터를 모델링하는 방법에 집중한다. 8장에서는 하드웨어의 병렬 처리^{parallelism}와 병렬 처리가 프로그래머에게 미치는 영향에 중점을 두어 임베디드 프로세서 설계를 설명한다. 9장에서는 메모리 구조를 다룬다. 특히 프로그램 타이밍에 메모리 구조가 갖는 영향에 집중한다. 10장에서는 프로그램이 외부 물리적 세계와 상호작용할 수 있는 입출력 메커니즘을 다룬다. 특히 소프트웨어의 순서적인 성질과 물리적 세계의 동시적 성질을 조화시키는 방법에 중점을 둔다. 11장에서는 소프트웨어에서 스레드와 프로세스 같은 동시 실행^{concurrency}을 위한 메커니즘과 세마포어^{semaphore}와 상호 배제$^{mutual\ exclusion}$를 포함한 동시 소프트웨어 태스크의 동기화를 설명한다. 마지막으로 12장에서는 동시 프로그램의 타이밍 제어에 중점을 두고 스케줄링을 다룬다.

CHAPTER

7

센서와 액추에이터

센서^{sensor}는 물리량$^{physical\ quantity}$을 측정하는 디바이스다. 액추에이터^{actuator}는 물리량을 변경시키는 디바이스다. 전자시스템에서 센서는 보통 측정된 물리적 양에 비례하는 전압을 만들어낸다. 전압은 아날로그-디지털 변환기$^{ADC,\ Analog-to-Digital\ Converter}$를 사용해 숫자로 변경될 수 있다. ADC와 같이 패키징된 센서를 디지털 센서라고 부르고, ADC가 없는 센서를 아날로그 센서라고 한다. 디지털 센서는 정확도가 제한적일 수 있는데, 이는 숫자를 나타내는 비트의 개수에 따라(하나일 수도 있다) 결정되기 때문이다. 반대로 액추에이터는 보통 전압으로 구동되며, 디지털-아날로그 변환기$^{DAC,\ Digital-to-Analog\ Converter}$가 숫자를 전압으로 바꿀 수 있다. DAC와 같이 패키징된 액추에이터를 디지털 액추에이터라고 한다.

오늘날 센서와 액추에이터는 마이크로프로세서 및 네트워크 인터페이스와 함께 패키징되므로 이런 센서와 액추에이터는 인터넷에서 서비스로 나타날 수 있다. 이런 스마트 센서와 액추에이터를 통해 물리적 세계를 정보 세계로 깊숙이 연결할 수 있는 기술로 향해가는 것이 요즘 트렌드다. 이런 통합된 세계를 사물인터넷^{IoT,} $^{Internet\ of\ Things}$이나 인더스트리 4.0, 산업 인터넷, 사물 통신$^{M2M,\ Machine-to-Machine}$, 만물인터넷 $^{internet\ of\ Everything}$, 스마트 플래닛$^{Smarter\ planet}$, TSensor$^{Trillion\ Sensors}$, 포그^{Fog}(클라우드와 비슷

하나 땅에 더 가까운) 등으로 부른다.

센서와 액추에이터의 인터페이스용 일부 기술이 나타났고, 이 기술들은 일반 인터넷 사용을 위해 원래 개발된 메커니즘을 활용하고 있다. 예를 들어 센서와 액추에이터는 REST$^{Representational\ State\ Transfer}$라 불리는 구조적 스타일(Filding and Taylor, 2002)을 사용해 웹 서버를 통해 접근할 수 있다. 이 스타일을 사용하면 센서에서 데이터를 검색하거나 액추에이터에 명령을 내릴 수 있다. 브라우저에서 일반 웹 페이지를 보는 것처럼 URL을 만들고 URL을 직접 센서와 액추에이터에 보내거나 동작 중인 웹 서버로 보낼 수 있다.

7장에서는 물리적 세계와 가상 세계를 연결해주는 다리로서 센서와 액추에이터의 하이레벨 인터페이스가 아닌 기초적인 특성에 중점을 둔다. 주요 로우레벨 특성으로는 측정이나 동작이 실행되는 속도^{rate}, 물리적 양을 측정하거나 제어 신호로 관련시키는 비례 상수, 오프셋이나 바이어스^{bias}, 동적 범위$^{dynamic\ range}$ 등이 있다. 많은 센서와 액추에이터에서 센서와 액추에이터가 비례 측정(비선형성)에서 벗어나는 정도와 측정 프로세스(노이즈)에 의해 발생하는 불규칙 변동의 양을 모델링하는 것이 좋다.

센서와 액추에이터의 주요 문제는 물리적 세계가 시간과 공간의 다차원 연속체^{continuum}에서 돌아가고 있다는 것이다. 이것은 아날로그 세계다. 그러나 소프트웨어 세계는 디지털이고 엄격하게 양자화된다. 물리적 현상 측정은 소프트웨어가 동작하기 전에 크기와 시간으로 양자화돼야 한다. 그리고 소프트웨어에서 시작된 물리적 세계에 대한 명령도 본질적으로 양자화된다. 이런 양자화의 영향을 반드시 이해해야 한다.

7장은 센서와 액추에이터의 모델을 생성하는 방법을 개괄적으로 설명하는 7.1절로 시작한다. 특히 선형성(비선형성)과 바이어스, 동적 범위, 양자화, 노이즈, 샘플링 등에 중점을 둔다. 이 절은 마지막으로 센서 데이터나 액추에이터 제어를 향상시키는 신호 처리 기법인 신호 조정$^{signal\ conditioning}$을 간단히 설명한다. 7.2절은 여러 종류의 일반적인 센서 문제를 다룬다. 여기에는 틸트와 가속도 측정(가속도계) 및 위치와 속도 측정(풍속계와 관성 항법 장치, GPS, 다른 범위와 삼각 측량 기법), 회전 측정(자이로스코프), 사운드 측정(마이크로폰), 거리 측정rangefinder 등이 포함된다. 7장은 이런 모델링 기법을 LED와 모터 제어기 같은 액추에이터에 적용하는 방법을 보여주는 7.3절로 끝맺는다.

7장에서 설명하지 않는 하이레벨 특성도 똑같이 중요하다. 이런 특성에는 보안(특히 접근제어)과 프라이버시(특히 개방형 인터넷에서의 데이터 흐름), 네임스페이스name-space 관리, 커미셔닝commissioning 등이 있다. 특히 커미셔닝은 많은 센서와 액추에이터가 사용될 때 큰 이슈가 된다. 커미셔닝은 센서나 액추에이터에 물리적 위치를 연관시키고(예를 들어 온도센서가 어디의 온도를 제공하는지), 네트워크 인터페이스를 활성화하고 설정하며, 특정 환경을 위해 해당 디바이스를 보정하는 과정이다.

7.1 센서와 액추에이터 모델

센서와 액추에이터는 가상 세계를 물리적 세계로 연결해준다. 가상 세계의 숫자들은 물리적 세계의 양과 관련이 있다. 이 절에서는 이 관계를 모델링해본다. 센서와 액추에이터의 좋은 모델을 갖는 것은 해당 디바이스들을 효과적으로 사용하는데 필수적이다.

7.1.1 선형 아핀 모델

아핀 함수affine function는 많은 센서를 근사적으로 모델링할 수 있다. $f: \mathbb{R} \to \mathbb{R}$은 함수며, 시간 t에서의 물리량 $x(t)$는 센서에 의해 $f(x(t))$ 값을 갖는다고 가정하자. 이 함수 f는 모든 $x(t) \in \mathbb{R}$에 대해 다음을 만족하는 비례 상수proportionality constant $a \in \mathbb{R}$이 존재하면 선형linear이다.

$$f(x(t)) = ax(t)$$

다음을 만족하는 비례 상수 $a \in \mathbb{R}$과 바이어스 $b \in \mathbb{R}$이 존재하면 이는 **아핀 함수** affine function다.

$$f(x(t)) = ax(t) + b \tag{7.1}$$

모든 선형 함수는 아핀 함수지만($b = 0$일 때) 역은 성립하지 않는다.

센서의 읽은 값을 해석하려면 이런 비례 상수와 바이어스에 대한 지식이 필요하다. 비례 상수는 센서의 **민감도**sensitivity를 나타내며, 물리량이 변할 때 측정값이 변하는 정도를 나타낸다.

액추에이터도 아핀 함수로 모델링될 수 있다. 액추에이터에 대한 명령이 물리적 환경에 미치는 영향은 식 (7.1)과 같은 관계로 합리적으로 근사할 수 있다.

7.1.2 범위

어떤 센서나 액추에이터도 정확하게 아핀 함수를 구현할 수는 없다. 특히 센서가 측정할 수 있는 물리량 값의 집합인 센서의 **범위**Range는 언제나 제한적이다. 액추에이터도 마찬가지다. 이 범위를 벗어나면 아핀 함수 모델은 더 이상 유효하지 않다. 예를 들어 기상 관측용으로 설계된 온도계는 섭씨 −20도에서 50도까지의 범위를 갖고 있다. 이 범위를 벗어난 물리량은 **포화 상태**saturate가 되며, 이는 범위 밖의 최대 혹은 최소 판독 값을 산출하게 된다. 센서의 아핀 함수 모델은 이를 고려해서 다음과 같이 확장될 수 있다.

$$f(x(t)) = \begin{cases} ax(t)+b & \text{if } L \leq x(t) \leq H \\ aH+b & \text{if } x(t) > H \\ aL+b & \text{if } x(t) < L, \end{cases} \tag{7.2}$$

여기서 $L, H \in \mathbb{R}, L < H$는 각각 센서 범위의 하한과 상한을 나타낸다.

물리량 $x(t)$와 식 (7.2)에 주어진 측정 사이의 관계는 아핀 관계가 아니다(구분적 piecewire 아핀이다). 실제로 이는 모든 센서에 의해 공유되는 간단한 형태의 비선형성이다. 이 센서는 **운영 범위** (L, H) 내에서 아핀 함수에 의해 합리적으로 모델링된다. 그러나 운영 범위 밖에서 센서의 동작은 매우 다르다.

7.1.3 동적 범위

디지털 센서는 두 개의 매우 가까운 공간의 물리량 값을 구분할 수 없다. 센서의 **정확도**precision p는 구분 가능한 센서 판독 값을 가진 두 물리량 값의 최소 절대 차이 값이다. 디지털 센서의 **동적 범위** $D \in \mathbb{R}_+$는 다음의 비율이다.

$$D = \frac{H - L}{p}$$

H와 L은 식 (7.2)에 있는 범위의 한계 값이다. 동적 범위는 보통 데시벨로 측정되고 다음과 같다.

$$D_{dB} = 20 \log_{10} \left(\frac{H - L}{p} \right) \tag{7.3}$$

7.1.4 양자화

디지털 센서는 n개의 비트를 사용하는 물리량을 나타낸다. 여기서 n은 작은 정수다. 이 비트로 오직 2^n의 각기 다른 수를 나타낼 수 있으므로 이 센서는 2^n개의 각기 다른 측정값만 만들 수 있다. 실제 물리량은 실수 $x(t) \in \mathbb{R}$로 나타낼 수 있지만, 각 $x(t)$에 대해 이 센서는 해당 값을 표현하려고 2^n의 숫자 중 한 개를 선택해야 한다. 이 과정을 **양자화**Quantization라고 한다. 이상적인 디지털 센서에서 정확도 p 차이가 있는 두 개의 물리량은 1비트 차이의 디지털 양으로 표현되므로 정확도와 양자화는 서로 얽혀있다.

다음 예제처럼 양자화를 포함시켜 식 (7.2)의 함수 f를 확장할 수 있다.

예제 7.1: 0부터 1 볼트 사이의 전압을 측정할 수 있는 3비트 센서를 생각해 보자. 이런 센서는 그림 7.1에 표시된 것처럼 함수 $f: \mathbb{R} \rightarrow \{0, 1, \ldots, 7\}$로 모델링될 수 있다. 평행 축은 센서의 입력(볼트 단위)이고, 수직축은 출력이며, 이 센서가 3비트 디지털 센서임을 강조하려고 2진수로 표시된다.

이 그림에서 측정 가능한 범위의 하한은 $L = 0$이고, 상한은 $H = 1$이다. 정확도는 $p = 1/8$이고, 동작 범위 내에서 1볼트의 1/8 이상 차이나는 다른 두 개의 입력값은 다른 출력으로 나타날 것이다. 따라서 동적 범위는 다음과 같다.

$$D_{dB} = 20\log_{10}\left(\frac{H-L}{p}\right) \approx 18dB$$

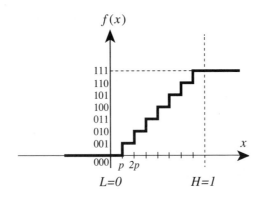

그림 7.1: 0부터 1 볼트까지의 범위를 측정할 수 있으며, 정확도가 $p = 1/8$인 3비트 디지털 센서의 센서 왜곡 함수

센서의 출력을 센서의 입력 함수로 정의하는 그림 7.1과 같은 함수 f를 센서 왜곡 함수$^{\text{sensor distortion function}}$라고 한다. 일반적으로 그림 7.1에 나타난 센서 왜곡 함수를 가진 이상적인 n비트 디지털 센서는 다음 주어진 정확도를 갖고,

$$p = (H - L)/2^n$$

다음의 동적 범위를 갖는다.

$$D_{dB} = 20 \log_{10} \left(\frac{H-L}{p} \right) 20 \log_{10}(2^n) = 20n \log_{10}(2) \approx 6n \ dB. \qquad (7.4)$$

추가적인 각 비트는 약 6 데시벨의 동적 범위를 나타낸다.

예제 7.2: 양자화의 극단적 형태는 아날로그 비교 측정기에 의해 수행된다. 이 측정기는 기준 값에 대한 신호 값을 비교하고, 0이나 1인 이진 값을 만들어낸다. 여기서 센서 함수 $f: \mathbb{R} \to \{0, 1\}$은 다음으로 주어진다.

$$f(x(t)) = \begin{cases} 0 & \text{if } x(t) \leq 0 \\ 1 & \text{otherwise} \end{cases}$$

이런 극단적 양자화는 종종 유용하다. 생성되는 신호가 매우 간단한 디지털 신호이고 마이크로프로세서의 GPIO 입력 핀에 직접적으로 연결될 수 있기 때문이다. 10장에서 관련 내용을 설명한다.

이전 예제의 아날로그 비교 측정기는 1비트 ADC다. 이런 변환기의 양자화 오차는 높다. 그러나 7.1.8절에서 설명할 신호 조정signal conditioning을 사용하고 샘플 레이트sample rate가 충분히 높으면 노이즈noise는 디지털 저역 통과 필터low-pass filter로 상당히 줄일 수 있다. 이런 과정을 **오버샘플링**oversampling이라 한다. 디지털 신호 처리가 아날로그 처리보다 비용이 보통 적게 들기 때문에 오버샘플링은 요즘 많이 사용된다.

액추에이터도 양자화 오류에 영향을 받는다. 디지털 액추에이터는 디지털 명령을 받고, 이 명령을 아날로그 물리적 액션으로 바꾼다. 여기서 주요 부분은 디지털을 아날로그로 변경하는 변환기DAC다. 명령이 디지털이므로 유한한 가능 값을 가진다. 따라서 아날로그 액션이 실행될 수 있는 정확도는 디지털 신호의 비트수와 액추에이터의 범위에 의해 결정된다.

ADC처럼 정확도와 속도는 트레이드오프trade off 관계다. 예를 들어 **뱅뱅 제어기**

bang-bang controller[1]는 1비트 디지털 동작 신호를 사용해 액추에이터를 구동시키지만 매우 빠르게 해당 1비트 명령을 업데이트한다. 모터처럼 상대적으로 느린 응답 시간을 가진 액추에이터는 각 비트에 반응할 시간이 많지 않으므로 각 비트에 대한 반응이 작다. 전체적인 반응은 시간당 평균 비트수이고 1비트 제어에서 기대할 수 있는 것보다 훨씬 부드럽다. 이는 오버샘플링의 거울상mirror image이다.

ADC와 DAC 하드웨어의 설계는 그 자체로 예술이다. 샘플링 간격과 비트수 선택의 효과는 상당히 미묘하다. 이런 선택에 대한 완전한 이해를 하려면 신호 처리에 대한 상당한 전문 지식이 필요하다(Lee and Varaiya(2011) 참고). 아래에서 이 복잡한 주제를 간단히 소개한다. 7.1.8절에서 환경의 노이즈와 양자화에 의한 노이즈를 줄이는 방법을 다루며, 관심이 없는 주파수 영역을 필터링시키는 것이 도움이 된다는 직관적인 결과를 보여준다. 이 주파수 영역은 샘플 레이트와 관련이 있다. 다음 절에서 노이즈와 샘플링을 알아보자.

7.1.5 노이즈

정의 그대로 노이즈noise는 원하지 않는 신호 부분이다. 시간 t에서 $x(t)$를 측정하길 원하지만 실제로는 $x'(t)$를 측정하게 되고, 이 둘의 차이가 바로 노이즈다.

$$n(t) = x'(t) - x(t)$$

실제 측정값은 다음과 같이 실제 원하던 값에 노이즈를 더한 값이다.

$$x'(t) = x(t) + n(t) \tag{7.5}$$

예제 7.3: 천천히 움직이는 물체의 방향을 측정하려고 가속도계를 사용해 보자(방향을 측정하고자 가속도계를 사용하는 이유는 7.2.1절을 참고). 가속도계는

---

1. 두 상태 사이를 갑자기 전환하는 피드백 제어기 – 옮긴이

움직이는 물체에 붙어있고, 방향이 바뀔 때 반응하며, 가속도계 축에 대한 중력장의 방향을 바꾸는 것이다. 그러나 이 가속도계는 진동에 의한 가속도도 측정하게 된다. $x(t)$가 방향에 의한 신호이고 $n(t)$가 진동에 의한 신호라고 하자. 가속도계는 이 둘의 합을 측정한다.

위 예제에서 노이즈는 센서가 원하는 신호만을 측정할 수 없다는 사실의 부작용이다. 방향을 원했지만 가속도까지 측정한 것이다. 이런 센서의 불완전성과 양자화를 노이즈로 모델링할 수 있다. 일반적으로 센서 왜곡 함수는 부가적인 노이즈로 모델링될 수 있다.

$$f(x(t)) = x(t) + n(t) \tag{7.6}$$

여기서 $n(t)$는 단지 $f(x(t)) - x(t)$다.

측정 시 노이즈가 얼마나 있는지를 나타내면 유용하다. 노이즈의 **평균 제곱근**^{RMS,} ^{Root Mean Square} $N \in \mathbb{R}_+$는 $n(t)^2$ 평균값의 제곱근이다. 이는 다음과 같이 기술적으로 표현한다.

$$N = \lim_{T \to \infty} \sqrt{\frac{1}{2T} \int_{-T}^{T} (n(\tau))^2 d\tau}. \tag{7.7}$$

이 값은 **노이즈 전력**^{noise power}(의 제곱근)을 측정하는 것이다. 노이즈 전력의 다른(통계적) 정의는 $n(t)$ 제곱 기댓값의 제곱근이다. 식 (7.7)은 노이즈 전력을 기댓값 대신 시간에 대한 평균으로 정의한다.

신호대 잡음비^{SNR, Signal to Noise Ratio}(데시벨 단위)는 RMS 노이즈로 정의된다.

$$SNR_{dB} = 20 \log_{10} \left(\frac{X}{N} \right)$$

여기서 X는 입력 신호 x의 RMS 값이다(식 (7.7)처럼 시간 평균이나 기댓값을 사용해 정의).

다음 예제에서 기본적인 확률 이론을 활용해 기댓값을 이용한 SNR을 계산하는 방법을 설명한다.

예제 7. 4: 양자화기 모델로서 식 (7.6)을 사용해 양자화 결과인 SNR를 구할 수 있다. 0에서 1 볼트까지의 동작 범위를 3비트 디지털 센서를 보여주는 예제 7.1과 그림 7.1을 살펴보자. 입력 전압이 0에서 1 볼트 사이 범위에 있을 가능성은 어디서나 동일하다고 가정하자. 즉, $x(t)$는 0부터 1 사이 범위의 균등 분포$^{uniform\ distribution}$를 가진 확률 변수$^{random\ variable}$다. 그리고 입력 x의 RMS 값은 $x(t)$ 제곱 기댓값의 제곱근이나 다음과 같이 주어진다.

$$X = \sqrt{\int_0^1 x^2 dx} = \frac{1}{\sqrt{3}}$$

그림 7.1을 보면 $x(t)$가 0에서 1 사이 범위의 균등 분포를 갖는 확률 변수면 측정값 식 (7.6)의 오차 $n(t)$는 $-1/8$부터 0까지의 범위에 있을 가능성은 어디서나 동일하다. 따라서 RMS 노이즈는 다음으로 주어진다.

$$N = \sqrt{\int_{-1/8}^0 8n^2 dn} = \sqrt{\frac{1}{3 \cdot 64}} = \frac{1}{8\sqrt{3}}$$

따라서 SNR은 다음과 같다.

$$SNR_{dB} = 20\log_{10}\left(\frac{X}{N}\right) = 20\log_{10}(8) \approx 18dB$$

이 값은 식 (7.4)에서 예측했던 비트당 6dB 동적 범위와 일치한다.

이전 예제에서 SNR를 계산하려고 입력 x의 통계 모델(0과 1 사이에서 균등하게 분포하는)과 양자화 함수가 필요했다. 현실적으로 입력 x가 x의 범위를 모두 사용하도록 ADC 하드웨어를 보정하는 것은 어렵다. 즉, 입력은 0부터 1까지의 모든 범위보다 좀 더 적은 범위에서 분포될 것이다. 그리고 균등 분포도 아닐 것이다. 따라서 시스템에서 얻어진 실제 SNR은 식 (7.4)에서 예측한 비트당 6dB보다 훨씬 적은 값이 될 것이다.

7.1.6 샘플링

물리량 $x(t)$는 시간 t의 함수다. 디지털 센서는 이산 신호를 생성하려고 특정 시점에 물리량을 **샘플링**sampling할 것이다. 균일한 샘플링에는 샘플들 사이의 고정된 시간 간격interval T가 존재한다. T를 샘플링 간격이라고 부른다. 생성된 신호는 다음과 같이 정의된 함수 $s: \mathbb{Z} \to \mathbb{R}$로 모델링될 수 있다.

$$\forall n \in \mathbb{Z}, \quad s(n) = f(x(nT)) \tag{7.8}$$

$\mathbb{Z}$는 정수의 집합이다. 즉, 물리량 $x(t)$는 시간 $t = nT$일 때만 관측되고, 측정값은 센서 왜곡 함수에 종속된다. **샘플링 레이트**는 $1/T$이고, 보통 **헤르츠**Hertz(Hz로 쓰고 초당 사이클cycles per second을 의미)로 나타내는 **초당 샘플**samples per second 단위를 갖는다.

현실적으로 샘플링 간격 T가 작아질수록 ADC에서 더 많은 비트를 제공하려고 더 많은 비용이 든다. 같은 비용이라면 더 빠른 ADC는 보통 더 적은 비트를 제공하고 높은 양자화 오차나 더 작은 범위를 갖게 된다.

데시벨

데시벨decibels이라는 용어는 문자 그대로 (알렉산더 그래햄 벨Alexander Graham Bell의 이름을 딴) 벨의 10분의 1이다. 이 측정 단위는 두 신호의 전력 비율을 지정하려고 벨연구소의 전화기 엔지니어들이 개발했다.

전력power은 단위 시간당 에너지 손실(사용한) 측정값이다. 전자시스템에서는 **와트**watt로 측정된다. 1벨은 전력에서 10으로 정의된다. 따라서 1000와트

헤어 드라이기는 100와트 전구보다 1벨 혹은 10dB 더 많은 전력을 소비한다. p_1 = 1000와트가 헤어 드라이기의 전력이고 p_2 = 100와트가 전구의 전력이라고 하자. 그러면 비율은 다음과 같다.

$$\log_{10}(p_1/p_2) = 1벨이거나$$

$$10\log_{10}(p_1/p_2) = 10dB$$

식 (7.3)과 비교해보면 차이를 볼 수 있다. 식 (7.3)에서는 곱한 값이 10이 아닌 20이다. 이는 식 (7.3)의 비율이 전력이 아닌 진폭(크기)의 비율이기 때문이다. 전자 회로에서 진폭이 저항기를 지나는 전압을 의미한다면 저항기에서 손실된 전력은 진폭^{amplitude}의 제곱에 비례한다. a_1과 a_2가 이런 두 진폭일 때 이들의 전력 비율은 다음과 같다.

$$10\log_{10}(a_1^2/a_2^2) = 20\log_{10}(a_1/a_2)$$

따라서 식 (7.3)의 10 대신 20을 곱하게 된다. 3dB 전력 비율은 전력에서 2배에 해당한다. 진폭에서 이 값은 $\sqrt{2}$ 의 비율이다.

오디오에서는 데시벨이 음압$^{sound\ pressure}$을 측정하는 데 사용된다. "10미터에서 제트 엔진은 120dB 사운드를 만든다."는 말은 관례적으로 음압을 20 마이크로파스칼^{micropascal}의 정의된 기준과 비교하며, 여기서 파스칼은 1 평방미터당 1 뉴턴^{newton}의 압력이다. 대부분의 사람에게 이 값은 1kHz에서 들을 수 있는 근사적 한계 값이다. 따라서 0dB 소리는 거의 들리지 않는다. 10dB 소리는 해당 전력의 10배다. 100dB의 소리는 해당 전력의 10^{10}배다. 따라서 제트엔진 소리는 귀마개가 없으면 사람 귀를 먹게 할 수 있다.

예제 7.5: ATSC 디지털 비디오 코딩 표준은 프레임 레이트가 초당 30 프레임이고 각 프레임은 1080 × 1920 = 2,073,600 픽셀을 포함하는 포맷을 포함한다. 한 컬러 채널을 디지털 표현으로 바꾸는 ADC는 반드시 초당 2,073,600 × 30 = 62,208,000 변환을 수행해야 하고, 이는 샘플링 간격 T가 약 16 nsec가 된다. 이런 짧은 샘플링 간격과 함께 ADC의 비트수를 늘리는 것은 비용이 많이 든다. 비디오의 경우 $b = 8$비트로 선택하는 것이 괜찮은 시각적 정확도를 만족하면서 합리적인 비용으로 구현할 수 있다.

신호를 샘플링할 때 중요한 점은 같은 신호 s를 발생시키는 다른 여러 함수 x가 존재한다는 것이다. 이런 현상을 에일리어싱^{aliasing}이라고 한다.

예제 7.6: 1kHz(킬로헤르츠, 초당 1000 사이클)의 사운드 신호를 생각해보자.

$$x(t) = \cos(2000\pi t)$$

센서 왜곡이 없다고 가정하면 식 (7.8)의 함수 f는 항등함수다. 초당 8000 샘플로 샘플링을 하면(전화에서 흔히 사용되는 비율) 샘플링 간격 $T = 1/8000$이 되고, 다음 샘플들이 나오게 된다.

$$s(n) = f(x(nT)) = \cos(\pi n/4)$$

이번에는 9kHz의 사운드 신호가 주어졌다고 가정하자.

$$x'(t) = \cos(18,000\pi t)$$

8kHz 속도 비율로 샘플링을 하면 다음과 같다.

$$s'(n) = \cos(9\pi n/4) = \cos(\pi n/4 + 2\pi n) = \cos(\pi n/4) = s(n)$$

1kHz와 9kHz 사운드 신호는 그림 7.2에 나온 것처럼 똑같은 샘플을 만들어

낸다. 따라서 이 샘플링 레이트에서 이 두 신호는 서로의 에일리어스^aliase 다. 서로 구별될 수 없다.

에일리어싱은 복잡하고 미묘한 현상이지만(더 자세한 사항은 Lee and Varaiya(2011)참고) 나이퀴스트-새넌 샘플링 정리^Nyquist-Shannon sampling theorem는 균일한 샘플링을 위한 유용한 경험 법칙을 제공한다. 이 주제에 대한 논의는 푸리에 변환 기계가 필요하므로 이 책의 범위를 벗어난다. 약식으로 설명하면 이 정리는 샘플 레이트 $R = 1/T$로 샘플링된 샘플 집합이 $R/2$보다 적은 주파수를 가진 사인 곡선 컴포넌트의 합인 연속 시간 신호를 유일하게 정의한다고 설명한다. 즉, $R/2$보다 적은 주파수를 가진 사인 곡선 컴포넌트의 합들인 모든 연속 시간 신호 중 샘플 레이트 R에서 발생한 샘플 집합과 일치하는 것은 단 하나뿐이다. 따라서 경험 법칙에 의하면 가장 빠른 기대 변동이 주파수 $R/2$에서 발생하는 신호를 샘플링하면 최소 R의 비율로 신호를 샘플링하는 것은 해당 신호를 고유하게 나타내는 샘플을 만들어 낼 수 있다.

예제 7.7: 전통적인 전화통신에서 엔지니어들은 지능적인 인간 음성 신호는 4kHz보다 높은 주파수가 필요 없다고 결정했다. 따라서 4kHz보다 높은 주파수를 없애고 8kHz 속도로 인간 음성을 오디오 신호로 샘플링하는 것은 해당 샘플에서 지능적 오디오 신호를 재구성하는 데 충분하다. 높은 주파수를 없애려고 안티에일리어싱 필터^anti-aliasing filter라고 불리는 주파수 선택 필터를 사용할 수 있다. 이 필터가 4kHz 이상의 성분이 4kHz 이하의 주파수 성분으로 위장되는 것을 방지하기 때문이다.

그러나 인간의 귀는 최대 15kHz, 젊은 사람들은 20kHz까지의 주파수를 알아차린다. 따라서 음악용으로 사용하는 디지털 오디오 신호는 40kHz 이상의 주파수에서 샘플링된다. 44.1kHz가 일반적 선택이며, CD용으로 정의된 비율이다.

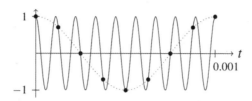

그림 7.2: 에일리어싱 예제. 초당 8000 샘플로 수집되는 9kHz 사인 곡선 샘플은 초당 8000 샘플로 수집되는1kHz 사인 곡선 샘플과 동일하다.

예제 7.8: 방의 공기 온도는 음압과 비교할 때 매우 느리게 변화한다. 예를 들어 가장 빠른 기대 온도 변화가 초가 아닌 분 단위로 측정된 비율로 발생한다고 가정할 수 있다. 1분 정도의 변화를 알려면 적어도 분당 두 개의 온도 측정값을 가져야 한다.

7.1.7 고조파 왜곡

센서와 액추에이터의 동작 범위에서도 발생하는 비선형성 형태를 고조파 왜곡 harmonic distortion이라고 한다. 이 왜곡은 센서나 액추에이터의 정확도가 일정하지 않고 신호의 크기에 영향을 받을 때 발생한다. 예를 들어 마이크는 낮은 음압보다 높은 음압에 덜 응답한다.

고조파 왜곡은 물리량의 거듭제곱으로 모델링할 수 있는 비선형적 효과다. 특히 제2 고조파 왜곡second harmonic distortion은 물리량의 제곱에 의존한다. 즉, 물리량 $x(t)$가 주어지면 측정값은 다음과 같이 모델링된다.

$$f(x(t)) = ax(t) + b + d_2(x(t))^2 \tag{7.9}$$

여기서 d_2는 제2 고조파 왜곡량이다. d_2가 작으면 이 모델은 거의 아핀[nearly affine]이다. d_2가 크면 아핀과는 거리가 멀다. $d_2(x(t))^2$ 항은 시간에 따라 변화하는 신호 $x(t)$의 주파수 성분을 갖게 되므로 제2 고조파 왜곡이라고 부른다.

예제 7.9: 마이크가 다음의 순수 사인 곡선 입력 사운드에 영향을 받는다고 하자.

$$x(t) = \cos(\omega_0 t)$$

여기서 t는 초 단위 시간이고, ω_0는 초당 라디안[radian] 단위 사인 곡선의 주파수라고 가정하자. 이 주파수가 인간의 청각 범위에 있다면 순음[pure tone]처럼 들릴 것이다.

식 (7.9)로 모델링한 센서는 시간 t에서 다음의 측정값을 만들어낸다.

$$\begin{aligned}
x'(t) &= ax(t) + b + d_2(x(t))^2 \\
&= a\cos(\omega_0 t) + b + d_2\cos^2(\omega_0 t) \\
&= a\cos(\omega_0 t) + b + \frac{d_2}{2} + \frac{d_2}{2}\cos(2\omega_0 t)
\end{aligned}$$

여기서는 다음 삼각 등식을 사용했다.

$$\cos^2(\theta) = \frac{1}{2}(1 + \cos(2\theta))$$

바이어스 항인 $b + d_2/2$는 인간에게 들리지 않는다. 따라서 이 신호는 a에 의해 크기가 바뀌는 순음과 $d_2/2$에 의해 크기가 바뀌는 2배 주파수에서의 왜곡 항[distortion term]으로 구성된다. $2\omega_0$이 인간의 청각 범위라면 이 왜곡 항은 고조파 왜곡으로 들을 수 있다.

3차항[cubic term]은 제3 고조파 왜곡[third harmonic distortion]을 의미하며, 더 높은 거듭제곱은 더 높은 고조파를 나타낸다.

고조파 왜곡의 중요성은 어떻게 사용하느냐에 따라 다르다. 인간의 청각 시스템은 고조파 왜곡에 매우 민감하지만 인간의 시각 시스템은 그보다는 덜 민감하다.

7.1.8 신호 조정

노이즈와 고조파 왜곡은 종종 원하는 신호에서 매우 큰 차이를 갖는다. 노이즈나 왜곡을 없애거나 줄이고자 이 차이를 이용할 수 있다. 이를 위한 가장 쉬운 방법은 주파수 선택 필터링^{frequency selective filtering}을 사용하는 것이다. 이런 필터링은 푸리에^{Fourier} 이론을 사용한다. 이 이론은 한 신호가 다른 주파수들을 가진 사인 곡선 신호들의 가산 결합임을 설명한다. 푸리에 이론은 이 책의 범위를 벗어나지만(자세한 사항은 Lee and Varaiya(2003) 참고), 이 이론을 어떻게 임베디드 시스템에 적용할 수 있는지 기본 지식 있는 일부 독자를 위해 이 절에서 살펴보자.

> **예제 7.10:** 예제 7.3에서 설명한 가속도계는 천천히 움직이는 물체의 방향을 측정하고자 사용한다. 그러나 이 가속도계는 방향과 진동의 합을 측정하고 있다. 신호 조정^{Signal Conditioning2}을 사용하면 진동의 영향을 줄일 수 있다. 진동 $n(t)$가 방향 $x(t)$보다 더 높은 주파수 성분을 갖는다면 주파수 선택 필터링은 진동의 영향을 줄일 수 있다. 특히 진동은 대부분 매우 빠르게 가속도를 변경시키고 방향은 더 천천히 변화할 것이다. 따라서 이 필터링은 빠르게 변화하는 컴포넌트를 제거하고 천천히 변화하는 컴포넌트는 남겨둘 수 있다.

주파수 선택 필터링이 어느 정도 도움이 되는지 보려고 원하는 신호 x와 노이즈 n의 모델이 필요하다. 합리적인 모델들은 보통 통계적이고, 신호들을 분석하는 것

---

2. 이 절은 첫 번째 읽을 때는 건너뛰어도 된다. 이 절은 대학 2학년이나 3학년 공학 수업에서 다루는 신호 및 시스템의 기본 지식이 필요하다.

은 확률 통계 기법과 추정, 머신러닝을 사용해야 한다. 이런 분석 기법이 이 책의 범위를 벗어나지만 순 결정적$^{\text{purely deterministic}}$ 분석을 통해 많은 실제 환경에서 유용한 통찰력을 얻을 수 있다.

조정 필터$^{\text{conditioning filter}}$라고 불리는 LTI 시스템 S로 필터링해 신호 $x' = x + n$을 조정하는 방법을 사용할 것이다. 조정 필터의 결과는 다음으로 주어진다.

$$y = S(x') = S(x + n) = S(x) + S(n)$$

여기서 S는 선형성을 갖는다고 가정했다. 이 필터링 후 존재하는 오차 신호는 다음과 같이 정의된다.

$$r = y - x = S(x) + S(n) - x. \tag{7.10}$$

이 신호는 필터링된 출력이 원하는 신호에서 얼마나 멀리 떨어져 있는지 알려준다. R은 r의 RMS 값을 나타내고, X는 x의 RMS 값을 나타낸다. 그러면 필터링 후 SNR은 다음과 같다.

$$SNR_{dB} = 20 \log_{10} \left(\frac{X}{R} \right)$$

이 SNR을 최대화하게 조정 필터 S를 설계할 것이다. X는 S에 의존하지 않으므로 R을 최소화하면 최대 SNR을 얻을 수 있다. 즉, 식 (7.10)에 있는 r의 RMS 값을 최소화하는 S를 선택한다.

이 필터의 결정이 이 책의 범위를 벗어나는 통계 기법을 필요로 하지만 식 (7.10)을 살펴보면 몇 가지 직관적인 결론을 도출할 수 있다. 분모는 다음과 같이 제약된다.

$$R = RMS(r) \leq RMS(S(x) - x) + RMS(n) \tag{7.11}$$

여기서 RMS는 식 (7.7)에서 정의한 함수다. 이는 $S(x)$를 x에 거의 같게 하고(즉, $S(x) \approx x$) $RMS(n)$을 작게 만들면 R을 최소화할 수 있음을 보여준다. 즉, 필터 S는 원하는 신호 s에는 최소의 피해를 주면서 가능한 한 많은 노이즈를 제거해야 한다.

예제 7.3에서 나온 것처럼 x와 n은 종종 주파수 성분에서 다르다. 이 예제에서 x는 저주파만 갖고 있고, n은 고주파만 갖고 있다. 따라서 S를 위해 저역 통과 필터를 선택하는 것이 좋다.

7.2 일반 센서

이 절에서는 몇 가지 센서를 설명하고 이 센서들을 위한 합리적인 모델을 어떻게 얻고 사용하는지 살펴본다.

7.2.1 틸트와 가속도 측정

가속도계accelerometer는 고유 가속도proper acceleration를 측정하는 센서며, 자유 낙하 시 관찰자가 관찰한 물체의 가속도. 여기서 설명하는 것처럼 중력은 가속도와 구별할 수 없으므로 가속도계는 가속도뿐만 아니라 중력도 측정한다. 이 결과는 알버트 아인슈타인의 일반 상대성 이론의 효시이며, 아인슈타인의 **등가 원리**equivalence principle라고 한다(Einstein, 1907).

가속도계의 구성도는 그림 7.3에 나와 있다. 움직일 수 있는 질량mass은 고정된 프레임에 스프링으로 붙어있다. 센서 회로가 고정된 프레임에 대한 움직이는 질량의 위치를 측정할 수 있다고 가정하자(이는 커패시턴스capacitance를 측정하면 된다). 이 프레임이 그림의 양쪽 화살표 방향으로 가속할 때 가속도는 움직일 수 있는 질량의 **변위**displacement가 발생하고 이 가속도가 측정된다.

움직이는 질량은 스프링에 변형이 없을 때 중립 위치에 있다. 전체 조립assembly이 자유 낙하하거나 수평적으로 누워있을 때 움직일 수 있는 질량은 이 중립 위치에 있을 것이다. 이 조립이 수직으로 세워져 있다면 중력은 스프링을 압축하고 움직일 수 있는 질량을 옮길 것이다. 자유 낙하하는 관찰자는 이 조립이 약 $g = 9.8$미터/초^{2}인 **중력 가속도**acceleration of gravity에서 위쪽으로 가속을 하는 것처럼 보일 것이다.

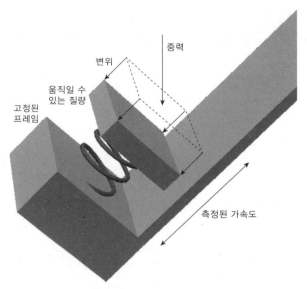

그림 7.3: 스프링–질량 시스템으로서 가속도계 구성도

따라서 가속도계는 고정된 프레임의 틸트(중력에 대한)를 측정할 수 있다. 고정된 프레임이 겪는 가속도는 이 측정에서 더하거나 뺄 수 있다. 중력과 가속도를 구분 짓는 것은 쉽지 않은 일이다. 이 두 개의 조합을 **고유 가속도**proper acceleration라고 부른다.

x가 특정 시간에서 가속도계 고정된 프레임의 고유 가속도라고 가정하자. 디지털 가속도계는 다음과 같은 측정 $f(x)$를 만들 것이다.

$$f\colon (L, H) \to \{0, \ldots, 2^b - 1\}$$

여기서 $L \in \mathbb{R}$은 최소 측정 가능한 고유 가속도이고 $H \in \mathbb{R}$은 최댓값이며, $b \in \mathbb{N}$은 ADC의 비트수다.

그림 7.4: 실리콘 가속도계는 중력이나 가속도 내에서 변형되는 유연한 실리콘 핑거(finger)로 구성된다(Lemkin and Boser, 1999).

요즘 가속도계는 보통 실리콘으로 구현되고(그림 7.4 참고), 실리콘 핑거는 중력이나 가속도 내에서 변형된다(Lemkin and Boser(1999) 참고). 회로는 변형을 측정하고 디지털 측정값을 제공한다. 보통 세 개의 가속도계가 한 개로 패키징돼 3축 가속도계[3-axis accelerometer]를 구성한다. 이 가속도계는 중력에 상대적인 물체의 방향과 3차원 공간에서의 각 방향에 대한 가속도를 측정하는 데 사용할 수 있다.

7.2.2 위치와 속도 측정

이론적으로 시간에 대한 가속도 측정값 x가 주어지면 물체의 속도와 위치를 결정할 수 있다. 1차원 공간에서 움직이는 물체를 생각해보자. 시간에 따른 물체의 움직임을 $p: \mathbb{R}_+ \to \mathbb{R}$이라 하고, 이 물체의 초기 위치를 $p(0)$라고 하자. 물체의 속도는 $v: \mathbb{R}_+ \to \mathbb{R}$이고, 초기 속도는 $v(0)$라고 하자. 그리고 가속도는 $x: \mathbb{R}_+ \to \mathbb{R}$이라고 하자. 그러면 다음과 같다.

$$p(t) = p(0) + \int_0^t v(\tau)d\tau$$

$$v(t) = v(0) + \int_0^t x(\tau)d\tau$$

그러나 가속도 측정에서 0이 아닌 바이어스가 존재하면 $p(t)$는 t^2에 비례해서 커지는 오차를 갖게 될 것이다. 이런 오차를 드리프트^{drift}라고 하고, 이 오차는 위치를 결정할 때 가속도계 단독으로 사용하는 것이 별로 유용하지 않게 만든다. 그러나 위치가 GPS 등을 사용해 정상 값$^{known-good\ value}$으로 주기적 리셋될 수 있다면 가속도계는 이런 설정에서 위치를 근사적으로 알아내는 데 유용할 수 있다.

어떤 환경에서는 미디엄^{medium}을 통해 움직이는 물체의 속도를 측정할 수 있다. 예를 들어 풍속계(공기 흐름을 측정하는)는 주위 공기에 대한 비행기의 속도를 추정할 수 있다. 위치를 추정하기 위한 이런 측정은 드리프트에 의해 영향을 받을 수 있다. 특히 주위 공기의 이동은 바이어스를 갖는다.

위치를 직접 측정하는 것은 어렵다. 위성 위치 확인 시스템$^{GPS,\ Global\ Positioning\ System}$은 삼각 측량을 사용한 정교한 위성 기반 항법 시스템이다. GPS 수신기는 매우 정밀한 시간을 제공하는 4개 이상의 GPS 위성에서 신호를 받는다. 위성들은 전송 시간과 해당 전송 시간에서 위성의 위치를 포함하는 신호를 전송한다. 수신기가 동일하게 정확한 시간을 갖고 있다면 위성에서 온 이런 신호를 받을 때 빛의 속도를 사용해 위성과 수신기와의 거리를 계산할 수 있다. 이런 3개의 거리가 주어지면 수신기의 위치를 계산할 수 있다. 그러나 이런 정확한 시간은 매우 비싼 비용을 지불해야 한다. 따라서 수신기는 이런 4번째 거리 측정을 사용해 4개의 미지수와 3차원의 위치, 수신기 자체 시계의 오차를 갖는 4개의 연립방정식을 얻는다.

GPS 위성에서 오는 신호는 상대적으로 약하고 빌딩이나 다른 장애물에 쉽게 방해를 받는다. 따라서 실내 위치 정보$^{indoor\ localization}$를 위해서는 다른 메커니즘이 필요하다. 이를 위한 한 가지 메커니즘은 와이파이^{WiFi} 지문 분석^{fingerprinting}으로, 디바이스가 와이파이 액세스 포인트의 알려진 위치와 해당 액세스 포인트로부터의 신호

세기, 다른 내부적 정보를 사용할 수 있다. 실내 위치 정보를 위해 사용되는 다른 기술은 단거리 무선 통신 표준인 블루투스Bluetooth다. 블루투스 신호는 비콘beacon처럼 사용될 수 있고, 신호 세기는 비콘과의 거리를 대략적으로 나타낼 수 있다.

무선 신호의 세기는 거리를 측정하는 데 매우 좋지 못한 척도인데, 이는 무선 신호에 대한 국부적인 회절과 반사 효과의 영향을 받기 때문이다. 실내 환경에서 무선 신호는 종종 다중 경로multipath의 영향을 받는다. 다중 경로는 무선 신호가 목적지까지 한 개 이상의 경로로 전송되며, 목적지에서 긍정적 혹은 부정적 간섭을 겪는다. 이런 간섭은 신호 세기에 다양한 변수를 만들어내고, 이는 잘못된 거리 측정으로 이어진다. 이 책을 쓰는 시점에서 GPS가 전 세계적으로 사용 가능한 실외 위치 정보 메커니즘인 것에 비해 정확한 실내 위치 정보를 위한 메커니즘은 많지 않다.

7.2.3 회전 측정

자이로스코프gyroscope는 방향(회전)의 변화를 측정하는 디바이스다. 가속도계와는 다르게 중력장에 영향을 (거의) 받지 않는다. 예전의 자이로스코프는 이중 짐벌gimbal 지지대 위의 부피가 큰 기계적 회전 장치가 있었다. 요즘의 자이로스코프는 작은 공진 구조를 사용하는 MEMS 디바이스(미세 전자 기계 시스템microelectromechanical systems)이거나 반대 방향에 폐쇄 경로 주위를 레이저 빔이 이동한 거리차를 측정하는 광학 디바이스, 혹은 (매우 높은 정밀도를 위해) 양자 효과를 사용하는 디바이스다.

자이로스코프와 가속도계는 관성 항법inertial navigation의 정확도를 향상시키고자 결합될 수 있다. 관성 항법에서는 추측 항법dead reckoning이 위치를 추정한다. 추측 항법은 dead reckoning(deduced reckoning에서 나온)이라고도 불리며, 알고 있는 초기 위치와 방향에서 시작해 이어지는 위치와 방향을 추정하고자 움직임의 측정값을 사용한다. 관성 측정 장치IMU, Inertial Measurement Unit나 관성 항법 장치INS, Inertial Navigation System는 자이로스코프를 사용해 방향의 변화를 측정하고 가속도계를 사용해 속도의 변화를 측정한다. 이런 장치들 역시 드리프트에 영향을 받으므로 '정상known good' 위치 정보(방향은 아님)를 주기적으로 제공하는 GPS 장치와 종종 결합된다.

7.2.4 사운드 측정

마이크는 음압의 변화를 측정한다. 전자기 유도(음압이 와이어를 자기장 내에서 움직이게 한다)나 커패시턴스(음압에 의해 변형된 판과 고정된 판 사이의 거리가 변해 커패시턴스의 측정 가능한 변화를 일으킨다), 압전기 효과(기계적 응력으로 크리스털에 전하가 축적된다)를 포함하는 많은 기법이 사용된다.

사람을 위한 오디오용 마이크는 약 20에서 20,000Hz 정도인 사람의 청력 주파수 범위 내의 작은 왜곡과 작은 노이즈를 제공하도록 설계된다. 그러나 마이크가 이 범위 밖에서도 사용될 수 있다. 예를 들어 초음파 거리 측정기는 인간의 청력 범위를 벗어난 소리를 내보내고, 반향을 듣는다. 따라서 사운드를 반사하는 표면까지의 거리를 측정하는 데 사용된다.

7.2.5 기타 센서

다른 여러 종류의 센서가 존재한다. 예를 들어 온도 측정은 HVAC 시스템과 자동차 엔진 제어기, 과전류 보호기, 많은 산업용 화학 프로세스에서 주요 기능이다. 화학 센서는 특정 오염 물질을 추출하고 알코올 농도를 측정할 수 있다. 카메라와 포토 다이오드는 빛의 밝기와 색을 측정할 수 있다. 시계는 시간의 흐름을 측정한다.

스위치는 매우 간단한 센서다. 올바르게 설계됐다면 스위치는 압력과 틸트 혹은 움직임을 감지할 수 있고, 마이크로컨트롤러의 GPIO 핀에 직접 연결될 수 있다. 스위치 관련 한 가지 이슈는 바운스^bounce다. 전기 접점^electrical contact을 닫는 것을 기반으로 하는 기계적 스위치는 금속과 충돌하는 금속을 가지며, 이 접촉은 한 번에 제대로 이뤄지지 않을 수 있다. 따라서 시스템 설계자는 전기 접점의 접촉에 반응할 때나 한 번의 스위치 동작에 대해 의도하지 않게 여러 번 반응할 때 주의해야 한다.

7.3 액추에이터

센서와 마찬가지로 다양한 액추에이터가 존재한다. 이 절에서 모든 액추에이터를 다룰 수 없지만, 흔히 사용하는 LED와 모터 제어 예제를 다룬다. 더 자세한 사항은 특정 마이크로컨트롤러 입출력 설계를 살펴보는 10장에서 다룬다.

7.3.1 발광 다이오드

마이크로컨트롤러의 디지털 I/O핀(GPIO 핀)에서 직접 구동할 수 있는 액추에이터는 거의 없다. 이들 핀은 제한된 양의 전류를 내보내거나 받아들일 수 있고, 이 양을 넘기는 시도는 회로를 손상시킬 수 있는 위험이 있다. 한 가지 예외가 바로 발광 다이오드^{LED, Light-Emitting Diodes}로, 저항과 직렬로 연결하면 GPIO 핀과 직접 연결될 수 있다. 이는 임베디드 시스템의 활동을 시각적으로 표현하는 편리한 방법을 제공한다.

> **예제 7.11:** 3볼트 동전 배터리로 동작하고 GPIO 핀이 18mA까지 받을 수 있는 마이크로컨트롤러를 생각해보자. 소프트웨어 제어하에서 LED를 끄고 켠다고 가정하자(어떻게 동작하는지는 10장을 참고). 순바이어스^{forward biased}일 때(켜질 때) 2볼트의 전압 강하^{Voltage drop}가 일어나는 LED를 사용한다고 가정하자. 18mA 제한 내에서 전류를 안전하게 유지하고자 LED에 직렬로 연결할 수 있는 가장 작은 저항은 무엇일까? 옴의 법칙은 다음과 같다.
>
> $$V_R = IR \tag{7.2}$$
>
> V_R은 저항을 지나가는 전압이고 I는 전류며, R은 저항이다. 저항기^{resistor}는 저항기를 지나는 $V_R = 3 - 2 = 1$볼트의 전압 강하를 갖고(공급되는 3볼트 중 2볼트가 LED를 지나면서 떨어진다), 저항기를 통과하며 흐르는 전류는 다음과 같다.

$$I = 1/R$$

이 전류를 18mA로 제한하려면 저항이 필요하다.

$$R \geq 1/0.018 \approx 56\text{ohms}$$

100옴^{ohm} 저항기를 선택하면 저항기와 LED를 통과하며 흐르는 전류는 다음과 같다.

$$I = V_R/100 = 10\text{mA}$$

배터리 용량이 200mAh(밀리암페어-시간$^{\text{milliamp-hours}}$)이면 20시간 동안 LED를 구동할 때 배터리가 완전히 없게 된다. 이때 마이크로컨트롤러나 다른 회로에서 전력 소모가 없다고 가정한다. 저항기에 의해 소비된 전력은 다음과 같다.

$$P_R = V_R I = 10\text{mW}$$

LED가 소모한 전력은 다음과 같다.

$$P_L = 2I = 20\text{mW}$$

이 숫자들은 LED 회로에 의해 발생한 열^{heat}을 나타낸다(보통 수준이다).

이 예제의 계산들은 어떤 디바이스를 마이크로컨트롤러에 연결할 때 일반적으로 필요하다.

7.3.2 모터 제어

모터는 모터 권선^{windings}을 통과하는 전류에 비례하는 부하에 토크^{torque}(각력)를 적용한다. 따라서 원하는 토크에 비례해 모터에 전압을 적용하고 싶을 수 있다. 하지만 이는 좋은 생각이 아니다. 먼저 전압이 DAC를 통해 디지털로 제어된다면 DAC

의 전류 제한을 초과하지 않도록 매우 조심해야 한다. 대부분의 DAC는 큰 전력을 전달할 수 없으므로 DAC와 전원이 들어가는 디바이스 사이에 전력 증폭기가 필요하다. 전력 증폭기의 입력은 높은 임피던스^{impedance}를 가지며 이는 주어진 전압에서 매우 적은 전류를 끌어오는 것을 의미한다. 따라서 전력 증폭기는 보통 DAC에 직접 연결될 수 있다. 그러나 출력은 상당히 큰 전류와 관련돼 있다.

예제 7.12: 8옴 스피커를 구동하려고 설계된 오디오 증폭기는 보통 스피커에 100와트(최대)를 공급할 수 있다. 전력은 전압과 전류의 곱이다. 이를 옴의 법칙과 결합하면 전력이 전류의 제곱에 비례함을 알 수 있다.

$$P = RI^2$$

여기서 R은 저항이다. 따라서 100와트에서 8옴 스피커를 통과하는 전류는 다음과 같다.

$$I = \sqrt{P/R} = \sqrt{100/8} \approx 3.5\text{amps}$$

이는 매우 큰 전류다. 과열이나 왜곡 없이 이런 큰 전류를 전달할 수 있는 전원 증폭기의 회로는 매우 정교하고 복잡하다.

좋은 선형성을 가진 전력 증폭기(출력 전압과 전류가 입력 전압에 비례하는)는 매우 고가며, 부피가 크고 비효율적이다(증폭기 자체가 상당한 에너지를 소모한다). 다행히 모터를 구동할 때 보통 이런 전력 증폭기가 필요하지 않다. 마이크로컨트롤러의 디지털 신호로 끄고 켤 수 있는 스위치를 사용하는 것으로 충분하다. 높은 전류를 견딜 수 있는 스위치를 만드는 것은 전력 증폭기를 만드는 것보다 훨씬 쉽다.

펄스 폭 변조$^{PWM, Pulse Width Modulation}$라는 기법을 사용하면 전력이 전달되는 디바이스가 빠르게 전력 소스를 끄고 켜는 것을 견딜 수 있는 한 디지털 제어하에서 많은 양의 전력을 효과적으로 전달할 수 있다. 이를 견딜 수 있는 디바이스로는 LED와

백열등(이것이 조광기^{dimmer}가 동작하는 방식이다), DC 모터가 있다. 그림 7.5의 밑에 있는 PWM 신호는 특정 주파수에서 높은 레벨과 낮은 레벨 사이를 전환한다. 사이클 주기의 일부분 동안 높은 레벨의 신호를 갖는다. 이 일부분을 듀티 사이클^{duty cycle}이라 하고, 그림 7.5에서는 0.1 혹은 10%다.

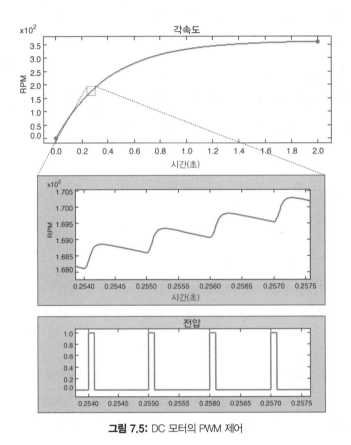

그림 7.5: DC 모터의 PWM 제어

DC 모터는 영구 자석이나 전자석으로 만든 자기장의 코어 주위에 전선을 감아 만든 전자석으로 구성된다. 전류가 전선을 통해 흐르면 코어가 회전한다. 이런 모터는 전류가 갑자기 켜지거나 꺼질 때 반응을 부드럽게 하는 관성과 인덕턴스^{inductance}를 모두 가지므로 이런 모터는 PWM 신호도 잘 견딜 수 있다.

$\omega: \mathbb{R} \to \mathbb{R}$이 시간의 함수로서 모터의 각속도를 나타낸다고 하자. 시간의 함수인

전압 v를 모터에 적용한다고 가정하면 기본 회로 이론을 사용해 모터를 통과하는 전압과 전류는 다음 방정식을 만족한다.

$$v(t) = Ri(t) + L\frac{di(t)}{dt}$$

여기서 R은 저항이고 L은 모터 안에 있는 코일의 인덕턴스다. 즉, 모터의 코일은 저항과 인덕터의 직렬 연결로 모델링된다. 저항기의 전압 강하는 전류에 비례하고 인덕터의 전압 강하는 전류의 변화율에 비례한다.

그러나 모터는 코일이 자기장 내에서 회전할 때 코일이 전류(혹은 이와 대응하는 전압)를 생성하는 현상을 보인다. 실제로 모터는 발전기로도 이용할 수 있다. 모터를 수동 부하passive load에 기계적으로 커플링coupling하지 않고 토크를 모터에 가하는 전력의 소스source에 커플링하면 모터는 전기를 만들어낸다. 모터가 발전기가 아닌 모터로 사용될 때도 회전을 방해하는 일부 토크가 있을 수 있고, 이를 역전자기력 back electromagnetic force이라고 부른다. 이는 회전 시 전기를 생성하는 현상 때문에 발생한다. 이를 설명하려고 앞의 방정식은 다음과 같이 변경된다.

$$v(t) = Ri(t) + L\frac{di(t)}{dt} + k_b\omega(t), \tag{7.13}$$

여기서 k_b는 경험적으로 결정된 역전자기력 상수이고, 보통 볼트/RPM(분당 회전수당 볼트)의 단위로 나타낸다.

식 (7.13)에서 모터의 전기적 동작을 설명했고, 2.1절의 기법을 사용해 기계적 동작을 설명할 수 있다. 이를 위해 뉴턴의 제2 법칙 $F = ma$의 회전 버전(힘 F를 토크로, 질량 m을 관성 모멘트, 가속도 a를 각가속도로 바꾼다)을 사용할 수 있다. 모터에서 토크 T는 모터를 통과하며 흐르는 전류에 비례하고 마찰과 기계적 부하에 의해 적용되는 일부 토크에 의해 조정된다.

$$T(t) = k_T i(t) - \eta\omega(t) - \tau(t)$$

여기서 k_T는 경험적으로 결정된 모터 토크 상수고 η은 모터의 운동 마찰, τ은 부하가 가하는 토크다. 토크는 뉴턴의 제2 법칙에 의해 관성 모멘트 I와 각가속도를 곱한 것과 같아야 한다. 따라서 다음이 성립한다.

$$I \frac{d\omega(t)}{dt} = k_T i(t) - \eta \omega(t) - \tau(t) \tag{7.14}$$

식 (7.14)와 식 (7.13)은 가해진 전압과 기계적 토크에 모터가 어떻게 반응하는지 나타낸다.

예제 7.13: 다음 파라미터를 가진 특정 모터를 생각해보자.

$$
\begin{aligned}
I &= 3.88 \times 10^{-7} \text{ kg·meters}^2 \\
k_b &= 2.75 \times 10^{-4} \text{ volts/RPM} \\
k_T &= 5.9 \times 10^{-3} \text{ newton·meters/amp} \\
R &= 1.71 \text{ ohms} \\
L &= 1.1 \times 10^{-4} \text{ henrys}
\end{aligned}
$$

모터에 다른 추가적인 부하가 없고 1kHz 주파수와 0.1 듀티 사이클을 갖는 PWM 신호를 적용한다고 가정하자. 그러면 이 모터의 응답은 그림 7.5와 같고 식 (7.14)와 식 (7.13)에 따라 수치적으로 시뮬레이션해서 계산된다. 모터는 2초 후 350RPM 이상에서 안정된다. 자세한 플롯에서 볼 수 있듯이 모터의 각속도는 1kHz 비율로 지터^{jitter}가 발생한다. 이는 PWM 신호가 높을 때 빠르게 가속되고, 마찰과 역전자기력으로 인해 PWM 신호가 낮을 때 감속된다. PWM 신호의 주파수를 증가시키면 이 지터의 크기를 줄일 수 있다.

모터를 구동하기 위한 일반적인 PWM 제어기 사용 시 2.4절의 피드백 제어 기법을 사용해 원하는 RPM으로 모터의 스피드를 설정할 것이다. 이를 위해 모터의 스피드 측정이 필요하다. 로터리 인코더$^{\text{rotary encoder}}$나 그냥 인코더라고 부르는 센서를 사용할 수 있다. 이 인코더는 로터리 샤프트^{shaft}의 각 위치나 속도(혹은 둘 다)를 알려준다. 이런 인코더를 위한 다른 여러 설계가 존재한다. 매우 간단한 인코더는

샤프트가 특정 각으로 회전할 때마다 전기 펄스를 제공해 단위 시간당 펄스의 개수로 각속도 측정을 할 수 있게 한다.

7.4 요약

엔지니어가 사용할 수 있는 센서와 액추에이터는 방대하다. 7장에서는 이런 센서와 액추에이터의 모델에 집중했다. 이런 모델은 임베디드 시스템 설계자를 위한 필수적인 도구다. 이런 모델이 없으면 엔지니어는 추측과 실험에만 매달리게 될 것이다.

연습문제

1. 두 아핀 함수 f와 g의 결합 $f \circ g$가 아핀임을 보여라.

2. 인간 청력의 동적 범위는 약 100데시벨 정도다. 인간이 효과적으로 구분할 수 있는 사운드의 최소 차이를 약 20mPa(마이크로파스칼) 음압이라고 가정하자.
   (a) 100데시벨의 동적 범위를 가정하면 인간이 효과적으로 구별할 수 있는 가장 큰 사운드 음압은 얼마인가?
   (b) 인간 청력 범위와 일치하는 범위를 갖는 완벽한 마이크를 가정해보자. 인간 청력의 동적 범위에 일치하려면 ADC가 가져야 할 최소 비트 수는 얼마인가?

3. 다음 질문들은 가속도계를 위한 다음 함수를 어떻게 결정할지에 관한 것이다.

$$f: (L, H) \rightarrow \{0, \ldots, 2^B - 1\}$$

고유 가속도 x가 주어질 때 디지털 숫자 $f(x)$가 산출된다. x가 "g's"의 단위를 가지며 1g는 중력 가속도이고 대략 $g = 9.8$미터/초^{2}가 된다고 가정하자.

(a) 고유 가속도가 없다고 가속도계가 측정할 때 바이어스 $b \in \{0, \ldots, 2^B - 1\}$이 ADC의 출력이라고 하자. b를 어떻게 측정할 수 있는가?

(b) 가속도계가 가속도 0g와 1g를 측정할 때 $a \in \{0, \ldots, 2^B - 1\}$이 ADC 출력의 차이라고 하자. 이 차이는 가속도계 민감도의 ADC 변환이다. a를 어떻게 측정할 수 있는가?

(c) (3b)와 (3a) 부분의 a와 b에 대한 측정값을 갖고 있다고 가정하자. 해당 가속도계를 위한 아핀 함수 모델을 만들어보자. 고유 가속도는 g's 단위의 x라고 가정하자. 만들어진 모델이 얼마나 정확한지 논의해보자.

(d) 측정값 $f(x)$(아핀 모델에서)가 주어졌을 때 g's 단위의 고유 가속도 x를 구해보자.

(e) 측정에 의한 a와 b의 결정 과정을 센서의 **보정**^{calibration}이라고 한다. 가속도계 집합에 대한 고정된 보정 파라미터 a와 b를 가정하는 것보다 각각의 가속도계를 보정하는 것이 더 유용한 이유를 논의해보자.

(f) 고유 가속도가 0g일 때 $f(x) = 128$이고, 고유 가속도가 오른쪽으로 3g일 때 $f(x) = 1$, 고유 가속도가 왼쪽으로 3g일 때 $f(x) = 255$를 생성하는 이상적인 8비트 디지털 가속도계를 생각해보자. 민감도 a와 바이어스 b를 구해보자. 이 가속도계의 동적 범위(데시벨 단위의)가 무엇인가? 이 가속도계는 절대 $f(x) = 0$을 만들지 않음을 가정하자.

4. (이 문제는 에릭 킴에 의한 것이다)

여러분은 코리 행성의 구름 아래 우주선을 움직여 은하 제국의 추적을 피하는 반란군 연합 전투기 파일럿이다. 양의 z 방향을 위로 향하게 하고 지상에 대한 우주선의 위치라 하고, v를 수직 속도라고 하자. 중력은 이 행성에서 강하고 절댓값 g의 가속도(진공 상태에서)를 유도한다. 공기 저항력은 속도에 대해 선형이고 rv와 같다. 항력 계수 $r \leq 0$은 이 모델의 상수 파라미터다. 우주선은 질량 M을 갖고 엔진은 수직 힘을 제공한다.

(a) $L(t)$를 엔진에서 제공하는 수직 리프트 힘이 되는 입력이라고 하자. 위치 $z(t)$와 속도 $v(t)$에서 우주선의 움직임을 작성해보자. 우주선이 부딪칠 때 시나리오는 무시하자. 오른쪽 식은 $v(t)$와 $L(t)$를 포함해야 한다.

(b) 이전 문제의 정답이 있을 때 공기 저항력을 무시할 수 있고 $r = 0$일 때 $z(t)$와 $v(t)$에 대한 해답을 작성해보자. 초기 시간 $t = 0$일 때 지상에서 30m 위에 있고 초기 속도는 10m/s와 같다. 힌트: $v(t)$를 먼저 작성한 후 $v(t)$에 대한 $z(t)$를 작성하자.

(c) 수직 위치와 속도를 생성하는 시스템에 대해 적분기와 가산기 등을 사용한 액터 모델을 그려보자. 그린 액터 모델의 모든 변수가 레이블링돼야 한다.

(d) 엔진이 살짝 손상돼 순수 입력인 스위치로만 엔진을 제어할 수 있다. 입력이 존재할 때 엔진의 상태를 on에서 off로 즉시 전환하고, 존재하지 않을 때 off에서 on으로 전환한다. on일 때 엔진은 양의 리프트 힘 L을 생성하고 off일 때 $L = 0$을 생성한다. 계측 패널에는 가속도계가 있다. 우주선이 수평인 상태(즉, 0 피치^{pitch} 각도)이고 가속도계의 양의 z축은 위를 향한다고 가정하자. 엔진 스위치 명령의 입력 수열은 다음과 같다.

$$\text{switch}(t) = \left\{ \begin{array}{ll} present & \text{if } t \in \{.5, 1.5, 2.5, \ldots\} \\ absent & \text{otherwise} \end{array} \right\}$$

전환 시간 $t = .5, 1.5, 2.5, \ldots$에서의 불확실성을 해결하려고 전환하는 순간 엔진의 힘은 새로운 값을 즉시 갖는다. 공기 저항은 무시 가능하며(즉, $r = 0$) 부딪친 상태도 무시하고 엔진은 $t = 0$에서 on 상태라고 가정하자. 시간 $t \in \mathbb{R}$의 함수로 가속도계 측정값의 수직 컴포넌트를 그려보자. 각 축에 중요한 값들을 레이블링하자. 힌트: 힘에 대한 그래프를 먼저 그리는 것이 도움이 될 것이다.

(e) 이 우주선이 일정한 높이에서 날고 있을 때 가속도계가 측정한 값은 얼마인가?

임베디드 프로세서

범용 컴퓨팅 분야에서는 인텔 x86 구조가 거의 지배하면서 명령어 집합 구조가 다양하지 않다. 그러나 임베디드 컴퓨팅에서는 이런 지배가 없다. 오히려 다양한 프로세서들이 시스템 설계자를 힘들게 한다. 8장의 목적은 독자에게 관련 도구와 용어를 제공해 이런 옵션들을 이해시키고 프로세서의 특징을 자세하게 평가하는 것이다. 특히 시간에 대한 동시성과 제어를 제공하는 메커니즘에 집중할 것이다. 이런 이슈는 가상 물리 시스템 설계에서 불가피하기 때문이다.

임베디드 프로세서는 제품에 사용될 때 보통 전용 기능을 갖는다. 임베디드 프로세서는 자동차 엔진을 제어하거나 북극에서 얼음의 두께를 측정한다. 이 프로세서는 사용자 정의 소프트웨어에서 임의의 기능을 실행하지는 않는다. 따라서 프로세서는 더 전문화될 수 있다. 프로세서가 더 전문화되면 다양한 혜택을 얻을 수 있다. 예를 들어 프로세서는 매우 적은 에너지를 소비해 오랜 시간 동안 작은 배터리로도 사용할 수 있다. 혹은 이 프로세서가 전문화된 하드웨어를 포함해 이미지 분석 같은 범용 하드웨어가 실행하면 값비싼 연산을 대신 실행할 수도 있다.

프로세서를 평가할 때 **명령어 집합 구조**^{ISA, Instruction Set Architecture}와 **프로세서 구현**

processor realization 혹은 칩 간의 차이를 이해하는 것이 중요하다. 프로세서 구현이나 칩은 반도체 벤더가 판매하는 실리콘이다. ISA는 프로세서가 실행하는 명령어 정의며 구현들이 공유해야 하는 특정 구조적 제약(워드 크기 같은)이다. x86은 ISA이고, 많은 구현이 존재한다. ISA는 많은 구현이 공유하는 추상화다. 하나의 ISA는 많은 다른 칩에서 나타날 수 있고, 다른 제조사에서 만들 수 있으며 매우 다양한 성능 프로필을 가질 수 있다.

프로세서 제품군에서 ISA를 공유하면 개발하기 값비싼 소프트웨어 도구를 공유할 수 있고 (때때로) 같은 프로그램이 다양한 구현에서 정확히 동작할 수 있다. 그러나 앞의 2번째 특성은 신뢰할 수 없는데, 일반적으로 ISA는 타이밍에 대한 어떤 제약도 포함하지 않기 때문이다. 따라서 프로그램이 여러 칩에서 논리적으로 같은 방식으로 실행이 된다고 하더라도 프로세서가 가상 물리 시스템에 탑재될 때 이 시스템 동작은 근본적으로 다를 수 있다.

8.1 프로세서 종류

임베디드 애플리케이션이 매우 다양하므로 사용하는 프로세서도 굉장히 많다. 프로세서는 작고 느리며 싼 저전력 디바이스부터 시작해서 고성능 특정 목적을 위한 디바이스까지 다양하다. 8.1절은 사용 가능한 프로세서 유형을 개략적으로 살펴본다.

8.1.1 마이크로컨트롤러

마이크로컨트롤러microcontroller(μC)는 메모리와 I/O 디바이스, 타이머 등이 결합된 상대적으로 간단한 중앙 처리 장치CPU, Central Processing Unit로 구성된 단일 집적회로상의 작은 컴퓨터다. 일부 보고에 의하면 전 세계에서 팔린 CPU의 절반 이상이 마이크로컨트롤러다. 그렇지만 마이크로컨트롤러와 범용 프로세서 간 차이가 불분명하므로 이런 주장은 사실 입증하기 힘들다. 가장 간단한 마이크로컨트롤러는 8비트 워드에서 동작하며, 작은 용량의 메모리와 간단한 논리 함수(성능 집약적 수학 연산과 비교해서)가 필요한 애플리케이션에 적합하다. 보통 매우 적은 에너지를 소비하고 전력 소비를 나노와트^{nanowatt}로 줄이는 슬립 모드$^{sleep\ mode}$를 포함한다. 센서 네트워크 노드와 감시 보안 장비 같은 임베디드 컴포넌트는 수년 동안 작은 배터리로 동작할 수 있음이 입증됐다.

마이크로컨트롤러는 매우 상세하고 복잡할 수 있고, 범용 프로세서와 마이크로컨트롤러를 구분 짓는 것은 어려울 수 있다. 예를 들어 인텔 아톰^{Atom}은 넷북^{netbook}이나 다른 작은 모바일 컴퓨터에서 사용하는 x86 CPU 계열이다. 이 프로세서는 고성능 컴퓨터에서 사용하는 프로세서와 비교해볼 때 많은 성능을 잃지 않으면서 상대적으로 적은 에너지를 사용하도록 설계되기 때문에 임베디드 애플리케이션이나 냉각이 주요 문제가 될 수 있는 서버에 사용하기 적합하다. AMD의 지오드^{Geode}는 범용 프로세서와 마이크로컨트롤러 사이의 모호한 경계에 있는 또 다른 프로세서다.

8.1.2 DSP 프로세서

많은 임베디드 애플리케이션이 많은 신호 처리를 수행한다. 신호는 샘플 레이트$^{sample\ rate}$라고 불리는 정기적인 속도로 샘플링된 물리적 세계의 측정값 집합이다. 예를 들어 움직임 제어 애플리케이션은 센서로부터 수 Hertz에서 수백 Hertz까지의 샘플 레이트로 위치 정보를 읽을 것이다. 오디오 신호는 8,000Hz(8kHz, 음성 신호를 위해 전화에서 사용하는 샘플 레이트)에서 44.1kHz(CD 샘플 레이트)의 속도로 샘플링한다. 초음파 애플리케이션(의료 사진 같은)과 고성능 음악 애플리케이션은 훨씬 더 높은 레이트로 음성 신호를 샘플링할 것이다. 비디오의 경우 가전제품에는 보통 25에서 30Hz의 샘플 레이트를 사용하고 특별한 측정을 위한 애플리케이션에는 훨씬 높은 샘플 레이트를 사용한다. 당연히 각 샘플은 전체 이미지(프레임^{frame}이라고 부르는)를 포함하고, 이 프레임은 공간적으로 분포된 많은 샘플(픽셀^{pixel}이라고 부르는)을 가진다. 소프트웨어 기반 무선 애플리케이션은 수백 kHz(기저대^{baseband} 처리를 위해)에서 수 GHz(수십 억 Hertz)까지의 샘플 레이트를 갖는다. 신호 처리를 주로 하는 다른 임베디드 애플리케이션으로는 쌍방향 게임이나 레이더, 수중 음파 탐지기^sonar, LIDAR(빛 감지 및 측정) 이미징 시스템, 비디오 분석(보안 감시를 위해 비디오에서 정보 추출), 운전자 보조 시스템, 의료전자, 과학 계측 등이 있다.

마이크로컨트롤러

대부분의 반도체 벤더는 자사 제품에 한 개 이상의 마이크로컨트롤러 계열을 갖고 있다. 어떤 구조는 매우 오래됐다. 모토롤라 6800과 인텔 8080은 8비트 마이크로컨트롤러로, 1974년에 시장에 출시됐다. 이 구조의 후손들은 아직도 프리스케일 6811의 형태로 존재한다. 자일로그 Z80은 8080 후손들과 완벽하게 호환되며, 가장 많이 생산되고 사용되는 마이크로컨트롤러다. Z80의 파생 제품은 래빗^Rabbit 반도체에서 설계한 래빗 2000이다.

또 다른 인기 있고 내구성 있는 구조는 인텔 8051로, 1980년에 인텔에서 개발한 8비트 마이크로컨트롤러다. 8051 ISA는 Atmel과 Infineon Technologies, Dallas Semiconductor, NXP, ST Microelectronics, Texas Instruments, Cypress Semiconductor를 비롯한 많은 벤더가 지원한다. Atmel AVR 8비트 마이크로컨트롤러는 1996년에 Atmel에서 개발됐고, 프로그램 저장을 위해 온칩^on-chip 플래시 메모리를 처음 사용한 마이크로컨트롤러 중 하나다. Atmel에서는 AVR이 머리글자가 아니라고 하지만 이 구조가 노르웨이 공과대학의 두 학생인 Alf-Egil Bogen와 Vegard Wollan가 고안했기 때문에 'Alf와 Vegard의 RISC'에서 AVR이 나왔다고 보인다.

많은 32비트 마이크로컨트롤러가 ARM이 개발한 ARM 명령어 집합의 변형을 구현한다. ARM은 기존에는 Acorn RISC Machine을 의미했다가 Advanced RISC Machine 뜻했으나 현재는 단순히 ARM이다. ARM ISA를 구현하는 프로세서는 사용자 인터페이스 기능을 구현하려고 모바일 전화기에서 널리 사용되며, 다른 많은 임베디드 시스템에서도 사용된다. 반도체 벤더는 ARM 에게 명령어 집합의 라이선스를 사서 자사의 칩을 생산한다. ARM 프로세 서는 Alcatel이나 Atmel, Broadcom, Cirrus Logic, Freescale, LG, Marvell Technology Group, NEC, NVIDIA, NXP, Samsung, Sharp, ST Microelectronics, Texas Instruments, VLSI Technology, Yamaha 등에서 현재 생산한다.

주목할 만한 다른 임베디드 마이크로컨트롤러 구조로는 모토롤라 ColdFire (이후 Freescale ColdFire가 됨)이나 히타치 H8과 SuperH, MIPS(원래 스탠포드 대학 교의 존 헤네시가 이끈 팀이 개발), PIC(마이크로칩 테크놀러지사의 프로그램 가능 인터 페이스 제어기Programmable Interface Controller), PowerPC(애플과 IBM, 모토롤라가 연합으 로 1991년에 만듦) 등이 있다.

프로그램 가능 논리 제어기

프로그램 가능 논리 제어기PLC, Programmable Logic Controller는 산업 자동화용 마이크 로컨트롤러의 전문화된 형태다. PLC는 기계를 제어하려고 전자 계전기 electrical relay를 사용하는 제어 회로의 대체품으로 시작했다. 보통 적대적 환 경(높은 온도, 습도, 먼지 등)에서 연속적인 연산을 위해 설계된다.

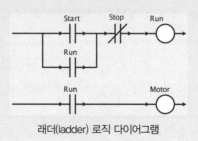

래더(ladder) 로직 다이어그램

계전기와 스위치로 구성되는 로직을 기술하려고 사용하는 표기법인 래더 로직^{ladder logic}을 사용해 PLC는 프로그래밍된다. 계전기^{relay}는 접점이 코일로 제어되는 스위치다. 전압이 코일에 가해지면 접점은 닫히고 전류가 계전기를 통해 흐르게 된다. 접점과 코일을 서로 연결하면 계전기는 특정 패턴을 따르는 디지털 제어기를 만드는 데 사용될 수 있다.

일반적으로 앞의 다이어그램과 같이 접점은 두 개의 수직 막대기로 나타내고 코일은 원으로 나타낸다. 다이어그램에서 두 개의 사다리 가로대를 갖고 있고 아래쪽 가로대의 모터 코일은 모터를 끄거나 켠다. Start와 Stop 접점은 푸시 버튼 스위치를 나타낸다. Start 버튼을 누르면 접점이 닫히고 전류는 왼쪽(전원 레일)에서 오른쪽(그라운드)으로 흐를 수 있다. Start는 평상시 열려있는 접점이고 Stop는 평상시 닫혀있는 접점으로, 슬래시(/)로 표현하며 스위치를 누를 때 열린다는 의미다. 위쪽 가로대의 로직은 흥미로운 부분이 있다. Start를 누르면 전류는 Run 코일로 흐르고 두 Run 접점을 닫히게 한다. Start 버튼이 놓인 후라도 모터는 동작할 것이다. Stop을 누르면 전류가 막히고 두 Run 접점은 열리게 되며 모터를 멈추게 한다. 병렬로 연결된 접점은 논리적 OR 함수를 수행하고 직렬로 연결된 접점은 논리적 AND를 수행한다. 위쪽 가로대는 피드백을 갖는다. 이 가로대의 의미는 이 다이어그램이 내포하는 논리 방정식의 고정점 해법이다.

오늘날 PLC는 산업용 제어로 적합한 입출력 인터페이스가 있는 견고한 패키지 내의 마이크로컨트롤러고, 래더 로직은 프로그래밍용 시각적 프로그래밍 표기법이다. 이 다이어그램은 수천 개의 가로대를 가지며 복잡해질 수도 있다. 더 자세한 사항은 Kamen(1999)을 참고하자.

신호 처리 애플리케이션들은 특정 특성들을 공유한다. 먼저 이 애플리케이션들은 많은 양의 데이터를 처리한다. 데이터는 물리적 프로세서의 시간에 따른 샘플과 (무선 라디오 신호의 샘플 같은) 공간의 샘플(이미지 같은), 혹은 둘 다(비디오와 레이더 같은)를 표현한다. 두 번째로 이 애플리케이션들은 보통 데이터에 대한 복잡한 수학적 연산을 수행한다. 이 연산에는 필터링이나 시스템 식별, 주파수 분석, 머신러닝, 특징 추출 등이 포함된다. 이런 연산은 수학적인 작업이 집중적으로 필요하다.

연산 집중적인 신호 처리가 필요한 애플리케이션을 지원하려고 특별히 설계된 프로세서를 DSP 프로세서 혹은 간단히 DSP(디지털 신호 처리기digital signal processor)라고 한다. 임베디드 소프트웨어 설계자를 위한 이런 프로세서의 구조와 의미를 더 자세히 파악하려면 일반적인 신호 처리 알고리즘 구조를 이해하는 것이 좋다.

위의 모든 애플리케이션에서 어떤 형태로 사용되는 정규 신호 처리 알고리즘이 유한 임펄스 응답FIR, Finite Impulse Response 필터링이다. 이 알고리즘의 가장 간단한 형태는 복잡하지는 않지만 하드웨어에 많은 영향을 끼친다. 이 간단한 형태에서 입력 신호 x는 매우 긴 일련의 수로 구성되고, 무한하다고 간주해야 한다. 이런 입력은 함수 $x: \mathbb{N} \rightarrow D$로 모델링될 수 있다. 이때 D는 일부 데이터 타입인 값들의 집합이다.[1] 예를 들어 D는 모든 16비트 정수의 집합일 수 있다. 이 경우 $x(0)$는 첫 번째 입력값이고(16비트 정수), $x(1)$은 두 번째 입력값이다. 수학적 편의를 위해 모든 $n < 0$에 대해 $x(n) = 0$으로 정의함으로써 이를 $x: \mathbb{Z} \rightarrow D$로 확장할 수 있다. 모든 입력값 $x(n)$에 대해 FIR 필터는 다음 공식에 따라 출력값 $y(n)$을 계산해야 한다.

$$y(n) = \sum_{i=0}^{N-1} a_i x(n-i) \,, \tag{8.1}$$

N은 FIR 필터의 길이이고, 계수 a_i는 탭tap 값이라고 부른다. 함수 x의 정의역을 확장하는 것이 유용한 이유는 이 공식을 통해 알 수 있는데, $y(0)$ 계산이 $x(-1)$, $x(-2)$ 값과 관련돼 있기 때문이다.

---

1. 부록 A에서 이 표기법을 살펴보자.

X86 구조

데스크톱과 휴대용 컴퓨터에서 가장 많이 사용되는 ISA는 x86이다. 이 단어는 1978년 인텔에서 설계한 16비트 마이크로프로세서 칩인 인텔 8086에서 유래됐다. 8086의 변형인 8088은 오리지널 IBM PC에 사용됐고, 이 프로세서 계열은 오랫동안 PC 시장을 장악했다. 이 계열의 후속 프로세서는 뒤에 '86'이란 이름을 달았고, 일반적으로 하위 호환성을 유지했다. 1985년에 소개된 인텔 80386은 이 명령어 집합의 첫 번째 32비트 버전이다. 오늘날 'x86'이란 단어는 보통 32비트 버전을 의미하며 64비트는 'x86-64'로 사용한다. 2008년에 소개된 인텔 Atom은 상당한 에너지 소모를 줄인 x86 프로세서다. 이 프로세서는 넷북이나 다른 모바일 컴퓨터용으로 설계됐으나 일부 임베디드 애플리케이션용으로도 매력적이다. X86 구조는 AMD나 Cyrix, 그 외의 다른 여러 제조사의 프로세서에서도 구현됐다.

DSP 프로세서

신호 처리에 전문화된 컴퓨터구조는 꽤 오랫동안 존재했다(Allen, 1975). 단일 칩 DSP 마이크로프로세서는 1980년대 초에 처음으로 등장했다. 벨연구소의 웨스턴 일렉트릭Western Electric DSP1부터 시작해서 AMI의 S28211, 텍사스 인스트루먼트Texas Instrument의 TMS32010, NEC의 uPD7720 등이 있다. 이런 장치의 초기 애플리케이션은 음성대역 데이터 모뎀과 음성 합성, 소비자 오디오, 그래픽스, 디스크 드라이브 제어기 등이 있다. 1990년대의 DSP 프로세서 세대에 대한 개괄적 요약은 Lapsley et al.(1997)에서 볼 수 있다.

DSP의 주요 특징은 하드웨어 곱셈-누적 장치(하버드 구조Harvard architecture의 여러 변형(다중 동시 데이터와 프로그램 인출fetch을 지원하기 위한)와 자동 증가, 원형 버퍼, 비트 역순 주소(FFT 계산을 지원하고자)를 지원하는 주소 모드를 포함한다. 대부분 16-24비트 고정소수점 데이터 정확도를 지원하고 훨씬 더 큰 누산기(40-56비트)를 사용한다. 따라서 연속적인 많은 수의 곱셈-누적 명령이 오버플로 없이 실행될 수 있다. 일부 DSP는 부동소수점 하드웨어를 갖고 있으나 이 프로세서들은 시장을 지배하지는 못했다.

DSP는 RISC 구조와 비교해서 프로그래밍하기 어렵다. 이는 기본적으로 복잡하고 전문화된 명령어와 프로그래머에게 노출돼 있는 파이프라인, 비대칭 메모리 구조 때문이다. 1990년대 후반까지 이 장치들은 거의 어셈블리 언어로 프로그래밍됐다. 요즘까지도 이 구조의 난해한 기능들을 이용하려고 어셈블리 언어로 코딩된 라이브러리를 C 프로그램에서 많이 사용한다.

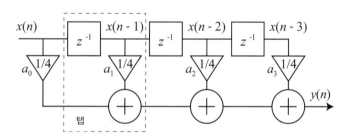

그림 8.1: 예제 8.1의 FIR 필터 탭 지연 라인 구현 구조. 이 다이어그램은 데이터 흐름 다이어그램으로 이해할 수 있다. 모든 $n \in \mathbb{N}$에 대해 이 다이어그램의 각 컴포넌트는 각 입력 패스에서 한 개의 입력값을 소비하고 각 출력 패스에서 한 개의 출력값을 생산한다. z^{-1}으로 표기된 박스는 단위 지연이다. 이 박스들은 출력 패스에서 입력의 이전 값(혹은 이전 입력이 없다면 초깃값)을 만든다. 삼각형은 입력에 상수를 곱하고, 원은 입력을 더한다.

예제 8.1: $N = 4$이고, $a_0 = a_1 = a_2 = a_3 = 1/4$이라고 가정하자. 그리고 모든 $n \in \mathbb{N}$에 대해 다음 식이 성립한다.

$$y(n) = (x(n) + x(n - 1) + x(n - 2) + x(n - 3))/4$$

각 출력 샘플은 가장 최근 4개 입력 샘플의 평균이다. 이 계산의 구조는 그림 8.1에 나와 있다. 이 그림에서 입력값은 왼쪽에서 들어오고 지연 라인delay line 뒤로 전파되며, 각 지연 소자 뒤로 탭이 구성돼 있다. 이 구조를 탭 지연 라인tapped delay line이라고 부른다.

입력값 $x(n)$이 제공되고 처리돼야 하는 속도를 샘플 레이트라고 부른다. 샘플 레이트와 N을 알고 있다면 초당 계산돼야 하는 산술 연산의 수를 결정할 수 있다.

예제 8.2: FIR 필터가 1MHz(초당 백만 번 샘플)의 속도로 샘플링되고 $N = 32$라고 가정하자. 출력은 반드시 1MHz의 속도로 계산돼야 하고 각 출력은 32번의 곱셈과 31번의 덧셈이 필요하다. 프로세서는 이 애플리케이션을 구현하려고 초당 6,300만 번의 산술 연산 계산 속도를 낼 수 있어야 한다. 물론 이 계산 속도를 유지하려면 충분히 빠른 산술 하드웨어가 필요하며 메모리에 데이터를 충분히 빠르게 넣고 빼거나 칩을 빨리 켜고 끌 수 있는 메커니즘도 필요하다.

이미지는 $H \subset \mathbb{N}$이 수평 인덱스를 나타내고 $V \subset \mathbb{N}$이 수직 인덱스를 나타내며 D가 모든 가능한 픽셀 값의 집합인 함수 $x: H \times V \to D$로 유사하게 모델링될 수 있다. 픽셀pixel(화소)은 이미지 내에서 한 점의 색상과 명암도를 나타낸다. 이를 위한 여러 방법이 있고, 각 픽셀을 표현하려고 한 개 이상의 숫자 값을 사용한다. 집합 H와 V는 이미지의 해상도resolution에 의해 결정된다.

예제 8.3: 아날로그 텔레비전은 미국 디지털 TV 표준화 단체인 ATSCAdvanced Television Systems Committee에서 제정한 표준인 ATSC 같은 디지털 포맷으로 대체되고 있다. 미국에서는 대다수의 무선 NTSC 전송 방식이 2009년 6월 12일에 ATSC로 대체됐다. ATSC는 24Hz에서 60Hz 범위에 있는 여러 프레임 레이트와 다양한 해상도를 지원한다. ATSC 표준의 고화질 비디오는 30Hz의 프레임 레이트로 1920 × 1080 픽셀의 해상도를 지원한다. 따라서 $H = \{0, \dots, 1919\}$이고 $V = \{0, \dots, 1079\}$가 된다. 이 해상도는 업계에서 1080p라고 부른다. 전문 비디오 장비는 최근 이 해상도의 4배(7680 × 4320)까지 지원한다. 프레임 레이트도 30Hz보다 더 높을 수 있다. 매우 높은 프레임 레이트는 매우 빠른 현상을 느린 모션으로 캡처하는 데 유용하다.

회색 이미지의 경우 일반적 필터링 연산은 다음 식에 따라 원본 이미지 x에서 새로운 이미지 y를 생성할 수 있다.

$$\forall\, i \in H, j \in V, \quad y(i,j) = \sum_{n=-N}^{N} \sum_{m=-M}^{M} a_{n,m} x(i-n, j-m)\,, \qquad (8.2)$$

여기서 $a_{n,m}$은 필터 계수며, 이 필터는 2차 FIR 필터다. 이런 계산은 영역 $H \times V$ 밖에서 x를 정의해야 한다. 이를 위한 기법이 있으나 여기서 자세한 사항은 고려하지 않으며, 계산 구조를 이해하는 것만으로 충분하다.

컬러 이미지는 여러 **색상 채널**을 갖는다. 이 채널들은 휘도(픽셀이 얼마나 밝은지)와 색차(픽셀의 색이 무엇인지)를 나타낼 수 있고, 임의의 색을 얻고자 결합될 수 있는 색을 나타낼 수도 있다. 후자의 경우 일반적으로 RGBA 포맷을 사용한다. 이 포맷은 빨강, 녹색, 파랑, 투명도를 표현하는 알파 채널을 나타내는 네 가지 채널을 갖는다. 예를 들어 RGB가 모두 0이면 검정색을 나타낸다. A 값이 0이면 완벽하게 투명함을 나타낸다(볼 수 없음). 또한 각 채널은 최댓값 1.0을 갖는다. 네 개의 채널이 모두 최댓값을 갖는다면 표현되는 색은 완전히 불투명한 흰색이 된다.

식 (8.2)의 필터링 연산의 계산적 부하는 채널의 수와 필터 계수의 수(N과 M의 값),

해상도(H와 V 집합 크기), 프레임 레이트로 결정된다.

예제 8.4: $N = 1$이고 $M = 1$(유용한 필터를 위한 최솟값)을 가진 식 (8.2) 같은 필터링 연산이 예제 8.3의 고화질 비디오 신호에서 실행된다고 가정하자. 출력 이미지 y의 각 픽셀은 9번의 곱셈과 8번의 덧셈을 수행해야 한다. 3채널을 가진 컬러 이미지(투명도가 빠진 RGB)가 있다고 가정하면 각 픽셀당 3번을 수행해야 할 것이다. 따라서 만들어지는 이미지의 각 프레임은 $1080 \times 1920 \times 3 \times 9 = 55{,}987{,}200$ 곱셈과 이와 비슷한 수의 덧셈을 수행해야 할 것이다. 초당 30프레임이라면 이는 다시 초당 $1{,}679{,}616{,}000$ 곱셈과 이와 비슷한 수의 덧셈을 수행해야 한다. 이는 고화질 비디오 신호에서 수행할 수 있는 가장 간단한 연산이기 때문에 이런 비디오 신호를 처리하는 프로세서 구조는 실제로 아주 빨라야 함을 알 수 있다.

많은 수의 산술 연산과 더불어 프로세서는 그림 8.1에 있는 것처럼 지연 라인의 데이터 이동도 처리해야 한다. 지연 라인과 곱셈-덧셈 명령을 지원하고자 예제 8.6에 나온 것처럼 DSP 프로세서는 한 사이클에 한 개의 FIR 필터 탭을 구현할 수 있다. 이 사이클에서 DSP 프로세서는 두 숫자를 곱하고 결과를 누산기에 더하며, 모듈로 연산을 사용해 두 포인터를 증가시키거나 감소시킨다.

8.1.3 그래픽 프로세서

그래픽 프로세서^{GPU, Graphics Processing Unit}는 그래픽 렌더링^{rendering}에 필요한 계산을 수행하려고 특별히 설계된 특수 프로세서다. 이런 프로세서는 1970년대부터 텍스트와 그래픽을 나타내고 여러 그래픽 패턴을 합성하며 사각형이나 삼각형 원, 호^{arc} 등을 그리려고 사용됐다. 요즘의 GPU는 3D 그래픽과 셰이딩^{shading}, 디지털 비디오를 지원한다. GPU의 주요 제조사는 인텔과 NVIDIA, AMD다.

게임 같은 일부 임베디드 애플리케이션이 GPU의 좋은 사용 예다. 게다가 GPU는 일반적인 프로그래밍 모델로도 더 진화했고, 계측 같은 계산 집중적인 프로그램에서 사용되기 시작했다. GPU는 보통 전기를 많이 소모하므로 제한적인 에너지만 소모하는 임베디드 애플리케이션에는 어울리지 않는다.

8.2 병렬성

요즘 대부분의 프로세서는 다양한 형태의 병렬성을 제공한다. 이런 메커니즘은 프로그램의 실행 시간에 많은 영향을 미치므로 임베디드 시스템 설계자는 병렬성을 잘 알아야 한다. 이 절은 시스템 설계자를 위해 여러 형태의 병렬성과 결과를 살펴본다.

8.2.1 병렬성과 동시성

동시성^{Concurrency}은 임베디드 시스템의 핵심이다. 프로그램의 다른 부분들이 '개념적'으로 동시에 실행된다면 해당 컴퓨터 프로그램은 동시적^{concurrent}이라고 한다. 프로그램의 다른 부분들이 별개의 하드웨어에서(멀티코어 머신이나 여러 서버, 혹은 별개의 마이크로프로세서) '물리적'으로 동시에 실행된다면 그 프로그램은 병렬적^{parallel}이라고 한다.

원형 버퍼(circular Buffers)

FIR 필터는 그림 8.1에서 나온 것처럼 지연 라인이 필요하다. 간단한 구현에서는 메모리에 배열을 할당하고 입력 샘플이 도착할 때마다 새로 도착한 엘리먼트에게 첫 번째 위치를 만들어주고자 배열의 기존 엘리먼트를 다음번 위치로 옮긴다. 이런 방식은 엄청난 메모리 대역폭을 낭비한다. 더 좋은 기

법으로는 원형 버퍼가 있다. 메모리의 배열이 반지 같은 구조를 가지며 아래 길이가 8인 지연 라인을 볼 수 있다.

여기서 0에서 7까지 8개의 연속적인 메모리 위치는 지연 라인의 값을 저장한다. 포인터 p는 위치 0에서 초기화되고 배열 접근을 제공한다.

FIR 필터는 이 원형 버퍼를 사용해 식 (8.1)의 덧셈을 구현할 수 있다. 이 구현은 먼저 새로운 입력값 $x(n)$을 받아들이고, $i = N - 1$ 항으로 시작해 역방향으로 합계를 계산한다. 이 예에서는 $N = 8$이다. n번째 입력이 도착할 때 p의 값은 $p_i \in \{0, ..., 7\}$의 어떤 수가 된다(첫 번째 입력 $x(0)$에 대해 $p_i = 0$고 가정한다. 이 프로그램은 새로운 입력 $x(n)$을 p가 가리키는 위치에 쓰고, $p = p_i + 1$로 설정해 p를 증가시킨다. p에 대한 모든 산술은 모듈로 8로 수행된다. 예를 들어 $p_i = 7$이면 $p_i + 1 = 0$이다. 그리고 FIR 필터 계산이 $x(n - 7)$을 $p = p_i + 1$ 위치에서 읽고, 해당 값에 a_7을 곱한다. 결괏값은 누산기 레지스터에 저장된다. $p = p_i + 2$를 설정함으로써 다시 p가 1 증가한다. 다음 $p = p_i + 2$에서 $x(n - 6)$을 읽고 해당값에 a_6을 곱한 다음 누산기에 결괏값을 더한다(이 동작은 레지스터 이름이 왜 누산기인지 설명한다. 즉, 이 레지스터는 탭 지연 라인에서 곱셈들을 누적시킨다). 모듈로 연산으로 인해 마지막 입력 $x(n)$이 써지는 위치인 $p = p_i + 8$에서 $x(n)$을 읽고 해당 값을 a_0으로 곱할 때까지 계속 진행한다. 다시 p를 증가시키면 $p = p_i + 9 = p_i + 1$이 된다. 따라서 이 연산의 마지막에서 p의 값은 다음번 입력 $x(n + 1)$이 써야 할 위치인 $p_i + 1$이다.

비동시적[non-concurrent] 프로그램은 실행할 명령어의 순서를 지정한다. 연산의 순서로 계산을 표현하는 프로그래밍 언어를 **명령형**[imperative] 언어라고 한다. C는 명령형 언어다. 동시적 프로그램을 작성하려고 C를 사용할 때 스레드[thread] 라이브러리를 사용해야 한다. 스레드 라이브러리는 C가 아닌 운영체제나 하드웨어에서 제공하는 기능을 사용한다. 자바[Java]는 직접 스레드를 지원하는 구조를 갖도록 확장한 명령형 언어다. 따라서 자바만을 사용해 동시적 프로그램을 작성할 수 있다.

명령형 언어로 작성한 프로그램의 모든 (올바른) 동작은 명령어가 지정된 순서대로 정확하게 실행되는 것처럼 동작해야 한다. 그러나 명령어가 병렬적으로 실행되거나 프로그램이 지정한 것과 다른 순서로 실행될 수도 있지만, 순서대로 실행됐을 때와 일치하는 동작을 얻게 된다.

예제 8.5: 다음 C 프로그램을 살펴보자.

```
double pi, piSquared, piCubed;
pi = 3.14159;
piSquared = pi * pi ;
piCubed = pi * pi * pi;
```

마지막 두 개의 대입 구문은 독립적이므로 병렬적이거나 반대 순서로 실행돼도 프로그램의 동작을 바꾸지 않는다. 다음과 같이 프로그램을 다시 작성한다면 마지막 두 대입 구문은 더 이상 독립적이지 않다.

```
double pi, piSquared, piCubed;
pi = 3.14159;
piSquared = pi * pi ;
piCubed = piSquared * pi;
```

이 경우 마지막 구문은 세 번째 구문에 영향을 받기 때문에 마지막 구문이 실행되기 전에 세 번째 구문이 반드시 실행 완료돼야 한다.

타깃 머신이 병렬 코드를 지원하면 컴파일러는 프로그램 내 연산들의 의존성을 분석하고 병렬 코드를 생성한다. 이 분석을 데이터 흐름 분석$^{dataflow\ analysis}$이라고 한다. 요즘의 많은 마이크로프로세서가 멀티이슈 명령어 스트림$^{multi\text{-}issue\ instruction\ stream}$(동시에 여러 개의 명령어를 발행하는 스트림)이나 VLIW$^{Very\ Large\ Instruction\ Word}$(매우 큰 명령어 워드)를 사용해 병렬 실행을 지원한다. 멀티이슈 명령어 스트림을 지원하는 프로세서는 독립적인 명령어를 동시에 실행할 수 있다. 하드웨어는 명령어들의 의존성을 즉석에서 분석하고 의존성이 없으면 한 번에 한 개 이상의 명령어를 실행한다. VLIW 머신은 같이 실행될 수 있는 다수의 연산을 지정한 어셈블리 레벨의 명령어를 갖고 있다. 이 경우 컴파일러는 보통 적합한 병렬 명령어를 생성해야 한다. 이때 의존성 분석은 C 언어 라인 레벨이 아닌 어셈블리 언어 레벨이나 개개의 연산 레벨에서 수행된다. C 언어 라인에서는 다양한 연산이나 함수 호출 같은 더 복잡한 연산을 지정할 것이다. 앞의 두 경우(멀티이슈와 VLIW)에서 명령형 프로그램은 병렬 수행을 위해 동시성 분석이 수행된다. 이 분석의 기본 목적은 프로그램의 빠른 실행이며, 성능 향상이 목표다(물론 일을 빨리 끝내는 것이 늦게 끝내는 것보다 좋다는 것을 전제로 한다).

그러나 임베디드 시스템에서 동시성은 단순한 성능 향상보다 훨씬 더 많은 핵심 부분을 차지한다. 임베디드 프로그램은 물리적 프로세스와 함께 동작하며, 물리적 세계의 많은 동작은 동시에 진행된다. 임베디드 프로그램은 종종 자극에 대한 다수의 동시적인 소스를 관찰하고 반응해야 하며, 물리적 세계에 영향을 주는 다양한 출력 디바이스를 동시에 제어해야 한다. 임베디드 프로그램은 거의 대부분 동시적 프로그램이고, 동시성은 프로그램 논리의 본능적인 부분이다. 단순히 향상된 성능을 얻기 위한 방법이 아니다. 사실 작업을 더 빨리 끝내는 것은 더 늦게 끝내는 것보다 반드시 좋은 것은 아니다. 적시성^{timeliness} 측면에서 물리적 세계에서 실행하는 액션은 올바른 시간(늦지도 빠르지도 않은)에 수행돼야 한다. 예를 들어 가솔린 엔진의 엔진 제어기를 생각해보자. 점화 플러그에 빨리 불을 붙이거나 늦게 붙이는 것 모두 좋지 않다. 반드시 올바른 시간에 불을 붙여야 한다.

명령형 프로그램이 순차적으로 혹은 병렬적으로 실행될 수 있는 것처럼 동시적 프로그램도 순차적 혹은 병렬적으로 실행될 수 있다. 동시적 프로그램의 순차적 실행은 멀티태스킹 운영체제가 하나의 순차적인 명령어 스트림에 여러 작업의 실행을 교차 배치^{interleaving}함으로써 수행된다. 물론 프로세서가 멀티이슈나 VLIW 구조를 갖고 있다면 하드웨어는 이 실행을 병렬적으로 처리할 것이다. 따라서 동시적 프로그램은 운영체제에 의해 순차적 스트림으로 바뀔 수 있고, 하드웨어에 의해 다시 동시적 프로그램으로 변경될 수 있다. 이때 하드웨어에 의한 변경은 성능 향상을 위해 수행된다. 이런 여러 변경은 적시 실행이 보장돼야 하는 문제를 굉장히 복잡하게 만든다. 이 문제는 12장에서 살펴본다.

이 장의 주요 주제인 하드웨어의 병렬성은 계산 집약적인 애플리케이션의 성능 향상을 위해 존재한다. 프로그래머 측면에서 동시성은 해결할 애플리케이션 문제의 결과가 아닌 성능 향상을 위해 설계된 하드웨어의 결과로 발생한다. 다시 말해, 애플리케이션은 여러 동작이 동시에 수행되기를 (불가피하게) 요청하지 않는다. 동작이 빨리 완료되기를 요청할 뿐이다. 물론 많은 흥미로운 애플리케이션이 병렬성과 애플리케이션 요청에서 발생하는 두 가지 형태의 동시성을 결합할 것이다.

계산 집약적인 임베디드 프로그램에서 찾을 수 있는 알고리즘들은 하드웨어 설계에 큰 영향을 준다. 이 절에서는 병렬성과 파이프라이닝, 명령어 레벨 병렬성, 멀티코어 구조 등을 제공하는 하드웨어 기법에 집중한다. 이 기법들 모두 임베디드 소프트웨어의 프로그래밍 모델에 큰 영향을 끼친다. 9장에서는 병렬성이 처리되는 방법에 크게 영향을 끼치는 메모리 시스템을 살펴본다.

8.2.2 파이프라이닝

대부분의 최신 프로세서는 파이프라인 방식이다. 그림 8.2는 32비트 머신용 간단한 5단계 파이프라인을 나타낸다. 이 그림의 회색 사각형은 프로세서 클럭clock 속도로 클럭을 입력받는 래치latch다. 클럭의 각 에지edge에서 입력값은 래치 레지스터에 저장된다. 그리고 클럭의 다음번 에지 때까지 출력이 일정하게 유지돼 래치 사이에 있는 회로들은 안정화된다. 이 다이어그램은 프로세서 동작의 동기적 반응synchronous reactive 모델을 보여준다.

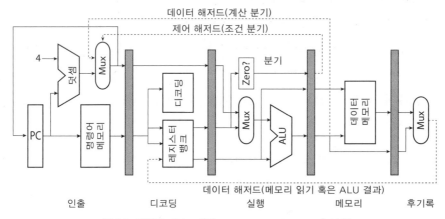

그림 8.2: 간단한 파이프라인(Patterson and Hennessy(1996)).

파이프라인의 인출(가장 왼쪽) 단계에서 **프로그램 카운터**PC, Program Counter는 명령어 메모리의 주소를 제공한다. 명령어 메모리는 인코딩된 명령어를 제공하고, 이 그림에서는 32비트 길이로 가정한다. 인출 단계에서 PC는 4(바이트)씩 증가하며 조건 분기 명령어가 PC에 완전히 새로운 주소를 제공하지 않는다면 증가된 PC는 다음 명령어의 주소가 된다. 디코딩 파이프라인 단계는 32비트 명령어에서 레지스터 주소들을 추출하고 레지스터 뱅크의 특정 레지스터에 데이터를 인출한다. 실행 파이프라인 단계는 레지스터에서 인출된 데이터나 PC상의 데이터(계산 분기를 위한)로 동작하며 산술 논리 연산 장치ALU, Arithmetic Logic Unit를 사용한다. 메모리 파이프라인 단계는 레지스터로 주어진 메모리 위치를 읽거나 쓴다. 후기록writeback 파이

프라인 단계는 레지스터 파일에 결과를 저장한다.

DSP 프로세서는 일반적으로 곱셈을 수행하는 한두 개의 별도 단계가 있고, 주소 계산을 위한 별도의 ALU를 제공하며, 동시에 두 개의 피연산자에 접근하려고 두 개의 데이터 메모리를 제공한다(이 방식을 하버드 구조^{Harvard architecture}라고 한다). 하지만 별도의 ALU가 없는 앞의 간단한 버전도 임베디드 시스템 설계자가 겪는 이슈를 보여주기에 충분하다.

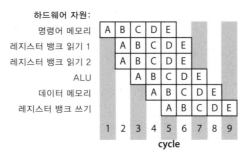

그림 8.3: 그림 8.2의 파이프라인 예약 테이블

래치 사이에 있는 파이프라인 부분들은 병렬적으로 동작한다. 따라서 5개의 명령이 각각 다른 실행 단계에서 동시에 실행됨을 볼 수 있다. 그림 8.3의 예약 테이블^{reservation table}은 이 과정을 시각적으로 보여준다. 이 테이블은 왼쪽에 동시에 사용할 수 있는 하드웨어 자원을 보여준다. 이 경우 레지스터 뱅크는 3번 나타나는데, 이는 그림 8.2의 파이프라인이 레지스터 파일에 대해 두 번의 읽기와 한 번의 쓰기가 각 사이클에서 발생할 수 있다고 가정하기 때문이다.

그림 8.3의 예약 테이블은 프로그램에서 명령어 순서 A, B, C, D, E를 보여준다. 사이클 5에서 E는 인출되고, D는 레지스터 뱅크에서 읽으며, C는 ALU를 사용하고, B는 데이터 메모리를 읽거나 쓰고, A는 결과를 레지스터 뱅크에 쓴다. A의 쓰기는 사이클 5에서 발생하고 B의 읽기는 사이클 3에서 발생한다. 따라서 B가 읽은 값은 A가 쓴 값이 아니다. 이 현상을 **파이프라인 해저드**^{pipeline hazard}의 한 형태인 데이터 해저드^{data hazard}라고 한다. 파이프라인 해저드는 그림 8.2의 점선에 의해 발생한다.

프로그래머는 일반적으로 명령어 A가 명령어 B 앞에 있다면 A에 의해 계산된 결과가 B에서 사용 가능할 것이라고 기대하기 때문에 이런 데이터 해저드는 잘못된 것이다.

컴퓨터 설계자는 여러 방법으로 파이프라인 해저드 문제를 해결했다. 가장 간단한 기법은 **명시적 파이프라인**explicit pipeline이다. 이 기법에서 파이프라인 해저드는 간단히 문서화되고 프로그래머(혹은 컴파일러)는 이 해저드를 처리해야 한다. 예를 들어 A가 쓴 레지스터를 B가 읽어야 한다면 컴파일러는 A와 B 사이에 세 개의 (아무것도 안하는) no-op 명령어를 넣어 읽기 동작 전에 쓰기 동작이 발생하게 할 수 있다. 이런 no-op 명령어는 파이프라인 뒤쪽으로 전파되는 파이프라인 버블bubble을 만든다.

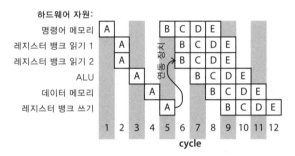

그림 8.4: 명령어 A가 쓰는 레지스터를 명령어 B가 읽는다고 가정할 때 연동 장치를 사용한 그림 8.2의 파이프라인 예약 테이블

더 복잡한 기법은 **연동 장치**interlock를 제공하는 것이다. 이 기법에서 명령어 디코딩 하드웨어는 A가 쓴 레지스터를 읽는 명령어 B를 마주했을 때 해저드를 발견하고 A가 후기록 단계를 완료할 때까지 B의 실행을 지연시킨다. 그림 8.4에서와 같이 이 파이프라인에서 B는 A가 완료될 때까지 3 클럭 사이클이 지연돼야 한다. 약간 더 복잡한 포워딩forwarding 로직이 제공되면 이 지연은 2 사이클로 줄어들 수도 있다. 이 로직은 B가 읽기를 하는 같은 위치에 A가 쓰기 동작을 하는 것을 감지한 뒤 읽기 전에 쓰기를 하는 대신 데이터를 직접 제공한다. 따라서 연동 장치는 자동으로 파이프라인 버블을 삽입하는 하드웨어를 제공한다.

좀 더 복잡한 기법은 비순차적 명령어 처리^{out-of-order execution}며, 해저드를 감지하는 하드웨어가 있다. 단순히 B의 실행을 지연시키는 대신 C를 인출하고 A나 B가 쓰는 레지스터를 C가 읽지 않고 B가 읽는 레지스터를 C가 쓰지 않는다면 B 실행 전에 C를 실행한다. 이 기법은 파이프라인 버블 수를 줄여준다.

그림 8.2에 나온 다른 형태의 파이프라인 해저드는 제어 해저드다. 이 그림에서 조건 분기 명령어는 특정 레지스터의 값이 0이라면 PC의 값을 변경한다. 새로운 PC 값은 ALU 연산의 결과로 (선택적으로) 제공된다. 이 경우 A가 조건 분기 명령어라면 A는 PC가 업데이트 가능하기 전에 메모리 단계에 도달했어야 한다. 메모리 단계에서 A를 뒤따르는 명령어들은 실제로 실행되지 않아야 한다고 결정되는 시점에 이미 인출 단계를 지나 디코딩과 실행 단계에 있을 것이다.

데이터 해저드처럼 제어 해저드를 해결하기 위한 많은 기법이 있다. 지연 분기^{delayed branch}는 단순히 이 분기가 몇 사이클 후에 실행된다는 사실을 기록하고, 프로그래머(혹은 컴파일러)가 조건 분기 명령어 뒤에 오는 명령어들은 해를 끼치지 않거나 (no-op 같은) 이 분기가 실행되는 것과 상관없는 작업을 보장하게 맡긴다. 연동 장치는 데이터 해저드에서와 같이 필요에 따라 파이프라인 버블을 삽입하는 하드웨어를 제공한다. 가장 복잡한 기법인 추론 실행^{speculative execution}에서는 하드웨어 분기가 읽어날 것인지를 추측하고 실행하기를 기대하는 명령을 실행한다. 추측이 틀리다면 추측에 의해 실행된 명령어가 만들어낸 부작용(레지스터 쓰기 같은)을 복구한다.

명시적 파이프라인과 지연 분기를 제외한 이런 모든 기법은 명령 시퀀스 실행 타이밍을 가변적으로 만들 수 있다. 프로그램 실행 타이밍 분석은 복잡한 포워딩이나 추론을 가진 심층^{deep} 파이프라인이 있을 때 매우 어렵다. 명시적 파이프라인은 DSP 프로세서에서 상대적으로 흔히 볼 수 있고 정확한 타이밍이 반드시 필요한 곳에 적용된다. 비순차적 명령어 처리와 추론 실행은 실행 타이밍이 전체적인 의미에서만 중요한 범용 프로세서에서 흔히 볼 수 있다. 임베디드 시스템 설계자는 애플리케이션의 요구 사항을 반드시 이해하고 요청된 타이밍 정확도를 만족시킬 수 없는 프로세서는 피해야 한다.

8.2.3 명령어 레벨 병렬성

높은 성능을 얻으려면 하드웨어의 병렬성이 필요하다. 이런 병렬성은 크게 두 가지 형태로 나뉘며, 8.2.4절에서 설명할 멀티코어 구조와 이 절에서 설명할 **명령어 레벨 병렬성**ILP, Instruction-Level Parallelism이 있다. ILP를 지원하는 프로세서는 각 명령어 사이클에서 다수의 독립적인 연산을 수행할 수 있다. 이 절에서는 네 가지 형태의 ILP인 CISC 명령어와 서브워드subword 병렬성, 슈퍼스칼라superscalar, VLIW를 설명한다.

CISC 명령어

복잡한(보통 특수한) 명령어를 가진 프로세서를 CISCComplex Instruction Set Computer(복합 명령어 집합 컴퓨터) 머신으로 부른다. 이런 프로세서의 철학은 RISCReduced Instruction Set Computer(축소 명령어 집합 컴퓨터) 머신과 완전히 다르다(Patterson and Ditzel, 1980). DSP는 보통 CISC 머신이고, 특히 FIR 필터링(그리고 FFTFast Fourier Transform와 비터비 디코딩 Viterbi decoding 같은 알고리즘)을 지원하는 명령어를 포함한다. 실제로 DSP로서의 자격을 갖추려면 프로세서는 탭당 한 명령어 사이클에 FIR 필터링을 수행할 수 있어야 한다.

예제 8.6: 텍사스 인스트루먼트사의 TMS320c54x 계열의 DSP 프로세서는 무선 통신 시스템과 PDA 같은 높은 신호 처리 성능을 요구하는 전원 제약적인 임베디드 애플리케이션에서 사용하게 만들어졌다. FIR 계산 식 (8.1)의 안쪽 루프는 다음과 같다.

```
1 RPT numberOfTaps - 1
2 MAC *AR2+, *AR3+, A
```

첫 번째 명령어는 DSP에서 흔히 볼 수 있는 오버헤드가 없는 루프$^{\text{zero-overhead}}$ ^{loop}를 나타낸다. 이 명령어 뒤에 오는 명령어는 RPT 명령어 인자에 1을 더한 횟수만큼 실행될 것이다. MAC 명령어는 곱셈-덧셈 명령어$^{\text{multiply accumulate}}$ ^{instruction}이고, DSP 구조에서 많이 사용된다. 이 명령어는 다음 계산을 지정하는 세 개의 인자를 갖는다.

$$a := a + x * y$$

이때 a는 A라는 이름의 누산기 레지스터의 값이고, x와 y는 메모리에 있는 값이다. 이 값들의 주소는 보조 레지스터 **AR2**와 **AR3**에 포함돼 있다. 이 레지스터들은 접근 후에 자동으로 증가한다. 또한 이 레지스터들은 원형 버퍼를 구현하도록 설정할 수 있다. c54x 프로세서는 한 사이클에 두 번의 접근을 지원하는 온칩$^{\text{on-chip}}$ 메모리 섹션을 포함하고, 주소들이 이 메모리 섹션을 나타내면 MAC 명령어는 한 사이클 내에 실행된다. 따라서 각 사이클에서 프로세서는 두 번의 메모리 인출과 한 번의 곱셈, 한 번의 일반 덧셈, 두 번의 주소 증가(모듈러 연산일 수 있음)를 실행한다. 모든 DSP는 이와 비슷한 기능을 갖는다.

CISC 명령어는 꽤 난해할 수 있다.

예제 8.7: 식 (8.1)에서 FIR 필터의 계수는 보통 대칭이며, 이는 N이 짝수이고 다음이 성립함을 의미한다.

$$a_i = a_{N-i-1}$$

이런 필터는 선형 위상^{phase}(직관적으로 대칭 입력 신호는 대칭 출력 신호를 만들거나 모든 주파수 성분이 같은 양만큼 지연됨을 의미한다)을 갖기 때문이다. 이 경우 곱셈의 수를 줄여 식 (8.1)을 다음과 같이 다시 쓸 수 있다.

$$y(n) = \sum_{i=0}^{(N/2)-1} a_i(x(n-i) + x(n-N+i+1))$$

텍사스 인스트루먼트 TMS320c54x 명령어 집합은 예제 8.6의 MAC와 비슷하게 동작하는 FIRS 명령어를 갖고 있다. 하지만 이 명령어는 식 (8.1)의 계산을 사용하지 않고 위의 계산을 사용한다. 이는 c54x가 두 개의 ALU를 갖고 있어, 곱셈의 두 배에 해당하는 덧셈을 실행할 수 있다는 사실을 이용한 것이다. FIR 필터를 실행하는 시간은 이제 탭당 1/2 사이클로 줄었다.

CISC 명령어 집합은 단점이 있다. 그중 하나는 컴파일러가 이런 명령어 집합을 최적으로 사용하기가 극도로 어렵다는 것이다(아마 불가능하다). 따라서 DSP 프로세서는 보통 어셈블리 언어로 작성되고 최적화된 코드 라이브러리와 함께 사용된다.

또한 CISC 명령어 집합은 미묘한 타이밍 이슈를 가질 수 있어 경성[hard] 실시간 스케줄링 수행을 방해할 수 있다. 앞 예제에서 메모리 내 데이터 레이아웃은 실행 시간에 큰 영향을 준다. 오버헤드 없는 루프의 사용(앞의 RPT 명령어)은 이상한 문제를 야기할 수도 있다. TI c54x에서 RPT 다음에 오는 명령어의 반복 실행 중에는 인터럽트가 비활성화된다. 이는 인터럽트 반응에 의도치 않은 긴 지연이 발생할 수도 있다.

서브워드 병렬성

많은 임베디드 애플리케이션은 프로세서의 워드 크기보다 훨씬 작은 데이터 타입에서 동작한다.

예제 8.8: 예제 8.3과 8.4에서 데이터 타입은 보통 8비트 정수이고, 각각은 색 농도를 나타낸다. 한 픽셀의 색상은 RGB 포맷의 3바이트로 표현된다. 각 RGB 바이트는 0에서 255까지의 범위를 가지며, 해당 색의 농도를 나타낸다. 단일 8비트 숫자를 처리하려고 64비트 ALU를 사용하는 것은 자원 낭비일 것이다.

이런 데이터 타입을 지원하려고 일부 프로세서는 서브워드^subword 병렬성을 지원한다. 이 병렬성은 작은 워드 단위의 산술 및 논리 연산을 동시에 수행하고자 넓은 ALU를 더 작은 슬라이스들로 나눈다.

예제 8.9: 인텔은 서브워드 병렬성을 널리 사용되는 범용 펜티엄 프로세서에 적용했고, 이를 MMX 기술이라고 부른다(Eden and Kagan, 1997). MMX 명령어는 64비트 데이터패스를 8비트의 슬라이스들로 나누고, 이미지 픽셀 데이터의 여러 바이트에 대해 동일한 연산을 동시에 지원한다. 이 기술은 이미지 변경 애플리케이션과 비디오 스트리밍을 지원하는 애플리케이션의 성능을 향상시키고자 사용됐다. 비슷한 기술로는 선 마이크로시스템즈^Sun Microsystems의 SparcTM 프로세서(Tremblay et al., 1996)와 HP의 PA RISC 프로세서(Lee, 1996)가 있다. 많은 DSP를 비롯한 임베디드 애플리케이션용으로 설계된 많은 프로세서 구조도 서브워드 병렬성을 지원한다.

벡터 프로세서^vector processor의 명령어 집합은 다수의 데이터 엘리먼트에 대한 동시 연산을 포함한다. 서브워드 병렬성은 특별한 형태의 벡터 프로세싱이다.

슈퍼스칼라

슈퍼스칼라^{Superscalar} 프로세서는 기존 순차적 명령어 집합을 사용하지만, 여러 명령어를 동시에 서로 다른 하드웨어 유닛에 할당^{dispatch}하는 것이 프로그램의 동작을 바꾸지 않음을 감지하면 이 하드웨어는 이를 동시에 수행한다. 즉, 프로그램 실행은 순차적으로 실행된 것과 동일하다. 이런 프로세서는 심지어 비순차적 명령어 처리를 지원하므로 한 스트림 내에서 늦게 나오는 명령어를 일찍 나온 명령어보다 먼저 수행할 수 있다. 슈퍼스칼라 프로세서는 실행 시간을 예측하기가 매우 어렵고 멀티태스킹(인터럽트와 스레드) 사용 시 실행 시간이 반복적이지 않다는 중대한 단점이 있다. 실행 시간은 인터럽트의 정확한 타이밍에 매우 민감해서 이런 작은 타이밍의 변화는 프로그램 실행 시간에 매우 큰 영향을 끼친다.

VLIW

임베디드 애플리케이션용 프로세서는 더 반복적이고 예측 가능한 타이밍을 얻으려고 슈퍼스칼라보다 VLIW 구조를 자주 사용한다. VLIW^{Very Large Instruction Word}(매우 큰 명령어 워드) 프로세서는 슈퍼스칼라 프로세서처럼 다수의 기능 유닛을 포함한다. 그러나 동적으로 어떤 명령어가 동시에 수행될 수 있는지를 결정하지 않고, 각 명령어는 어떤 기능 유닛이 특정 사이클에 수행돼야 하는지를 지정한다. 즉, VLIW 명령어 집합은 여러 독립적인 연산을 한 개의 명령어로 결합한다. 슈퍼스칼라 구조처럼 이런 여러 연산은 서로 다른 하드웨어에서 동시에 수행된다. 하지만 슈퍼스칼라와는 달리 실행 순서나 동시 실행은 동적이지 않고 고정돼 있다. 프로그래머(어셈블리 언어 수준에서 작업하는)나 컴파일러가 동시 연산이 실제로 독립적인지를 보장해야 한다. 이런 복잡한 추가 프로그래밍으로 인해 실행 시간은 반복적이고 (종종) 예측 가능할 수 있다.

예제 8.10: 예제 8.7에서 두 개의 ALU와 한 개의 곱셈에 대한 연산을 지정하는 c54x의 특수 명령어인 FIRS를 살펴봤다. 이 명령어는 VLIW의 프리미티브[primitive] 형태로 볼 수 있지만, 후속 세대의 프로세서들은 VLIW 특성에 상당히 더 명시적이다. TI c54x의 다음 세대 버전인 TMS320c55x는 두 개의 곱셈-누산 유닛을 포함하며 다음과 같은 명령어를 지원한다.

```
1 MAC *AR2+, *CDP+, AC0
2 :: MAC *AR3+, *CDP+, AC1
```

여기서 AC0와 AC1은 두 개의 누산기 레지스터고, CDP는 필터 계수를 가리키는 특수 레지스터다. :: 표기는 이 두 개의 명령어가 같은 사이클에 발행되고 실행돼야 함을 의미한다. 이 명령어가 실제로 동시에 실행될 수 있는지를 프로그래머나 컴파일러가 결정해야 한다. 메모리 주소들에서 동시에 인출이 일어날 수 있다고 가정하면 이 두 개의 MAC 명령어는 한 사이클에 실행되고, 이는 FIR 필터를 실행하는 데 필요한 시간을 절반으로 줄인다.

더 높은 성능을 요구하는 애플리케이션에 대해 VLIW 구조는 더 정교해질 수 있다.

예제 8.11: TI c6000 계열의 프로세서들은 VLIW 명령어 집합을 갖는다. 이 제품군에는 C64, c64 고정소수점 프로세서, c67x 부동소수점 프로세서 등 세 개의 프로세서들이 포함된다. 이 프로세서들은 무선 환경[infrastructure](셀룰라 기반 스테이션과 적응성[adaptive] 안테나)과 통신 환경(VOIP와 비디오 콘퍼런싱), 이미지 애플리케이션(의료 이미지와 보안, 머신 비전이나 검사, 레이더)에서 사용하고자 설계됐다.

예제 8.12: NXP의 TriMedia 프로세서 제품군은 디지털 텔레비전용으로 설계됐고, 매우 효과적으로 식 (8.2) 같은 연산을 수행할 수 있다. 다양한 가전 제품 회사인 필립스의 일부였던 NXP 반도체는 평면 TV도 만든다. TriMedia 구조의 전략은 컴파일러가 효과적인 코드를 쉽게 생성할 수 있게 해주는 것이며, 어셈블리 수준 프로그래밍에 대한 필요를 줄여준다(이 구조가 컴파일러가 이용하기 힘든 특수 CISC 명령어를 포함할지라도). 일반적인(128개의 레지스터) 레지스터보다 더 많은 레지스터와 여러 명령어가 동시에 발행될 수 있는 RISC 유사 명령어 집합, IEEE 754 부동소수점 연산을 지원하는 하드웨어를 통해 컴파일러가 효과적인 코드를 쉽게 생성하게 해준다.

8.2.4 멀티코어 구조

멀티코어multicore 머신은 단일 칩에 여러 프로세서를 결합한 것이다. 멀티코어 머신이 1990년대 초기부터 존재했지만 최근에서야 범용 컴퓨팅에 퍼지기 시작했다. 이런 사용은 많은 관심을 불러일으킨다. 같은 프로세서 타입을 여러 개 결합하는 것과 대조적으로, 이기종 멀티코어 머신은 단일 칩에 여러 종류의 프로세서를 결합한다.

예제 8.13: TI OMAPOpen Multimedia Application Platform 구조는 핸드폰에 널리 사용되며, 한 개 이상의 DSP 프로세서 및 범용 프로세서와 비슷한 한 개 이상의 프로세서를 결합한다. DSP 프로세서는 무선 및 음성, 미디어(오디오와 이미지, 비디오)를 처리하고, 다른 프로세서는 사용자 인터페이스와 데이터베이스 기능, 네트워킹, 다운로드할 수 있는 애플리케이션을 처리한다. 특히 OMAP4440은 한 개의 1GHz 듀얼 코어 ARM Cortex 프로세서와 한 개의

c64x DSP, 한 개의 GPU, 한 개의 이미지 신호 프로세서를 포함한다.

고정소수점(Fixed point number)

많은 임베디드 프로세서는 정수 연산만을 위한 하드웨어를 지원한다. 그러나 정수 연산은 정수가 아닌 수[non whole number]도 표현할 수 있다. 16비트 정수가 주어졌을 때 프로그래머는 10진 소수점과 비슷하지만 숫자가 아닌 비트로 구분되는 2진 소수점[binary point]을 상상할 수 있다. 예를 들어 16비트 정수는 숫자의 상위[high order] 비트 다음에 2진 소수점을 두어 −1.0부터 1.0까지의 수를 다음과 같이 표현할 수 있다.

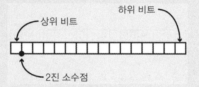

2진 소수점이 없다면 16비트로 표현되는 숫자는 $x \in \{-2^{15}, \ldots, 2^{15} - 1\}$의 수가 된다(부호가 있는 정수를 나타내는 데 보편적으로 사용하는 2의 보수 2진 표현을 가정하면). 2진 소수점이 있다면 $y = x/2^{15}$을 나타내려고 16비트를 사용할 수 있다. 따라서 y는 −1부터 $1 - 2^{-15}$의 범위를 갖는다. 이를 고정소수점이라고 한다. 이 고정소수점 표현은 1.15로 쓸 수 있고, 2진 소수점의 왼쪽에 1비트와 오른쪽에 15비트가 있음을 의미한다. 이런 두 수를 곱하면 결과는 32비트수가 된다.

2진 소수점의 위치는 **비트 보존 법칙**law of conservation of bits을 따른다. $n.m$과 $p.q$ 포맷을 가진 두 수를 곱할 때 결괏값은 $(n+p).(m+q)$ 포맷이 된다. 프로세서는 보통 이런 완전 정확도를 갖는 곱셈을 지원하고, 결괏값은 일반 데이터 레지스터의 2배 비트를 갖고 있는 누산기 레지스터에 저장된다. 이 결과를 다시 데이터 레지스터에 쓰려고 32비트 결과에서 16비트를 추출해야 한다. 그림에서 회색 영역의 비트를 추출한다면 2진 소수점의 위치를 보존하고 결과는 여전히 −1에서 1 사이의 값을 표현할 것이다.

32비트 결과에서 16비트를 추출할 때 정보의 손실이 생긴다. 먼저 **오버플로**overflow 가능성이 있다. 이는 상위 비트를 무시하기 때문이다. 곱셈을 하려는 두 수가 모두 −1이라고 가정해보자. −1은 2의 보수로 다음과 같이 표현된다.

$$1000000000000000$$

이 두 수를 곱할 때 결과는 다음과 같은 비트 패턴이 된다.

$$0100000000000000000000000000000000$$

이는 2의 보수 표현으로 1을 나타내고 올바른 결과다. 하지만 회색 16비트를 추출하면 결과는 이제 −1이 된다. 사실 1은 1.15 고정소수점에서 표현할수 없어 오버플로가 발생한다. 프로그래머는 모든 수가 1보다 작게 하고 −1은 금지해서 이런 오버플로를 막아야 한다.

두 번째 문제는 32비트 결과에서 회색 16비트를 추출할 때 하위 15비트를 무시하는 것이다. 여기서도 정보의 손실이 발생한다. 하위 15비트를 단순히 무시하는 것을 **절단**truncation이라고 한다. 절단 대신 먼저 다음 비트 패턴을 32비트 결과에 더하는 것을 **라운딩**rounding이라고 한다.

0	0	0	0	0	0	0	0	0	0	0	0	0	0	0	0	0	1	0	0	0	0	0	0	0	0	0	0	0	0

라운딩은 완벽한 정확도가 있는 결괏값에 가장 근접한 결괏값을 선택하고, 절단은 크기가 작으며 가장 근접한 결괏값을 선택한다.

DSP 프로세서는 데이터가 누산기에서 범용 레지스터나 메모리로 이동할 때 보통 하드웨어에서 라운딩이나 절단을 통해 위의 추출을 수행한다.

임베디드 애플리케이션을 위해 멀티코어 구조는 단일 코어 구조에 비해 상당한 이점이 있다. 이는 실시간 혹은 안전에 중요한 작업들이 전용 프로세서를 사용할 수 있기 때문이다. 무선 및 음성 처리 기능이 경성 실시간 기능이고 엄청난 계산 부하를 나타내기 때문에 핸드폰은 이기종 구조를 사용한다. 이런 구조에서 사용자 애플리케이션은 실시간 기능을 방해할 수 없다.

이런 방해 금지는 범용 멀티코어 구조에서는 더 문제가 될 수 있다. 예를 들어 2차 혹은 더 높은 차수의 캐시가 코어들끼리 공유되는 멀티레벨multi-level 캐시를 사용하는 경우는 흔하다. 불행히도 이런 공유는 별개의 코어들에서 프로그램의 실시간 동작을 분리하기 어렵게 만든다. 각 프로그램이 또 다른 코어에서 캐시 부적중cache miss을 유발하기 때문이다. 이런 멀티레벨 캐시는 실시간 애플리케이션에 적합하지 않다.

임베디드 애플리케이션에서 가끔 사용되는 매우 다른 형태의 멀티코어 구조는 FPGAField-Programmable Gate Array상에서 한 개 이상의 소프트 코어soft core와 사용자 하드웨어를 사용한다. FPGA는 하드웨어 기능이 하드웨어 설계 도구를 사용해 프로그래밍 가능한 칩이다. 소프트 코어는 FPGA에서 구현된 프로세서다. 소프트 코어의 장점은 규격품 프로세서보다 더 쉽게 사용자 하드웨어에 밀착 결합tightly coupled된다는 것이다.

C에서 고정소수점 연산

대부분의 C 프로그래머는 float나 double 데이터 타입을 사용해 정수가 아닌 수의 연산을 수행한다. 그러나 많은 임베디드 프로세서는 부동소수점 연산을 위한 하드웨어가 없다. 따라서 부동소수점을 에뮬레이팅해야 하므로 float나 double 데이터 타입을 사용하는 C 프로그램은 실행이 매우 느리게 된다. 프로그래머는 정수 연산을 사용해 정수가 아닌 수에 대한 연산을 구현해야 한다. 어떻게 가능할까?

먼저 프로그래머는 앞에서 설명한 2진 소수점 표기를 사용해 32비트 int를 표준 표현과 다르게 해석할 수 있다. C 프로그램이 두 개의 int를 곱하도록 지정하면 결과는 int가 되며, 이는 원하던 완전한 정확도가 있는 64비트 결과가 아니다. 사실 앞에서 설명한 1비트를 2진 소수점의 왼쪽에 놓고 결과에서 회색 비트들을 추출하는 전략은 여기서 통하지 않을 것이다. 대부분의 회색 비트가 결과에서 없기 때문이다. 예를 들어 0.5와 0.5를 곱한다고 가정해보자. 이 수는 32비트 int에서 다음과 같이 표현된다.

$$0.1000000000000000000000000000000$$

2진 소수점이 없다면(C나 하드웨어에서는 없고 프로그래머의 인식에만 존재하는) 이 비트 패턴은 굉장히 큰 수인 2^{30}을 표현한다. 이 두 수를 곱하면 결과는 2^{60}이 되고 int로 표현할 수 없는 수가 된다. 일반적인 프로세서는 프로세서 상태 레지스터에 오버플로 비트를 설정하고(프로그래머가 반드시 체크해야 함), 이 곱셈의 하위 32비트 값인 숫자 0을 결과로 전달한다. 이를 막고자 프로그래머는 각 32비트 정수를 곱셈하기 전에 오른쪽으로 16비트 시프트할 수 있다. 이 경우 0.5 × 0.5의 결괏값은 다음과 같은 패턴이 된다.

$$0.010000000000000000000000000000000$$

2진 소수점이 있다면 이 결과는 0.25로 해석되고 올바른 답이 된다. 물론 데이터를 오른쪽으로 16비트 시프트하는 것은 int에서 하위 16비트를 무시한다. 절단되는 양만큼의 정확도 손실이 생긴다. 절단 대신 라운딩을 원할 수도 있을 것이다. 이를 위해 오른쪽으로 16비트 시프트하기 전에 int 2^{15}을 해당 수에 더하면 된다. 부동소수점 데이터 타입은 더 쉽다. 하드웨어(혹은 소프트웨어)는 시프트해야 하는 양을 기록하고 정확도를 보존한다. 그러나 부동소수점 하드웨어를 가진 모든 임베디드 프로세서가 IEEE 754 표준을 준수하는 것은 아니다. 이는 프로그래머의 설계 프로세스를 복잡하게 만들수 있다. 계산 값이 데스크톱 컴퓨터에서 만들어진 값과 동일하지 않을 수있기 때문이다.

8.3 요약

임베디드 시스템용 프로세서 구조의 선택은 프로그래머에게 큰 영향을 준다. 프로그래머는 난해한 구조적 기능을 사용하고자 어셈블리 언어를 사용해야 할 수도 있다. 정확한 타이밍을 요구하는 애플리케이션의 경우 파이프라인 해저드와 병렬 자원을 처리하기 위한 하드웨어적 기법 때문에 프로그램의 타이밍 제어가 어려울 수 있다.

연습문제

1. 그림 8.4의 예약 테이블을 생각해보자. 이 프로세서는 명령어 *B*가 읽고 있는 레지스터를 명령어 *A*가 쓰고 있음을 알려줄 수 있는 포워딩 로직을 갖고 있어 *A*에 의해 써진 데이터는 쓰기를 끝내기 전에 ALU로 바로 포워딩

된다고 가정하자. 그리고 포워딩 로직 자체는 시간을 소비하지 않는다고 가정하자. 이제 수정된 예약 테이블을 만들어보자. 파이프라인 버블로 몇 개의 사이클이 소비되는가?

2. 예제 8.6에서 설명한 다음 명령어를 생각해보자.

```
1 MAC *AR2+, *AR3+, A
```

이 프로세서가 세 개의 ALU를 가지며, **AR2**와 **AR3** 레지스터에 포함된 주소의 산술 연산을 위해 각 한 개씩을 사용하고 MAC 곱셈-누산 명령어의 덧셈을 수행하려고 한 개를 사용한다고 가정하자. 각 ALU는 실행하는 데 한 클럭 사이클이 필요하다. 또한 곱셈기도 실행하는 데 한 클럭 사이클이 필요하다. 레지스터 뱅크는 사이클당 두 번의 읽기와 두 번의 쓰기를 지원하고 누산기 레지스터 A는 별도로 써질 수 있고 쓰기 시간은 전혀 없다고 가정하자. 이런 일련의 명령어 실행을 보여주는 예약 테이블을 만들어보자.

3. 앞에서 설명한 1.15 포맷을 가진 고정소수점을 가정하면 곱셈을 할 때 오버플로를 발생하는 두 숫자는 −1과 −1뿐임을 증명하라. 즉, 두 숫자 중 어느 것이라도 1.15 포맷의 −1이 아니라면 박스의 회색 16비트 추출은 오버플로를 만들어내지 않는다.

CHAPTER 9

메모리 구조

많은 프로세서 설계자가 전체 시스템 성능 측면에서 메모리 시스템이 데이터 파이프라인보다 더 큰 영향을 끼친다고 주장한다. 물론 이 주장은 애플리케이션에 따라 다르지만 많은 애플리케이션에서 사실이다. 메모리에서 복잡도는 세 가지 주요 원인이 있다. 첫째, 같은 임베디드 시스템에서 여러 메모리 기술이 섞여야 한다. 많은 메모리 기술은 **휘발성**volatile이라서 메모리의 내용들은 전원이 없으면 지워진다. 대부분의 임베디드 시스템은 최소 몇 개의 비휘발성 메모리와 휘발성 메모리를 필요로 한다. 게다가 이런 카테고리 내에서 여러 선택이 존재하고 이 선택은 시스템 설계자에게 중대한 영향을 끼친다. 둘째, 메모리 계층 구조가 필요한 경우가 많다. 이는 많은 용량이나 적은 전원 소비를 갖는 메모리가 느리기 때문이다. 가격 대비 합리적인 성능을 얻으려면 더 빠른 메모리가 느린 메모리들과 함께 사용돼야 한다. 셋째, 다양한 종류의 메모리에 접근하거나 공통의 프로그래밍 모델 지원, 혹은 I/O 디바이스 같이 메모리 이외의 디바이스와 연동하기 위한 주소를 할당하고자 프로세서 구조의 주소 공간은 나뉘어야 한다. 9장에서는 이 세 가지 주제를 차례로 다룬다.

9.1 메모리 기술

임베디드 시스템에서 메모리 문제는 불가피하다. 메모리 기술을 선택하는 것은 시스템 설계자에게 매우 큰 영향을 끼친다. 예를 들어 프로그래머는 전원이 꺼졌을 때나 절전 대기 상태로 들어갔을 때 데이터가 유지되는지를 고려해야 한다. 전원이 꺼졌을 때 데이터가 지워지는 메모리를 휘발성 메모리volatile memory라고 부른다. 이 절에서는 사용 가능한 메모리 기술들과 장단점을 살펴본다.

9.1.1 램

레지스터 파일과 함께 마이크로컴퓨터는 일반적으로 어느 정도의 램RAM, Random Access Memory을 포함하며, 개별 항목(바이트나 워드)을 한 번에 하나씩 상대적으로 빠른 시간에 읽고 쓸 수 있다. SRAM(정적 램)은 DRAM(동적 램)보다 더 빠르지만 좀 더 크다(각 비트는 더 많은 실리콘 영역을 차지한다). DRAM은 짧은 시간 동안만 데이터를 유지할 수 있으므로 각 메모리 위치는 주기적으로 갱신돼야 한다. SRAM은 전원이 공급되는 동안 데이터를 유지할 수 있다. 이 두 종류의 메모리는 전원이 없으면 데이터를 잃으므로 휘발성 메모리다. DRAM의 경우 전원이 유지되는 동안에도 데이터를 잃으므로 SRAM보다 더 휘발성이 있다.

대부분의 임베디드 컴퓨터 시스템은 SRAM 메모리를 포함한다. 그리고 많은 시스템은 DRAM도 포함하는데, SRAM 기술 단독으로 충분한 메모리를 제공하기에는 비현실적이기 때문이다. 프로그램 실행 시간을 고려하는 프로그래머는 접근하는 메모리 주소가 SRAM인지 DRAM인지를 반드시 알아야 한다. 게다가 DRAM 접근 요청 시 DRAM이 리프레시refresh 중일 수 있기 때문에 리프레시 사이클은 접근 시간의 변동성을 만들어낸다. 그리고 접근 이력이 접근 시간에 영향을 줄 수도 있다. 한 메모리 주소에 접근하는 시간은 마지막으로 접근한 메모리 주소에 의해 결정된다.

DRAM 메모리 칩의 제조사는 각 메모리 위치가 얼마 만에 리프레시되는지(예를 들어 64ms마다)와 몇 개의 위치(몇 줄)가 같이 리프레시돼야 하는지를 지정한다. 메모리를 읽는 단순한 동작은 읽는 메모리 위치(같은 줄의 위치들을)를 리프레시할 수 있지만 애플리케이션이 지정된 시간 안에 모든 줄에 접근할 수 없기 때문에 DRAM은 데이터가 유지될 수 있도록 충분한 리프레시를 보장하는 제어기와 함께 사용한다. 메모리 제어기는 메모리에 접근이 시작될 때 리프레시 중이면 접근을 중지한다. 이는 프로그램의 타이밍에 변동성을 발생시킨다.

9.1.2 비휘발성 메모리

임베디드 시스템은 전원을 끌 때 데이터를 언제나 저장해야 하며, 이를 위한 여러 옵션이 있다. 먼저 전원이 항상 유지되도록 백업용 배터리를 제공할 수 있다. 하지만 배터리도 닳을 수 있으므로 비휘발성$^{Non-volatile}$ 메모리라는 더 좋은 옵션을 사용할 수 있다. 비휘발성 메모리의 초기 형태는 자석 코어 메모리$^{magnetic\ core\ memory}$나 그냥코어^{core}였고, 강자성^{ferromagnetic} 링이 데이터를 저장하려고 자화되는 형태였다. '코어'라는 용어는 컴퓨팅에서 컴퓨터 메모리를 나타내려고 계속 사용되지만, 멀티코어 머신이 보편화되면서 의미가 바뀔 수도 있다.

오늘날의 가장 간단한 비휘발성 메모리는 롬^{ROM}(읽기 전용 메모리)이나 마스크 롬$^{mask\ ROM}$으로, 칩 제조 공정 중에 데이터를 기입한다. 롬은 프로그램과 변경되지 않는 데이터만 가진 대량 생산 제품에 유용하다. 이런 프로그램을 보통 펌웨어^{firmware}라고 하며, 소프트웨어처럼 '소프트'하지 않음을 나타낸다. 업계에는 프로그램이 가능한 여러 변형된 ROM이 있고, 기술이 충분이 좋아져서 이 변형들은 마스크 롬보다 더 자주 사용된다. EEPROM(전자적으로 지우고 프로그래밍 가능한 ROM)은 여러 형태로 나오며, 모두 쓰기가 가능하다. 쓰기 시간은 보통 읽기 시간보다 훨씬 오래 걸리며, 디바이스의 수명 내에 쓰기 가능한 횟수는 제약이 있다. EEPROM의 가장 유용한 형태는 플래시 메모리다. 플래시는 전원이 꺼져있을 때 유지돼야 하는 펌웨어와 사용자 데이터를 저장하는 데 사용된다.

1980년대에 도시바의 후지오 마쓰오카 박사가 발명한 플래시 메모리^{Flash memory}는 매우 편리한 비휘발성 메모리지만, 임베디드 시스템 설계자들에게 흥미로운 고민을 제시한다. 일반적으로 플래시 메모리는 합리적으로 빠른 읽기 시간을 보이지만 SRAM이나 DRAM보다는 빠르지 않아 자주 접근되는 데이터는 프로그램이 사용하기 전에 보통 플래시에서 RAM으로 이동해야 한다. 쓰기 시간은 읽기 시간보다 훨씬 오래 걸리고 쓰기 횟수가 제한돼 있어 플래시 메모리는 실시간 동작 메모리로는 사용하지 않는다.

플래시는 NOR과 NAND 형태의 두 가지가 있다. NOR 플래시는 더 긴 쓰기와 지우기 시간이 필요하지만 RAM처럼 접근할 수 있다. NAND 플래시는 덜 비싸고 쓰기와 읽기가 빠르지만 데이터를 한 번에 블록으로 읽어야 한다. 블록은 수백에서 수천 비트로 구성된다. 시스템 측면에서 플래시 메모리는 하드디스크 같은 2차 저장장치나 CD나 DVD 같은 광학 미디어처럼 동작함을 의미한다. 이 두 가지 형태의 플래시는 특정 범위의 횟수만큼 지우거나 다시 쓸 수 있다. 일반적으로 NOR 플래시는 1,000,000번, NAND 플래시는 10,000,000번 이하로 쓰기가 가능하다.

더 긴 접근 시간과 제한된 쓰기 횟수, 블록 단위의 접근(NAND 플래시의 경우)은 임베디드 시스템 설계자가 해결해야 할 문제를 복잡하게 만든다. 이런 속성은 하드웨어뿐만 아니라 소프트웨어를 설계할 때도 고려돼야 한다.

디스크 메모리도 비휘발성이다. 디스크 메모리는 많은 양의 데이터를 저장할 수 있지만 접근 시간이 매우 길다. 특히 회전하는 디스크와 읽고 쓰는 헤더의 기계적인 부분은 요청된 위치의 데이터를 읽기 전에 헤드가 요청된 위치에 위치할 때까지 제어기를 기다리게 한다. 이때 걸리는 시간은 변동 폭이 매우 크다. 디스크는 앞에서 언급한 솔리드 스테이트 메모리^{solid state memory}보다 진동에 취약하므로 많은 임베디드 애플리케이션에서 사용되기 어렵다.

9.2 메모리 계층 구조

많은 애플리케이션은 마이크로컴퓨터의 온칩$^{on-chip}$에서 사용 가능한 메모리 이상의 많은 메모리를 요구한다. 많은 프로세서는 다른 메모리 기술을 사용해 전체 메모리 용량을 늘리고 비용과 지연, 에너지 소비를 최적화하려고 **메모리 계층 구조**를 사용한다. 보통 상대적으로 매우 작은 온칩 SRAM은 큰 양의 오프칩$^{off-chip}$ DRAM과 함께 사용된다. 여기에 매우 큰 용량을 갖지만 임의 접근이 어려워 읽고 쓰기가 느린 디스크 드라이브 같은 3차 레벨 메모리도 더 결합할 수 있다.

애플리케이션 프로그래머는 메모리가 이런 기술들로 구성돼 있는지 모를 수도 있다. **가상 메모리**$^{virtual\ memory}$라고 부르는 기술은 여러 메모리 기술을 프로그래머가 보기에 연속된 **주소 공간**$^{address\ space}$처럼 보이게 한다. 운영체제와 하드웨어는 주소 공간의 논리적 주소를 사용 가능한 메모리 기술 중 하나의 물리적 위치로 바꾸는 **주소 변환**$^{address\ translation}$을 지원한다. 이런 변환은 **변환 색인 버퍼**$^{TLB,\ Translation\ Lookaside\ Buffer}$라고 부르는 특수 하드웨어의 도움을 받는다. 이런 기법들은 임베디드 시스템 설계자가 메모리 접근이 얼마나 길지 이해하거나 예측하기 어렵게 만들기 때문에 심각한 문제를 유발할 수 있다. 따라서 임베디드 시스템 설계자는 일반적으로 범용 프로그래머보다 더 깊게 메모리 시스템을 이해해야 한다.

9.2.1 메모리 맵

프로세서의 **메모리 맵**은 주소가 어떻게 하드웨어에 매핑되는지를 정의한다. 주소 공간의 전체 크기는 프로세서의 **주소 폭**^{width}으로 한정된다. 예를 들어 32비트 프로세서는 각 주소가 한 바이트를 나타낸다고 가정했을 때 2^{32}개의 위치, 즉 4기가바이트^{GB}를 나타낼 수 있다. 주소 폭은 일반적으로 워드 폭과 일치하지만 8비트 프로세서는 주소 폭이 더 크다(보통 16비트). 예를 들어 ARM Cortex^{TM} - M3 구조는 그림 9.1에서 보여주는 메모리 맵을 갖는다. 다른 구조들은 다른 레이아웃을 갖지만 패턴은 비슷하다.

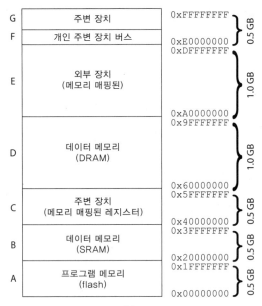

그림 9.1: ARM Cortex™ – M3 구조의 메모리 맵

이 구조는 프로그램 메모리로 사용되는 주소(그림에서 A로 표시)와 데이터 메모리(B 와 D)로 사용되는 주소가 다름에 유의하자. 이 (전형적인) 패턴은 메모리에 별개의 버스를 통해 접근할 수 있고, 명령어와 데이터가 동시에 인출될 수 있음을 나타낸다. 이는 효과적으로 메모리 대역폭을 두 배로 늘린다. 이런 데이터 메모리와 프로그램 메모리의 분리를 하버드 구조라고 한다. 이는 같은 메모리에 프로그램과 데이터를 저장하는 기존 방식인 폰 노이만 구조와 비교된다.

이 구조를 구현하는 것은 메모리 맵에 의해 제약을 받는다. 예를 들어 Luminary Micro[1] LM3S8962 제어기는 ARM Cortex™ – M3 코어와 256KB의 온칩 플래시 메모리를 갖고 있어 이 구조가 지원하는 0.5GB에는 미치지 못한다. 이 메모리는 주소 0x00000000에서 0x0003FFFF까지 매핑되고, 이 구조가 프로그램 메모리로 허용하는 나머지 주소인 0x00040000에서 0x1FFFFFFF까지는 '예약된 주소'가 된다. 이는 이 특

---

1. Luminary Micro는 2009년, 텍사스 인스트루먼트(Texas Instrument)에서 인수했다.

정 장치를 타깃으로 하는 컴파일러가 해당 주소를 사용할 수 없음을 의미한다.

LM3S8962는 64KB의 SRAM을 가지며 그림의 B 영역 중 일부인 0x20000000에서 0x2000FFFF로 매핑된다. 이 제어기는 몇 개의 온칩 주변 장치도 포함하고 있고 0x400000000에서 0x5FFFFFFF(그림의 C 영역)의 메모리 주소를 사용해 프로세서가 접근할 수 있다. 이런 주변 장치에는 타이머, ADC, GPIO, UART, 기타 I/O 디바이스 등이 있다. 이런 각 디바이스는 메모리 맵 레지스터memory mapped register를 제공함으로써 약간의 메모리 주소를 점유한다. 프로세서는 이런 디바이스의 레지스터에 쓰기를 통해 이 주변 장치들을 설정하거나 제어하고, 데이터를 출력에 제공할 수 있다. 일부 레지스터를 읽어 주변 장치가 얻은 입력 데이터를 뽑아낼 수도 있다. 개인 주변 장치 버스 영역의 일부 주소는 인터럽트 제어기interrupt controller에 접근하려고 사용한다.

LM3S8962는 DRAM 데이터 메모리 같은 디바이스나 추가적인 외부 디바이스를 제공하는 인쇄 회로 기판printed circuit board에 마운트mount 돼 있다. 그림 9.1에 나와 있는 것처럼 이런 추가적인 외부 디바이스는 0xA0000000에서 0xDFFFFFFF(E 영역)의 범위에 있는 메모리 주소로 매핑된다. 예를 들어 Luminary Micro사의 Stellaris® LM3S8962 평가판 보드는 추가적인 외부 메모리를 포함하지 않지만 LCD 디스플레이와 추가적인 플래시 메모리용 MicroSD 슬롯, USB 인터페이스를 갖고 있다.

이 구조에서 많은 메모리 주소가 사용되지 않는다. ARM는 이런 사용되지 않는 주소를 이용한 비트 밴딩bit banding이라는 기술을 개발했다. 이 기술은 사용하지 않는 주소를 이용해 메모리나 주변 장치의 전체 바이트 혹은 워드 대신 개별적인 비트에 접근할 수 있게 한다. 이 기술을 사용하면 사용하고자 하는 비트를 마스킹할 필요가 없으므로 특정 연산이 더 효율적이다.

> # 하버드 구조
>
> '하버드 구조Harvard Architecture'라는 용어는 프로그램과 데이터를 위해 각기 다른 메모리를 사용한 마크 IMark I 컴퓨터에서 시작됐다. IBM이 전기 기계 계전기로 마크 I을 만들었고, 1944년에 하버드로 옮겨졌다. 이 기계는 천공 테이프에 명령어를 저장하고 데이터를 전기 기계 카운터에 저장한다. IBM은 이 기계를 자동 순차 제어 계산기ASCC, Automatic Sequence Controlled Calculator라고 불렀고, 미분 방정식을 풀려고 하워드 알킨Howard H. Aiken에 의해 개발됐다. 미국 해군의 그레이스 머레이 호퍼Grace Murray Hopper 제독과 IBM의 자금 지원으로 이 기계가 현실화되는 데 중요한 역할을 했다.

9.2.2 레지스터 파일

한 프로세서 내에 가장 밀접하게 통합된 메모리는 레지스터 파일register file이다. 이 파일의 각 레지스터는 워드word를 저장한다. 워드의 크기는 프로세서 구조의 중요한 속성이다. 워드는 8비트 구조에서는 1바이트, 32비트 구조에서는 4바이트, 64비트 구조에서는 8바이트 크기를 갖는다. 이 레지스터 파일은 프로세서 회로의 플립플롭flip flop을 사용해 직접 구현될 수 있거나, 레지스터들은 일반적으로 앞에서 언급했던 SRAM 기술을 사용해 단일 메모리 뱅크로 모아질 수 있다.

프로세서의 레지스터 개수는 일반적으로 적다. 이는 레지스터 파일 하드웨어의 비용 때문이라기보다는 명령어 워드의 비트에 대한 비용 때문이다. 명령어 집합 구조ISA, Instruction Set Architecture는 일반적으로 한 개나 두 개, 세 개의 레지스터에 접근할 수 있는 명령어를 제공한다. 메모리에 프로그램을 효율적으로 저장하고자 명령어는 명령어 인코딩을 위한 너무 많은 비트를 요청할 수 없다. 따라서 레지스터를 인식할 때 많은 비트를 사용할 수 없다. 레지스터 파일이 16개의 레지스터를 가진다면 한 레지스터를 가리키는 데 4비트가 필요하다. 명령어가 3개의 레지스터를 가리킨다면 총 12비트가 필요할 것이다. 명령어 워드가 16비트면 명령어 내에서 명령어 자체에 대한 식별 같은 정보를 위해 4비트만 남게 된다. 예를 들어 이 4비트는 두 개의 레지스터를 더하거나 빼서 세 번째 레지스터에 결과를 저장하게 하는 명령어인지 식별한다.

9.2.3 스크래치패드와 캐시

많은 임베디드 애플리케이션은 메모리 기술들을 결합한다. 어떤 메모리는 다른 메모리보다 먼저 접근된다. 이때 전자의 메모리를 후자의 메모리보다 프로세서에 더 '근접'해 있다고 한다. 예를 들어 근접 메모리(SRAM)는 일반적으로 프로그램이 이 메모리에서 동작하는 동안 일시적으로 동작하는 데이터를 저장하려고 사용된다. 근접 메모리가 별개의 주소 집합을 갖고 프로그램이 데이터를 해당 메모리에 이동하거나 해당 메모리에서 멀리 있는 메모리로 이동하는 책임이 있다면 이메모리를 **스크래치패드**scratchpad라고 한다. 근접 메모리가 복사와 관련된 일을 자동으로 처리해 주는 하드웨어를 사용해 멀리 있는 메모리의 데이터를 복사한다면 이를 **캐시**cache라고 한다. 실시간 제약이 있는 임베디드 애플리케이션에서 캐시 메모리의 타이밍 동작은 예측하기 매우 어려울 정도로 다양하기 때문에 엄청난 장애물이 될 수 있다. 반면 스크래치패드 메모리에 데이터를 수동으로 관리하는 것은 프로그래머에게 매우 불편한 일이고, 이를 위한 자동 컴파일러 기반 기법은 아직 초기단계에 있다.

9.2.1절에서 설명한 것처럼 메모리 구조는 보통 프로그래머에게 연속적인 주소 공간을 제공하는 가상 메모리 시스템을 지원함으로써 프로세서의 물리적 메모리에 실제 저장될 수 있는 것보다 훨씬 더 많은 주소를 지원한다. 프로세서가 **메모리 관리 장치**MMU, Memory Management Unit를 갖고 있다면 프로그램은 **논리적 주소**를 참조하고 MMU는 이 논리적 주소를 **물리적 주소**로 변환한다. 예를 들어 그림 9.1의 메모리 맵을 사용하면 프로세스는 0x60000000에서 0x9FFFFFFF(그림의 D 영역)의 총 1GB 데이터 메모리에 해당하는 논리적 주소를 할당받는다. MMU는 B 영역에 있는 물리

적 메모리를 사용하는 캐시를 구현할 수 있다. 프로그램이 메모리 주소를 제공할 때 MMU는 해당 주소 위치가 B 영역에 캐싱돼 있는지 결정하고, 그렇다면 해당 주소를 변환해 인출을 완료한다. B 영역에 캐싱돼 있지 않다면 캐시 부적중$^{\text{cache miss}}$이 돼 MMU는 2차 메모리(D 영역)에서 데이터를 캐시(B 영역)로 가져오게 처리한다. 해당 주소 위치가 D 영역에 없다면 MMU는 페이지 폴트$^{\text{page fault}}$를 발생시켜 소프트웨어가 디스크에서 데이터를 메모리로 이동시키게 처리한다. 따라서 프로그램은 엄청난 양의 메모리가 존재한다는 착각을 일으키며, 메모리 접근 시간은 매우 예측이 어려워진다. 메모리 접근 시간은 논리적 주소가 물리적 메모리에 어떻게 분배됐는지에 따라 1,000배 이상 차이가 날 수도 있다.

메모리 구조에서의 실행 시간 민감도가 주어지면 캐시가 어떻게 구성되고 동작하는지 이해하는 것이 중요하다. 이 절은 이 부분에 초점을 맞춘다.

기본 캐시 구성

메모리 시스템의 각 주소가 m 비트로 구성돼 최대 $M = 2^m$의 서로 다른 주소를 나타낼 수 있다고 가정하자. 캐시 메모리는 $S = 2^s$ 캐시 집합$^{\text{cache set}}$의 배열로 구성돼 있다. 그리고 각 캐시 집합은 E개의 캐시 라인$^{\text{cache line}}$으로 구성된다. 캐시 라인은 $B = 2^b$ 바이트인 데이터를 가진 단일 블록과 유효^{valid} 비트, 태그^{tag} 비트를 저장한다. 유효 비트는 캐시 라인이 의미 있는 정보를 갖고 있는지를 나타내고, 태그는 ($t = m - s - b$ 비트로 구성된) 캐시 라인에 저장된 블록을 고유하게 식별한다. 그림 9.2는 기본 캐시 구성과 주소 포맷을 보여준다.

따라서 캐시는 튜플 (m, S, E, B)로 특징지어질 수 있다. 이 파라미터들은 표 9.1에 요약돼 있다. 전체 캐시 크기 C는 $C = S \times E \times B$ 바이트로 주어진다.

프로그램이 주소 a에 저장된 값을 읽는다고 가정하자. 이 절 전체에서 이 값은 단일 데이터 워드 w라고 가정하자. CPU는 먼저 주소 a를 캐시로 보내 해당 주소가 캐시에 있는지 결정한다. 주소 a는 세 부분의 비트로 나눠 생각할 수 있다. 처음

t 비트는 태그를 인코딩하고, 다음 s 비트는 집합 인덱스를 인코딩하며, 마지막 b 비트는 블록 내의 워드 위치를 인코딩한다. w가 캐시에 존재하면 메모리 접근은 캐시 적중$^{\text{cache hit}}$이 되고 부재하면 캐시 부적중$^{\text{cache miss}}$이 된다.

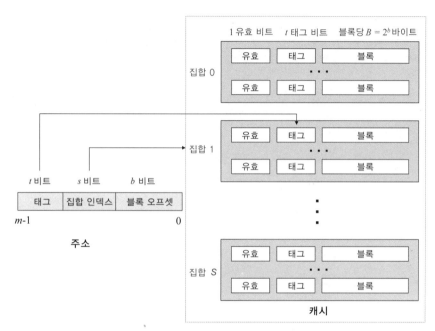

그림 9.2: 캐시 구성과 주소 포맷. 캐시는 집합의 배열로 볼 수 있고, 각 집합은 한 개 이상의 캐시 라인으로 구성된다. 각 캐시 라인은 유효 비트와 태그비트, 캐시 블록을 포함한다.

표 9.1: 캐시 파라미터 요약

파라미터	설명
m	물리적 주소 비트 개수
$S = 2^s$	(캐시) 집합 개수
E	집합당 라인 개수
$B = 2^b$	바이트 단위의 블록 크기
$t = m - s - b$	태그 비트 개수
C	바이트 단위의 전체 캐시 크기

캐시는 E의 값을 기반으로 다른 클래스들로 카테고리화된다. 다음 절에서 각 카테고리별 캐시 메모리를 살펴보고 어떻게 동작하는지 간단히 설명한다.

직접 매핑된 캐시

집합당 한 개의 캐시 라인을 갖는 캐시를 **직접 매핑**(사상)**된 캐시**^{direct mapped cache}라고 부른다. 이런 캐시에서 주소 a에 w가 저장된 메모리가 w 워드를 요청받았다면 w가 캐시 적중인지 부적중인지를 결정하는 다음과 같은 세 가지 단계가 존재한다.

1. **집합 선택:** 집합을 인코딩하는 s 비트는 주소 a에서 추출되고, 해당하는 캐시 집합을 선택하기 위한 인덱스로 사용된다.

2. **라인 매칭:** 다음 단계는 w의 복사본이 이 집합에 대한 고유한 캐시 라인에 존재하는지 확인하는 것이다. 이 캐시 라인의 유효 비트와 태그 비트를 확인하면 된다. 유효 비트가 설정돼 있고 캐시 라인의 태그 비트가 주소 a의 태그와 일치하면 워드는 해당 라인에 존재하고 캐시 적중이 된다. 그렇지 않다면 캐시 부적중이다.

3. **워드 선택:** 워드가 캐시 블록에 존재한다면 블록 내의 워드 위치를 인코딩하는 주소 a의 b 비트를 사용해 해당 데이터 워드를 읽을 수 있다.

캐시 부적중이 발생하면 워드 w는 메모리 계층 구조상의 다음 단계에 있는 메모리에 요청돼야 한다. 이 블록이 인출되면 이 블록은 워드 w가 있는 캐시 라인을 현재 점유하는 블록을 교체할 것이다.

직접 매핑된 캐시는 이해하기 쉽고 구현하기 쉽지만 **충돌 미스**^{conflict miss}가 발생할 수 있다. 충돌 미스는 같은 캐시 라인에 매핑된 두 개 이상 블록들의 워드가 반복적으로 접근돼 한 블록에 접근하면 다른 블록이 제거될 때 발생하며, 이는 연속적인 캐시 부적중을 발생시킨다. **집합 연관 캐시**^{set associative cache}가 이 문제를 해결하는 데 도움을 줄 수 있다.

집합 연관 캐시

집합 연관 캐시는 집합당 한 개 이상의 캐시 라인을 저장할 수 있다. 캐시의 각 집합이 E 라인($1 < E < C/B$를 만족하는)을 저장한다면 캐시는 E-way 집합 연관 캐시라고 부른다. '연관associative'이란 용어는 **연관 메모리**associative memory에서 나왔다. 이 메모리는 메모리의 데이터를 주소처럼 사용한다. 즉, 메모리의 각 워드는 고유의 키와 함께 저장되고, 워드가 어디에 저장돼 있는지를 나타내려고 물리적 주소가 아닌 키를 사용한다. 연관 메모리는 **내용 주소화 메모리**content addressable memory라고도 한다.

집합 연관 캐시에서 주소 a의 워드 w에 접근하는 것은 다음의 과정을 거친다.

1. **집합 선택:** 이 단계는 직접 매핑된 캐시와 동일하다.
2. **라인 매칭:** 이 단계는 직접 매핑된 캐시보다 더 복잡한데, w가 있을 수 있는 라인이 여러 개일 수 있기 때문이다. 즉, a의 태그 비트는 캐시 집합에 있는 여러 라인의 태그 비트와 일치할 수 있다. 연관 집합 캐시의 각 집합은 연관 메모리처럼 생각될 수 있고, 키key는 태그와 유효 비트를 연결한 것이며, 데이터 값은 해당 블록의 내용이다.
3. **워드 선택:** 캐시 라인이 일치하면 워드 선택은 직접 매핑된 캐시처럼 실행된다.

캐시 부적중인 경우 캐시 라인 교체는 직접 매핑된 캐시보다 더 복잡할 수 있다. 직접 매핑된 캐시의 경우 새로운 블록이 캐시 라인에 현재 있는 블록을 교체하기 때문에 다른 교체를 선택할 수 없다. 하지만 집합 연관 캐시의 경우 블록이 제거될 캐시 라인을 선택할 수 있다. **최소 최근 사용 정책**LRU, Least Recently Used이 일반적으로 사용된다. 이 정책에서는 가장 오랫동안 사용하지 않았던 캐시 라인을 교체한다. 다른 정책에는 **선입선출**FIFO, First In First Out이 있는데, 가장 오랫동안 캐시에 있었던 캐시 라인이 교체된다. 이는 캐시 라인에 언제 접근했는지와는 관련이 없다. 좋은 캐시 교체 정책은 좋은 캐시 성능을 위해 필수적이다. 이런 캐시 교체 정책의 구현에는 접근 순서를 기억하려고 추가적인 메모리가 필요하고, 정책이나 구현마다 추가적으로 사용되는 메모리의 양이 다름을 유의해야 한다.

완전 연관 캐시fully associative cache는 $E = C/B$, 즉 집합 한 개만 있는 캐시다. 이 캐시의 경우 연관 메모리가 비싸기 때문에 큰 크기의 캐시에서 라인 매칭은 많은 비용이 든다. 따라서 완전 연관 캐시는 이전에 설명했던 변환 색인 버퍼TLB 같은 작은 크기 의 캐시에서만 보통 사용된다.

9.3 메모리 모델

메모리 모델은 메모리가 프로그램에 의해 어떻게 사용되는지를 정의한다. 하드웨 어와 운영체제(존재한다면), 프로그래밍 언어, 컴파일러 등이 메모리 모델과 연관돼 있다. 이 절은 메모리 모델과 관련돼 흔히 발생하는 몇 개의 이슈를 다룬다.

9.3.1 메모리 주소

기본적으로 메모리 모델은 프로그램이 접근 가능한 메모리 주소의 범위를 정의한 다. C에서 이 주소는 포인터pointer에 저장된다. 32비트 구조에서 메모리 주소는 32 비트 부호 없는 정수unsigned integer이고 0에서 $2^{32} - 1$까지의 주소를 나타낼 수 있다. 이는 약 40억 개의 주소다. 각 주소는 메모리 내의 바이트(8비트)를 가리킨다. C의 char 데이터 타입은 바이트를 나타낸다. C의 int 데이터 타입은 최소 연속된 2바 이트를 나타낸다. 32비트 구조에서 이 데이터 타입은 4바이트를 나타내고 -2^{31}에 서 2^{31}까지의 정수를 나타낸다. C에서 double 데이터 타입은 연속된 8바이트를 나 타내며 IEEE 부동소수점 표준(IEEE 754)에 따라 인코딩된다.

메모리 주소는 바이트를 가리키기 때문에 메모리 주소를 직접 수정하는 프로그램 을 작성할 때 두 가지 중요한 호환성 이슈가 존재한다. 첫 번째는 데이터 정렬 alignment 이슈다. int는 일반적으로 4의 배수인 주소에서 시작하는 연속된 4바이트 를 차지한다. 16진수 표기법에서 이 주소는 항상 0, 4, 8, c로 끝난다.

두 번째 이슈는 바이트 순서다. 첫 번째 바이트(0, 4, 8, c로 끝나는 주소에서)는 int에서 낮은 순서의 8비트를 나타낼 수 있고(리틀엔디언^{little endian}으로 표현), int에서 높은 순서의 8비트를 나타낼 수도 있다(빅엔디언^{big endian}으로 표현). 불행하게도 많은 데이터 표현 질문이 보편적인 표준(바이트에서 비트 순서처럼)이 됐음에도 불구하고 바이트 순서는 아직도 그렇지 못하다. 인텔의 x86 구조와 ARM 프로세서는 기본적으로 리틀엔디언 표현을 사용하고 IBM의 PowerPC는 빅엔디언 표현을 사용한다. 어떤 프로세서는 두 표현을 모두 지원한다. 그리고 바이트 순서는 일반적으로 빅엔디언을 사용하는 네트워크 프로토콜에서 문제가 될 수 있다.

이 용어들은 조나단 스위프트가 쓴 『걸리버 여행기』에서 유래했다. 이 소설에서 릴리푸트의 왕실 칙령은 삶은 달걀을 깨뜨릴 때 달걀의 작은 쪽^{small end}에서 깨고, 라이벌 왕국인 블레푸슈의 주민들은 달걀의 큰 쪽^{big end}에서 깬다.

9.3.2 스택

스택^{stack}은 후입선출^{LIFO, Last In First Out} 패턴으로, 프로그램에 동적으로 할당되는 메모리 영역이다. 스택 포인터(일반적으로 레지스터)는 스택의 맨 꼭대기^{top}의 메모리 주소를 갖는다. 항목들이 스택에 넣어질 때^{push} 스택 포인터는 증가하고 해당 항목은 스택 포인터가 가리키는 새로운 위치에 저장된다. 항목이 스택에서 빠져 나올 때^{pop} 스택 포인터가 가리키는 메모리 위치는 (일반적으로) 다른 곳(예를 들어 레지스터 같은 곳)으로 복사되고 스택 포인터는 감소한다.

스택은 일반적으로 함수 호출을 구현하려고 사용된다. 예를 들어 C에서 함수 호출 시 컴파일러는 함수가 반환될 때 실행할 명령어의 위치와 일부 혹은 모든 레지스터의 현재 값, 함수의 인자를 스택에 넣고 프로그램 카운터를 함수 코드의 위치와 동일하게 설정하는 코드를 생성한다. 스택에 넣어지는 함수의 데이터를 해당 함수의 스택 프레임^{stack frame}이라고 한다. 함수가 반환될 때 컴파일러는 스택 프레임을 빼내고 실행을 계속 해야 할 프로그램의 위치를 뽑아낸다.

임베디드 소프트웨어에서 스택 포인터가 스택에 할당된 메모리를 넘어가면 큰 문제가 될 것이다. 이런 **스택 오버플로**stack overflow는 다른 목적으로 사용되고 있는 메모리를 쓰게 되므로 예측 불가능한 결과를 초래한다. 따라서 스택의 한정적인 사용은 중요한 목표지만 함수 스스로를 호출하는 **재귀 프로그램**recursive program에서는 이런 한정적 사용이 특히 어렵다. 임베디드 소프트웨어 설계자는 이런 어려움을 피하고자 재귀 호출을 잘 사용하지 않는다.

스택을 잘못 사용하거나 잘못 이해하면 더 미묘한 문제도 발생할 수 있다. 다음의 C 프로그램을 살펴보자.

```
1    int* foo(int a) {
2        int b;
3        b = a * 10;
4        return &b;
5    }
6    int main(void) {
7        int* c;
8        c = foo(10);
9        ...
10   }
```

변수 b는 지역 변수이고 스택에 메모리가 잡힌다. 함수가 반환되면 변수 c는 '스택 포인터상의' 메모리 위치를 가리키는 포인터를 포함한다. 이 메모리 위치의 데이터는 스택에 다음 항목들이 넣어질 때 다시 써질 것이다. 따라서 함수 foo가 b의 포인터를 반환하는 것은 잘못된 것이다. 이 포인터가 역참조dereferencing될 때(즉 main의 8번째 라인 뒤에서 *c를 사용하면) 메모리 위치는 foo가 만들었던 값과는 전혀 다른 값을 포함할 것이다. 불행히도 C는 이런 오류에 대한 보호 장치가 없다.

9.3.3 메모리 보호 장치

동시에 여러 작업을 지원하는 시스템은 한 작업이 다른 작업의 실행을 방해하지 않게 막는 것이 주요 관심사다. 서드파티 소프트웨어 다운로드를 허용하는 임베디드 애플리케이션에서 특히 이 이슈가 중요하고, 안전에 민감한 애플리케이션의 소프트웨어 버그를 막을 수 있는 방법을 제공할 수도 있다.

많은 프로세서가 하드웨어로 메모리 보호를 제공한다. 작업은 자신의 주소 공간에 할당되고, 한 작업이 해당 작업의 주소 공간 밖의 메모리에 접근하려 하면 세그멘테이션 폴트segmentation fault나 다른 예외 처리가 발생한다. 이 경우 일반적으로 애플리케이션 종료로 이어진다.

9.3.4 동적 메모리 할당

범용 소프트웨어 애플리케이션은 메모리에 대해 보통 불확실한 요구 사항을 가지며, 파라미터나 사용자 입력에 따라 다를 수 있다. 이런 애플리케이션을 지원하려고 컴퓨터 과학자들은 동적 메모리 할당 기법을 개발했다. 이 기법을 사용하면 운영체제가 추가적인 메모리를 할당하도록 프로그램이 언제라도 요청할 수 있다. 메모리는 힙heap이라고 불리는 데이터 구조에서 할당되고, 어떤 부분의 메모리가 어떤 애플리케이션에 의해 사용되는지를 추적할 수 있다. 메모리 할당은 운영체제의 시스템 콜(C의 malloc 같은)을 통해 발생한다. 프로그램이 더 이상 할당된 메모리에 대한 접근이 필요 없을 때 프로그램은 메모리를 해제한다(C에서 free를 호출한다).

메모리 할당 지원은 종종 가비지 컬렉션garbage collection을 포함한다. 예를 들어 가비지 컬렉션은 자바 프로그래밍 언어에서 기본으로 지원한다. 가비지 컬렉터는 주기적으로 혹은 메모리가 부족할 때 프로그램이 할당했던 데이터 구조를 분석해 프로그램이 더 이상 참조하지 않는 메모리의 일부를 자동으로 해제하는 작업이다. 가비지 컬렉터를 사용할 때 이론적으로 프로그래머는 명시적인 메모리 해제 작업을 걱정할 필요가 없다.

가비지 컬렉션 유무와 상관없이 프로그램은 해제되는 않는 메모리를 의도치 않게 만들어낼 수 있다. 이런 경우를 메모리 릭[memory leak]이라 하고, 오랜 시간 동안 실행돼야 하는 임베디드 애플리케이션에서 메모리 릭은 큰 문제가 될 수 있다. 프로그램은 물리적 메모리가 전부 소진되면 결국 오류가 발생할 것이다.

메모리 할당 기법에서 발생할 수 있는 또 다른 문제는 메모리 파편화[fragmentation]다. 메모리 파편화는 프로그램이 다양한 크기의 메모리 할당과 해제를 반복하면 발생한다. 파편화된 메모리는 할당된 메모리와 해제된 메모리 청크[chunk]가 섞여있고, 종종 해제 메모리 청크는 사용하기에 너무 작다. 이 경우 파편화 제거[defragmentation]가 필요하다.

파편화 제거와 가비지 컬렉션은 실시간 시스템에서 모두 문제가 있을 수 있다. 이런 작업을 간단히 구현하면 파편화 제거나 가비지 컬렉션이 실행되는 동안 실행 중인 다른 작업들을 중지시켜야 한다. 이렇게 다른 작업을 중지시키면 상당히 많은 정지 시간이 발생한다. 이런 작업 중에는 데이터 구조 내의 (포인터) 데이터 참조가 일치하지 않으므로 다른 작업들은 실행될 수가 없다. 이런 정지 시간을 줄이는 기법에는 점진적 가비지 컬렉션이 있고, 이 기법은 메모리 영역을 분리하고 가비지 컬렉션을 해당 영역별로 수행한다. 이 책을 쓰는 시점에 이런 기법들은 실험적이고 아직 널리 사용되지 않고 있다.

9.3.5 C에서 메모리 모델

C 프로그램은 컴파일러가 지정한 메모리 위치나 스택, 힙에 데이터를 저장한다. 다음 C 프로그램을 살펴보자.

```
1    int a = 2;
2    void foo(int b, int* c) {
3        ...
4    }
```

```
5       int main(void) {
6           int d;
7           int* e;
8           d = ...;                // 특정 값을 d에 지정
9           e = malloc(sizeInBytes); // e에 메모리 할당
10          *e = ...;               // 특정 값을 e에 지정
11          foo(d, e);
12          ...
13      }
```

이 프로그램에서 변수 a는 전역 변수이고 함수 정의 부분의 밖에 선언돼 있다. 컴파일러는 이 변수를 고정된 메모리 위치에 할당할 것이다. 변수 b와 c는 파라미터이고 함수 foo가 호출될 때 스택에 할당될 것이다. 변수 d와 e는 자동 변수 혹은 지역 변수다. 이 변수들은 함수 내부에 선언된다(이 예제의 경우 main 함수 안에 선언된다). 컴파일러는 이 변수들을 스택에 할당할 것이다.

함수 foo가 11번째 줄에서 호출될 때 8번째 줄에서 지정된 변수 d의 값을 b를 위한 스택 위치에 복사할 것이다. 이는 값에 의한 전달pass by value이며, 호출된 함수가 사용하려고 파라미터의 값이 스택에 복사된다. 포인터 e가 가리키는 데이터는 힙에 할당된 메모리에 저장되고 참조에 의한 전달pass by reference이 수행된다(데이터의 포인터 e가 값에 의한 전달을 한다). 해당 주소는 c를 위한 스택 위치에 저장된다. foo 내에서 *c에 값을 지정하면 foo가 반환된 후 지정된 값은 e를 역참조하면 얻을 수 있다.

전역 변수 a는 1번째 줄에서 초깃값으로 지정된다. 여기 약간의 함정이 있다. a를 저장하는 메모리 위치는 프로그램이 로드될 때 2로 초기화된다. 이는 프로그램이 재로딩reloading 없이 2번째 수행되면 a의 초깃값은 꼭 2일 필요가 없다. 이 값은 이 프로그램의 첫 번째 실행이 끝날 때의 값이 될 것이다. 대부분의 데스크톱 운영체제에서 프로그램은 실행할 때마다 재로딩돼 이런 문제는 나타나지 않을 것이다. 하지만 많은 임베디드 시스템에서는 프로그램이 각 실행 시마다 꼭 재로딩돼야 할 필요는 없다. 예를 들어 시스템이 재시작될 때 이 프로그램은 시작부터 실행될

것이다. 이런 문제를 피하려고 선언하는 줄에서 전역 변수를 초기화하지 않고 main 내부에서 하는 것이 안전하다.

9.4 요약

임베디드 시스템 설계자는 타깃 컴퓨터의 메모리 구조와 프로그래밍 언어의 메모리 모델을 반드시 이해해야 한다. 메모리의 잘못된 사용은 매우 미묘한 문제들을 일으키고, 해당 문제들은 테스트 단계에서는 검출되지 않을 수 있다. 양산된 제품에서만 나오는 문제는 시스템 사용자나 기술 제공자 모두에게 힘든 일이 될 수 있다.

설계자는 기술적으로 주소 공간의 어떤 부분이 휘발/비휘발성 메모리인지를 이해해야 한다. 시간에 민감한 애플리케이션의 경우 설계자는 프로그램 실행 시간을 이해하고자 메모리 기술과 캐시 구조(존재하면)를 이해해야 할 것이다. 또한 프로그래머는 유효하지 않은 데이터 읽기를 피하고자 프로그래밍 언어의 메모리 모델을 꼭 이해해야 한다. 프로그래머는 동적 메모리 할당에 많은 주의를 기울여야 하고, 특히 매우 긴 시간 동안 동작되는 임베디드 시스템에서는 더욱 조심해야 한다. 가용한 메모리를 모두 쓰게 되면 시스템이 멈추거나 의도치 않은 동작을 하게 될 것이다.

연습문제

1. 아래의 compute_variance 함수를 살펴보자. 이 함수는 배열 data에 저장된 정수들의 분산을 계산한다.

```
1    int data[N];
2
```

```
 3    int compute_variance() {
 4        int sum1 = 0, sum2 = 0, result;
 5        int i;
 6
 7        for(i=0; i < N; i++) {
 8            sum1 += data[i];
 9        }
10        sum1 /= N;
11
12        for(i=0; i < N; i++) {
13            sum2 += data[i] * data[i];
14        }
15        sum2 /= N;
16
17        result = (sum2 - sum1*sum1);
18
19        return result;
20    }
```

이 프로그램이 직접 매핑한 캐시와 $(m, S, E, B) = (32, 8, 1, 8)$ 파라미터를 가진 32비트 프로세서에서 실행된다고 가정하자. 그리고 다음과 같은 내용들도 가정하자.

- int는 4바이트 길이다.
- sum1과 sum2, result, i는 모두 레지스터에 저장된다.
- data는 주소 0x0에서 시작하는 메모리에 저장된다.

다음 질문에 답해보자.

(a) N이 16인 경우를 생각해보자. 캐시 부적중이 얼마나 일어나는가?

(b) 이제 N이 32인 경우를 생각해보자. 캐시 부적중 횟수를 다시 계산해 보자.

(c) $(m, S, E, B) = (32, 8, 2, 4)$ 파라미터를 가진 2-way 집합 연관 캐시에서

N = 16일 때 프로그램이 실행된다고 가정해보자. 이는 블록 크기는 절반으로 줄고 집합당 두 개의 캐시 라인이 있는 경우다. 캐시 부적중이 얼마나 발생하는가?

2. 9.2.3절을 다시 생각해보자. 캐시는 집합 인덱스로 주소 비트의 중간 영역을 사용하고 태그를 위해 높은 순서의 비트를 사용한다. 왜 그럴까? 태그가 중간 비트를 사용하고 집합 인덱스가 높은 순서의 비트를 사용하면 캐시 성능에 어떤 영향을 끼칠까?

3. 아래의 C 프로그램과 16비트 마이크로컨트롤러용 메모리맵을 생각해보자. 스택은 상단(D 영역)에서부터 점점 커지고 프로그램과 정적 변수는 데이터와 프로그램 메모리 영역의 하단(C 영역)에 저장된다. 또한 전제 주소 공간은 이 공간과 연관된 물리적 메모리를 갖는다고 가정하자.

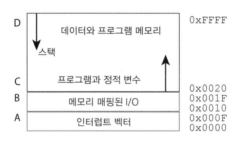

```
1    #include <stdio.h>
2    #define FOO 0x0010
3    int n;
4    int* m;
5    void foo(int a) {
6        if (a > 0) {
7            n = n + 1;
8            foo(n);
9        }
10   }
```

```
11    int main() {
12        n = 0;
13        m = (int*)FOO;
14        foo(*m);
15        printf("n = %d\n", n);
16    }
```

이 시스템에서 int는 16비트 숫자이고, 운영체제가 없고 메모리 보호도 없으며, 프로그램은 컴파일돼 메모리의 C 영역에 로딩됐다고 가정하자.

(a) n과 m, a에 대해 변수들이 메모리의 어디에 (영역 A, B, C, D) 저장될지 생각해보자.

(b) 주소 0x0010의 데이터가 시작 시 0이라면 프로그램이 어떻게 동작할지 생각해보자.

(c) 0x0010 메모리 위치의 데이터가 시작 시 1이라면 어떻게 동작할지 생각해보자.

4. 다음 프로그램을 살펴보자.

```
1    int a = 2;
2    void foo(int b) {
3        printf("%d", b);
4    }
5    int main(void) {
6        foo(a);
7        a = 1;
8    }
```

foo에 전달된 a의 값이 항상 2가 되는 것이 참인가 거짓인가? 이유를 설명해보자. 위 코드가 전체 프로그램이고 이 프로그램은 영구 메모리persistent memory에 저장돼 있으며, 프로그램은 재시작 버튼이 눌릴 때마다 운영체제가 없는bare iron 마이크로컨트롤러에서 실행된다고 가정하자.

10

입력과 출력

가상 물리 시스템은 컴퓨팅과 물리역학^{physical dynamics}을 통합하기 때문에 외부 세계와의 상호작용을 지원하는 프로세서의 메커니즘은 모든 설계의 핵심이 된다. 시스템 설계자는 여러 문제에 직면해 있다. 그중 인터페이스의 기계적 특성과 전기적인 특성이 중요하다. 한 핀에서 너무 많은 전류를 끌어오는 것처럼 부품을 잘못 사용하면 시스템이 오작동하거나 수명이 단축될 수 있다. 또한 물리적 세계에서는 많은 일이 한 번에 발생한다. 이와 달리 소프트웨어는 대부분 순차적이다. 이러한 전혀 다른 두 가지 속성을 조화롭게 조정하는 것이 중요한 과제며, 종종 임베디드 시스템을 설계하는 데 있어 가장 큰 위험 요소다. 물리적 세계에서 순차적 코드와 동시 이벤트 사이의 잘못된 상호작용은 심각한 시스템 오류를 일으킬 수 있다. 10장에서는 이러한 문제를 다룬다.

10.1 입출력 하드웨어

마이크로컨트롤러^{microcontrollers}, DSP 프로세서 또는 범용 프로세서^{general-purpose processors}와 같은 임베디드 프로세서는 일반적으로 칩에 많은 입력과 출력(I/O) 메커니즘을 포함하며, 설계자는 칩의 핀으로 해당 메커니즘을 접근할 수 있다. 이번 절에서는 일반적으로 제공되는 인터페이스들을 검토하고, 다음 실행 예제를 통해 인터페이스들의 속성을 살펴볼 것이다.

예제 10.1: 그림 10.1은 ARM Cortex^{TM} – M3 32비트 프로세서를 가진 Luminary Micro Stellaris® 마이크로컨트롤러용 평가 보드를 보여준다. 마이크로컨트롤러 자체는 그래픽 디스플레이 아래 중앙에 있다. 마이크로컨트롤러의 많은 핀은 마이크로컨트롤러 양쪽과 보드의 상단과 하단에 표시된 커넥터에서 사용할 수 있다. 이러한 보드는 일반적으로 임베디드 애플리케이션의 시제품^{prototype}으로 사용되며, 최종 제품에서는 애플리케이션에서 필요한 하드웨어만을 포함하는 사용자 회로 보드로 교체된다. 엔지니어는 공급업체에서 제공하는 **통합 개발 환경**^{IDE}을 사용해 보드용 소프트웨어를 개발하고 이 소프트웨어를 보드 하단의 슬롯에 삽입될 플래시 메모리에 로드^{load}한다. 다른 방법으로는 개발 컴퓨터 상단에 있는 USB 인터페이스를 통해 소프트웨어를 보드로 로드할 수도 있다.

이 예제에서 평가 보드는 디스플레이 및 다양한 하드웨어 인터페이스(예를 들어 스위치와 스피커)를 포함하기 때문에 프로세서 그 이상이다. 이러한 보드는 흔히 **단일 보드 컴퓨터**^{single-board computer} 또는 **마이크로컴퓨터 보드**^{microcomputer board}라고 불린다. 다음으로 마이크로컨트롤러나 단일 보드 컴퓨터가 제공하는 몇 가지 인터페이스를 살펴보자. 현재 사용 중인 다양한 종류의 I/O 인터페이스에 대한 포괄적인 설명을 원한다면 Valvano(2007)와 Derenzo(2003)의 책을 추천한다.

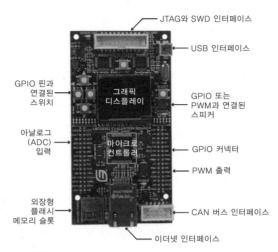

JTAG와 SWD 인터페이스

USB 인터페이스

GPIO 핀과
연결된
스위치

그래픽
디스플레이

GPIO 또는
PWM과 연결된
스피커

아날로그
(ADC)
입력

마이크로
컨트롤러

GPIO 커넥터

PWM 출력

외장형
플래시
메모리 슬롯

CAN 버스 인터페이스

이더넷 인터페이스

그림 10.1: Stellaris®의 LM3S8962 평가 보드(Luminary Micro®, 2008a)(Luminary Micro는 2009년에 텍사스 인스트루먼트에 인수됐다)

10.1.1 펄스 폭 변조

펄스 폭 변조^{PWM, Pulse Width Modulation}는 외부 하드웨어 장치에 다양한 전력을 효율적으로 전달하는 기술이다. 예를 들어 모터의 속도, LED 빛의 밝기, 발열체의 온도를 제어하는 데 사용될 수 있다. 일반적으로 전압과 전류의 빠르고 갑작스러운 변화를 견딜 수 있는 장치에 다양한 양의 전력을 공급할 수 있다.

PWM 하드웨어는 디지털 회로만을 사용하므로 마이크로컨트롤러와 동일한 칩에 쉽게 통합할 수 있다. 디지털 회로는 설계상 높거나 낮은 두 가지 전압 레벨만을 생성한다. PWM 신호는 고정 주파수에서 high와 low 사이를 빠르게 전환하며, high 신호를 유지하는 시간을 다르게 조정한다. 듀티 사이클^{duty cycle}은 전압이 high인 시간의 비율이다. 듀티 사이클이 100%면 전압은 항상 high 상태다. 듀티 사이클이 0%면 전압은 항상 low 상태다.

많은 마이크로컨트롤러가 PWM 주변 장치를 제공한다(그림 10.1 참고). 이를 사용하려고 프로그래머는 일반적으로 듀티 사이클을 설정하고자 메모리 매핑된^{memory-}

^{mapped} 레지스터에 값을 쓴다(주파수도 설정할 수 있다). 이후 장치는 지정된 사용률에 비례해 외부 하드웨어에 전원을 공급한다.

PWM은 다양한 양의 전력을 전달하는 효과적인 방법이지만 특정 장치에서만 사용될 수 있다. 예를 들어 온열기는 더 많은 전류가 통과할 때 온도가 상승하는 저항이다. 온도는 PWM 신호의 주파수에 비해 천천히 변하므로 급격히 변하는 신호의 전압은 저항에 의해 평균화되고, 온도는 고정된 사용률에서 일정한 값으로 매우 근접하게 될 것이다. 모터도 마찬가지로 입력 전압의 급격한 변동을 평균화한다. 백열광이나 LED도 마찬가지다. PWM 신호의 주파수에 비해 전류나 전압의 변화에 대한 응답이 느린 모든 장치는 PWM을 통해 제어할 수 있는 대상이다.

10.1.2 범용 디지털 I/O

임베디드 시스템 설계자는 특수하거나 사용자 맞춤형 디지털 하드웨어를 임베디드 프로세서에 연결해야 한다. 많은 임베디드 프로세서는 소프트웨어가 논리 값 0이나 1을 나타내는 전압 레벨을 읽거나 쓸 수 있게 해주는 다수의 **범용 I/O**^{GPIO,} ^{General-Purpose IO} 핀을 갖고 있다. 프로세서 **공급 전압**^{supply voltage}이 V_{DD}인 경우 active high인 논리 회로^{logic}에서는 전압이 V_{DD}에 근접할 경우 논리 1을 나타내고, 전압이 0에 근접할 경우 논리 0을 나타낸다. Active low인 논리 회로에서는 이와 반대다.

많은 설계에서 GPIO 핀은 출력으로 설정될 수 있다. 이는 소프트웨어가 출력 전압을 high나 low로 설정할 수 있도록 메모리 매핑된^{memory-mapped} 레지스터에 값을 쓸 수 있게 한다. 이 메커니즘을 통해 소프트웨어는 외부의 물리적 장치를 직접 제어할 수 있다.

그러나 주의가 필요하다. 하드웨어와 GPIO 핀을 연결할 때 설계자는 장치의 사양을 이해해야 한다. 특히 전압과 전류 레벨은 장치에 따라 다르다. GPIO 핀이 논리 1로 주어진 경우 V_{DD} 출력 전압을 생성하면 설계자는 장치를 연결하기 전에 한계 전류를 알아야 한다. 예를 들어 R 옴^{ohm}의 저항을 가진 장치가 연결돼 있다면 옴의 법칙$^{Ohm's\ law}$에 의해 출력 전류가 $I = V_{DD}/R$가 된다.

이 전류를 규정된 허용 오차^{tolerances} 이내로 유지하는 것이 중요하다. 이러한 허용 오차를 벗어나면 장치가 과열돼 고장 날 수 있다. 적당한 전류를 전달하려고 **전력 증폭기**$^{power\ amplifier}$가 필요할 수도 있다. 증폭기는 전압 레벨을 변경하기 위해서도 필요할 수 있다.

> **예제 10.2:** 그림 10.1에서 살펴본 Luminary Micro Stellaris® 마이크로컨트롤러의 GPIO 핀은 최대 18mA의 전류를 공급^{source}하거나 받을 수^{sinc} 있게 구성될 수 있다. 이러한 비교적 높은 전류를 다룰 수 있는 핀의 조합에는 제한이 있다. 예를 들어 Luminary Micro Stellaris®(2008b)은 "높은 전류의 GPIO 패키지 핀은 물리적 패키지의 한 면당 최대 2개가 되도록 선택돼야 하고, 전체 패키지에서 높은 전류 GPIO 출력이 총 4개를 초과하지 않아야 한다."고 언급한다. 이러한 제한은 장치의 과열을 방지하려고 설계돼 있다.

또한 프로세서 회로와 외부 장치 사이의 **전기 절연**$^{electrical\ isolation}$을 유지하는 것이 중요할 수 있다. 이런 외부 장치는 노이즈를 갖는 전기적 특성을 가질 수 있는데, 노이즈가 전원이나 접지 라인으로 넘쳐흐르면 프로세서의 오동작을 일으킬 수 있다. 혹은 프로세서와 비교했을 때 외부 장치가 매우 다른 전압이나 전력 방식으로 작동할 수 있다. 이때 유용한 전략은 회로를 서로 영향이 없는 **전기 영역**^{electrical} ^{domain}들로 분리하고, 각 영역들에 다른 전원 공급 장치를 사용하는 것이다. 광절연체$^{opto-isolators}$ 및 변압기^{transformers}와 같은 절연 장치를 사용해 전기 영역 간 통신을 활성화할 수 있다. 전자는 전기 신호를 전기 영역의 빛으로 변환하고 다른 전기 영역의 빛을 검출해 전기 신호로 다시 변환한다. 후자는 전기 영역 간의 유도 결합을 사용한다.

GPIO 핀은 입력으로도 설정될 수 있으며, 이 경우 소프트웨어는 외부에서 제공되는 전압 레벨에 반응할 수 있다. 입력 핀은 슈미트 트리거$^{\text{Schmitt triggered}}$일 수 있으며, 이 경우 예제 3.5의 자동 온도 조절 장치^{thermostat}와 유사한 자기 이력 현상^{hysteresis}을 가진다. 슈미트 트리거 입력 핀은 노이즈에 덜 취약하다. 이는 1934년에 오징어 신경에서 신경 충동 전파를 연구한 대학원생인 오토 슈미트$^{\text{Otto H. Schmitt}}$의 이름을 따서 지어졌다.

> **예제 10.3:** 그림 10.1에 표시된 마이크로컨트롤러의 GPIO 핀은 입력으로 설정돼 있을 때 슈미트 트리거다.

많은 애플리케이션에서 여러 장치가 단일 전기 연결을 공유할 수 있다. 설계자는 이러한 장치들이 단일 전기 연결의 전압을 동시에 다른 값으로 설정하지 않게 해야 한다. 그렇지 않을 경우 과열과 장치 고장을 일으킬 수 있는 단락 회로$^{\text{short circuit}}$가 발생한다.

> **예제 10.4:** 여러 개의 독립적인 마이크로컨트롤러들이 출력 GPIO 라인에서 논리 0을 설정해 기계를 끌 수 있는 작업장을 생각해보자. 이러한 설계는 마이크로컨트롤러가 중복될 수 있기 때문에 추가적인 안정성을 제공할 수 있으므로 하나의 장애로 인해 안전과 관련된 중지가 발생하지 않는다. 이 모든 GPIO 라인이 기계 부품의 단일 입력 제어에 함께 연결돼 있다면 마이크로컨트롤러들이 서로 단락되지 않도록 주의해야 한다. 이는 하나의 마이크로컨트롤러가 공유된 라인을 높은 전압으로 구동하려고 시도하는 동안 다른 하나가 동일한 라인을 낮은 전압으로 구동하려고 시도할 때 발생할 수 있다.

GPIO 출력은 그림 10.2와 같이 **개방 컬렉터**$^{\text{open collector}}$ 회로를 사용할 수 있다. 이러한 회로에서 (메모리 매핑된) 레지스터에 논리 1을 쓰면 트랜지스터가 켜지고 출력 핀의 전압이 0에 근접한다. 논리 0를 레지스터에 쓰면 트랜지스터가 꺼지고 출력 핀의 연결이 끊어지거나 '개방open'된다.

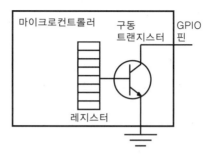

그림 10.2: GPIO 핀을 위한 개방 컬렉터(open collector) 회로

그림 10.3과 같이 다수의 개방 컬렉터 인터페이스가 연결될 수 있다. 공유된 라인은 모든 트랜지스터가 꺼져 있을 때 라인의 전압을 V_{DD}까지 끌어 올리는 **풀업 저항**pull-up register에 연결된다. 하나의 트랜지스터가 켜질 경우 다른 GPIO 핀과 단락 회로를 만들지 않고 전체 라인 전압을 0(에 근접)으로 만든다. 논리적으로 모든 레지스터는 출력이 high가 되도록 0을 갖고 있어야만 한다. 이 레지스터 중 하나가 1을 갖고 있으면 출력은 low가 될 것이다. Active high 로직을 가정하면 수행되는 논리 함수는 NOR이므로 이러한 회로를 유선wired NOR라고 한다.

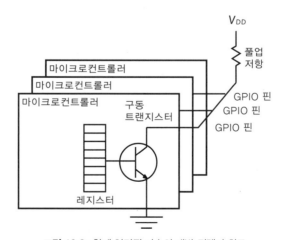

그림 10.3: 함께 연결된 다수의 개방 컬렉터 회로

'개방 컬렉터open collector'라는 용어는 양극성 트랜지스터bipolar transistor의 단자 이름에서 유래됐다. CMOS 기술에서는 이 유형의 인터페이스는 일반적으로 **오픈 드레인** open drain 인터페이스라고 한다. 이는 기본적으로 동일한 방식으로 동작한다.

> **예제 10.5:** 그림 10.1에 표시된 마이크로컨트롤러의 GPIO 핀이 출력으로 설정됐을 때 오픈 드레인 회로로 지정할 수 있다. 또한 선택적으로 풀업 pull-up 저항을 제공해 인쇄 회로 기판에 필요한 개별 부품의 수를 알맞게 줄일 수 있다.

출력 GPIO는 3상tristate 로직으로도 구현될 수 있는데, 이는 출력을 high나 low 전압으로 생성하는 것 외에도 핀을 단순히 꺼놓을 수 있다는 것을 의미한다. 개방 컬렉터 인터페이스와 마찬가지로 이는 여러 장치 간에 동일한 외부 회로 공유를 용이하게 해줄 수 있다. 개방 컬렉터 인터페이스와는 달리 3상 설계는 high와 low 전압을 모두 설정할 수 있다.

10.1.3 직렬 인터페이스

임베디드 프로세서 설계자가 고려해야 할 주요 제약 중 하나는 물리적으로 작은 패키지와 낮은 소비 전력에 대한 요구다. 결과적으로 집적 회로의 프로세서 핀의 수가 제한된다. 따라서 각 핀을 효율적으로 사용해야만 한다. 또한 하위 시스템을 함께 배선할 때 상품의 전체적인 크기와 비용을 억제하고자 전선의 수를 제한할 필요가 있다. 따라서 전선도 효율적으로 사용해야만 한다. 핀과 전선을 효율적으로 사용하는 한 가지 방법은 정보를 직렬로 일련의 비트bits로 보내는 것이다. 이러한 인터페이스를 **직렬 인터페이스**Serial Interfaces라고 한다. 서로 다른 제조업체의 장치를 (일반적으로) 연결하려고 직렬 인터페이스에 대한 여러 표준이 개발됐다.

오래 됐지만 아직까지도 표준으로 사용되는 전자 산업 협회EIA, Electronics Industries

^{Association}에 의해 표준화된 RS-232는 텔레타이프^{teletypes}를 모뎀에 연결하고자 1962
년에 처음 소개됐다. 이 표준은 전기 신호와 커넥터의 유형을 정의한다. 이 표준은
단순하고^{simplicity}, 이를 사용하는 오래된 산업 장비가 계속 보급되기 때문에 계속
사용되고 있다. 이 표준은 한 장치가 다른 장치에 비동기적으로 바이트를 전송할
수 있는 방법을 정의한다(이는 장치가 클럭 신호를 공유하지 않음을 의미한다). 구형 PC에
서는 그림 10.4와 같이 DB-9 커넥터를 통해 RS-232 연결이 제공될 수 있다. 마이
크로컨트롤러는 일반적으로 **범용 비동기 수신/송신기**^{UART, Universal Asynchronous Receiver/}
^{Transmitter}를 사용해 8비트 레지스터에 있는 내용을 RS-232 직렬 링크를 통해 전송
하기 위한 일련의 비트로 변환을 한다. 임베디드 시스템 설계자가 고려해야 하는
중요한 문제는 프로그래머가 주의하지 않으면 RS-232 인터페이스는 상당히 느려
질 수 있고, 애플리케이션의 소프트웨어를 느리게 할 수 있다는 것이다.

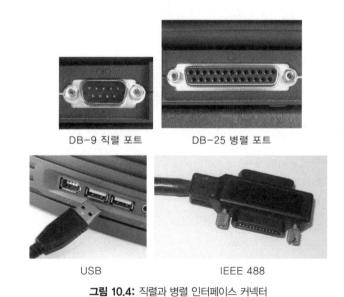

DB-9 직렬 포트   **DB-25 병렬 포트**

USB   **IEEE 488**

그림 10.4: 직렬과 병렬 인터페이스 커넥터

예제 10.6: 모든 Atmel AVR 마이크로컨트롤러는 RS-232 직렬 인터페이스
를 제공하려고 UART를 포함하고 있다. 직렬 포트를 통해 바이트^{byte}를 보내

고자 애플리케이션은 다음 행을 포함할 것이다.

```
1  while(!(UCSR0A & 0x20));
2  UDR0 = x;
```

여기서 x는 uint8_t 타입의 변수(8비트 부호 없는 정수를 지정하는 C의 데이터 유형)
다. 기호 UCSR0A와 UDR0는 AVR IDE에서 제공하는 헤더 파일에 정의돼 있다.
AVR 아키텍처의 메모리 매핑된 레지스터에 해당하는 메모리 위치를 참조
하고자 정의된다.

위의 첫 번째 행은 직렬 전송 버퍼가 비었을 때까지 빈 while 루프를 실행한
다. AVR 아키텍처는 메모리 매핑된 레지스터의 UCSR0A의 6번째 비트를 1로
설정해 송신 버퍼가 비어 있음을 나타낸다. 해당 비트가 1이 되면 !(UCSR0A
& 0x20)은 0이 되고 while 루프는 중지된다. 두 번째 행은 변수 x가 갖고 있
는 전송될 값을 메모리 매핑된 레지스터 UDR0로 가져온다[load].

배열 x에 저장돼 있는 8바이트를 순차적으로 전송한다고 생각해보자. C 코
드로 다음과 같이 작성할 수 있다.

```
1  for(i = 0; i < 8; i++) {
2      while(!(UCSR0A & 0x20));
3      UDR0 = x[i];
4  }
```

이 코드를 실행하는 데 얼마나 걸릴까? 직렬 포트가 57600 baud 또는 bps[bits
per second](이것은 RS-232의 경우 매우 빠르다)에서 작동하게 설정됐다고 가정하
자. 8비트 값의 UDR0를 가져온다면 8비트의 값을 전송하려고 8/57600초나
약 139 마이크로초[microseconds]가 소요된다. 프로세서의 주파수가 18Mhz(마이
크로컨트롤러의 경우 상대적으로 느림)로 작동한다고 가정하자. 첫 번째 for 루프

의 시간을 제외하고 각 while 루프에서 약 2500 사이클을 소비할 것이며, 이 시간 동안 프로세서는 다른 유용한 작업을 진행하지 못한다.

직렬 포트를 통해 한 바이트를 받으려고 프로그래머는 다음 C 코드를 사용할 수 있다.

```
1   while(!(UCSR0A & 0x80));
2   return UDR0;
```

이 경우 while 루프는 UART가 입력 바이트를 수신할 때까지 대기한다. 프로그래머는 입력되는 바이트가 있는지 확인해야 하며, 그렇지 않으면 이 코드가 영원히 실행될 것이다. 이 코드가 일련의 바이트를 받기 위한 루프를 포함할 경우 while 루프는 실행될 때마다 상당량의 사이클을 소비해야 한다. 직렬 포트를 통해 바이트를 송수신하는 경우 프로그래머는 직렬 통신이 발생하기를 기다리는 유휴 프로세서를 피하고자 인터럽트를 대신 사용할 수 있다. 인터럽트는 아래에서 설명한다.

RS-232 메커니즘은 매우 간단하다. 송신기와 수신기는 전송 속도(현대 표준에서는 느린)에 관해 처음에 합의를 해야 한다. 송신기는 수신기에게 전송되는 바이트가 있음을 알려주는 시작 비트start bit와 같이 바이트 전송을 시작한다. 그다음에 송신기는 합의된 속도로 일련의 비트를 출력clock out하고 하나 또는 두 개의 정지 비트stop bits를 보낸다. 수신기의 클럭clock은 시작 비트를 수신하면 리셋하고 입력되는 신호를 순차적으로 샘플링할 수 있을 만큼 송신기의 클럭을 충분히 관찰하고 일련의 비트를 복구할 것이다. RS-422, RS-423 등과 같이 더 빠른 속도의 통신을 지원하는 파생된 많은 표준이 있다.

개인용 컴퓨터에 연결할 수 있게 설계된 최신 장치는 일반적으로 공급 업체 컨소시엄이 표준화한 범용 직렬 버스USB, Universal Serial Bus 인터페이스를 사용한다. USB 1.0

은 1996년에 나왔으며, 12Mbits/sec의 데이터 전송 속도를 지원한다. USB 2.0은 2000년에 나왔으며, 최대 480Mbits/sec의 데이터 전송 속도를 지원한다. USB 3.0은 2008년에 나왔으며, 최대 4.8Gbits/sec의 데이터 전송 속도를 지원한다.

USB는 RS-232보다 전기적으로 간단하고 그림 10.4와 같이 더 간단하고 견고한 커넥터를 사용한다. 그러나 USB 표준은 바이트의 전기적인 전송보다 훨씬 더 많은 것을 정의하고, 이를 지원하고자 더 복잡한 제어 논리control logic가 요구된다. 프린터, 디스크 드라이브disk drives, 오디오 및 비디오 장치와 같은 현대 주변 장치에는 모두 마이크로컨트롤러가 포함돼 있기 때문에 이러한 장치를 위해 좀 더 복잡한 USB 프로토콜을 지원하는 것이 적합하다.

임베디드 프로세서에 널리 구현된 또 다른 직렬 인터페이스는 JTAGJoint Test Action Group 또는 공식적으로 IEEE 1149.1 표준 테스트 액세스 포트test access port와 바운더리 스캔boundary-scan 아키텍처로 알려져 있다. 이 인터페이스는 집적 회로 패키지와 인쇄 회로 기판 기술이 발전한 1980년대 중반에 등장해 전기적 프로브probes를 사용해 회로를 시험하기 어렵거나 불가능한 문제를 해결했다. 접근해야 하는 회로의 지점에 프로브로 접근하기 어려워졌기 때문이다. 바운더리 스캔boundary scan의 개념은 회로의 논리적인 경계(기존에는 프로브에 접근 가능했던 핀들)의 상태에 접근할 수 있게 만들어진 핀을 통해 직렬로 읽거나 쓸 수 있게 한다.

오늘날 JTAG 포트는 임베디드 프로세서에 디버그 인터페이스를 제공하고자 널리 사용되며, 호스트 PC 디버깅 환경에서 임베디드 프로세서의 상태를 검사하고 제어할 수 있다. 예를 들어 JTAG 포트는 프로세서의 레지스터 상태를 읽어오거나 프로그램에서 중단점breakpoint을 설정하고 프로그램을 통해 단일 단계를 수행하는 데 사용된다. 최근엔 더 적은 핀으로 유사한 기능을 제공하는 시리얼 와이어 디버그SWD, Serial Wire Debug가 있다.

오늘날에는 I^{2}CInter-Integrated Circuit, SPIserial peripheral interface bus, PCI ExpressPeripheral Component Interconnect Express, FireWire, MIDIMusical Instrument Digital Interface와 SCSI(다음 설명 참고)

의 직렬 버전 등을 포함하는 직렬 인터페이스가 존재한다. 이들은 각각의 용도가 있다. 또한 네트워크 인터페이스도 일반적으로 직렬이다.

10.1.4 병렬 인터페이스

직렬 인터페이스는 단일 라인을 통해 순차적으로 일련의 비트를 보내거나 받는다. 병렬 인터페이스^{Parallel Interfaces}는 여러 라인을 사용해 동시에 비트를 전송한다. 물론 병렬 인터페이스의 각 라인은 직렬 인터페이스이기도 하지만 논리적인 그룹화와 조직화된 동작은 인터페이스를 병렬 인터페이스로 만드는 요소다.

역사적으로 가장 널리 사용됐던 병렬 인터페이스 중 하나가 그림 10.4와 같이 DB-25 커넥터를 사용한 IBM PC의 IEEE-1284 프린터 포트다. 이 인터페이스는 1970년, Centronics 모델 101 프린터로 시작됐기 때문에 Centronics 프린터 포트라고도 불린다. 오늘날 프린터는 일반적으로 USB나 무선 네트워크를 사용해 연결된다.

주의 깊은 프로그래밍을 통해 GPIO 핀 그룹을 사용해 병렬 인터페이스를 구현할 수 있다. 실제로 임베디드 시스템 설계자는 하드웨어에서 직접 지원되지 않는 인터페이스를 때때로 GPIO 핀을 사용해 모방^{emulate}하기도 한다.

더 많은 선이 상호 연결에 사용되기 때문에 병렬 인터페이스가 직렬 인터페이스보다 높은 성능을 제공해야 할 것처럼 보인다. 그러나 이것이 반드시 그런 것은 아니다. 병렬 인터페이스에서의 중요한 도전과제는 여러 선에서 동기화를 유지하는 것이다. 이는 상호 연결의 물리적 길이가 증가함에 따라 더욱 어려워진다. 이러한 사실은 더 부피가 큰 케이블과 더 많은 I/O 핀에 대한 요구 사항과 결부돼 예전부터 많았던 병렬 인터페이스를 직렬 인터페이스로 대체시키는 결과를 낳았다.

10.1.5 버스

정확히 두 개의 장치를 연결하는 점대점^{point-to-point} 상호 연결과는 달리 버스^{bus}는 여러 장치 간에 공유되는 인터페이스다. 버스는 (USB와 같은) 직렬 인터페이스나 병렬 인터페이스가 될 수 있다. 일반적인 병렬 버스는 하드 드라이브^{hard drives}와 테이프 드라이브^{tape drives}를 컴퓨터에 연결하고자 일반적으로 사용되는 SCSI(scuzzy 라고 불리는 소형 컴퓨터 시스템 인터페이스)다. 그러나 최근의 SCSI 인터페이스는 예전의 병렬 인터페이스에서 벗어나 직렬 인터페이스가 됐다. SCSI는 사운드 및 디스크 드라이브와 같은 주변 장치에 컴퓨터를 연결하고자 사용되는 **주변 장치 버스**^{peripheral bus} 아키텍처의 한 가지 예다.

널리 사용되는 다른 주변 장치 버스 표준으로는 ISA^{Industry Standard Architecture} 버스(유비쿼터스 IBM PC 아키텍처에서 사용), PCI^{Peripheral Component Interface}, Parallel ATA^{Advanced Technology Attachment}가 있다. 다소 다른 유형의 주변 장치 버스 표준은 원래 자동화된 테스트 장비를 제어 컴퓨터에 연결하려고 30년 이상 전에 개발된 IEEE-488이다. 이 인터페이스는 휴렛패커드^{Hewlett Packard}에서 설계됐으며, HP-IB^{Hewlett Packard Interface Bus}, **범용 인터페이스 버스**^{GPIB, General Purpose Interface Bus}로 널리 알려져 있다. 많은 네트워크 또한 버스 아키텍처를 사용한다.

버스는 여러 장치 간에 공유되기 때문에 모든 버스 아키텍처는 접근 경쟁을 조정하기 위한 **매체 접근 제어**^{MAC, Media-Access Control} 프로토콜을 포함해야만 한다. 간단한 MAC 프로토콜은 버스 슬레이브^{slave}에 정보를 보내는 버스 마스터^{master}가 있다. USB가 이러한 메커니즘을 사용한다. 다른 방식으로는 장치가 전송할 수 있는(혹은 전송할 것이 없는 시간) 동안 시간 슬롯^{time slot}이 지정되는 **시간 트리거 버스**^{time-triggered bus}가 있다. 세 번째 방식은 버스에 있는 장치는 공유 매체를 사용하기 전에 토큰을 획득해야 하고 어떠한 패턴에 따라 장치로 토큰을 건네주는 **토큰 링**^{token ring} 방식이다. 네 번째 방식은 어떤 우선순위에 따라 버스에 대한 요청을 처리하는 회로인 버스 결정자^{bus arbiter}를 사용하는 것이다. 다섯 번째 방식은 반송파 감지 다중 접근^{CSMA, Carrier Sense Multiple Access}이다. 이 방식에서 장치는 매체를 사용하기 전에 매체가 사용 중인지 여부를 확인하고자 매체를 감지하고, 매체를 사용하기 시작할 때 발생한 충돌을 발견하고 충돌이 발생했을 때에는 나중에 다시 전송을 시도한다.

앞의 모든 경우에서 물리적 매체의 공유는 애플리케이션의 타이밍에 영향을 준다.

> **예제 10.7:** 주변 장치 버스는 외부 장치가 CPU와 통신할 수 있는 메커니즘을 제공한다. 외부 장치가 많은 양의 데이터를 메인 메모리로 전송해야 하는 경우 CPU가 각 전송을 수행하도록 요구하는 것은 비효율적이고 업무에 지장을 초래할 수 있다. 이러한 대안으로 직접 메모리 접근^{DMA, Direct Memory Access}이 있다. ISA 버스에서 사용되는 DMA 방식에서 전송은 버스를 제어하고 데이터를 전송하는 DMA 제어기^{controller}라고 불리는 장치에서 수행된다. PCI와 같은 최근의 일부 설계에서는 외부 장치가 버스를 직접 제어하고 전용 DMA 제어기의 도움 없이 전송을 수행한다. 두 경우 모두 CPU는 전송이 진행되는 동안 소프트웨어를 자유롭게 실행할 수 있지만 실행된 코드가 메모리나 주변 장치 버스에 접근해야 할 경우에는 프로그램의 타이밍이 DMA에 의해 지장을 받는다. 이러한 타이밍 효과는 분석하기 어려울 수 있다.

10.2 동시 세계에서의 순차적 소프트웨어

예제 10.6에서 봤듯이 소프트웨어가 외부 세계와 상호작용할 때 소프트웨어 실행 타이밍이 크게 영향을 받을 수 있다. 소프트웨어는 본질적으로 순차적이며 일반적으로 가능한 한 빨리 실행된다. 그러나 물리적 세계는 여러 가지 일이 한 번에 일어나며 물리적인 특성에 따라 발생하는 속도가 결정되는 동시 세계^{Concurrent World}다. 의미론적으로 이런 불일치의 가교 역할을 하는 것이 임베디드 시스템 설계자가 풀어야 할 주요 과제 중 하나다. 이번 절에서는 이를 수행하기 위한 몇 가지 핵심 메커니즘을 다룬다.

10.2.1 인터럽트와 예외

인터럽트interrupt는 프로세서가 현재 수행하고 있는 작업을 일시 중지하고 인터럽트 서비스 루틴ISR, Interrupt Service Routine이나 인터럽트 처리기interrupt handler에 미리 정의돼 있는 코드를 순차적으로 실행하기 위한 메커니즘이다. 세 가지 이벤트 종류가 인터럽트를 발생시킬 수 있다. 하나는 외부 하드웨어가 인터럽트 요청 라인의 전압 레벨을 변경하는 하드웨어 인터럽트hardware interrupt다. 소프트웨어 인터럽트software interrupt의 경우 실행 중인 프로그램은 특수 명령instruction을 실행하거나 메모리 매핑된 레지스터에 쓰는 방법으로 인터럽트를 발생시킨다. 세 번째는 세그멘테이션 오류segmentation fault와 같은 오류를 감지하는 내부 하드웨어에 의해 인터럽트가 발생되는 예외exception다.

처음 두 가지 방식의 경우 ISR이 완료되면 중단됐던 프로그램이 중단됐던 지점에서 다시 시작된다. 예외의 경우 ISR이 완료되면 예외를 발생시켰던 프로그램은 정상적으로 재실행되지 않는다. 대신 프로그램 카운터를 정해진 어떤 위치로 설정한다. 예를 들어 운영체제는 문제가 되는 프로그램을 종료시킬 수 있다.

인터럽트 트리거가 발생하면 하드웨어는 응답할지 여부를 먼저 결정해야만 한다. 인터럽트가 비활성화돼 있을 경우에는 응답하지 않을 것이다. 인터럽트를 활성화하거나 비활성화하는 메커니즘은 프로세서에 따라 다르다. 그리고 또한 일부 인터럽트는 활성화돼 있고 다른 인터럽트는 비활성화돼 있을 수 있다. 인터럽트와 예외는 일반적으로 우선순위를 가지며, 인터럽트는 프로세서가 더 높은 우선순위를 갖는 인터럽트가 진행 중이지 않은 경우에만 처리된다. 일반적으로 예외는 가장 높은 우선순위를 가지며 항상 처리된다.

하드웨어가 인터럽트를 처리하기로 결정하면 일반적으로 먼저 인터럽트를 비활성화하고 현재 프로그램 카운터와 프로세서 상태 레지스터를 스택에 넣은 뒤 보통 ISR로 이동하기 위한 지정된 주소로 분기한다. ISR은 복귀 시에 사용될 현재 레지스터의 값을 스택에 저장해야 하고 인터럽트에서 복귀할 때 프로그램이 중단됐

던 곳에서 재동작하려고 정보를 복구해야 한다. 인터럽트 서비스 루틴이나 하드
웨어는 인터럽트에서 복귀하기 전에 인터럽트를 다시 활성화해야 한다.

예제 10.8: ARM Cortex^{TM} – M3는 산업 자동화와 기타 애플리케이션에서 사
용되는 32비트 마이크로컨트롤러다. 이 마이크로컨트롤러는 SysTick이라
는 시스템 타이머를 포함한다. 이 타이머는 ISR을 1ms마다 동작시키려고
사용된다. 특정 초깃값을 1ms마다 1씩 빼서 해당 값이 0이 될 때까지 진행
하는 예를 생각해보자. 다음 C 코드가 이를 수행하는 ISR을 정의한다.

```
1    volatile uint timerCount = 0;
2    void countDown(void) {
3        if (timerCount != 0) {
4            timerCount--;
5        }
6    }
```

여기서 변수 timerCount는 전역 변수며 0이 될 때까지 countDown()이 호출
될 때마다 감소한다. 아래에서 countdown()을 ISR로 등록해 매 ms마다 한
번 발생하게 지정한다. timerCount 변수는 프로그램이 수행되는 도중에 예
측할 수 없는 시간에 변경된다는 것을 컴퍼일러에게 알려주는 C volatile 키
워드^{keyword}로 표시된다. 이럴 경우 컴파일러가 레지스터에 변수 값을 캐싱
하고 반복적으로 읽는 것과 같은 최적화를 수행하지 못하게 한다. Luminary
Micro R(2008c)에서 제공하는 C API를 사용해 countDown()을 다음과 같이 매
ms마다 인터럽트 서비스 루틴으로 호출해야 한다고 지정할 수 있다.

```
1    SysTickPeriodSet(SysCtlClockGet() / 1000);
2    SysTickIntRegister(&countDown);
3    SysTickEnable();
```

```
4       SysTickIntEnable();
```

첫 번째 행은 SysTick 타이머의 '틱^{tick}' 간 클럭 사이클 수를 설정한다. 타이머는 매 틱마다 인터럽트를 요청한다. **SysCtlClockGet()**은 대상 플랫폼 클럭(예, 50MHz 부분의 경우 50,000,000)의 초당 사이클 수를 반환하는 라이브러리 함수다. 두 번째 행은 ISR(countDown() 함수 주소)을 위한 **함수 포인터**^{function pointer}를 제공해 ISR을 등록한다(참고: 이 코드에서처럼 ISR의 런타임 등록을 지원하지 않는 구성들도 있다. 각 시스템의 문서를 참조하자). 세 번째 행은 클럭^{clock}의 시작과 틱을 발생한다. 네 번째 행은 인터럽트를 활성화한다. 앞에서 구성한 타이머 서비스는 2초 동안 어떤 기능을 수행하고 정지하는 함수에 사용될 수 있다. 이를 수행하는 프로그램은 다음과 같다.

```
1       int main(void) {
2           timerCount = 2000;
3           ... 초기화 코드 ...
4           while(timerCount != 0) {
5               ... 2초 동안 수행될 코드 ...
6           }
7       }
```

프로세서 판매사는 이전 예제에서 사용된 메커니즘의 많은 변형을 제공하므로 사용 중인 특정 프로세서에 대한 판매사의 문서를 참조해야 한다. 코드가 이식 가능^{portable}하지 않기 때문에(다른 프로세서에서 제대로 실행되지 않음) 애플리케이션 로직에서 해당 코드를 분리하고, 새로운 프로세서를 대상으로 다시 구현해야 하는 사항은 신중하게 문서화하는 것이 좋다.

기초: 타이머

마이크로컨트롤러는 대부분 타이머라고 하는 몇 가지 주변 장치를 포함한다. 프로그램 가능 간격 타이머^{PIT, Programmable Interval Timer}는 가장 일반적인 유형으로 단순히 어떤 값에서 0까지 카운트다운을 한다. 초깃값은 메모리 매핑된 레지스터^{memory-mapped register}에 기록함으로써 설정되고 값이 0이 될 때 PIT가 인터럽트 요청을 발생시킨다. 메모리 매핑된 제어 레지스터^{memory-mapped control register}에 기록함으로써 타이머가 소프트웨어에 의해 리셋될 필요 없이 반복적으로 발생하게 설정될 수 있다. 이러한 반복적인 발생은 ISR이 호출될 때마다 타이머를 다시 시작하는 것보다 더 정확한 주기가 된다. 이는 타이머 하드웨어에서 카운트가 0에 도달하는 시간과 ISR에 의해 카운터가 다시 시작되는 시간이 제어가 어렵고 다양하기 때문이다. 예를 들어 인터럽트가 비활성화될 때 타이머가 0에 도달하면 ISR이 호출되기 전에 지연이 발생한다. ISR은 인터럽트를 다시 활성화하기 전에는 호출될 수 없다.

10.2.2 원자성

인터럽트 서비스 루틴은 메인 프로그램의 두 명령어 사이(또는 낮은 우선순위 ISR의 두 명령어 사이)에서 호출될 수 있다. 임베디드 소프트웨어 설계자의 주요 과제 중 하나는 명령어의 인터리빙^{interleavings}에 대한 추론이 매우 어려워질 수 있다는 것이다. 이전 예제에서 인터럽트 서비스 루틴과 메인 프로그램은 공유 변수^{shared variable} **timerCount**를 통해 상호작용한다. 변수의 값은 메인 프로그램의 두 가지 원자 조작^{atomic operation} 간에 변경될 수 있다. 안타깝게도 어떤 조작이 원자적^{atomic}인지를 아는 것은 상당히 어려울 수 있다. '원자'라는 용어는 '분리할 수 없는^{indivisible}'이라는 그리스어에서 유래됐으며, 어떤 작업이 분리할 수 없는 것인지는 프로그래머에게는 분명하지가 않다. 프로그래머가 어셈블리 코드를 작성할 경우 각 어셈블리 언어 명령어가 원자성을 가진다고 가정하는 것이 안전할 수 있지만 많은 ISA에는 원자성을 갖지 않는 어셈블리 레벨 명령어가 포함돼 있다.

> **예제 10.9:** ARM 명령어 집합에는 연속적인 메모리 위치에서 여러 레지스터를 읽어오는[load] LDM 명령어가 포함돼 있다. 이것은 읽어오는 과정 중에 인터럽트가 발생될 수 있다(ARM Limited, 2006).

C 프로그램의 수준에서는 어떤 작업이 원자성을 갖는지 아는 것은 훨씬 어려울 수 있다. 한 줄의 간단한 명령문을 고려해보자.

```
timerCount = 2000;
```

8비트 마이크로컨트롤러에서 이 명령문을 실행하려고 하나 이상의 명령 사이클을 필요로 할 수 있다(8비트 워드[word]는 명령과 상수 2000 모두를 저장할 수 없으며, 사실 상수 혼자로도 8비트 워드에 맞지 않는다). 인터럽트는 이러한 사이클의 실행 도중에 발생할 수 있다. ISR도 timerCount 변수에 값을 쓴다고 가정해보자. 예를 들어 이 경우에는 timerCount 변수의 최종 값은 ISR에 설정된 8비트와 앞의 C 명령문에서 설정된 나머지 비트로 구성될 수 있다. 이 최종 값은 2000과 매우 다를 수 있으며 인터럽트 서비스 루틴에서 지정된 값과도 다를 수 있다. 이러한 오류가 32비트 마이크로컨트롤러에서도 발생할 수 있을까? 확실하게 알 수 있는 유일한 방법은 ISA와 컴파일러를 완벽히 이해하는 것이다. 이러한 상황에서는 어셈블리 언어 대신 C로 코드를 작성하는 이점이 없다.

프로그램에서 이와 같은 오류를 찾아내고 수정하기가 상당히 어렵다. 더욱이 문제가 되는 인터리빙은 발생하기 쉽지 않으므로 테스트 시에 나타나지 않을 수 있다. 안전 필수 시스템[safety-critical systems]의 경우 프로그래머는 이러한 오류를 피하려고 모든 노력을 기울여야 한다. 이를 위한 한 가지 방법은 6장에서 다룬 것처럼 더 높은 수준^{higher-level}의 동시 연산 모델을 이용해 프로그램을 빌드하는 것이다. 물론 이러한 연산 모델의 구현은 정확해야 하지만 해당 애플리케이션 엔지니어보다는 동시성 전문가에 의해 구현될 것이다.

C 및 ISR 수준에서 작업할 때 프로그래머는 동작 순서에 관해 신중하게 고려해야만 한다. 많은 인터리빙^{interleavings}이 가능하지만 순차적인 C 명령문으로 주어진 동작은 순서대로 실행해야 한다(더 정확히 말하자면 비순차적^{out-of-order} 실행이 사용되는 경우에도 순서대로 실행된 것처럼 동작해야 한다).

> **예제 10.10:** 예제 10.8에서 프로그래머는 main() 내의 명령문이 순서대로 수행된다고 믿어도 된다. 이 예제에서 다음 명령문이
>
> ```
> timerCount = 2000;
> ```
>
> 다음 명령문 이전에 나온다는 것을 주목하자.
>
> ```
> SysTickIntEnable();
> ```
>
> 후자의 명령문의 SysTick 인터럽트를 활성화한다. 따라서 이전 명령문은 SysTick 인터럽트로 인해 중단될 수 없다.

10.2.3 인터럽트 제어기

인터럽트 제어기^{interrupt controller}는 인터럽트를 처리하는 프로세서의 로직^{logic}이다. 이 컨트롤러는 몇 가지 인터럽트와 우선순위 레벨을 지원한다. 각 인터럽트에는 ISR의 주소나 모든 ISR의 주소를 포함하고 있는 인터럽트 벡터 테이블^{interrupt vector table}이라고 불리는 배열의 색인^{index}이나 인터럽트 벡터^{interrupt vector}가 있다.

예제 10.11: 그림 10.1의 Luminary Micro LM3S8962 컨트롤러는 8개의 우선순위 레벨을 가진 36개의 인터럽트를 지원하는 ARM Cortex™ – M3 마이크로컨트롤러를 포함한다. 두 개의 인터럽트에 동일한 우선순위가 할당된 경우 하위 벡터$^{lower\ vector}$를 가진 인터럽트는 상위 벡터$^{higher\ vector}$를 가진 인터럽트보다 우선순위가 높다.

핀의 전압을 변경해 인터럽트가 발생할 경우 응답은 레벨 트리거$^{level\ triggered}$ 또는 에지 트리거$^{edge\ triggered}$일 수 있다. 레벨 트리거 인터럽트의 경우 인터럽트가 발생한 하드웨어는 일반적으로 해당 인터럽트가 처리됨을 의미하는 응답^{acknowledgement}을 얻을 때까지 회선의 전압을 유지한다. 에지 트리거 인터럽트의 경우 인터럽트를 발생한 하드웨어는 짧은 시간 동안만 전압을 변경한다. 위 두 경우 개방 컬렉터$^{open\ collector}$를 사용해 동일한 물리적 회선이 여러 장치에 공유될 수 있다(물론 ISR은 어떤 장치가 인터럽트를 발생했는지 결정할 수 있는 메커니즘이 필요한데, 예를 들어 인터럽트를 발생시킨 장치의 메모리 매핑된 레지스터를 읽어볼 수 있다).

장치 간에 인터럽트를 공유한다는 것은 까다로울 수 있으며 우선순위가 낮은 인터럽트가 우선순위가 높은 인터럽트를 차단하지 못하도록 신중하게 고려해야 한다. 버스^{bus}의 지정된 주소에 쓰는 방법으로 인터럽트를 발생시키는 것은 동일한 하드웨어가 더 많은 별개의 인터럽트를 지원할 수 있다는 장점을 갖지만 주변 장치가 더욱 복잡해지는 단점이 있다. 주변 장치는 메모리 버스에 대한 인터페이스를 포함해야 한다.

10.2.4 인터럽트 모델링

인터럽트 동작을 완벽히 이해하기는 상당히 어려울 수 있고 예상하지 못하는 동작으로 인해 많은 치명적인 시스템 오류가 발생한다. 불행하게도 인터럽트 제어기 로직은 프로세서 설명서에 보통 부정확하게 기술돼 있으며 많은 가능한 동작의 설명이 부족하다. 이러한 로직을 좀 더 정확하게 만드는 한 가지 방법은 이를 FSM으로 모델링하는 것이다.

예제 10.12: 2초 동안 어떤 동작을 수행하는 예제 10.8의 프로그램과 ISR 및 메인 프로그램을 모델링하는 2개의 유한 상태 기계^{finite state machine}가 그림 10.5에 나와 있다. FSM의 상태는 프로그램 목록에 표시된 것처럼 A에서부터 E로 표시된 실행 위치에 해당한다. 이러한 위치들은 C 구문 사이에 있으므로 여기서는 이 구문들을 원자 동작^{atomic operation}이라고 가정한다(일반적으로는 의심스러운 가정).

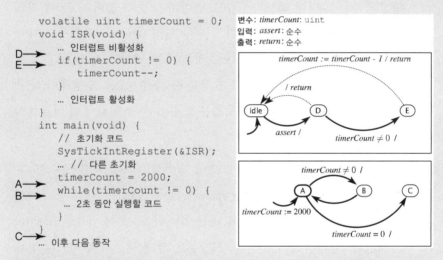

```
volatile uint timerCount = 0;
void ISR(void) {
    … 인터럽트 비활성화
D→
E→  if(timerCount != 0) {
        timerCount--;
    }
    … 인터럽트 활성화
}
int main(void) {
    // 초기화 코드
    SysTickIntRegister(&ISR);
    … // 다른 초기화
A→  timerCount = 2000;
B→  while(timerCount != 0) {
        … 2초 동안 실행할 코드
    }
C→  … 이후 다음 동작
```

그림 10.5: 2초 동안 무언가를 하고 다른 동작을 계속하는 프로그램에 대한 상태 기계 모델(state machine modes)과 메인 프로그램

프로그램이 항상 C 위치에 도달할 수 있는지 결정하고 싶을 수 있다. 즉, 프로그램이 2초 동안 수행한 어떤 연산을 결국 넘어간다는 것을 확신할 수 있을까? 상태 기계 모델은 우리가 이 질문에 대답하는 데 도움을 줄 것이다.

이제 핵심 질문은 이제 ISR 및 **main** 함수 두 부분의 순차적 코드 간 상호작용

을 올바르게 모델링하기 위한 상태 기계를 어떻게 작성하는지가 된다. 인터리빙^{interleavings}이 임의적이지 않아서 비동기 결합^{asynchronous composition}은 올바른 선택이 아니라는 것을 쉽게 알 수 있다. 특히 main은 ISR에 의해 멈출 수 있지만 ISR은 메인에 의해 멈출 수 없다. 비동기 구성은 이러한 비대칭성을 포착하지 못한다.

인터럽트가 요청된 즉시 처리된다고 가정하면 그림 10.6과 같은 모델을 갖기를 원한다. 이 그림에서 두 가지 상태 FSM은 인터럽트가 서비스되고 있는지 여부를 모델링한다. Inactive에서 Active으로의 전이는 인터럽트 서비스를 요청하는 타이머 하드웨어를 모델링하는 순수 입력 *assert*에 의해 유발된다. ISR이 실행을 완료하면 다른 순수 입력 *return*이 비활성 상태로 돌아가게 한다. Inactive에서 Active으로의 전이는 전환 시작 시 작은 원으로 표시되는 선점 전이이며, *assert*가 발생할 때 즉각적으로 수행돼야 하며, 리셋 전이이므로 Active 상태의 상태 세분은 진입 시 초깃값에서 시작해야 한다.

그림 10.5와 10.6을 결합하면 그림 10.7의 계층적인 FSM을 얻을 수 있다. *return* 신호는 이제 입력과 출력이다. *return* 신호는 Active 상태의 상태 세분이 생성하는 출력이자 최상위 FSM에 대한 입력이 되며, 이 입력은 Inactive로 전이시킨다. 입력이면서 출력을 갖는 것은 상태 세분이 컨테이너 상태 기계 내 전이를 발생시키는 메커니즘을 제공한다.

프로그램이 C 상태에 도달하는지 여부를 결정하고자 그림 10.8과 같은 평평한 상태 기계를 살펴볼 수 있다. 주의 깊게 기계를 살펴보면 실제로 C 상태에 도달할 것이라는 보장이 없다는 것을 알 수 있다. 예를 들어 모든 반응에 *assert*가 존재한다면 C 상태로는 절대 도달하지 않는다.

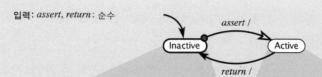

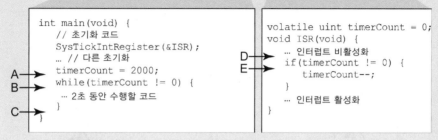

그림 10.6: ISR과 메인 프로그램 간의 상호작용을 나타내는 상태 기계 모델 개요

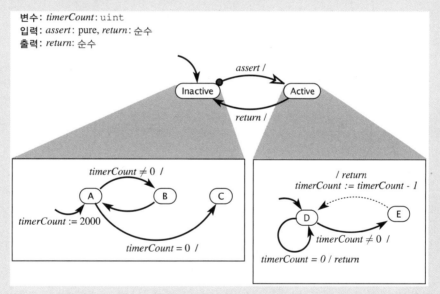

그림 10.7: ISR과 메인 프로그램 간의 상호작용을 위한 계층적 상태 기계 모델

이것이 실제로 일어날 수 있을까? 이 프로그램으로는 발생하지 않을 것처럼 보이지만, 불가능한 것은 아니다. 인터럽트 간의 시간보다 ISR 자체가 실행

하는 데 더 오래 걸리는 경우 발생할 수 있다. 이것이 일어나지 않을 것이라고 확신할 수 있을까? 불행하게도 유일하게 확신할 수 있는 것은 프로세서가 그보다 더 빠르다는 애매한 개념뿐이다. 따라서 발생하지 않는다는 보증은 없다.

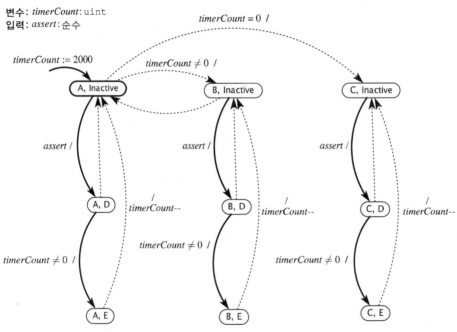

그림 10.8: 그림 10.7의 계층적 상태 기계 모델의 평평한 버전

앞의 예제에서 메인 프로그램과 인터럽트 서비스 루틴 간의 상호작용을 모델링하면 프로그램의 잠재적인 결함이 노출된다. 이 예에서 실제로 결함이 발생하지는 않더라도 결함이 존재한다는 사실은 불안감을 준다. 어쨌든 결함이 존재한다는 것을 알고 위험 요소가 수용 가능한지 결정한다는 것은 결함이 존재하는지 모르는 것보다 낫다.

인터럽트 메커니즘은 상당히 복잡할 수 있다. 외부 장치에 I/O를 제공하고자 이러한 메커니즘을 사용하는 소프트웨어를 장치 드라이버device driver라고 한다. 정확하고 견고한 장치 드라이버를 작성하는 것은 아키텍처에 대한 깊은 이해와 동시성에 대한 상당한 기술 추론을 요구하는 도전적인 엔지니어링 작업이다. 컴퓨터 시스템의 많은 오류는 장치 드라이버와 다른 프로그램 간의 예상치 못한 상호작용으로 인해 발생한다.

10.3 요약

10장에서는 센서 데이터를 프로세서로 가져오고 프로세서에서 액추에이터actuators까지 명령하는 데 사용되는 하드웨어와 소프트웨어 메커니즘을 살펴봤다. 주안점은 이러한 메커니즘 뒤에 있는 원칙을 이해하는 것이며, 특히 순차적 소프트웨어 세계와 병렬적 물리 세계 사이를 연결하는 것에 초점을 둔다.

연습문제

1. 예제 10.6과 비슷하게 다음과 같이 8바이트를 RS-232 직렬 인터페이스로 보내는 UART를 사용하는 Atmel AVR의 C 프로그램을 생각해보자.

```
1   for(i = 0; i < 8; i++) {
2       while(!(UCSR0A & 0x20));
3       UDR0 = x[i];
4   }
```

프로세서는 50Mhz로 실행된다고 가정한다. 또한 처음에는 UART가 유휴 상태이므로 코드 실행이 시작될 때 UCSR0A & 0x20 == 0x20이 참이라고 가정한다. 그리고 직렬 포트는 19,200baud로 작동한다고 가정한다. 위 코드를 실행하려면 몇 사이클이 필요할까? for 구문의 실행을 위해서는 세 번의 사이클(i를 증가시키려고 한 번, 이것을 8과 비교하려고 한 번, 조건 분기를 수행하려고 한 번), while 구문에서는 두 번의 사이클(!(UCSR0A & 0x20)을 비교하기 위한 한 번과 조건 분기를 위한 한 번) 그리고 UDR0에 대한 할당은 한 번의 사이클이라고 가정할 수 있다.

2. 그림 10.9는 3초 동안 반복적으로 어떤 함수를 수행하는 Atmel AVR 마이크로컨트롤러용 프로그램의 개요다. 이 함수는 foo() 함수를 호출해 실행된다. 이 프로그램은 타이머 인터럽트가 초당 1회 발생하게 설정하는 것으로 시작한다(이 설정을 수행하는 코드는 나와 있지 않음). 인터럽트가 발생할 때마다 지정된 인터럽트 서비스 루틴이 호출된다. 이 루틴은 카운터가 0에 도달할 때까지 카운터를 감소시킨다. main() 함수는 카운터 값을 3으로 초기화하고 이 카운터가 0이 될 때까지 foo() 함수를 호출한다.

(a) A, B, C로 표시된 회색 상자에 있는 코드 부분이 원자적이라고 가정하자. 이 가정을 유효하게 만들 수 있는 조건을 기술하라.

(b) 파트 (a)에서와 같이 A, B, C가 원자적이라고 가정하고 이 프로그램의 상태 기계 모델을 구성하라. 이 상태 기계에서의 전이는 '가드/액션'이라는 표식으로 지정돼야 한다. 여기서 액션은 A, B, C가 될 수도 있고 아무것도 안 될 수도 있다. 액션 A, B, C는 해당 표식이 있는 회색 상자의 코드 부분과 일치해야 한다. 이러한 동작을 원자적이라고 가정해도 된다.

(C) 상태 기계는 결정적인가? foo() 함수가 얼마나 많이 호출되는지에 대해 이야기 할 수 있는가? 이 모델에서 가능한 모든 동작이 프로그래머가 의도한 것과 일치하는가?

```
#include <avr/interrupt.h>
volatile uint16_t timer_count = 0;

// 인터럽트 서비스 루틴
SIGNAL(SIG_OUTPUT_COMPARE1A) {

  if(timer_count > 0) {                    A
    timer_count--;
  }
}

// 메인 프로그램
int main(void) {
  // 1초에 한 번씩 발생할
  // 인터럽트 설정
  ...

  // 3초 타이머 시작                         B
  timer_count = 3;

  // 3초동안 반복적으로
  // 무언가를 실행
  while(timer_count > 0) {
    foo();                                  C
  }
}
```

그림 10.9: 중지할 시기를 결정하려고 타이머 인터럽트를 사용하며, 3초 동안 foo() 함수를 반복적으로 호출해 어떤 기능을 수행하는 C 프로그램의 개요

많은 답이 있을 수 있음을 유의하라. 정교한 모델보다는 단순한 모델이 선호되고, 불완전한 모델보다 완벽한 모델(모든 것을 정의한)이 선호된다. 부담 없이 한 개 이상의 모델을 답해보자.

3. 예제 10.8과 비슷한 방법으로 32비트 **int**에서 시스템이 시작한 이후부터 시간을 기록하는 10ms의 지피 간격$^{jiffy\ interval}$을 갖는 시스템 클럭 ISR을 호출하기 위한 SysTick 타이머를 사용하는 ARM Cortex^{TM} – M3용 C 프로그램을 만들어보자. 클럭 오버플로 전까지 이 프로그램이 얼마나 오래 동작할 수 있는가?

4. 자동차의 브레이크가 정상적으로 작동하면 'normal'을 표시하고 고장이 발생하면 'emergency'을 표시하는 대시보드 디스플레이를 생각해보자. 의도된 동작은 'emergency'가 표시되면 'normal'이 다시 표시되지 않는 것이다. 즉, 시스템이 재설정될 때까지 'emergency'가 디스플레이에 남아 있는 것이다.

다음 코드에서 변수 `display`는 무엇이 표시되는지 정의한다고 가정하자. 그 값이 무엇이든 간에 이 값이 대시 보드에 표시된다.

```
 1  volatile static uint8_t alerted;
 2  volatile static char* display;
 3  void ISRA() {
 4      if (alerted == 0) {
 5          display = "normal";
 6      }
 7  }
 8  void ISRB() {
 9      display = "emergency";
10      alerted = 1;
11  }
12  void main() {
13      alerted = 0;
14      ...인터럽트 설정...
15      ...인터럽트 활성화...
16      ...
17  }
```

ISRA는 운전자가 브레이크를 밟을 때 호출되는 인터럽트 서비스 루틴이라고 가정하자. ISRB는 가속 페달을 밟은 동시에 브레이크가 밟히고 있는 경우를 센서가 감지하면 호출된다고 가정하자. 어떤 ISR도 스스로 중지될 수 없고, ISRB가 ISRA보다 높은 우선순위를 갖기 때문에 ISRB는 ISRA를 멈출 수 있지만 ISRA는 ISRB를 멈출 수 없다고 가정하자. 각 코드의 행이 원자적이라는 점을 (비현실적으로) 가정하자.

(a) 이 프로그램은 항상 의도된 행동을 보여주는가? 설명하라. 이 문제의 나머지 부분에서는 동작이 정확함을 증명하는 다양한 모델을 구성하거나 어떻게 잘못된 동작을 하는지를 설명하라.

(b) ISRA를 모델링하는 결정적 확장 상태 기계를 구성하라. 다음을 가정하자.

- alerted는 $\{0, 1\} \subset$ uint8_t의 타입을 갖는 변수며,
- ISRA에 대한 인터럽트 요청을 나타내는 순수한 입력 A가 있고
- display는 char* 타입의 출력이다.

(c) 해답을 위한 상태 공간의 크기를 구하라.

(d) (b)의 상태 기계가 반응할 때의 가정을 설명하라. 그것은 시간 트리거일까? 이벤트 트리거일까? 아니면 둘 다 아닐까?

(e) ISRB를 모델링하는 결정적 확장 상태 기계를 구성하라. 이 기계는 순수 입력 B를 가지며, B는 존재할 때 ISRB에 대한 인터럽트 요청을 나타낸다.

(f) 이 두 ISR의 결합 동작을 설명하는 평평한(비계층적인) 결정적 확장 상태 기계를 구성하라. 작성한 모델을 사용해 (a)에 했던 답변이 정확함을 설명해보자.

(g) 동등한 계층적 상태 기계를 보여라. 작성한 모델을 사용해 (a)에 했던 답변이 정확함을 설명해보자.

5. 어떤 프로세서가 다음 FSM에 의해 지정된 인터럽트를 처리한다고 가정하자.

입력: *assert, deassert, handle, return*: 순수
출력: *acknowledge*

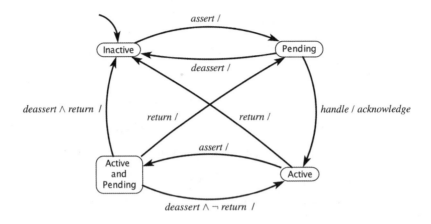

여기에서는 몇 가지 가능한 인터럽트와 어떤 인터럽트를 제공할지 결정하는 중재자^{arbiter}가 있는 예제 10.12에서 고려한 것보다 더 복잡한 인터럽트 제어기를 가정한다. 위 상태 기계는 하나의 인터럽트 상태를 보여준다. 인터럽트가 발생하면 FSM은 Pending 상태로 전환되고 중재자가 *handle* 입력을 제공할 때까지 해당 상태에 머무른다. 중재자가 *handle* 입력을 제공하면 이때 FSM은 Active 상태로 전환되고 *acknowledge* 출력을 생성한다. Active 상태에서 다른 인터럽트가 발생되면 Active and Pending 상태로 전환된다. ISR이 반환되면 *return* 입력은 시작점에 따라 Inactive 또는 Pending으로 전환된다. *deassert* 입력은 외부 하드웨어가 인터럽트가 동작되기 전에 인터럽트 요청을 취소할 수 있게 한다.

다음 질문에 답을 하라.

(a) 상태가 Pending이고 입력이 *return*이라면 반응은 무엇인가?

(b) 상태가 Active이고 입력이 *assert* ∧ *deassert*라면 반응은 무엇인가?

(c) 상태가 Inactive이고 3개의 연속 반응에서의 입력 순서가 다음과 같다고 가정해보자.

    ⅰ. *assert,*

ii. *deassert* $\wedge$ *handle*,

iii. *return*.

이 입력에 반응한 후에 가능한 모든 상태는 무엇인가? 이 인터럽트가 처리됐는가?

(d) 입력 순서에 절대로 *deassert*가 포함되지 않는다고 가정해보자. 모든 *assert* 입력이 *acknowledge* 출력을 발생시킨다는 것이 사실인가? 즉, 모든 인터럽트 요청이 처리되는가? 그렇다면 증거를 제시하라. 그렇지 않다면 반대의 예를 보여라.

6. 연습문제 5번의 FSM에 의해 주어진 로직이 발생시키는 두 개의 인터럽트를 지원하는 프로세서를 설계한다고 가정하자. 이 두 가지 인터럽트 중 하나를 높은 우선순위를 갖게 지정하는 중재자 로직을 제공하는 FSM을 설계하라. 인터럽트 1과 인터럽트 2 각각에 대한 요청과 반환을 표시하고자 입력은 다음의 순수 신호여야 한다.

assert1, *return1*, *assert2*, *return2*

출력은 순수 신호 *handle1*과 *handle2*여야 한다. *assert* 입력이 연습문제 5번과 같이 두 상태 기계에 의해 생성된다고 가정하면 이 중재자가 만들어진 모든 요청을 처리할 수 있는가? 답변의 타당함을 설명하라.

7. 두 개의 센서를 모니터링하는 다음 프로그램을 생각해보자. 여기에서 *sensor1*과 *sensor2*는 두 센서의 판독 값을 저장하는 변수를 나타낸다. 실제 읽기는 인터럽트 서비스 루틴 ISR이라고 불리는 각각의 readSensor1()과 readSensor2() 함수에 의해 수행된다.

```
1  char flag = 0;
2  volatile char* display;
3  volatile short sensor1, sensor2;
4
```

```
 5  void ISR() {
 6      if (flag) {
 7          sensor1 = readSensor1();
 8      } else {
 9          sensor2 = readSensor2();
10      }
11  }
12
13  int main() {
14      // ... 인터럽트 설정 ...
15      // ... 인터럽트 활성화 ...
16      while(1) {
17          if (flag) {
18              if isFaulty2(sensor2) {
19                  display = "Sensor2 Faulty";
20              }
21          } else {
22              if isFaulty1(sensor1) {
23                  display = "Sensor1 Faulty";
24              }
25          }
26          flag = !flag;
27      }
28  }
```

함수 isFaulty1()과 isFaulty2()는 불일치가 있는지 센서 판독 값을 확인하고 오류가 있으면 1을 반환하고 그렇지 않으면 0을 반환한다. 변수 display는 모니터에 표시되는 것을 정의해 작업자에게 오류에 대해 경고를 준다. 또한 flag는 main()에서만 수정될 수 있다고 가정할 수 있다.

다음 질문에 답을 하라.

(a) main 함수가 sensor1에 결함이 있는지 여부를 확인하는 동안 ISR이 sensor1의 값을 갱신하는 것이 가능한가? 그 이유는 무엇인가?

(b) sensor1이나 sensor2가 한 번의 측정에서 잘못된 값이 되는 비논리적인 오류가 발생한다고 가정해보자. 이 코드가 'Sensor1 faulty' 또는 'Sensor2 faulty'를 알리지 않을 수 있는가?

(c) ISR()에 대한 인터럽트 출처가 타이머 구동 timer-driven이라고 가정하면 이 코드가 센서에 결함이 있는지 여부를 확인하지 못하게 하는 조건은 무엇인가?

(d) 인터럽트 구동 대신에 ISR과 main이 각 스레드에서 동시에 실행된다고 가정해보자. 언제든지 스레드를 중지하고 다른 스레드를 실행하려고 문맥을 전환할 수 있는 마이크로커널을 가정해보자. 이 시나리오에서는 main 함수가 sensor1에 결함이 있는지 여부를 확인하는 동안 ISR이 sensor1의 값을 갱신하는 것이 가능한가? 그 이유는 무엇인가?

11

멀티태스킹

11장에서는 순차적 코드의 동시 실행을 제공하려고 소프트웨어에서 사용하는 중간 레벨 기법을 살펴본다. 여러 순차적 프로그램을 동시적으로 실행하는 많은 이유가 있지만 모두 타이밍과 관련돼 있다. 오랫동안 작동하는 프로그램이 센서 데이터나 사용자 요청 같은 외부 자극에 반응하는 프로그램을 막는 상황을 피함으로써 반응성을 개선시키는 것이 한 가지 이유다. 개선된 반응성은 **지연**^{latency}, 즉 자극과 반응 사이의 시간을 줄인다. 다른 이유로는 프로그램이 여러 프로세서나 코어에서 동시에 동작할 수 있게 성능을 개선시키는 것이다. 이 역시 타이밍 이슈며, 작업 완료가 늦는 것보다 빠른 것이 낫다고 간주한다. 세 번째 이유로는 외부와의 상호작용에 대한 타이밍을 직접 제어하는 것이다. 프로그램은 다른 작업이 수행되는 것과 별개로 디스플레이 업데이트 같은 어떤 동작을 특정 시점에 수행해야 할 수 있다.

이 책의 여러 곳에서 동시성에 대해 살펴봤다. 그림 11.1은 11장의 주제와 다른 장의 주제 사이 관계를 나타낸다. 8장과 10장은 그림 11.1의 가장 낮은 레이어를 다루며, 하드웨어가 소프트웨어 설계자에게 어떻게 동시 메커니즘을 제공하는지 나타낸다. 5장과 6장은 가장 높은 레이어를 다루며, 동기적 결합과 데이터 흐름, 시간 트리거 모델을 비롯한 동시성 추상화 모델을 포함한다. 11장은 이 두 레이어의 가교 역할을 한다. 11장에서는 로우레벨 메커니즘을 사용해 구현되는 메커니즘을 설명하며, 하이레벨 메커니즘을 구현하기 위한 기반 구조를 제공한다. 이 중간 레벨의 기법을 **멀티태스킹**^{multitasking}이라고 하며, 여러 작업을 동시 실행한다는 의미다.

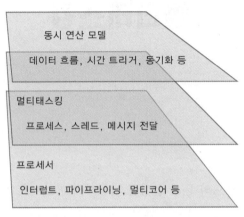

그림 11.1: 프로그램 내 동시성에 대한 추상화 계층

임베디드 시스템 설계자는 흔히 이 중간 레벨 메커니즘을 직접 사용해 애플리케이션을 만들지만, 하이레벨 메커니즘을 사용하는 설계자도 최근 많아졌다. 설계자는 한 개의 연산 모델(혹은 여러 개의 연산 모델)을 지원하는 소프트웨어 도구를 사용해 모델을 만든다. 이 모델은 자동 혹은 반자동으로 중간 혹은 로우레벨 메커니즘을 사용하는 프로그램으로 변환된다. 이 변환 과정을 **코드 생성**^{code generation} 혹은 **오토코딩**^{autocoding}이라고 한다.

```
1  #include <stdlib.h>
2  #include <stdio.h>
3  int x; // 업데이트되는 값
4  typedef void notifyProcedure(int);   // 알림 함수 타입
5  struct element {
6      notifyProcedure* listener;       // 알림 함수의 포인터
7      struct element* next;            // 다음 항목의 포인터
```

```
 8  };
 9  typedef struct element element_t;     // 리스트 엘리먼트 타입
10  element_t* head = 0;                   // 리스트의 시작 포인터
11  element_t* tail = 0;                   // 리스트의 끝 포인터
12
13  // 리스너를 추가하는 함수
14  void addListener(notifyProcedure* listener) {
15      if (head == 0) {
16          head = malloc(sizeof(element_t));
17          head->listener = listener;
18          head->next = 0;
19          tail = head;
20      } else {
21          tail->next = malloc(sizeof(element_t));
22          tail = tail->next;
23          tail->listener = listener;
24          tail->next = 0;
25      }
26  }
27  // x를 업데이트하는 함수
28  void update(int newx) {
29      x = newx;
30      // 리스너들에게 알림
31      element_t* element = head;
32      while (element != 0) {
33          (*(element->listener))(newx);
34          element = element->next;
35      }
36  }
37  // 알림 함수 예제
38  void print(int arg) {
39      printf("%d ", arg);
40  }
```

그림 11.2: 11장 여러 예제에서 사용하는 C 프로그램

11장에서 설명하는 메커니즘들은 일반적으로 운영체제나 마이크로커널, 함수 라이브러리에서 제공한다. 이 메커니즘들을 올바르게 구현하기에는 어려운 면이 있어 반드시 전문가가 구현해야 한다(어려운 점에 대한 부분은 Boehm(2005) 참고). 임베디드 시스템 애플리케이션 프로그래머는 보통 운영체제가 없는 프로세서상에서 이런 메커니즘을 구현해야 한다. 따라서 올바르게 구현하려면 동시성 이슈를 깊이 이해해야 한다.

11장은 순차적 프로그램용 모델들을 간단히 설명하며, 이 모델들은 이런 순차적 프로그램의 동시 결합 모델을 가능하게 한다. 그리고 스레드, 프로세스, 메시지 전달을 다룬다.

11.1 명령형 프로그램

계산을 일련의 연산으로 표현하는 프로그래밍 언어를 명령형imperative 언어라고 한다. C는 명령형 언어다.

예제 11.1: 11장에서는 그림 11.2에 나온 C 프로그램 예제를 사용해 여러 주요 사항을 다룬다. 이 프로그램은 일반적으로 사용하는 관찰자 패턴observer pattern(Gamma et al., 1994)을 구현한다. 이 패턴에서 update 함수는 변수 x를 변경한다. 관찰자(다른 프로그램이나 프로그램의 다른 부분)는 콜백callback 함수를 호출해 x가 변경될 때마다 통보를 받게 된다. 예를 들어 관찰자는 스크린에 x의 값을 표시한다. 값이 변경될 때마다 관찰자는 통지를 받아야 하고 스크린에 바뀐 값을 표시할 수 있다. 아래 main 함수는 그림 11.2에서 정의한 함수를 사용한다.

```
1   int main(void) {
```

```
2        addListener(&print);
3        addListener(&print);
4        update(1);
5        addListener(&print);
6        update(2);
7        return 0;
8   }
```

이 테스트 프로그램은 print 함수를 콜백으로 두 번 등록한 후 업데이트(x
= 1로 설정)를 실행한다. 그리고 print 함수를 다시 등록하고 마지막으로 업
데이트(x = 2로 설정)를 수행한다. print 함수는 단순히 현재 값을 프린트하
므로 이 테스트 프로그램이 실행될 때의 출력은 1 1 2 2 2가 된다.

C 프로그램은 일련의 단계를 지정하고 각 단계는 기계의 메모리 상태를 변경한다.
C에서 기계의 메모리 상태는 변수의 값에 의해 표현된다.

예제 11.2: 그림 11.2의 프로그램에서 기계의 메모리 상태는 변수 x의 값(전
역 변수)과 변수 head(다른 전역 변수)가 가리키는 엘리먼트의 리스트를 포함한
다. 이 리스트는 연결 리스트^{linked list}로 표현되고, 리스트의 각 엘리먼트는
x가 변경될 때 호출되는 함수를 가리키는 함수 포인터를 포함한다.

C 프로그램 실행 중에 이 기계의 메모리 상태는 지역 변수를 포함하는 스택
^{stack}의 상태도 포함해야 한다.

고정되고 제한된 개수의 변수를 C 프로그램이 갖는다고 가정하면 확장 상태 기계
를 사용해 간단한 C 프로그램 실행을 모델링할 수 있다. C 프로그램의 변수는 상
태 기계의 변수들이다. 상태 기계의 상태는 프로그램 내의 코드 위치를 나타내고,

전이는 프로그램의 실행을 나타낸다.

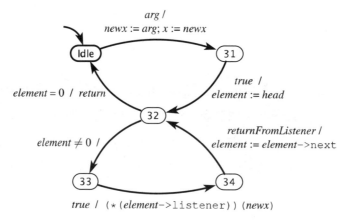

입력: *arg*:int, *returnFromListener*: 순수
출력: *return*: 순수
지역 변수: *newx*:int, *element*: element_t*
전역 변수: *x*: int, *head*: element_t*

그림 11.3: 그림 11.2의 update 함수 모델

예제 11.3: 그림 11.3은 그림 11.2의 update 함수 모델을 보여준다. 이 상태 기계는 update 함수가 호출될 때 초기 idle 상태에서 전이가 된다. 이 함수 호출은 입력 *arg*가 존재함으로써 시작된다. 입력값은 update 함수의 **int** 인자다. 이 전이가 발생할 때 *newx*(스택에 있는)는 이 인자의 값으로 할당된다. 또한 *x*(전역 변수)도 업데이트될 것이다.

이 첫 번째 전이가 발생한 후 상태 기계는 상태 31에 있게 되고, 이는 그림 11.2의 31번째 줄 실행 바로 전의 프로그램 카운터^{program counter} 위치를 나타낸다. 이 기계는 조건 없이 상태 32로 전이하고 *element*의 값을 설정한다. 상태 32에서 두 가지가 가능하다. *elememt* = 0이면 이 기계는 idle로 돌아가고 순수 출력 *return*을 만든다. 그렇지 않다면 33으로 전이한다.

33에서 34로의 전이에서 액션은 스택 변수 *newx*를 인자로 사용해 리스너를 호출하는 것이다. 34에서 32로의 전이는 순수 입력 *returnFromListener*를 받을 때 일어난다. 이 순수 입력은 리스너 함수가 반환됨을 나타낸다.

그림 11.3이 update 함수로 만들 수 있는 유일한 모델은 아니다. 이런 모델을 만들면서 세부 사항의 자세한 레벨을 결정해야 하고, 어떤 액션이 원자적 연산으로 안전하게 처리돼야 하는지 결정해야 한다. 그림 11.3은 세부 레벨로서 코드의 라인을 사용하지만 C 코드 라인이 원자적으로 실행된다는 보장은 없다(보통 보장하지 않는다).

그리고 C 프로그램의 정확한 모델은 보통 유한 상태 시스템이 아니다. 그림 11.2의 코드만 생각해보면 유한 상태 모델은 적합하지 않다. 이는 코드가 임의의 수의 리스너들을 리스트에 추가할 수 있게 지원하기 때문이다. 그림 11.2와 예제 11.1의 main 함수를 결합하면 시스템은 유한 상태다. 단지 세 개의 리스너만 리스트에 들어가기 때문이다. 따라서 정확한 유한 상태 모델은 완전한 프로그램을 포함해야 하며 이는 코드에 대한 모듈식 추론을 매우 어렵게 한다.

이 문제에 동시성까지 추가되면 더 어려워진다. 11장에서는, 스레드 같은 중간 레벨 동시성 메커니즘을 사용하는 C 프로그램에 관한 정확한 추론이 매우 어렵고 오류가 발생하기 쉬움을 살펴볼 것이다.

C에서 연결 리스트

연결 리스트$^{\text{Linked list}}$는 프로그램 실행 중 길이가 다른 요소^{element}들의 리스트를 저장하기 위한 데이터 구조다. 이 리스트의 각 요소는 페이로드^{Payload}(요소의 값)와 리스트에서 다음번 요소의 포인터(혹은 이 요소가 마지막이면 null 포인터)를 포함한다. 그림 11.2의 프로그램에서 연결 리스트 구조는 다음과 같이 정의된다.

```
1  typedef void notifyProcedure(int);
2  struct element {
3      notifyProcedure* listener;
4      struct element* next;
5  };
6  typedef struct element element_t;
7  element_t* head = 0;
8  element_t* tail = 0;
```

1번 줄은 notifyProcedure가 int를 파라미터로 받고 아무것도 반환하지 않는 C 함수 타입임을 정의한다. 2-5번 줄은 C에서 복합 데이터 타입인 struct를 정의한다. 이 구조체는 listener(함수 포인터인 notifyProcedure* 타입)와 next(동일 구조체 인스턴스의 포인터)를 갖는다. 6번 줄은 element_t가 element 구조체의 인스턴스를 나타내는 타입임을 정의한다.

7번 줄은 리스트 요소의 포인터인 head를 정의한다. 이 값은 0으로 초기화 돼 있고 빈 리스트임을 나타낸다. 그림 11.2의 addListener 함수는 다음 코드를 사용해 첫 번째 리스트 요소를 생성한다.

```
1  head = malloc(sizeof(element_t));
2  head->listener = listener;
3  head->next = 0;
4  tail = head;
```

1번 줄은 malloc을 사용해 힙에서 메모리를 할당해 리스트 요소를 저장하고 head가 이 요소를 가리키게 한다. 2번 줄은 이 요소의 페이로드를 설정하고 3번 줄은 이 요소가 리스트의 마지막 요소임을 나타낸다. 4번 줄은 마지막 리스트 요소의 포인터인 tail을 설정한다. 리스트가 비어있지 않을 때 addListener 함수는 head 대신 tail을 사용해 리스트에 요소를 붙일 것이다.

11.2 스레드

스레드[thread]는 동시적으로 동작하고 메모리 공간을 공유하는 명령형 프로그램이다. 스레드 간에는 서로의 변수에 접근할 수 있다. 이 업계의 많은 실무자가 스레드라는 용어를 사용할 때 메모리를 공유하는 프로그램을 만드는 특정 방법으로 사용하지만, 이 책에서는 더 넓은 의미인 명령형 프로그램이 동시에 동작하고 메모리를 공유하는 메커니즘을 나타낼 때 이 용어를 사용할 것이다. 이런 넓은 관점에서 스레드는 거의 모든 마이크로프로세서에서 인터럽트 형태로 존재한다. 심지어 운영체제가 전혀 없더라도 마찬가지다.

11.2.1 스레드 생성

대부분의 운영체제는 메모리를 공유하는 명령형 프로그램을 구현하려고 인터럽트보다 더 높은 레벨의 메커니즘을 제공한다. 이런 메커니즘은 프로그래머가 사용할 수 있는 함수의 집합 형태로 제공된다. 이런 함수들은 일반적으로 표준 API(애플리케이션 프로그램 인터페이스) 형태이며, 포팅이 가능한 프로그램을 만들 수 있게 해준다(이런 함수들은 여러 프로세서와 여러 운영체제에서 동작할 것이다). Pthread(POSIX 스레드)가 이런 API이며 많은 운영체제에 통합돼 있다. Pthread는 C 프로그램 언어 타입과 함수, 상수 등의 집합을 정의하며, 유닉스[Unix]의 변형들을 통합하려고 1988년에 IEEE에서 표준화했다. Pthread에서 스레드는 C 함수로 정의될 수 있고, pthread_create 함수를 실행해 생성한다.[1]

```
1  #include <pthread.h>
2  #include <stdio.h>
3  void* printN(void* arg) {
```

---

1. 간결성을 위해 이 책의 예제는 실패를 확인하지 않는다. 하지만 Pthread를 사용하는 잘 작성된 프로그램은 반드시 실패를 확인해야 한다. 예를 들어 pthread_create는 성공하면 0을 반환하고, 실패하면 0 이 아닌 오류 코드를 반환한다. 예를 들어 다른 스레드를 생성하기 위한 시스템 자원이 부족하면 생성에 실패할 수 있다. pthread_create를 사용하는 모든 프로그램은 이 실패를 반드시 확인하고 처리해야 한다. 더 자세한 사항은 Pthread 문서를 참고하자.

```
 4      int i;
 5      for (i = 0; i < 10; i++) {
 6          printf("My ID: %d\n", *(int*)arg);
 7      }
 8      return NULL;
 9  }
10  int main(void) {
11      pthread_t threadID1, threadID2;
12      void* exitStatus;
13      int x1 = 1, x2 = 2;
14      pthread_create(&threadID1, NULL, printN, &x1);
15      pthread_create(&threadID2, NULL, printN, &x2);
16      printf("Started threads.\n");
17      pthread_join(threadID1, &exitStatus);
18      pthread_join(threadID2, &exitStatus);
19      return 0;
20  }
```

그림 11.4: Pthread를 사용한 간단한 멀티스레드 C 프로그램

예제 11.4: Pthread를 사용한 간단한 멀티스레드 C 프로그램이 그림 11.4에 나와 있다. 스레드가 실행을 시작하는 **printN** 함수(3–9번째 줄)를 시작 루틴 start routine이라고 한다. 이 경우 시작 루틴은 전달된 인자를 10번 프린트한 후 반환하면 해당 스레드는 종료된다. **main** 함수는 두 개의 스레드를 생성하고, 각 스레드는 시작 루틴을 실행한다. 14번째 줄에서 생성된 첫 번째 스레드는 1을 프린트하고, 15번째 줄에서 생성된 두 번째 스레드는 2를 프린트한다. 이 프로그램이 동작할 때 1과 2는 스레드 스케줄러에 따라 서로 섞여서 프린트될 것이다. 반복적으로 실행해보면 다른 순서로 1과 2가 섞여서 프린트될 것이다.

pthread_create 함수는 스레드를 생성하고 즉시 반환한다. 시작 루틴은 이

함수가 반환될 때 실행을 시작할 수도 있고 아닐 수도 있다. 17과 18번째 줄은 pthread_join을 사용해 스레드들이 끝나기 전에 main 프로그램이 종료되지 않도록 보장한다. 이 두 줄이 없다면 이 프로그램은 스레드에서 만든 어떤 출력도 프린트하지 못할 수 있다.

시작 루틴은 반환될 수도 있고 아닐 수도 있다. 임베디드 애플리케이션에서 반환하지 않는 시작 루틴을 정의하는 경우도 흔하다. 예를 들어 시작 루틴은 영원히 실행되고 지속적으로 화면을 업데이트할 수 있다. 시작 루틴이 반환되지 않으면 pthread_join을 호출하는 다른 스레드는 무한히 기다리게 될 것이다.

그림 11.4에서 볼 수 있듯이 시작 루틴은 인자를 받을 수 있고, 값을 반환할 수 있다. pthread_create의 4번째 인자는 시작 루틴에 전달돼야 하는 인자의 주소다. 9.3.5절에서 설명한 C의 메모리 모델을 이해하는 것이 중요하다. 그렇지 않다면 다음 예제에서 설명하는 매우 미묘한 문제가 발생할 수 있다.

예제 11.5: 다음과 같이 함수 안쪽에서 스레드를 생성한다고 가정하자.

```
1   pthread_t createThread(int x) {
2       pthread_t ID;
3       pthread_create(&ID, NULL, printN, &x);
4       return ID;
5   }
```

시작 루틴의 인자가 스택에 있는 변수의 포인터이므로 이 코드는 잘못된 것이다. 스레드가 특정 메모리 주소에 접근하는 동안 createThread 함수는 반환될 것이고, 메모리 주소는 스택에 써지는 다른 데이터에 의해 덮어써질 것이다.

11.2.2 스레드 구현

스레드 구현의 핵심은 프로세서가 스레드를 실행할 수 있을 때 어떤 스레드가 다음에 실행될지 결정하는 스케줄러^{scheduler}다. 이 결정은 **공정성**^{fairness}에 기반을 둔다. 즉, 시간 제약 혹은 중요도나 우선순위에 따라 모든 스레드에 실행될 수 있는 동일한 기회를 제공하는 것이다. 스케줄링 알고리즘은 12장에서 더 자세히 다룬다. 11장에서는 스레드 스케줄러가 어떤 스레드를 실행할지 결정하는 데 관한 고민은 제외하고 어떻게 스레드 스케줄러가 동작하는지 간단히 설명한다.

스케줄러가 어떻게 그리고 언제 실행되는지가 첫 번째 중요한 질문이다. **협력 멀티태스킹**$^{cooperative\ multitasking}$이라고 불리는 간단한 기법은 스레드 스스로 특정 함수나 특정 집합의 함수를 호출하지 않는 한 해당 스레드를 중지하지 않는다. 예를 들어 현재 실행되는 스레드가 운영체제 서비스를 실행할 때마다 이 스케줄러가 개입한다. 라이브러리 함수를 호출하면 운영체제 서비스가 실행된다. 각 스레드는 자신만의 스택을 가지며, 함수가 호출될 때 반환 주소는 스택에 저장된다. 스케줄러가 현재 실행 중인 스레드 실행을 계속 해야 한다고 결정하면 요청된 서비스는 완료되고 함수는 정상적으로 반환된다. 스케줄러가 이 스레드는 멈추고^{suspended} 다른 스레드를 실행하도록 선택하면 이번에는 반환 대신 스케줄러는 현재 실행되는 스레드의 스택 포인터를 기록하고 선택된 스레드의 스택을 스택 포인터가 가리키도록 수정한다. 그리고 새로운 스레드의 스택에서 반환 주소를 빼내 반환하고, 새로운 스레드에서 실행을 재개^{resuming}한다.

협력 멀티태스킹의 주요 단점은 프로그램이 운영체제 함수를 호출하지 않고 오랫동안 실행될 수 있고, 이는 다른 스레드를 기아 상태^{starved}로 만든다는 것이다. 이를 보완하려고 대부분의 운영체제는 고정된 시간 간격마다 실행되는 인터럽트 서비스 루틴을 포함한다. 이 서비스 루틴은 **시스템 클럭**을 갖고 있어 애플리케이션 프로그래머에게 현재의 시간을 얻을 수 있는 방법과 타이머 인터럽트를 통해 스케줄러를 주기적으로 활성화하는 방법을 제공한다. 시스템 클럭이 있는 운영체제에서 **지피**^{jiffy}는 시스템 클럭 ISR이 실행되는 시간 간격이다.

> **예제 11.6:** 리눅스 버전들의 지피 값은 1ms에서 10ms까지 다양하다.

지피 값은 성능과 요청된 타이밍 정밀도 사이의 균형점에서 결정된다. 작은 지피 값은 스케줄링 함수가 더 자주 실행되게 하므로 성능이 저하될 수 있다. 큰 지피 값은 시스템 클럭의 정밀도가 떨어지고 작업 전환이 덜 일어난다. 이는 실시간 제약 조건을 위반할 수 있다. 지피 간격은 애플리케이션에 의해 정해지기도 한다.

> **예제 11.7:** 게임 콘솔^{console}은 보통 텔레비전 시스템의 프레임 레이트와 동기화된 지피 값을 사용한다. 이런 시스템에서 시간에 민감한 주요 작업은 이 프레임 레이트로 그래픽을 생성하는 것이다. 예를 들어 NTSC는 미국과 일본, 한국, 대만 그리고 일부 지역에서 흔히 사용되는 아날로그 텔레비전 시스템이다. 이 시스템의 프레임 레이트는 59.94Hz이므로 적합한 지피 값은 1/59.94로, 약 16.68ms다. 대부분의 유럽과 나머지 국가들이 사용하는 PAL^{Phase Alternating Line}(위상 반전 주사) 텔레비전 표준에서 프레임 레이트는 50Hz이고 지피는 20ms다.
>
> 아날로그 텔레비전은 ATSC 같은 디지털 포맷으로 지속적으로 교체되고 있다. ATSC는 24Hz에서부터 60Hz 범위의 다양한 프레임 레이트와 많은 해상도를 지원한다. 표준을 준수하는 TV가 있다면 게임 콘솔 설계자는 비용과 품질에 따라 프레임 레이트와 해상도를 선택할 수 있다.

주기적인 인터럽트와 운영체제 서비스 호출과 더불어 스케줄러는 스레드가 어떤 이유 때문에 작업을 멈출 때^{block}도 실행돼야 한다. 이런 작업 정지^{blocking}를 위한 몇 가지 메커니즘을 살펴보자.

11.2.3 상호 배제

스레드는 또 다른 스레드나 인터럽트 서비스 루틴을 실행하기 위한 두 개의 원자적 연산 간에 일시 중단될 수 있다. 이는 스레드 간 상호 동작을 추론하기 매우 어렵게 만든다.

예제11.8: 그림 11.2의 다음과 같은 함수를 생각해보자.

```
14  void addListener(notifyProcedure* listener) {
15      if (head == 0) {
16          head = malloc(sizeof(element_t));
17          head->listener = listener;
18          head->next = 0;
19          tail = head;
20      } else {
21          tail->next = malloc(sizeof(element_t));
22          tail = tail->next;
23          tail->listener = listener;
24          tail->next = 0;
25      }
26  }
```

---

addListener가 한 개 이상의 스레드에서 호출됐다고 가정해보자. 그러면 무엇이 잘못되는가? 먼저 두 스레드는 연결 리스트 데이터 구조를 동시에 수정하려고 할 것이다. 이는 데이터 구조 손상을 유발한다. 한 스레드가 23번째 줄을 실행하기 전에 일시 정지했다고 가정해보자. 이 스레드가 일시 정지하는 동안 다른 스레드가 addListener를 호출한다고 가정한다. 첫 번째 스레드가 23번째 줄에서 실행을 재개할 때 tail의 값은 변해있다. 이 값은 더 이상 22번째 줄에서 설정했던 값이 아니다. 이 부분을 자세히 분석해보면 리스트의 마지막에서 두 번째 엘리먼트가 해당 리스너에 대한 임의의

주소를 가리키는 리스트를 만들게 되고, 리스트에 추가된 두 번째 리스너는 더 이상 리스트에 없음을 알 수 있다. update가 호출될 때 이 함수는 임의의 주소의 함수를 호출하고, 이는 세그먼테이션 폴트^{segmentation fault}를 발생시키거나 임의의 주소가 마치 명령어인 것처럼 임의의 메모리 내용을 실행시킬 수도 있다.

이 예제에서 살펴본 문제를 **경합 조건**^{race condition}이라고 한다. 두 코드가 동시에 같은 자원에 접근하려고 경합을 하고, 접근이 발생하는 두 코드의 정확한 순서는 프로그램의 결과에 영향을 미친다. 모든 경합 조건이 이전 예제처럼 나쁜 것은 아니다. 이런 경합의 일부 결과가 치명적 실패를 초래한다. 이런 문제를 막기 위한 한 가지 방법은 다음 예제에서 설명하는 **상호 배제 락**^{mutual exclusion lock}(뮤텍스^{mutex})을 사용하는 것이다.

예제 11.9: Pthread에서 뮤텍스는 pthread_mutex_t라고 불리는 구조의 인스턴스^{instance}를 생성하면 된다. 예를 들어 다음과 같이 addListener를 수정할 수 있다.

```
pthread_mutex_t lock = PTHREAD_MUTEX_INITIALIZER;

void addListener(notifyProcedure* listener) {
    pthread_mutex_lock(&lock);
    if (head == 0) {
        ...
    } else {
        ...
    }
    pthread_mutex_unlock(&lock);
}
```

첫 번째 줄은 lock이라는 전역 변수를 생성하고 초기화한다. addListener 함수 내의 첫 번째 줄은 lock을 획득acquires한다. 한 번에 한 스레드만이 lock을 보유hold할 수 있다. pthread_mutex_lock 함수는 해당 함수를 호출하는 스레드가 lock을 획득할 때까지 멈춰있다.

위 코드에서 addListener가 한 스레드에서 호출되고 실행을 시작하면 pthread_mutex_lock은 다른 스레드가 lock을 보유하지 않을 때까지 반환하지 않는다. 반환이 됐다면 이 호출 스레드가 lock을 보유하게 된다. 마지막으로 pthread_mutex_unlock 함수는 lock을 해제release한다. lock 해제를 하지 않는 것은 멀티스레드 프로그래밍에서 중대한 오류다.

뮤텍스 락은 어떤 두 스레드가 공유된 자원에 동시에 접근하거나 수정하는 것을 막는다. 락lock과 언락unlock 사이의 코드는 임계 구역critical section이다. 언제나 단 한 개의 스레드만이 임계 구역의 코드를 실행한다. 프로그래머는 모든 공유 자원 접근이 락으로 보호되게 해야 한다.

예제 11.10: 그림 11.2의 update 함수는 리스너의 리스트를 수정하지 않고, 리스트를 읽는다. 스레드 *A*가 addListener를 호출하고 21번째 줄 이후에 일시 정지한다고 가정해보자.

```
21  tail->next = malloc(sizeof(element_t));
```

*A*가 일시 정지한 동안 다른 스레드 *B*가 다음 코드를 포함하는 update를 호출한다고 가정해보자.

```
31  element_t* element = head;
```

```
32   while (element != 0) {
33       (*(element->listener))(newx);
34       element = element→next;
35   }
```

`element == tail->next`가 될 때 33번째 줄에서 어떤 일이 발생하는가? 이 지점에서 스레드 *B*는 21번째 줄의 `malloc`이 반환한 메모리에 있는 어떤 임의의 값을 함수 포인터로 처리할 것이다. 이 경우 세그먼테이션 폴트나 더 나쁜 상황을 초래할 것이다. 예제 11.9에 추가된 뮤텍스만으로는 이 문제를 막기에 부족하다. 뮤텍스는 스레드 *A*가 일시 정지하는 것을 막지 않는다. 따라서 데이터 구조의 모든 접근을 뮤텍스로 막아야 한다. 이를 위해 `update` 함수를 다음과 같이 수정할 수 있다.

```
void update(int newx) {
    x = newx;
    // 리스너에게 통지..
    pthread_mutex_lock(&lock);
    element_t* element = head;
    while (element != 0) {
        (*(element->listener))(newx);
        element = element→next;
        }
    pthread_mutex_unlock(&lock);
}
```

이 코드는 다른 스레드에 의해 리스트 데이터 구조가 수정되는 동안 `update` 함수가 해당 데이터 구조를 읽을 수 없게 만든다.

11.2.4 교착 상태

뮤텍스 락이 프로그램에서 많이 사용되면 교착 상태^{deadlock}의 위험이 증가한다. 교착 상태는 어떤 스레드가 락을 획득하려 하면서 영원히 멈출^{block} 때 발생한다. 예를 들어 스레드 *A*가 lock1을 보유하고 있고 스레드 *B*가 가진 lock2를 보유하려고 멈출 때 스레드 *B*가 lock1을 보유하려고 멈추는 경우 발생한다. 이런 경우 탈출할 수 없고, 이 프로그램은 종료돼야 한다.

운영체제

임베디드 시스템의 컴퓨터는 데스크톱이나 휴대용 컴퓨터가 하는 동일한 방식으로 사람과 직접 상호작용하지 않는 경우가 많다. 따라서 이 컴퓨터가 필요로 하는 운영체제 서비스는 매우 다를 수 있다. 데스크톱용 주요 범용 운영체제인 마이크로소프트 윈도우와 맥OS X, 리눅스는 임베디드 프로세서에서 필요하거나 필요하지 않은 서비스를 제공한다. 예를 들어 많은 임베디드 애플리케이션은 그래픽 사용자 인터페이스^{GUI}와 파일 시스템, 폰트 관리, 심지어 네트워크 스택도 필요치 않다.

여러 운영체제가 임베디드 애플리케이션용으로 특수하게 개발돼 왔다. 윈도우 CE^{WinCE}(마이크로소프트 개발), VxWorks(윈드리버 시스템 개발, 2009년에 인텔에 인수), QNX(QNX 소프트웨어 시스템 개발, 2010년에 RIM에 인수), 임베디드 리눅스(오픈소스 커뮤니티 개발), FreeRTOS(또 다른 오픈소스 커뮤니티) 등이 있다. 이 운영체제들은 범용 운영체제와 많은 기능을 공유하지만 보통 실시간 운영체제^{RTOS, Real Time Operating System}가 되려고 커널을 특수하게 만든다. RTOS는 인터럽트 서비스 시 제한된 지연과 실시간 제약 사항을 고려하는 프로세스를 위한 스케줄러를 제공한다.

모바일 운영체제는 휴대용 디바이스용으로 특별히 설계된 세 번째 클래스의

운영체제다. 스마트폰 운영체제 시스템 iOS(애플 개발)과 안드로이드(구글 개발)가 현재 독점하고 있지만 휴대폰이나 PDA용 오랜 역사가 있는 소프트웨어들이 있다. 심비안 OS(심비안 재단이 유지 보수하는 오픈소스)와 블랙베리 OS(림 개발), 팜 OS(팜 개발, 2010년에 HP 인수), 윈도우 모바일(마이크로소프트 개발) 등이 있다. 이런 운영체제들은 무선 연결성과 미디어 포맷에 특별한 지원을 한다.

모든 운영체제의 핵심은 커널^{kernel}이며, 커널은 프로세스가 실행되는 순서와 어떻게 메모리가 사용되는지에 관한 정보를 주변 장치나 네트워크에서 어떻게 주고받는지(디바이스 드라이버를 통해) 등을 관리한다. 마이크로커널은 매우 작은 운영체제이고 이런 서비스만(혹은 이보다 더 적은 수의 서비스만) 제공한다. 하지만 OS는 다른 많은 서비스를 제공할 것이다. OS는 사용자 인터페이스 기반 구조(맥OS X와 윈도우에 결합된)와 가상 메모리, 메모리 할당과 해제, 메모리 보호(애플리케이션을 커널로부터 분리하고 애플리케이션 간 분리하기 위해), 파일 시스템, 세마포어나 뮤텍스, 메시지 패싱 라이브러리 같이 프로그램 간 상호작용하는 서비스들을 포함할 수 있다.

예제 11.11: 그림 11.2의 addLisntener와 update가 이전 두 예제처럼 뮤텍스로 보호된다고 가정하자. update 함수는 리스트 요소가 가리키는 함수를 호출하는 다음 줄을 포함한다.

```
33  (*(element->listener))(newx);
```

이 함수가 스스로 뮤텍스 락을 얻어야 한다는 것은 합리적이다. 예를 들어 이 리스너 함수가 디스플레이를 업데이트해야 한다고 가정해보자. 디스플레이는 일반적으로 공유된 자원이므로 뮤텍스 락으로 보호돼야 할 것이다. 스레드 *A*가 update를 호출하고 33번째 줄까지 간 다음 멈출 것이다. 이는 이 리스너 함수가 스레드 *B*가 가진 다른 락을 얻으려고 노력하기 때문이다. 그리고 스레드 *B*는 addListener를 호출한다고 가정해보자. 이때 교착 상태가 발생한다.

교착 상태를 회피하기 어려울 수 있다. 대표적 논문인 Coffman et al.(1971)에서는 교착 상태가 발생하는 필요조건과 교착 상태를 피하려면 이 조건들 중 하나만 제거되면 된다고 설명한다. 간단한 한 가지 방법은 전체 멀티스레드 프로그램에서 단 한 개의 락을 사용하는 것이다. 이 기법은 모듈식 프로그래밍을 어렵게 한다. 또한 실시간 제약 조건을 만족시키기 어렵다. 일부 공유된 자원(예, 디스플레이)은 다른 스레드가 데드라인을 넘겨야 할 정도로 오래 잡혀있어야 하기 때문이다.

매우 간단한 마이크로커널에서 인터럽트 활성화와 비활성화를 단일 전역 뮤텍스로 사용할 수 있다. 단일 프로세서(멀티코어가 아닌)만 있고 스레드가 일시 정지될 수 있는 유일한 메커니즘이 인터럽트라고 가정하자(즉, 인터럽트는 커널 서비스를 호출할 때나 블로킹 I/O 시 일시 정지되지 않는다). 이런 가정에서 인터럽트를 비활성화하는 것은 스레드가 일시 정지되는 것을 막는다. 그러나 대부분의 운영체제에서 스레드는 다른 여러 이유로 일시 정지된다. 따라서 이 기법은 동작하지 않는다.

세 번째 기법은 여러 뮤텍스 락이 존재할 때 각 스레드는 같은 순서로 락들을 획득하도록 보장하는 것이다. 이 기법은 여러 이유로 사용하기 쉽지 않다(연습문제 2참고). 먼저 대부분의 프로그램은 여러 사람이 작성하고, 한 함수에서 획득한 락은 함수 문서화의 대상이 아니다. 따라서 이 기법은 개발 팀 전체에 걸쳐 매우 조심스럽고 일관성 있는 문서화와 협력에 의존한다. 락이 추가되면 항상 락을 획득하는 프로그램의 모든 부분은 수정돼야 할 것이다.

두 번째로 올바른 코딩을 하기가 매우 어려울 수 있다. 프로그래머가 lock1을 획득하는 함수를 호출하고자 할 때, 보유하던 다른 락들을 먼저 해제해야 한다. 갖고 있던 락들을 해제하는 순간 프로세스는 일시 정지할 것이고, 보호하고자 락들을 갖고 있었던 자원은 수정될 것이다. lock1을 획득하면 이전 락들을 다시 획득해야 한다. 그러나 이 시점의 자원 상태에 관한 어떤 정보도 더 이상 갖고 있지 않다고 가정해야 하며, 많은 작업을 다시 해야 한다.

교착 상태를 막기 위한 더 많은 방법이 있다. 예를 들어 교착 상태를 막기 위한 우아한 기법은 스케줄러의 제약 사항들을 종합적으로 다룬다(Wang et al., 2009). 그럼에도 대부분의 사용할 수 있는 기법들은 프로그래머에게 많은 제약 사항을 부과하거나 적용하기 상당히 복잡하다. 이는 스레드의 동시 프로그래밍 모델에 이런 문제가 있을 수 있음을 나타낸다.

11.2.5 메모리 일관성 모델

경합 조건과 교착 상태 문제가 될 상황이 아니더라도 스레드는 프로그램의 메모리 모델로 인한 미묘한 문제들을 해결해야 한다. 특정 스레드 구현들은 어떤 종류의 메모리 일관성memory consistency 모델을 제공한다. 이 모델은 다른 스레드들이 읽고 쓰는 변수가 해당 스레드들에 어떻게 표현되는지를 정의한다. 직관적으로 변수를 읽으면 해당 변수에 써진 가장 마지막 값을 읽게 된다. 그러나 '마지막'이 어떤 의미인가? 예를 위해 모든 변수가 0으로 초기화되고, 스레드 A가 다음 두 줄을 실행하는 시나리오를 생각해보자.

```
1   x = 1;
2   w = y;
```

그리고 스레드 B는 다음 두 줄을 실행한다.

```
1   y = 1;
```

```
2    z = x;
```

직관적으로 두 스레드가 이 구문들을 실행한 뒤 최소한 w와 z 값 중 하나는 1을 가진다는 것을 알 수 있다. 이를 순차적 일관성$^{sequential\ consistency}$(Lamport, 1979)이라고 한다. 순차적 일관성은 모든 실행의 결과가, 마치 모든 스레드의 연산이 어떤 순서대로 실행되고 개별 스레드의 연산은 이 순서 내에서 해당 스레드에 의해 지정된 차례대로 나타나는 것 같아 보이는 것을 의미한다.

그러나 순차적 일관성은 대부분(거의 대부분)의 Pthread 구현에서 보장되지 않는다. 사실 순차적 일관성 보장은 최신 컴파일러를 사용하는 최신 프로세서에서는 매우 어렵다. 컴파일러는 각각의 스레드에서 명령어를 재배열한다. 이는 각 명령어들이 의존성이 없기 때문이다(컴파일러에게는 그렇게 보인다). 컴파일러가 명령어를 재배열하지 않더라도 하드웨어가 재배열을 할 수 있다. 이를 위한 가장 좋은 방어 전략은 뮤텍스 락을 사용해 공유 자원에 대한 접근을 아주 조심히 막는 것이다(그리고 이런 뮤텍스 락 자체가 올바르게 구현돼야 한다).

메모리 일관성 관련 이슈에 대한 권위 있는 개론은 멀티프로세서 분야에 집중하고 있는 Adve and Gharachorloo(1996)가 제공한다. Boehm(2005)은 단일 프로세서 상의 스레드에서 메모리 일관성 문제를 분석한다.

11.2.6 스레드 문제

멀티스레드 프로그램은 이해하기 매우 어렵다. 코드의 문제가 테스트 단계에서 나타나지 않을 수 있기 때문에 확신을 갖기 어렵다. 프로그램은 교착 상태 가능성이 있지만 교착 상태 발생 없이 수년 동안 동작할 수도 있다. 프로그래머는 매우 조심해야 하지만 프로그램에 대한 추론이 어려워 프로그래밍 에러가 지속될 가능성이 있다.

그림 11.2의 예에서 간단한 트릭을 사용해 예제 11.11의 교착 상태를 피할 수 있다.

하지만 이 트릭은 **잠행 에러**^{insidious error}(발생하면 항상 알게 되는 교착 상태와는 달리 발생해도 인지하지 못할 수 있고 테스트 단계에서는 발생하지 않는 오류)를 만들 수 있다.

예제 11.12: 다음과 같이 update 함수를 수정해보자.

```
void update(int newx) {
    x = newx;
    // 리스트 복사
    pthread_mutex_lock(&lock);
    element_t* headc = NULL;
    element_t* tailc = NULL;
    element_t* element = head;
    while (element != 0) {
        if (headc == NULL) {
            headc = malloc(sizeof(element_t));
            headc->listener = head->listener;
            headc->next = 0;
            tailc = headc;
        } else {
            tailc->next = malloc(sizeof(element_t));
            tailc = tailc->next;
            tailc->listener = element->listener;
            tailc->next = 0;
        }
        element = element->next;
    }
    pthread_mutex_unlock(&lock);

    // 복사본을 사용해 리스너에게 통지
    element = headc;
    while (element != 0) {
        (*(element->listener))(newx);
        element = element->next;
```

```
      }
    }
```

이 구현에서는 리스너 함수를 호출할 때 lock를 갖고 있지 않다. 대신 리스너 리스트 복사본을 만들 때 lock을 보유하고 이후 락을 해제한다. 락을 해제한 후 리스너 리스트의 복사본을 사용해 리스너에게 알림을 수행한다.

그러나 이 코드는 테스트 단계에서는 나오지 않는 중대한 문제를 갖고 있다. 특히 스레드 A가 인자 newx = 0로 update를 호출한다고 가정하고, 이는 '모든 시스템이 정상'을 나타낸다고 하자. A가 lock을 해제한 직후 알림을 수행하기 전에 일시 정지된다고 가정하자. A가 일시 정지하는 동안 스레드 B는 인자 newx = 1로 update를 호출한다고 가정하고, 이는 "위험! 엔진에 불이 났다."를 의미한다고 하자. A가 다시 수행될 때 A는 모든 리스너에게 알림을 수행할 것이다. 하지만 잘못된 값을 알릴 것이다. 리스너 중 하나가 비행기의 조종사 화면을 업데이트한다면 디스플레이에는 실제로는 엔진에 불이 났음에도 모든 시스템이 정상이라고 표시될 것이다.

많은 프로그래머가 스레드에 친숙하고 기본 병렬 하드웨어를 쉽게 사용할 수 있음을 알고 있다. 쉽지는 않지만 안정적이고 올바른 멀티스레드 프로그램을 만들 수 있다. 자바에서 스레드를 사용하기 위한 훌륭한 가이드로 Lea(1997)를 참고하자. 2005년부터 표준 자바 라이브러리는 스레드를 기반으로 하는 동시 데이터 구조와 메커니즘을 포함한다(Lea, 2005). OpenMP(Chapman et al., 2007) 같은 라이브러리 역시 병렬 루프 생성 같은 흔히 사용하는 멀티스레드 패턴을 지원한다. 그러나 임베디드 시스템 프로그래머는 자바나 OpenMP 같은 매우 복잡한 패키지를 거의 사용하지 않는다. 그리고 사용하더라도 같은 교착 상태 위험이나 잠행 에러가 발생할 수 있다.

스레드는 동시 프로그램을 만들기 위한 방법으로 프로그래머에게 노출되기에는 여러 어려움이 있다(Qusterhout, 1996; Sutter and Larus, 2005; Lee, 2006; Hayes, 2007). 사실 1990년대 이전에는 애플리케이션 프로그래머가 스레드를 거의 사용하지 않았다. 이런 메커니즘을 애플리케이션 프로그래머에게 노출한 자바와 C# 같은 프로그래밍 언어와 Pthread가 등장하면서 사용하기 시작했다.

간단하지 않은 멀티스레드 프로그램은 이해하기 매우 어렵고 잠행 에러와 경합 조건, 교착 상태 등을 발생시킬 수 있다. 이런 문제는 프로그램을 몇 년 동안 많이 사용해도 숨어있을 수 있다. 이런 우려는 인간의 생계와 안전에 영향을 줄 수 있는 임베디드 시스템에서는 더욱 중요하다. 사실상 거의 모든 시스템이 동시 소프트웨어를 포함하므로 임베디드 시스템을 설계하는 엔지니어는 이런 문제를 해결해야 한다.

11.3 프로세스와 메시지 전달

프로세스는 자신의 메모리 공간을 가진 명령형 프로그램이다. 이런 프로그램은 다른 프로그램의 변수를 참조할 수 없고, 따라서 스레드가 가진 어려움을 갖지 않는다. 프로그램 간 통신은 운영체제나 마이크로커널 혹은 라이브러리가 제공하는 메커니즘을 통해서만 가능하다.

프로세스를 올바르게 구현하는 것은 일반적으로 메모리 관리 장치[MMU, Memory Management Unit] 형태의 하드웨어 지원이 필요하다. MMU는 한 프로세스의 메모리가 다른 프로세스에 의해 읽거나 써지는 것을 방지한다. 그리고 모든 프로세스에게 똑같은 고정된 메모리 주소 공간을 제공하는 것처럼 보이게 하는 주소 변환[address translation]을 제공한다. 프로세스가 이런 주소 공간의 메모리 위치에 접근할 때 MMU는 주소를 시프트[shift]해서 이 프로세스에 할당된 물리적 메모리 영역의 위치를 가리키게 한다.

동시성을 얻으려고 프로세스들은 반드시 통신할 수 있어야 한다. 운영체제는 일반적으로 공유 메모리 공간을 만들 수 있는 기능을 포함하는 수많은 메커니즘을 제공한다. 물론 이런 기능은 프로그래머가 멀티스레드 프로그래밍의 어려움을 겪게 할 것이다.

어려움이 적은 메커니즘 중 하나는 바로 파일 시스템이다. 파일 시스템은 파일 시스템을 생성하는 프로세스보다 오래 지속된다는 점에서 영구적인 데이터를 생성하는 간단한 방법이다. 한 프로세스가 데이터를 생성하고 파일에 쓰면 다른 프로세스는 같은 파일에서 데이터를 읽을 수 있다. 데이터를 읽는 프로세스가 데이터가 써지기 전에 읽지 않는다는 것을 보장하는 것은 파일 시스템 구현에 따라 다를 수 있다. 예를 들어 한 번에 파일 하나를 다루는 프로세스가 한 개 이상이 될 수 없게 하면 된다.

프로세스 간 통신을 위한 더 유연한 메커니즘은 바로 메시지 전달message passing이다. 여기서 한 프로세스는 한 청크chunk의 데이터를 생성하고 공유된 메모리의 제어되는 영역에 넣는다. 그리고 다른 프로세스에게 메시지가 준비됐음을 알린다. 다른 프로세스는 데이터가 준비되기를 기다리면서 멈춰 있을 수 있다. 메시지 전달은 일부의 메모리가 공유돼야 하지만, 보통 전문가들에 의해 만들어진 라이브러리로 구현된다. 애플리케이션 프로그래머는 라이브러리 함수를 호출해 메시지를 보내거나 받는다.

예제 11.13: 메시지 전달 프로그램의 간단한 예가 그림 11.5에 나와 있다. 이 프로그램은 생산자/소비자 패턴을 사용해 한 스레드가 일련의 메시지(스트림)를 생성하고, 다른 스레드는 해당 메시지를 소비한다. 이 패턴은 이전 절에서 설명한 교착 상태나 잠행 에러 없이 관찰자 패턴을 구현할 수 있다. update 함수는 항상 관찰자와 다른 스레드에서 실행되고, 관찰자가 소비하는 메시지를 생성할 것이다.

```
 1  void* producer(void* arg) {
 2      int i;
 3      for (i = 0; i < 10; i++) {
 4          send(i);
 5      }
 6      return NULL;
 7  }
 8  void* consumer(void* arg) {
 9      while(1) {
10          printf("received %d\n", get());
11      }
12      return NULL;
13  }
14  int main(void) {
15      pthread_t threadID1, threadID2;
16      void* exitStatus;
17      pthread_create(&threadID1, NULL, producer, NULL);
18      pthread_create(&threadID2, NULL, consumer, NULL);
19      pthread_join(threadID1, &exitStatus);
20      pthread_join(threadID2, &exitStatus);
21      return 0;
22  }
```

그림 11.5: 간단한 메시지 전달 애플리케이션의 예

그림 11.5에서 메시지 생성 스레드에 의해 실행되는 코드는 producer 함수이고, 메시지 소비 스레드를 위한 코드는 consumer 함수다. 생산자는 4번째 줄의 send 함수를 호출해 정수 값 메시지를 보낸다. 소비자는 10번째 줄의 get(정의돼야 하는) 함수를 사용해 메시지를 받는다. 소비자는 get이 메시지를 실제로 받을 때까지 반환하지 않음을 알아야 한다. 이 경우 consumer를 절대 반환하지 않으므로 이 프로그램은 스스로 종료되지 않을 것이다.

Pthread를 사용한 send와 get의 구현은 그림 11.6에 나와 있다. 이 구현은 그림 11.2와 비슷하게 연결 리스트^{linked list}를 사용하지만 payload가 int형이다. 여기서 연결 리스트는 제한이 없는 선입선출^{FIFO, First In First Out} 큐를 구현하고 있고 새로운 엘리먼트는 끝부분^{tail}에 넣어지고 오래된 엘리먼트는 앞 ^{head}에서부터 제거된다.

send 구현을 살펴보자. 이 함수는 뮤텍스를 사용해 send와 get이 연결 리스트를 동시에 수정하지 않게 한다. 또한 조건 변수^{condition variable}를 사용해 큐의 크기가 변경됨을 소비자 프로세스와 통신한다. sent 조건 변수는 7번째 줄에서 선언되고 초기화된다. 23번째 줄에서 생산자 스레드는 pthread_cond_signal을 호출하면 해당 조건 변수에서 멈추고 있는 다른 스레드를 깨우게 된다.

```
1  #include <pthread.h>
2  struct element {int payload; struct element* next;};
3  typedef struct element element_t;
4  element_t *head = 0, *tail = 0;
5  int size = 0;
6  pthread_mutex_t mutex = PTHREAD_MUTEX_INITIALIZER;
7  pthread_cond_t sent = PTHREAD_COND_INITIALIZER;
8
9  void send(int message) {
10     pthread_mutex_lock(&mutex);
11     if (head == 0) {
12         head = malloc(sizeof(element_t));
13         head->payload = message;
14         head->next = 0;
15         tail = head;
16     } else {
17         tail->next = malloc(sizeof(element_t));
```

```
18          tail = tail->next;
19          tail->payload = message;
20          tail->next = 0;
21      }
22      size++;
23      pthread_cond_signal(&sent);
24      pthread_mutex_unlock(&mutex);
25  }
26  int get() {
27      element_t* element;
28      int result;
29      pthread_mutex_lock(&mutex);
30      while (size == 0) {
31          pthread_cond_wait(&sent, &mutex);
32      }
33      result = head->payload;
34      element = head;
35      head = head->next;
36      free(element);
37      size--;
38      pthread_mutex_unlock(&mutex);
39      return result;
40  }
```

그림 11.6: 메시지를 보내고 받는 메시지 전달 함수

다른 스레드를 깨운다는 의미를 이해하고자 get 함수를 살펴보자. 31번째 줄에서 get을 호출하는 스레드는 큐의 현재 크기가 0임을 알게 되면 pthread_cond_wait를 호출하고 다른 스레드가 pthread_cond_signal을 호출할 때까지 이 스레드는 멈추게 된다.

get 함수는 size 변수를 테스트하기 전에 뮤텍스를 얻음에 유의하자. 31번째 줄에서 pthread_cond_wait는 &mutex를 인자로 받는다. 사실 스레드가

wait에서 멈춰 있는 동안 이 스레드는 mutex 락을 일시적으로 해제한다. 이렇게 하지 않으면 생산자 스레드는 임계 구역에 진입하지 못하고 메시지를 보낼 수 없을 것이다. 그러면 프로그램은 교착 상태에 빠진다. pthread_cond_wait가 반환하기 전에 mutex 락을 다시 얻게 될 것이다.

프로그래머는 pthread_cond_wait를 호출할 때 매우 조심해야 한다. 이 함수가 호출될 때 mutex 락이 일시적으로 해제되기 때문이다. 결과적으로 pthread_cond_wait 함수 이후 모든 공유 변수의 값이 호출 이전과 같지 않을 수 있다(연습문제 3 참고). 따라서 size 변수를 반복적으로 테스트 하는 루프(30번째 줄)에서 pthread_cond_wait가 호출된다. 이는 31번 줄에서 여러 스레드가 동시에 멈춰 있을 가능성을 뜻한다(뮤텍스의 일시 해제로 가능함). 스레드가 pthread_cond_signal을 호출할 때 대기 중인 모든 스레드는 알림을 받게 된다. 그러나 그중 오직 한 개의 스레드만이 뮤텍스를 다시 얻게 되고 메시지를 소비하게 되며, size를 0으로 리셋한다. 알림을 받은 다른 스레드는 뮤텍스를 최종적으로 얻었을 때 size == 0임을 보게 되고 계속 기다리게 될 것이다.

이 예제에서 사용한 조건 변수는 세마포어^{semaphore}의 일반적인 형태다. 세마포어는 철도 트랙의 일부에 기차가 있음을 알리는 기계적 신호에서 이름을 따왔다. 이런 세마포어를 사용하면 기차들이 양방향으로 여행할 수 있도록 단일 철도를 사용할 수 있다(세마포어는 뮤텍스를 구현해 두 기차가 동시에 같은 철도에 있지 않게 한다).

1960년대에 네덜란드의 아인트호벤 기술 대학교의 수학과 에드가 데이크스트라 Edsger W. Dijkstra 교수는 이 아이디어를 빌려와 프로그램이 안전하게 자원을 공유하는 법을 보였다. 계수 세마포어$^{counting semaphore}$(데이크스타라는 PV 세마포어라고 불렀다)는 음수가 아닌 정수의 값을 가진 변수다. 0인 값은 0보다 큰 값과 완전히 다르게 처리된다. 사실 그림 11.13의 size 변수는 이런 세마포어처럼 동작한다. 메시지를 보내면 증가하고, 값이 0이면 0이 아닐 때까지 소비자를 멈춘다. 조건 변수는 멈추는 조건을 단순히 0 혹은 0이 아닌 값 외에도 임의의 조건을 지원하도록 이 아이디어를 일반화시킨다. 또한 Pthread에서 조건 변수는 뮤텍스와 같이 사용되며 예제 11.13과 같은 패턴을 만든다. 데이크스트라는 동시 프로그래밍 관련 연구를 통해 1972년 튜링상^{turing award}을 받았다.

애플리케이션에서 메시지 전달을 사용하는 것은 직접 스레드와 공유 변수를 사용하는 것보다 쉽다. 그러나 메시지 전달도 위험이 없는 것은 아니다. 예제 11.13의 생산자/소비자 패턴의 구현은 사실 중대한 결함이 있다. 구체적으로 이 구현은 메시지 큐의 크기에 제한이 없다. 생산자 스레드가 send를 호출할 때마다 메모리는 메시지를 저장하려고 할당되고 이 메모리는 메시지가 소비될 때까지 해제되지 않을 것이다. 소비자 스레드가 소비하는 메시지보다 더 빠르게 생산자 스레드가 메시지를 생산하면 프로그램은 결국 사용할 수 있는 메모리를 모두 사용해 버릴 것이다. 이는 버퍼의 크기를 제한을 두어 수정할 수 있다(연습문제 4). 하지만 어떤 크기가 적당할까? 너무 작은 버퍼를 선택하면 프로그램은 교착 상태에 빠질 수 있고 너무 큰 버퍼를 사용하면 자원이 낭비된다. 이 문제는 풀기 쉽지 않다(Lee, 2009b).

다른 위험들도 존재한다. 프로그래머는 우연히 모든 스레드가 한 스레드에서 보내는 메시지를 기다리며 교착 상태에 빠지는 메시지 전달 프로그램을 만들 수 있다. 그리고 계산 결과는 스레드 스케줄러가 스레드를 스케줄링하는 (임의의) 순서에 의존하는 한다는 점에서 프로그래머는 비결정적 메시지 전달 프로그램을 만들 수도 있다.

가장 간단한 해법은 애플리케이션 프로그래머가 동시성을 위해 6장에서 설명한 그림 11.1의 가장 상위 레이어인 상위 레벨의 추상화를 사용하는 것이다. 물론 높은 수준의 동시 연산 모델용 안정적인 구현이 존재할 때만 이 전략을 사용할 수 있을 것이다.

11.4 요약

11장은 동시 프로그램을 위한 중간 레벨 추상화에 초점을 맞췄다. 이 레벨은 인터럽트와 병렬 하드웨어보다는 높고 동시 연산 모델의 레벨보다는 낮다. 구체적으로는 동시적으로 수행하고 변수를 공유하는 순차적 프로그램인 스레드를 설명했다. 또한 뮤텍스와 세마포어의 사용법도 설명했다. 스레드가 위험에 빠지기 쉽고 올바른 멀티스레드 프로그램 작성이 매우 어렵다는 것도 보였다. 메시지 전달 기법은 데이터를 직접 공유하는 것을 막아 몇 가지 어려움을 피할 수 있다. 장기적으로 설계자는 6장에서 설명한 높은 수준의 추상화를 사용하는 것이 좋을 것이다.

연습문제

1. 그림 11.3과 비슷한 그림 11.2의 addListener 함수의 확장 상태 기계 모델을 만들어보자.

2. 여러 스레드가 두 개의 int 전역 변수 a와 b를 공유하며, lock_a와 lock_b는 a와 b의 접근을 막는 두 개의 뮤텍스 락이라고 가정하자. int 전역 변수들의 읽고 쓰기가 원자적atomic일 때 다음 코드를 살펴보자.

```
1  int a, b;
2  pthread_mutex_t lock_a
3  = PTHREAD_MUTEX_INITIALIZER;
4  pthread_mutex_t lock_b
5  = PTHREAD_MUTEX_INITIALIZER;
6
7  void procedure1(int arg) {
8      pthread_mutex_lock(&lock_a);
9      if (a == arg) {
10         procedure2(arg);
11     }
```

```
12      pthread_mutex_unlock(&lock_a);
13  }
14
15  void procedure2(int arg) {
16      pthread_mutex_lock(&lock_b);
17      b = arg;
18      pthread_mutex_unlock(&lock_b);
19  }
```

교착 상태가 발생하지 않도록 개발 팀은 두 개의 락을 얻으려는 모든 스레드는 lock_a 전에 lock_b를 얻어야 한다고 동의했다고 가정하자. 위의 코드는 프로그램의 일부 코드다. 또한 성능을 위해 개발 팀은 불필요한 락은 얻지 않기로 했다. 결론적으로 procedure1을 다음과 같이 수정할 수 없다.

```
1  void procedure1(int arg) {
2      pthread_mutex_lock(&lock_b);
3      pthread_mutex_lock(&lock_a);
4      if (a == arg) {
5          procedure2(arg);
6      }
7      pthread_mutex_unlock(&lock_a);
8      pthread_mutex_unlock(&lock_b);
9  }
```

procedure1을 호출하는 스레드는 a가 arg와 같지 않을 때 불필요하게 lock_b를 얻을 것이다.[2] 불필요한 lock_b 획득을 최소화하고자 procedure1을 설계해보자. 이 설계가 불필요한 lock_b를 모두 제거했는가? 이를 위한 방법이 무엇인지 생각해보자.

---

2. 일부 스레드 라이브러리에서는 이런 코드가 사실 잘못된 것이다. 이미 갖고 있는 락을 얻으려고 시도하면 스레드는 멈출 것이다. 그러나 여기서는 스레드가 이미 가진 락을 얻으려고 시도하면 곧바로 락을 준다고 가정했다.

3. 그림 11.6의 get 구현은 get을 호출하는 한 개 이상의 스레드를 허용한다. 그러나 30-32번째 줄을 다음과 같이 변경해보자.

```
1  if (size == 0) {
2      pthread_cond_wait(&sent, &mutex);
3  }
```

이 코드는 다음 두 조건이 만족할 때만 동작할 것이다.

- pthread_cond_wait는 매칭되는 pthread_cond_signal 호출이 있을 때만 반환하며,
- 단 한 개의 소비자 스레드가 있을 때만 반환한다.

두 번째 조건이 필요한 이유를 설명해보자.

4. 예제 11.13의 생산자/소비자 패턴 구현은 메시지를 저장하기 위한 큐의 크기가 제약이 없다는 결함을 갖는다. 프로그램은 모든 가용한 메모리를 사용한 후 실패할 것이다(malloc 실패). 버퍼 크기를 5개의 메시지로 제한하는 그림 11.6의 send와 get 함수의 변형을 만들어보자.

5. 랑데부^{rendezvous}라고 부르는 다른 메시지 전달 방식은 예제 11.13의 생산자/소비자 패턴과 비슷하지만 생산자와 소비자를 더 긴밀하게 동기화한다. 예제 11.13에서 send 함수는 메시지를 받으려고 소비자 스레드가 준비됐는지 상관없이 즉시 반환한다. 하지만 랑데부 스타일 통신에서 send 함수는 소비자 스레드가 대응하는 get을 호출할 때까지 반환하지 않는다. 결국 메시지 버퍼링이 필요 없다. 이런 랑데부 스타일로 send와 get을 구현해보자.

6. 다음 코드를 살펴보자.

```
1  int x = 0;
2  int a;
```

```
 3  pthread_mutex_t lock_a = PTHREAD_MUTEX_INITIALIZER;
 4  pthread_cond_t go = PTHREAD_COND_INITIALIZER; // 파트 c에서 사용됨
 5
 6  void proc1(){
 7      pthread_mutex_lock(&lock_a);
 8      a = 1;
 9      pthread_mutex_unlock(&lock_a);
10      <proc3>(); // 질문에 따라
11                 // proc3a나 proc3b 호출
12  }
13
14  void proc2(){
15      pthread_mutex_lock(&lock_a);
16      a = 0;
17      pthread_mutex_unlock(&lock_a);
18      <proc3>();
19  }
20
21  void proc3a(){
22      if(a == 0){
23          x = x + 1;
24      } else {
25          x = x - 1;
26      }
27  }
28
29  void proc3b(){
30      pthread_mutex_lock(&lock_a);
31      if(a == 0){
32          x = x + 1;
33      } else {
34          x = x - 1;
35      }
36      pthread_mutex_unlock(&lock_a);
37  }
```

proc1과 proc2는 서로 다른 두 개의 스레드에서 실행되고 각 함수는 관련 스레드에서 정확히 한 번만 호출된다고 가정하자. 변수 x와 a는 전역이고 스레드 간 공유되며, x는 0으로 초기화된다. 또한 증가나 감소 연산은 원자적이다.

proc1과 proc2에서 proc3를 호출하는 것은 다음의 질문에 따라 proc3a와 proc3b로 교체돼야 한다.

(a) proc1과 proc2가 10번째와 18번째 줄에서 proc3a를 호출하면 전역 변수 x의 마지막 값은 0이 되는가? 증명해보자.

(b) proc1과 proc2가 proc3b를 호출하면 어떻게 되는가? 증명해보자.

(c) proc1과 proc2가 아직 proc3b를 호출하는 상태에서 x의 마지막 값이 2를 갖도록 조건 변수 go를 사용해 proc1과 proc2를 수정하자. 구체적으로 pthread_cond_wait와 pthread_cond_signal이 코드의 어디에 있어야 하는가? 간단하게 이유를 설명해보자. proc1은 proc2 전에 lock_a를 얻는다고 가정하자.

그리고 pthread cond wait(&go, &lock a);은 일시적으로 lock_a를 해제하고 다른 스레드가 pthread cond signal(&go);을 호출할 때까지 스레드를 멈출 것이다. 이 시점에 기다리는 스레드는 다시 동작하고 lock_a를 다시 얻을 것이다.

(이 문제는 Matt Weber가 만들었다)

12
스케줄링

11장에서는 여러 명령형 작업이 한 프로세서에서 섞이거나 여러 프로세서에서 병렬적으로 동시에 실행되는 멀티태스킹을 설명했다. 작업들의 수보다 더 적은 프로세서가 있을 때(일반적인 경우)나 작업이 특정 시간에 실행돼야 할 때 스케줄러가 반드시 중재해야 한다. 스케줄러는 특정 시점(예를 들어 프로세서가 사용 가능할 때)에 어떤 작업이 실행될지를 결정한다.

실시간 시스템은 작업 간 우선순위에 의해 부여받은 순서적 제약 이외에도 타이밍 timing 제약을 가진 작업들의 집합이다. 이런 제약은 작업 실행이 실시간realtime이 되게 하며, 이는 이 작업을 실행하는 컴퓨터 환경 내의 물리적 시간이다. 보통 작업에는 이 작업이 끝나야 하는 물리적 시간인 데드라인deadline이 있다. 실시간 프로그램은 일반적으로 단순한 데드라인이 아닌 타이밍 제약을 가질 수 있다. 예를 들어 어떤 작업은 특정 시간보다 더 일찍 실행되면 안 되거나, 다른 작업이 실행된 후 특정 시간 안에 실행돼야 한다. 혹은 특정 주기로 반복적으로 실행돼야 한다. 작업들은 다른 작업에 의존할 수 있고, 협력적으로 애플리케이션을 만들 수도 있다. 혹은 서로 프로세서 자원을 공유하는 것 외에는 관련이 없을 수도 있다. 이런 모든 경우에 스케줄링 전략이 필요하다.

12.1 스케줄링 기초

이 절에서는 스케줄링에서 일어날 수 있는 일과 프로세스를 관리하려고 스케줄러가 사용하는 작업들의 특성, 운영체제나 마이크로커널의 스케줄러 구현 등을 다룬다.

12.1.1 스케줄링 결정

동시 프로그램이나 프로그램들의 집합을 실행할 때 스케줄러는 어떤 작업이 다음에 수행돼야 하는지 결정한다. 일반적으로 스케줄러는 이런 결정에 사용할 수 있는 한 개 이상의 프로세서를 갖는다(예를 들어 멀티코어 시스템). 멀티프로세서 스케줄러는 다음에 실행될 작업과 더불어 어떤 프로세서에서 그 작업이 실행될지를 결정해야 한다. 이런 프로세서 선택을 **프로세서 할당**processor assignment이라고 한다.

스케줄링 결정 Scheduling Decisions은 작업을 실행하기 위한 결정이며, 세 가지 부분으로 구성된다.

- **할당**assignment: 어떤 프로세서가 해당 작업을 실행해야 하는지를 나타낸다.
- **순서**ordering: 각 프로세서가 할당된 작업을 수행할 때 어떤 순서로 해야 하는지를 나타낸다.
- **타이밍**timing: 각 작업이 어떤 시점에 실행돼야 하는지를 나타낸다.

이 세 가지 결정은 프로그램을 실행하기 전인 **설계 시점**에 이뤄지거나 프로그램 실행 중인 **런타임**run time에 이뤄진다.

이런 결정이 언제 이뤄지느냐에 따라 다른 몇 종류의 스케줄러로 분류할 수 있다(Lee and Ha, 1989). **완전 정적 스케줄러**fully static scheduler는 설계 시점에 이 세 가지를 모두 결정한다. 이 스케줄링은 어떤 프로세서가 어떤 일을 언제 할 것인지를 정확하게 명세한다. 완전 정적 스케줄러는 보통 세마포어나 락이 필요하지 않다. 대신 상호 배제나 우선순위 제약을 위해 타이밍을 사용한다. 그러나 완전 정적 스케줄러는 현대의 마이크로프로세서에서 구현하기가 힘들다. 작업 수행 시간을 정확하게 예측하기 힘들고, 작업들이 보통 데이터 의존적인 실행 시간을 갖기 때문이다(16장 참고).

정적 순서 스케줄러$^{\text{static order scheduler}}$는 작업 할당과 순서를 설계 시점에 수행하지만 작업을 수행하는 물리적 시간의 결정을 런타임까지 늦춘다. 예를 들어 상호 배제락 획득 가능 여부나 우선순위 제약 만족 여부에 이 결정은 영향을 받는다. 정적 순서 스케줄링에서 각 프로세서는 프로그램이 실행을 시작하기 전에 실행 순서를 부여받고, 가능한 한 빨리 이 순서대로 실행한다. 예를 들어 이 프로세서는 세마포어나 락의 상태에 따라 작업 순서를 변경하지 않는다. 그러나 작업 자체는 세마포어나 락으로 멈출 수 있고, 이 경우 해당 프로세서상의 전체 작업 순서가 멈추게 된다. 정적 순서 스케줄러는 오프라인 스케줄러$^{\text{off-line scheduler}}$라고도 흔히 알려져 있다.

정적 할당 스케줄러$^{\text{static assignment scheduler}}$는 설계 시점에 할당을 수행하고, 다른 모든 것들은 런타임에 수행된다. 각 프로세서는 실행할 작업 집합이 주어지고, 런타임 스케줄러는 실행 중에 어떤 작업을 다음에 수행할지 결정한다.

완전 동적 스케줄러$^{\text{fully-dynamic scheduler}}$는 런타임에 모든 결정을 수행한다. 한 프로세서가 사용 가능할 때(예를 들면 작업 수행을 끝냈다거나 작업이 뮤텍스를 얻으려고 멈춘 경우) 스케줄러는 해당 프로세서에 어떤 작업을 수행해야 하는지를 결정한다. 정적 할당과 완전 동적 스케줄러는 모두 온라인 스케줄러$^{\text{on-line scheduler}}$라고 흔히 불린다.

다른 종류의 스케줄러도 있다. 예를 들어 작업의 첫 번째 실행 전 런타임에 작업 할당이 한 번만 수행될 수 있다. 이 작업의 두세 번째 실행에 대해서는 첫 번째 할당이 사용된다. 상식적이지 않은 조합도 있다. 예를 들어 설계 시점에 작업의 실행 시간을 결정하고, 런타임에 순서를 결정하는 경우다.

선점^{preemptive} 스케줄러는 한 작업이 실행되는 도중 새로운 작업을 같은 프로세서에 할당하면서 스케줄링 결정을 할 수도 있다. 즉, 스케줄러가 현재 실행 중인 작업의 실행을 멈추고 다른 작업의 수행을 시작할 수 있다. 첫 번째 작업의 중지를 선점

preemption이라고 한다. 다른 작업을 수행하려고 같은 프로세서에 할당하기 전에 현재 실행 중인 작업을 끝까지 수행하게 하는 스케줄러를 비선점non-preemptive 스케줄러라고 한다.

선점 스케줄링에서는 작업이 상호 배제 락을 얻으려 시도했으나 해당 락이 사용 가능하지 않을 때 해당 작업은 선점당할 수 있다. 이 경우 작업은 락으로 **멈춰졌다**blocked고 말한다. 다른 작업이 해당 락을 해제할 때 멈춰진 작업은 재수행될 것이다. 또한 작업이 락을 해제할 때도 선점될 수 있는데, 높은 우선순위를 가지며 해당 락으로 멈춰진 다른 작업이 있을 때 선점이 발생할 수 있다. 12장에서는 락을 얻는 모든 작업이 최종적으로 락을 모두 해제하는 잘 구조화된 프로그램을 가정한다.

12.1.2 작업 모델

스케줄러가 결정을 하려면 프로그램의 구조에 관한 정보가 필요하다. 스케줄러는 작업 유한 집합 T가 주어진다고 일반적으로 가정한다. 각 작업은 유한이거나 (유한 시간 안에 종료된다) 무한이 될 것이다. 일반적인 운영체제는 작업이 종료된다고 가정하지 않지만 실시간 스케줄러는 보통 그런 가정을 갖고 있다. 스케줄러는 작업에 관한 더 많은 가정을 만들 수 있고 그중 몇 개를 이 절에서 다룬다. 이런 가정들의 집합을 스케줄러의 **작업 모델**task model이라고 부른다.

일부 스케줄러들은 실행돼야 할 모든 작업이 스케줄링 시작 전에 알려져 있음을 가정하며, 일부 스케줄러는 **작업 도착**arrival of tasks을 지원한다. 작업 도착은 다른 작업들이 실행되는 중에 작업들이 스케줄러에게 알려짐을 의미한다. 어떤 스케줄러들은 각 작업 $\tau \in T$가 반복적으로 영원히 수행될 수도 있고, 주기적으로 수행될 수도 있는 시나리오를 지원한다. 작업은 **산발적**sporadic일 수도 있다. 이는 작업이 반복되고 작업의 타이밍이 불규칙적임을 나타내며, 작업 실행 사이의 시간에는 하한이 존재한다. 한 작업 $\tau \in T$가 반복적으로 실행되는 환경에서 작업 τ과 **작업 실행**

task execution τ_1, τ_2, ...을 구분해야 한다. 각 작업이 정확히 한 번 수행된다면 이런 구분은 불필요하다.

작업 실행은 한 실행이 다른 실행에 우선한다는 요구 사항인 **우선순위 제약**precedence constraints을 가질 수 있다. 실행 i가 j에 우선한다면 $i < j$라고 쓸 수 있다. 여기서 i와 j는 같은 작업의 다른 실행일 수도 있고 다른 작업의 실행일 수도 있다.

작업 실행 i는 실행을 시작하거나 재시작하기 위한 **전제조건**preconditions을 가질 수 있다. 이는 작업이 실행할 수 있기 전에 만족해야 하는 조건들이다. 전제조건이 만족될 때 작업 실행은 **활성화**enabled됐다고 말한다. 예를 들어 우선순위는 작업 실행을 시작하기 위한 전제조건을 지정한다. 락의 사용 가능성은 작업을 재시작하기 위한 전제조건이 될 것이다.

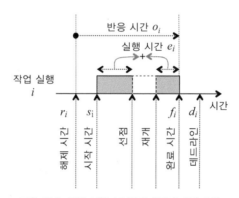

그림 12.1: 작업 실행과 연관된 시간에 대한 요약

이제 그림 12.1에 요약된 몇 가지 용어를 정의해보자.

작업 실행 i에 대해 **해제 시간** r_i(도착 시간arrival time이라고도 부름)는 작업이 활성화되는 가장 이른 시간을 나타낸다. **시작 시간** s_i는 이 실행이 실제로 시작하는 시간을 나타낸다. 당연히 다음을 만족해야 한다.

$$s_i \geq r_i$$

완료 시간 f_i는 작업이 실행을 끝내는 시간이다. 따라서 다음을 만족한다.

$$f_i \geq s_i$$

반응 시간 o_i는 다음과 같이 주어진다.

$$o_i = f_i - r_i$$

따라서 반응 시간은 작업이 처음 활성화된 시간과 작업이 실행을 끝낸 시간 사이의 차이다.

τ_i의 실행 시간 e_i는 작업이 실제로 실행되는 총시간으로 정의된다. 이 시간은 작업이 멈추거나 선점되는 시간을 포함하지 않는다. 많은 스케줄링 전략은 작업의 실행 시간이 알려져 있고 고정됨을 가정한다(이는 보통 비현실적이다). 실행 시간이 가변적이라면 보통 최악 실행 시간WCET, Worst-Case Execution Time은 안다고 가정한다. 16장에서 설명하겠지만 소프트웨어의 실행 시간을 결정하는 것은 매우 어려울 수 있다.

데드라인deadline d_i는 작업을 끝내야 하는 시간이다. 간혹 데드라인은 애플리케이션이 지켜야 할 실질적인 물리적 제약이며, 데드라인을 넘기는 것은 오류라고 여겨진다. 이런 데드라인을 경성 데드라인hard deadline이라고 하며, 경성 데드라인이 있는 스케줄링을 경성 실시간 스케줄링hard real-time scheduling이라고 한다.

일반적으로 데드라인은 엄격히 지킬 필요가 없는 설계 결정을 반영한다. 데드라인을 지키는 것이 좋으나 데드라인을 넘기는 것이 오류는 아니다. 보통 데드라인을 너무 많이 넘기지 않는 것이 좋다. 이런 경우를 연성 실시간 스케줄링soft real-time scheduling이라고 한다.

스케줄러는 데드라인 대신(혹은 데드라인과 함께) 우선순위priority를 사용할 수 있다. 우선순위 기반 스케줄러는 각 작업이 우선순위라는 숫자를 할당받고, 이 스케줄러는 항상 가장 높은 우선순위(보통 가장 낮은 우선순위 숫자로 표현된다)를 가진 작업을 선택해 실행시킨다. 고정 우선순위fixed priority는 한 작업을 실행하는 동안 한 숫자로 고정된 우선순위다. 동적 우선순위dynamic priority는 실행 중 우선순위가 바뀔 수 있다.

선점 우선순위 기반 스케줄러preemptive priority-based scheduler는 새로운 작업들이 도착할 수 있고 항상 가장 높은 우선순위를 가진 활성화된 작업을 실행하는 스케줄러다. 반면 비선점non-preemptive 우선순위 기반 스케줄러는 우선순위를 사용해 어떤 작업이 현재 작업 실행이 끝나면 수행될 것인지를 결정하며, 다른 작업을 스케줄링하려고 현재 실행 중인 작업을 절대 방해하지 않는다.

12.1.3 스케줄러 비교

스케줄링 전략의 선택은 애플리케이션의 목적에 따라 바뀔 수 있다. 모든 작업 실행 시 데드라인을 지키는 것이 $f_i \leq d_i$ 목표다. 이 목표를 수행하는 스케줄을 **실현 가능 스케줄**feasible schedule이라고 부른다. 실현 가능 스케줄이 있는 모든 작업 집합에 대해 실현 가능 스케줄을 수행하는 스케줄러를 **실현 가능성 측면에서 최적**optimal with respect to feasibility이라고 한다.

스케줄링 알고리즘을 비교하는 데 사용할 수 있는 기준에는 달성 가능한 프로세서 **사용률**utilization이 있다. 사용률은 프로세서가 작업 수행(그리고 유휴idle 상태로 있는 것)에 소비하는 시간의 비율이다. 이 기준은 주기적으로 수행하는 작업에 매우 유용하다. 프로세서 사용률이 100%이거나 그 이하일 때 항상 실현 가능 스케줄을 제공하는 스케줄링 알고리즘은 실현 가능성 측면에서 명백하게 최적이다. '모든' 스케줄링 알고리즘이 실현 가능 스케줄을 제공하는 데 실패하는 환경에서만 이 스케줄링 알고리즘은 실현 가능 스케줄을 제공하는 데 실패할 것이다.

스케줄러를 비교하는 데 사용하는 다른 기준으로는 최대 **지연**lateness이 있고, 작업 실행 집합 T에 대해 다음과 같이 정의된다.

$$L_{\max} = \max_{i \in T}(f_i - d_i)$$

실현 가능 스케줄에서 이 값은 0이나 음수다. 그러나 최대 지연은 실현 불가능 스케줄을 비교하려고 사용될 수도 있다. 연성 실시간 문제에서 너무 크지만 않다면 이 숫자는 양수가 되는 것도 가능하다.

작업 실행의 유한 집합 T에 대해 사용 가능한 세 번째 기준은 **총 완료 시간**[total completion time] 혹은 **총 소요 시간**[total makespan]이며, 다음과 같이 정의된다.

$$M = \max_{i \in T} f_i - \min_{i \in T} r_i$$

스케줄링 목표가 총 소요 시간을 최소화하는 것이라면 이는 실시간 요구 사항보다 성능에 더 중점을 둔 것이다.

12.1.4 스케줄러 구현

스케줄러는 컴파일러나 코드 생성기의 일부(설계 시점에 정해지는 스케줄링 결정에 대해)이거나 운영체제나 마이크로커널의 일부(런타임에 정해지는 스케줄링 결정에 대해), 혹은 이 두 가지 모두(일부 스케줄링 결정은 설계 시점에 이뤄지고 일부는 런타임에 결정되는 경우)일 수 있다.

런타임 스케줄러는 보통 작업을 스레드[thread]로 구현한다(혹은 프로세스로 구현하지만 여기서는 둘의 차이는 중요하지 않다). 스케줄러는 때로는 이 스레드가 유한 시간 내에 끝난다고 가정하지만 어떤 때는 이런 가정을 하지 않는다. 어느 경우든 스케줄러는 특정 시간에 실행되는 프로시저[procedure]다. 매우 간단한 비선점 스케줄러에서 스케줄링 프로시저는 한 작업이 끝날 때마다 실행된다. 선점 스케줄러에서 스케줄링 프로시저는 다음 여러 가지 중 한 가지가 발생될 때 실행된다.

- 타이머[timer] 인터럽트 발생, 예를 들어 지피[jiffy] 간격에 발생
- I/O 인터럽트 발생
- 운영체제 서비스 실행
- 작업이 뮤텍스[mutex]를 얻으려 시도
- 작업이 세마포어[semaphore]를 테스트

인터럽트의 경우 스케줄링 프로시저는 인터럽트 서비스 루틴[ISR, Interrupt Service Routine]에 의해 호출된다. 이 밖의 다른 경우에서 스케줄링 프로시저는 해당 서비스를 제

공하는 운영체제 시스템 프로시저에 의해 호출된다. 이 두 경우 모두 스택^{stack}은 실행 재개^{resume}를 위한 정보를 갖고 있다. 그러나 스케줄러는 수행을 단순히 재개 하지 않도록 결정할 수 있다. 즉, 스케줄러는 인터럽트나 서비스 프로시저에서 즉 시 반환하지 않게 결정할 수 있다. 대신 스케줄러는 현재 실행되는 작업을 선점시 키고, 다른 작업을 시작하거나 재개할 수 있다.

이런 선점을 수행하려고 스케줄러는 어떤 작업이 선점된다는 사실을 기억해야 한 다(왜 선점되는지도 기억해야 할 수 있다). 이를 통해 스케줄러는 나중에 이 작업을 재개 할 수 있다. 그리고 스택 포인터를 조정해 시작되거나 재개돼야 하는 작업의 상태 를 가리킬 수 있다. 이 시점에 반환이 수행되며 선점됐던 작업 실행을 수행하는 대신 다른 작업에 대한 실행을 재개할 것이다.

선점 스케줄러를 구현하는 것은 매우 어려운 일이다. 이는 매우 조심스러운 동시 성 제어가 필요하다. 예를 들어 손상된 스택으로 종료되지 않도록 프로세스의 중 요한 부분들에서 인터럽트는 비활성화돼야 할 수도 있다. 이것이 바로 스케줄링 이 운영체제 커널이나 마이크로커널 핵심 기능 중 하나인 이유다. 스케줄링 구현 의 품질은 시스템 신뢰성과 안정성에 크게 영향을 끼친다.

12.2 비율 단조 스케줄링

n개의 작업 $T = \{\tau_1, \tau_2, ..., \tau_n\}$의 시나리오를 생각해보자. 이 작업들은 반드시 주기적 으로 수행돼야 한다. 특히 각 작업 T_i는 각 시간 간격 p_i에서 정확히 한 번 완료돼야 한다. p_i를 작업의 주기^{period}라고 한다. 따라서 T_i의 j번째 작업의 데드라인은 $r_{i,1} + jp_i$이고 $r_{i,1}$은 첫 번째 실행의 해제 시간이다.

Liu and Layland(1973)는 비율 단조$^{RM, Rate\ Monotonic}$ 스케줄링이라고 부르는 간단한 선 점 스케줄링 전략이 위 작업 모델에 대한 고정 우선순위 단일 프로세서 스케줄러 중 실현 가능성 측면에서 최적임을 밝혔다. 이 스케줄링 전략은 더 작은 주기를 가진 작업에게 더 높은 우선순위를 할당한다.

이 문제의 간단한 형태는 그림 12.2에 있는 것처럼 실행 시간 e_1과 e_2 그리고 주기 p_1과 p_2를 갖는 두 개의 작업 $T = \{\tau_1, \tau_2\}$를 갖는다. 이 그림에서 작업 τ_2의 실행 시간 e_2는 작업 τ_1의 주기 p_1보다 길다. 따라서 이 두 작업이 같은 프로세서에서 실행돼야 한다면 비선점 스케줄러는 실현 가능 스케줄을 만들 수 없다.

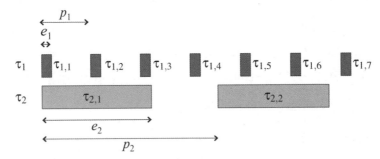

그림 12.2: 실행 시간 e_1과 e_2 그리고 주기 p_1과 p_2를 갖는 두 개의 주기적인 작업 $T = \{\tau_1, \tau_2\}$

비율 단조 이론을 따르는 선점 스케줄이 그림 12.3에 나와 있다. 이 그림에서 작업 τ_1은 더 높은 우선순위를 갖는데, 이는 이 작업의 주기가 더 작기 때문이다. 따라서 τ_2의 실행에 상관없이 각 주기 간격의 시작에는 τ_1이 실행된다. τ_2가 실행 중이라면 τ_1이 τ_2를 선점한다. 이 그림은 선점을 실행하는 데 걸리는 시간인 **문맥 전환 시간** context switch time은 무시 가능한 정도라고 가정한다.[1] 이 스케줄은 실현 가능하다. 반면 τ_2가 더 높은 우선순위를 갖는다면 이 스케줄은 실현 가능하지 않을 것이다.

---

1. 문맥 전환 시간이 무시 가능하다는 가정은 실제로는 문제가 있을 수 있다. 캐시를 가진 프로세서에서 문맥 전환은 종종 상당한 캐시 관련 지연을 야기한다. 게다가 문맥 전환을 위한 운영체제 오버헤드도 꽤 클 수 있다.

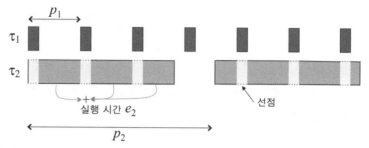

그림 12.3: τ_1에 더 높은 우선순위를 주는 선점 스케줄을 갖는 두 개의 주기적인 작업 $T = \{\tau_1, \tau_2\}$

이 두 작업의 경우에서 모든 선점 고정 우선순위 스케줄러 중 RM[비율 단조]은 무시 가능한 문맥 전환 시간이 있는 작업 모델을 가정하는 상황에서의 실현 가능성 측면에서 최적임을 쉽게 보일 수 있다. 이는 τ_1에 더 높은 우선순위를 부여하는 RM 스케줄과 τ_2에 더 높은 우선순위를 제공하는 RM이 아닌 스케줄, 이 두 개의 고정된 우선순위 스케줄만 존재하기 때문에 최적임을 쉽게 보일 수 있다. 최적성을 보이려고 RM이 아닌 스케줄이 실현 가능하다면 RM 스케줄도 실현 가능함을 보여야 한다.

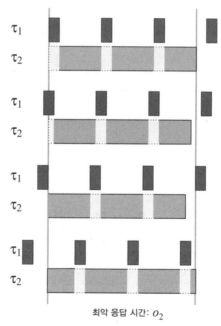

최악 응답 시간: o_2

그림 12.4: 작업 τ_2의 응답 시간 o_2는 τ_1의 사이클이 시작할 때 τ_2의 사이클이 동시에 시작하면 최악이다.

이를 증명하기 전에 실현 가능성^{feasibility}에 영향을 줄 수 있는 작업 실행 순서를 고려해야 한다. 그림 12.4에 나온 것처럼 낮은 우선순위 작업의 응답 시간은 이 작업의 시작 과정이 더 높은 우선순위를 가진 작업의 시작 과정과 일치할 때 최악이다. 즉, 최악의 시나리오는 모든 작업이 동시에 사이클을 시작할 때 발생한다. 따라서 이 시나리오만 고려할 것이다.

해제 시간이 정렬돼 있는 이 최악의 경우 시나리오에서 RM이 아닌 스케줄은 다음의 조건을 만족할 때만 실현 가능하다.

$$e_1 + e_2 \leq p_1 \tag{12.1}$$

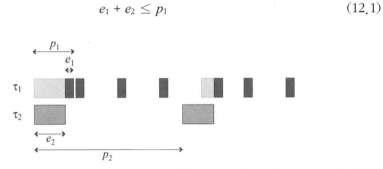

그림 12.5: RM이 아닌 스케줄러는 τ_2에 더 높은 우선순위를 부여한다. 이 시나리오에 대해 $e_1 + e_2 \leq p_1$인 경우에만 실현 가능(feasible)하다.

이 시나리오는 그림 12.5에 나타나있다. 작업 τ_1이 τ_2에 의해 선점됐기 때문에 τ_1이 데드라인을 넘기지 않게 하려고 $e_2 \leq p_1 - e_1$을 만족해야 하고, 이는 τ_1이 데드라인을 넘기기 전에 실행되도록 τ_2가 충분한 시간을 남긴다.

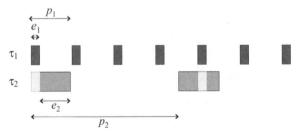

그림 12.6: RM 스케줄은 τ_1에 더 높은 우선순위를 부여한다. RM 스케줄이 실현 가능하려면 $e_1 + e_2 \leq p_1$은 충분조건이며 필요조건은 아니다.

RM이 실현 가능성 측면에서 최적임을 보이려고 해야 할 일은 RM이 아닌 스케줄이 실현 가능하다면 RM 스케줄도 실현 가능함을 보이는 것뿐이다. 그림 12.6을 통해 식 (12.1)을 만족하면 RM 스케줄은 실현 가능함을 알 수 있다. 단 두 개의 고정된 우선순위 스케줄만 있기 때문에 RM 스케줄은 실현 가능성 측면에서 최적이다. 이와 같은 증명 기법은 임의의 개수의 작업으로 일반화될 수 있고, 다음 정리(Liu and Layland, 1973)를 만들어낸다.

> **정리 12.1.** 선점, 고정 우선순위 스케줄러, 반복되는 작업 $T = \{\tau_1, \tau_2, \ldots, \tau_n\}$, 이와 연관되는 주기 $p_1, p_2, \ldots, p_n$ 그리고 우선순위 조건이 없다고 주어졌을 때 임의의 우선순위 할당이 실현 가능 스케줄을 만든다면 비율 단조 우선순위 할당은 실현 가능한 스케줄을 만든다.

RM 스케줄들은 작업 주기의 최대 공약수와 동일한 시간 간격을 갖는 타이머 인터럽트를 사용해 쉽게 구현된다. 이 스케줄들은 여러 타이머 인터럽트로도 구현될 수 있다.

RM 스케줄러들은 항상 100% 사용률을 보장할 수는 없음이 밝혀졌다. 특히 RM 스케줄러는 고정 우선순위를 갖도록 제한된다. 이 제약 조건은 실현 가능한 스케줄을 만드는 작업 집합이 100% 미만의 사용률을 가지며, 작업 시간의 증가나 주기의 감소를 허용할 수 없는 상황을 만든다. 이는 데드라인을 넘기지 않고는 사용할 수 없는 유휴 프로세서 사이클이 존재함을 의미한다. 연습문제 3에서 이 문제를 더 살펴보자.

다행히 Liu and Layland(1973)는 이 효과가 유계임을 밝혔다. 실행 시간 e_i와 주기 p_i를 갖는 n개의 독립된 작업들의 사용률은 다음과 같이 쓸 수 있다.

$$\mu = \sum_{i=1}^{n} \frac{e_i}{p_i}$$

$\mu = 1$이면 이 프로세서는 그 시간에 100% 바쁜 것이다. 따라서 임의의 작업 집합에

대해 $\mu > 1$이면 그 작업 집합은 실현 가능 스케줄이 없다. Liu and Layland(1973)는 μ이 다음과 같이 주어진 사용률 유계$^{\text{utilization bound}}$ 이하이면 RM 스케줄은 실현 가능함을 밝혔다.

$$\mu \le n(2^{1/n} - 1) \qquad (12.2)$$

(주목할 만한) 이 결과를 이해하려고 몇 가지 경우를 살펴보자. 먼저 $n = 1$(단 한 개의 작업만 있는 경우), $n(2^{1/n} - 1) = 1$이고, 이 결과는 사용률이 100% 이하이면 RM 스케줄은 실현 가능함을 알려준다. 단 한 개의 작업이 있는 경우 $\mu = e_1/p_1$이고, 데드라인은 $e_1 \le p_1$인 경우에만 만족하기 때문에 이는 당연한 것이다.

$n = 2$이면 $n(2^{1/n} - 1) \approx 0.828$이다. 따라서 두 개의 작업을 갖는 작업 집합이 사용 가능한 프로세서 시간의 82.8% 이상을 사용하려고 시도하지 않는다면 RM 스케줄은 모든 데드라인을 지킬 수 있다.

n이 커질수록 사용률 경계는 $\ln(2) \approx 0.693$에 근접한다. 즉, 다음 식이 성립한다.

$$\lim_{n \to \infty} n(2^{1/n} - 1) = \ln(2) \approx 0.693$$

이는 임의의 개수의 작업들을 가진 작업 집합이 사용 가능한 프로세서 시간의 69.3% 이상을 사용하려고 시도하지 않는다면 RM 스케줄은 모든 데드라인을 지킬 수 있음을 의미한다.

다음 절에서 고정된 우선순위 제약을 없애 동적 우선순위 스케줄러가 고정 우선순위 스케줄러보다 더 높은 사용률을 얻을 수 있는 측면에서 더 좋음을 보일 것이다. 이를 위해 구현이 더 복잡해진다.

12.3 최단 마감 우선

우선순위 제약이 없고 데드라인을 가진 반복되지 않은 유한 작업 집합이 주어지면 간단한 스케줄링 알고리즘으로는 잭슨 알고리즘$^{\text{Jackson's algorithm}}$(Jackson, 1955)으로 알려진 **최단 마감**^{EDD, Earliest Due Date}이 있다. EDD 전략은 간단히 데드라인 순서대로 작업을 실행시킨다. 이때 가장 짧은 마감 시간을 가진 작업을 먼저 실행한다. 두 작업이 같은 데드라인을 가지면 둘 간의 상대적 순서는 의미가 없다.

정리 12.2. 연관된 데드라인이 $d_1, d_2, \ldots, d_n$이며 우선순위 제약이 없는 반복되지 않은 유한 작업 집합 $T = \{\tau_1, \tau_2, \ldots, \tau_n\}$이 주어지면 다른 가능한 작업 순서와 비교할 때 EDD 스케줄은 최대 지연^{lateness}을 최소화하는 측면에서 최적이다.

증명. 이 정리는 간단한 **교환 논법**^{interchange argument}으로 쉽게 증명된다. EDD가 아닌 임의의 스케줄을 생각해보자. 이 스케줄은 EDD가 아니므로 작업 τ_i와 τ_j가 존재하고, τ_i는 τ_j보다 먼저 실행되지만 데드라인은 더 늦다($d_j < d_i$). 아래 그림이 이 스케줄을 나타낸다.

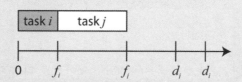

작업들은 독립적이므로(우선순위 제약이 없음) 다음과 같이 이 두 작업의 순서를 바꿔도 유효한 스케줄이 된다.

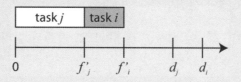

새로운 스케줄의 최대 지연이 기존 스케줄의 최대 지연보다 크지 않음을 보

일 수 있다. 이런 교환이 가능한 작업이 없을 때까지 앞의 교환을 반복하면 EDD 스케줄이 생성된다. 이 스케줄은 기존 스케줄의 최대 지연보다 크지 않은 최대 지연을 갖기 때문에 EDD 스케줄은 모든 스케줄의 가장 작은 최대 지연을 갖는다.

두 번째 스케줄이 첫 번째 스케줄의 최대 지연보다 크지 않은 최대 지연을 가짐을 보이려면 다음을 기억하자. 최대 지연이 τ_i나 τ_j가 아닌 다른 작업에 의해 결정된다면 이 두 스케줄은 같은 최대 지연을 가지며, 증명이 끝난다. 그렇지 않다면 첫 번째 스케줄의 최대 지연은 다음과 같아야 한다.

$$L_{\max} = \max(f_i - d_i, f_i - d_j) = f_j - d_j$$

뒤에 있는 식은 앞의 그림에서 명백하게 나타나며, $f_i \leq f_j$와 $d_j < d_i$를 만족한다.

두 번째 스케줄의 최대 지연은 다음과 같이 주어진다.

$$L'_{\max} = \max(f'_i - d_i, f'_j - d_j)$$

다음 두 가지 경우를 살펴보자.

Case 1: $L'_{\max} = f'_i - d_i$. 이 경우 $f'_i = f_j$이고 $d_j < d_i$이므로 다음과 같은 부등식이 성립한다.

$$L'_{\max} = f_j - d_i \leq f_j - d_j$$

따라서 $L'_{\max} \leq L_{\max}$가 성립한다.

Case 2: $L'_{\max} = f'_j - d_j$. 이 경우 $f'_j \leq f_j$이므로 다음과 같다.

$$L'_{\max} \leq f_j - d_j$$

따라서 이전과 같이 $L'_{\max} \leq L_{\max}$가 성립한다.

이 두 경우에서 두 번째 스케줄은 첫 번째 스케줄의 최대 지연보다 크지 않은 최대 지연을 갖는다. QED. □

EDD는 최대 지연을 최소화하므로 EDD는 실행 가능성 측면에서 최적이다. 그러나 EDD는 작업의 도착^{arrival of task}을 지원하지 않으므로 주기적 혹은 반복적 작업 실행을 지원하지 않는다. 다행히 EDD는 이들을 지원하고자 쉽게 확장될 수 있다. 이런 알고리즘을 최단 마감 우선^{EDF, Earliest Deadline First} 혹은 혼의 알고리즘^{Horn's algorithm} (Horn, 1974)이라고 한다.

정리 12.3. 연관된 데드라인이 $d_1, d_2, \ldots, d_n$이며, 임의의 도착 시간을 갖는 n개의 독립 작업들의 집합 $T = \{\tau_1, \tau_2, \ldots, \tau_n\}$이 주어질 때 모든 도착 작업 중 가장 빠른 데드라인을 가진 작업을 항상 실행하는 모든 알고리즘은 최대 지연을 최소화하는 측면에서 최적이다.

이 정리의 증명은 비슷한 교환 논법을 사용한다. 게다가 제약이 없는 도착 횟수를 지원하도록 이 결과는 확장될 수 있다. 이를 위한 증명은 연습문제로 남겨놓겠다.

EDF는 동적 우선순위 스케줄링 알고리즘임을 기억하자. 작업이 반복적으로 실행되면 각 실행마다 다른 우선순위가 할당될 것이다. 따라서 구현하기가 더 어려울 수 있다. 보통 주기적인 작업들에 대해 사용하는 데드라인은 해당 작업 주기의 끝이다. 물론 작업에 대해 다른 데드라인을 사용할 수도 있다.

EDF가 RM보다 구현할 때 더 어렵지만 일반적으로 성능은 우수하다(Buttazzo, 2005b). 먼저 RM은 고정 우선순위 스케줄러들에서만 실현 가능성 측면에서 최적이지만 EDF는 동적 우선순위 스케줄러들에서도 실현 가능성 측면에서 최적이다. 또한 EDF는 최대 지연을 최소화한다. 실제로 EDF에서는 선점이 거의 일어나지 않고(연습문제 2 참고), 이는 문맥 전환$^{\text{context switching}}$ 시 오버헤드를 줄이게 된다. 이런 장점은 높은 구현 복잡도를 감수할 수 있게 한다. 그리고 RM과 달리 100% 미만의 사용률^{utilization}을 갖는 모든 EDF 스케줄은 실행 시간 증가나 주기 감소를 허용할 수 있고 여전히 실현 가능하다.

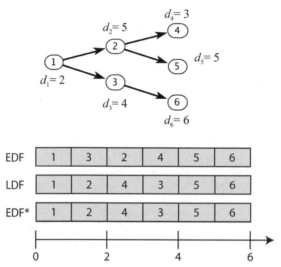

그림 12.7: 6개의 작업에 대한 우선순위(precedence) 그래프와 3가지 스케줄링 정책에서의 스케줄. 모든 작업에 대한 실행 시간은 1이다.

12.3.1 우선순위를 갖는 EDF

정리 12.2는 EDF가 우선순위가 없는 작업 집합에 대해 최적(최대 지연을 최소화시킴)임을 나타낸다. 우선순위가 있다면 어떨까? 유한 작업 집합이 주어졌을 때 각 작업 간 우선순위는 우선순위 그래프$^{\text{precedence graph}}$로 나타낼 수 있다.

> **예제 12.1:** 여섯 개의 작업인 $T = \{1, \ldots, 6\}$을 생각해보자. 각 작업은 $e_i = 1$인 실행 시간을 갖고, 그림 12.7에 표시된 우선순위를 갖는다. 이 다이어그램은 작업 1이 2나 3이 실행되기 전에 실행돼야 하고, 2는 4나 5가 실행되기

전에 실행돼야 하며, 3은 6이 실행되기 전에 실행돼야 함을 보여준다. 각 작업의 데드라인은 그림에 나와 있다. EDF 표시된 스케줄이 EDF 스케줄이다. 이 스케줄은 실현 가능하지 않다. 작업 4가 데드라인을 맞추지 못한다. 그러나 실현 가능한 스케줄은 있다. LDF로 표시된 스케줄은 모든 데드라인을 맞춘다.

이전 예제는 EDF가 우선순위가 존재하는 상황에서 최적이 아님을 보여준다. 1973년도에 Lawler(1973)는 우선순위가 있을 때 최적인 간단한 알고리즘을 제안했다. 그의 전략은 매우 간단하다. 데드라인을 갖는 고정된 유한 작업 집합이 주어지면 Lawler의 전략은 스케줄을 거꾸로 구성한다. 즉, 실행해야 할 마지막 작업을 먼저 선택한다. 마지막으로 실행해야 할 작업은 다른 작업들이 의존하지 않고 가장 늦은 데드라인을 갖는다. 이 알고리즘은 역순으로 스케줄을 구성하며, 하위 작업들이 이미 스케줄된 작업들 중 가장 늦은 데드라인을 갖는 작업을 선택한다. 이전 예제에서 그림 12.7의 LDF로 표시된 스케줄은 실현 가능하다. Lawler의 알고리즘을 **최후 마감 우선**LDF, Latest Deadline First이라고 한다.

LDF는 최대 지연을 최소화하는 측면에서 최적이다. 따라서 실현 가능성 측면에서 최적이다. 그러나 작업 도착은 지원하지 않는다. 다행히 Chetto et al.(1990)에 의해 제안된 EDF의 간단한 수정 버전이 있다. EDF*(우선순위를 갖는 EDF)는 작업 도착을 지원하며 최대 지연을 최소화한다. 이 수정된 방식에서는 모든 작업의 데드라인을 조정한다. 모든 작업의 집합을 T라고 하자. 작업 실행 $i \in T$에 대해 $D(i) \subset T$는 우선순위 그래프에서 i에 직접적으로 의존하는 작업 실행들의 집합이라고 하자. 모든 실행 $i \in T$에 대해 다음과 같이 수정된 데드라인을 정의하자.

$$d_i' = \min(d_i, \min_{j \in D(i)} (d_j' - e_j))$$

EDF*는 위의 수정된 데드라인을 사용하는 EDF와 같다.

예제 12.2: 그림 12.7에서 EDF* 스케줄은 LDF 스케줄과 같음을 볼 수 있다. 이 수정된 데드라인은 다음과 같다.

$$d'_1 = 1, d'_2 = 2, d'_3 = 4, d'_4 = 3, d'_5 = 5, d'_6 = 6$$

여기서 중요한 부분은 작업 2의 데드라인이 5에서 2로 바뀐 점이다. 이는 작업 2 바로 뒤의 작업^{successor}들이 빠른 데드라인을 갖고 있음을 반영한 것이다. 이 변경은 EDF*가 작업 3 전에 작업 2를 스케줄하게 하고, 실현 가능한 스케줄을 만들어준다.

EDF*는 데드라인 합리화^{rationalizing} 기법으로 생각할 수 있다. 주어진 임의의 데드라인을 그대로 받아들이기보다 이 알고리즘은 데드라인 설정 시 뒤따르는 작업의 데드라인까지 고려한다. 위 예제에서는 작업 2가 뒤따르는 작업들보다 더 늦은 데드라인 5를 갖는 이상한 부분이 있다. EDF*는 EDF를 적용하기 전에 이 이상한 부분을 수정할 수 있다.

12.4 스케줄링과 상호 배제

지금까지 살펴본 알고리즘들은 개념적으로 간단하지만 실제 끼치는 영향은 매우 커서 시스템 엔지니어들을 놀라게 한다. 작업들이 자원을 공유하고 이 자원 접근을 제한하려고 상호 배제$^{mutual exclusion}$를 사용할 때 특히 영향이 크다.

12.4.1 우선순위 역전

이론적으로 우선순위 기반 선점 스케줄러$^{priority-based preemptive scheduler}$는 항상 높은 우선순위를 갖는 작업을 실행한다. 그러나 상호 배제를 사용할 때 작업은 실행을 멈출 수^{blocked} 있다. 스케줄링 알고리즘이 이 가능성을 고려하지 않으면 심각한 문제가 발생할 수 있다.

예제 12.3: 그림 12.8의 화성 탐사호는 1997년 7월 4일, 화성에 착륙했다. 임무를 수행하는 며칠 후 탐사호는 가끔씩 데드라인을 넘기기 시작하면서 모든 시스템을 재시작해야 했고 이때마다 데이터가 없어졌다. 지구에 있는 엔지니어들은 이 문제를 우선순위 역전^{Priority Inversion}으로 진단했다. 즉, 낮은 우선순위인 기상 관련 작업이 락을 잡고 있으면서 높은 우선순위 작업 실행을 막고, 중간 우선순위 작업이 실행된 것이다(참고: 화성에서 무슨 일이 일어났는가? Mike Jones, RISKS-19.49 comp. programming. threads 뉴스 그룹 1997년 12월 07, 화성에서 무슨 일이 일어났는가? Glenn Reeves, 화성 탐사호 비행 소프트웨어 인지 엔지니어, 이메일 메시지 1997년 12월 15일).

그림 12.8: 화성 탐사호와 탐사호의 카메라가 보낸 화성의 표면(그림 출처: Wikipedia Commons)

우선순위 역전은 관련 없는 낮은 우선순위 작업이 수행되는 동안 높은 우선순위 작업 실행이 막히는 스케줄링 이상 현상이다. 그림 12.9는 이 현상을 보여준다. 이 그림에서 낮은 우선순위 작업 3은 시간 1에서 락을 얻는다. 시간 2에서 높은 우선순위를 갖는 작업 1이 작업 3을 선점한다. 그리고 시간 3에서 작업 3과 같은 락을 얻으려 시도하면서 작업 1의 실행이 중지된다. 작업 3이 락을 해제하기 전에 작업 3은 관련 없는 작업 2에 의해 선점되고, 작업 2는 제약 없는 시간 동안 실행될 수 있고, 더 높은 우선순위 작업 1의 실행을 막게 된다. 이는 분명히 의도치 않은 상황이다.

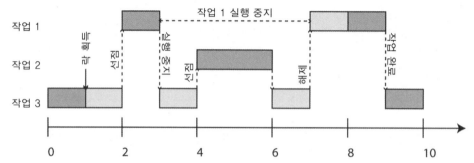

그림 12.9: 우선순위 역전. 작업 1은 가장 높은 우선순위를 가지며 작업 3은 가장 낮은 우선순위를 갖는다. 작업 3은 공유된 자원에 대한 락을 얻고 임계 구역(critical section)에 진입한다. 이후 작업 1이 작업 3을 선점하고, 작업 1은 작업 3이 가진 락을 얻으려 시도하면서 실행이 중지된다. 작업 2는 시간 4에서 작업 3을 선점하면서 우선순위가 높은 작업 1은 무한정 실행이 중지된 상태가 된다. 작업 2가 작업 1을 무한정 기다리게 하므로 사실상 작업 1과 2의 우선순위는 역전된 것이다.

12.4.2 우선순위 상속 프로토콜

1990년에 Sha et al.(1990)은 이런 우선순위 역전을 해결하려고 우선순위 상속[priority inheritance]을 제안했다. 이 해결책에서는 한 작업이 락을 얻으려는 시도를 하면서 실행이 중지될 때 락을 갖고 있는 작업은 실행이 중지된 작업의 우선순위를 상속받는다. 따라서 락을 가진 작업은 락을 얻으려 시도하는 작업보다 낮은 우선순위를 갖는 작업에 의해 선점되지 않는다.

예제 12.4: 그림 12.10은 우선순위 상속을 보여준다. 이 그림에서 작업 1은 작업 3이 가진 락을 얻는 시도를 하면서 실행이 중지되고 작업 3은 실행을 재개한다. 이때 작업 3은 작업 1의 높은 우선순위를 갖는다. 따라서 작업 2가 시간 4에서 활성화됐을 때 작업 2는 작업 3을 선점할 수 없다. 대신 작업 3은 시간 5에서 락을 해제할 때까지 실행된다. 이후 작업 3은 원래의 낮은 우선순위를 갖게 되고 작업 1은 실행을 재개한다. 작업 1의 실행이 끝났을 때만 작업 2는 실행될 수 있다.

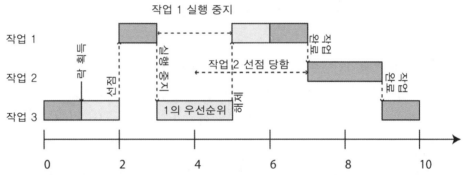

그림 12.10: 우선순위 상속 프로토콜. 작업 1은 가장 높은 우선순위를 갖고, 작업 3은 가장 낮은 우선순위를 갖는다. 작업 3은 공유된 자원에 대한 락을 얻고 임계 구역에 진입한다. 이후 작업 1이 작업 3을 선점하고, 작업 1은 작업 3이 가진 락을 얻는 시도를 하면서 실행이 중지된다. 작업 3은 작업 1의 우선순위를 상속받기 때문에 작업 2에 선점당하지 않는다.

12.4.3 우선순위 상한 프로토콜

우선순위는 상호 배제 락을 사용해 더 흥미로는 방식으로 상호작용할 수 있다. 특히 1990년에 Sha et al.(1990)은 우선순위가 특정 종류의 교착 상태를 방지할 수 있음을 보였다.

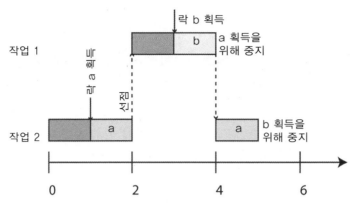

그림 12.11: 교착 상태(deadlock)의 예. 낮은 우선순위 작업이 먼저 시작되고 락 a를 획득한다. 이후 높은 우선순위 작업에 의해 선점된다. 높은 우선순위 작업은 락 b를 획득한 뒤 락 a를 획득하려고 중지된다. 이때 낮은 우선순위 작업이 락 b를 획득하려고 중지되면서 더 이상 진행될 수 없는 상태가 된다.

예제 12.5: 그림 12.11은 두 작업이 교착 상태에 빠지는 시나리오를 나타낸다. 그림에서 작업 1은 높은 우선순위를 갖는다. 시간 1에서 작업 2는 락 a를 획득한다. 시간 2에서 작업 1은 작업 2를 선점하고 시간 3에서 락 b를 획득한다. 이후 락 b를 갖고 있으면서 락 a를 획득하려고 시도한다. 작업 2가 락 a를 들고 있으므로 작업 1은 중지된다. 시간 4에서 작업 2는 실행을 재개한다. 시간 5에서 작업 2는 락 b를 얻으려고 시도하지만 락 b는 작업 1이 들고 있으므로 교착 상태가 발생한다.

이 예제의 교착 상태는 우선순위 상한priority ceiling 프로토콜(Sha et al., 1990)이라 불리는 기법으로 회피할 수 있다. 이 프로토콜에서 모든 락이나 세마포어는 해당 락을 획득할 수 있는 가장 높은 우선순위 작업의 우선순위와 동일한 우선순위 상한을 할당받는다. 작업 τ는 이 작업의 우선순위가 다른 작업들이 가진 모든 락의 우선순위 상한보다 더 클 경우에만 락 a를 획득할 수 있다. 직관적으로 작업 τ의 락 a 획득을 막는다면 작업 τ는 다른 작업이 갖고 있는 다른 락을 얻으려 시도하는 중에는 락 a를 갖지 않을 것이다. 이는 특정 교착 상태 발생을 방지한다.

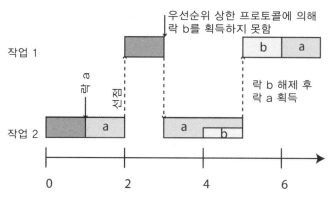

그림 12.12: 우선순위 상한 프로토콜의 예. 이 버전에서 락 a와 b는 작업 1의 우선순위와 같은 우선순위 상한을 갖는다. 시간 3에서 작업 1은 락 b 획득을 시도하지만 실패한다. 이는 작업 2가 작업 1의 우선순위와 동일한 우선순위 상한을 가진 락 a를 현재 갖고 있기 때문이다.

> **예제 12.6:** 우선순위 상한 프로토콜은 그림 12.12에 나타난 것처럼 예제 12.5의 교착 상태를 방지한다. 그림에서는 작업 1이 시간 3에서 락 b를 획득하려고 시도하지만 획득할 수 없다. 시간 3에서 락 a는 다른 작업(작업 2)이 갖고 있다. 락 a에 할당된 우선순위 상한은 작업 1의 우선순위와 같다. 이는 작업 1이 락 a를 획득할 수 있는 가장 높은 우선순위 작업이기 때문이다. 작업 1의 우선순위가 이 우선순위 상한보다 엄격하게 높지 strictly higher 않기 때문에 작업 1은 락 b를 획득할 수 없다. 대신 작업 1은 중지되고 작업 2의 실행이 완료되게 한다. 시간 4에서 작업 2는 락 b를 획득하고, 시간 5에서 두 락을 해제한다. 작업 2가 두 락을 모두 해제 완료하면 더 높은 우선순위를 가진 작업 1은 더 이상 중지되지 않고 작업 2를 선점하면서 작업을 재개한다.

물론 우선순위 상한 프로토콜 구현은 어떤 작업이 어떤 락을 가져야 하는지 미리 결정할 수 있어야 한다. 간단한 보수적인 전략은 모든 작업에 대한 소스코드를 검사하고 코드에서 획득하는 락들의 목록을 만드는 것이다. 특정 프로그램이 특정 라인의 코드를 실행하거나 미실행할 수 있어 코드에 락이 있다고 하더라도 한 작업이 그 락을 얻으려 시도하지는 않을 수 있기 때문에 이 전략은 보수적이다.

12.5 멀티프로세서 스케줄링

단일 프로세서에서 작업들을 스케줄링하는 것은 어려운 일이다. 하지만 멀티프로세서에서 작업을 스케줄링하는 것은 더 어렵다. 유한개의 프로세서에 우선순위를 갖는 고정된 유한 작업 집합들의 총 소요 시간을 최소화해보자. 이 문제는 NP 하드$^{NP-hard}$로 알려져 있다. 하지만 효과적이고 효율적인 스케줄링 전략이 있다. 가장 간단한 방법은 Hu 레벨 스케줄링$^{Hu\ level\ scheduling}$ 알고리즘이다. 이 알고리즘은 각 레벨^{Level}에 따라 각 작업 τ에 우선순위를 할당한다. 레벨은 우선순위 그래프상에서 작업 τ부터 뒤따르는 작업이 없는 다른 작업까지 경로에 있는 작업들의 실행 시간의 최대 합이다. 높은 레벨을 가진 작업은 낮은 레벨을 가진 작업보다 더 높은 우선순위를 갖는다.

> **예제 12.7:** 그림 12.7의 우선순위 그래프에서 작업 1은 레벨 3을 갖고, 작업 2와 3은 레벨 2를 가지며, 작업 4, 5, 6은 레벨 1을 갖는다. 따라서 Hu 레벨 스케줄러는 작업 1에 가장 높은 우선순위를 부여하고, 작업 2와 3은 중간 우선순위, 작업 4, 5, 6은 가장 낮은 우선순위를 부여한다.

Hu 레벨 스케줄링은 최대 총 실행 시간을 갖는 우선순위 그래프상의 경로를 강조하기 때문에 이 스케줄링은 **임계 경로**$^{critical\ path}$ 기법 중 하나다. 이 기법은 최적이지는 않지만 대부분의 그래프에서 최적 해에 근사한다고 알려져 있다(Kohler, 1975; Adam et al., 1974).

우선순위들이 작업들에 할당되면 리스트 스케줄러는 우선순위별로 작업들을 정렬하고 프로세서들이 사용 가능할 때 정렬된 리스트 순서대로 각 프로세서에 작업을 할당한다.

예제 12.8: 그림 12.7에 나온 우선순위 그래프에 대한 Hu 레벨 스케줄링 기법이 적용된 두 프로세서의 스케줄이 그림 12.13에 나타나 있다. 총 소요 시간은 4다.

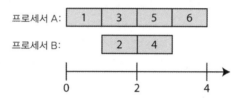

그림 12.13: 그림 12.7에 나온 우선순위 그래프 작업들에 대한 두 프로세서 병렬 스케줄

12.5.1 스케줄링 이상 현상

스케줄링 이상 현상[scheduling anomalies]은 임베디드 시스템 설계에서 최악의 위험 중 하나다. 시스템 운영 상태의 작은 변화 때문에 예기치 않은 혹은 반대 동작이 발생하는 것을 일컫는다. 이미 이전에 우선순위 역전과 교착 상태를 살펴봤고, 더 많은 스케줄링 이상 현상이 있다. 발생할 수 있는 문제들은 리차드의 이상 현상[Richard's anomalies](Graham, 1969)에 잘 설명돼 있다. 여기서 멀티프로세서 스케줄은 비단조[non-monotonic]임을 보이는데, 이는 지역 레벨의 성능 개선이 전체 레벨의 성능 감소를 유발할 수 있음을 의미한다. 또한 멀티프로세서 스케줄이 브리틀[brittle], 즉 작은 변화가 큰 결과를 만들어낼 수 있음을 보인다.

리차드의 이상 현상들은 다음의 정리로 요약될 수 있다.

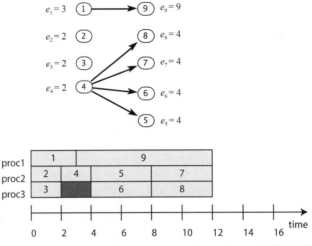

그림 12.14: 낮은 숫자의 작업이 높은 숫자의 작업보다 더 높은 우선순위를 갖는 9개의 작업이 있는 우선순위 그래프

정리 12.4. 고정된 우선순위, 실행 시간, 우선순위 제약을 갖는 한 작업 집합이 우선순위에 따라 유한개의 프로세서에 스케줄링된다면 프로세서 개수 증가나 실행 시간 감소 혹은 우선순위 제약을 약하게 하는 것은 스케줄링 길이를 증가시킬 수 있다.

증명. 위 정리는 그림 12.14의 예제로 증명할 수 있다. 위 예제는 그림에 나타난 것처럼 실행 시간을 갖는 9개의 작업을 갖는다. 예제에서는 낮은 숫자의 작업이 높은 숫자의 작업보다 더 높은 우선순위를 갖는다. 이는 임계 경로 우선순위 할당에는 해당하지 않지만 이 정리를 증명하는 데 충분하다. 이 그림은 우선순위에 따른 프로세서 세 개의 스케줄을 보여준다. 총 소요 시간은 12다.

먼저 모든 작업의 실행 시간이 1씩 줄어든다고 가정해보자. 우선순위를 만족시키는 스케줄은 다음과 같다.

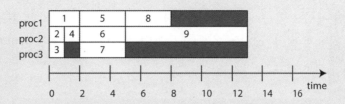

총 계산 시간이 많이 줄었음에도 불구하고 총 소요 시간이 13으로 증가됨을 볼 수 있다. 계산 시간을 정확히 알 수 없기 때문에 이런 형태의 브리틀은 특히 문제가 된다.

이번에는 네 개의 프로세서를 사용하고 다른 조건은 기존 문제와 동일하게 하자. 결과는 다음과 같다.

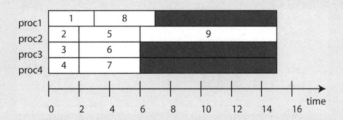

원래 사용 가능한 프로세서보다 33% 더 프로세서를 추가했지만 총 소요 시간은 15로 증가했다.

작업 4, 7, 8 사이의 우선순위를 없애 우선순위 제약을 약하게 했을 경우를 살펴보자. 결과는 다음과 같다.

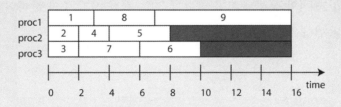

우선순위 제약을 약하게 해서 스케줄링 유연성을 증가시켰지만 총 소요 시간은 16으로 늘었다. 이와 같은 단순 우선순위 기반 스케줄링 기법은 제약을 약하게 하더라도 효과가 없다.

이 정리는 소프트웨어에 대한 실행 시간을 정확하게 알 수 없을 때(16장 참고) 특히 문제가 된다. 스케줄링 정책은 근사치에 기반을 두고 런타임의 동작은 매우 예측 불가능하게 된다.

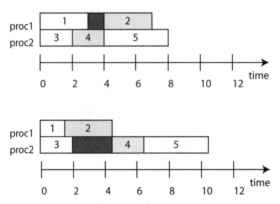

그림 12.15: 작업 1의 실행 시간 감소가 오히려 늘어난 총 소요 시간을 보이는 상호 배제 락에 의한 이상 현상

다른 형태의 이상 현상은 상호 배제 락이 존재할 때 발생한다. 그림 12.15에서 이 상황을 보여준다. 5개의 작업이 정적 할당 스케줄러를 사용해 두 개의 프로세서에 할당된다. 작업 2와 4는 뮤텍스를 얻으려고 경쟁한다. 작업 1의 실행 시간이 줄어든다면 작업 2와 4의 실행 순서가 바뀌고, 이는 실행 시간 증가로 이어진다. 이런 종류의 이상 현상은 실제로 매우 흔하다.

12.6 요약

임베디드 소프트웨어는 외부의 물리 시스템과 상호 동작해야 하므로 타이밍에 큰 영향을 받는다. 따라서 설계자는 작업의 스케줄링에 많은 주의가 필요하다. 12장은 실시간 작업 스케줄링과 병렬 스케줄링에 대한 간단한 기법들의 개요를 살펴봤다. 우선순위 역전이나 스케줄링 이상 현상 같은 몇 가지 위험 요소도 설명했다. 이런 위험 요소를 인지하는 설계자는 이를 방지하는 더 많은 노력을 기울일 수 있을 것이다.

더 읽을거리

스케줄링은 1950년대부터 시작해서 많은 기초적인 결과를 가진 잘 연구된 주제다. 12장에서는 매우 기본적인 기법만을 다뤘고 여러 중요한 주제를 생략했다. 실시간 스케줄링 교재로 Buttazzo(2005a), Stankovic and Ramanritham (1988)와 Lie(2000)를 추천한다. 후자의 책은 특히 산발적인 작업^{sporadic task} 스케줄링에 대한 좋은 설명을 갖는다. 매우 훌륭한 개요로는 Sha et al.(2004) 이 있다. Klein et al.(1993)은 실용적인 가이드가 될 수 있다. Audsley et al.(2005)은 고정 우선순위 스케줄링 기법의 진화에 대한 개요를 훌륭하게 다루고 있다. 연성 실시간 스케줄링은 실시간 시스템의 고전적인 데드라인 제약에서 제한된 표현력을 해결하는 방법으로, 1977년도 더글라스 젠슨 Douglas Jensen이 제안한 시간 효용 함수^{time utility function}를 학습하기 바란다(Jensen et al.(1985); Ravindran et al.(2007) 참고).

그리고 이 책에서 언급하지 않은 많은 스케줄링 전략이 있다. 예를 들어 데드라인 단조^{DM, Deadline Monotonic} 스케줄링은 비율 단조를 수정해 산발적 작업들이 각 작업의 주기보다 작은 데드라인을 갖게 한다(Leung and Whitehad, 1982). 스프링 알고리즘^{Spring algorithm}은 도착과 우선순위 관계, 자원 제약, 비선점 속성, 중요성 레벨 등을 지원하는 경험적 방법heuristic 집합이다(Stankovic and Ramamritham, 1987, 1988).

이 책에서 다루지 않는 중요한 주제 중 하나는 **실현 가능성 분석**feasibility analysis 이다. 이 분석은 프로그램 분석 기법을 제공해 실현 가능한 스케줄이 존재하는지 결정할 수 있다. 이 분야의 많은 연구는 Harter(1987)와 Joseph, Pandya(1986)에 의해 이뤄졌다.

멀티프로세서 스케줄링도 많은 연구가 진행되고, 운영 연구operation research 분야에서 많은 결과를 내는 주제다. 이 주제에 대한 고전적인 교재는 Conway et al.(1967)과 Coffman(1976)이다. Sriram and Bhatttacharyya(2009)는 임베디드 멀티프로세서에 집중해 연구했고, 멀티프로세서 스케줄에서 동기화 오버헤드를 줄이는 탁월한 기법을 제안했다.

많은 프로젝트에서 소프트웨어의 실시간 동작을 표현하는 프로그래밍 언어 구조를 제안했다. 그중 가장 주목할 만한 것은 에이다Ada다. 에이다는 1977년부터 1983년까지 미 국방성DoD, Department of Defense과의 계약으로 개발됐다. 이 언어의 목적은 DoD 프로젝트에 사용된 수백 가지 언어를 하나의 통합된 언어로 교체하는 것이었다. Lee and Gehlot(1985)과 Wolfe et al.(1993)은 실시간을 위한 언어 구조를 훌륭하게 설명한다.

연습문제

1. 이 문제는 고정 우선순위 스케줄링에 관한 것이다. 단일 프로세서에서 주기적으로 실행돼야 하는 두 작업을 생각해보자. 작업 1은 주기 $p_1 = 4$를 갖고, 작업 2는 주기 $p_2 = 6$을 갖는다.

(a) 작업 1의 실행 시간을 $e_1 = 1$이라고 하자. RM 스케줄이 실현 가능하게 작업 2의 실행 시간 e_2에 대한 최댓값을 구해보자.

(b) 다시 작업 1의 실행 시간을 $e_1 = 1$이라고 하자. Non-RMS를 RM 스케줄이 아닌 고정 우선순위 스케줄이라 하자. Non-RMS 스케줄이 실현 가능하도록 작업 2의 실행 시간 e_2에 대한 최댓값을 구해보자.

(c) 위 (a)와 (b)의 해에서 프로세서 사용률^{utilization}을 구해보자. 어느 쪽이 더 좋은가?

(d) RM 스케줄링에서 100% 사용률을 보이는 e_1과 e_2 값이 있는가? 있다면 예를 들어보자.

2. 이 문제는 동적 우선순위 스케줄링에 관한 것이다. 단일 프로세서에서 주기적으로 실행돼야 하는 두 작업을 생각해보자. 작업 1은 주기 $p_1 = 4$를 갖고, 작업 2는 주기 $p_2 = 6$을 갖는다. 각 작업 호출의 데드라인은 각 주기의 끝이라고 하자. 즉, 작업 1에서 첫 번째 호출의 데드라인은 4이고, 두 번째 호출의 데드라인은 8이다.

(a) 작업 1의 실행 시간은 $e_1 = 1$이다. EDF가 실현 가능하도록 작업 2의 실행 시간 e_2에 대한 최댓값을 구해보자.

(b) (a)에서 구한 e_2의 값에 대해 연습문제 1 (a)의 RM 스케줄과 EDF 스케줄을 비교해보자. 어떤 스케줄이 선점이 적은가? 어떤 스케줄이 사용률이 높은가?

3. 이 문제는 RM과 EDF 스케줄을 비교한다. 주기 $p_1 = 2$와 $p_2 = 3$, 실행 시간 $e_1 = e_2 = 1$인 두 작업을 생각해보자. 각 실행의 데드라인은 주기의 끝으로 가정하자.

(a) 이 작업 집합의 RM 스케줄을 제안해보고 프로세서 사용률을 구해보자. 식 (12.2)의 Liu와 Layland의 사용률 유계와 비교해보자.

(b) e_1이나 e_2의 증가는 RM 스케줄을 실현 가능하지 않게 함을 증명해보

자. $e_1 = e_2 = 1$이고 $p_2 = 3$일 때 p_1을 2 미만으로 줄이면 여전히 실현 가능한 스케줄이 되는가? $e_1 = e_2 = 1$이고 $p_2 = 2$일 때 p_2를 3 미만으로 줄이면 여전히 실현 가능한 스케줄이 되는가?

(c) 작업 2의 실행 시간을 $e = 1.5$가 되게 증가시킨 후 EDF 스케줄을 제안해보자. 실현 가능한 스케줄인가? 프로세서 사용률은 얼마인가?

4. 김호근 씨가 만든 이 문제는 RM과 EDF 스케줄을 비교한다. 단일 프로세서에서 주기적으로 실행돼야 하는 두 작업을 생각해보자. 작업 1은 주기 $p_1 = 4$를 갖고, 작업 2는 주기 $p_2 = 10$을 갖는다. 작업 1이 실행 시간 $e_1 = 1$을 갖고, 작업 2는 실행 시간 $e_2 = 7$을 갖는다고 가정하자.

(a) 비율 단조 스케줄을 만들어보자(4와 10의 최소 공배수인 단위 시간 20에 대한). 이 스케줄은 실현 가능한가?

(b) 작업 1과 2가 뮤텍스 락을 두고 경쟁한다고 가정하자. 이 락은 각 실행의 시작에서 획득되고, 각 실행의 끝에서 해제된다. 또한 락을 획득하거나 해제하는 것은 시간이 전혀 들지 않고 우선순위 상속 프로토콜이 사용된다고 가정하자. 이 비율 단조 스케줄은 실현 가능한가?

(c) 위 (b)와 같이 작업 1과 2가 뮤텍스 락을 두고 경쟁한다고 가정하자. 작업 2가 애니타임 알고리즘anytime algorithm을 실행한다고 가정하자. 이 알고리즘은 언제 중단되더라도 유용한 해를 얻을 수 있다. 일찍 종료되면 낮은 퀄리티의 이미지를 전달하는 이미지 처리기가 이 알고리즘의 예다. 비율 단조 스케줄이 실현 가능하도록 작업 2의 실행 시간 e_2에 대한 최댓값을 구해보자. 작업 2의 줄어든 실행 시간으로 스케줄을 구성해보고 단위 시간 20에 대한 스케줄을 만들어보자. 실행 시간은 항상 양의 정수로 가정해도 된다.

(d) $e_1 = 1$이고 $e_2 = 7$이고 뮤텍스 락이 없는 상태에서 단위 시간 20에 대한 EDF 스케줄을 만들어보자. 같은 데드라인을 가진 작업 실행들의 우선순위를 결정하려고 작업 1의 실행이 작업 2의 실행보다 더 높은 우선

순위를 갖는다고 가정하자. 이 스케줄은 실현 가능한가?

(e) 이제 3번째 작업인 작업 3을 추가해보자. 작업 3은 주기 $p_3 = 5$와 실행 시간 $e_3 = 2$를 갖는다. 그리고 (c)와 같이 작업 시간 2의 실행 시간을 조정할 수 있다고 가정하자.

EDF 스케줄이 실현 가능하도록 작업 2의 실행 시간 e_2에 대한 최댓값을 구해보고, 단위 시간 20까지의 스케줄을 만들자. 같은 데드라인을 갖는 작업 실행의 우선순위를 위해 작업 i는 작업 $j(i < j)$보다 더 높은 우선순위를 갖는다고 가정하자.

5. 이 문제는 고정과 동적 우선순위를 비교하고 Burns와 Baruah(2008)가 제안한 예제에 기반을 둔다. 주기적인 두 개의 작업을 생각해보자. 작업 τ_1은 주기 $p_1 = 2$를 갖고, 작업 τ_2는 주기 $p_2 = 3$을 갖는다. 실행 시간이 $e_1 = 1$이고 $e_2 = 1.5$라고 가정하자. 작업 τ_1의 i번째 실행의 해제 시간이 $i = 1, 2, \ldots$에 대해 다음과 같이 주어진다고 가정하자.

$$r_{1,i} = 0.5 + 2(i - 1)$$

작업 τ_1의 i번째 실행 데드라인은 다음과 같이 주어진다고 가정하자.

$$d_{1,i} = 2i$$

이와 비슷하게 작업 τ_2의 해제 시간과 데드라인은 다음과 같다.

$$r_{2,i} = 3(i - 1), \, d_{2,i} = 3i$$

(a) 실현 가능한 고정 우선순위 스케줄을 제안해보자.

(b) 작업 τ_1의 모든 실행에 대한 해제 시간이 0.5씩 줄어든다면 모든 고정 우선순위 스케줄은 실현 가능하지 않음을 보여라.

(c) 다음과 같이 줄어든 작업 τ_1의 해제 시간을 갖는 실현 가능한 동적 우선순위 스케줄을 제안해보자.

$$r_{1,i} = 2(i - 1)$$

6. 이 문제는 스케줄링 이상 현상에 관한 것이다. 8개의 작업을 가진 그림 12.16에 나온 작업 우선순위 그래프를 생각해보자. 이 그림에서 e_i는 작업 i의 실행 시간을 표기한다. 작업 i는 작업 $j(i < j)$보다 높은 우선순위를 갖는다고 가정하자. 선점은 일어나지 않는다. 작업은 모든 우선순위 제약과 우선순위를 고려해 스케줄돼야 한다. 모든 작업은 시간 $t = 0$에 도착한다고 가정하자.

   (a) 두 프로세서에서 이 작업들이 스케줄링되게 해보자. 이 작업들에 대한 스케줄을 그려보고 총 소요 시간을 구해보자.

   (b) 이제 세 개의 프로세서에서 이 작업들이 스케줄링되게 해보자. 이 작업들에 대한 스케줄을 그려보고 총 소요 시간을 구해보자. 총 소요 시간은 (a)보다 적은가?

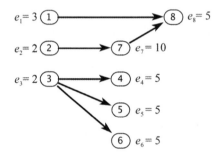

그림 12.16: 연습문제 6을 위한 우선순위 그래프

   (c) 각 작업의 실행 시간이 1씩 줄어든다고 가정해보자. 두 프로세서에서 이들 작업을 스케줄링해보자. 이 작업들의 스케줄을 그려보고 총 소요 시간을 구해보자. 총 소요 시간은 (a)보다 적은가?

7. 이 문제는 실시간 스케줄링과 상호 배제 간 상호작용에 관한 것이며 Kevin Weekly이 만들었다. 다음 코드를 살펴보자.

```
1 pthread_mutex_t X; // 자원 X: 라디오 통신
```

```
2  pthread_mutex_t Y; // 자원 Y: LCD 스크린
3  pthread_mutex_t Z; // 자원 Z: 외부메모리 (느림)
4
5  void ISR_A() { // 안전 센서 인터럽트 서비스 루틴
6      pthread_mutex_lock(&Y);
7      pthread_mutex_lock(&X);
8      display_alert(); // 자원 Y 사용
9      send_radio_alert(); // 자원 X 사용
10     pthread_mutex_unlock(&X);
11     pthread_mutex_unlock(&Y);
12 }
13
14 void taskB() { // 상태 기록 작업
15     while (1) {
16         static time_t starttime = time();
17         pthread_mutex_lock(&X);
18         pthread_mutex_lock(&Z);
19         stats_t stat = get_stats();
20         radio_report( stat ); // 자원 X 사용
21         record_report( stat ); // 자원 Z 사용
22         pthread_mutex_unlock(&Z);
23         pthread_mutex_unlock(&X);
24         sleep(100-(time()-starttime)); // 다음 실행 스케줄
25     }
26 }
27
28 void taskC() { // UI 업데이트 작업
29     while(1) {
30         pthread_mutex_lock(&Z);
31         pthread_mutex_lock(&Y);
32         read_log_and_display(); // 작업 Y와 Z 사용
33         pthread_mutex_unlock(&Y);
34         pthread_mutex_unlock(&Z);
35     }
36 }
```

코드 내의 주석이 함수의 자원 사용에 대해 모두 언급하고 있다고 가정해도 된다. 즉, 주석이 '자원 X 사용'이라고 써있다면 해당 함수는 자원 X만 사용한다. 이 시스템에서 동작하는 스케줄러는 우선순위 기반 선점 스케줄러이고 작업 B는 작업 C보다 더 높은 우선순위를 갖는다. 이 문제에서 ISR_A는 가장 높은 우선순위를 갖는 비동기작업이라고 생각할 수 있다. 시스템은 매 100ms마다 라디오 리포트를 내보내고 UI는 지속적으로 업데이트된다. 그리고 안전 인터럽트가 있다면 라디오 리포트는 즉시 내보내고 UI는 사용자에게 경고를 준다.

(a) 가끔 안전 인터럽트가 있을 때 시스템은 완전하게 작업을 중지한다. 스케줄링 다이어그램에서(그림 12.11처럼), 작업 {A, B, C}와 자원 {X, Y, Z}를 사용해 이 동작의 원인을 설명해보자. 실행 시간은 조정될 필요가 없다. 그리는 다이어그램은 명확하게 레이블이 있어야 한다. 정답이 맞고 틀리고를 떠나 답변의 명확성으로 채점이 될 것이다.

(b) 우선순위 상한 프로토콜을 사용해 (a)에서 그린 일련의 이벤트에 대한 스케줄링 다이어그램을 그려보자. 모든 작업이 끝나거나 반복의 끝까지 도달할 때까지 모든 작업의 락과 언락을 보여야 한다. 이전처럼 실행이 중지되는가?

(c) 스케줄러를 변경하지 않고 이 문제를 고치려고 작업 B의 코드는 어떻게 수정돼야 하는가? 모든 작업/자원 락 시나리오에 대한 전역 탐색을 사용해 이 시스템이 교착 상태에 빠지지 않음을 증명하라(힌트: 세 개의 작업들은 각 작업들이 중지될 수 있는 각각 2개의 자원을 갖고 있음을 기반으로 6가지 경우를 나열하는 증명이 존재한다).

PART
03

분석과 검증

3부에서는 의도한 동작과 의도하지 않은 동작을 지정하는 방법과 구현 사항이 명세에 맞는지 검증하는 방법에 중점을 두고 임베디드 시스템을 분석한다. 13장에서는 입력/출력 동작을 표현하거나 시간 경과에 따른 시스템 상태 전개를 표현할 수 있는 형식 표기법인 시간 논리^{temporal logic}를 다룬다. 이 표기법은 의도하거나 그렇지 않은 행동을 명료하게 지정하는 데 사용할 수 있다. 14장은 하나의 명세가 다른 명세와 동일하다는 것이 무엇을 의미하는지, 설계가 명세를 구현한다는 것이 무엇을 의미하는지 설명한다. 15장에서는 설계가 올바르게 명세를 구현하는지 여부를 알고리즘적으로 검사하는 방법을 보여준다. 16장에서는 소프트웨어에 대한 실행 시간 분석에 중점을 두고 정량적인 속성으로 설계를 분석하는 방법을 설명한다. 이러한 분석은 소프트웨어가 실시간 동작을 하는 데 필수적이다. 17장에서는 임베디드 가상 물리 시스템과 관련된 개념에 초점을 맞춰 보안과 프라이버시의 기본적인 내용들을 소개한다.

13

불변성과 시간 논리

모든 임베디드 시스템은 특정 요구 사항을 충족시키도록 설계돼야 한다. 이러한 시스템 요구 사항은 속성properties 또는 **명세**specifications라고 한다. 명세에 대한 필요성은 다음 인용문(Young et al.(1985)에서 인용됨)에 적절하게 담겨있다.

> "명세가 없는 설계는 옳고 그름이 될 수 없으며 단지 놀라울 뿐이다."

현재의 엔지니어링 실무에서는 시스템 요구 사항을 영어와 같은 자연어로 표현하는 것이 일반적이다. 예를 들어 일부 국가의 우주국(유럽 우주 표준화 협회, 2002)과 함께 채택하고 있는 SpaceWire 통신 프로토콜을 고려해보자. 다음은 재설정reset 시시스템 동작에 대한 조건을 기술한 명세 문서 8.5.2.2절에서 복사한 두 속성이다.

1. "시스템 재설정 후 링크 작동이 어떤 이유로 종료됐거나 링크 초기화 중 오류가 발생한 후에 ErrorReset 상태로 진입해야 한다."
2. "재설정 신호가 활성화될 때마다 상태 기계는 즉시 ErrorReset 상태로 이동해야 하고, 재설정 신호가 비활성화될 때까지 해당 상태에 머물러 있어야 한다."

자연어에 내재된 모호함을 피하고자 요구 사항을 정확하게 기술하는 것이 중요하다. 예를 들어 앞에서 언급된 SpaceWire 프로토콜의 첫 번째 속성을 생각해보자. ErrorRest 상태로 '언제' 진입해야 하는지 언급이 없음을 볼 수 있다. SpaceWire 프로토콜을 구현하는 시스템은 동기식이다. 즉, 상태 기계의 전이는 시스템 클럭clock의 틱tick 단위로 발생한다. 이것을 감안할 때 앞의 세 조건 중 하나가 참이 되는 바로 다음 틱에 ErrorReset 상태로 진입해야 하는가? 아니면 해당 클럭의 몇 번째 뒤에 오는 틱에서 진입해야 하는가? 결과적으로 이 문서는 바로 다음 틱에서 ErrorReset 상태로 전이하는 시스템을 의도했지만 영어로 된 설명으로는 정확하지 않다.

13장에서는 수학적으로 정확하게 시스템 속성을 명시하는 기술을 소개한다. 시스템 속성의 수학적 명세는 형식 명세formal specification로 알려져 있다. 13장에서 사용할 특별한 형식을 시간 논리temporal logic라고 부른다. 이름에서 알 수 있듯이 시간 논리는 시스템의 타이밍 관련 속성을 나타내고 추론하기 위한 관련 규칙이 있는 정확한 수학 표기법이다. 아리스토텔레스 시대부터 시간 논리가 철학자와 논리학자에 의해 사용돼 왔지만, 시스템 요구 사항을 지정하기 위한 수학적 표기법으로 사용된 것은 지난 30년 동안이다.

시스템 속성에서 가장 일반적인 종류 중 하나는 **불변성**invariant이다. 이것은 시간 논리 속성의 가장 간단한 형태 중 하나다. 먼저 불변성의 개념을 소개하고, 뒤이어 불변량을 시간 논리에서 더 의미 있는 명세로 일반화할 것이다.

13.1 불변성

불변성은 한 시스템 동작 중 모든 시간 동안 참true으로 유지되는 경우 해당 시스템에서 보유하는 속성이다. 달리 말하자면 한 시스템의 초기 상태에서 참이고 시스템이 전개되면서 어떤 상태, 모든 반응 후에도 참이면 불변성은 해당 시스템에서 유지된다.

실제로 많은 속성은 불변성을 가진다. 앞에서 언급한 SpaceWire 프로토콜의 두 가지 속성은 명백하게 보이지 않을 수 있지만 불변성을 가진다. SpaceWire의 두 가지 속성은 항상 참을 유지해야 하는 조건을 명시한다. 다음은 3장에서 다룬 모델의 불변성 예다.

예제 13.1: 그림 3.10의 교통 신호등 제어기 모델과 그림 3.11에서 모델링한 환경을 생각해보자. 이 두 상태 기계의 비동기 결합에 의해 형성된 시스템을 생각해보자. 결합된 시스템이 만족해야 하는 분명한 속성은 교통 신호등이 녹색(차가 움직일 수 있을 때)일 때 길을 건너는 보행자가 없어야 한다는 것이다. 이 속성은 이 시스템에서 항상 참으로 유지돼야 하므로 이 속성은 시스템 불변성이다.

또한 임베디드 시스템의 소프트웨어와 하드웨어 구현의 불변성을 명시하는 것이 바람직하다. 이러한 일부 속성은 언어 구성 요소들에 올바른 프로그래밍 방식을 명시한다. 예를 들어 다음 C 언어 속성은 좋은 프로그래밍 방식을 규정하는 불변성이다.

"프로그램은 결코 null 포인터를 역참조하지 않는다."

일반적으로 C 프로그램에서 null 포인터를 역참조하는 것은 시스템 크래시를 유발할 수 있는 세그먼테이션 폴트 발생을 야기한다. 유사하게 동시 프로그램의 몇 가지 바람직한 속성은 다음 예제에서 설명하는 것처럼 불변성이다.

예제 13.2: 교착 상태의 부재에 관한 다음 속성을 고려해보자.

스레드 *A*가 어떤 뮤텍스 락을 획득하려고 시도하는 동안 중지된

> 다면 해당 락을 보유한 스레드 B는 A가 보유하고 있는 락을 획득
> 시도하면서 중지돼서는 안 된다.
>
> 이 속성은 스레드 A와 B로 구성된 다중 스레드 프로그램에서 불변성이 돼
> 야 한다. 이 속성은 특정 프로그램에서 유지될 수도 있고 유지되지 않을 수
> 도 있다. 유지되지 않으면 교착 상태가 발생할 위험이 있다.

많은 시스템 불변성은 다음 예제에서 설명한 것처럼 프로그램 데이터에 대한 요
구 사항을 부과한다.

예제 13.3: 오픈소스 Paparazzi 무인 항공기(UVA) 프로젝트(Nemer et al.,
2006)의 소프트웨어 작업인 다음 예제를 살펴보자.

```
1  void altitude_control_task(void) {
2      if (pprz_mode == PPRZ_MODE_AUTO2
3              || pprz_mode == PPRZ_MODE_HOME) {
4          if (vertical_mode == VERTICAL_MODE_AUTO_ALT) {
5              float err = estimator_z - desired_altitude;
6              desired_climb
7                  = pre_climb + altitude_pgain * err;
8              if (desired_climb < -CLIMB_MAX) {
9                  desired_climb = -CLIMB_MAX;
10             }
11             if (desired_climb > CLIMB_MAX) {
12                 desired_climb = CLIMB_MAX;
13             }
14         }
15     }
16 }
```

이 예제에서는 altitude_control_task가 끝날 때 desired_climb 변수의 값은 [-CLIMB_MAX, CLIMB_MAX] 범위 내에 있어야 한다. 이는 altitude_control_task가 반환할 때마다 유지돼야 하는 사후 조건postcondition이라는 특수한 경우의 불변성 예제다. 이것이 사실인지 확인하려면 프로그램 제어 흐름 분석이 필요하다.

13.2 선형 시간 논리

이 절에서는 시간 논리temporal logic를 설명하고 시스템 동작을 명시하는 데 이 논리가 어떻게 사용되는지 예를 들어 설명한다. 특히 선형 시간 논리LTL, Linear Temporal Logic로 알려진 특정 종류의 시간 논리를 살펴본다. 다른 형태의 시간 논리도 있는데, 그중 몇 개를 간단히 살펴본다.

LTL을 사용하면 시스템의 단일하지만 임의의 실행에 대한 속성을 나타낼 수 있다. 예를 들어 LTL에서 다음의 속성들을 표현할 수 있다.

- **이벤트 발생 및 속성:** 예를 들어 이벤트 *A*가 시스템의 모든 추적에서 적어도 한 번 발생해야만 하거나 여러 번 무한하게 발생해야만 하는 속성을 나타낼 수 있다.
- **이벤트 간의 인과관계:** 예를 들어 이벤트 *A*가 추적에서 발생하면 이벤트 *B*도 발생해야만 한다는 속성이다.
- **이벤트의 순서:** 이러한 유형의 속성 예제는 모든 이벤트 *A*의 발생 앞에 매칭되는 *B*가 발생되게 지정하는 것이다.

선형 시간 논리에서 표현할 수 있는 속성의 종류에 대한 위의 직관을 형식화해보자. 이러한 형식화를 수행하려면 특정 형식의 연산 모델을 지정하는 것이 도움이 된다. 여기서는 3장에서 소개한 유한 상태 기계^{finite-state machines} 이론을 사용할 것이다.

3.6절에서 유한 상태 기계의 실행 추적은 다음 형태의 수열임을 상기해보자.

$$q_0, q_1, q_2, q_3, \ldots$$

여기서 $q_j = (x_j, s_j, y_j)$, s_j는 상태, x_j는 입력 값매김, y_j는 반응 j에서 출력 값매김이다.

13.2.1 명제 논리 공식

먼저 입력이나 출력의 존재 여부, 입력값이나 출력값이 무엇인지, 상태는 무엇인지와 같은 각 반응에서의 상태들에 대해 논의할 수 있어야 한다. 단위 명제^{atomic} ^{proposition}는 이런 입력이나 출력, 상태에 대한 구문이다. 단위 명제는 술어^{predicate}(참 또는 거짓을 평가되는 표현)다. 그림 13.1의 상태 기계와 관련된 단위 명제의 예제는 다음과 같다.

true	항상 참
false	항상 거짓
x	입력 x가 존재하면 참
x = present	입력 x가 존재하면 참
y = absent	y가 부재하면 참
b	상태 기계가 b 상태에 있으면 참

각 경우에 수식은 반응 q_i에서 참 또는 거짓이다. 명제 b는 임의의 값매김 x와 y에 대해 $q_i = (x, b, y)$인 경우 반응 q_i에서 참이며, 이는 기계가 반응을 시작할 때 상태 b에 있음을 의미한다. 즉, 다음 상태가 아니라 현재 상태를 나타낸다.

명제 논리 수식^{propositional logic formula} 또는 (더 간단히) 명제^{proposition}는 논리 접속사^{logical} ^{connectives}를 사용해 단위 명제들을 결합하는 술어다. 논리 접속사는 논리곱(논리적

AND, ∧으로 표시), 논리합(논리적 OR, ∨으로 표시), 부정(논리 NOT, ¬으로 표시)과 의미(논리적 함축^{implication}, ⇒으로 표시)다. 그림 13.1의 상태 기계에 대한 명제는 위의 단위 명제를 포함하거나 논리 접속사를 단위 명제들과 함께 사용한 수식을 포함한다. 다음 몇 가지 예제가 있다.

$x \wedge y$	x와 y가 모두 존재하면 참
$x \vee y$	x 또는 y가 존재하면 참
$x = present \wedge y = absent$	x가 존재하고 y는 부재하면 참
$\neg y$	y가 부재하면 참
$a \Rightarrow y$	FSM이 상태 a에 있을 때마다 출력 y가 반응에 의해 존재하면 참

입력: x: 순수
출력: y: 순수

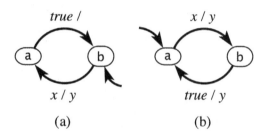

그림 13.1: LTL 공식을 설명하려고 사용된 두 개의 유한 상태 기계

p_1과 p_2가 명제인 경우 명제 $p_1 \Rightarrow p_2$는 $\neg p_2 \Rightarrow \neg p_1$인 경우에만 참이 된다는 점에 주목하자. 즉, $p_1 \Rightarrow p_2$가 참이라는 것을 확증하고자 한다면 $\neg p_2 \Rightarrow \neg p_1$이 참이라는 것을 입증하는 것도 똑같이 유효하다. 논리적으로 후자의 표현식을 전자의 대치^{contrapositive} 표현식이라고 부른다.

p_1이 거짓일 경우에 $p_1 \Rightarrow p_2$는 참이 된다는 점에 주목하라. 이는 대치를 고려하면 쉽게 알 수 있다. 명제 $\neg p_2 \Rightarrow \neg p_1$은 p_2와 상관없이 $\neg p_1$이 참인 경우에 참이 된다. 따라서 $p_1 \Rightarrow p_2$와 동일한 또 따른 명제는 $\neg p_1 \vee p_2$다.

13.2.2 LTL 공식

위의 명제와는 달리 LTL 공식^{Formulas}은 단 하나의 반응 q_i가 아닌 다음과 같이 전체 추적에 적용된다.

$$q_0, q_1, q_2, \ldots$$

가장 간단한 LTL 공식은 위의 명제와 비슷하지만, 단일 요소가 아닌 전체 추적에 적용된다. p가 명제라면 정의에 따라 q_0에 대해 p가 참인 경우에만 LTL 공식 $\phi = p$는 $q_0, q_1, q_2, \ldots$ 추적에 대해 성립한다고 할 수 있다. 명제가 추적의 첫 번째 요소에 대해서만 유지됨에도 불구하고 공식이 전체 추적에 대해 성립한다는 것이 이상하게 보일 수 있지만, LTL이 전체 추적에 대해 추론하는 방법을 제공함을 살펴볼 것이다.

관례에 따라 ϕ, ϕ_1, ϕ_2 등으로 LTL 공식을 표시하고 p, p_1, p_2 등으로 명제를 표시한다.

상태 기계 M과 LTL 공식 ϕ가 주어지면 ϕ가 M의 모든 가능한 추적에서 성립할 경우 ϕ는 M에 대해 성립한다고 말한다. 여기에서는 일반적으로 모든 가능한 입력을 고려해야 한다.

> **예제 13.4:** 그림 13.1(b)에 대해 LTL 공식 a가 성립한다. 이는 모든 추적은 상태 a에서 시작하기 때문이다. 하지만 그림 13.1(a)에 대해서는 성립하지 않는다.
>
> LTL 공식 $x \Rightarrow y$는 그림 13.1의 두 기계 모두에서 성립한다. 두 기계의 첫 반응에서 x가 존재한다면 y가 존재할 것이다.

FSM에 대해 LTL 공식이 거짓임을 증명하려면 거짓인 하나의 추적을 제공하는 것으로 충분하다. 이러한 추적을 반증^{counterexample}이라고 한다. FSM에 대해 LTL 공식이 참임을 보여주려면 모든 추적에 대해 참임을 증명해야만 하며, 이는 훨씬 어렵다(LTL 공식이 단순 명제 논리 공식일 경우에는 그다지 어렵지 않다. 이 경우에는 첫 번째 추적 요소만 고려하면 되기 때문이다).

예제 13.5: 그림 13.1의 두 FSM에 대해 LTL 공식 y는 거짓이다. 두 경우 모두 첫 번째 반응에서 x가 부재인 추적이 있다.

명제 외에도 LTL 공식은 하나 이상의 특수 시간 연산자temporal operators도 가질 수 있다. 이는 한 추적의 첫 번째 요소에 대한 표명 대신에 전체 추적에 대한 추론을 가능하게 하기 때문에 LTL을 훨씬 더 흥미롭게 만든다. 네 가지 주요 시간 연산자를 살펴보자.

G 연산자

한 추적의 '모든' 후치suffix에 대해 ϕ가 성립하는 경우 $G\phi$('globally ϕ'로 읽음) 속성은 해당 추적에 대해 성립한다(후치suffix는 일부 반응으로 시작해 모든 후속 반응을 포함하는 한 추적의 나머지 부분이다).

수학 표기법에서 모든 $j \geq 0$에 대해 공식 ϕ가 후치 $q_j, q_{j+1}, q_{j+2}, \ldots$에서 성립하는 경우에만 $G\phi$는 해당 추적에서 성립한다.

예제 13.6: 그림 13.1(b)에서 $G(x \Rightarrow y)$는 상태 기계의 모든 추적에 대해 참이기 때문에 해당 상태 기계에 대해 성립한다. $G(x \wedge y)$는 해당 상태 기계에 대해 성립하지 않는데, 어떤 반응에서 x가 부재인 모든 추적에 대해 $G(x \wedge y)$는 거짓이기 때문이다. 이러한 추적은 반증을 제공한다.

ϕ가 명제 논리 공식이면 $G\phi$는 간단히 모든 반응에서 ϕ가 성립한다는 것을 의미한다. 그러나 G 연산자를 다른 시간 논리 연산자와 조합하면 추적과 상태 기계에 관

해 훨씬 더 흥미로운 구문을 만들 수 있다.

F 연산자

한 추적의 '일부' 후치에 대해 ϕ가 성립하는 경우 $F\phi$('eventually ϕ' 또는 'finally ϕ'로 읽음) 속성은 해당 추적에 대해 성립한다.

형식적으로 어떤 $j \geq 0$에 대해 공식 ϕ가 후치 $q_j, q_{j+1}, q_{j+2}, \ldots$에서 성립하는 경우에만 $F\phi$는 해당 추적에서 성립한다.

> **예제 13.7:** 그림 13.1(a)에서 상태 기계는 상태 b에서 시작하기 때문에 Fb는 자명하게 참이 되고, 따라서 모든 추적에 대해 명제 b는 해당 추적에서 성립한다(첫 번째 후치).
>
> 더 흥미롭게도 $G(x \Rightarrow Fb)$는 그림 13.1(a)에 대해 성립한다. 이는 x가 어떤 반응에서 존재한다면 이 상태 기계는 결국 상태 b에 있기 때문이다. 이는 상태 a에서 시작하는 후치에서도 참이다.
>
> 괄호가 LTL 공식을 해석함에 있어 중요할 수 있다는 것을 주의하라. 예를 들어 $(Gx) \Rightarrow (Fb)$는 Fb가 모든 추적(초기 상태 b이므로)에 대해 참이기 때문에 자명하게 참이 된다.

$F\neg\phi$는 $\neg G\phi$인 경우에만 성립한다. 즉, ϕ가 결국 거짓임을 나타내는 것은 ϕ가 항상 참이 아님을 나타내는 것과 같다.

X 연산자

ϕ가 $q_1, q_2, q_3, \ldots$ 추적에 대해 성립할 때만 $q_0, q_1, q_2, \ldots$ 추적에 대해 $X\phi$('next state ϕ'라고 읽음) 속성은 성립한다.

예제 13.8: 그림 13.1(a)에서 x가 첫 번째 반응에서 존재한다면 다음 상태는 a가 될 것이기 때문에 $x \Rightarrow Xa$는 이 상태 기계에서 성립한다. $G(x \Rightarrow Xa)$는 상태 a에서 시작하는 모든 후치에 대해 성립하지 않기 때문에 이 상태 기계에서 $G(x \Rightarrow Xa)$는 성립하지 않는다. 그림 13.1(b)에서 $G(b \Rightarrow Xa)$는 이 상태 기계에서 성립한다.

더 알아보기: 대체 시간 논리

Amir Pnueli(1977)는 시간 논리를 프로그램 속성을 명시하는 방법으로 최초로 공식화했다. 이로써 그는 컴퓨터 공학 분야에서 가장 높은 영예인 1996 ACM Turning Award를 수상했다. 그의 중대한 논문 이후로 시간 논리는 하드웨어, 소프트웨어, 가상 물리 시스템을 비롯한 다양한 시스템에 대한 속성을 지정하는 방법으로 널리 보급됐다.

13장에서 LTL에 대해 초점을 맞춰왔지만 다른 몇 가지 대체 가능한 방법이 있다. LTL 공식은 한 FSM의 개별적인 추적들에 적용되며, 이 장에서는 관례에 따라 한 FSM에서 가능한 모든 추적에 대해 어떤 LTL 공식이 성립한다면 이 LTL 공식은 해당 FSM에 대해 성립한다고 한다. 계산 트리 논리^{CTL*}, Computation Tree Logic로 불리는 더 일반적인 논리는 한 FSM의 가능한 추적들에 대해 한정 기호를 명시적으로 제공한다(Emerson과 Clarke(1980); Ben-Ari et al.(1981)). 예를 들어 '모든' 추적에 대해 어떤 속성이 성립해야 한다고 주장하기보다는 해당 속성을 만족하는 '어떤' 추적이 있는 경우 FSM에 대해 성립하는 CTL* 표현식을 작성할 수 있다. CTL*는 FSM의 반응이 비결정적인 선택을 할 때마다 모든 옵션을 동시에 고려하기 때문에 분기 시간 논리 branching-time logic라고 불린다. 반대로 LTL은 한 번에 하나의 추적만을 고려하므로 선형 시간 논리^{linear- time logic}라고 불린다. LTL 공식이 모든 추적에 대해 성립하는 경우 FSM에 대해 해당 공식은 성립한다고 주장하는 관례는 LTL에서 직접적으로 표현될 수 없다. LTL은 '모든 추적에 대해^{for all traces}'와 같은 한정 기호가 포함하지 않기 때문이다. 이 관례를 적용하려면 시간 논리에서 벗어나야 한다. CTL*에서는 이러한 관례를 직접적으로 표현할 수 있다.

다른 몇 가지 시간 논리의 변형은 실용적으로 사용됐다. 예를 들어 실시간 시간 논리^{real-time temporal logics}(예, 시간 계산 트리 논리^{timed computation tree logic} 혹은 TCTL)는 시간 경과가 이산 단계가 아닌 연속적인 실시간 시스템(Alur et al., 1991; Alur and Henzinger, 1993)에 대한 추론에 사용된다. 마찬가지로 **확률적 시간 논리**^{probabilistic temporal logics}는 마르코프 연쇄^{Markov chains} 또는 마르코프 결정^{Markov decision} 과정(예, Hansson and Jonsson(1994) 참고)과 같은 확률적 모델에 대한 추론에 대해 유용하며, **신호 시간 논리**^{signal temporal logic}는 하이브리드 시스템(Maler and Nickovic, 2004)의 실시간 행동에 대한 추론에 효과적임이 증명됐다.

시간 논리의 속성을 추적에서부터 유추하는 **규격 마이닝**^{specification mining} 기법은 실제 산업에서도 유용하다는 것이 입증됐다(Jin et al.(2015) 참고).

U 연산자

한 추적의 일부 후치에 대해 ϕ_2가 성립하고 ϕ_1은 ϕ_2가 참이 될 때까지 성립하는 경우 $\phi_1 U \phi_2$('ϕ_1 until ϕ_2'라고 읽음) 속성은 해당 추적에 대해 성립한다.

형식적으로 표현하면 ϕ_2가 후치 $q_j, q_{j+1}, q_{j+2}, \ldots$에서 성립하고 $0 \leq i < j$인 모든 i에 대해 ϕ_1이 후치 $q_i, q_{i+1}, q_{i+2}, \ldots$에서 성립하는 $j \geq 0$이 존재할 때만 $\phi_1 U \phi_2$는 해당 추적에 대해 성립한다. ϕ_1은 $q_j, q_{j+1}, q_{j+2}, \ldots$에서 성립할 수도 있고 아닐 수도 있다.

예제 13.9: 그림 13.1(b)에서 aUx는 Fx가 성립하는 모든 추적에 대해 참이다. 여기에는 모든 추적이 포함되지 않으므로 aUx는 이 상태 기계에서 성립하지 않는다.

일부 저자는 ϕ_2가 성립할 필요가 없는 U 연산자의 약한 형태를 정의한다. 이 책의 정의를 사용하면 이를 $(G\phi_1)\vee(\phi_1 U\phi_2)$라고 쓸 수 있다.

이는 ϕ_1이 (모든 후치에 대해) 항상 성립하거나 일부 후치에 대해 ϕ_2가 성립한다면 ϕ_1은 모든 이전 후치에 대해 성립된다. 이는 등가적으로 $(F\neg\phi_1)\Rightarrow(\phi_1 U\phi_2)$로 쓸 수 있다.

예제 13.10: 그림 13.1(b)의 상태 기계에서 $(G\neg x)\vee(aUx)$가 성립한다.

13.2.3 LTL 공식의 사용

다음 속성에 대한 자연어 설명과 이에 상응하는 LTL 공식을 살펴보자.

예제 13.11: "로봇은 장애물을 마주할 때마다 그 장애물에서 최소 5cm 이상 떨어지게 움직인다."

p는 로봇이 장애물을 마주한 상태를 나타내며, q는 그 장애물로부터 최소 5cm 이상 떨어진 상태를 나타낸다. 그러면 이 속성은 LTL로 다음과 같이 공식화할 수 있다.

$$G(p\Rightarrow Fq)$$

예제 13.12: SpaceWire 속성을 생각해보자.

"reset 신호가 활성화될 때마다 상태 기계는 즉시 ErrorReset 상태로 이동해야만 하고, reset 신호가 비활성화될 때까지 이 상태에 머물러 있어야 한다."

p는 reset 신호가 활성화될 때 참이고, q는 FSM의 상태가 ErrorReset일 때 참이라고 하자. 그러면 위의 자연어 속성은 다음 LTL로 공식화된다.

$$\mathbf{G}(p \Rightarrow \mathbf{X}(q\mathbf{U}\neg p))$$

위의 공식화에서 '즉시'는 바로 다음 시간 단계의 상태가 ErrorReset으로 변경됨을 의미하도록 해석했다. 더욱이 위의 LTL 공식은 reset 신호가 활성화되고 결국 비활성화되지 않는 모든 실행에 대해서는 성립하지 않을 것이다. reset 신호가 결국에는 비활성화돼야 한다는 것이 표준의 의도일 수도 있지만, 앞의 자연어 구문은 이를 명확하게 표현하지 않는다.

예제 13.13: 그림 3.10의 교통 신호등 제어기를 생각해보자. 보행자 입력이 없으면서 상태 기계가 green 상태에 있지 않는 한 이 제어기의 속성은 출력이 항상 $sigG$, $sigY$, $sigR$의 순환이라는 것이다. 이는 LTL에서 다음과 같이 표현될 수 있다.

$$\mathbf{G} \ \{ \ (sigG \Rightarrow \mathbf{X}(\mathbf{G}(\neg sigR \wedge \neg sigG) \vee (\neg sigR \wedge \neg sigG) \ \mathbf{U} \ sigY))$$
$$\wedge \ (sigY \Rightarrow \mathbf{X}((\neg sigG \wedge \neg sigY) \ \mathbf{U} \ sigR))$$
$$\wedge \ (sigR \Rightarrow \mathbf{X}((\neg sigY \wedge \neg sigR) \ \mathbf{U} \ sigG))\}$$

다음 LTL 공식들은 일반적으로 유용한 속성들을 나타낸다.

(a) **무한히 많은 사건**Infinitely many occurrences: 이 속성은 GFp 형태로, 항상 p가 결국 참인 경우를 의미한다. 다른 말로 하면 p가 무한히 자주infinitely often 참임을 의미한다.

(b) **정상 상태 속성**Steady-state property: 이 속성은 FGp 형태로, "앞으로의 어느 시점부터 p는 항상 성립한다."로 읽는다. 이는 어느 순간 이후 p가 항상 참인 **정상 상태**steady state에 시스템이 도달했다는 것을 뜻하는 정상 상태 속성을 나타낸다.

(c) **요청 응답 속성**Request-response property: 공식 G($p \Rightarrow$ Fq)는 요청 p가 결국 응답 q를 생성함을 의미하는 것으로 해석될 수 있다.

13.3 요약

신뢰성과 정확성은 임베디드 시스템 설계에 있어 주요 관심사다. 형식 명세는 이러한 목표를 달성하는 데 있어 핵심이다. 13장에서 형식 명세를 작성하기 위한 주요 접근법 중 하나인 시간 논리를 살펴봤다. 13장에서는 시스템에서 시간 경과에 따라 성립해야 하는 속성을 정확하게 기술할 수 있는 기법을 제공했다. 특히 시스템의 많은 안정성safety과 라이브니스 속성을 표현할 수 있는 선형 시간 논리에 중점을 뒀다.

안정성과 라이브니스 속성(Safety and Liveness Properties)

시스템 속성들은 안정성safety이거나 라이브니스liveness일 수 있다. 비공식적으로 안전성은 실행 중에 '아무런 문제가 없음nothing bad happens'을 지정하는 속성이다. 유사하게 라이브니스는 실행 중에 '좋은 일이 일어날 수 있음something good will happen'을 말한다.

좀 더 공식적으로는 속성 p를 만족하는 무한 실행으로 확장될 수 없는 시스템 실행의 유한 길이 전치가 존재할 때만 시스템 실행이 p를 만족하지 않는다면 p는 안전 속성[safety property]이다. 모든 유한 길이의 실행 추적이 p를 만족하는 무한 실행으로 확장될 수 있다면 p는 라이브니스 속성[liveness property]이라고 말한다. 안전성과 라이브니스에 대한 이론적인 논의는 Lamport (1977)와 Alpern and Schneider(1987)를 참고하라.

13.1절에서 살펴본 속성은 모두 안정성에 관한 예다. 반면 라이브니스 속성은 시스템의 성능이나 진행 요구 사항을 명시한다. 상태 기계의 경우 Fϕ 형태의 속성은 라이브니스 속성이다. 어떤 유한 실행도 라이브니스 속성을 만족하지 못한다는 것을 입증할 수 없다.

다음은 라이브니스 속성에 대해 좀 더 구체적인 예다.

> "인터럽트가 발생할 때마다 해당 인터럽트 서비스 루틴[ISR]이 결국 실행된다."

시간 논리에서 p_1이 인터럽트가 발생한 속성이고 p_2는 인터럽트 서비스 루틴이 실행되는 속성이라면 이 속성을 G($p_1 \Rightarrow$ Fp_2)라고 쓸 수 있다.

안전성과 라이브니스 속성 모두 시스템 불변성[invariant]을 구성할 수 있음에 주목하라. 예를 들어 인터럽트에 대한 위의 라이브니스 속성도 불변성이다; $p_1 \Rightarrow$ Fp_2는 '모든' 상태에서 성립해야 한다.

라이브니스는 제한[bounded]되거나 제한되지 않을[unbounded] 수 있다. 제한된 라이브니스 속성[bounded liveness property]은 바람직한 일의 발생에 대한 시간제한을 지정한다(이는 안정성이 된다). 앞의 예제에서 ISR이 인터럽트가 호출된 시점부터 100 클럭 사이클 내에 실행돼야만 한다면 이 속성은 제한된 라이브니스 속성이다. 그 외에 ISR의 발생에 이러한 시간제한이 없다면 이는 제한되지 않는 라이브니스 속성^{unbounded liveness property}이다. LTL은 **X** 연산자를 사용해 한
정된 형태의 제한된 라이브니스 속성을 표현할 수 있지만 시간을 직접 정량
화하는 메커니즘은 제공하지 않는다.

연습문제

1. 다음 각 질문에 대해 간단한 대답과 이유를 답하라.

   (a) **참 또는 거짓**: GFp가 상태 기계 A에 대해 성립한다면 FGp도 마찬가지다.

   (b) **참 또는 거짓**: Gp가 성립하는 경우에만 G(Gp)는 한 추적에 대해 성립한다.

2. 다음 상태 기계를 생각해보자.

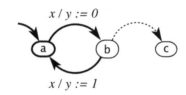

입력: x: 순수
출력: y: \{0,1\}

   (점선은 기본 전이를 나타낸다) 다음의 각 LTL 공식에 대해 참인지 거짓인지를
   결정하고 거짓일 경우 반증을 보여라.

   (a) $x \Rightarrow$ F b

   (b) $G(x \Rightarrow F(y = 1))$

   (c) $(Gx) \Rightarrow F(y = 1)$

   (d) $(G_x) \Rightarrow GF(y = 1)$

(e) $G((b \wedge \neg x) \Rightarrow FGc)$

(f) $G((b \wedge \neg x) \Rightarrow Gc)$

(g) $(GF\neg x) \Rightarrow FGc$

3. 6장의 연습문제 6번에서 살펴봤던 동기 피드백 결합을 생각해보자. 다음 구문이 참인지 거짓인지 결정하라.

다음 시간 논리 공식은 이 결합의 모든 가능한 동작에 대한 순서 w에 의해 충족되고, 이 결합의 동작이 아닌 순서에 의해 충족되지 않는다.

$$(Gw) \vee (wU(G\neg w))$$

답이 옳은지 보여라. 거짓이라고 판단한 경우 참이 될 수 있는 시간 논리 공식을 보여라.

4. 이 문제는 로봇이 수행할 작업을 선형 시간 논리로 명시하는 것과 관련된다. 로봇이 n개의 위치 $l_1, l_2, \ldots, l_n$을 방문해야 한다고 가정하자. p_i는 로봇이 위치 l_i를 방문하는 경우에만 참이 되는 원자식이라고 하자.
다음 작업을 명시하는 LTL 공식을 보여라.

(a) 로봇은 n개의 위치 중 적어도 하나를 결국 방문해야만 한다.

(b) 로봇은 모든 n개의 위치를 방문해야만 하지만 순서는 상관없다.

(c) 로봇은 모든 n개의 위치를 $l_1, l_2, \ldots, l_n$ 순서로 방문해야만 한다.

5. 인터럽트 구동 프로그램을 모델링하는 그림 13.2의 계층적 상태 기계에 의해 모델링되는 시스템 M을 생각해보자. M에는 두 가지 모드가 있다. 메인 프로그램이 실행되는 Inactive와 인터럽트 서비스 루틴[ISR]이 실행되는 Active 모드가 있다. 메인 프로그램과 ISR은 공통 변수 `timerCount`를 읽고 갱신한다. 다음 질문에 답하라.

(a) 적절한 단위 명제를 선택해 선형 시간 논리로 다음 속성 ϕ를 명시해보자.

φ: 메인 프로그램은 결국 프로그램 위치 C에 도달한다.

변수: *timerCount*: uint
입력: *assert*: 순수, *return*: 순수
출력: *return*: 순수

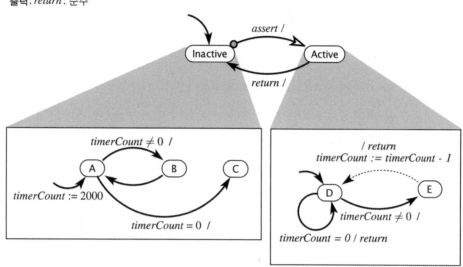

그림 13.2: 한 프로그램과 이 프로그램의 인터럽트 서비스 루틴을 모델링하는 계층적인 상태 기계

(b) *M*은 위의 LTL 속성을 만족하는가? FSM을 구성해 대답을 입증하라. *M* 이 이 속성을 만족시키지 않을 경우 어떤 조건하에서 만족시킬 수 있 는가? *M*의 환경이 언제든지 인터럽트를 보낼 수 있다고 가정하자.

6. 예제 13.3의 사후 조건을 LTL 공식으로 표현하라. 가정을 명확하게 기술 하라.

7. 스레드가 메시지를 보내 다른 쪽과 비동기적으로 통신하는 절차를 제공하 는 그림 11.6의 프로그램 부분을 생각해보자. 이 코드에 대한 다음 질문에 답하라. 코드가 단일 프로세서(멀티코어 시스템이 아닌)에서 실행되고 있다고 가정하자. 오직 표시된 코드만이 표시된 정적 변수에 접근한다고 가정할 수 있다.

(a) send가 뮤텍스를 해제(24번째 줄 실행)하는 단위 명제를 s라고 하자. get이 뮤텍스를 해제(38번째 줄 실행)하는 단위 명제를 g라고 하자. 프로그램 실행 중에 g는 s 전에 발생할 수 없다는 LTL 공식을 작성하라. 이 공식은 이 함수들을 사용하는 모든 프로그램의 처음 실행에서 성립하는가?

(b) 그림 11.6에서 send와 get 함수를 사용하는 프로그램이 실행 중 임의의 지점에서 중단된 다음 처음부터 다시 시작한다고 가정하자. 새로운 실행에서 send에 대한 호출이 이뤄지기 전에 get에 대한 호출이 반환될 수 있다. 이것이 어떻게 발생할 수 있는지 설명하라. get은 무슨 값을 반환하는가?

(c) 위의 send와 get 함수를 사용하는 프로그램이 임의의 지점에서 중단되고 처음부터 다시 시작된다고 다시 가정하자. 새로운 실행에서 get과 send에 대한 호출을 반환할 수 없는 교착 상태가 발생할 수 있는가? 그렇다면 어떻게 발생할 수 있는지 기술하고 이를 수정할 수 있는 방법을 제시하라. 그렇지 않다면 이유를 제시하라.

14

등가와 세분

14장에서는 상태 기계 및 다른 모달 모델$^{\text{modal models}}$을 비교하기 위해 추적 등가^{trace} ^{equivalence}, 추적 포함$^{\text{trace containment}}$, 시뮬레이션 및 이중 시뮬레이션과 같은 몇 가지 기본적인 방법을 설명한다. 이러한 메커니즘을 사용해 상태 기계의 명세 준수 여부를 확인할 수 있다.

14.1 명세로서의 모델

13장에서는 시스템이 올바르고 안전하게 작동해야만 하는 속성들을 모호하지 않게 표현하는 기법을 설명했다. 이런 속성들은 선형 시간 논리를 사용해 표현했는데, 유한 상태 기계의 추적이 충족해야 하는 요구 사항을 간결하게 나타낼 수 있기 때문이다. 요구 사항을 제공하는 또 다른 방법은 시스템의 예상되는 동작을 나타내는 모델, 즉 명세를 제공하는 것이다. 명세는 보통 매우 추상적이며 시스템의 유용한 구현보다 많은 행동을 표현할 수 있다. 그러나 유용한 명세가 되기 위한 핵심은 바람직하지 않거나 위험한 행동을 명시적으로 배제하는 것이다.

예제 14.1: 교통 신호등에 관한 간단한 명세는 다음과 같이 나타낼 수 있다. "신호등은 항상 녹색, 노란색, 빨간색 순으로 점등돼야 한다. 예를 들어 녹색에서 빨간색으로, 또는 노란색에서 녹색으로 바로 변경돼서는 절대 안 된다." 이 요구 사항은 시간 논리 공식(예제 13.13)이나 추상 모델(그림 3.12)로 표현될 수 있다.

14장의 주제는 명세로서 추상 모델을 사용하는 것과 이러한 모델이 시스템의 구현 및 시간 논리 공식과 어떻게 관련되는지에 관한 것이다.

예제 14.2: 그림 3.10에서 살펴본 교통 신호등 모델이 그림 3.12 명세의 유효한 구현임을 입증하는 방법을 보일 것이다. 또한 그림 3.10에 있는 모델의 모든 추적은 예제 13.13의 시간 논리 공식을 만족하지만 그림 3.12 명세의 모든 추적은 그렇지 않다. 따라서 이 두 가지는 동일한 명세가 아니다.

14장에서는 모델들을 비교하고, 한 모델이 다른 곳에서 사용될 수 있다는 확신을 보일 것이다. 이는 우리가 바라는 행동과 그렇지 않은 행동에 대한 추상적인 기술에서 시작하는 엔지니어링 설계 프로세스를 가능하게 하며, 완전한 구현을 제공하기 위한 충분히 자세한 내용을 갖출 때까지 모델을 계속적으로 세분할 수 있다. 또한 이는 구현 비용 절감 등을 위해 한 구현을 다른 구현으로 변경할 때 구현 변경이 안전한 시기를 알려준다.

14.2 타입 등가와 세분

통신의 데이터 타입과 환경만을 비교하는 두 모델 사이의 간단한 관계를 살펴보자. 구체적으로 설명하자면 데이터 타입에 대해 어떠한 충돌도 일으키지 않고 모델 *A*가 사용될 수 있는 모든 환경에서 모델 *B*가 사용될 수 있음을 입증하는 것이 목표다. *A*가 환경으로부터 받아들일 수 있는 모든 입력을 *B*가 수용할 수 있어야 하며, *A*가 생산하는 어떤 출력도 수용할 수 있는 환경은 *B*가 생산하는 어떤 출력도 수용할 수 있어야 한다.

추상화와 세분

14장에서는 추상화^{abstraction}와 세분^{refinement}으로 알려진 두 모델 간의 관계에 중점을 둔다. 이 용어들은 '모델 *A*가 모델 *B*의 추상화'라는 문구가 '모델 *B*가 모델 *A*의 세분'이라는 문구와 동일한 의미라는 점에서 서로 대칭적이다. 일반적으로 세분 모델 *B*는 추상 모델 *A*보다 더 세부적이며, 추상화는 더 간단하거나 더 작거나 이해하기 쉽다.

추상화에 참인 속성이 세분에서도 참이라면 이 추상화는 타당^{sound}하다(속성들의 일부 형식 체계에 대해)고 할 수 있다. 속성들의 형식 체계는 타입 시스템이나 선형 시간 논리, 상태 기계의 언어일 수 있다. 형식 체계가 LTL이고 *A*에 대해 성립하는 모든 LTL 공식이 *B*에 대해서도 성립한다면 *A*는 *B*의 타당한 추상화다. 예를 들어 *B*의 상태 공간이 *A*의 상태 공간보다 훨씬 큰 경우 공식이 *B*에 대해 성립하는 것을 증명하는 것보다 *A*에 대해 성립하는 것을 증명하는 것이 더 쉽다.

세분에 대해 참인 속성이 추상화에 대해서도 참이라면 추상화는 완전^{complete}하다(속성들의 일부 형식 체계에 대해)고 할 수 있다. 예를 들어 속성들의 형식 체계가 LTL이고 *B*에 대해 성립하는 모든 LTL 공식이 *A*에 대해서도 성립하는 경우 *A*는 *B*의 완전한 추상화다. 유용한 추상화는 대개 타당하지만 완전하지는 않다. 상당히 더 단순하거나 더 작은 완전한 추상화를 만들기는 어렵기 때문이다.

예를 들어 다중 스레드를 가진 C와 같은 명령형 언어로 된 프로그램 *B*를 생각해보자. 변수 값을 무시하고 모든 분기와 제어 구조를 비결정론적 선택으로 대체하는 추상화 *A*를 만들 수 있을 것이다. 추상화는 분명히 프로그램보다는 적은 정보를 갖고 있지만 상호 배제 속성 같은 프로그램의 일부 속성을 증명하기에 충분할 수 있다.

문제를 명확히하려고 그림 14.1과 같이 액터 모델 *A*와 *B*를 가정해보자. 이 그림에서 *A*는 3개의 포트를 갖고 있고 그중 2개는 집합 $P_A = \{x, w\}$로 표현되는 입력 포트이고 나머지 하나는 집합 $Q_A = \{y\}$로 표현되는 출력 포트다. 이 포트들은 *A*와 해당 환경 간의 통신을 나타낸다. 입력은 V_x와 V_w의 타입을 가지며, 이는 액터의 반응에서 입력값이 집합 V_x 또는 V_w의 원소임을 의미한다.

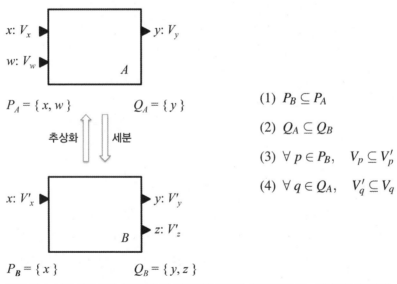

$$(1)\ P_B \subseteq P_A$$

$$(2)\ Q_A \subseteq Q_B$$

$$(3)\ \forall\, p \in P_B, \quad V_p \subseteq V'_p$$

$$(4)\ \forall\, q \in Q_A, \quad V'_q \subseteq V_q$$

그림 14.1: 타입 세분 요약. 오른쪽의 네 가지 제약 조건이 충족된다면 *B*는 *A*의 타입 세분이다.

어떤 환경에서 *A*를 *B*로 교체하기를 원할 경우 포트와 해당 타입은 다음과 같은 네 가지 제약 조건을 부과한다.

1. 첫 번째 제약 조건은 환경이 제공하지 않는 어떤 입력 신호를 B는 요구하지 않는다는 것이다. B의 입력 포트가 집합 P_B로 주어지면 이것은 다음에 의해 보장된다.

$$P_B \subseteq P_A \tag{14.1}$$

B 포트는 A 포트의 부분집합이다. B가 어떤 환경에서 A를 대체한다면 B는 필요하지 않은 모든 입력 신호를 간단히 무시할 수 있기 때문에 A가 B보다 많은 입력 포트를 갖는 것은 아무런 문제가 없다.

2. 두 번째 제약 조건은 B가 환경이 요구하는 모든 출력 신호를 만들어내는 것이다. 이는 Q_A가 A의 출력 포트 집합이고 Q_B는 B의 출력 포트 집합일 경우 다음 제약 조건에 의해 보장된다.

$$Q_A \subseteq Q_B \tag{14.2}$$

B가 추가적인 출력 포트를 갖는 것은 문제가 되지 않는데, A가 작동할 수 있는 환경이 추가적인 출력을 기대하지 않기 때문에 환경은 해당 출력을 무시할 수 있다.

나머지 두 가지 제약 조건은 포트의 타입을 다룬다. 입력 포트 $p \in P_A$의 타입은 V_p에 의해 주어진다. 이는 p에서 허용 가능한 입력값 v가 $v \in V_p$를 만족한다는 것을 의미한다. 입력 포트 $p \in P_B$의 타입을 V'_p라 하자.

3. 세 번째 제약 조건은 환경이 A에서 수용할 수 있는 값 $v \in V_p$를 입력 포트 p에 제공하고 p가 B의 입력 포트이기도 한 경우 그 값이 B에서도 허용된다는 것이다. 즉, $v \in V'_p$다. 이 제약 조건을 간단히 다음과 같이 쓸 수 있다.

$$\forall p \in P_B, V_p \subseteq V'_p \tag{14.3}$$

출력 포트 $q \in Q_A$ 타입을 V_q라 하고, 이에 대응되는 출력 포트 $q \in Q_B$의 타입을 V'_q라고 하자.

4. 네 번째 제약 조건은 출력 포트 q에서 B가 값 $v \in V'_q$를 만들고 q가 A의 출력 포트이기도 하다면 이 값은 A가 동작할 수 있는 모든 환경에서 수용 가능해야 한다는 것이다. 즉, 다음과 같다.

$$\forall q \in Q_A, \ V'_q \subseteq V_q \qquad\qquad (14.4)$$

식 (14.1)부터 (14.4)까지의 네 가지 제약 공식은 그림 14.1에 요약돼 있다. 이 네 가지 제약 조건이 만족될 경우에 B가 A의 **타입 세분**^{type refinement}이라고 말할 수 있다. B가 A의 타입 세분이라면 모든 환경에서 A를 B로 대체해도 타입 체계의 문제가 발생하지 않는다. 물론 B의 동작이 그 환경에서 수용 가능하지 않을 수 있기 때문에 다른 문제가 발생할 수 있지만 그 문제는 다음 절에서 다룰 것이다.

B가 A의 타입 세분이면서 A가 B의 타입 세분이면 A와 B는 **타입 등가**^{type equivalent}라고 한다. A와 B는 동일한 입력과 출력 포트를 가지며, 이 포트들의 타입들도 동일하다.

> **예제 14.3:** A는 그림 3.12의 비결정적 교통 신호등 모델을 나타내고 B는 그림 3.10의 더 상세한 결정적 모델을 나타낸다고 하자. 두 기계의 포트와 타입은 동일하므로 타입 등가다. 따라서 어떤 환경에서도 A를 B로, 또는 반대로 대체하는 것은 타입 체계 문제가 발생하지 않을 것이다.
>
> 그림 3.12는 보행자 입력을 무시하기 때문에 해당 포트를 생략하는 것이 합리적일 수 있음에 주의하자. A'는 보행자 입력이 없는 그림 3.12의 변형을 나타낸다고 하자. B는 보행자 입력 신호를 요구하기 때문에 모든 환경에서 A'를 B로 대체하는 것은 안전하지 않지만, A'는 이러한 입력이 없는 환경에서는 사용될 수 있다.

14.3 언어 등가와 포함

기계 A를 기계 B로 바꾸려면 입력과 출력의 데이터 타입만을 보는 것은 충분하지 않다. A가 명세이고 B가 구현일 경우 일반적으로 A는 단순히 데이터 타입보다 많은 제약 사항을 부과한다. B가 A의 최적화(예를 들어 저비용 구현 또는 기능을 추가하거나 새로운 기술을 활용하는 세분)인 경우 일반적으로 B는 어떤 방식으로든 A의 기능을 준수해야 한다.

이번 절에서는 등가와 세분의 더 강한 형태를 살펴볼 것이다. 특히 등가는 입력 값매김의 특정 수열이 주어지면 두 기계는 동일한 출력 값매김을 생산하는 것을 의미한다.

예제 14.4: 예제 3.4에서 살펴본 그림 3.4의 주차장 카운터는 그림 3.8의 확장 상태 기계 버전과 타입 등가다. 액터 모델은 다음과 같다.

그러나 이 두 기계는 단순히 타입 등가라기보다 훨씬 동등하다. 이 두 기계는 밖에서 볼 때 완벽히 동일한 방식으로 작동한다. 동일한 입력 순서가 주어지면 이 두 기계는 동일한 출력 순서를 생성한다.

V_p 타입을 갖는 상태 기계의 포트 p에 대해 생각해보자. 이 포트는 집합 $V_p \cup \{absent\}$ 값들의 수렴을 가지며 각 반응에서 하나의 값을 가질 것이다. 이러한 순서를 함수 형태로 표현하면 다음과 같다.

$$s_p: \mathbb{N} \to V_p \cup \{absent\}$$

이것은 해당 포트에서 수신된 신호(입력인 경우) 혹은 해당 포트에서 생성된 신호(출력인 경우)다. 상태 기계의 동작은 이러한 신호를 기계의 각 포트에 지정하는 것임을 기억하자. 또한 상태 기계 M의 언어 $L(M)$은 그 상태 기계에 대한 모든 동작의 집합임을 기억하자. 두 기계가 동일한 언어를 가지면 언어 등가language equivalent라고 한다.

> **예제 14.5:** 주차장 카운터의 동작은 두 입력인 *up*과 *down*에 대한 *present*와 *absent* 값매김들의 수열과 이에 대응하는 출력 포트 *count*에서의 출력 수열이다. 이 동작에 관한 예가 예제 3.16에 주어져 있다. 이는 그림 3.4와 3.8의 동작이다. 그림 3.4의 모든 동작은 3.8의 동작이며 그 반대의 경우도 마찬가지다. 이러한 두 기계는 언어 등가다.

비결정적 기계 M의 경우 두 가지 별개의 동작들은 동일한 입력 신호를 공유할 수 있다. 즉, 입력 신호가 주어지면 한 개 이상의 가능한 출력 수열이 존재한다. 언어 $L(M)$은 모든 가능한 동작을 포함한다. 결정적 기계와 마찬가지로 두 개의 비결정적 기계가 동일한 언어를 가진다면 이들은 언어 등가다.

2개의 상태 기계 A와 B에 대해 $L(A) \subset L(B)$라고 가정해보자. 즉, B는 A가 갖지 않은 동작을 갖고 있다. 이것을 언어 포함language containment이라고 한다. A는 B의 언어 세분language refinement이다. 타입 세분과 마찬가지로 언어 세분은 B의 대체재로서 A의 적합성에 대해 단언한다. B의 모든 동작이 환경에서 수용 가능하다면 A의 모든 동작 또한 그 환경에서 수용 가능할 것이다. A는 B를 대신할 수 있다.

유한 수열과 수락 상태

본문에서 다루는 FSM의 완전한 실행은 무한하다. 그런데 유한한 실행에만 관심이 있다고 생각해보자. 이를 위해 다음 예제에 있는 상태 b와 같이 이중

윤곽선으로 표시된 수락 상태$^{accepting\ state}$의 개념을 소개한다.

입력: x: {0,1}
출력: y: 순수

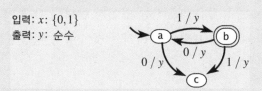

$L_a(M)$은 수락 상태에서 종료되는 실행들의 결과인 언어 $L(M)$의 부분집합을 나타낸다. 동등하게 $L_a(M)$은 수락 상태에 머무르는 무한한 스터터링 반응을 가진 $L(M)$의 동작만을 포함한다. 한정된 수의 반응 후에 입력과 출력은 계속 부재이거나 LTL로는 모든 포트 p에 대해 $\mathbf{FG}\neg p$가 될 것이므로 이러한 모든 실행은 사실상 유한이다.

$L_a(M)$은 FSM M에 의해 수락된 언어라 부른다. $L_a(M)$내 동작은 각 포트 p에 대한 유한 문자열^{string}이나 타입 V_p 값들의 유한 수열을 지정한다. 위의 예에서 입력 문자열 (1), $(1, 0, 1)$, $(1, 0, 1, 0, 1)$ 등은 모두 $L_a(M)$에 포함된다. 어떤 두 개의 *present* 값 사이에 임의의 유한개의 *absent* 값들을 갖는 버전도 마찬가지다. 모호성이 없으면 이러한 문자열을 1, 101, 10101 등으로 쓸 수 있다.

위 예제의 $L_a(M)$에 있는 모든 동작에서 입력이 존재할 때 동일한 반응에서 유한한 횟수의 출력이 존재한다.

본문에서의 상태 기계는 수용적이다. 즉, 각 반응에서 각 입력 포트 p는 타입 V_p에 있는 어떤 값을 갖거나 부재일 수 있다. 따라서 위 기계의 언어 $L(M)$은 입력 값매김들의 모든 가능한 수열을 포함한다. $L_a(M)$은 이 상태 기계를 수락 상태에 두지 않는 것은 배제한다. 예를 들어 연속으로 두 개의 1을 갖는 입력 수열이나 무한 수열 $(1, 0, 1, 0, \ldots)$은 $L(M)$에 포함되지만 $L_a(M)$에는 포함되지 않는다.

상태 기계의 모든 동작을 제공하는 언어가 아니라 상태 기계에서 수락된 언어를 참조할 때 언어 포함을 고려하는 것이 유용한 경우가 있음을 유의하라.

또한 수락 상태$^{accepting\ states}$는 최종 상태$^{final\ states}$라고도 하며, 이는 $L_a(M)$이 모든 동작에 대해 이 상태가 기계의 마지막 상태이기 때문이다. 수락 상태는 연습문제 2에서 더 다룰 것이다.

정규 언어와 정규식

언어^{language}란 알파벳^{alphabet}으로 불리는 일련의 값들의 집합이다. FSM에서 수락된 언어를 정규 언어$^{regular\ language}$라고 한다. 정규 언어가 아닌 고전적인 예는 0^n1^n 형식의 수열, 즉 n개의 0에 n개의 1이 뒤따라오는 수열이다. 기계는 일치하는 1의 개수를 확인하려고 0의 개수를 세어야만 하므로 어떤 '유한' 상태 기계도 이 언어를 수락할 수 없음을 쉽게 알 수 있다. 그리고 0의 개수는 유계가 아니다. 반면에 FSM에 의해 수락된 10101…01의 형태를 가진 입력 수열은 정규적이다.

정규식$^{regular\ expression}$은 정규 언어를 설명하는 표기법이다. 정규식의 주요 특징은 미국의 수학자 Stephen Kleene(그의 이름 발음 KLAY-nee) 이름을 딴 클레이니 스타$^{Kleene\ Star}$(또는 Kleene closure)다. V가 집합일 때 표기법 V*는 V 원소들의 모든 유한 수열 집합을 의미한다. 예를 들어 $V = \{0, 1\}$이면 V*는 빈 수열$^{empty\ sequence}$(흔히 λ로 쓰여짐) 및 0과 1의 모든 유한 수열을 포함하는 집합이다.

클레이니 스타는 수열의 집합에 적용될 수 있다. 예를 들어 $A = \{00, 11\}$이면

$A*$는 0과 1이 항상 쌍으로 나타나는 모든 유한 수열의 집합이다. 정규식의 표기법에서 이는 (00|11)*로 표기되며, 여기서 세로 막대는 'or'를 의미한다. 괄호 안의 내용은 집합 A를 정의한다.

정규식은 알파벳의 기호 수열들과 이 수열들의 집합이다. 알파벳이 소문자의 집합 $A = \{a, b, ..., z\}$라고 가정해보자. 그러면 grey는 4개의 문자로 구성된 단일 수열을 나타내는 정규식이다. grey|gray는 두 수열의 집합을 나타낸다. 괄호는 수열의 집합이나 수열을 그룹화하고자 사용될 수 있다. 예를 들어 (grey)|(gray)와 gr(e|a)y는 같은 의미다.

또한 정규식은 좀 더 간결하고 읽기 쉽게 하기 위한 편리한 표기법도 제공한다. 예를 들어 '0 이상$^{\text{zero or more}}$'을 의미하는 클레이니 스타와는 달리 + 연산자는 '하나 이상$^{\text{one or more}}$'을 의미한다. 예를 들어 a+는 a, aa, aaa 등의 수열을 나타낸다. 이는 a(a*)와 동일하다. ? 연산자는 '0 또는 1$^{\text{zero or one}}$'을 명시한다. 예를 들어 colou?r은 color와 colour의 두 가지 수열 집합을 명시한다. 이는 colo(λ|u)r과 동일하며, 여기서 λ는 빈 수열$^{\text{empty sequence}}$을 나타낸다.

정규식은 패턴 매칭을 위해 소프트웨어 시스템에서 흔히 사용된다. 일반적인 구현은 여기에 설명된 것보다 더 많은 편리한 표기법을 제공한다.

예제 14.6: 그림 14.2에 있는 기계 M_1과 M_2는 언어 등가다. 두 기계는 입력이 없는 일부 반응에서 부재로 표시되는 1, 1, 0, 1, 1, 0, ...의 출력을 생성한다.

그러나 기계 M_3에서는 더 많은 동작이 있다. 기계 M_3는 M_1과 M_2가 생성할 수 있는 모든 출력 수열을 생성할 수 있지만, 동일하게 주어진 입력에 대해 다른 출력도 생성할 수 있다. 따라서 M_1과 M_2 모두 M_3의 언어 세분이다.

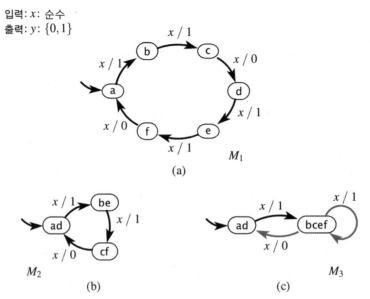

입력: x: 순수
출력: y: {0,1}

M_1

(a)

M_2

(b)

M_3

(c)

그림 14.2: (a)와 (b)가 동일한 언어를 갖고 이 언어가 (c)의 언어에 포함되는 3개의 상태 기계

언어 포함은 추상화가 입력 및 출력 수열에 대해 LTL 공식 측면에서 타당함을 보장한다. 즉, A가 B의 언어 세분이면 B에 대해 성립하는 입력 및 출력에 대한 모든 LTL 공식은 A에 대해 성립한다.

예제 14.7: 그림 14.2에 있는 기계를 다시 한 번 살펴보자. M_3는 명세일 수 있다. 예를 들어 두 개의 출력값 0 사이에 적어도 하나의 1이 필요한 경우 M_3는 이 요구 사항의 적합한 명세다. 이 요구 사항은 다음과 같이 LTL 공식으로 작성할 수 있다.

$$\mathbf{G}((y = 0) \Rightarrow \mathbf{X}((y \neq 0)\mathbf{U}(y = 1)))$$

M_3에 대해 이 속성이 성립함을 증명하면 M_1과 M_2에도 성립됨을 암시적으로 증명하는 것이다.

더 알아보기: 오메가 정규 언어(Omega Regular Languages)

앞에서 다룬 정규 언어는 유한 수열만을 포함한다. 그러나 임베디드 시스템은 보편적으로 무한 실행을 가진다. 정규 언어에 대한 아이디어를 무한 실행으로 확장하려고 스위스의 논리학자이자 수학자인 줄리어스 리차드 부치Julius Richard Büchi의 **부치 오토마톤**Büchi automaton을 사용할 수 있다. 부치 오토마톤은 하나 이상의 수락 상태를 가진 비결정적 FSM일 수 있다. FSM에 의해 수락된 언어는 하나 이상의 수락 상태를 무한히 자주 방문하는 동작의 집합으로 정의된다. 다시 말하면 이들 동작은 $s_1, \ldots, s_n$이 수락 상태인 LTL 공식 $GF(s_1 \vee \ldots \vee s_n)$을 만족한다. 이러한 언어를 오메가 정규 언어omega-regular language 또는 ω **정규 언어**ω-regular language라고 하며, 정규 언어의 일반화다. 이름에 ω를 사용하는 이유는 무한 수열을 구성려고 ω가 사용되기 때문이다.

15장에서 살펴보듯이 부치 오토마톤을 제공하고 정의된 ω 정규 언어가 어떤 수열을 포함하는지 확인하는 것으로 많은 모델 검사model checking 질문이 표현될 수 있다.

우리는 다음 절에서 상태 기계의 상태를 참조하는 LTL 공식에 대해 언어 포함language containment이 타당하지 않음을 살펴볼 것이다. 실제로 언어 포함은 상태 기계가 동일한 상태를 갖는 것을 요구하지 않으므로 한 기계의 상태를 나타내는 LTL 공식은 다른 기계에 적용되지 않을 수 있다. 상태를 참조하는 타당한 추상화sound abstraction에는 시뮬레이션이 필요하다.

언어 포함은 때론 **추적 포함**trace containment이라고 불리지만 여기서 '추적trace'이라는 용어는 실행 추적execution trace이 아닌 관찰 가능한 추적observable trace만을 의미한다. 다음에 보겠지만 실행 추적을 고려할 때 상황은 훨씬 미묘해진다.

14.4 시뮬레이션

두 개의 비결정적 FSM은 언어 등가일 수 있지만 일부 환경에서는 동작에서 관찰 가능한 차이가 있다. 언어 등가는 동일한 입력 값매김 수열이 주어진다면 두 기계는 동일한 출력 값매김 수열을 생성할 수 있음을 단지 의미한다. 그러나 두 상태 기계가 실행되면서 비결정성이 허용된 선택을 한다. 미래를 예상할 수 없으면 이러한 선택으로 인해 상태 기계 중 하나가 더 이상 다른 상태 기계의 출력과 일치할 수 없는 상태가 될 수 있다.

비결정적 선택에 직면했을 때 각 기계는 해당 선택을 결정하려고 임의의 정책을 자유롭게 사용할 수 있다. 이 상태 기계가 미래를 예상할 수 없다고 가정해보자. 즉, 미래의 입력을 예측할 수 없으며 다른 기계에서 앞으로 할 선택을 예측할 수 없다. 두 기계가 등가가 되려면 각 기계가 다른 기계(동일한 출력을 생산하는)의 반응과 일치하게 하는 선택을 할 수 있어야 하며, 미래에도 이러한 일치를 계속할 수 있게 해야 한다. 이는 언어 등가가 이것이 가능함을 보증하기에 충분하지 않음을 보여준다.

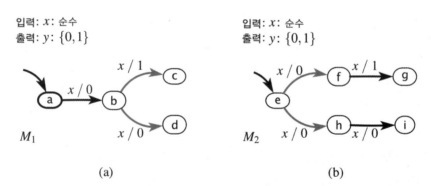

그림 14.3: 언어 등가지만 M2가 M1을 시뮬레이션하지 않는 두 개의 상태 기계(M1은 M2를 시뮬레이션한다)

예제 14.8: 그림 14.3의 두 상태 기계를 생각해보자. M_2는 어떤 환경에서 수용 가능하다고 가정하자(이 환경에서 이 상태 기계가 나타낼 수 있는 모든 동작은 특정 사양이나 설계 의도와 일치한다). M_1이 M_2를 대체하는 것은 안전한가? 두 기계는 언어 등가다. 모든 동작에서 두 기계의 출력은 두 유한 문자열 01이나 00 중 하나다. 따라서 M_1이 M_2를 대체할 수 있는 것처럼 보인다. 그러나 반드시 그런 것은 아니다.

두 기계가 각각 M_2를 수용할 수 있는 환경에서 동작한다고 가정해보자. x가 존재하는 첫 번째 반응에서 M_1은 상태 b로의 전이를 취해 출력 $y = 0$을 산출할 수밖에 없다. 그러나 M_2는 f와 h 중 하나를 선택해야만 한다. 어떤 선택을 하든 M_2는 M_1의 출력 $y = 0$과 일치하지만 더 이상 M_1의 출력과 항상 일치할 수 없는 상태로 진입한다. M_1이 선택할 때 M_2의 상태를 관찰할 수 있다면 x가 존재하는 두 번째 반응에서 M_2가 절대 일치할 수 없는 전이를 M_1은 선택할 수 있다. 이러한 M_1 정책은 동일한 입력이 주어지면 M_1의 동작이 M_2의 동작과 절대로 동일하지 않다는 것을 보장한다. 따라서 M_2를 M_1으로 대체하는 것은 안전하지 않다.

반면에 M_1이 어떤 환경에서 수용 가능한 경우 M_2가 M_1을 대체하는 것은 안전한가? M_1이 그 환경에서 수용 가능함을 의미하는 것은 어떤 결정이라도 수용 가능함을 의미한다. 따라서 x가 존재하는 두 번째 반응에서 출력 $y = 1$및 $y = 0$ 모두 수용 가능하다. 이 두 번째 반응에서 M_2는 이 출력 중 하나를 생산할 수밖에 없으며, 이는 M_1의 출력과 계속 일치하는 상태로 전이된다 (이후 영원히 부재^{absent}). 따라서 M_2가 M_1을 대체하는 것이 안전하다.

위의 예제가 악의적으로 M_1을 M_2와 다르게 보이게 한다고 생각할 수 있다. 이 기계들은 선택을 하기 위한 정책을 자유롭게 사용할 수 있기 때문에 M_2를 M_1으로 대체하려는 목표에 위배되는 정책을 자유롭게 사용할 수 있다. 이 기계들은 미래를 알 필요가 없다는 것을 명심하자. 단순히 현재를 잘 볼 수 있는 것으로 충분하다. 이번 절에서 우리가 다루려는 질문은 다음과 같다. 명확하게 기계 M_1을 M_2와는 다르게 만들 수 있는 비결정적인 선택을 하는 정책이 없다는 것을 어떤 상황에서 확신할 수 있을까? 그 대답은 **이중 시뮬레이션**^{bisimulation}이라고 불리는 더 강력한 등가 형태와 **시뮬레이션**^{simulation}이라고 불리는 **세분 관계**^{refinement relation}다. 시뮬레이션 관계부터 살펴보자.

14.4.1 시뮬레이션 관계

우선 예제 14.8에 주어진 상황이 대칭적이지 않다는 점에 주목하자. M_2가 M_1을 대체하는 것은 안전하지만 반대는 그렇지 않다. 그러므로 앞으로 살펴보겠지만 M_2는 M_1의 세분이다. 반면에 M_1은 M_2의 세분은 아니다.

여기서 고려해야 할 특별한 세분의 종류는 **시뮬레이션 세분**^{simulation refinement}이다. 다음 내용은 모두 동일하다.

- M_2는 M_1의 시뮬레이션 세분이다.
- M_1은 M_2를 시뮬레이션한다.
- M_1은 M_2의 시뮬레이션 추상화다.

시뮬레이션은 **매칭 게임**^{matching game}에 의해 정의된다. M_1이 M_2를 시뮬레이션하는지 여부를 결정하려고 M_2가 각 라운드에서 처음으로 움직이는 게임을 해보자. 이 게임에서 두 기계는 각각 초기 상태에서 시작한다. M_2가 입력 값매김에 반응해 먼저 움직인다. 이것이 비결정적 선택을 포함한다면 어떤 선택이든 할 수 있다. 무슨 선택을 하든지 출력 값매김이 발생하며 M_2의 차례는 끝나게 된다.

이제 M_1의 차례다. M_2가 반응한 것과 동일한 입력 값매김에 반응해야만 한다. 이것이 비결정적인 선택을 포함한다면 M_2의 출력 값매김과 일치하는 선택을 해야만 한다. 이러한 선택 사항이 여러 개인 경우 미래의 입력이나 M_2의 향후 이동에 대한 지식 없이 하나를 선택해야만 한다. 미래에 어떤 입력이 들어오거나 M_2가 만드는 미래의 결정이 무엇이든지 상관없이 M_2와 계속 일치할 수 있는 것을 선택하는 전략이어야 한다.

기계 M_1이 가능한 모든 입력 수열에서 기계 M_2의 출력 기호에 항상 일치할 수 있다면 기계 M_1은 이 매칭 게임에서 '승리^{wins}'(M_1은 M_2를 시뮬레이션한다)하는 것이다. 임의의 반응에서 M_2가 M_1이 일치할 수 없는 출력 기호를 생성할 수 있다면 M_1은 M_2를 시뮬레이션하지 않는다.

> **예제 14.9:** 그림 14.3에서 M_1은 M_2를 시뮬레이션하지만 그 반대의 경우는 아니다. 우선 M_2가 매 라운드마다 먼저 움직이는 게임을 해보자. M_1은 항상 M_2와 일치할 수 있을 것이다. 그런 다음 매 라운드마다 M_1이 먼저 움직이는 게임을 해보자. M_2는 항상 M_1과 일치하지는 않을 것이다. 두 기계가 언어 등가임에도 불구하고 이것이 사실이다.

흥미롭게도 M_1이 M_2를 시뮬레이션한다면 모든 가능한 입력에 대해 가능한 모든 게임을 간단히 기록할 수 있다. S_1을 M_1의 상태라고 하고, S_2를 M_2의 상태라고 하자. 그러면 시뮬레이션 관계 $S \subseteq S_2 \times S_1$은 가능한 모든 입력에 대해 한 게임의 각 라운드에서 두 기계가 점유하는 쌍으로 된 상태들의 집합이다. 이 집합은 이 게임의 가능한 모든 플레이를 요약한다.

> **예제 14.10:** 그림 14.3에서는 다음과 같다.
>
> $$S_1 = \{a, b, c, d\}$$
>
> $$S_2 = \{e, f, g, h, i\}$$
>
> M_1이 M_2를 시뮬레이션함을 보여주는 시뮬레이션 관계는 다음과 같다.

$$S = \{(e, a), (f, b), (h, b), (g, c), (i, d)\}$$

먼저 초기 상태의 쌍 (e, a)는 이 관계에 있음을 주목하자. 이 관계는 첫 번째 라운드에서 두 기계의 상태를 포함한다. 두 번째 라운드에서 M_2는 f 또는 h 중 하나일 수 있으며, M_1은 b에 있을 것이다. 이 두 가지 가능성도 고려된다. 세 번째 라운드 이후에 M_2는 g 또는 i이고 M_1은 c 또는 d가 될 것이다.

M_2가 M_1을 시뮬레이션하지 않기 때문에 이를 보여주는 시뮬레이션 관계는 없다.

시뮬레이션 관계가 게임의 모든 가능한 플레이를 포함하고 있다면 완전하다. M_2의 이동에는 제약이 없기 때문에 먼저 움직이는 기계인 M_2의 모든 도달 가능한 상태를 고려해야 한다. M_1의 이동은 M_2와 일치해야 한다는 제약이 있기 때문에 M_1의 모든 도달 가능한 상태를 고려할 필요는 없다.

14.4.2 형식 모델

3.5.1절에서 주어진 비결정적 FSM의 형식 모델Formal Model을 사용해 형식적으로 시뮬레이션 관계를 정의할 수 있다. M_1과 M_2가 다음과 같다고 하자.

$$M_1 = (States_1, Inputs, Outputs, possibleUpdates_1, initialState_1)$$

$$M_2 = (States_2, Inputs, Outputs, possibleUpdates_2, initialState_2)$$

두 기계가 타입 등가라고 가정하자. 둘 중 하나의 기계가 결정적이라면 이 기계의 *possibleUpdates* 함수는 항상 하나의 요소만을 가진 집합을 반환한다. M_1이 M_2를 시뮬레이션한다면 시뮬레이션 관계는 $States_2 \times States_1$의 부분집합으로 주어진다. 여기에서 순서를 주의해서 보자. 게임에서 처음으로 움직이는 기계인 M_2, 즉 시뮬레이션되는 기계가 $States_2 \times States_1$에서 먼저 나온다.

반대 시나리오의 경우 M_2가 M_1을 시뮬레이션한다면 관계는 $States_1 \times States_2$의 부분집합으로 주어진다. 이 버전의 게임에서는 M_1이 첫 번째로 움직여야 한다.

수학적으로 '승리하는^{winning}' 전략을 기술할 수 있다. 다음을 만족하는 부분집합 $S \subseteq States_2 \times States_1$이 있다면 M_1이 M_2를 시뮬레이션한다고 한다.

1. $(initialState_2, initialState_1) \in S$이고
2. $(s_2, s_1) \in S$이면 $\forall x \in Inputs$와

   $\forall (s_2', y_2) \in possibleUpdates_2(s_2, x)$ 대해

   다음을 만족하는 $(s_1', y_1) \in possibleUpdates_1(s_1, x)$가 있다.

   (a) $(s_2', s_1') \in S$와

   (b) $y_2 = y_1$

이 집합 S가 존재하는 경우 이를 **시뮬레이션 관계**$^{simulation\ relation}$라고 한다. 이는 두 기계의 상태 간 대응을 설정한다. S가 존재하지 않으면 M_1은 M_2를 시뮬레이션하지 않는다.

14.4.3 이행성

시뮬레이션은 **추이적**^{transitive}이다. 즉, M_1이 M_2를 시뮬레이션하고 M_2가 M_3를 시뮬레이션한다면 M_1이 M_3를 시뮬레이션한다. 특히 주어진 시뮬레이션 관계 $S_{2,1} \subseteq States_2 \times States_1$($M_1$은 M_2를 시뮬레이션)이고 $S_{3,2} \subseteq States_3 \times States_2$($M_2$는 M_3를 시뮬레이션)이라고 하면 다음과 같다.

$S_{3,1} = \{(s_3, s_1) \in States_3 \times States_1 \mid s_2 \in States_2$가 존재하고

여기서 $(s_3, s_2) \in S3,2$ 이고 $(s_2, s_1) \in S_{2,1}$이다\}

예제 14.11: 그림 14.2에 있는 기계에서 (c)는 (b)를 시뮬레이션하고 (b)는 (a)를 시뮬레이션하는 것을 쉽게 보일 수 있다. 구체적으로 시뮬레이션 관계는 다음과 같다.

$$S_{a,b} = \{(a, ad), (b, be), (c, cf), (d, ad), (e, be), (f, cf)\}$$

$$S_{b,c} = \{(ad, ad), (be, bcef), (cf, bcef)\}$$

이행성^{transitivity}에 의해 (c)는 (a)를 시뮬레이션하고 시뮬레이션 관계는 다음과 같다고 결론 내릴 수 있다.

$$S_{a,c} = \{(a, ad), (b, bcef), (c, bcef), (d, ad), (e, bcef), (f, bcef)\}$$

이는 상태 이름의 암시적 선택을 추가로 지원한다.

14.4.4 시뮬레이션 관계의 비고유성

기계 M_1이 다른 기계 M_2를 시뮬레이션할 때 하나 이상의 시뮬레이션 관계가 있을 수 있다.

예제 14.12: 그림 14.4에서 M_1이 M_2를 시뮬레이션한다는 것을 확인하기는 쉽다. M_1은 비결정적이며 두 가지 상태에서 M_2의 이동과 일치하는 두 가지 별개의 방법이 있다는 것에 주목하자. M_1은 이 이동을 일치하기 위한 이러한 가능성 중에서 임의로 선택할 수 있다. 상태 b에서 항상 상태 a로 돌아가는 것을 선택한다면 시뮬레이션 관계는 다음과 같다.

$$S_{2,1} = \{(ac, a), (bd, b)\}$$

반면에 상태 c에서 항상 상태 b로 돌아가는 것을 선택한다면 시뮬레이션 관계는 다음과 같다.

$$S_{2,1} = \{(ac, a), (bd, b), (ac, c)\}$$

그렇지 않으면 시뮬레이션 관계는 다음과 같다.

$$S_{2,1} = \{(ac, a), (bd, b), (ac, c), (bd, d)\}$$

세 가지 모두 유효한 시뮬레이션 관계이기 때문에 시뮬레이션 관계는 유일한 것은 아니다.

입력: x: 순수
출력: y: $\{0,1\}$

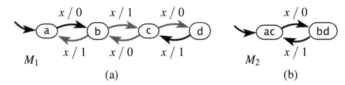

그림 14.4: 하나 이상의 시뮬레이션 관계가 있고 서로를 시뮬레이션하는 두 상태 기계

14.4.5 시뮬레이션과 언어 포함

모든 추상화–세분 관계와 마찬가지로 시뮬레이션은 일반적으로 더 단순한 명세 M_1을 더 복잡한 구현 M_2에 연관시키는 데 사용된다. M_1이 M_2를 시뮬레이션할 때 M_1의 언어는 M_2의 언어를 포함하지만, 이 보증은 언어 포함보다 강하다. 이 사실은 다음 정리에 요약돼 있다.

정리 14.1. M_1은 M_2를 시뮬레이션한다고 하자. 그러면 다음과 같다.

$$L(M_2) \subseteq L(M_1)$$

증명. 이 정리는 증명하기 쉽다. 동작 $(x, y) \in L(M_2)$를 생각해보자. $(x, y) \in L(M_1)$임을 보여야 한다.

시뮬레이션 관계를 S라고 하자. 동작 (x, y)을 발생시키는 M_2에 대한 가능한 모든 실행 추적을 찾아보자.

$$((x_0, s_0, y_0), (x_1, s_1, y_1), (x_2, s_2, y_2), \ldots)$$

(M_2가 결정적이면 실행 추적은 하나만 있을 것이다) 이 시뮬레이션 관계는 M_1에 대한 실행 추적을 찾을 수 있다는 것을 보장한다.

$$((x_0, s'_0, y_0), (x_1, s'_1, y_1), (x_2, s'_2, y_2), \ldots)$$

여기서 $(s_i, s'_i) \in S$이고, 입력 값매김 x_i가 주어지면 M_1은 y_i를 만들어낸다. 따라서 $(x, y) \in L(M_1)$이다. □

이 정리의 한 가지 용도는 M_1이 갖고 있지 않은 동작을 M_2가 갖고 있다는 것을 보여줌으로써 M_1이 M_2를 시뮬레이션하지 않는다는 점을 보여주는 것이다.

예제 14.13: 그림 14.2의 예제에서 M_2는 M_3를 시뮬레이션하지 않는다. 이것을 보려면 M_2의 언어가 M_3 언어의 엄격한 부분집합임에 주목해야 한다.

$$L(M_2) \subset L(M_3)$$

이는 M_3가 M_2는 갖고 있는 않은 동작을 갖고 있다는 것을 의미한다.

이 정리가 말하는 것과 말하지 않는 것을 이해하는 것은 중요하다. 예를 들어 이 정리는 $L(M_2) \sqsubseteq L(M_1)$이면 M_1은 M_2를 시뮬레이션한다고 말하지 않는다. 사실 이는 참이 아니며 그림 14.3을 통해 이미 살펴봤다. 이 두 기계는 동일한 언어를 갖고 있다. 두 기계는 입력/출력 동작이 동일하다는 사실에도 불구하고 명백히 다르다.

물론 M_1과 M_2가 결정적이며 M_1이 M_2를 시뮬레이션한다면 두 기계의 언어는 동일하고 M_2는 M_1을 시뮬레이션한다. 그러므로 시뮬레이션 관계는 비결정적 FSM에 대해서만 언어 포함과 다르다.

14.5 이중 시뮬레이션

M_1이 M_2를 시뮬레이션하고 M_2가 M_1을 시뮬레이션하는 두 기계 M_1과 M_2를 갖는 것이 가능하지만 두 기계는 명백히 다르다. 앞 절의 정리에 따르면 두 기계의 언어가 동일해야 한다는 것에 주의하자.

> **예제 14.14:** 그림 14.5의 두 기계에 대해 생각해보자. 이 두 기계는 다음과 같은 시뮬레이션 관계를 갖고 서로를 시뮬레이션한다.
>
> $$S_{2,1} = \{(e, a), (f, b), (h, b), (j, b), (g, c), (i, d), (k, c), (m, d)\}$$
>
> (M_1은 M_2를 시뮬레이션한다)
>
> $$S_{1,2} = \{(a, e), (b, j), (c, k), (d, m)\}$$
>
> (M_2는 M_1을 시뮬레이션한다)
>
> 그러나 두 기계는 명백히 다른 상황이 있다. 특히 두 기계에 대해 비결정적인 선택을 하기 위한 정책이 다음과 같이 동작한다고 가정해보자. 각 반응에서 어떤 기계가 먼저 이동할지 결정하려고 동전을 던진다. 입력 값매김이 주어지면 해당 기계는 이동을 선택한다. 두 번째로 움직이는 기계는 가능한 모든 선택을 일치할 수 있어야 한다. 이 경우에 기계들은 한 기계가 다른 기계의 모든 가능한 이동과 더 이상 일치할 수 없는 상태에서 종료될 수 있다.

구체적으로 첫 번째 이동에서 M_2가 먼저 이동한다고 가정하자. 이는 세 가지 가능한 이동이 있고 M_1은 세 가지 모든 경우와 일치해야 할 것이다. M_2가 f나 h로 이동하는 것을 선택한다고 가정하자. 다음 라운드에서 M_1이 먼저 이동하면 M_2는 더 이상 가능한 모든 이동에 일치할 수 없다.

이 주장이 두 기계가 서로 시뮬레이션을 한다는 관찰을 훼손하지 않는다는 점에 주의하자. 각 라운드에서 M_2가 항상 먼저 이동하면 M_1은 항상 모든 이동을 일치시킬 수 있다. 마찬가지로 각 라운드에서 M_1이 먼저 이동하면 M_2는 항상 모든 이동을 일치시킬 수 있다(첫 번째 라운드에서 항상 j로 이동하는 것을 선택함으로써). 주목할 만한 차이는 먼저 이동하는 기계를 교체하는 기능에서 발생한다.

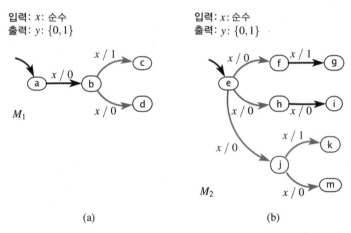

(a)   (b)

그림 14.5: M_1이 M_2를 시뮬레이션하고 M_2가 M_1을 시뮬레이션하지만 이중 유사(bisimilar)가 아닌 두 개의 기계 예

두 기계가 모든 환경에서 확실하게 동일하다는 것을 보장하려고 **이중 시뮬레이션** bisimulation이라고 불리는 더 강력한 등가 관계 equivalence relation가 필요하다. 각 라운드에서 어떤 기계라도 먼저 이동할 수 있게 수정된 매칭 게임을 할 수 있다면 M_1이 M_2와 **이중 유사** bisimilar(또는 M_1이 M_2를 이중 시뮬레이션)하다고 말할 수 있다.

14.4.2절에서와 같이 비결정적인 FSM의 형식 모델을 사용해 이중 시뮬레이션 관계를 정의할 수 있다. M_1과 M_2를 다음과 같다고 하자.

$$M_1 = (States_1, Inputs, Outputs, possibleUpdates_1, initialState_1)$$

$$M_2 = (States_2, Inputs, Outputs, possibleUpdates_2, initialState_2)$$

두 기계가 타입 등가라고 가정하자. 둘 중 한 기계가 결정적이라면 해당 기계의 *possibleUpdates* 함수는 항상 하나의 요소만을 가진 집합을 반환한다. M_1이 M_2를 이중 시뮬레이션한다면 시뮬레이션 관계는 $States_2 \times States_1$의 부분집합으로 주어진다. M_1이 M_2를 이중 시뮬레이션한다면 M_2도 M_1을 이중 시뮬레이션하기 때문에 여기에서 순서는 중요하지 않다.

다음을 만족하는 부분집합 $S \subseteq States_2 \times States_1$가 존재하면 M_1은 M_2를 이중 시뮬레이션한다고 말한다.

1. $(initialState_2, initialState_1) \in S$이고

2. $(s_2, s_1) \in S$이면 $\forall x \in Inputs$이고

   $\forall (s'_2, y_2) \in possibleUpdates_2(s_2, x)$다.

   다음을 만족하는 $(s'_1, y_1) \in possibleUpdates_1(s_1, x)$가 존재한다.

   (a) $(s'_2, s'_1) \in S$이고

   (b) $y_2 = y_1$이다.

3. $(s_2, s_1) \in S$이면 $\forall x \in Inputs$이고

   $\forall (s'_1, y_1) \in possibleUpdates_1(s_1, x)$다.

   다음을 만족하는 $(s'_2, y_2) \in possibleUpdates_2(s_2, x)$가 존재한다.

   (a) $(s'_2, s'_1) \in S$이고

   (b) $y_2 = y_1$이다.

이 집합 S가 존재한다면 이를 이중 시뮬레이션 관계^{bisimulation relation}라고 부른다. S가

두 기계의 상태 간 대응을 설정한다. 집합 S가 존재하지 않는다면 M_1은 M_2를 이중 시뮬레이션하지 않는다.

14.6 요약

14장에서는 FSM에 대한 세 가지 추상화-세분 관계를 살펴봤다. 이러한 관계들은 하나의 설계가 다른 설계를 언제 안전하게 대체할 수 있는지, 또는 한 설계가 특정 사양을 언제 올바르게 구현하는지 설계자가 결정할 수 있게 해준다. 첫 번째 관계는 입력 및 출력 포트의 존재와 해당 데이터 타입만을 고려하는 타입 세분이다. 두 번째 관계는 입력과 출력 값매김의 수열을 고려하는 언어 세분이다. 세 번째 관계는 기계의 상태 궤적^{trajectories}을 고려한 시뮬레이션이다. 세 가지 경우 모두에서 세분 관계와 등가 관계를 살펴봤다. 가장 강력한 등과 관계는 두 개의 비결정적 FSM들이 서로 구별할 수 없는 이중 시뮬레이션이다.

연습문제

1. 그림 14.6에는 네 쌍^{pair}의 액터가 있다. 각 쌍에 대해 다음을 결정하라.

   - A와 B는 타입 등가인가?
   - A는 B의 타입 세분인가?
   - B는 A의 타입 세분인가?
   - 위는 모두 틀리다.

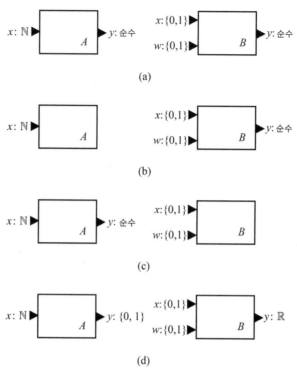

(a)

(b)

(c)

(d)

그림 14.6: 연습문제 1에서 타입 세분 관계를 살펴보는 네 쌍의 액터

2. '유한 수열과 수락 상태' 페이지에서 (1), (1, 0, 1), (1, 0, 1, 0, 1) 등의 형태로 된 유한한 입력 x를 받는 상태 기계 M이 주어졌다.

(a) 이러한 입력을 설명하는 정규식을 작성하라. 스터터링 반응은 무시할 수 있다.

(b) $L_a(M)$의 출력 수열을 단어로 기술하고 이러한 출력 수열의 정규식을 제공하라. 스터터링 반응은 무시할 수 있다.

(c) (1), (1, 0, 1), (1, 0, 1, 0, 1) 등의 출력 수열을 받아들이는 상태 기계를 만들어라. 입력 x가 순수이고 입력이 존재할 때마다 존재 출력이 생성된다고 가정하자. 결정적 해가 있다면 이 해를 제시하거나, 없다면 결정적 해가 없는 이유를 설명하라. 만든 기계에서는 어떤 입력 수열을 수용하는가?

3. 그림 14.7의 상태 기계는 두 개의 0 사이에 적어도 하나의 1을 출력한다는 속성을 가진다. 이 기계를 시뮬레이션하고 속성을 유지하는 두 가지 상태를 갖는 비결정적 상태 기계를 만들어라. 시뮬레이션 관계를 보여라. 이 기계들은 이중 유사^{bisimilar}한가?

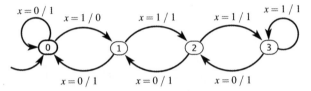

입력: x: $\{0,1\}$
출력: y: $\{0,1\}$

그림 14.7: 두 개의 0 사이에 하나 이상의 1을 출력하는 기계

4. 입력 코드를 인식하는 그림 14.8의 FSM을 생각해보자. 그림 14.9의 상태 기계도 동일한 코드를 인식하지만 그림 14.8의 기계보다 많은 상태를 가진다. 그림 14.9의 상태 기계가 그림 14.8의 기계와 이중 시뮬레이션 관계를 밝혀서 등가임을 보여라.

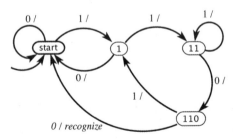

입력: x: $\{0,1\}$
출력: *recognize*: 순수

그림 14.8: 코드 인식기를 구현한 기계. 모든 입력 부분열 1100의 끝에서 *recognize*를 출력한다. 그렇지 않으면 부재를 출력한다.

입력: *x*: {0,1}
출력: *recognize*: 순수

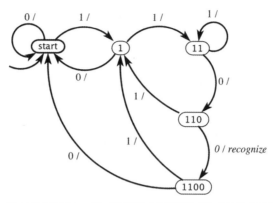

그림 14.9: 그림 14.8과 같은 코드에 대한 인식기를 구현하지만 더 많은 상태를 가진 기계

5. 그림 14.10의 상태 기계를 고려하자. 두 가지 상태만을 가진 이중 유사 상태 기계를 찾고 이중 시뮬레이션 관계를 구하라.

입력: *x*: 순수
출력: *y*: {0,1}

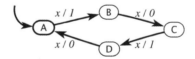

그림 14.10: 필요한 것보다 더 많은 상태를 가진 기계

6. 상태 기계 *A*는 타입 {1, 2}인 하나의 입력 *x*와 하나의 출력 *y*를 갖고, {*a*, *b*, *c*, *d*} 상태를 가진다고 한다. 더 이상의 정보는 없다. *A*를 시뮬레이션하는 상태 기계 *B*를 구성하기에 충분한 정보인가? 그렇다면 그러한 상태 기계와 시뮬레이션 관계를 제공하라.

7. 순수 입력 *x*와 타입 {0, 1}의 출력 *y*를 가진 상태 기계를 생각해보자. 상태가 다음과 같고

$$States = \{a, b, c, d, e, f\}$$

초기 상태는 *a*라고 가정하자. *update* 함수는 다음 표에서 제공된다(스터터링은 제외).

(*currentState*, *input*)	(*nextState*, *output*)
(*a*, *x*)	(*b*, 1)
(*b*, *x*)	(*c*, 0)
(*c*, *x*)	(*d*, 0)
(*d*, *x*)	(*e*, 1)
(*e*, *x*)	(*f*, 0)
(*f*, *x*)	(*a*, 0)

(a) 이 기계에 대한 상태 전이 다이어그램을 그려라.

(b) 스터터링은 무시하고 이 기계에서 가능한 모든 동작을 찾아라.

(c) 이 상태 기계와 이중 유사한 세 가지 상태를 가진 상태 기계를 찾아라. 찾은 상태 기계를 그리고, 이중 시뮬레이션 관계를 보여라.

8. 다음 질문에 대해 간단히 답과 타당한 이유를 들어라.

(a) **참 또는 거짓:** 타입 {0, 1}인 하나의 입력 *x*와 하나의 출력 *y*를 가진 상태 기계 *A*가 *true*/1과 *true*/2로 표시된 두 개의 자가 전이 루프를 가진 단일 상태를 갖고 있다고 생각해보자. 그러면 똑같은 입력과 출력(타입과 함께)을 갖는 모든 상태 기계 *B*에 대해 *A*는 *B*를 시뮬레이션한다.

(b) **참 또는 거짓:** *f*가 상태 기계 *A*에 대해 성립하는 임의의 LTL 공식이고, *A*는 다른 상태 기계 *B*를 시뮬레이션한다고 가정해보자. 그러면 *f*가 *B*에 대해 성립한다고 주장할 수 있다.

(c) **참 또는 거짓:** *A*와 *B*가 타입 등가 상태 기계이고, 단위 명제가 *A*와 *B*의 상태가 아닌 입력과 출력만을 참조하는 LTL 공식을 *f*라고 가정하자. LTL 공식 *f*가 상태 기계 *A*에 대해 성립되고 *A*가 상태 기계 *B*를 시뮬레이션하는 경우 *f*는 *B*에 대해 성립한다.

15

도달 가능성 분석과 모델 검사

13장과 14장에서는 시스템의 모델과 속성을 형식적으로 기술하는 기법과 이런 시스템 모델을 비교하는 기법을 소개했다. 15장에서는 형식 검증formal verification을 위한 알고리즘적 기법을 살펴볼 것이다. 여기서 형식 검증은 시스템이 특정 운영 환경에서 시스템의 형식 명세를 만족하는지 검사하는 것이다. 특히 모델 검사model checking 기법을 중점적으로 설명할 것이다. 모델 검사는 시스템이 시간 논리 공식으로 표현된 형식 명세를 만족하는지 결정하는 알고리즘적 기법이다. 이 기법은 Clarke와 Emerson (1981), Queille와 Sifakis(1981)가 제안했고 저자들은 컴퓨터 과학의 최고 영예인 2007 ACM 튜링 어워드를 수상했다.

모델 검사의 핵심은 시스템의 도달 가능한 상태 집합을 표기하는 것이다. 도달 가능성 분석reachability analysis은 시스템의 도달 가능한 상태 집합을 계산하는 과정이다. 15장에서는 도달 가능성 분석과 모델 검사의 기본 알고리즘과 개념을 설명한다. 이 알고리즘은 임베디드 시스템 설계에서 가져온 예제를 사용해 설명하며, 하이레벨 모델과 순차적 혹은 병렬적 소프트웨어의 검증, 제어와 로봇 경로 찾기 등을 포함한다. 모델 검사는 광범위하게 활발한 연구가 진행 중이며 자세한 설명은 이 책의 범위를 벗어난다. 이 주제에 대한 자세한 설명은 Clarke el al.(1999)과

Holzmann(2004)를 참고하기 바란다.

15.1 열린 시스템과 닫힌 시스템

닫힌 시스템^{closed system}은 입력이 없는 시스템이다. 반대로 열린 시스템^{open system}은 입력을 받고 주변 환경에 결과물을 만들어내면서 주변 환경과 상호작용을 유지하는 시스템이다. 그림 15.1은 이 개념을 보여준다.

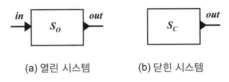

(a) 열린 시스템   (b) 닫힌 시스템

그림 15.1: 열린 시스템과 닫힌 시스템

형식 검증을 위한 기법들은 보통 검증돼야 할 시스템 모델 S와 시스템의 환경 E를 결합해 얻어진 닫힌 시스템 모델 M에 적용된다. S와 E는 일반적으로 열린 시스템이고, S의 모든 입력은 E에 의해 생성되고 그 반대도 마찬가지다. 따라서 그림 15.2에 나온 것처럼 검증 과정에 세 개의 입력이 존재한다.

- 검증돼야 하는 시스템의 모델 S
- 환경 모델 E
- 검증돼야 하는 속성 Φ

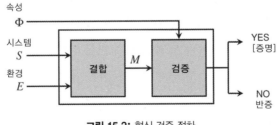

그림 15.2: 형식 검증 절차

시스템 S가 환경 E에서 속성 Φ를 만족하는지 나타내는 YES/NO 를 검증기는 출력으로 생성한다. 보통 NO 출력은 반증이 수반되고 에러 추적error trace이라고 하며, Φ가 어떻게 위반하는지 나타내는 시스템의 추적이다. 반증은 디버깅 과정에서 매우 유용한 도구다. 어떤 형식 검증 도구들은 YES에 대한 증명이나 정확도 인증을 포함한다. 이런 출력은 시스템 **정확도 입증**certification에 유용하다.

시스템 모델 S와 환경 모델 E를 결합하는 데 사용되는 결합의 형태는 시스템과 환경 간 상호작용의 형태에 따라 다르다. 5장과 6장에서 상태 기계 모델을 결합하는 여러 방법을 설명했다. 이런 모든 결합 형태는 S와 E에서 검증 모델 M을 생성하는 데 사용될 수 있다. M은 비결정적일 수 있음을 유의하자.

단순하게 하려고 15장에서는 5장과 6장에서 설명한 기법 중 하나를 사용해 시스템 결합이 이미 실행됐음을 가정한다. 다음 절에 다루는 모든 알고리즘은 결합된 검증 모델 M에서 실행되며, M이 속성 Φ를 만족하는지에 대한 답에 집중할 것이다. 또한 Φ는 선형 시간 논리인 속성으로 기술됨을 가정한다.

15.2 도달 가능성 분석

먼저 실전에서 유용한 특별한 모델 검사 문제 경우를 살펴보자. M은 유한 상태 기계이고 Φ는 형태 Gp의 LTL 공식이다. 여기서 p는 명제다. Gp는 명제 p가 한 추적의 모든 상태에서 성립할 때 이 추적 내에서 성립하는 시간 논리 공식임을 상기해 보자. 13장에서 살펴봤던 것처럼 여러 시스템 속성은 Gp의 속성으로 표현된다.

15.2.1절에서는 시스템의 도달 가능한 상태를 계산해 Gp 속성을 검증하는 방법을 설명한다. 15.2.2절에서는 명시적 상태 나열을 기반으로 하는 유한 상태 기계의 도달 가능성 분석Reachability Analysis을 위한 기법을 설명한다. 마지막으로 15.2.3절은 매우 큰 상태 공간을 갖는 시스템을 분석하는 다른 접근법을 설명한다.

15.2.1 Gp 검증

시스템 M이 p가 명제인 Gp를 만족하려면 M으로 표시할 수 있는 모든 추적은 반드시 Gp를 만족해야 한다. 이 속성은 M의 모든 속성을 나열하고 모든 상태가 p를 만족하는지 검사함으로써 증명할 수 있다.

이론적으로 M이 유한 상태일 때 이런 나열은 항상 가능하다. 3장에서 살펴본 것처럼 M의 상태 공간은 그래프의 노드^node가 M의 상태를 나타내고, 그래프의 에지^edge는 M의 전이를 나타내는 방향 그래프^directed graph로 볼 수 있다. 이 그래프를 M의 **상태 그래프**^state graph라고 하고, 모든 상태 집합을 상태 공간^state space이라고 한다. 이 그래프의 이론적 관점에서 볼 때 유한 상태 시스템 M의 Gp 검사는 M에 대한 상태 그래프를 순회하는 것과 동일하다. 초기 상태부터 시작해서 이 순회로 갈 수 있는 모든 상태가 p를 만족하는지 검사한다. M은 유한개의 상태를 가지므로 이 순회는 반드시 끝나야 한다.

> **예제 15.1:** 시스템 S는 그림 3.10의 교통 신호등 제어기이고, 환경 E는 그림 3.11의 보행자 모델이라고 하자. M은 그림 15.3에 표시된 것처럼 S와 E의 동기적 결합이라고 하자. M이 닫힌 시스템임을 확인하자. M이 다음 속성을 만족하는지 검증한다고 가정하자.
>
> $$\text{G } \neg(\text{green} \wedge \text{crossing})$$
>
> 다시 표현해보면 교통 신호등이 녹색일 때 보행자가 건너가는 경우는 절대 없음을 검증하는 것이다.
>
> 결합 시스템 M은 그림 15.4에 확장 FSM으로 나타나 있다. M은 입력이나 출력이 없음을 기억하자. M은 유한 상태이고 총 188개의 상태를 갖는다(예제 3.12와 유사한 계산을 사용). 그림 15.4의 그래프는 M의 모든 상태 그래프는 아니다. 각 노드는 상태들의 집합을 나타내며, 각 노드 내에 각기 다른 *count*

값을 갖는다. 이 그래프의 시각적 검사를 통해 모든 상태가 명제 (green∧ crossing)를 만족하지 못함을 알 수 있다 따라서 모든 추적은 LTL 속성 G ¬(green∧crossing)을 만족한다.

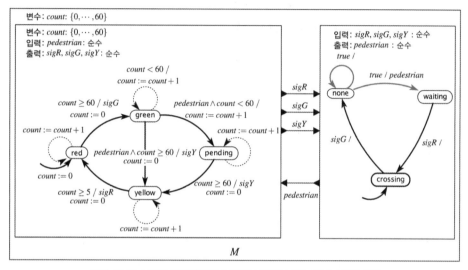

그림 15.3: 신호등 제어기(그림 3.10)과 보행자 모델(그림 3.11)의 결합

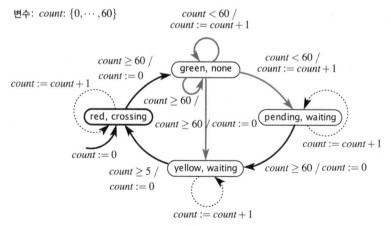

그림 15.4: 신호등 제어기와 보행자 모델의 동기적 반응 결합을 통해 얻어진 확장 상태 기계. 이 상태 기계는 비결정 적이다.

사실 유한 상태 시스템 M이 Gp 속성을 만족하는지 검증하는 작업이 간단해 보이지만 다음과 같은 이유로 이전 예제처럼 간단하지는 않다.

- 일반적으로 초기 상태와 전이 함수만 갖고 시작하며, 상태 그래프는 즉석에서 생성돼야 한다.
- 시스템은 M의 구문 기술^{syntactic description} 크기의 지수적으로 많은 상태를 가질 수 있다. 따라서 상태 그래프를 인접 혹은 결합 행렬 같은 전통적인 데이터 구조를 사용해 표현할 수 없다.

다음 두 절에서는 이 두 가지가 어떻게 처리될 수 있는지 다룬다.

15.2.2 명시적 상태 모델 검사

이 절은 상태 그래프를 즉석에서 생성하고 순회하면서 도달 가능한 상태를 계산하는 방법을 설명한다.

먼저 M의 시스템은 닫혔고 유한 상태이며 비결정적일 수 있다. M의 입력이 없기 때문에 다음번 가능한 상태 집합은 현재 상태의 함수뿐이다. 이런 M의 전이 관계^{transition relation}를 δ로 표기하며, M의 현재 상태의 함수일 뿐이다. 이 함수는 3장에서 소개한 현재 입력의 함수였던 *possibleUpdates* 함수와는 반대다. 따라서 $\delta(s)$는 M의 상태 s에서 전이될 수 있는 다음번 가능한 상태 집합이다.

알고리즘 15.1은 초기 상태 s_0와 전이 관계 δ가 주어졌을 때 M의 도달 가능한 상태를 계산한다. DFS_Search 함수는 상태 s_0부터 시작해 M의 상태 그래프에서 깊이 우선 탐색을 실행한다. 이 그래프는 순회 중 방문한 상태에 δ를 반복적으로 적용해 즉석에서 생성된다.

알고리즘 15.1: 깊이 우선 명시적 상태 탐색을 사용한 도달 가능한 상태 집합 계산

입력: 닫힌 유한 상태 시스템 M의 초기 상태 s_0와 전이 관계 δ
출력: M의 도달 가능한 상태 집합 R

```
1  초기화: 단일 상태 $s_0$를 포함하는 스택 $\Sigma$; 도달한 상태들의 현재 집합 $R := \{s_0\}$
2  DFS Search() {
3  while 스택 $\Sigma$가 비어있지 않다 do
4        $\Sigma$의 가장 위에서 상태 $s$를 빼낸다(pop).
5        $s$에서 한 번의 전이로 도달 가능한 모든 상태 집합 $\delta(s)$계산
6        for 각각의 $s' \in \delta(s)$ do
7              if $s' \notin R$ then
8                    $R := R \cup \{s'\}$
9                    $s'$를 $\Sigma$에 넣는다(push).
10             end
11       end
12 end
13 }
```

이 알고리즘에 필요한 주요 데이터 구조에는 스택 Σ와 순회 중에 도달한 상태들의 현재 집합 R이 있다. 스택 Σ는 s_0에서부터 시작하는 상태 그래프의 현재 경로를 저장한다. M이 유한 상태이므로 s_0에서부터 도달 가능한 모든 상태는 어느 순간에 R에 있을 것이다. 이는 새로운 상태를 Σ에 넣지 않게 될 것이고, Σ는 결국 비어있게 될 것임을 의미한다. 따라서 함수 DFS_Search는 종료되고, 이 함수의 마지막에서 R의 값은 M의 모든 도달 가능한 상태들의 집합이 된다.

이 알고리즘의 공간적, 시간적 요구 사항은 상태 그래프의 크기에서 선형이다(복잡도 표기에 대한 소개는 부록 B를 참고). 그러나 M의 상태 그래프 내 노드와 에지의 개수는 S와 E 명세의 크기에 지수승이 될 수 있다. 예를 들어 S와 E가 100개의 불리언 상태 변수를 갖는다면(실제로는 작은 숫자) M의 상태 그래프는 총 2^{100}개의 상태를 가질 수 있고, 이는 요즘 컴퓨터가 메인 메모리에 저장할 수 있는 것보다 훨씬 큰 값이다. 따라서 DFS_Search 같은 명시적 상태 탐색 알고리즘은 **상태 압축**state compression 기법을 사용해 증가돼야 한다. 이런 기법 일부는 뒤에서 다룬다.

상태 급증 문제state explosion problem는 모델 검사 동시 시스템의 도전과제 중 하나다. $M_1, M_2, \ldots, M_k$ 같은 k개의 유한 상태 시스템 결합의 상태 공간(동기적 결합을 사용)은

$M_1, M_2, \ldots, M_k$ 상태 공간의 데카르트 곱$^{\text{Cartesian product}}$이다. 즉 $M_1, M_2, \ldots, M_k$가 각각 $n_1, n_2, \ldots, n_k$ 상태를 가진다면 이들의 결합은 $\Pi_{i=1}^{k} n_i$ 상태를 가질 수 있다. k 원소들의 병행 결합 상태의 수는 k의 지수승으로 증가함을 쉽게 알 수 있다. 이 결합 시스템의 상태 공간을 명시적으로 나타내는 것은 확장되지 않는다. 다음 절에서는 일부 경우에 이런 문제를 완화하는 기법을 소개한다.

15.2.3 기호 모델 검사

기호 모델 검사$^{\text{symbolic model checking}}$의 핵심은 각 상태를 명시적으로 모아 놓는 것이 아닌, 명제 논리 공식으로 상태 집합을 기호적으로 표현하는 것이다. 이런 공식을 효율적으로 표현하거나 이용하려고 특별한 데이터 구조가 사용된다. 따라서 각 상태가 이용되는 명시적 상태 모델 검사와 다르게 기호 모델 검사는 상태의 집합을 기반으로 동작한다.

알고리즘 15.2(Symbolic_Search)는 닫힌 유한 상태 시스템 M의 도달 가능한 상태 집합을 계산하기 위한 기호적 알고리즘이다. 이 알고리즘은 이전의 명시적 상태 알고리즘인 DFS_Search와 동일한 입력-출력 명세를 가진다. 하지만 Symbolic_Search의 모든 동작은 집합 연산이다.

Symbolic_Search 알고리즘에서 R은 탐색 중 어느 시점에 도달한 상태들의 모든 집합을 나타내고, R_{new}는 그 시점에서 생성된 새로운 상태다. 새로운 상태가 더 이상 생성되지 않을 때 알고리즘은 종료되며 R은 s_0에서 도달 가능한 모든 상태를 저장하고 있다. 이 알고리즘의 중요한 단계인 5번째 줄에서 R_{new}는 R 내의 어떤 상태 s로부터 한 단계의 전이 관계 δ 안에 도달 가능한 모든 상태의 집합 s'로 계산된다. 이 연산을 이미지 계산$^{\text{image computation}}$이라고 하는데, 이는 함수 δ의 이미지^{image}를 계산하는 것과 관련되기 때문이다. 명제 논리 공식에서 직접 동작하는 이미지 계산의 효율적 구현이 기호적 도달 가능성 알고리즘의 핵심이다. 이미지 계산뿐만 아니라 Symbolic_Search의 주요 집합 연산은 합집합과 공집합 검사를 포함한다.

알고리즘 15.2: 기호 탐색을 사용한 도달 가능한 상태 집합 계산

입력: 기호적으로 표현되는 닫힌 유한 상태 시스템 M에 대한 초기 상태 s_0와 전이 관계 δ

출력: 기호적으로 표현되는 M의 도달 가능한 상태들의 집합 R

1   초기화: 도달한 상태들의 현재 집합 R = {s0}
2   **Symbolic Search()** {
3    $R_{\text{new}} = R$
4   **while** $R_{\text{new}} \neq 0$ **do**
5       $R_{\text{new}} := \{s' \mid \exists s \in R \text{ s.t. } s' \in \delta(s) \wedge s' \notin R\}$
6       $R := R \cup R_{\text{new}}$
7   **end**
8   }

예제 15.2: 그림 15.4의 유한 상태 시스템을 사용해 기호적 도달 가능성을 분석해보자.

먼저 몇 가지 표기를 살펴보자. v_l은 각 반응이 시작할 때 신호등 제어기 FSM S의 상태를 나타낸다. 즉, $v_l \in$ {green, yellow, red, pending}이 된다. 유사하게 v_p는 $v_p \in$ {crossing, none, waiting}으로 보행자의 상태를 나타낸다.

이 표기를 사용해 결합 시스템 M의 초기 상태 집합 {s0}은 다음 명제 논리 공식으로 표현된다.

$$v_l = \text{red} \wedge v_p = \text{crossing} \wedge count = 0$$

그림 15.4에 표시된 확장 FSM의 초기 상태에서, s_0에서 밖으로 나가는 전이는 자기 전이 루프뿐이다. 따라서 도달 가능성 계산의 한 단계가 지나고 나면 도달한 상태들의 집합 R은 다음 공식으로 표현된다.

$$v_l = \text{red} \wedge v_p = \text{crossing} \wedge 0 \leq count \leq 1$$

2단계 후 R는 다음과 같이 된다.

$$v_l = \text{red} \ \wedge \ v_p = \text{crossing} \ \wedge \ 0 \leq count \leq 2$$

$k \leq 60$인 k 단계가 지나고 나면 R은 다음과 같이 표현된다.

$$v_l = \text{red} \ \wedge \ v_p = \text{crossing} \ \wedge \ 0 \leq count \leq k$$

61번째 단계에서 상태 (red, crossing)에서 빠져 나오고, R은 다음과 같이 계산된다.

$$v_l = \text{red} \wedge v_p = \text{crossing} \wedge 0 \leq count \leq 60$$
$$\vee \ v_l = \text{green} \wedge v_p = \text{none} \wedge count = 0$$

이와 유사하게 진행하면 도달 가능한 상태들의 집합 R은 더 이상 변화가 없을 때까지 커진다. 최종 도달 가능한 집합은 다음과 같이 표현된다.

$$v_l = \text{red} \wedge v_p = \text{crossing} \wedge 0 \leq count \leq 60$$
$$\vee \ v_l = \text{green} \wedge v_p = \text{none} \wedge 0 \leq count \leq 60$$
$$\vee \ v_l = \text{pending} \wedge v_p = \text{waiting} \wedge 0 < count \leq 60$$
$$\vee \ v_l = \text{yellow} \wedge v_p = \text{waiting} \wedge 0 \leq count \leq 5$$

실제로 기호 표현은 명시적 표현보다 매우 간단하다. 앞 예제에서 볼 수 있듯이 많은 수의 상태가 간단하게 부등식 $0 < count \leq 60$으로 표현된다. 컴퓨터 프로그램은 기호 표현을 직접 사용할 수 있도록 설계될 수 있다. 이런 프로그램의 예는 뒤의 설명을 참고하자.

기호 모델 검사는 여러 종류의 시스템, 특히 하드웨어 모델에서 상태 급증 문제를 해결하는 데 성공적으로 사용되고 있다. 그러나 최악의 경우 기호 집합 표현도 시스템 변수의 수에 지수적으로 증가할 수 있다.

15.3 모델 검사 추상화

모델 검사에서 어려운 부분은 안전성 입증을 제공하는 한 시스템의 가장 간단한 추상화 작업이다. 간단한 추상화는 더 적은 수의 상태 공간을 갖고 더 효율적으로 검사할 수 있다. 물론 추상화를 위해 어떤 부분을 생략해야 할지 아는 것이 과제다.

추상화돼야 하는 시스템의 부분은 검증돼야 하는 속성에 따라 다르다. 다음 예제는 이 사실을 보여준다.

> **예제 15.3:** 그림15.4의 신호등 시스템 M을 살펴보자. 예제 15.1처럼 M이 다음 속성을 만족함을 검증한다고 가정하자.
>
> $$G \neg (green \wedge crossing)$$
>
> M에서 $count$ 참조를 모두 숨겨 $count$ 변수를 추상화해보자. 즉, 해당 변수를 사용하는 모든 가드와 모든 업데이트에서 $count$ 변수를 숨기는 것이다. 이는 그림 15.5의 추상화 모델 M_{abs}를 만든다.
>
> 이 추상화 M_{abs}는 M보다 더 많은 동작을 나타냄을 알 수 있다. 예를 들어 (yellow, waiting) 상태에서 실제 시스템 M에서는 5개의 클럭 틱 안에 이 상태를 빠져나가야 하지만, 추상화 모델에서는 자체 루프 전이를 계속 할 수 있다. 게다가 M의 모든 동작은 M_{abs}에서 표현될 수 있다.
>
> 흥미로운 점은 이런 근사를 가짐에도 불구하고 M_{abs}는 $G \neg (green \wedge crossing)$을 만족함을 증명할 수 있다는 것이다. $count$의 값은 이 속성과 무관하다.
>
> M은 188개의 상태를 갖지만 M_{abs}는 단 4개의 상태를 갖는다. 훨씬 적은 상태 개수 때문에 M_{abs}의 도달 가능성 분석은 M보다 훨씬 쉽다.

추상화 계산에는 여러 방법이 있다. 간단하고 매우 유용한 기법 중 하나는 **지역화 감소**localization reduction 혹은 **지역화 추상화**localization abstraction(Kurshan, 1994)다. 지역화 감소에서는 검사하는 속성과 무관한 설계 모델 부분은 상태 변수들의 부분집합을 숨김으로써 추상화된다. 변수를 숨기는 것은 해당 변수를 임의로 바꿀 수 있음을 의미한다. 이는 예제 15.3에서 사용한 추상화 기법이며, *count*는 임의로 변경될 수 있고 모든 전이는 *count*의 값과 독립적으로 수행된다.

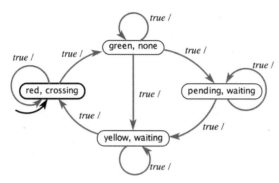

그림 15.5: 그림 15.4의 신호등 시스템 추상화

예제 15.4: 아래의 멀티스레드 프로그램을 살펴보자(Ball et al.(2001) 참고). lock_unlock 함수는 루프를 실행하고, 이 루프 안에서 락을 획득한 뒤 randomCall 함수를 호출한다. randomCall 함수의 결과에 따라 락을 해제하고 한 번 더 루프를 실행하거나 루프를 나가게 된다(그리고 락을 해제한다). new를 증가시켜 old != new 조건을 참으로 만들면서 루프는 한 번 더 실행된다.

```
1  pthread_mutex_t lock = PTHREAD_MUTEX_INITIALIZER;
2  unsigned int old, new;
3
4  void lock_unlock() {
5      do {
6          pthread_mutex_lock(&lock);
7          old = new;
8          if (randomCall()) {
9              pthread_mutex_unlock(&lock);
```

```
10          new++;
11      }
12    } while (old != new)
13    pthread_mutex_unlock(&lock);
14 }
```

위 코드에서 pthread_mutex_lock을 연속 두 번 호출하려 시도하지 않는다는 것이 검증하려는 속성이라고 가정하자. 스레드가 락을 획득하려 시도하면서 영원히 멈추면 시스템이 어떻게 교착 상태에 빠질 수 있는지 11.2.4절에서 살펴봤다. 이 예제에서 이미 락을 잡고 있는 스레드가 다시 해당 락을 또 얻으려고 한다면 교착 상태가 발생할 수 있다.

이 프로그램을 추상화 없이 정확하게 모델링한다면 프로그램의 남은 상태와 더불어 old와 new의 모든 가능한 값을 살펴봐야 한다. 이 시스템에서 워드^{word} 크기를 32로 가정하면 상태 공간의 크기는 대략 $2^{32} \times 2^{32} \times n$이다. 2^{32}은 old와 new 값의 개수이며, n는 상태 공간의 나머지 크기를 나타낸다.

그러나 이 프로그램이 정상적인지 증명하고자 정확한 old와 new 값을 모두 살펴봐야 할 필요는 없다. 예를 들어 프로그래밍 언어가 불리언^{Boolean} 타입을 갖고 있고 프로그램이 비결정적 대입을 수행할 수 있다고 가정하자. 이 경우 원래 프로그램을 다음과 같이 추상화할 수 있다. 이 추상화는 C와 유사한 문법으로 작성됐고, 불리언 변수 b는 old == new인 술어^{predicate}를 나타낸다.

```
1 pthread_mutex_t lock = PTHREAD_MUTEX_INITIALIZER;
2 boolean b; // b는 (old == new)인 술어를 나타낸다.
3 void lock_unlock() {
4    do {
5        pthread_mutex_lock(&lock);
6        b = true;
```

```
 7          if (randomCall()) {
 8              pthread_mutex_unlock(&lock);
 9              b = false;
10          }
11      } while (!b)
12      pthread_mutex_unlock(&lock);
13  }
```

원래 프로그램이 요구하는 속성이 만족된다는 것을 보이는 데 이 추상화가 충분한 정보를 갖고 있다는 것을 쉽게 알 수 있다. 루프는 b가 거짓일 때만 반복을 수행하기 때문에(이는 락이 다음번 획득 시도 전에 해제됨을 의미한다) 이 락은 두 번 획득될 수 없다.

그리고 상태 공간의 크기는 $2n$으로 줄어들었다. 이것이 바로 '올바른' 추상화 사용의 장점이다.

형식 검증의 주요 과제는 간단한 추상화를 '자동으로' 계산하는 것이다. 효율적이고 널리 사용되는 기법은 반증 유도 추상화 개선[CEGAR, Counter Example Guided Abstraction Refinement]으로 Clarke et al.(2000)이 처음 제안했다. 기본 아이디어는 (지역화 감소를 사용할 때) 시간 논리 속성이 참조하는 상태 변수를 제외한 거의 모든 상태 변수를 숨기는 것으로 시작한다. 최종 추상 시스템은 원래 시스템보다 더 많은 동작을 갖는다. 따라서 이 추상 시스템이 LTL 공식 Φ를 만족하면(즉, 각 시스템의 동작이 Φ를 만족하면) 원래 시스템도 마찬가지다. 그러나 추상 시스템이 Φ를 만족하지 않으면 모델 검사기는 반증을 만든다. 이 반증이 원래 시스템에 대한 반증이라면 진정한 반증을 찾게 되면서 이 과정은 종료된다. 그렇지 않다면 CEGAR은 어떤 숨겨진 변수가 보여야 하는지를 추론하려고 이 반증을 분석하고, 이런 추가적인 변수들을 사용해 추상화를 재계산한다. 이 과정은 계속 반복되며 일부 추상화 시스템이 올바른 것으로 증명되거나 원래 시스템에 대한 유효한 반증이 생성되면서 종료된다.

CEGAR 기법과 여러 후속 아이디어는 소프트웨어 모델 검사 분야의 진보를 이루는 데 중요하게 사용됐다. 뒤에서 몇 가지 주요 아이디어를 살펴보자.

15.4 모델 검사 라이브니스 속성

지금까지는 p가 단위 명제인 Gp 형태의 속성을 검증하는 데 국한했다. 모든 추적에 대해 Gp가 성립한다는 것은 매우 제한된 종류의 안전 속성이다. 그러나 13장에서 살펴본 것처럼 여러 유용한 시스템 속성은 안전 속성이 아니다. 예를 들어 "로봇이 A 위치를 반드시 방문해야 한다."는 속성은 라이브니스 속성이다. A위치를 방문하는 것을 명제 q로 나타낸다면 이 속성은 모든 추적에 대해 Fq가 성립해야 함을 나타낸다. 사실 로보틱스에서 경로 찾기 문제나 분산 동시 시스템의 진행 속성을 포함하는 여러 문제는 라이브니스 속성으로 표현할 수 있다. 따라서 이런 유형은 속성을 처리하고자 모델 검사를 확장하는 데 유용하다.

Fp 형태의 속성은 라이브니스 속성이라 하더라도 이 장의 앞부분에서 소개한 기법을 사용해 부분적으로 검사할 수 있다. 한 추적에 대해 $\neg G\neg p$가 성립할 때만 해당 추적에 대해 Fp가 성립함을 13장에서 살펴봤다. 즉, $\neg p$가 항상 거짓일 때만(iff) p는 미래의 어느 시점에서 참이다. 따라서 시스템이 $G\neg p$를 만족하는지 검증하면 된다. 검증기가 $G\neg p$는 모든 추적에 대해 성립한다고 주장하면 Fp는 어떤 추적에서도 성립하지 않음을 알 수 있다. 그렇지 않고 검증기가 'No'를 출력으로 내놓는다면 동반된 반증은 p가 최종적으로 참이 될 수 있는 방법을 보여주는 증거를 제공한다. 이 증거는 Fp가 성립하는 한 추적을 제공하지만 Fp가 모든 추적에 대해 성립함을 증명하지는 않는다(상태 기계가 결정적이지 않다면).

더 완벽한 검사와 더 복잡한 라이브니스 속성은 더 정교하고 복잡한 기법을 요구한다. LTL 속성의 명시적 상태 모델 검사에서 사용하는 한 가지 기법은 간단히 다음과 같다.

1. 속성 Φ의 부정을 오토마톤 B로 나타내고, 특정 상태는 수락 상태다.

2. 속성 오토마톤 B와 시스템 오토마톤 M의 동기적 결합을 구성하자. 속성 오토마톤의 수락 상태는 생성된 오토마톤 M_B의 수락 상태를 유도한다.

3. 생성된 오토마톤 M_B가 수락 상태를 무한히 방문할 수 있다면 이는 M이 Φ을 만족하지 않음을 의미한다. 그렇지 않다면 M은 Φ을 만족한다.

위 기법을 검증에 대한 오토마타 이론적 접근법이라고 한다. 이 절의 나머지 부분에서 이 주제를 간단히 소개한다. 이 주제에 대한 더 자세한 내용은 세미나 자료(Wolper el al(1983); Vardi and Wolper(1986))와 SPIN 모델 검사기에 관한 책(Holzmann(2004))에서 찾을 수 있다.

15.4.1 오토마타로서의 속성

속성을 오토마타로 보는 첫 번째 과정을 생각해보자. 앞에서 소개된 '오메가 정규 언어'를 상기하자. 부치 오토마타와 오메가 정규 언어의 이론은 모델 검사 라이브니스 속성과 관련이 있다. 간단히 말해 LTL 속성 Φ는 Φ를 만족하는 동작들의 집합과 일대일 대응한다. 이 동작들의 집합은 Φ에 해당하는 부치 오토마톤의 언어를 구성한다.

여기서 설명하는 LTL 모델 검사 접근법에서는 Φ가 시스템이 만족해야 하는 속성이라면 이 속성의 부정 ¬Φ를 부치 오토마톤으로 나타낸다. 다음의 몇 가지 예제를 살펴보자.

예제 15.5: 영원히 실행되며 순수 출력 h(심장 박동^{heartbeat})을 만드는 시스템을 모델링하는 FSM M_1을 가정하자. 이 시스템은 매 세 번의 반응에 최소 한 번의 출력을 만들어야 한다. 즉, 연속 두 번의 반응에서 출력 h를 만들지 못했다면 세 번째 반응에서 반드시 출력을 만들어야 한다.

LTL로 이 속성을 다음의 속성 Φ_1로 형식화할 수 있다.

$$G(h \vee Xh \vee X^2h)$$

이 속성의 부정은 다음과 같다.

$$F(\neg h \vee X \neg h \vee X^2 \neg h)$$

의도한 속성의 부정에 해당하는 부치 오토마톤 B_1은 다음과 같이 주어진다.

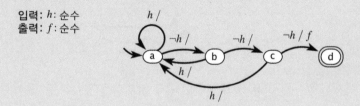

이 오토마톤을 살펴보자. 이 오토마톤이 수락하는 언어는 상태 d로 들어와서 머무르는 모든 동작을 포함한다. 이와 동일하게 이 언어는 어떤 반응에서 f에 present(존재) 출력을 만드는 모든 동작을 포함한다. 위 상태 기계를 M_1과 결합할 때 최종 결합 기계가 $f = present$를 절대 만들 수 없다면 이 결합 기계에 의해 수락된 언어는 아무것도 없다. 수락된 언어가 아무것도 없다는 것을 증명할 수 있다면 M이 세 번의 반응마다 최소 한 번의 심장 박동 h를 만들어냄을 증명한 것이다.

위 예제의 속성 Φ_1이 실제로 안전 속성임을 확인하자. 다음은 라이브니스 속성의 예제다.

예제 15.6: FSM M_2는 방을 찾고 그 방에 계속 머물러야 하는 로봇의 제어기를 모델링한다고 가정하자. p는 로봇이 목적지 방 안에 있을 때 참이 되는 명제다. 이 속성 Φ_2은 LTL인 **FG**p로 표현될 수 있다.

이 속성의 부정은 **GF**$\neg p$다. 이 부정에 해당하는 부치 오토마톤 B_2는 다음과 같다.

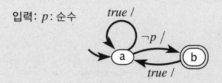

B_2의 허용된 모든 동작은 $\neg p$가 무한히 자주 성립하는 동작과 동일하다. 이 동작들은 B_2의 상태 b를 반복적으로 방문하는 생성된 오토마톤에 대한 상태 그래프 내 사이클^{cycle}과 동일하다. 이 사이클은 **허용 사이클**$^{acceptance\ cycle}$이라고 한다.

GFp 형태의 라이브니스 속성도 명세로 자연스럽게 발생한다. 이런 형태의 속성은 **공정**^{fairness} 속성을 기술하는 데 유용하다. 다음 예제처럼 공정 속성은 의도한 특정 속성이 무한히 자주 유지됨을 의미한다.

예제 15.7: 예제 3.10의 신호등 시스템을 생각해보자. 모든 실행에서 신호등이 무한히 자주 녹색이 되길 바랄 수 있다. 다시 말해 green 상태가 무한히 자주 방문되는 것이며, Φ_3 = **GF** green으로 표현할 수 있다.

Φ_3에 해당하는 오토마톤은 예제 15.6 내 Φ_2의 부정에 대한 오토마톤에서 $\neg p$가 green으로 바뀐 것과 동일하다. 그러나 이 경우 이 오토마톤의 허용 동작은 의도한 동작이다.

498

따라서 앞 예제들을 통해 FSM 내의 특정 수락 상태 s가 무한히 자주 방문될 수 있는지 알아내는 문제는 LTL 속성의 명시적 상태 모델 검사 작업임을 알 수 있다. 이 문제에 대한 알고리즘을 다음 절에서 살펴보자.

15.4.2 허용 사이클 찾기

다음 문제를 생각해보자.

> 유한 상태 시스템 M이 주어졌을 때 M의 수락 상태 s_a를 무한히 자주 방문할 수 있는가?

다르게 표현하자면 (i) 상태 s_a가 M의 초기 상태 s_0에서 도달 가능한지와 (ii) s_a가 스스로 도달 가능한지를 검사하는 알고리즘을 찾아보자. 상태가 무한히 '자주 방문될 수' 있는지를 묻는 것은 해당 상태를 무한히 '자주 방문해야' 하는지 묻는 것과는 같지 않음을 주의하자.

15.2.1절에서 다룬 G_p의 경우처럼 그래프 이론적 관점은 이 문제에서 유용하다. 논의를 위해 사전에$^{a\ priori}$ 구성된 전체 상태 그래프가 있다고 가정하자. 상태 s_a가 s_0에서 도달 가능한지 검사하는 것은 단순히 그래프 순회 문제가 되며 깊이 우선 탐색^{DFS}으로 해결할 수 있다. 그리고 s_a가 스스로 도달 가능한지 검사하는 것은 해당 상태를 포함하는 상태 그래프에 사이클이 존재하는지를 검사하는 것이다.

이 문제 해결 시 주요 과제는 15.2.1절에서 설명했던 것과 유사하다. 즉, 이 탐색을 즉석에서$^{on\ the\ fly}$ 수행해야 하고, 큰 상태 공간을 다뤄야 한다.

SPIN 모델 검사기에서 구현된 중첩 깊이 우선 탐색$^{nested\ DFS,\ nested\ Depth-First\ Ssearch}$ 알고리즘(Holzmann(2004))은 이 문제를 풀 수 있고, 알고리즘 15.3에 나타나있다. 이 알고리즘은 인자 1을 갖는 Nested_DFS_Search 함수를 호출하면서 시작하며, 이는 마지막에 있는 Main 함수에 나타나있다. M_B는 원래의 닫힌 시스템 M과 LTL 공식 Φ의 부정을 나타내는 오토마톤 B를 결합해서 얻어진다.

이름에서 알 수 있듯이 이 알고리즘은 두 개의 깊이 우선 탐색을 실행하는데, 한 탐색은 다른 탐색의 내부에 중첩돼 있다. 첫 번째 DFS는 초기 상태 s_0에서 목적지 수락 상태 s_a까지의 경로를 찾는다. 그리고 s_a부터 두 번째 DFS를 시작해 s_a에 다시 도달할 수 있는지 검사한다. 변수 mode는 첫 번째 DFS 혹은 두 번째 DFS를 실행하는지에 따라 1이나 2가 된다. 스택 Σ_1과 Σ_2는 각 mode 1과 2에 수행된 탐색에서 사용된다. s_a가 두 번째 DFS에서 찾아진다면 이 알고리즘은 s_0에서 시작해 s_a까지 가며 s_a에서 루프가 있는 경로를 출력으로 만든다. s_0에서 s_a까지의 경로는 스택 Σ_1의 값을 읽어 간단히 얻을 수 있다. 유사하게 s_a에서 시작해 s_a에서 끝나는 사이클은 스택 Σ_2에서 얻는다. 그렇지 않다면 알고리즘은 실패를 보고한다.

명시적 상태 도달 가능성 분석에서 사용하는 탐색 최적화와 상태 압축 기법은 중첩 DFS에서도 사용될 수 있다. 더 자세한 사항은 Holzmann(2004)을 참고하자.

알고리즘 15.3: 중첩 깊이 우선 탐색 알고리즘

입력: 오토마톤 M_B의 초기 상태 s_0와 전이 관계 δ; M_B의 목적지 수락 상태
출력: 존재하는 경우 s_a를 포함하는 허용 사이클

1 **초기화:** (i) 단일 상태 s_0를 포함하는 스택 Σ_1과 빈 스택 Σ_2;
   (ii) 도달된 상태들의 두 집합 $R_1 := R_2 := \{s_0\}$; (iii) flag found := false.
2 **Nested_DFS_Search**(Mode mode) {
3 **while** 스택 Σ_{mode}가 비어있지 않을 때까지 **do**
4   Σ_{mode}의 가장 위에서 상태 s를 뺀다(pop).
5   **if** ($s = s_a$ and mode = 1) **then**
6   s를 Σ_2에 넣는다(push).
7   Nested_DFS_Search(2)
8   **return**
9   **end**
10   한 번의 전이로 s에서 도달 가능한 모든 상태의 집합 $\delta(s)$ 계산
11   **for** 각 $s' \in \delta(s)$ **do**
12   **if** ($s' = s_a$ and mode = 2) **then**
13   스택 Σ_1과 Σ_2의 값을 사용해 허용 사이클을 갖는 s_a까지의 경로 출력
14   found := true
15   **return**

```
16              end
17              if s' ∉ R_mode then
18                  R_mode := R_mode ∪ {s'}
19                  s'를 Σ_mode에 넣는다.
20                  Nested_DFS_Search(mode)
21              end
22          end
23 end
24 }
25 Main() {
26      Nested_DFS_Search(1)
27      if (found = false) then "s_a를 갖는 허용 사이클 없음"을 출력 end }
28
```

15.5 요약

15장에서는 모델 검사를 포함한 형식 검증에 대한 기본 알고리즘을 살펴봤다. 이는 유한 상태 시스템이 시간 논리로 정의된 속성을 만족하는지 검증하는 기법이다. 검증은 닫힌 시스템에서 동작하며, 시스템과 시스템 운영 환경을 결합해서 얻어진다. 첫 번째 주요 개념은 도달 가능성 분석이며, 형태 Gp의 속성을 검증한다. 모델 검사 확장성의 핵심인 추상화 개념도 15장에서 다뤘다. 그리고 명시적 상태 모델 검사 알고리즘이 어떻게 라이브니스 속성을 처리하는지도 살펴봤다. 여기서 핵심 개념은 속성과 오토마타 간 대응correspondence이다.

더 알아보기: 실생활에서의 모델 검사

유한 상태 시스템의 도달 가능한 상태 집합을 계산하고 시간 논리에서 명세를 만족하는지 검사하려고 여러 도구를 사용한다. SMV(기호 모델 검사기)는

이런 도구 중 하나로, 카네기 멜론 대학교의 케네스 맥미리언Kenneth McMillan이 처음 제안했다. SMV는 불리언 함수를 나타내려고 Bryant(1986)가 처음 제안한 간단한 데이터 구조인 이진 결정 다이어그램BDD, Binary Decision Diagrams을 처음으로 사용했던 모델 검사 도구다. BDD를 사용하는 것은 더 복잡한 시스템의 분석을 가능하게 하는 도구로 입증됐다. 현재의 기호 모델 검사기는 명제 논리 공식이 참인지 평가할 수 있는 프로그램인 불리언 충족 가능성Boolean satisfiability(SAT) 해법기solver(Malik and Zhang(2009) 참고)에 크게 의존한다. 모델 검사에서 SAT 해법기를 처음 사용한 것은 제한된 모델 검사bounded model checking를 위해서였다(Biere et al.(1999) 참고). 이 검사에서 시스템의 전이 관계는 제한된 횟수만큼만 전개된다. 다른 여러 버전의 SMV는 온라인에서 찾을 수 있다(그중 하나는 http://nusmv.fbk.eu/이다).

1980년대와 1990년대에 벨연구소의 Gerard Hozmann 등이 개발한 SPIN 모델 검사기(Holzmann, 2004)는 모델 검사를 위한 또 다른 중요한 도구다(http://www.spinroot.com/ 참고). 이 도구는 모델을 통신하는 FSM으로 직접 표현하기보다 명세 언어(Promela, 프로세스 메타언어process meta language)를 사용해 멀티스레드 프로그램과 유사한 명세를 가능하게 한다. SPIN은 해시 압축hash compaction(저장된 상태 집합의 크기를 줄이기 위해 해시를 사용) 같은 상태 압축 기법과 부분 차수 감소partial order reduction(가능한 프로세스 인터리빙들의 부분집합만을 고려해 순회해야 할 도달 가능한 상태의 수를 줄이는 기법)을 통합한다.

자동 추상화는 모델 검사를 직접 소프트웨어에 적용하는 데 큰 역할을 한다. 추상화 기반의 소프트웨어 모델 검사로는 마이크로소프트 연구소에서(Bal and Rajamani, 2001; Bell et al., 2011) 개발한 SLAM이 있다. SLAM은 CEGAR과 술어 추상화라고 부르는 특별한 형태의 추상화를 결합한다. 프로그램 내의 술어는 불리언 변수로 추상화된다. 이 기법의 중요한 과정은 추상화 모델에서 만들어진 반증이 실제로 참인 반증인지 검사하는 것이다. 이 검사는 명제 논리보다 더 많은 논리에 대해 충족 가능성 해법기를 사용해 수행한다. 이 해법기는 SAT 기반 결정 과정[SAT-based decision procedure] 혹은 **충족 가능성 모듈로 이론**[SMT, Satisfiability Modulo Theories] 해법기(더 자세한 내용은 Barrett et al.(2009) 참고)라고 한다.

최근 **귀납적 학습**[inductive learning]에 기반을 둔 기법, 즉 샘플 데이터에서 일반화를 하는 기법이 형식 검증에서 중요한 역할을 하기 시작했다(Seshia(2015) 참고).

연습문제

1. 그림 13.2의 계층적 상태 기계로 모델링되며 인터럽트 기반 프로그램을 모델링하는 시스템 M을 생각해보자.

   검사 도구의 모델링 언어(SPIN 같은)로 M을 모델링해보자. 인터럽트를 발생시키는 환경 모델을 만들어야 한다. 검증 도구를 사용해 M이 연습문제 5에서 설명하는 속성인 ϕ을 만족하는지 검사해보자.

   ϕ: 메인 프로그램은 최종적으로 프로그램 위치 C에 도달한다.

   검사 도구를 통해 얻은 출력에 대해 설명해보자.

2. 그림 3.10에 있는 신호등 제어기와 그림 3.11의 보행자 모델의 동기적 반응 결합이 그림 15.3에 나타나있다.

   그림 15.3의 보행자 모델을 초기 상태가 비결정적으로 none이나 crossing 중 하나로 선택돼야 하는 모델로 바꿔보자.

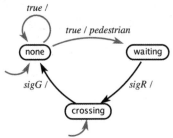

입력: *sigR, sigG, sigY* : 순수
출력: *pedestrian* : 순수

(a) 검증 도구의 모델링 언어(SPIN 같은)로 이 결합 시스템을 모델링해보자. 이 결합 시스템은 몇 개의 도달 가능한 상태를 갖는가? 도달 가능한 상태들 중 몇 개가 초기 상태인가?

(b) 보행자가 도착할 때마다 보행자는 결국 횡단할 수 있다는(즉 신호등은 빨강 상태로 진입한다) LTL 속성을 공식으로 만들어보자.

(c) 검사 도구를 사용해 (a)에서 만든 모델이 (b)에서 나타낸 LTL 속성을 만족하는지 검사해보자. 이 도구의 출력도 설명해보자.

3. 도달 가능성 개념은 멋진 대칭을 갖는다. 어떤 초기 상태에서 도달 가능한 모든 상태를 표시하는 대신, 어떤 상태에 도달할 수 있는 모든 상태를 표시하는 것이 쉽다. 유한 상태 시스템 *M*이 주어졌을 때 상태 집합 *F*의 **역방향** ^backward **도달 가능한 상태**들은 *F*의 어떤 상태에 도달할 수 있는 모든 상태의 집합 *B*다. 다음 알고리즘은 주어진 상태 집합 *F*에 대해 역방향 도달 가능한 상태의 집합을 계산한다.

입력: 닫힌 유한 상태 시스템 *M*에 대한 상태들의 집합 *F*와 전이 관계 δ
출력: *M* 내에서 *F*로부터 역방향 도달 가능한 상태들의 집합 *B*

1 **초기화:** $B := F$
2 $B_{new} := B$
3 **while** $B_{new} \neq 0$ **do**
4 $\quad B_{new} := \{s \mid \exists s' \in B \text{ s.t. } s' \in \delta(s) \land s \notin B\}$

```
5        B := B ∪ B_new
6    end
```

이 알고리즘이 M에서 속성 Gp를 검사하는 방법을 설명해보자. 여기서 p는 M 내의 각 상태 s에 대해 쉽게 검사되는 속성이다. M은 정확히 한 개의 초기 상태 s_0를 갖는다고 가정해도 된다.

16
정량 분석

전자 제어 브레이크^{brake by wire} 시스템이 1밀리초 안에 브레이크를 정확하게 실행할 수 있을까? 이 문제에 답하려면 이 시스템 내의 전자 제어 장치^{ECU}에서 동작하는 소프트웨어의 실행 시간 분석이 필요하다. 이 소프트웨어의 실행 시간은 임베디드 시스템의 정량 속성 중 하나다. 시스템이 1밀리초 안에 브레이크를 실행한다는 제약은 **정량 제약**^{quantitative constraint}이다. 정량 제약을 만족하는지에 대한 정량 속성 분석은 임베디드 시스템 정확성의 핵심이며, 16장에서 다루는 주제다.

임베디드 시스템의 정량 속성은 측정될 수 있는 모든 속성이다. 이 속성은 임베디드 시스템이 제어하는 위치나 속도, 시스템의 무게, 동작 온도, 전력 소비, 반응 시간 같은 물리적 파라미터를 포함한다. 16장에서는 소프트웨어 제어 시스템의 속성과 실행 시간에 집중한다. 실행 시간 제약을 만족하는지 알 수 있는 프로그램 분석 기법을 살펴볼 것이다. 그리고 유사 기법이 소프트웨어의 다른 정량 속성 분석 시 어떻게 사용되는지 알아본다. 특히 전력이나 에너지, 메모리 같은 자원 사용을 다룬다.

정량 속성 분석은 시스템의 소프트웨어 부분과 이 소프트웨어가 실행되는 환경

부분을 정확하게 모델링해야 한다. 환경에는 프로세서와 운영체제, 입출력 장치, 소프트웨어와 상호작용하는 물리적 부분, 통신 네트워크(존재한다면) 등이 포함된다. 보통 이 환경을 소프트웨어가 동작하는 **플랫폼**platform이라고 부른다. 16장만으로 실행 시간 분석을 자세히 다루기는 힘들다. 16장의 목표는 좀 더 작다. 정량 분석에서 반드시 고려해야 하는 프로그램의 주요 기능과 환경을 다루며, 사용하는 분석 기법을 정성적으로 설명한다. 정확성을 위해 실행 시간execution time 하나에 집중하며, 다른 자원과 관련된 정량 속성들은 가볍게 살펴본다.

16.1 관심 있는 문제

일반적인 정량 분석 문제는 한 프로그램 P에 의해 정의된 소프트웨어 작업과 이 프로그램이 실행되는 환경 E, 관심 있는 수량인 q를 포함한다. 다음과 같이 q는 함수 f_P로 주어질 수 있다고 가정하자.

$$q = f_P(x, w)$$

여기서 x는 프로그램 P의 입력(메모리나 센서에서 읽은 데이터나 네트워크를 통해 받은 데이터)을 나타내고, w는 환경 파라미터(네트워크 지연 혹은 프로그램이 실행할 때 캐시의 내용)를 나타낸다. 함수 f_P를 완전히 정의하는 것은 실현 가능하지도 않고, 필요하지도 않다. 대신 현실적인 정량 분석은 q에 대한 극단 값(가장 높은 혹은 가장 낮은 값)이나 q에 대한 평균값, 또는 q가 특정 임곗값 제약을 만족한다는 증명을 산출할 것이다. 다음 절에서 이 주제를 더 자세히 살펴보자.

16.1.1 극단적인 경우 분석

극단적인extreme 경우 분석에서는 x와 w의 모든 값에 대한 q의 가장 큰 값을 추정하고 싶을 수 있다.

$$\max_{x,w} f_P(x,w). \tag{16.1}$$

그렇지 않다면 q에 대한 가장 작은 값을 추정하는 것이 유용할 수도 있다.

$$\min_{x,w} f_P(x,w). \tag{16.2}$$

q가 프로그램이나 프로그램 일부의 실행 시간을 나타낸다면 가장 큰 q 값은 **최악 경우 실행 시간**WCET, Worst Case Execution Time이라고 부르고 가장 작은 q 값은 **최상 경우 실행 시간**BCET, Best Case Execution Time이라고 부른다. 이 값들을 정확히 결정하는 것은 어려울 수 있지만 대부분의 애플리케이션에서 WCET의 상한이나 BCET의 하한만이 필요하다. 각 경우에서 계산한 유계 값들이 실제 WCET나 BCET와 같을 때 **엄격한 유계**tight bound라고 한다. 실제 값과 계산된 유계 값 사이에 큰 격차가 있다면 **느슨한 유계**loose bound라고 한다. 느슨한 유계를 계산하는 것이 엄격한 유계를 찾는 것보다 훨씬 더 쉽다.

16.1.2 임곗값 분석

임계 속성threshold property은 어떤 x와 w를 선택하더라도 수량 q가 항상 임곗값 T의 위에 혹은 아래에 있는지 물어본다. 형식적으로 이 속성은 다음과 같이 나타낸다.

$$\forall x,w, \quad f_P(x,w) \leq T \tag{16.3}$$

혹은 다음과 같다.

$$\forall x,w, \quad f_P(x,w) \geq T \tag{16.4}$$

임곗값 분석은 전자 제어 브레이크 시스템이 1밀리초 안에 정확하게 브레이크를 동작시킨다는 요구 사항 같은 정량 제약을 만족한다고 보증할 수 있다.

임곗값 분석은 극단적인 경우 분석보다 수행하기 쉽다. 극단적인 경우 분석과 달리 임곗값 분석은 최대 혹은 최솟값을 정확히 결정하도록 요구하지 않고, 이 값들에 대한 엄격한 유계를 찾도록 요구하지도 않는다. 대신 이 분석은 목적 값 T의 형태로 몇 가지 지침을 제공한다. 물론 임곗값 속성을 확인하려고 극단적인 경우 분석을 사용할 수도 있다. 제약 16.3은 WCET가 T를 초과하지 않는다면 만족하고, 제약 16.4는 BCET가 T보다 작지 않다면 만족한다.

16.1.3 평균 경우 분석

보통 최악 경우 시나리오보다 일반적 자원 사용에 대해 관심이 더 많다. 이는 평균 경우 분석으로 형식화된다. 입력 x와 환경 파라미터 w의 값은 각각 $\mathcal{D}_x$와 $\mathcal{D}_w$의 확률 분포에 따라 가능한 값들의 공간 X와 W에서 임의로 가져온다. 형식적으로 이 값을 다음과 같이 추정할 수 있다.

$$\mathbb{E}_{\mathcal{D}_x, \mathcal{D}_w} f_P(x, w) \tag{16.5}$$

$\mathbb{E}_{\mathcal{D}_z, \mathcal{D}_w}$은 분포 $\mathcal{D}_x$와 $\mathcal{D}_w$상의 $F_P(x, w)$의 기댓값을 나타낸다. 평균 경우 분석의 한 가지 어려운 점은 프로그램이 실행될 때 사용하는 입력과 환경 파라미터의 실제 분포를 나타내는 실제적인 분포 $\mathcal{D}_x$와 $\mathcal{D}_w$를 정의하는 것이다.

16장의 나머지 부분에서는 한 가지 대표 문제, 즉 WCET 추정^{estimation}에 집중한다.

16.2 그래프로서 프로그램

프로그램 분석에서 보통 사용되는 기본적 추상화는 한 코드 부분에서 다른 코드 부분으로 제어가 이동함을 나타내는 그래프로 프로그램을 표현하는 것이다. 다음 예제를 사용해 16장에서는 이 추상화와 다른 개념들을 설명한다.

예제 16.1: 많은 암호학 알고리즘의 주요 과정인 모듈러 거듭제곱^{modular} ^{exponentiation}을 수행하는 함수 modexp를 고려해보자. 모듈러 거듭제곱에서 기저(밑)^{base} b와 지수^{exponent} e, 모듈러스^{modulus} m이 주어진다면 $b^e \bmod m$을 계

산해야 한다. 아래 프로그램에서 base, exponent, mod는 각각 b, e, m을 나타 낸다. EXP_BITS는 지수에서 비트수를 나타낸다. 이 함수는 표준 시프트 제 곱 누적^{shift square accumulate} 알고리즘을 사용한다. 이 알고리즘은 지수의 각 비 트 위치에 대해 한 번씩 기저는 반복적으로 제곱이 되며, 상응하는 비트가 설정돼 있을 때만 이 기저는 결괏값에 누적된다.

```
1  #define EXP_BITS 32
2
3  typedef unsigned int UI;
4
5  UI modexp(UI base, UI exponent, UI mod) {
6      int i;
7      UI result = 1;
8
9      i = EXP_BITS;
10     while(i > 0) {
11         if ((exponent & 1) == 1) {
12             result = (result * base) % mod;
13         }
14         exponent >>= 1;
15         base = (base * base) % mod;
16         i--;
17     }
18     return result;
19 }
```

16.2.1 기본 블록

기본 블록^{basic block}은 일련의 연속적인 프로그램 구문들이며, 제어의 흐름은 이 순서 의 시작에서만 진입할 수 있고, 프로그램을 멈추거나 끝이 아닌 다른 곳으로 분기하지 않는다면 이 순서의 끝에서만 나갈 수 있다.

예제 16.2: 예제 16.1에서 살펴본 **modexp** 함수의 다음 세 구문은 기본 블록을 구성한다.

```
14   exponent >>= 1;
15   base = (base * base) % mod;
16   i--;
```

기본 블록의 다른 예제는 이 함수의 시작에 있는 초기화 부분이다.

```
 7   result = 1;
 8
 9   i = EXP_BITS;
```

16.2.2 제어 흐름 그래프

프로그램 P의 제어 흐름 그래프^{CFG, Control-Flow Graph}는 방향 그래프^{directed graph} $G = (V, E)$이고 꼭짓점^{vertices} 집합 V는 P의 기본 블록들을 구성하며 에지^{edge} 집합 E는 기본 블록 간 제어 흐름을 나타낸다. 그림 16.1은 예제 16.1의 **modexp** 프로그램에 대한 CFG를 보여준다. CFG의 각 노드는 해당 기본 블록이 표시된다. 대부분 노드는 예제 16.1에 나온 코드들이지만 **while**문과 **if**문에 있는 조건 같은 조건문은 예외가 있다. 조건문의 경우 조건 뒤에 물음표를 붙여 조건문 분기를 나타내도록 노드를 표시한다.

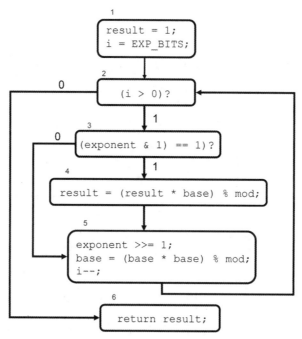

그림 16.1: 예제 16.1의 modexp 함수에 대한 제어 흐름 그래프. 각 노드로 들어오는 에지는 해당 노드에 대한 기본 블록의 시작으로 제어가 넘어감을 의미하고, 각 노드에서 나가는 에지는 해당 노드의 기본 블록의 끝에서 제어가 끝남을 의미한다. 명확하게 하려고 분기문이 참이나 거짓으로 평가되는 경우 제어 흐름을 나타내고자 분기문에 0이나 1을 표시한다. 각 기본 블록의 ID 번호는 각 블록 노드의 위에 표시했고 이 예제에서 ID 범위는 1에서 6까지다.

여기서는 제어 흐름 그래프의 예제에 C 소스코드를 사용하지만 더 높은 수준의 모델이나 더 낮은 수준의 어셈블리 코드를 포함하는 다른 여러 수준의 프로그램 표현을 사용해 CFG를 표현할 수 있다. 사용하는 표현의 수준은 문맥이 필요로 하는 세부 내용의 수준에 따라 달라진다. 쉽게 따라할 수 있도록 이 책의 제어 흐름 그래프는 소스코드 수준으로 표현한다.

16.2.3 함수 호출

프로그램은 일반적으로 여러 함수로 분리되는데, 이는 시스템적으로 코드를 구성하고 코드 재사용과 코드 읽기를 쉽게 한다. 제어 흐름 그래프^{CFG} 표현은 특별한 호출^{call}과 반환^{return} 에지를 도입해 함수 호출을 사용하는 코드로 확장될 수 있다. 이 에지들은 호출자 함수^{caller function}(함수를 호출하는 쪽)를 피호출자 함수^{callee function}(호출되는 쪽)에 연결한다. 호출 에지^{call edge}는 호출자에서 피호출자로 제어가 넘어감을 나타낸다. 반환 에지^{return edge}는 피호출자에서 호출자로 제어가 다시 넘어감을 나타낸다.

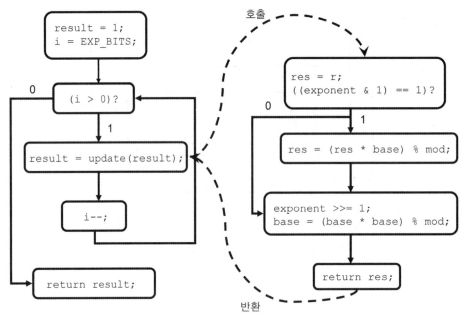

그림 16.2: 예제 16.3의 modexp_call과 update 함수에 대한 제어 흐름 그래프. 호출/반환 에지는 점선으로 표시한다.

예제 16.3: 예제 16.1의 모듈러 거듭제곱 프로그램을 약간 변형한 프로그램을 살펴보자. 이 프로그램은 함수 호출을 사용하고 그림 16.2의 호출 에지와 반환 에지를 사용하는 CFG로 표현할 수 있다.

```
1  #define EXP_BITS 32
2  typedef unsigned int UI;
```

```
 3  UI exponent, base, mod;
 4
 5  UI update(UI r) {
 6      UI res = r;
 7      if ((exponent & 1) == 1) {
 8          res = (res * base) % mod;
 9      }
10      exponent >>= 1;
11      base = (base * base) % mod;
12      return res;
13  }
14
15  UI modexp_call() {
16      UI result = 1; int i;
17      i = EXP_BITS;
18      while(i > 0) {
19          result = update(result);
20          i--;
21      }
22      return result;
23  }
```

이 수정된 예제에서 base, exponent, mod 변수는 모두 전역 변수다. 기존 while문 내의 base와 exponent 갱신 및 result 계산 등은 update라는 분리된 함수에서 수행된다.

비재귀 함수 호출은 피호출자의 코드를 호출자의 코드 안으로 복사하는 인라인^{inlining}으로 처리할 수 있다. 분석돼야 하는 코드에 의해 호출되는 모든 함수에 대해 인라인이 수행된다면 이 분석은 호출 에지와 반환 에지를 사용하지 않고 인라인된 코드의 CFG에서 수행될 수 있다.

16.3 실행 시간 결정 요소

프로그램의 최악의 경우worst-case 실행 시간을 추정하려면 고려해야 할 몇 가지 이슈가 있다. 이 절은 그중 중요한 몇 가지를 예제와 함께 살펴본다. 이런 이슈를 설명하려고 프로그래머의 관점에서는 프로그램 구조에서 시작해 환경이 프로그램의 실행 시간에 어떻게 영향을 미치는지 살펴본다.

16.3.1 루프 제한

프로그램의 실행 시간을 제한할 때 고려할 첫 번째는 프로그램 종료 여부다. 루프가 끝나지 않거나 함수가 무제한 호출되면 프로그램이 끝나지 않는다. 따라서 실시간 임베디드 소프트웨어를 작성할 때 프로그래머는 모든 루프가 끝나게 만들어야 한다. 이를 보장하려고 프로그래머는 최악의 경우 루프가 실행되는 횟수 제한을 결정해야 한다. 이와 유사하게 모든 함수 호출은 재귀 깊이depth를 제한해야 한다. 이런 루프 반복이나 재귀 깊이를 제한하도록 결정하는 문제는 일반적으로 결정 불가능undecidable하며, 이는 튜링 머신의 정지 문제halting problem는 위 둘 중 하나의 문제로 줄일 수 있기 때문이다(튜링 머신과 결정성은 부록 B를 참고하자).

이 절에서는 루프만 다룬다. 이 문제의 결정 불가능한 특성에도 불구하고 실제로 발생하는 여러 패턴에 대한 루프 제한을 자동으로 결정하도록 진전이 이뤄졌다. 루프 제한을 결정하는 기법은 현재의 연구 주제들이며, 이 방법들에 대한 전체 설명은 이 장의 범위를 벗어난다. 이 장에서는 루프 제한 추론에 대한 예제만 설명한다.

루프 제한의 가장 간단한 것은 특정 상수 제한을 갖는 for 루프며 예제 16.4에서 설명한다. 이런 경우는 실시간 제약과 제한된 자원상에서 프로그래밍해야 하는 설계자의 요구에 의한 프로그래밍 규칙 때문에 임베디드 소프트웨어에서 흔히 발생한다.

예제 16.4: 다음과 같은 modexp1 함수를 살펴보자. 이 함수는 모듈러 거듭제곱을 수행하는 예제 16.1에서 소개한 modexp의 변형이며, while 루프는 동일한 for 루프로 표현돼 있다.

```
1  #define EXP_BITS 32
2
3  typedef unsigned int UI;
4
5  UI modexp1(UI base, UI exponent, UI mod) {
6      UI result = 1; int i;
7
8      for(i=EXP_BITS; i > 0; i--) {
9          if ((exponent & 1) == 1) {
10             result = (result * base) % mod;
11         }
12         exponent >>= 1;
13         base = (base * base) % mod;
14     }
15     return result;
16 }
```

이 함수의 경우 for 루프는 EXP_BITS만큼만 반복함을 알 수 있고, EXP_BITS는 상수 32로 정의돼 있다.

많은 경우에 루프 제한은 앞의 예제처럼 바로 명확하게 보이지 않는다. 이를 위해 예제 16.4의 변형을 살펴보자.

예제 16.5: 다음 함수는 예제 16.4처럼 모듈러 거듭제곱을 수행한다. 하지만 for 루프는 다른 루프 조건을 가진 while 루프로 바뀐다. exponent의 값이 0이 될 때 루프에서 나간다. while 루프가 끝나는지 확인해보자(끝난다면 이유를 설명해보자).

```
 1  typedef unsigned int UI;
 2
 3  UI modexp2(UI base, UI exponent, UI mod) {
 4      UI result = 1;
 5
 6      while (exponent != 0) {
 7          if ((exponent & 1) == 1) {
 8              result = (result * base) % mod;
 9          }
10          exponent >>= 1;
11          base = (base * base) % mod;
12      }
13      return result;
14  }
```

이제 이 루프가 종료되는 이유를 분석해보자. exponent는 부호 없는 정수 unsigned int 형이고, 32비트 길이라고 가정하자. 이 값이 0에서 시작한다면 루프는 바로 끝나고 함수는 result = 1을 반환한다. 0에서 시작하지 않는다면 루프의 각 반복에서 10번째 줄은 exponent를 한 비트씩 오른쪽으로 옮긴다. exponent가 부호 없는 정수이므로 오른쪽 시프트shift는 최상위 비트most significant bit를 0으로 만들 것이다. 따라서 최대 32번의 오른쪽 시프트 후 exponent의 모든 비트는 0이 돼야 하고, 루프를 종료할 것이다. 따라서 루프 제한은 32라고 할 수 있다.

앞 예제에서 사용한 추론을 생각해보자. 종료 증명의 핵심은 루프가 실행될 때마다 exponent의 비트수가 1씩 감소한다는 것을 찾는 것이다. 이는 종료를 증명하는 기본 논증이다. 즉, 프로그램의 각 상태를 정렬 순서well order라고 부르는 수학적 구조로 매핑하는 순위 함수^{ranking function}나 경과 측정^{progress measure}을 정의하는 것이다. 직관적으로 정렬 순서는 자연수인 어떤 초깃값에서 0이 될 때까지 세는 프로그램과 비슷하다.

16.3.2 지수적 경로 공간

실행 시간은 경로 속성이다. 즉, 프로그램이 소비하는 시간은 프로그램의 조건문이 참이나 거짓으로 평가되는 방식의 함수다. 실행 시간 분석(그리고 다른 프로그램 분석 문제 역시)에서 복잡도의 가장 큰 요소는 프로그램 경로의 수가 매우 커질 수 있다는(프로그램 크기에 지수적으로) 점이다. 다음 예제에서 이 점을 살펴보자.

예제 16.6: 다음 count 함수를 살펴보자. 이 함수는 2차원 배열로 동작하고 각 배열에 음수가 아닌 인자와 음수인 인자를 따로 누적시킨다.

```
1  #define MAXSIZE 100
2
3  int Array[MAXSIZE][MAXSIZE];
4  int Ptotal, Pcnt, Ntotal, Ncnt;
5  ...
6  void count() {
7      int Outer, Inner;
8      for (Outer = 0; Outer < MAXSIZE; Outer++) {
9          for (Inner = 0; Inner < MAXSIZE; Inner++) {
10             if (Array[Outer][Inner] >= 0) {
11                 Ptotal += Array[Outer][Inner];
12                 Pcnt++;
13             } else {
14                 Ntotal += Array[Outer][Inner];
15                 Ncnt++;
16             }
```

```
17        }
18      }
19  }
```

이 함수는 중첩 루프를 갖는다. 각 루프는 MAXSIZE(100)번 실행된다. 따라서 루프 내의 구문(10~16번째 줄)들은 10,000번 실행될 것이다. 이는 Array 원소의 수와 같다. 루프 내 구문이 실행될 때마다 10번째 줄의 조건문은 참이나 거짓으로 평가되므로 루프가 실행되는 방식은 2^{10000}가지가 될 수 있다. 다시 말해 이 프로그램은 2^{10000} 경로를 갖는다.

16.4.1절에서 살펴보겠지만 다행히 실행 시간 분석을 수행하려고 모든 가능한 프로그램 경로를 명시적으로 나열할 필요는 없다.

16.3.3 경로 실행 가능성

프로그램 분석에서 복잡도의 또 다른 요인은 모든 프로그램 경로가 실행 가능하지 않을 수 있다는 것이다. 계산이 복잡한 함수라도 절대 실행되지 않는다면 실행 시간 분석에는 관계가 없다.

프로그램 P가 x를 입력받아 경로 p를 수행할 수 있는 입력 x가 존재할 때 프로그램 P에서 경로 p는 실행 가능feasible하다고 말한다. 일반적으로 P가 종료된다고 알려져 있더라도 경로 p가 실행 가능한지 결정하는 것은 계산적으로 다루기 힘든 문제다. 정규 NP-완전 문제canonical NP-complete problem인 불리언 충족도 문제boolean satisfiability problem(부록 B 참고)를 특수하게 구성된 프로그램 내에서 경로 실행 가능성을 확인하는 문제로 인코딩할 수 있다. 그러나 실제로 많은 경우 경로 실행 가능성을 결정할 수 있다.

예제 16.7: 예제 13.3의 오픈소스 Paparazzi 무인 항공기[UAV] 프로젝트(Nemer et al., 2006)의 소프트웨어 작업을 생각해보자.

```
1  #define PPRZ_MODE_AUTO2 2
2  #define PPRZ_MODE_HOME 3
3  #define VERTICAL_MODE_AUTO_ALT 3
4  #define CLIMB_MAX 1.0
5  ...
6  void altitude_control_task(void) {
7     if (pprz_mode == PPRZ_MODE_AUTO2
8            || pprz_mode == PPRZ_MODE_HOME) {
9        if (vertical_mode == VERTICAL_MODE_AUTO_ALT) {
10           float err = estimator_z - desired_altitude;
11           desired_climb
12                  = pre_climb + altitude_pgain * err;
13           if (desired_climb < -CLIMB_MAX) {
14               desired_climb = -CLIMB_MAX;
15           }
16           if (desired_climb > CLIMB_MAX) {
17               desired_climb = CLIMB_MAX;
18           }
19        }
20     }
21  }
```

이 프로그램은 전체 11개의 경로를 갖는다. 그러나 실행 가능한 프로그램 경로의 수는 단 9개다. 13번째 줄의 desired_climb < -CLIMB_MAX와 16번째 줄의 desired_climb > CLIMB_MAX는 동시에 참이 될 수 없다. 따라서 가장 안쪽의 두 개 조건문 때문에 4개의 경로 중 3개만 실행할 수 있다. 이 실행 가능하지 않은 내부 경로는 7, 8번째 줄의 가장 바깥쪽 조건문의 다음 두 가지 평가에 따라 수행될 수 있다. pprz_mode == PPRZ_MODE_AUTO2가 참이거나 혹

16.3.4 메모리 계층

앞 절은 실행 시간에 영향을 주는 프로그램의 속성에 중점을 뒀다. 이제 실행 플랫폼의 속성, 특히 캐시 메모리가 실행 시간에 어떻게 영향을 미치는지 살펴보자. 예제 16.8[1]에서 이 부분을 살펴보고, 9.2.3절에서 소개된 캐시에 관한 내용이 이 예제와 관련 있다.

예제 16.8: 다음 dot_product 함수를 살펴보자. 이 함수는 부동소수점 숫자로 구성된 두 벡터의 내적을 계산한다. 이 벡터는 n차원이고 n은 함수의 입력값이다. 루프의 반복 횟수는 n에 따라 다르다. 그러나 n에 대한 상계$^{upper bound}$를 알더라도 하드웨어 영향에 의해 비슷한 n 값들에 대한 실행 시간은 매우 다르게 변할 수 있다.

```
1  float dot_product(float *x, float *y, int n) {
2      float result = 0.0;
3      int i;
4      for(i=0; i < n; i++) {
5          result += x[i] * y[i];
6      }
7      return result;
8  }
```

이 프로그램이 직접 사상 캐시$^{direct-mapped \ cache}$를 가진 32비트 프로세서에서 동작한다고 가정하자. 그리고 이 캐시는 두 개의 집합을 갖고 각 집합은 4개

---

1. 이 예제는 Bryant and O' Hallaron(2003)의 유사한 예제에 기반을 둔다.

의 float을 가질 수 있다고 가정하자. 마지막으로 x와 y는 0번째 주소부터 시작해 메모리에 연속적으로 저장된다고 하자.

먼저 n이 2일 때 어떤 일이 일어나는지 살펴보자. 이 경우 전체 배열 x와 y는 같은 블록에 있을 것이고, 따라서 같은 캐시 집합에 있을 것이다. 그러므로 루프의 첫 번째 수행에서 x[0]을 읽는 첫 번째 접근은 캐시 부적중[cache miss]이 된다. 그러나 이후 x[i]와 y[i]를 읽는 동작은 캐시 적중[cache hit]이 되고 최상의 성능을 보이게 된다.

다음으로 n이 8일 때 어떤 일이 일어나는지 살펴보자. 이 경우 각각의 x[i]와 y[i]는 같은 캐시 집합에 매핑된다. 따라서 x[0]에 대한 첫 번째 접근은 캐시 부적중이고 y[0]에 대한 첫 번째 접근도 캐시 부적중이다. 또한 y[0]에 대한 첫 번째 접근은 x[0]-x[3]을 가진 블록을 빼내고 x[1], x[2], x[3]에 대해서도 모두 캐시 부적중을 발생시킬 것이다. x[i]와 y[i]에 접근할 때마다 캐시 부적중이 발생함을 알 수 있다.

따라서 n이 2에서 8로 변경되는 작은 변화에도 이 함수의 실행 시간에는 막대한 변화가 생길 수 있다.

16.4 실행 시간 분석의 기초

실행 시간 분석은 요즘도 진행되는 연구 주제이고 아직도 해결할 문제가 많다. 그리고 지난 20여년의 연구 결과들은 방대하다. 이 장에서 이 모든 결과를 살펴보는 것은 한계가 있으므로 WCET 분석을 위한 도구와 현재 기법들에 많이 사용되는 기본 개념만 살펴본다. 더 자세한 내용을 알고 싶다면 최근 연구 논문(Wilhelm et al., 2008)과 더 자세한 내용의 책(예를 들어 Li and Malik(1999)), 책의 일부 장(예를 들어 Wilhelm(2005) 참고)을 참고하자.

16.4.1 최적화 형식화

프로그램을 그래프로 바라보는 관점을 이용해 WCET 문제의 직관적인 형식화를 구성할 수 있다. 프로그램 P가 주어졌을 때 $G = (V, E)$는 제어 흐름 그래프^{CFG}를 나타낸다고 하자. $n = |V|$는 G의 노드(기본 블록)의 개수라고 하고 $m = |E|$는 에지의 개수라고 하자. 인덱스 i로 기본 블록을 참조할 수 있으며, i는 1부터 n까지의 범위를 갖는다.

CFG는 유일한 시작 혹은 소스^{source} 노드인 s와 유일한 싱크^{sink} 혹은 끝 노드인 t를 갖는다고 하자. 이 가정은 제한적이지 않다. 여러 개의 시작이나 끝 노드들이 존재한다면 이 조건을 만족시키려고 더미 시작/끝 노드를 추가할 수 있다. 보통 $s = 1$이고 $t = n$으로 설정한다.

x_i는 기본 블록 i를 실행한 횟수를 나타낸다. x_i를 기본 블록 i의 실행 횟수$^{execution\ count}$라고 한다. $\mathbf{x} = (x_1, x_2, \ldots, x_n)$은 실행 횟수를 저장하는 변수들의 벡터라고 하자. $\mathbf{x}$의 모든 값매김이 유효한 프로그램 실행과 대응하지는 않는다. $\mathbf{x}$의 원소가 프로그램의 유효한 실행과 대응될 때 $\mathbf{x}$는 유효하다^{valid}고 한다. 다음 예제는 이런 점을 설명한다.

> **예제 16.9:** 예제 16.1에서 소개한 모듈러 거듭제곱 함수 modexp에 대한 CFG를 살펴보자. 그림 16.1에 나온 것처럼 이 함수에는 1부터 6까지 표시된 6개의 기본 블록이 있다. 따라서 $\mathbf{x} = (x_1, x_2, \ldots, x_6)$이다. 기본 블록 1과 6은 시작과 노드이고, 각각 단 한 번만 수행된다. 따라서 $x_1 = x_6 = 1$이고 다른 값매김은 어떤 프로그램 실행과도 대응될 수 없다.
>
> 다음으로 기본 블록 2와 3은 조건 분기문 i > 0과 (exponent * 1) == 1과 대응된다. 기본 블록 3은 루프가 블록 6으로 빠져나가지 않는 한 블록 2가 실행될 때마다 실행되기 때문에 x_2는 $x_3 + 1$과 반드시 같다.

> 비슷하게 기본 블록 3과 5는 같은 횟수만큼 수행돼야 한다.

흐름 제약

예제 16.9에서 표현된 직관적인 지식은 네트워크 흐름^{network flow} 이론을 사용해 형식화될 수 있다. 네트워크 흐름은 교통이나 유체 흐름, 전자 회로 내 전류의 흐름 모델링 등 여러 방면에서 사용된다. 특히 네트워크 흐름은 다음 두 가지 속성을 만족해야 한다.

1. **소스에서 단위 흐름**^{unit flow}: 소스 노드 $s = 1$에서 싱크 노드 $t = n$까지의 제어흐름은 단일 실행이므로 소스에서 싱크로의 단위 흐름에 해당한다. 이 속성은 다음의 두 제약 조건으로 표현한다.

$$x_1 = 1 \qquad\qquad (16.6)$$
$$x_n = 1 \qquad\qquad (16.7)$$

2. **흐름 보존**^{conservation}: 각 노드(기본 블록) i에 대해 i의 선행^{predecessor} 노드에서 i로 들어오는 흐름은 i의 후속^{successor} 노드로 나가는 흐름과 같다. 이 속성을 보려고 새로운 변수를 추가해 CFG의 각 에지가 실행되는 횟수를 저장한다. Li and Malik(1999)의 표기법을 따라 d_{ij}는 CFG의 노드 i에서 노드 j로 가는 에지가 실행된 횟수를 나타낸다. 그러면 각 노드 i, $1 \leq i \leq n$에 대해 다음을 만족해야 한다.

$$x_i = \sum_{j \in P_i} d_{ji} = \sum_{j \in S_i} d_{ij}, \qquad\qquad (16.8)$$

이때 P_i는 노드 i의 선행 노드들의 집합이고 S_i는 노드 i의 후속 노드들의 집합이다. 소스 노드에 대해 $P_1 = \emptyset$이므로 선행 노드들의 합계는 생략된다. 이와 유사하게 싱크 노드에 대해 $S_n = \emptyset$이므로 후속 노드의 합계는 생략된다.

종합해보면 앞에서 제시한 두 가지 제약 조건은 프로그램의 소스에서 싱크까지의 모든 실행 경로를 암시적으로 정의하기에 충분하다. 이 제약 조건 기반 표현은 프로그램 경로의 암시적implicit 표현이므로 이 기법을 **암시적 경로 열거**implicit path enumeration 또는 IPET라고도 한다.

다음 예제로 앞 제약 조건의 생성을 살펴보자.

예제 16.10: 그림 16.1에 표시된 CFG를 갖는 예제 16.1의 modexp 함수를 다시 살펴보자.

이 CFG에 대한 제약 사항은 다음과 같다.

$$
\begin{aligned}
x_1 &= 1 \\
x_6 &= 1 \\
x_1 &= d_{12} \\
x_2 &= d_{12} + d_{52} = d_{23} + d_{26} \\
x_3 &= d_{23} = d_{34} + d_{35} \\
x_4 &= d_{34} = d_{45} \\
x_5 &= d_{35} + d_{45} = d_{52} \\
x_6 &= d_{26}
\end{aligned}
$$

위 연립방정식의 모든 해는 x_i와 d_{ij} 변수에 대해 정수 값이 된다. 그리고 이 해는 기본 블록들에 대한 유효한 실행 횟수를 생성한다. 예를 들어 한 가지 유효한 해는 다음과 같다.

$$
x_1 = 1, d_{12} = 1, x_2 = 2, d_{23} = 1, x_3 = 1, d_{34} = 0, d_{35} = 1,
$$
$$
x_4 = 0, d_{45} = 0, x_5 = 1, d_{52} = 1, x_6 = 1, d_{26} = 1.
$$

다른 해들도 찾아보기 바란다.

전체 최적화 문제

이제 최악 경우의 실행 시간을 결정하려고 전체 최적화 문제를 형식화해보자. 이 절에서는 기본 블록 i의 실행 시간에 대해 상계 w_i를 안다고 가정하자(16.4.3절에서 단일 기본 블록의 실행 시간이 어떻게 제한될 수 있는지 살펴볼 것이다). 그리고 WCET는 유효한 실행 횟수 x_i에 대해 최댓값 $\sum_{i=1}^{n} w_i x_i$로 주어진다.

앞 절의 제약 조건 형식화와 종합해보면 x_i에 대한 다음 값을 찾는 것이 목표가 된다.

$$\max_{x_i, 1 \le i \le n} \sum_{i=1}^{n} w_i x_i$$

단 아래 조건을 만족해야 한다.

$$x_1 = x_n = 1$$
$$x_i = \sum_{j \in P_i} d_{ji} = \sum_{j \in S_i} d_{ij}$$

이 최적화 문제는 **선형 프로그래밍**$^{\text{LP, Linear Programming}}$ 문제(혹은 선형 프로그램$^{\text{linear program}}$)의 한 종류며, 다항 시간$^{\text{polynomial time}}$ 내에 풀 수 있다.

그러나 두 가지 큰 과제가 있다.

- 이 형식화는 CFG 내의 모든 소스에서 싱크까지의 경로들이 실행 가능하고 경로 내에 루프를 제한하지 않는다는 가정이 있다. 16.3절에서 살펴본 것처럼 이 가정은 일반적이지 않으므로 앞의 최댓값 문제를 푸는 것은 WCET에서 느슨한 유계$^{\text{loose bound}}$를 만들 수 있다. 16.4.2절에서 이 문제를 다시 살펴본다.
- 기본 블록 i에 대한 실행 시간의 상계 w_i가 결정돼야 한다. 이 주제는 16.4.3절에서 간단히 살펴본다.

16.4.2 논리적 흐름 제약 조건

WCET 최적화가 실행될 수 없는 경로를 포함하지 않도록 보장하려면 반드시 논리적 흐름 제약 조건$^{logical\ flow\ constraints}$을 추가해야 한다. 이 제약 조건은 불가능한 경로를 배제하고 루프 반복 횟수에 유계를 포함한다. 두 예제를 사용해 이런 제약 조건을 살펴보자.

루프 제한

루프를 갖는 프로그램들은 기본 블록의 실행 횟수를 제한하려고 루프 반복 제한을 사용하는 것이 필요하다.

예제 16.11: 예제 16.10에서 작성했던 흐름 제약 조건이 적용되는 예제 16.1의 모듈러 거듭제곱 프로그램을 다시 살펴보자.

이 제약 조건에는 x_2나 x_3에 대한 상계를 두지 않는다. 예제 16.4와 예제 16.5에서 언급했듯이 이 예제의 루프 반복 횟수에 대한 제한은 32다. 그러나 이런 추가적인 제약 조건 없다면 x_2나 x_3에 대한 상계가 없으므로 WCET 최적화에 대한 해는 무한^{infinite}이 될 것이고, 이는 WCET에 대한 상계가 없음을 의미한다. 다음 단일 제약 조건이면 충분하다.

$$x_3 \leq 32$$

x_3에 대한 이 제약 조건에서 $x_2 \leq 33$ 제약을 유도할 수 있고, x_4와 x_5에 대한 상계도 유도할 수 있다. 이제 이 최적화 문제는 유한 값 w_i에 대해 유한한 해를 얻을 수 있다.

---

x_i의 값에 대한 이런 제한을 추가하는 것은 최적화 문제의 복잡도를 변경하지 않는다. 이 문제는 여전히 선형 프로그래밍 문제다.

실행 불가능한 경로

어떤 논리적 흐름 제약은 단일 경로에서 함께 나타날 수 없는 기본 블록 조합들을 배제한다.

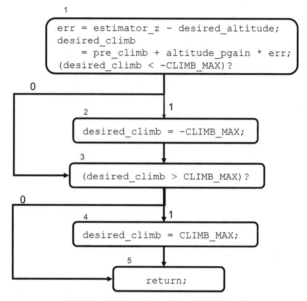

그림 16.3: 예제 16.12에 대한 제어 흐름 그래프

예제 16.12: 오픈소스 Paparazzi 무인 항공기^{UAV} 프로젝트(Nemer et al., 2006)의 소프트웨어 작업을 설명하는 예제 16.7의 코드 일부를 살펴보자.

```
1 #define CLIMB_MAX 1.0
2 ...
3 void altitude_control_task(void) {
4    ...
5    err = estimator_z - desired_altitude;
6    desired_climb
7            = pre_climb + altitude_pgain * err;
```

```
 8      if (desired_climb < -CLIMB_MAX) {
 9          desired_climb = -CLIMB_MAX;
10      }
11      if (desired_climb > CLIMB_MAX) {
12          desired_climb = CLIMB_MAX;
13      }
14      return;
15  }
```

위 코드에 대한 CFG는 그림 16.3에 있다. 16.4.1절의 규칙에 따라 이 CFG에 대한 흐름 제약 연립방정식은 다음과 같다.

$$
\begin{aligned}
x_1 &= 1 \\
x_5 &= 1 \\
x_1 &= d_{12} + d_{13} \\
x_2 &= d_{12} = d_{23} \\
x_3 &= d_{13} + d_{23} = d_{34} + d_{35} \\
x_4 &= d_{34} = d_{45} \\
x_5 &= d_{35} + d_{45}
\end{aligned}
$$

위 연립방정식의 해는 다음과 같다.

$$x_1 = x_2 = x_3 = x_4 = x_5 = 1$$

이는 각 기본 블록이 정확히 한 번씩만 실행되고 두 개의 조건문은 참으로 평가됨을 의미한다. 그러나 예제 16.7에서 다룬 것처럼 두 조건문이 동시에 참인 것은 불가능하다. CLIMB_MAX = 1.0이므로 기본 블록 1에서 desired_climb이 −1.0보다 작다면 기본 블록 3 시작점에서 이 변수는 −1.0으로 설정된다.

다음 제약은 불가능한 경로를 배제한다.

$$d_{12} + d_{34} \leq 1 \qquad\qquad (16.9)$$

이 제약은 두 조건문이 함께 참일 수 없음을 명시한다. 물론 두 조건문은 함께 거짓일 수는 있다. 원래 연립방정식에 이 제약을 추가할 때 불가능한 경로가 제외됨을 확인할 수 있다.

더 형식적으로 루프가 없는 프로그램에서 다음과 같은 CFG 내 k개 에지들의 집합은

$$(i_1, j_1), (i_2, j_2), \ldots, (i_k, j_k)$$

이 프로그램 실행 시 함께 수행될 수 없다면 다음 제약이 최적화 문제에 추가된다.

$$d_{i_1 j_1} + d_{i_2 j_2} + \ldots + d_{i_k j_k} \leq k - 1 \qquad\qquad (16.10)$$

루프가 있는 프로그램에서 제약은 더 복잡하다. 이는 에지가 여러 번 순회할 수 있기 때문이다. 따라서 d_{ij} 변수 값은 1보다 클 수 있다. 이 경우의 자세한 사항은 생략한다. 이 주제에 대한 자세한 내용은 Li and Malik(1999)를 참고하자.

일반적으로 에지의 실행 불가능한 조합을 제외하려고 앞에서 추가된 제약은 최적화 문제의 복잡도를 바꿀 수 있다. 이는 다음 **완전성**^{integrality} 제약이 추가되기 때문이다.

$$x_i \;\in\; \mathbb{N}, \quad \text{for all } i = 1, 2, \ldots, n \qquad\qquad (16.11)$$
$$d_{ij} \;\in\; \mathbb{N}, \quad \text{for all } i, j = 1, 2, \ldots, n \qquad\qquad (16.12)$$

이 완전성 제약이 없다면 최적화 해법기는 x_i와 d_{ij} 변수에 대해 분수 값을 반환할 수 있다. 그러나 이런 제약을 추가하면 정수형 선형 프로그래밍$^{\text{ILP, Integer Linear Programming}}$을 만든다. ILP 문제는 NP-하드^{hard} 문제로 알려져 있다(부록 B의 B.4절 참고). 그렇다 할지라도 많은 현실적인 예제에서 이 ILP 문제를 꽤 효과적으로 풀 수 있다(Li and Malik(1999) 참고).

16.4.3 기본 블록에 대한 유계

WCET 분석에 대한 최적화 문제를 완전히 해결하려고 기본 블록들의 실행 시간에 대한 상계, 즉 16.4.1절의 비용 함수의 w_i 계수를 계산해야 한다. 실행 시간은 보통 CPU 사이클로 측정된다. 이런 유계를 만드는 것은 상세한 마이크로아키텍처 모델링이 필요하다. 이 절에서 이 이슈를 간단히 살펴본다.

이런 문제에 대한 간단한 기법은 기본 블록 내 각 명령들의 실행 시간에 대해 보수적conservative 상계를 만들고 각 명령의 상계를 더해 전체 기본 블록의 실행 시간에 대한 상계를 얻는 것이다.

이런 기법의 문제는 일부 명령의 실행 시간에서 매우 큰 변동이 있을 수 있고, 이는 기본 블록 실행 시간에 대한 매우 느슨한 상계를 만들어낸다는 것이다. 예를 들어 데이터 캐시를 갖는 시스템에서 메모리 명령(읽기와 저장)의 지연을 생각해보자. 캐시 부적중과 캐시 적중이 있을 때 지연의 차이는 어떤 플랫폼에서는 100배가 될 수 있다. 이런 경우에 분석이 캐시 적중과 캐시 부적중 간 차이를 구별하지 않는다면 계산된 상계는 실제 실행 시간보다 100배 이상 클 수 있다.

더 정확한 명령어 실행 시간을 예측하려고 프로그램 문맥을 더 잘 사용하는 여러 기법이 제안됐다. 이런 기법들은 상세한 마이크로아키텍처 모델링을 갖고 있다. 다음은 두 가지 주요 기법을 소개한다.

* **정수형 선형 프로그래밍**ILP, Integer Linear Programming **기법:** Li and Malik(1999)가 처음 제안한 이 기법은 캐시 제약 조건을 16.4.1절의 ILP 공식에 추가한다. 캐시 제약 조건은 기본 블록 내의 캐시 적중과 캐시 부적중의 횟수를 제한하는 데 사용하는 선형 표현이다. 이 기법은 캐시 충돌cache conflict을 야기하는 메모리 위치를 추적하고(캐시 충돌은 같은 캐시 집합에 매핑되지만 다른 태그를 갖는다), 선형 제약 조건을 추가해 캐시 적중과 부적중의 횟수에 대한 이런 충돌의 영향을 기록한다. 시뮬레이션이나 실제 플랫폼에서 실행을 통한 측정을 수행해 적중과 부적중에 대한 사이클 횟수를 반드시 얻어야 한다. 캐

시 적중과 부적중을 포함하는 사이클의 전체 횟수가 가장 큰 프로그램 경로를 계산하려고 ILP의 비용 제약 조건은 수정된다. 이 기법에 대한 자세한 내용은 Li and Malik(1999)를 참고하자.

- **추상 해석**abstract interpretation **기법:** 이 기법은 컴퓨터 시스템의 의미론semantic 모델을 정의할 때 나오는 수학적 구조의 근사approximation 이론이다(Cousot and Cousot(1977) 참고). 특히 이 기법에서는 유효한 근사sound approximation를 수행하는데, 시스템 동작들의 집합은 추상 해석이 생성한 모델의 부분집합이다. WCET 분석에서 추상 해석은 기본 블록의 시작과 종료 지점에서 프로세서 파이프라인이나 캐시의 상태에 대한 제약 조건과 루프 제한을 만들려고 프로그램 지점들에서 불변량invariant을 추론하는 데 사용돼 왔다. 예를 들어 이런 제약 조건은 변수들이 데이터 캐시에서 사용될 수 있는 조건을 지정할 수 있다(따라서 캐시 적중이 발생할 것이다). 이런 제약 조건이 생성되면 실행 시간 추정을 위해 이 제약 조건을 만족하는 상태에서 측정을 진행할 수 있다. 이 기법에 대한 자세한 내용은 Wilhelm(2005)에서 찾을 수 있다.

앞에서 설명한 기법 외에도 정확한 실행 시간 측정은 좋은 WCET 유계를 찾는 데 매우 중요하다. 다음 몇 가지 측정 기법을 살펴보자.

1. **CPU 사이클 카운터 샘플링**sampling**:** 특정 프로세서는 리셋 후부터 경과된 CPU 사이클의 횟수를 기록하는 레지스터를 갖고 있다. 예를 들어 x86 구조의 **타임스탬프**timestamp **카운터** 레지스터가 이 역할을 수행하고 rdtsc(read time stamp counter) 명령어를 통해 접근할 수 있다. 그러나 멀티코어 설계와 전원 관리 기능이 등장하면서 이런 CPU 사이클 카운터를 사용하는 데 주의를 기울여야 한다. 예를 들어 특정 CPU의 프로세스에 락을 걸어야 할 수도 있다.

2. **논리 분석기**logic analyzer **사용:** 논리 분석기는 신호를 측정하고 디지털 시스템에서 이벤트를 추적하려고 사용하는 전자기기다. 이 절에서 관심 있는 이벤

트는 프로그램 카운터의 값매김으로 정의되는 코드의 시작과 종료 지점이다. 논리 분석기는 코드를 작성할 필요가 없기 때문에 사이클 카운터보다 덜 귀찮고 더 정확하다. 그러나 측정 절차가 더 복잡하다.

3. **정확한 사이클 시뮬레이터 사용:** 많은 경우 타이밍 분석은 실제 하드웨어가 없을 때 수행될 것이다. 이런 경우 플랫폼의 정확한 사이클 시뮬레이터는 좋은 대체 자원이다.

16.5 다른 정량 분석 문제

이 장에서는 실행 시간을 주로 살펴봤지만 다른 정량 분석 문제들도 임베디드 시스템과 관련이 있다. 이 절에서는 그중 두 가지를 간략히 살펴본다.

16.5.1 메모리 유계 분석

임베디드 컴퓨팅 플랫폼은 범용 컴퓨터보다 매우 제한적인 메모리를 갖는다. 예를 들어 9장에서 설명한 것처럼 Luminary Micro LM3S8962 제어기는 64KB의 램만 갖는다. 따라서 효율적으로 메모리를 사용하도록 프로그램을 만드는 것이 필수적이다. 메모리 소비를 분석하거나 메모리 사용에 대한 유계를 계산하는 도구가 매우 유용하다.

임베디드 시스템을 위한 두 가지 메모리 유계 분석이 있다. **스택 크기 분석**stack size analysis(간단히 스택 분석이라고 함)에서는 프로그램이 사용하는 스택에 할당된 메모리 총량에 대한 상계를 계산해야 한다. 9.3.2절에서 본 것처럼 스택 메모리는 함수가 호출되거나 인터럽트가 처리될 때 할당된다. 프로그램이 스택을 위해 할당한 메모리를 초과하면 스택 오버플로stack overflow가 발생한다.

프로그램이 재귀 함수를 갖지 않고 인터럽트 없이 동작한다면 프로그램의 **호출 그래프**call graph를 순회하면서 스택 사용의 유계를 만들 수 있다. 여기서 호출 그래프는 어떤 함수가 다른 함수를 호출하는지 추적하는 그래프다. 각 스택 프레임의 공간을 안다면 일련의 호출을 추적하고 호출 그래프에서 경로를 반환해 최악의 경우에 대한 스택 크기를 계산할 수 있다.

인터럽트 기반 소프트웨어에 대한 스택 크기 분석은 더 복잡하다. 이 부분은 Brylow et al.(2001)을 참고하자.

힙 분석heap analysis은 임베디드 시스템과 관련된 다른 메모리 유계 분석 문제다. 이 문제는 스택 유계 분석보다 더 어려운데, 함수가 사용하는 힙 공간의 양이 입력 데이터의 값에 따라 다르고 실제 동작 전에는 알기 어렵기 때문이다. 또한 프로그램이 사용하는 힙 공간의 정확한 총량은 동적 메모리 할당 구현과 가비지 컬렉터garbage collector에 따라 다를 수 있다.

16.5.2 전원과 에너지 분석

전원과 에너지 소비는 임베디드 시스템 설계에서 점점 중요한 요인이 되고 있다. 많은 임베디드 시스템은 자율적이고 배터리 전원이 제한적이다. 따라서 설계자는 작업이 특정 에너지 범위 내에서 완료되게 해야 한다. 또한 임베디드 컴퓨팅 사용이 증가하면서 에너지 사용도 증가하므로 지속 가능한 개발을 위해 에너지 사용은 줄여야 한다.

임베디드 디바이스에서 동작하는 프로그램이 소비하는 에너지는 실행 시간에 따라 달라진다. 그러나 실행 시간 추정만으로는 부족하다. 예를 들어 에너지 소비가 회로 스위치 동작에 따라 달라질 수 있고, 이는 명령어가 어떤 데이터 값과 함께 수행되는지가 더 중요할 수 있다.

이런 이유로 임베디드 소프트웨어의 에너지와 전원 추정에 대한 대부분의 기법은 평균 경우 소비를 추정하는 데 초점이 맞춰져 있다. 평균 경우는 일반적으로 소프트웨어 벤치마크가 제안하는 다른 여러 데이터 값에 대한 명령어를 프로파일링하면서 추정할 수 있다. 이 주제는 Tiwari et al.(1994)을 참고하자.

16.6 요약

물리적 파라미터를 포함하거나 자원 제약 조건을 지정하는 정량 속성은 임베디드 시스템에서 핵심이다. 16장에서는 정량 분석에 대한 기본 개념을 설명했다. 먼저 극단적인 경우 분석과 평균 경우 분석, 임곗값 속성 증명을 포함하는 정량 분석 문제의 여러 유형을 살펴봤다. 예제를 위해 16장에서는 실행 시간 분석에 초점을 맞췄다. 루프 제한과 경로 실행가능성, 경로 급증, 캐시 영향 등 여러 예제가 이슈를 설명하려고 제시됐다. 실행 시간 분석의 기본을 구성하는 최적화 공식화도 설명했다. 마지막으로 메모리 사용과 전원 및 에너지 소비 유계 계산에 대한 다른 정량 분석 문제도 간략히 다뤘다.

정량 분석은 현재도 활발히 연구되는 분야이고 임베디드 시스템의 가상과 물리적 측면을 연결하는 데 있어 도전 과제를 보여준다.

실행 시간 분석 도구

실행 시간 분석을 위한 기법은 기본적으로 정적 분석을 기반으로 하는 기법과 측정을 기반으로 하는 기법으로 크게 나뉜다.

정적 분석 도구는 추상 해석과 데이터 흐름 분석에 의존해서 선택된 프로그램 위치에서 프로그램에 관한 사실들을 계산한다. 이런 사실들은 코드 간의 의존성을 알아내고, 루프 제한을 생성하며, 캐시의 상태 같은 플랫폼 상태에 관한 사실들을 식별하는 데 사용한다. 이런 사실들은 기본 블록의 타이밍 측정을 안내하고 이 장에 제시된 최적화 문제와 결합하는 데 사용된다. 정적 도구는 극단적인 경우의 실행 시간에 대한 보수적인 유계를 찾는 데 목적이 있다. 그러나 이 도구들은 새로운 플랫폼으로 이식하기 쉽지 않고 종종 몇 개월간의 이식 작업이 필요하다.

측정 기반의 도구는 기본적으로 여러 입력에 대해 프로그램을 테스트하고

이런 측정에서 관심 있는 정량(예를 들어 WCET)을 추정하는 데 기반을 둔다. 정적 분석은 흔히 프로그램 경로 공간을 탐색하고 테스트를 생성하는 데 사용된다. 측정 기반 도구는 새로운 플랫폼에 이식하기 쉽고 극단적인 경우와 평균적인 경우 분석에 널리 적용된다. 그러나 모든 기법이 극단적인 경우의 실행 시간을 찾을 수 있는 것은 아니다.

이 도구에 대한 자세한 내용은 Wilhelm et al.(2008)과 Seshia and Rakhlin (2012)에서 찾을 수 있다. 다음 도구들의 일부 리스트와 논문 및 웹 사이트의 링크를 참고하자.

이름	기본 타입	기관 & 웹 사이트/레퍼런스
aiT	정적	AbsInt Angewandte Informatik GmbH(Wilhelm, 2005) http://www.absint.com/ait/
Bound-T	정적	Tidorum Ltd. http://www.bound-t.com/
Chronos	정적	National University of Singapore(Li et al., 2005) http://www.comp.nus.edu.sg/?rpembed/chronos/
Heptane	정적	IRISA Rennes http://www.irisa.fr/aces/work/heptane-demo/heptane.html
SWEET	정적	Mäalardalen University http://www.mrtc.mdh.se/projects/wcet/
GameTime	측정	UC Berkeley Seshia and Rakhlin (2008)
RapiTime	측정	Rapita Systems Ltd. http://www.rapitasystems.com/
SymTA/P	측정	Technical University Braunschweig http://www.ida.ing.tu-bs.de/research/projects/symtap/
Vienna M./P.	측정	Technical University of Vienna http://www.wcet.at/

연습문제

1. 이 문제는 실행 시간 분석에 관한 것이다. 다음 C 프로그램을 살펴보자.

```c
1  int arr[100];
2
3  int foo(int flag) {
4      int i;
5      int sum = 0;
6
7      if (flag) {
8          for(i=0;i<100;i++)
9              arr[i] = i;
10     }
11
12     for(i=0;i<100;i++)
13         sum += arr[i];
14
15     return sum;
16 }
```

이 프로그램은 배열 arr 전체를 넣을 수 있는 큰 크기의 데이터 캐시를 가진 프로세서에서 동작한다고 가정하자.

(a) 이 프로그램의 함수 foo는 몇 개의 경로를 갖는가? 모든 경로를 나열해 보자.

(b) T를 프로그램의 두 번째 for 루프의 실행 시간으로 표기하자. 첫 번째 for 루프의 실행은 어떻게 T 값에 영향을 주는가? 해답을 증명해보자.

2. 다음 프로그램을 살펴보자.

```c
1  void testFn(int *x, int flag) {
2      while (flag != 1) {
3          flag = 1;
```

```
4        *x = flag;
5    }
6    if (*x > 0)
7        *x += 2;
8 }
```

x는 NULL이 아니라고 가정하고 다음 문제의 답을 찾아보자.

(a) 이 프로그램의 제어 흐름 그래프를 그려보자. 1부터 시작하는 고유 ID를 갖는 기본 블록들을 찾아보자. 저자는 0을 갖는 더미 소스 노드를 추가해서 해당 함수의 엔트리를 나타냈다. 편의를 위해 꼭 필요하지는 않지만 더미 싱크도 추가했다.

(b) while 루프의 반복 횟수에 대한 제한이 있는가? 답을 증명해보자.

(c) 이 프로그램은 전체 몇 개의 경로를 갖는가? 그중 몇 개가 실행 가능하며 왜 그런지 증명해보자.

(d) 이 프로그램의 제어 흐름 그래프를 위해 모든 논리적 흐름 제어 조건을 포함하는 흐름 제약 조건의 연립방정식을 작성하자.

(e) 이 프로그램이 데이터 캐시를 갖는 플랫폼에서 인터럽트 없이 동작한다고 가정하자. x가 가리키는 데이터는 이 함수의 시작에서 캐시에 존재하지 않는다.

*x에 읽고 쓸 때마다 캐시 적중과 부적중인지를 알아보자. 이제 *x가 이 함수의 시작 시점에 캐시에 존재한다고 가정하자. 실행 시간이 수정된 가정에 의해 영향을 받는 기본 블록들을 찾아보자.

3. 사용자 ID uid와 비밀번호 후보 pwd(간단히 하려고 둘 다 int형으로 모델링함)를 인자로 받는 함수 check_password를 살펴보자. 이 함수는 배열에 저장된 사용자 id와 비밀번호 리스트 및 입력된 비밀번호를 비교하고 비밀번호가 맞으면 1, 맞지 않으면 0을 반환한다.

```
1  struct entry {
2      int user;
3      int pass;
4  };
5  typedef struct entry entry_t;
6
7  entry_t all_pwds[1000];
8
9  int check_password(int uid, int pwd) {
10     int i = 0;
11     int retval = 0;
12
13     while(i < 1000) {
14        if (all_pwds[i].user == uid && all_pwds[i].pass == pwd) {
15            retval = 1;
16            break;
17        }
18        i++;
19     }
20
21     return retval;
22 }
```

(a) 함수 check_password의 제어 흐름 그래프를 그려보자. CFG 내의 노드
(기본 블록)의 개수를 찾아보자(각 조건문은 스스로 단일 기본 블록으로 여겨짐
을 기억하자).
그리고 시작점에서 끝점까지의 경로 개수를 찾아보자(경로 실행 가능성
은 무시하자).

(b) all_pwds 배열이 비밀번호를 기반으로 정렬(오름차순 혹은 내림차순)돼
있다고 가정하자. check_password를 호출하는 외부 고객이 이 함수를
지속적으로 호출하고 check_password 실행 시간을 기록해 all_pwds에
저장된 비밀번호들에 대해 유추할 수 있는지 이 문제는 살펴본다. 실

행 시간 같은 '물리적' 정보에서 비밀 데이터를 알아내는 것을 사이드 채널 공격side-channel attack이라고 한다.

다음 두 가지의 각 경우에서 고객은 all_pwds 내의 비밀번호에 대해 무엇을 유추할 수 있는가(있다면)?

(i) 고객은 all_pwds 내에 존재하는 정확히 (uid, password) 쌍을 갖는다.

(ii) 고객은 all_pwds 내에 존재하는 (uid, password) 쌍을 갖지 않는다.

고객이 이 프로그램은 알지만 all_pwds 배열의 내용은 알지 못한다고 가정하자.

4. 아주 간략화된 차량 자동 변속기 시스템을 구현하는 다음 코드를 살펴보자. 코드는 센서 입력 rpm에 따라 current_gear의 값을 설정한다. LO_VAL과 HI_VAL은 상수이고, 이들의 정확한 값은 이 문제와 상관없다(LO_VAL이 HI_VAL보다 작다는 것만 가정하자).

```
1  volatile float rpm;
2
3  int current_gear; // 1부터 6까지의 값
4
5  void change_gear() {
6      if (rpm < LO_VAL)
7          set_gear(-1);
8      else {
9          if (rpm > HI_VAL)
10             set_gear(1);
11     }
12
13     return;
14 }
15
16 void set_gear(int update) {
17     int new_gear = current_gear + update;
```

```
18      if (new_gear > 6)
19          new_gear = 6;
20      if (new_gear < 1)
21          new_gear = 1;
22
23      current_gear = new_gear;
24
25      return;
26  }
```

이 시스템은 6단 자동 변속기이고 current_gear는 1부터 6까지의 범위를 갖는다.

위 코드에 대한 다음 질문에 답해보자.

(a) 인라인 함수 set_gear 없이 change_gear에서 시작하는 프로그램의 제어 흐름 그래프CFG를 그려보자. 호출과 반환 에지를 사용해 CFG를 그려야 한다. 간결함을 위해 CFG 노드 안에 기본 블록 코드를 작성하지 않아도 된다. 위 코드의 줄 번호를 사용해 어떤 구문이 어떤 노드로 들어가는지만 나타내자.

(b) set_gear의 시작점에서 끝점(return 구문)까지의 실행 경로 개수를 세어보자. 실행 가능성 문제는 무시하자. 그리고 change_gear의 시작점부터 set_gear를 통과하는 경로를 포함해 끝점(return 구문)까지의 실행 경로 개수를 세어보자. 모든 경우의 경로 개수를 찾아보자.

(c) 이제 경로 실행 가능성을 고려해보자. current_gear는 1부터 6의 값을 갖는다. change_gear는 몇 개의 실행 가능한 경로를 갖는가? 답을 증명해보자.

(d) change_gear 함수를 사용해 실행 가능한 경로와 불가능한 경로의 예를 설명해보자. 코드 줄 번호로 각 경로를 표현하고 함수 정의나 반환 구문에 해당하는 코드 줄 번호는 무시하자.

CHAPTER
17
보안과 프라이버시

보안과 프라이버시는 근래의 가상 물리 시스템에서 중요한 설계 사항에 속한다. 넓은 의미에서 보안은 해^{harm}를 입지 않도록 보호되는 상태다. 프라이버시는 노출로부터 떨어져 있는 상태다. 네트워크로 연결되거나 인터넷으로 연결되는 임베디드 가상 물리 시스템이 증가하면서 보안과 프라이버시는 시스템 설계자에게 중요한 관심거리다.

공식적인 의미에서 보안과 프라이버시가 다른 설계 기준과 차별화되는 두 가지 기본적인 특성이 있다. 첫 번째로 운영 환경이 일반적인 시스템 설계보다 본질적으로 훨씬 더 적대적이다. 두 번째로 원하는 행동과 원하지 않는 행동을 기술하는 속성이 기존 시스템 명세와 다르다(그리고 종종 기존 요구 사항보다 추가적인 요구 사항이 존재한다). 차례대로 이 두 특성을 살펴보자.

공격자^{attacker}나 **적대자**^{adversary}는 보안과 프라이버시의 이론과 실제에서 핵심이다. 공격자는 시스템의 기능을 어떤 방식으로든 파괴하려는 목적을 가진 악의적인 행위자다. 여기서 파괴는 시스템의 특성들과 목표, 요구 사항, 공격자의 능력에 따라 다르다. 보통 이런 특성들은 **위협 모델**^{threat model}이나 **공격자 모델**^{attacker model}로 불리는 개체^{entity}로 함께 그룹지어진다. 예를 들어 무선 네트워크 연결이 없는 차량을 설계할 때 설계자는 물리적으로 차량에 접근할 수 있고 차량의 부품에 대한 정보를 잘 알고 있는 잘 훈련된 정비공 같은 사람들만 위협할 것이라고 가정할 수 있다. 비정형화된 위협 모델(앞의 문장 같은)을 공격자의 목적에 맞는 정확하고 수학적 구문으로 바꾸는 것은 어려운 작업이지만, 안전한 임베디드 시스템의 원칙에 입각한 모델 기반 설계를 위해 꼭 필요한 작업이다.

보안과 프라이버시 분야의 두 번째 특성은 관련된 고유의 속성이다. 넓게 보자면 이 속성들은 기밀성^{confidentiality}, 무결성^{integrity}, 확실성^{authenticity}, 가용성^{availability}으로 분류될 수 있다. 기밀성은 공격자로부터 비밀이 유지되는 상태다. 기밀성 데이터의 좋은 예제는 은행 계좌에서 사용하는 비밀번호나 PIN이다. **무결성**은 공격자가 수정할 수 없는 상태다. 은행 계좌에 접근할 권한이 없는 공격자는 계좌의 내용을 수정할 수 없다는 속성이 무결성의 예다. **확실성**은 서로 상호작용하는 행위자의 신원을 일정 수준의 확신으로 알고 있는 상태다. 예를 들어 은행 업무를 위해 웹 사이트에 접속했을 때 그 웹 사이트가 실제 원하던 웹 사이트이고, 악의적인 개체들의 웹 사이트가 아님을 확신하고 싶을 것이다. 확실성을 보여주는 과정을 **인증**^{authentication}이라고 한다. 마지막으로 **가용성**은 시스템이 사용자에게 충분한 질의 서비스를 제공하는 속성이다. 예를 들면 은행 웹 사이트는 99% 이상 접속 가능하다고 기대할 수 있다.

보안과 프라이버시는 절대적인 속성이 아님을 기억하는 것이 중요하다. 자신의 시스템이 완벽하게 안전하다고 주장하는 사람들을 믿지 않아야 한다. 보안과 프라이버시는 특정한 위협 모델과 특정 속성 집합에 대해서만 보장할 수 있다. 시스템 설계자로서 보안과 프라이버시가 중요한 관심 사항이라면 먼저 위협 모델을 정의하고 속성들을 정형화해야 한다. 그렇지 않다면 적용된 어떤 솔루션도 의미가 없게 될 것이다.

17장에서는 보안과 프라이버시의 기본적인 이해를 제공하며, 특히 가상 물리 시스템 설계와 관련된 개념들에 집중할 것이다. 보안과 프라이버시 분야는 이 한 장에서 모든 것을 다루기에 너무 광범위하다. 이 주제에 대한 자세한 내용은 Goodrich and Tamassia(2011), Smith and Marchesini(2007)를 참고하자. 대신 이 장의 목적은 중요한 기본 개념을 소개하고 임베디드 가상 물리 시스템에 특별히 관련된 주제들을 살펴보는 것이다.

17.1 암호화 기본 요소

암호학cryptography 분야는 보안과 프라이버시의 기초 중 하나다. Cryptography라는 단어는 비밀secret를 의미하는 라틴어 'crypt'와 쓰기를 의미하는 라틴어 'graphia'에서 유래됐고, 비밀 쓰기에 대한 연구를 나타낸다.

암호화와 복호화, 안전한 해시, 인증에 대한 암호화 기본 요소를 먼저 살펴본다. 임베디드 가상 물리 시스템의 설계 및 분석과 관련된 이슈들을 강조할 것이다. 17장의 예제, 특히 코드들은 높은 수준의 추상화가 돼 있고, 안전한 암호화 구현을 개발하는 데 핵심인 세부 사항이 생략돼 있음에 유의하자. 이 주제에 대한 더 자세한 사항은 Menezes et al.(1996), Ferguson et al.(2010)을 참고하자.

17.1.1 암호화와 복호화

암호화Encryption는 메시지를 적대자가 이전 형태로 복구시킬 수 없게 인코딩된 형태로 바꾸는 과정이다. 원래 메시지는 보통 평문plaintext이라 부르고 암호화된 형태를 암호문ciphertext이라고 한다. 복호화Decryption는 암호문에서 평문을 복구하는 과정이다.

일반적인 암호화 기법은 키key라고 불리는 비밀이 존재한다. 암호화 알고리즘은 미리 기술된 방식대로 키와 평문을 사용해 암호문을 얻는다. 키는 메시지를 안전하게 교환하려는 집단들끼리 공유한다. 공유하는 모드에 따라 암호화의 큰 두 가지 부류가 있다.

대칭키 암호화^{symmetric-key cryptography}에서 키는 송신자와 수신자에게 알려진 단일 개체
다. 비대칭형 암호화^{asymmetric cryptography}라고도 부르는 **공개키 암호화**^{public-key cryptography}에
서 키는 공유되는 부분과 사적인 부분 두 개로 나뉜다. **공개키**^{public key}는 모두가 알
수 있고(심지어 적대자에게도) 비밀키^{private key}는 수신자만 알고 있다. 이 절의 뒤에서
두 가지 암호화 기법을 간단히 설명한다.

케르크호프스의 원리^{Kerckhoff's principle}로 알려진 암호화 기본 신조 중 하나는, 암호화
시스템(알고리즘)은 키를 제외한 시스템의 모든 것이 공유될지라도 안전해야 한다
는 것이다. 실질적으로 이는 적대자가 암호화 알고리즘의 설계와 구현에 관한 모
든 것을 다 알더라도 키를 알지 못하면 적대자는 암호문에서 평문을 복구할 수 없
다는 의미다.

대칭키 암호화

앨리스와 밥을 서로 안전하게 통신하려는 두 당사자라고 하자. 대칭키 암호화
^{symmetric-key cryptography}를 사용하면 둘은 공유 비밀키 K를 사용해 통신할 수 있다. 앨
리스가 n비트의 평문 $M = m_1 m_2 m_3 \ldots m_n \in \{0, 1\}^n$을 암호화해서 밥에게 보낸다고 가
정하자. 공개키 K가 주어졌을 때 다음 두 속성을 사용해 M을 암호문 C로 인코딩하
는 암호화 기법을 찾고자 한다. 첫째, 수신자인 밥은 C로부터 M을 쉽게 복구할 수
있어야 한다. 둘째, K를 모르는 모든 적대자는 C를 보더라도 M에 관한 어떤 정보
도 얻을 수 없어야 한다.

일회용 패드^{one-time pad}로 알려진 간단하고 이상적인 기법을 사용하는 대칭키 암호화
의 동작을 살펴보자. 이 기법에서는 두 당사자인 앨리스와 밥은 n비트 비밀키 K
$= k_1 k_2 k_3 \ldots k_n \in \{0, 1\}^n$을 공유한다. 이때 n비트는 독립적이며 임의로 선택된다. K는
일회용 패드로 알려져 있다. K가 주어지면 암호화는 M과 K의 XOR 연산을 통해
수행된다. 즉 $C = M \oplus K$이고 $\oplus$는 XOR을 나타낸다. 그리고 앨리스는 밥에게 C를
보낸다. 밥은 C와 K의 XOR 연산을 통해 C를 복호화한다. 이는 $C \oplus K = M$인 XOR

연산의 속성을 이용한다.

적대자 이브가 C를 알아냈다고 가정하자. 이브는 M이나 K에 관한 더 많은 정보를 알 수 없을 것이다. 이를 증명하려고 평문 메시지 M을 고쳐보자. 그러면 모든 고유 암호문 $C \in \{0, 1\}^n$은 대응하는 고유키 K를 사용해 M에서 얻을 수 있다. 여기서 K는 $K = C \oplus M$ 집합이고 C는 원하는 암호문이다. 즉, 균등 확률 비트 문자열 $K \in \{0, 1\}^n$은 균등 확률 암호문 $C \in \{0, 1\}^n$을 생성한다. 따라서 이 암호문을 통해 이브는 무작위로 균일하게 K 값을 추측하는 것밖에 할 수 없다.

앨리스가 키 K를 한 번밖에 사용할 수 없음을 유의하자. 그녀가 키를 두 번 사용하면 어떻게 될까? 그러면 이브는 두 개의 암호문 $C_1 = M_1 \oplus K$와 $C_2 = M_2 \oplus K$를 갖게 된다. 이브가 XOR의 속성을 사용해 $C_1 \oplus C_2$를 계산한다면 $M_1 \oplus M_2$를 알 수 있다. 따라서 이브는 메시지에 대한 일부 정보를 얻게 된다. 특히 이브가 메시지 중 하나를 알게 되면 다른 하나도 알 수 있고 키 K를 복구할 수 있게 된다. 따라서 이 기법은 같은 키가 여러 번 통신에 사용되면 안전하지 않으므로 일회용 패드라고 부른다. 다행히도 이 기법 외에 더 강력한 대칭키 암호화 기법이 존재한다.

대부분의 일반적인 대칭키 암호화 기법은 **블록 암호**block cipher를 사용한다. 블록 암호는 n비트의 평문 메시지 M을 n비트 암호문 C로 바꾸려고 k비트 키 K를 사용하는 것에 기반을 두는 암호화 알고리즘이다. 이는 암호화 함수 $E: \{0, 1\}^k \times \{0, 1\}^n \to \{0, 1\}^n$으로 수학적으로 표현할 수 있다. 즉, $E(K, M) = C$다. 고정된 키 K에 대해 $E_K(M) = E(K, M)$으로 정의된 함수 E_K는 $\{0, 1\}^n$에서 $\{0, 1\}^n$까지의 순열이어야 한다. 복호화는 암호화의 반대 함수다. E_K가 역이 가능하기 때문에 모든 K에 대해 역이 존재한다. E_K에 대한 복호화 함수를 $D_K = E_K^{-1}$로 표기한다. 간단히 하려고 여기서 다루는 암호화 모델은 메시지와 키에 대한 함수로 추상화한다. 같은 평문을 항상 같은 암호문으로 암호화하지 않게 하는 적합한 블록 암호 모드를 사용해야 함을 유의하자.

고전적인 블록 암호 중 하나는 **데이터 암호화 표준**DES, Data Encryption Standard이다. 1970년대 중반에 소개된 DES는 근대의 암호화 기법에 기반을 둔 첫 번째 블록 암호이자 개방형 사양을 갖는 '상업용 등급'으로 여겨진다. DES에 관한 자세한 사항은 이 장의 범위를 벗어난다. 단, DES의 여러 버전은 아직도 특정 임베디드 디바이스에서 사용된다. 예를 들어 3DES로 알려진 DES 버전은 DES 알고리즘을 블록에 세 번 적용하는 기법으로, 전 세계적으로 특정 '칩 & PIN' 지불 카드에서 사용된다. DES의 기본 버전은 56비트 키를 사용하고 64비트 메시지 블록에서 동작한다. DES는 초기에 수용 가능한 수준의 보안을 제공했지만 1990년대 중반부터 무차별 대입brute-force 공격을 사용해 깨기 쉬워졌다. 따라서 2001년에 미국 국립 표준 기술 연구소NIST는 고급 암호화 표준AES, Advanced Encryption Standard으로 불리는 새로운 암호화 표준을 만들었다. 이 표준은 벨기에의 두 연구자인 Joan Daemen와 Vincent Rijmen가 제안한 Rijndael로 불리는 암호화 기법에 기반을 둔다. AES는 128비트 길이의 메시지 블록과 128이나 192, 256비트의 다른 세 개의 키 길이를 사용한다. 도입 시작부터 AES는 하드웨어나 소프트웨어상의 효율적 구현이 가능한 강력한 알고리즘으로 증명됐다. 현재 가장 빠른 슈퍼컴퓨터도 태양계의 예측된 수명 안에 AES를 무차별 대입 공격으로 깰 수 없다고 추측하고 있다.

공개키 암호화

대칭키 암호화를 사용하기 위해 앨리스와 밥은 미리 공개키를 설정해야 한다. 이와 같은 설정이 항상 쉬운 것은 아니다. 공개키 암호화Public-Key Cryptography는 이런 제약 사항을 다루려고 설계됐다.

공개키 암호화 시스템에서 각 사용자(앨리스나 밥)는 모두에게 알려진 공개키public key와 각 사용자에게만 알려진 비밀키private key를 갖는다. 앨리스가 비밀 메시지를 밥에게 보내려 할 때 밥의 공개키 K_B를 얻고 앨리스의 메시지를 해당 키와 함께 암호화한다. 밥이 앨리스의 메시지를 받을 때 밥의 비밀키 K_B를 사용해 앨리스의 메시지를 복호화한다. 즉, K_B를 사용하는 암호화 함수는 K_B를 사용하는 복호화 함수를 사용해 복구될 수 있어야 하고, K_B 없이는 복구될 수 없어야 한다.

마지막 문장을 다시 생각해보자. 공개키를 사용하는 암호화는 사실상 단방향 함수여야 한다. 이 단방향 함수는 모두에게 알려진 함수 F이고, $F(M)$을 계산하는 것은 쉽지만 적합한 비밀 정보(비밀키)가 없다면 복구가 불가능하다. 최근에는 한 개 이상의 공개키 암호화 기법이 사용 가능하고 각각은 수학과 알고리즘 설계, 구현 기법들의 조합을 기반으로 한다. 이 절에서는 1978년(Rivest et al.)에 Rivest와 Shamir, Adleman의 첫 글자를 따서 만든 RSA 기법에 집중하며, 이 기법의 수학적 기본 개념만을 설명한다.

밥이 공개-비밀키 조합을 생성해 다른 사람들이 밥에게 비밀 메시지를 보내는 상황을 고려해보자. RSA 기법은 세 가지 주요 단계로 구성되며 자세한 사항은 다음과 같다.

1. **키 생성:** 두 개의 큰 소수 p와 q를 선택하고 두 값의 곱 $n = pq$를 계산한다. 그리고 $\varphi(n)$을 계산하는데 φ는 오일러의 토션트 함수^{Euler's totient function}다. 이 함수는 정수 n를 n과 서로 소인 n 이하의 양의 정수로 매핑한다. 소수들의 곱인 경우 $\varphi(n) = (p - 1)(q - 1)$이 성립한다. $1 < e < \varphi(n)$을 만족하고 e와 $\varphi(n)$의 최대 공약수인 $GCD(e, \varphi(n))$이 1이 되는 임의의 정수 e를 선택하자. 그리고 $1 < d < \varphi(n)$이고 $ed \equiv 1(\mathrm{mod}\ \varphi(n))$이 성립하는 d를 계산하자. 키 생성 과정이 완료됐다. 밥의 공개키 K_B는 (n, e) 쌍이다. 비밀키는 $k_B = d$다.

2. **암호화:** 앨리스가 밥에게 메시지를 보낼 때 앨리스는 밥의 공개키 $K_B = (n, e)$를 먼저 얻는다. 전송할 메시지 M이 주어질 때 앨리스는 암호문 C를 $C = M^e(\mathrm{mod}\ n)$으로 계산한다. C는 이제 밥에게 보내진다.

3. **복호화:** C를 받은 밥은 $C^d(\mathrm{mod}\ n)$을 계산한다. 오일러의 토션트 함수와 모듈러 연산의 속성에 따라 이 값은 M과 같으므로 밥은 앨리스의 암호문에서 평문을 복구할 수 있다.

위 기법에서 두 가지를 관찰할 수 있다. 첫째, RSA의 여러 단계에서 연산은 큰 정수에 대해 모듈러 곱셈이나 모듈러 거듭제곱 같은 비선형 연산을 주로 사용한다. 이 연산은 임베디드 플랫폼에서 효율적으로 구현하려면 주의를 기울여야 한다. 예를 들어 모듈러 거듭제곱은 보통 16장의 예제 16.1에서 설명한 제곱 및 곱셈 기법 버전을 사용해 구현한다. 둘째, 이 기법의 효율성은 공개키를 저장하고 유지하는 기반 구조infrastructure에 많은 영향을 받는다. 이런 공개키 기반 구조가 없다면 공격자 이브는 밥처럼 행세하며 이브의 공개키를 밥의 공개키처럼 알리고, 앨리스가 밥에게 보낼 메시지를 보내도록 속일 수 있다. 이런 공개키 기반 구조가 소위 인증기관certificate authorities을 사용해 웹 서버에 구축됐지만, 네트워크 임베디드 시스템에서 이 기법을 확장하는 것은 여러 가지 이유로 어렵다. 서버로 동작하는 대규모의 장치나 임시적인ad-hoc 성질을 갖는 네트워크, 많은 임베디드 장치의 자원 제약 문제들[1] 때문이다. 이런 이유로 공개키 암호화는 대칭키 암호화만큼 임베디드 장치에서 널리 사용되지 않는다.

17.1.2 디지털 서명과 안전한 해시 함수

암호화와 복호화 같은 암호화 기본 요소들은 데이터의 기밀성을 제공하는 데 도움을 준다. 그러나 무결성과 확실성을 제공하려고 설계된 것이 아니다. 이런 속성들은 디지털 서명digital signature과 안전한 해시 함수, 메시지 인증 코드MAC, Message Authentication Codes를 사용해야 한다. 이 절은 이런 기본 요소들을 다룬다.

안전한 해시 함수

안전한 해시 함수(암호화 해시 함수)는 결정적이며 키가 없는 함수 $H: \{0, 1\}^n \rightarrow \{0, 1\}^k$이다. 이 함수는 n비트 메시지를 k비트 해시 값으로 매핑한다. 보통 n는 얼마든지 커질 수 있고(즉, 메시지는 얼마든지 길어질 수 있다) k는 상대적으로 작은 고정된 값이다. 예를 들어 SHA-256은 메시지를 256비트 해시로 매핑하고 소프트웨어 패키지를

---

1. Let's Encrypt 프로젝트에서 무료며, 자동화되고 공개 인증기관을 개발하기 위한 지속적인 노력들은 이런 몇 가지 과제를 해결하고 있다. 더 자세한 내용은 https://letsencrypt.org/를 참고하자.

인증하거나 일부 리눅스 배포판에서 암호를 해시로 바꿀 때 사용된다. 메시지 M에 대해 $H(M)$을 'M의 해시'라고 부른다.

암호화에서 구현 관련 문제

임베디드 플랫폼은 보통 메모리나 에너지 같은 제한된 자원을 가지며, 실시간 동작 같은 물리적 제약을 준수해야 한다. 암호화는 많은 계산이 필요한 작업이다. 이런 계산은 클라우드에서 간단히 처리할 수 없는데, 비밀 데이터가 네트워크로 나가기 전에 종단에서 보호돼야 하기 때문이다. 따라서 암호화 기본 요소는 임베디드 플랫폼이 가진 제약 내에서 구현돼야 한다.

공개키 암호화를 생각해보자. 이 기법의 기본 요소는 큰 타이밍과 메모리, 에너지 요구 사항을 가질 수 있는 모듈러 거듭제곱과 곱셈이다. 연구자들은 결국 효율적인 알고리즘과 더불어 소프트웨어와 하드웨어 구현을 개발했다. 몽고메리 곱셈Montgomery multiplication(Montgomery, 1985)은 나눗셈(모듈러 연산 내에서 수행하는)을 덧셈으로 치환해서 효율적으로 모듈러 곱셈을 수행한다. 타원 곡선 암호화elliptic curve cryptography는 구현 시 메모리 사용량을 줄일 수 있도록 더 작은 비트수의 키를 사용해 RSA 기법과 유사한 수준의 보안을 제공한다. 더 자세한 내용은 Paar and Pelzl(2009)을 참고하자. 공개키 암호화의 비용 때문에 공유 대칭키를 교환하는 경우가 많고, 이 경우 공유 대칭키는 모든 후속 통신에 사용된다.

암호화 기법을 구현할 때 또 다른 중요한 부분은 난수 생성RNG, Random Number Generation의 설계와 사용이다. 양질의 RNG는 엔트로피가 높은 임의성을 갖는 소스가 입력으로 필요하다. 많이 추천되는 높은 엔트로피 소스로는 물리적 프로세스나 대기 노이즈noise, 원자 붕괴 등이 있으나 이들을 임베디드 시스템, 특히 하드웨어를 구현할 때 사용하기는 쉽지 않다. 칩 내의 열 노이

> 즈나 물리적인 입력 이벤트 간의 타이밍, 네트워크 이벤트 등으로 대체해 사용할 수 있다. 이런 임의성을 갖는 소스를 찾는 것은 전원을 소비하므로 구현 트레이드오프$^{\text{trade off}}$가 있다. 더 자세한 사항은 Perriget al.(2002)을 참고하자.

안전한 해시 함수 H는 비보안 목적으로 사용된 전통적인 해시 함수와는 다른 중요한 속성들을 갖는다.

- **효율적인 계산:** 메시지 M이 주어질 때 $H(M)$을 계산하는 것이 효율적이어야 한다.
- **역상$^{\text{pre-image}}$ 방지:** 해시(값) h가 주어질 때 $h = H(M)$인 메시지 M을 찾는 것은 계산적으로 불가능해야 한다.
- **제2 역상 방지:** 메시지 M_1이 주어질 때 $H(M_1) = H(M_2)$인 메시지 M_2를 찾는 것은 계산적으로 불가능해야 한다. 이 속성은 공격자가 알려진 메시지 M_1을 갖고 이 값을 수정해 원하는 해시 값을 알아내는 것(따라서 M_2를 찾음)을 방지한다.
- **충돌 방지:** $H(M_1) = H(M_2)$인 서로 다른 메시지 M_1과 M_2를 찾는 것은 계산적으로 불가능해야 한다. 이 속성은 제2 역상 방지보다 더 강력한 버전으로 공격자가 어떤 시작 메시지라도 얻거나 이를 수정해 주어진 해시 값을 찾는 것을 방지한다.

안전한 해시 함수는 메시지나 데이터 일부의 무결성을 검증하려고 자주 사용된다. 예를 들면 컴퓨터에 소프트웨어 업데이트를 설치하기 전에 다운로드된 업데이트가 업데이트하려는 유효한 패키지이고 공격자가 수정하지 않았음을 검증하길 원할 수 있다. 이를 위해 업데이트된 파일이 배포된 채널이 아닌 분리된 채널로 소프트웨어 업데이트의 안전한 해시를 제공할 수 있다. 이 해시 값을 분리해서 다운로드한 후 소프트웨어의 해시를 직접 계산해 두 값이 일치하는지 검증할 수 있다. 네트워크로 서로 연결되고 네트워크를 통해 소프트웨어 패치를 받는 임베디드 시스템이 점점 증가하면서 안전한 해시 함수의 사용은 시스템 무결성을 유지하는 모든 솔루션의 핵심 요소가 되고 있다.

디지털 서명

디지털 서명은 공개키 암호화 기반의 암호화 방식으로 디지털 문서(메시지) 작성자가 스스로를 서드파티third party에 인증하고 문서의 무결성을 보증한다. 디지털 서명 사용은 다음과 같은 세 가지 단계를 거친다.

1. **키 생성:** 이 단계는 공개키 암호 시스템의 키 생성 단계와 동일하며, 공개키 –비밀키 쌍을 만들어낸다.
2. **서명**signing**:** 이 단계는 작성자/송신자가 상대방에게 보낼 문서에 디지털 서명을 한다.
3. **검증:** 서명된 문서의 수신자는 디지털 서명을 사용해 문서의 송신자가 맞는지 검증한다.

이제 RSA 암호화 시스템에서 기본 동작을 살펴보자. 밥이 앨리스에게 메시지 M을 보내기 전에 디지털 서명을 하길 원한다고 가정하자. 17.1.1절에서 살펴본 것처럼 RSA를 사용해 밥은 자신의 공개키를 $K_B = (n, e)$, 비밀키를 $k_B = d$로 생성할 수 있다. 한 가지 간단한 인증 방식은 밥이 자신의 키 쌍을 반대로 사용하는 것이다. M에 서명하려고 밥은 자신의 비밀키를 사용해 암호화하고, 즉 $S = M^d(\mod n)$을 계산한 후 M과 함께 S를 앨리스에게 보낸다. 앨리스가 서명된 메시지를 받으면 K_B를 사용해 서명 S에서 M을 복구하고 받은 메시지와 복구된 메시지를 비교한다. 두 메시지가 일치하면 해당 메시지는 인증된 것이고, 그렇지 않다면 앨리스는 메시지나 서명에 오류가 있음을 알게 된다.

이 기법은 간단하지만 문제가 있다. 특히 두 메시지 M_1과 M_2에 대한 서명 S_1과 S_2가 주어질 때 공격자가 간단히 S_1과 $S_2(\text{mod } n)$을 곱해 메시지 $M_1 \cdot M_2$에 대한 서명을 만들 수 있다. 이런 공격을 막으려고 M_1과 M_2의 안전한 해시를 먼저 계산한 후 메시지에 대한 서명이 아닌 결과 해시에 대한 서명을 계산하면 된다.

메시지 인증 코드

메시지 인증 코드^{MAC, Message Authentication Codes}는 대칭키 암호화 기반의 암호화 기법으로 문서에 무결성과 확실성을 제공한다. 따라서 이 기법은 디지털 서명과 유사한 대칭키다. 다른 대칭키 기법처럼 MAC을 사용할 때는 송신자와 수신자 간 공개키를 먼저 설정해야 한다. 이 키는 상대방이 보낸 메시지를 인증하려고 사용된다. 따라서 이런 공개키가 쉽게 설정될 수 있는 환경에서 MAC은 적합하다. 예를 들어 최근 차량은 제어기 영역 네트워크^{CAN, Controller Area Network} 버스 같은 네트워크상에서 서로 통신하는 다중 전자 제어 장치^{ECU}로 구성된다. 이 경우 각 ECU는 공통키로 미리 프로그램된다면 각 ECU는 MAC을 사용해 CAN상에서 서로 다른 ECU가 보낸 메시지를 인증할 수 있다.

17.2 프로토콜과 네트워크 보안

공격자는 시스템에 접근 권한을 얻으려고 보통 네트워크에 연결하거나 다른 부품에 연결되고자 사용하는 다른 매체를 사용한다. 단일 임베디드 시스템이 네트워크상에 연결된 많은 요소로 구성되는 경향이 증가하고 있다. 따라서 네트워크상의 보안과 다양한 통신 프로토콜 사용에 관한 기본적인 문제들을 해결해야 한다. 이런 분야를 **프로토콜 보안** 혹은 **네트워크 보안**이라고 한다. 이 절에서는 임베디드 시스템과 관련 있는 키 교환과 암호화 프로토콜 설계에 관한 기본 개념을 살펴본다.

17.2.1 키 교환

비밀키가 대칭키와 비대칭키 암호화 시스템에서 어떻게 중요한 요소인지 이미 살펴봤다. 이 키는 처음에 어떻게 설정할까? 대칭키 암호화 시스템에서는 두 통신 당사자가 단일 공개키에 동의하는 기법이 필요하다. 비대칭키 암호화 시스템에서는 공개키를 설정하고 유지하는 기반 요소가 필요하며, 이를 통해 네트워크상의 모든 당사자는 통신하고자 하는 다른 당사자의 공개키를 볼 수 있다. 이 절에서는 대칭키 암호화에 초점을 맞춰 키 교환 고전 기법과 특정 임베디드 시스템 설계 문제에 커스터마이징된 대체 기법을 다룬다.

디피-헬먼 키 교환

1976년, 위트필드 디피와 마틴 헬먼은 최초로 공개키 암호화 시스템(Diffie and Hellman, 1976)을 제안했다. 이 기법의 핵심은 두 당사자가 다른 사람이 볼 수 있는 통신 매체를 사용해 공유 비밀키에 동의하는 것이다. 이 기법은 보통 디피-헬먼 키 교환Diffie-Hellman Key Exchange이라고 부른다.

앨리스와 밥이 비밀키에 동의하는 두 당사자라고 가정하자. 앨리스가 밥에게 보내는 혹은 그 반대의 모든 것은 공격자 이브가 볼 수 있다. 앨리스와 밥은 키에 동의하길 원한다. 단, 키가 전달되는 매체를 공격자 이브가 보더라도 키를 계산하는 것이 계산적으로 불가능해야 한다. 앨리스와 밥은 디피-헬먼 키 교환을 어떻게 사용해 이 목적을 이룰 수 있을까?

먼저 앨리스와 밥은 두 파라미터에 동의해야 한다. 이 과정에서 이 둘은 하드 코딩된 기법(예를 들어 이 둘이 사용하는 같은 프로그램에 파라미터를 하드코딩한다)을 포함하는 다양한 기법을 사용하거나 둘 중 하나가 결정적 방식으로 나머지 한 사람에게 파라미터들을 알릴 수도 있다(예를 들어 네트워크 주소 간 고정 순서에 기반을 둔다). 첫 번째 파라미터는 매우 큰 소수 p다. 두 번째 파라미터는 $1 < z < p - 1$을 만족하는 숫자 z다. 공격자는 z와 p를 모두 볼 수 있음을 기억하자.

이 파라미터 p와 z를 동의한 뒤 앨리스는 집합 $\{0, 1, 2, \ldots, p - 2\}$에서 임의의 수 a를 선택하고 이 값을 비밀로 한다. 비슷하게 밥은 임의의 수 $b \in \{0, 1, \ldots, p - 2\}$를 선택하고 비밀로 한다. 앨리스는 $A = z^a(\mathrm{mod}\,p)$를 계산해 밥에게 보낸다. 밥도 $B = z^b(\mathrm{mod}\,p)$를 계산해 앨리스에게 보낸다. z와 p뿐만 아니라 공격자는 A와 B도 볼 수 있다. 하지만 a와 b는 모르는 상태다.

B를 받은 앨리스는 앨리스의 비밀 숫자 a를 사용해 $B^a(\mathrm{mod}\,p)$를 계산한다. 밥도 유사하게 $A^b(\mathrm{mod}\,p)$를 계산한다. 이제 다음과 같음을 알 수 있다.

$$A^b(\mathrm{mod}\,p) = z^{ab}(\mathrm{mod}\,p) = B^a(\mathrm{mod}\,p)$$

따라서 놀랍게도 앨리스와 밥은 공개 채널에서 통신을 하면서 공개키 $K = z^{ab}(\mathrm{mod}\,p)$에 동의했다. 이 둘은 비밀 숫자 a나 b를 공격자 이브에게 알리지 않았음에 유의하자. a나 b를 모르면 이브는 신뢰할 수 있도록 K를 계산할 수 없다. 그리고 이브가 p, z, A, B를 아는 것만으로는 a나 b를 계산하는 것은 계산적으로 매우 어렵고, 이 문제는 효율적인 알고리즘(다항 시간)이 없는 것으로 알려져 있는 이산 대수^{discrete} ^{logarithm} 문제로 불린다. 다르게 표현하자면 함수 $f(x) = z^x(\mathrm{mod}\,p)$는 단방향 함수다.

디피-헬먼은 간단하고 우아하며 효율적이다. 불행히도 자원 제약적인 임베디드 시스템에서는 일반적으로 실용적이지 않다. 이 기법은 큰 소수(일반적인 키 길이는 2048비트의 범위)에 대한 모듈러 거듭제곱을 포함하므로 실시간 제약이 있는 에너지 제약 플랫폼에서는 현실적이지 않다. 따라서 몇 가지 대체 기법을 살펴보자.

키의 일정 시간 후 릴리스

네트워크로 연결된 많은 임베디드 시스템은 통신을 위해 **브로드캐스트**^{broadcast} 매체를 사용한다. 따라서 송신자가 공개 채널로 데이터를 보내면 의도한 혹은 의도하지 않은 모든 수신자가 해당 데이터를 읽을 수 있다. CAN 버스를 사용하는 차량용 네트워크나 무선 센서 네트워크를 예로 들 수 있다. 브로드캐스트 매체는 여러 장점을 갖는다. 간단하며 기반 구조가 거의 필요 없고 송신자는 수많은 수신자에게 빠르게 데이터를 보낼 수 있다. 그러나 몇 가지 단점도 있다. 악의적인 사람이 엿 듣거나 악의적인 패킷을 쉽게 넣을 수 있다. 그리고 브로드캐스트 매체의 안정성 도 문제가 될 수 있다.

타이밍과 에너지 소비 제약이 존재하는 상태에서 브로드캐스트 매체를 이용해 어 떻게 키 교환을 안전하게 할 수 있을까? 이 질문은 2000년대 초반에 무선 센서 네트 워크를 설치하는 중 처음으로 연구됐다(Perrig et al.(2004); Perrig and Tygar(2012) 참 고). 새로운 아이디어 중 하나는 이들 네트워크의 타이밍 속성을 이용하는 것으로 이 아이디어는 Anderson et al.(1998)의 논문으로 거슬러 올라간다.

첫 번째 속성은 시간 동기화[clock synchronization]다. 네트워크상의 서로 다른 노드들은 시 간을 가지며, 두 시간 값의 차이는 작은 상수 범위다. 많은 센서 노드는 GPS나 정밀 시각 프로토콜[PTP, Precision Time Protocol](Edison, 2006) 같은 프로토콜을 사용해 시간을 동 기화할 수 있다.

두 번째 속성은 예정 전송[scheduled transmission]이다. 네트워크의 각 노드는 미리 지정된 시간에 스케줄에 따라 패킷을 전송한다.

이 두 속성의 조합은 μTESLA(Perrig et al., 2002)로 불리는 안전한 브로드캐스트 프로 토콜을 사용할 수 있게 한다. 이 프로토콜은 두 가지 타입의 노드인 기반 스테이션 [base station]과 센서 노드[sensor node]로 구성되는 브로드캐스트 네트워크를 위해 설계됐 다. μTESLA의 주요 속성은 안전한 인증이다. 메시지를 받는 노드는 누가 인증 받 은 송신자인지 결정할 수 있어야 하고 잘못된 메시지를 무시할 수 있어야 한다. 이는 각 메시지 내의 MAC을 이용해 수행하고 비밀키를 사용해 계산한다. 비밀키 는 원본 메시지가 보내진 얼마 후 브로드캐스팅되며, 수신자는 스스로 MAC을 계 산하고 수신된 메시지의 확실성을 결정할 수 있다. 이 메시지는 시간 정보[timestamp] 가 있으므로, 메시지 수신 시 이 시간 정보와 수신자의 로컬 시간, 최대 시간 왜곡 [skew], 키가 노출된 시간 스케줄을 기반으로 MAC을 계산하려고 사용하는 키가 노출되지 않았음을 수신자는 검증할 수 있다. 이 검증이 실패하면 메시지는 무시된다. 성공한다면 키가 도착했을 때 MAC을 계산한 후 받은 MAC과 비교해 메시지 인증이 이뤄진다. 이런 방식으로 키의 일정 시간 후 릴리스는 메시지 인증 목적으로 브로드캐스트 송신자와 수신자 간 키를 공유하려고 사용된다.

CAN 기반 차량 네트워크에도 비슷한 기법이 적용된다. Lin et al.(2013)은 노드들이 공통적인 글로벌 시간 개념을 공유할 필요가 없는 CAN 버스에서 μTESLA를 어떻게 확장할 수 있는지 보였다. 그리고 키의 일정 시간 지연 릴리스는 시간 트리거 이더넷[TTE, Time Triggered Ethernet]을 위해 구현됐다(Wasicek et al., 2011).

기타 기법

특정 애플리케이션 도메인에서 이들 도메인 고유의 특징을 사용해 키 교환을 하는 커스터마이징된 기법이 개발됐다. 예를 들어 Halperin et al.(2008)에서는 맥박 조정기 및 제세동기와 같은 임플란트 의료기기[IMD]에 대한 키 교환 기법을 제안했다. 저자들은 라디오 주파수[RF] 전력 하베스팅[harvesting]을 기반으로 한 임플란트 기기상의 '무전력[zero-power]' 보안 기법을 제안한다. 이 새로운 키 교환 기법은 IMD와의 통신을 시작하는 (그리고 IMD에 전원 공급을 위해 RF 신호를 제공하는) '프로그래머' 기기를 포함한다. IMD는 환자가 인지할 수 있는 약한 변조 음파로 전달되는 난수를 생성한다. 이 기법의 보안은 환자 주변의 물리적 보안을 기반으로 한 위협 모델에 의존하며, 이는 이 특정 애플리케이션에 적합한 모델이다.

보안 향상을 위한 리버스 엔지니어링 시스템

여러 임베디드 시스템은 보안이 큰 관심사가 아니었을 때 설계됐다. 최근 들어 연구원들은 이런 보안에 대한 관심 부족이 여러 도메인에서 시스템을 어떻게 손상시킬 수 있는지 보여준다. 주목할 만한 기법 중 하나는 시스템

에 접근하고 각 시스템의 구성 요소들을 작동할 수 있는 프로토콜을 리버스 엔지니어링하는 것이다.

실제 임베디드 시스템에서 볼 수 있는 3가지 주요 취약성을 살펴보자. Halperin et al.(2008)은 임플란트 의료기기^{IMD}을 무선으로 읽고 다시 프로그래밍하는 방식을 보여준다. Koscher et al.(2010)은 차량의 배출가스 자기 진단 장치^{OBD-II, On-Board Diagnostics bus} 프로토콜을 조작해 브레이크를 비활성화하거나 엔진을 멈추는 등 다양한 기능들을 악의적으로 제어한다. Ghena et al.(2014)은 신호등 교차로를 연구하며, 신호등을 무선으로 일부 조정해 서비스 거부 공격^{denial-of-service attack}을 시도해 교통 체증을 유발함을 보여준다.

시스템의 기능 및 다루지 않았던 보안 문제를 이해하기 위한 이런 기존 임베디드 시스템의 리버스 엔지니어링 기반 연구는 가상-물리 기반 요소를 더 안전하게 만드는 중요한 과정이다.

17.2.2 암호화 프로토콜 설계

이 책을 쓰는 시점에 네트워크로 연결된 임베디드 시스템에서 가장 널리 알려진 취약성은 통신 프로토콜이 보안을 염두에 두지 않고 설계됐다는 사실에서 발생한다. 그러나 암호화 기본 요소를 사용해 보안을 설계한 프로토콜도 취약성을 가질 수 있다. 취약한 프로토콜 설계는 완벽한 암호화 및 키 교환과 키 관리 기반 요소가 있더라도 기밀성과 무결성, 확실성을 손상시킬 수 있다. 이 점을 예제와 함께 살펴보자.

예제 17.1: 프로토콜 재전송 공격^{replay attack}은 공격자가 프로토콜의 특정 메시지를 (수반되는 데이터에 수정을 가할 수도 있음) 재전송해 보안 속성을 위협하는 것이다.

가상의 무선 센서 네트워크 프로토콜의 재전송 공격을 살펴보자. 이 네트워크는 기반 스테이션 S와 여러 에너지 제약 센서 노드 $N_1, N_2, \ldots, N_k$로 구성되고 브로드캐스트로 통신한다. 각 노드는 에너지를 절약하려고 대부분의 시간 동안 잔다. S가 특정 노드 N_i와 통신해 센서 값을 읽으려 할 때 S는 S와 N_i 간 미리 정의된 적합한 공개키 K_i로 암호화된 메시지 M을 보낸다. 즉, 프로토콜은 다음과 같이 메시지 교환을 한다.

$$
\begin{aligned}
S &\rightarrow N_i : E(K_i, M) \\
N_i &\rightarrow S : E(K_i, R)
\end{aligned}
$$

이 프로토콜은 겉보기에 안전해 보인다. 그러나 네트워크 작동을 방해하는 결점이 있다. 노드들이 브로드캐스트 통신을 사용하기 때문에 공격자는 메시지 $E(K_i, M)$을 쉽게 기록할 수 있다. 공격자는 낮은 전력으로 이 메시지를 여러 번 재전송해서 N_i는 감지하지만 S는 감지할 수 없게 한다. N_i는 암호화된 센서 값을 지속적으로 응답할 것이고, 이는 예측한 것보다 배터리를 빨리 소모시킬 것이며 결국 센서의 동작이 중지될 것이다.

이 프로토콜에 사용된 개인 암호화 단계는 전혀 문제가 없다. 단지 시스템의 시간적 동작에 문제가 있었다. N_i 메시지가 새로운 것인지 확인하는 방법이 없다. 이런 공격의 간단한 방어책은 nonce라고 불리는 새로운 난수나 각 메시지에 시간 정보를 붙이는 것이다.

이 공격은 서비스 거부 공격^{DoS Attack, Denial-of-Service Attack}의 예로, 이 공격은 센서 노드가 제공하는 서비스를 막는다.

다행히도 암호화 프로토콜을 형식적으로 모델링하고 사용하기 전에 특정 속성이나 위협 모델에 대해 유효성을 검증하는 여러 기법과 도구가 있다. 프로토콜 보안을 개선하려면 이런 기법들이 더 활발히 사용돼야 한다.

17.3 소프트웨어 보안

소프트웨어 보안 분야는 소프트웨어 구현 오류가 보안이나 시스템의 프라이버시 속성에 어떻게 영향을 끼치는지를 다룬다. 소프트웨어 버그는 데이터를 훔치고 시스템을 파괴하고, 심지어 공격자가 시스템을 임의로 제어할 수 있게 만든다. 소프트웨어 구현의 취약성은 실제로 보안 문제의 가장 큰 카테고리 중 하나다. 이런 취약성은 특히 임베디드 시스템에서 위험하다. 많은 임베디드 소프트웨어는 C 같은 저수준 언어를 사용해 만들고, 프로그래머는 프로그래밍 언어 수준의 점검 없이 임의로 코드를 작성할 수 있다. 또한 기반 운영체제 혹은 잘못된 접근이나 연산을 잡아낼 수 있는 다른 소프트웨어 계층 없이 소프트웨어는 '민하드웨어bare metal'로 동작한다. 결국 임베디드 시스템에서 시스템 오동작은 심각한 결과를 초래할 수 있고 시스템과 물리적 세계와의 상호작용을 해친다. 예를 들어 심장 박동기 같은 의료기기의 오동작은 해당 장치가 기능을 멈추게 할 수 있고, 이는 환자 생명을 위협하는 결과를 초래한다.

이 절에서는 몇 가지 예제를 사용해 소프트웨어 보안 문제를 간단히 소개한다. 더 자세한 내용은 보안 관련 책(Smith and Marchesini(2007))을 참고하자.

지금 다룰 예제는 버퍼 오버플로overflow나 버퍼 언더런underrun으로 알려진 취약성이다. 이런 종류의 오류는 C 같은 저수준 언어에서 흔히 발생한다. 이 오류는 C 프로그램의 배열이나 포인터에 접근 시 자동 경계 검사bound check가 없기 때문에 발생한다. 더 자세히 살펴보면 버퍼 오버플로는 경계 검사 부재로 인해 발생하는 에러로, 배열이나 메모리 영역의 끝을 넘겨 쓰게 된다. 공격자는 이런 유효 메모리 영역을 벗어난 쓰기를 사용해 비밀 변수의 값이나 함수의 반환 주소 같은 프로그램의 신뢰 영역을 오염시킬 수 있다(팁: 메모리 구조에 관한 9장의 자료를 참고하자). 다음의 간단한 예제를 살펴보자.

예제 17.2: 특정 임베디드 시스템의 센서들은 다양한 온보드 센서의 데이터를 지정된 포트나 네트워크 소켓에서 바이트 스트림으로 읽는 통신 프로토콜을 사용한다. 다음 코드는 이런 시나리오를 나타낸다. 프로그래머는 최대 16바이트의 센서 데이터를 읽고, 해당 데이터를 sensor_data 배열에 저장한다.

```
1  char sensor_data[16];
2  int secret_key;
3
4  void read_sensor_data() {
5      int i = 0;
6
7      // more_data는 데이터가 더 있다면 1을 반환하고
8      // 없다면 0을 반환한다.
9      while(more_data()) {
10         sensor_data[i] = get_next_byte();
11         i++;
12     }
13
14     return;
15 }
```

이 코드의 문제는 센서의 스트림 데이터가 16바이트보다 크지 않을 것이라고 믿는 것이다. 공격자가 센서에 물리적 접근이나 네트워크상에서 스트림의 제어를 갖는다고 가정해보자. 그러면 공격자는 16바이트 이상을 제공할 수 있고 프로그램은 sensor_data 배열의 끝을 넘겨서 쓰게 될 것이다. 변수 secret_key가 sensor_data 바로 다음에 정의돼 있고 컴파일러가 이 값들을 서로 근접하게 할당했다고 가정하자. 이 경우 공격자는 버퍼 오버플로 취

약성을 이용해 20바이트 길이의 스트림을 제공해서 secret_key를 원하는 키 값으로 다시 쓸 수 있게 된다. 이런 악용은 다른 방법으로도 시스템을 손상시키는 데 사용될 수 있다.

앞 예제는 전역 메모리에 저장된 배열 범위를 넘어서 쓰기를 한 경우다. 다음 예제에서 배열이 스택에 저장될 때를 살펴보자. 이 경우 버퍼 오버런 취약성이 악용돼 함수의 반환 주소를 바꾸고 공격자가 원하는 코드를 실행하게 할 수 있다. 이는 공격자가 임베디드 시스템을 임의로 제어할 수 있게 한다.

예제 17.3: 예제 17.2의 sensor_data 배열이 스택에 저장되도록 한 변형을 아래에서 살펴보자. 이전과 같이 함수는 바이트 스트림을 읽고 sensor_data에 저장한다. 아래의 경우에 읽은 센서 데이터는 이 함수에서 처리되고 특정 전역 플래그를 설정하는 데 사용된다(이는 제어 결정을 하는 데 사용될 수 있다).

```
1  int sensor_flags[4];
2
3  void process_sensor_data() {
4      int i = 0;
5      char sensor_data[16];
6
7      // more_data는 데이터가 더 있다면 1을 반환하고
8      // 없다면 0을 반환한다.
9      while(more_data()) {
10         sensor_data[i] = get_next_byte();
11         i++;
12     }
13
14     // sensor_data 값을 기반으로
```

```
15      // sensor_flags 를 설정하는 코드
16
17      return;
18  }
```

함수의 스택 프레임이 어떻게 위치하는지 9장에서 살펴본 내용을 기억해보자. 함수 process_sensor_data의 반환 주소는 sensor_data 배열 끝 바로 다음에 있는 메모리에 저장될 수 있다. 따라서 공격자는 버퍼 오버플로 취약성을 악용해 반환 주소를 수정하고 공격자가 원하는 실행 위치로 옮길 수 있다. 이런 유형의 버퍼 오버플로 악용을 **스택 스매싱**stack smashing이라고 부른다.

그리고 공격자는 더 긴 문장의 바이트를 메모리에 쓰고, 해당 문장에는 임의의 코드를 포함시킬 수 있다. 수정된 반환 주소는 이 수정된 메모리 영역을 가리킬 수 있으므로 공격자는 실행할 코드를 제어할 수 있게 된다. 이런 공격을 **코드 주입 공격**code injection attack이라고 한다.

어떻게 이런 버퍼 오버플로 공격을 피할 수 있을까? 한 가지 간단한 방법은 버퍼의 끝을 넘어가는 곳에 쓰기를 명시적으로 검사하는 것이다. 다른 방법으로는 메모리 안정성을 강제하는 더 높은 수준의 언어를 사용하는 것이다. 이는 프로그램이 접근 권한이 없는 메모리에 읽고 쓰기를 막는다. 연습문제 1에서 버퍼 오버플로를 피하는 코드 작성을 살펴보자.

17.4 정보 흐름

많은 보안 속성은 보안 주체 간 정보의 흐름에 제약을 둔다. 기밀성은 공격자가 읽을 수 있는 채널로 비밀 데이터가 흐르지 않도록 제한한다. 예를 들어 은행 잔고는 소유자나 공인된 은행 직원만 볼 수 있고 공격자는 볼 수 없다. 이와 유사하게

무결성은 믿을 수 있는 채널이나 위치로 공격자가 제어하는 신뢰성 없는 값들이 흐르지 않도록 제한한다. 은행 잔고는 믿을 수 있는 출금이나 입금에 의해서만 쓰기가 가능해야 하고 악의적인 당사자에 의한 쓰기는 금지돼야 한다. 따라서 **안전한 정보 흐름**, 즉 시스템 내의 정보 흐름이 어떻게 안전과 프라이버시에 영향을 주는지에 대한 시스템적 연구는 핵심 연구 주제다.

임베디드 시스템의 구성 요소가 주어지면 비밀 장소로부터 공격자가 읽을 수 있는 '공개' 장소 혹은 공격자가 제어할 수 있는 비신뢰 채널에서 신뢰 장소로 정보가 어떻게 흘러가는지 이해하는 것이 중요하다. 부적절한 정보 흐름을 감지하거나 시스템의 전체 보안에 끼치는 영향을 파악하기 위한 기법이 필요하다. 또한 안전과 프라이버시 정책이 주어질 때 정보 흐름을 적절히 제어함으로써 시스템에서 이 정책들을 지키는 기법도 필요하다. 이 절의 목적은 독자가 안전한 정보 흐름의 기본 개념을 이해하고 이런 기법을 개발할 수 있게 한다.

17.4.1 예제

안전한 정보 흐름 문제를 이해하도록 몇 가지 예제를 살펴보자. 이 예제들은 기밀성에 중점을 두지만 동일한 접근법이 무결성에도 적용된다.

> **예제 17.4:** 의료기기들은 갈수록 소프트웨어로 제어되고, 개인화되고, 네트워크로 연결되고 있다. 이런 기기 예로는 의사와 환자가 혈당을 측정할 수 있는 혈당 측정기가 있다. 환자의 혈당을 읽어 장치의 디스플레이에 표시하고, 이 값을 환자의 병원으로 네트워크를 통해 전송하는 가상의 혈당 측정기를 생각해보자. 이런 작업을 수행하는 고도로 추상화된 소프트웨어는 다음과 같다.
>
> ```
> 1  int patient_id; // 환자 고유 식별 번호로 초기화
> ```

```
 2
 3  void take_reading() {
 4      float reading = read_from_sensor();
 5
 6      display(reading);
 7
 8      send(network_socket, hospital_server,
 9              reading, patient_id);
10
11      return;
12  }
```

함수 take_reading은 읽은 혈당 한 개(예를 들어 mg/dL 단위)를 기록하고 부동소수점 변수 reading에 저장한다. 그리고 이 값을 적당한 형식으로 장치의 디스플레이에 표시한다. 마지막으로 의사가 분석할 수 있도록 이 값과 환자 ID를 네트워크로 연결된 병원 서버로 암호화 없이 보낸다.

환자가 혈당값을 비밀로 유지하고 싶다고 가정해보자. 이 값은 환자, 의사 외에는 아무도 알 수 없다. 이 프로그램은 이런 목적을 달성할 수 있을까? reading 값이 네트워크를 통해 평문으로 전송되므로 목적 달성은 쉽지 않다. 이런 프라이버시 유출은 reading에서 network_socket으로의 잘못된 정보 흐름이라고 정형화할 수 있다. 여기서 reading은 비밀 장소이고 network_socket은 공격자가 볼 수 있는 공개 채널이다.

17장의 앞부분에서 설명한 암호화 기본 요소 지식을 사용해 앞 예제를 개선할 수 있다. 특히 대칭키 암호화를 사용하려고 환자의 장치와 병원 서버 간 공개키가 존재한다고 가정하자. 앞 예제를 개선한 버전을 살펴보자.

예제 17.5: 새로운 버전의 프로그램은 AES로 표기되는 대칭키 암호화를 적용해 reading을 보호한다. 함수 enc_AES는 추상적으로 암호화 과정을 나타내고 send_enc는 send와 3번째 인자만 다르다.

```
1  int patient_id; // 환자 고유 식별 번호로 초기화
2
3  long cipher_text;
4
5  struct secret_key_s {
6      long key_part1; long key_part2;
7  }; // 128비트 AES 키를 저장하는 struct 타입
8
9  struct secret_key_s secret_key; // 공개키
10
11 void take_reading() {
12     float reading = read_from_sensor();
13
14     display(reading);
15
16     enc_AES(&secret_key, reading, &cipher_text);
17
18     send_enc(network_socket, hospital_server,
19             cipher_text, patient_id);
20
21     return;
22 }
```

이 경우 reading에서 network_socket으로 정보 흐름은 여전히 존재한다. 사실 secret_key에서 network_socket으로의 정보 흐름도 존재한다. 그러나 이 정보 흐름은 enc_AES로 표기된 암호화 함수를 통과한다. 보안학에서 이러한 함수를 비밀 해제기^{declassifier}라고 한다. 이 함수는 공격자가 읽을 수 있는

채널에 암호화되고 비밀 해제된 결과를 전송할 수 있게 비밀 데이터를 암호화한다. 다시 말해 비밀 해제기는 비밀 정보의 흐름은 막고, 암호화 기본 요소의 속성에 의해 공격자가 기존에 갖고 있던 정보 이상을 제공하지 않는 정보만 전송한다.

앞 예제의 코드는 환자의 혈당값에 관한 정보 흐름을 막고 있지만 프로그램을 완벽하게 보호하는 것은 아니다. 환자의 ID는 아직도 네트워크에 평문으로 전송되고 있다. 따라서 공격자가 환자의 혈당값이 무엇인지 비밀키 없이 알 수 없지만, 누가 병원에 혈당값을 보내고 있는지(그리고 언제 보냈는지도) 알 수 있다. 아직 프라이버시 데이터가 유출되는 것이다. 이 유출을 막는 방법은 사실 명백하다. 변수 reading과 patient_id를 모두 비밀키를 사용해 암호화한 후 네트워크로 내보내는 것이다.

지금까지 네트워크로 보내지는 정보를 공격자가 읽는 암묵적 위협 모델만 가정했다. 그러나 많은 임베디드 시스템에서 공격자는 장치에 물리적으로 접근할 수도 있다. 예를 들면 환자가 장치를 잃어버리고 인증 받지 않은 사람(공격자)이 해당 장치를 얻은 경우를 생각해보자. 환자의 혈당값이 장치에 저장돼 있고, 이런 잘못된 정보 흐름이 존재한다면 공격자는 장치에 저장된 데이터를 읽을 수 있을 것이다. 이런 공격을 막을 수 있는 한 가지 방법은 환자가 암호를 생성하고 장치가 켜질 때 암호를 물어보게 하는 것이다. 이 아이디어는 다음 예제에서 살펴보자.

예제 17.6: 과거 100개의 혈당값이 장치에 기록돼 있다고 가정하자. 다음 코드는 정수 암호를 사용자에게 요구하고 patient_pwd에 저장된 암호가 입력되면 저장된 기록 값을 표시하는 show_readings 함수의 구현을 보여준다.

```
1   int patient_id; // 환자 고유 식별 번호로 초기화
2
3   int patient_pwd; // 환자 암호를 저장
4
5   float stored_readings[100];
6
7   void show_readings() {
8       int input_pwd = read_input(); // 사용자에게 암호를 요구하고 읽음
9
10      if (input_pwd == patient_pwd) // 암호 비교
11          display(&stored_readings);
12      else
13          display_error_mesg();
14
15      return;
16  }
```

공격자가 patient_pwd 값을 모른다고 가정하면 이 코드는 저장된 100개의 값을 유출하지 않는다. 그러나 이 코드는 공격자가 입력한 암호가 맞는지 아닌지에 대한 1비트 정보를 유출한다. 실제로 이런 유출은 수용 가능한데, 이는 로그인을 성공하려고 엄청난 수의 시도가 필요하기 때문이다. 이런 시도를 막으려면 정확한 암호 입력 횟수를 특정 횟수 이하로만 허용하면 된다.

앞 예제는 **정량 정보 흐름**^{QIF, Quantitative Information Flow}의 개념을 보여준다. QIF는 보통 비밀 장소에서 공개 장소로의 정보 흐름 양을 측정하는 함수를 사용해 정의된다. 예를 들어 앞 예제에 나온 것처럼 유출된 연산 비트수에 관심을 가질 수 있다. 이 양이 매우 작다면 정보 유출은 수용 가능하지만 그렇지 않다면 프로그램은 다시 작성돼야 한다.

그러나 예제 17.6의 코드는 잠재적인 결함이 있다. 이 결함은 상응하는 위협 모델

에서 발생한다. 공격자가 장치에 물리적 접근이 가능하고, 장치를 열어 침입 공격을 수행하는 자원과 지식을 갖고 있어 주기억장치의 내용을 읽을 수 있다고 가정하자. 이 경우 공격자는 장치를 켜고 시스템이 초기화될 때 메모리의 내용을 읽어 간단히 patient_pwd 값을 알 수 있다.

이런 침입 공격을 어떻게 막을 수 있을까? 이 경우 안전한 해시 함수를 갖는 안전한 하드웨어나 펌웨어를 사용해 막을 수 있다. 사용자 암호에 대한 안전한 해시를 쓸 수 있고 오류가 감지될 수 있는 안전한 저장 장소를 갖는 하드웨어가 있다고 가정하자. 이 경우 실제 암호가 아닌 안전한 해시만 메인 메모리에 저장돼야 한다. 안전한 해시 함수의 속성에 의해 공격자가 해시를 아는 것만으로 암호를 알아내는 것은 계산적으로 불가능하다.

비슷한 결함이 예제 17.5에도 존재하는데, 비밀키가 메모리에 평문으로 저장된다. 실제 키가 서버와의 안전한 통신을 이용하려고 암호화와 복호화를 수행해야 하기 때문에 키의 안전한 해시를 갖는 것만으로는 충분하지 않다. 어떻게 이 함수를 보호할까? 일반적으로 이 경우는 안전히 키 매니저(하드웨어에 구현돼 있거나 신뢰성 있는 운영체제에 의한) 같은 추가적인 구성 요소가 필요하다. 이 구성 요소는 마스터키를 사용해 비밀키를 암호화하거나 복호화한다.

마지막으로 앞의 모든 예제는 소프트웨어 내에 변수의 값을 통해 정보 흐름을 나타냈지만, 정보는 다른 채널로도 유출될 수 있다. 부채널side channel은 시간이나 전력 소모, 오디오 신호의 진폭과 주파수 같은 물리적 양이나, 오류 같은 시스템의 물리적 수정을 사용해 정보를 전달하는 비전통적인 방식과 관련된 채널을 나타낸다. 17.5.2절에서 부채널 공격에 대한 기본 개념을 살펴본다.

17.4.2 이론

지금까지 비정형적으로 기밀성과 무결성을 살펴봤다. 13장에 소개한 표기법과 유사하게 이들 속성을 정확하게 표현할 수 있을까? 보안과 프라이버시 속성을 형식적으로 지정하는 것은 매우 까다로울 수 있다. 수년 동안 학문에서 다양한 형식을 제안했지만 기밀성과 무결성 같은 표기의 공통적인 정의에 대한 결론은 나지 않았다. 그러나 근본적인 개념과 이론들이 나타났다. 이 절에서는 기본 개념을 소개한다.

첫 번째 주요 개념은 비간섭$^{\text{non-interference}}$이다. 비간섭이라는 용어는 하나 이상의 주체가 취하는 동작이 다른 사람이 취하는 동작에 영향을 미치는(간섭할 수) 혹은 미치지 않는 방식을 지정하는 일련의 속성들을 나타낼 때 사용한다. 예를 들어 무결성에 대해, 공격자의 동작은 특정 신뢰성 데이터 값이나 계산에 영향을 미칠 수 없어야 한다. 이와 유사하게 기밀성 속성에 대해 공격자가 취한 동작은 비밀 값에 의존할 수 없어야 한다(따라서 공격자는 비밀에 대한 정보를 가질 수 없음을 의미한다).

다른 종류의 보안이나 프라이버시 속성을 표현하는 데 유용한 비간섭의 몇 가지 변형이 있다. 두 가지 보안 수준을 표기하려고 상위^{high}와 하위^{low} 용어를 사용하는 것이 일반적이다. 기밀성에 대해 상위 수준은 비밀 데이터/채널을 나타내고, 하위 수준은 공개 데이터/채널을 나타낸다. 무결성에 대해 상위 수준은 신뢰성 데이터/채널을 나타내고, 하위 수준은 비신뢰성 데이터/채널을 나타낸다. 비간섭은 각 입력과 출력, 상태 요소가 하위 혹은 상위로 분류되는 시스템의 추적들에서 정의된다.

처음 소개할 변형은 다음과 같이 정의되는 관찰 결정성$^{\text{observational determinism}}$(McLean, 1992; Roscoe, 1995)이다. 하위 요소들이 동일한 상태로 시스템의 두 추적이 초기화되고 같은 하위 입력을 받는다면 이는 해당 추적의 모든 상태와 출력의 하위 요소가 반드시 같아야 함을 의미한다. 다시 설명하면 시스템 추적의 하위 부분은 하위 초기 상태와 하위 입력의 결정적 함수며, 다른 것들은 없다. 결국 이는 공격자가 시스템 추적의 하위 부분을 제어하거나 관찰하더라도 상위 부분에 관해 어떤 것도 추측할 수 없음을 의미한다.

두 번째 변형은 일반화된 비간섭$^{\text{generalized non-interference}}$(McLean, 1996)으로, 시스템이 특별한 속성을 가진 추적들의 집합을 나타내야 한다. 어떤 두 개의 추적 τ_1과 τ_2에 대해 새로 생성된 추적 τ_3가 존재해야 해야 하며, τ_3의 각 시간에서 상위 입력은 τ_1의 입력과 같고, 하위 입력과 상태, 출력은 τ_2와 같아야 한다. 지관적으로 하위 상태와 출력을 볼 수 있더라도 공격자는 공격자가 τ_1에서의 상위 입력을 보는지 τ_2에서 발생한 것인지 알 수 없다.

비간섭의 다른 변형들이 공통적으로 공유하는 것이 있다. 수학적으로 이 변형들은 모두 하이퍼 속성^{hyperproperties}(Clarkson and Schneider, 2010)이다. 형식적으로 하이퍼 속성은 추적 집합들의 집합이다. 하이퍼 속성의 정의를 13장에서 소개한 추적 집합으로서의 속성 정의와 구분하자. 후자의 속성을 더 정확하게 추적 속성이라고 부르는데, 진리 값은 시스템의 독립된 하나의 추적에서 평가될 수 있기 때문이다. 하이퍼 속성의 진리 값은 보통 단일 추적을 보고는 결정할 수 없다. 여러 추적을 관찰해야 하며, 추적 간의 관계를 계산해 추적들이 하이퍼 속성을 만족하거나 위반하는지 결정할 수 있다.

예제 17.7: 그림 17.1은 두 개의 상태 기계를 보여준다. 두 경우에서 상태 기계는 하나의 비밀 입력 s와 하나의 공개 출력 z를 갖는다. 그리고 M_1은 공개 입력 x도 갖는다. 공격자는 직접 x와 z의 값을 읽을 수 있고 s는 읽을 수 없다.

상태 기계 M_1은 관찰 결정성^{OD}를 만족한다. 모든 입력 수열에 대해 M_1은 공개 입력 x의 값에만 의존하는 이진 출력 수열을 만들어내며 s에는 의존성이 없다.

반면 M_2는 OD를 만족하지 않는다. 예를 들어 입력 수열 1010^ω을 생각해보자. M_2의 출력 수열은 0101^ω이 될 것이다. 입력 수열이 0101^ω으로 바뀌면 출력은 1010^ω으로 바뀔 것이다. 공격자는 출력 z를 보면 간단히 입력 s에 대한 정보를 얻을 수 있다.

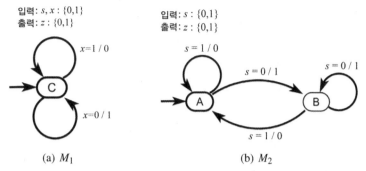

입력: $s, x : \{0,1\}$
출력: $z : \{0,1\}$

$x=1 / 0$

C

$x=0 / 1$

(a) M_1

입력: $s : \{0,1\}$
출력: $z : \{0,1\}$

$s=1 / 0$

$s=0 / 1$

A

$s=0 / 1$

B

$s=1 / 0$

(b) M_2

그림 17.1: 관찰 결정성을 만족하는 상태 기계 예(a)와 만족하지 않는 상태 기계(b). 입력 s는 비밀(상위) 입력이고 출력 z는 공개(하위) 출력이다.

17.4.3 분석과 시행

소프트웨어 시스템에서 정보 흐름을 분석 및 추적하고, 설계 시점이나 동작 시점에 정보 흐름 정책을 시행하는 여러 기법이 개발됐다. 다음 몇 가지 기법을 살펴보자. 이 분야는 지속적으로 발전하고 있어 다음에 선택된 기법이 대표적이긴 하지만 전체를 포함하는 것은 아니다.

오염 분석^{Taint analysis}. 오염 분석에서 정보 흐름은 데이터 아이템에 붙은 라벨('taint')을 사용하고 메모리 연산을 모니터링해 추적한다. 잘못된 정보 흐름이 감지되면 경보가 발생한다. 오염 분석은 소프트웨어 시스템을 위해 주로 개발됐다. 소프트웨어가 컴파일될 때 정적으로 수행되거나 런타임에 동적으로 수행될 수 있다. 예를 들어 예제 17.4의 코드에서 오염 분석은 reading에서 network_socket으로의 비밀 데이터 흐름을 감지할 수 있다. 런타임에 비밀 데이터의 흐름이 network_socket에 쓰기 전에 감지될 수 있고 런타임 예외나 다른 방어 동작이 발생한다. 정적 오염 분석은 쉬운 개념이고 쉽게 적용할 수 있지만 잘못된 경보^{false alarm}를 발생시킬 수 있다. 동적 오염 분석은 쉽고 더 정확하지만 런타임 오버헤드를 갖는다. 시스템 설계자는 용도에 맞게 각 메커니즘의 적합성을 스스로 평가해야 한다.

정보 흐름의 형식 검증. 15장에서 살펴본 모델 검사 방법 같은 형식 검증을 위한 기법이 안전한 정보 흐름을 검증하려고 사용될 수 있다. 원래의 분석 문제가 보통 적절하게 구성된 모델에서 안전 속성이 검사되는 것으로 좁혀진 후 이 기법들이 보통 사용된다(Terauchi and Aiken, 2005). 오염 분석과 비교했을 때 이 기법들은 훨씬 더 정확하지만 많은 계산이 필요하다. 이 기법들이 아직도 계속 진보되고 있어 자세한 내용을 이 장에서 다루기는 어렵다.

정책의 런타임 실행. 오염의 개념은 비밀 데이터가 항상 공개된 장소로 흘러가지 않게 하는 것 같은 간단한 정보 흐름 정책을 지정할 수 있게 한다. 그러나 어떤 보안이나 프라이버시 정책은 훨씬 복잡하다. 사람의 위치가 어떤 시간에는 공개되고 (예를 들어 근무지나 공항 같은 공개 장소에 있을 때), 다른 시간에는 비밀인(예를 들어 의사를 방문했을 때) 정책을 생각해보자. 이러한 정책은 사람의 위치를 저장하는 변수에 시간별로 다른 비밀 태그를 포함한다. 이런 정책을 지정하고 검사하고 시행하는 문제는 활발히 연구되고 있다.

17.5 심화 주제

보안과 프라이버시에서 특정 문제들은 가상 물리 시스템에서 특별히 중요한 의미를 갖는다. 이 절에서는 그중 두 가지 문제를 살펴보고 주요 이슈를 알아본다.

17.5.1 센서와 액추에이터 보안

센서와 액추에이터는 가상 세계와 물리적 세계 간의 인터페이스를 형성한다. 많은 가상 물리 시스템에서 공격자들은 구성 요소들을 쉽게 볼 수 있고 제어할 수 있다. 따라서 구성 요소들의 공격을 감지하고 보호하는 것은 중요한 문제다. 이를 위해 현실적 위협 모델과 이 위협을 해결하는 기법을 개발해야 한다. 센서 보안 분야에서 대표적인 두 가지 노력을 살펴보자.

최근 연구는 아날로그 센서에 대한 공격에 중점을 두고 있다. 즉, 이런 공격에 대한 위협 모델과 해결책을 개발하고 있다. 주요 공격은 센싱된 신호를 바꾸는 전자기 간섭[EMI, ElectroMagnetic Interference]을 사용한다. 최근 두 프로젝트가 다른 애플리케이션에서 EMI 공격을 연구했다. Foo Kune et al.(2013)은 임플란트 의료기기와 가전제품을 상대로 다양한 전력과 거리에서 EMI 공격을 조사했다. Shoukry et al.(2013)은 특정 타입 차량 센서의 센서 값을 위장하는 EMI 공격의 가능성을 연구했다. 두 프로젝트의 기본 이론을 살펴보자.

위협 모델

센서 보안 맥락에서 EMI는 여러 관점으로 분류할 수 있다. 첫 번째로 이런 간섭은 센서 부품을 수정하는 침입[invasive] 혹은 관찰이나 잘못된 값을 원격 주입하는 비침입[non-invasive]이 될 수 있다. 두 번째로 이 간섭은 의도적(공격자가 실행한)이거나 의도적이지 않을 수(낙뢰나 변압기에서 발생한) 있다. 세 번째로 이 간섭은 오류를 주입하거나 센서를 끄는 등의 강력[high power]하거나, 간단히 잘못된 값을 주입하거나, 센서값을 수정하는 약[low power]할 수 있다. 이런 관점들은 비정형적 위협 모델을 정의하는 데 사용한다.

Foo Kune et al.(2013)은 비고의적이고 약하고 비침입 공격에 대한 위협 모델을 설명한다. 이 특성들의 조합은 막기 가장 어렵다. 약하고 비침입적인 공격은 감지하기 어렵기 때문이다. 연구자들은 두 가지 EMI 공격을 설계한다. 베이스밴드[baseband] 공격은 생성된 신호 값이 있는 같은 주파수 밴드에 신호를 주입한다. 이 공격은 운영 주파수 밴드 밖의 신호를 걸러내는 센서에 효과적이다. 진폭 변조 공격은 센서의 같은 주파수 밴드에서 반송파 신호[carrier signal]로 시작해 공격 신호로 변조한다. 이 공격은 센서의 공진 주파수를 일치시켜 약한 공격 신호의 영향을 증폭할 수 있다. 이 연구는 이 공격들이 임플란트 심장 장치에서 수행되는 방식을 보여준다. 즉, 이 장치에서 1~2미터 떨어진 거리에서 위조 신호를 주입해 심장 박동 조절을 멈추게 하고 제세동을 유발한다.

Shoukry et al.(2013)이 연구한 위협 모델은 의도적 비침입 공격이며, 차량의 잠금 방지 브레이크 시스템^{ABS, Anti-lock Braking System}에 중점을 둔다. ABS 센서가 측정하는 자기장을 바꿀 수 있는 악의적인 액추에이터(차량 밖에 설치 가능한)를 자기 휠 속도 센서 근처에 위치시키면 해당 센서는 공격받을 수 있다. 액추에이터가 자기장을 방해하지만 공격자에 의해 정확히 제어 가능하지는 않은 이런 공격의 형태는 '단순히' 방해만 가능하다. 이 공격은 비의도적이며 강력한 EMI와 비슷하다. 이런 공격 중 까다로운 것은 스푸핑^{spoofing} 공격으로 ABS 시스템이 한 개 이상의 바퀴에 대해 잘못됐지만 정확한 바퀴 속도를 측정하도록 속일 수 있다. 이 공격은 액추에이터 근처에 능동형 자기 차폐^{magnetic shield}를 구현하면 가능하다. 더 자세한 내용은 해당 논문을 참고하자. 논문의 저자는 실제 차량 센서에서 어떻게 공격할 수 있는지 보이고, 시뮬레이션으로 ABS 시스템이 빙판 도로 상태에서 어떻게 잘못된 브레이크를 결정해 차량이 미끄러지는지 보여준다.

대책

앞의 두 프로젝트는 각 공격에 대한 대책도 논의한다.

Foo Kune et al.(2013)은 하드웨어 기반과 소프트웨어 기반의 여러 방어책을 논의한다. 하드웨어나 회로 수준의 접근법은 센서를 보호하도록 가리고, 입력 신호를 걸러내고, 노이즈를 없애는 것들이 있다. 그러나 이런 방식들은 일부에서만 효과가 있다고 알려져 있다. 따라서 소프트웨어 기반 대책이 소개됐다. 주변 환경에서 EMI 수준을 예측하고 적응형 필터링, 센싱된 신호가 기대했던 패턴을 따르는지 조사, 안전한 기본값으로 되돌리기, 환자나 의사에게 공격의 가능성을 알려 EMI 소스로부터 떨어지도록 적당한 행동을 취하게 하는 것 등이 있다.

Shoukry et al.(2015, 2016)은 제어 이론과 정형 기법에 기반을 둔 약간 다른 접근법을 취한다. 이 접근법은 시스템과 센서 공격의 수학적 모델을 만들고, 공격받은 센서들의 부분집합을 알아내 센서들을 격리시키는 알고리즘을 개발하고, 나머지(공격받지 않은) 센서들을 사용해 상태 예측 및 제어를 수행한다.

17.5.2 부채널 공격

많은 임베디드 시스템은 공격자가 네트워크뿐만 아니라 물리적으로도 접근할 수 있다. 따라서 이들 시스템은 다른 환경에서는 불가능한 여러 종류의 공격에 노출된다. 이런 종류 하나는 **부채널 공격**side channel attack이며 잘못된 정보 흐름이 부채널을 통해 이뤄진다. Kocher(1996)의 세미나 연구 이후로 여러 종류의 부채널을 사용한 공격이 연구됐다. 이 공격들에는 타이밍(Brumley and Boneh(2005); Tromer et al. (2010) 참고), 전력(Kocher et al.(1999) 참고), 오류(Anderson and Kuhn(1998); Boneh et al. (2001) 참고), 메모리 접근 패턴(Islam et al.(2012) 참고), 음향 신호(Zhuang et al.(2009) 참고), 데이터 잔상data remanence(Anderson and Kuhn(1998); Halderman et al.(2009) 참고) 등이 있다. 타이밍 공격은 시스템이 생성하는 출력값이 아닌 시스템의 타이밍 동작을 관찰하는 것이다. 전력 공격은 전력 소비에 관심을 갖는 것이고, 특히 **차분 전력 분석**differential power analysis이라 불리는 효과적인 변형은 다른 여러 실행을 통해 전력 소비를 비교 분석한다. 메모리 접근 패턴 공격은 암호화된 데이터 관련 정보를 얻도록 접근한 메모리 위치 주소를 살펴보는 것이다. **오류 공격**은 오류를 주입함으로써 정상적인 실행을 수정해 정보를 유출한다.

부채널 공격에 관한 모든 연구에 대한 설명은 이 책의 범위를 벗어나므로 다음 예제에서 정보가 타이밍 부채널을 통해 어떻게 유출되는지 살펴보자.

> **예제 17.8:** 예제 16.1의 modexp 함수로 주어진 모듈러 거듭제곱을 구현한 C 함수를 살펴보자. 그림 17.2에서 modexp의 실행 시간이 exponent 값의 함수로서 어떻게 다양해지는지 볼 수 있다. 이 지수는 RSA나 디피 헬먼 같은 공개키 암호 시스템 구현에서 비밀키와 어떻게 대응하는지 떠올려보자. 실행 시간은 y축의 CPU 사이클로 나타내고, exponent 값은 0부터 15까지의 범위

에 있다. 측정은 ARMv4 명령어 집합을 구현한 프로세서에서 이뤄졌다.

600, 700, 750, 850, 925 사이클 근처의 5개 집단을 볼 수 있다. 각 집단은 이진 수로 표시할 때 1로 설정되는 비트수와 같은 exponent 값과 대응된다. 예를 들어 1이나 2, 4, 8 값의 실행 시간은 1로 설정되는 비트수가 하나며, 700 CPU 사이클 근처에 집단이 형성된다.

따라서 modexp의 실행 시간을 간단히 살펴보는 것과 기반 하드웨어 플랫폼에 대한 약간의 지식(혹은 해당 플랫폼에 접근하는 것)이 있다면 공격자는 exponent (비밀키)의 1로 설정된 비트수를 추측할 수 있다. 이런 정보는 키를 무차별 대입 공격할 때 탐색 범위를 상당히 좁혀줄 수 있다.

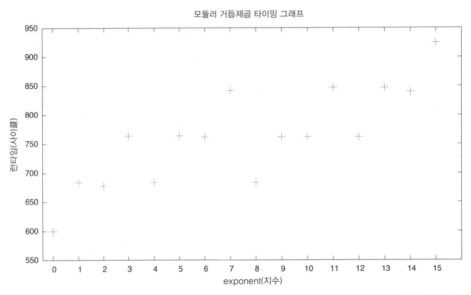

그림 17.2: 예제 16.1의 modexp 함수에 대한 타이밍 데이터. 이 그래프는 modexp에 대한 실행 시간(y축의 CPU 사이 클)이 4비트 exponent(x축에 나열된) 값의 함수로 어떻게 다양하게 나타나는지 보여준다.

예제 17.8에서는 공격자가 큰 프로그램 내에 들어있는 modexp 같은 작은 분량의 코드 실행 시간을 측정할 수 있다고 가정했다. 이 가정이 현실적으로 가능한가? 아마도 아닐 것이다. 하지만 이 말이 타이밍 공격이 불가능하다는 의미는 아니다. 공격자가 함수의 실행 시간을 측정하는 더 정교한 기법들이 존재한다. 예를 들어 Tromer et al.(2010)은 타이밍 공격을 사용해 AES를 깨는 방법을 보여준다. 공격자는 희생자 프로세스가 캐시 적중이나 부적중을 겪는지 측정하는 간접적인 방식과 함께 다른 프로세스에서 캐시 적중과 부적중을 간단히 추측한다(프로세스가 가진 메모리 세그먼트 내의 적절히 선택된 메모리 위치에 쓰기 실행). 이는 공격자가 AES 계산 중에 특정 테이블 엔트리가 조회됐는지 알 수 있게 하고, 공격자가 그 키를 재구성할 수 있게 한다.

시스템 설계자가 만든 가정을 깨는 방식으로 보안이 위험에 처할 수 있음을 부채널 공격은 보여준다. 임베디드 시스템 설계 시 시스템 보안의 합리적 수준을 달성하려면 위협 모델과 가정에 대한 주의 깊은 고민이 필요하다.

17.6 요약

보안과 프라이버시는 이제 임베디드 가상 물리 시스템에서 가장 중요한 설계 관심사다. 17장은 가상 물리 시스템에 관련된 주제에 집중하며 보안과 프라이버시를 소개했다. 암호화와 복호화, 안전한 해시 함수, 디지털 서명 등의 암호화 기본 요소를 다뤘다. 그리고 보안과 프라이버시의 많은 하위 영역에서 사용되는 기본 주제들인 프로토콜 보안과 소프트웨어 보안, 안전한 정보 흐름을 살펴봤다. 마지막으로 센서 보안과 부채널 공격을 포함하는 특정 심화 주제를 다뤘다.

연습문제

1. 예제 17.2의 버퍼 오버플로 취약성을 생각해보자. 코드를 수정해 버퍼 오버플로를 막아보자.

2. 시스템 M이 비밀 입력 s와 공개 입력 x, 공개 출력 z를 갖는다고 가정하자. 세 변수 모두 불리언 타입이다. 다음의 참/거짓 문제를 증명과 함께 답해보자.

   (a) M이 선형 시간 논리[LTL] 속성 $G\neg z$를 만족한다고 가정하자. 그러면 M은 반드시 관찰 결정성을 만족해야 한다.

   (b) M이 선형 시간 논리[LTL] 속성 $G[(s \wedge x) \Rightarrow z]$를 만족한다고 가정하자. 그러면 M은 반드시 관찰 결정성을 만족해야 한다.

3. 한 개의 입력 x와 한 개의 출력 z를 갖는 다음의 유한 상태 기계를 생각해보자. 두 입출력은 {0, 1} 값을 가질 수 있다. x와 z는 보안 관점에서 공개(하위) 신호다. 그러나 이 FSM의 상태(즉 'A' 나 'B')는 비밀(상위)이다.

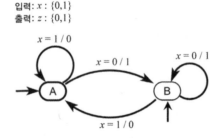

   다음은 참인가?
   공격자에게 상태 기계가 A나 B에서 실행을 시작하는지 알려주며 공격자가 제공할 수 있는 입력 수열이 존재한다.

PART
04

부록

부록은 이 책의 형식적이고 알고리즘적인 부분을 깊게 이해하는 데 필요한 수학과 컴퓨터 과학의 기본 배경을 다룬다. 부록 A는 집합과 함수에 중점을 두며, 논리에 관한 기본 표기법을 살펴본다. 부록 B는 복잡도와 계산 가능성에 대한 표기를 살펴보며, 시스템 설계자가 시스템을 구현하는 비용과 특정 시스템을 구현할 수 없게 만드는 기본적인 제한 요소들을 이해할 수 있게 한다.

A

집합과 함수

부록 A에서는 집합과 함수에 대한 기본 표기법을 설명한다.

A.1 집합

이 절은 집합의 표기법을 설명한다. 집합^{set}은 객체의 모음이다. 객체 a가 집합 A에 있을 때 $a \in A$로 표기한다. 다음과 같은 집합을 정의한다.

- $\mathbb{B} = \{0, 1\}$, 이진수 집합
- $\mathbb{N} = \{0, 1, 2, \ldots\}$, 자연수 집합
- $\mathbb{Z} = \{\ldots, -1, 0, 1, 2, \ldots\}$, 정수 집합
- $\mathbb{R}$, 실수 집합
- $\mathbb{R}_+$, 음이 아닌 실수의 집합

집합 A가 집합 B에 완전히 속해 있다면 A는 B의 **부분집합**이라고 하며, $A \subseteq B$로 표기한다. 예를 들면 $\mathbb{B} \subseteq \mathbb{N} \subseteq \mathbb{Z} \subseteq \mathbb{R}$은 성립한다. 집합들은 같을 수 있고, 따라서 $\mathbb{N} \subseteq \mathbb{N}$은 참이 된다. 집합 A의 **멱집합**^{powerset}은 모든 부분집합의 집합으로 정의되며

2^A으로 표기한다. 공집합$^{empty\ set}$은 ø으로 표기하며, 항상 멱집합의 원소가 된다. 즉, ø $\in 2^A$이다.

모든 집합 A와 B에 대해 **차집합**은 다음과 같이 정의한다.

$$A \setminus B = \{a \in A : a \notin B\}$$

이 표기는 "a는 A에 속하지만 B에는 속하지 않는다."라고 읽는다.

집합 A와 B의 데카르트 곱은 $A \times B$로 쓰고, 아래와 같이 정의된다.

$$A \times B = \{(a, b) : a \in A, b \in B\}$$

이 집합의 원소 (a, b)를 **튜플**^{tuple}이라고 한다. 위 표기는 'a는 A에 속하고 b는 B에 속하는 튜플 (a, b)의 집합'이라고 읽는다. 데카르트 곱은 세 개나 그 이상의 집합으로도 구성될 수 있으며, 이 경우 튜플은 세 개나 그 이상의 원소를 갖는다. 예를 들어 $(a, b, c) \in A \times B \times C$로 쓸 수 있다. 집합 A 자신과의 데카르트 곱은 $A^2 = A \times A$로 쓸 수 있다. $n \in \mathbb{N}$일 때 집합 A 자신과의 n번 데카르트 곱은 A^n으로 쓴다. 집합 A^n의 원소를 n튜플이라고 한다. A^0을 한 원소 집합$^{singleton\ set}$ 혹은 A의 크기에 상관없이 단 한 개의 원소를 갖는 집합이라고 하고, $A^0 = \{ø\}$로 정의한다. A^0는 공집합이 아니라 공집합을 포함하는 한 원소 집합이다.

A.2 관계와 함수

집합 A에서 집합 B로의 **관계**^{relation}는 $A \times B$의 부분집합이다. 집합 A에서 집합 B로의 **부분 함수**$^{partial\ function}$ f는 $(a, b) \in f$이고, $(a, b') \in f$이면 $b = b'$를 만족하는 관계다. 이런 부분 함수를 $f: A \rightharpoonup B$로 표시한다. A에서 B로의 **전체 함수**$^{total\ function}$ 혹은 간단히 함수는 모든 $a \in A$에 대해 $(a, b) \in f$를 만족하는 $b \in B$가 존재하는 부분 함수다. 이런 함수를 $f: A \rightarrow B$로 표기하며, 집합 A는 **정의역**^{domain}, 집합 B를 **공역**^{codomain}이라고 한다. $(a, b) \in f$ 대신 $f(a) = b$로 표기할 수 있다.

예제 A.1: 부분 함수의 예로는 모든 $x \in \mathbb{R}_+$에 대해 $f(x) = \sqrt{x}$로 정의되는 $f: \mathbb{R} \rightharpoonup \mathbb{R}$이 있다. 이 정의역 $\mathbb{R}$ 내의 모든 $x < 0$에 대해 정의하지 않는다.

위 예제에서 볼 수 있듯이 부분 함수 $f: A \rightharpoonup B$는 대입 규칙$^{\text{assignment rule}}$으로 정의될 수 있다. 대입 규칙은 $a \in A$가 주어지면 $f(a)$의 값을 얻는 방법을 간단히 설명한다. 이 함수는 $A \times B$의 부분집합인 그래프로도 정의될 수 있다.

예제 A.2: 이전 예제와 같은 부분 함수는 다음이 주어지는 그래프 $f \subseteq \mathbb{R}^2$을 갖는다.

$$f = \{(x, y) \in \mathbb{R}^2 : x \geq 0 \text{ 그리고 } y = \sqrt{x}\}$$

전달하고자 하는 문맥이 명확하면 함수와 그래프에 대해 모두 f로 표기한다는 점에 주의한다.

$f: A \rightarrow B$인 모든 함수의 집합을 $(A \rightarrow B)$나 B^A으로 표기한다. 전자 표기법은 지수 표기법이 어색할 때 사용한다. B^A 표기법에 대한 정의는 뒤에 설명한다.

$f: A \rightarrow B$와 $g: B \rightarrow C$의 함수 합성$^{\text{function composition}}$은 $(g \circ f): A \rightarrow C$로 표기하고, 모든 $a \in A$에 대해 다음과 같이 정의된다.

$$(g \circ f)(a) = g(f(a))$$

$(g \circ f)$ 표기에서 함수 f는 먼저 적용됨을 유의하자. 함수 $f: A \rightarrow A$에 대해 함수 자신과의 합성은 $(f \circ f) = f^2$으로 표기하고, 더 일반적으로는 모든 $n \in \mathbb{N}$에 대해 다음과 같이 표기할 수 있다.

$$\underbrace{(f \circ f \circ \cdots \circ f)}_{n \text{번}} = f^n$$

$n = 0$인 특별한 경우에 대해 함수 f^0은 항등 함수^{identity function}로 부르고, 모든 $a \in A$에 대해 $f^0(a) = a$가 성립한다. 함수의 정의역과 공역이 같다면, 즉 $f \in A^A$ 이라면 모든 $n \in \mathbb{N}$에 대해 $f^n \in A^A$이 성립한다.

$f: A \to B$인 모든 함수에 대해 다음과 같이 A의 멱집합으로 정의되는 연관 상 함수^{image function} $\hat{f}: 2^A \to 2^B$이 존재한다.

$$\forall A' \subseteq A, \quad \hat{f}(A') = \{b \in B : \exists a \in A', \ f(a) = b\}$$

상함수 $\hat{f}$는 단일 원소보다는 정의역 내 원소들의 집합 A'에 적용된다. 단일 원소를 반환하지 않고 A'의 원소가 인자로 주어질 때 f가 반환할 수 있는 모든 값의 집합을 반환한다. $\hat{f}$를 f의 올림^{lifted} 버전이라고 한다. 불확실성이 없다면 f의 올림 버전을 $\hat{f}$ 대신 간단히 f로 쓸 수 있다(불확실성이 있을 때의 예제를 2(c)에서 살펴보자).

모든 $A' \subseteq A$에 대해 $\hat{f}(A')$는 함수 f에 대한 A'의 상^{image}라고 한다. 정의역의 상 $\hat{f}(A)$는 함수 f의 치역^{range}이라고 한다.

예제 A.3: $f(x) = x^2$으로 정의된 함수 $f: \mathbb{R} \to \mathbb{R}$의 상 $\hat{f}(\mathbb{R})$은 $\mathbb{R}_+$다.

$\hat{f}(A) = B$이면 함수 $f: A \to B$는 **위로의**^{onto} 함수 혹은 전사 함수^{surjective}라고 한다. 모든 $a, a' \in A$에 대해 다음을 만족하면 함수 $f: A \to B$는 **일대일**^{one-to-one} 함수 혹은 단사^{injective} 함수다.

$$a \neq a' \Rightarrow f(a) \neq f(a') \qquad\qquad (A.1)$$

즉, 정의역의 서로 다른 두 값은 공역의 같은 값으로 사상될 수 없다. 일대일이면서 전사 함수인 함수를 **전단사**^{bijective} 함수라고 한다.

예제 A.4: $f(a) = 2x$로 정의된 함수 $f: \mathbb{R} \to \mathbb{R}$은 전단사 함수다. $f(x) = 2x$로 정의된 함수 $f: \mathbb{Z} \to \mathbb{Z}$는 일대일이지만 전사 함수는 아니다. $f(x, y) = xy$로 정의된 함수 $f: \mathbb{R}^2 \to \mathbb{R}$은 전사 함수지만 일대일 함수는 아니다.

함수 정의 시 중요한 부분이 함수의 정의역과 공역이라는 점을 위 예제가 잘 보여준다.

명제 A.1. $f: A \to B$가 전사 함수면 일대일 함수 $h: B \to A$가 존재한다.

증명. h는 $h(b) = a$로 정의되며, a는 $f(a) = b$를 만족하는 A의 모든 원소라고 하자. f가 전사 함수이므로 적어도 한 개의 원소는 항상 존재해야 한다. 이제 h가 일대일 함수임을 보일 수 있다. 이를 위해 $b \neq b'$를 만족하는 임의의 두 원소 $b, b' \in B$를 생각해보자. $h(b) \neq h(b')$임을 보여야 한다. 반대로 어떤 $a \in A$에 대해 $h(b) = h(b') = a$가 성립한다고 가정해보자. 그러나 h의 정의에 의해 $f(a) = b$와 $f(a) = b'$가 되고, 이는 $b = b'$를 의미한다. 즉 모순이다. □

이 명제의 역도 쉽게 증명된다.

명제 A.2. $h: B \to A$가 일대일 함수면 전사 함수 $f: A \to B$가 존재한다.

모든 전단사 함수 $f: A \to B$는 다음과 같이 정의된 역^{inverse} $f^{-1}: B \to A$를 갖는다. 모든 $b \in B$에 대해 다음이 성립한다.

$$f(a) = b \text{를 만족하는 } f^{-1}(b) = a \in A \tag{A.2}$$

f가 전사 함수이므로 이 함수는 모든 $b \in B$에 대해 정의된다. 그리고 f가 일대일 함수이므로 각 $b \in B$에 대해 식 (A.2)를 만족하는 한 개의 고유한 $a \in A$가 존재한다. 모든 전단사 함수 f에 대해 그 역은 역시 전단사 함수다.

A.2.1 제한과 사영

함수 f: $A \to B$와 부분집합 $C \subseteq A$가 주어질 때 C에 대한 f의 제한restriction인 새로운 함수 $f|_C$를 정의할 수 있다. 모든 $x \in C$에 대해 $f|_C(x) = f(x)$로로 정의된다.

> **예제 4.5:** $f(x) = x^2$로 정의된 함수 f: $\mathbb{R} \to \mathbb{R}$는 일대일 함수가 아니다. 하지만 $f|_{\mathbb{R}_+}$는 일대일 함수다.

한 n 튜플 $a = (a_0, a_1, \ldots, a_{n-1}) \in A_0 \times A_1 \times \ldots \times A_{n-1}$을 생각해보자. 이 n 튜플의 **사영**projection은 이 튜플의 원소들을 추출해 새로운 튜플을 만든다. 구체적으로 표현하면 어떤 $m \in \mathbb{N}\backslash\{0\}$에 대해 다음이 성립한다고 하자.

$$I = (i_0, i_1, \ldots, i_m) \in \{0, 1, \ldots, n-1\}^m$$

즉, I는 m개의 인덱스를 원소로 갖는 튜플이다. 그리고 I 위에서 a에 대한 사영을 다음과 같이 정의한다.

$$\pi_I(a) = (a_{i_0}, a_{i_1}, \ldots, a_{i_m}) \in A_{i_0} \times A_{i_1} \times \ldots \times A_{i_m}$$

사영은 튜플의 원소를 치환하거나 원소를 무시하거나 원소를 반복시키는 데 사용할 수 있다.

튜플의 사영과 함수의 제한은 서로 관련이 있다. $a = (a_0, a_1, \ldots, a_{n-1})$인 n 튜플 $a \in A^n$은 a: $\{0, 1, \ldots, n-1\} \to A$ 형태의 함수로 여겨질 수 있고, 이때 $a(0) = a_0$, $a(1) = a_1, \ldots$이다. 사영은 이 함수의 제한과 비슷하지만, 제한은 스스로 원소를 치환하거나 반복하거나, 번호를 다시 붙이지 못한다. 그러나 다음 예제에서 볼 수 있듯이 개념적으로 동작 방식은 비슷하다.

예제 A.6: 3 튜플 $a = (a_0, a_1, a_2) \in A^3$을 생각해보자. 이 튜플은 함수 $a: \{0, 1, 2\} \to A$로 표현된다. $I = \{1, 2\}$라고 하자. 사영 $b = \pi_I(a) = (a_1, a_2)$는 $b(0) = a_1$, $b(1) = a_2$인 함수 $b: \{0, 1\} \to A$로 표현될 수 있다.

제한 $a|_I$는 b와 정확히 같지는 않다. 첫 번째 함수의 정의역은 $\{1, 2\}$지만 두 번째 함수의 정의역은 $\{0, 1\}$이다. 특히 $a|_I(1) = b(0) = a_1$이고 $a|_I(1) = b(0) = a_1$이다.

사영은 일반 함수처럼 올려질 수 있다. n 튜플들의 집합 $B \sqsubseteq A_0 \times A_1 \times \ldots \times A_{n-1}$과 m 튜플의 인덱스 $I \in \{0, 1, \ldots, n-1\}^m$이 주어질 때 올려진 사영^{lifted projection}은 다음과 같다.

$$\hat{\pi}_I(B) = \{\pi_I(b) \,:\, b \in B\}$$

A.3 수열

튜플 $(a_0, a_1) \in A^2$은 길이가 2인 수열로 해석할 수 있다. 수열에서 원소들의 순서는 중요하며, 실제로 자연수의 자연 순서에서 확인할 수 있다. 즉, 0은 1 앞에 온다. 이를 일반화하면 길이가 n인 집합 A의 원소 수열은 집합 A^n의 n 튜플이다. A^0은 공수열의 집합을 나타내며, 한 원소 집합이다(공수열 한 개만 존재).

집합 A의 원소들의 모든 유한 수열^{finite sequence} 집합은 A^*로 표기하며, *는 $\mathbb{N}$의 어떤 값도 취할 수 있는 와일드카드다. 길이가 n인 이 집합의 원소는 n 튜플 유한 수열이다.

집합 A의 원소들의 무한 수열^{infinite sequence}의 집합은 $A^{\mathbb{N}}$이나 A^{ω}으로 표기한다. 유한과

무한 수열[finite and infinite sequence]의 집합은 $A^{**} = A^* \cup A^{\mathbb{N}}$으로 표기한다.

유한과 무한 수열은 동시 프로그램의 의미[semantic]에서 중요한 역할을 한다. 예를 들어 이 수열들은 프로그램의 한 부분에서 다른 부분으로 보내는 메시지 스트림을 나타내는 데 사용할 수 있다. 또는 한 변수에 연속적인 값 대입을 나타낼 수 있다. 끝이 있는 프로그램은 유한 수열로 충분하지만, 끝나지 않는 프로그램은 무한 수열이 필요하다.

함수의 집합에 대한 지수 표현

$f: A \rightarrow B$ 형태의 함수의 집합에 대한 지수 표현 B^A은 설명할 가치가 있다. A^2은 집합 A와 자신의 데카르트 곱이며, 2^A은 A의 멱집합임을 상기하자. 이 두 표기법은 함수의 집합으로 자연스럽게 생각된다. 폰 노이만은 자연수를 다음과 같이 정의한다.

$$0 = \emptyset$$
$$1 = \{0\} = \{\emptyset\}$$
$$2 = \{0, 1\} = \{\emptyset, \{\emptyset\}\}$$
$$3 = \{0, 1, 2\} = \{\emptyset, \{\emptyset\}, \{\emptyset, \{\emptyset\}\}\}$$
$$\ldots$$

이 정의를 사용하면 멱집합 2^A은 집합 A를 집합 2로 매핑하는 함수의 집합이다. $f \in 2^A$인 이런 함수를 생각해보자. 각 $a \in A$에 대해 $f(a) = 0$이거나 $f(a) = 1$이다. 0이 '구성원이 아님[non member]'을 나타내고 1이 '구성원[member]임'을 나타낸다고 하면 함수의 집합 2^A은 A의 모든 부분집합의 집합을 나타낸다. 각각의 이런 함수는 부분집합을 정의한다.

이와 유사하게 데카르트 곱 A^2는 $f: 2 \rightarrow A$ 형태의 함수 집합으로 생각하거나 폰 노이만 수를 사용해 $f: \{0, 1\} \rightarrow A$로 생각할 수 있다. 한 튜플 $a = \{a_0, a_1\} \in A^2$

을 생각해보자. 이 튜플을 $a(0) = a_0$이고 $a(1) = a_1$인 함수 $a: \{0, 1\} \to A$로 연관시킬 수 있다. 이 함수의 인자는 이 튜플에 대한 인덱스다. 이제 $f: A \to B$ 형태의 함수 집합 B^A을 자연수 대신 집합 A로 색인된 튜플들의 집합으로 생각할 수 있다.

$\omega = \{\emptyset, \{\emptyset\}, \{\emptyset, \{\emptyset\}\}, \ldots\}$은 폰 노이만 수의 집합을 나타내자. 이 집합은 집합 $\mathbb{N}$과 밀접히 관련돼 있다(연습문제 2 참고). 집합 A가 주어질 때 A^ω를 A의 원소들의 모든 무한 수열 집합인 $A^\mathbb{N}$으로 생각할 수 있다.

한 원소 집합 A^0은 정의역이 공집합이고 공역이 A인 모든 함수의 집합으로 이해할 수 있다. 정확히 하나의 이런 함수가 존재하고(이러한 두 함수는 구분할 수 없다), 이 함수는 빈 그래프empty graph를 갖는다. 앞에서 $A^0 = \{\emptyset\}$를 정의했다. 폰 노이만 수를 사용해 $A^0 = 1$이고, 이는 일반수에서 0인 지수의 정의와 잘 일치한다. 그리고 $A^0 = \{\emptyset\}$은 빈 그래프를 갖는 모든 함수의 집합으로 생각할 수 있다.

보통 A^0, 2^A, A^2에 대해 굵은체를 생략하고 A^0, 2^A, A^2으로 쓴다.

연습문제

1. 이 문제는 전사 함수와 일대일 함수의 속성을 알아본다.

   (a) $f: A \to B$가 전사 함수이고 $B \to C$도 전사 함수라면 $(g \circ f): A \to C$도 전사 함수임을 밝혀라.

   (b) $f: A \to B$가 일대일 함수고 $g: B \to C$도 일대일 함수라면 $(g \circ f): A \to C$도 일대일 함수임을 밝혀라.

2. $\omega = \{\emptyset, \{\emptyset\}, \{\emptyset, \{\emptyset\}\}, \ldots\}$을 앞에 정의된 폰 노이만 수라고 하자. 이 문제는 이 집합과 자연수 집합인 $\mathbb{N}$ 사이의 관계를 살펴본다.

(a) $f: \omega \to \mathbb{N}$을 다음과 같이 정의하자.

$$f(x) = |x|, \; \forall x \in \omega$$

즉 $f(x)$는 집합 x의 크기다. f가 전단사 함수임을 밝혀라.

(b) 위 (a)에 있는 함수 f의 올림 버전은 $\hat{f}$으로 표기된다. $\hat{f}(\{0, \{0\}\})$의 값을 찾아보자. 그리고 $f(\{0, \{0\}\})$의 값도 찾아보자. 앞에서 불확실성이 없다면 $\hat{f}$는 간단히 f로 쓸 수 있다고 한 점을 상기하자. 이 함수에 대해 불확실성이 존재하는가?

B

복잡도와 계산 가능성

복잡도 이론과 계산 가능성 이론은 효율성과 계산 제약을 연구하는 컴퓨터 과학의 분야다. 계산 가능성 이론은 어떤 문제를 컴퓨터로 풀 수 있는지 연구하고, 복잡도 이론은 문제를 얼마나 효율적으로 컴퓨터를 이용해 풀 수 있는지 연구한다. 두 분야는 문제 중심적, 즉 문제가 본질적으로 쉬운지 혹은 어려운지에 대해 중점을 두며, 문제를 푸는 특정 기법(알고리즘)에는 큰 관심을 두지 않는다.

부록 B에서는 이 책과 관련 있는 복잡도와 계산 가능성 이론의 몇 가지 주제를 간단히 살펴본다. 이 주제에 관한 더 자세한 내용은 Papadimitriou(1994)와 Sipser (2005), Hopcroft et al.(2007) 등에서 찾을 수 있다. 먼저 알고리즘의 복잡도를 살펴볼 것이다. 알고리즘은 컴퓨터 프로그램으로 구현되며, 컴퓨터 프로그램이 할 수 있는 작업에 제약이 있음을 살펴볼 것이다. 그리고 '계산'을 정의하는 데 사용하는 튜링 머신을 설명하며, 프로그램의 제약들이 결정 불가능 문제로 어떻게 나타나는지 보인다. 마지막으로 문제의 복잡도를 알아본다. 이는 문제를 해결하기 위한 알고리즘의 복잡도와는 다르다.

B.1 알고리즘의 유효성과 복잡도

알고리즘은 문제를 풀기 위한 단계적 과정이다. 알고리즘이 유효effective하려면 유한 횟수의 단계 안에 끝나야 하고, 유한의 자원(메모리 같은)을 사용해야 한다. 알고리즘이 효율적useful이 되려면 합리적reasonable인 횟수의 단계에 끝나고, 합리적인 양의 자원을 사용해야 한다. 물론 '합리적'은 풀어야 할 문제에 따라 다르다.

어떤 문제는 유효한 알고리즘이 없다고 알려져 있다. 다음은 결정 불가능에 대해 살펴볼 것이다. 다른 문제들은 한 개 이상의 유효한 알고리즘이 있지만 이 알고리즘이 최상인지는 알 수 없다. 심지어 유효한 알고리즘의 존재만 알고 유효한 알고리즘을 찾지 못한 문제들도 있다. 다음 예제가 이러한 문제들을 설명한다.

> **예제 B.1:** π의 10진수 표현으로 n개의 연속적인 5가 있는 수열이 존재하면 $f(n)$ = YES이고 그렇지 않으면 $f(n)$ = NO인 함수 $f: \mathbb{N} \rightarrow \{\text{YES, NO}\}$를 생각해 보자. 이 함수는 다음 두 가지 중 하나의 형태를 갖는다.
>
> $$f(n) = \text{YES} \; \forall n \in \mathbb{N}$$
>
> 이거나 혹은 다음을 만족하는 $k \in \mathbb{N}$이 존재한다.
>
> $$f(n) = \begin{cases} \text{YES} & \text{if } n < k \\ \text{NO} & \text{otherwise} \end{cases}$$
>
> 두 형태 중 어떤 것이 맞는지는 알려져 있지 않고, 두 번째 형태가 맞을 때 k가 무엇인지는 모른다. 그러나 이에 상관없이 이 문제를 푸는 유효한 알고리즘은 존재한다. 실제로 알고리즘은 매우 간단하다. 알고리즘은 즉시 YES를 반환하거나 n을 k와 비교해 $n < k$이면 YES를 반환한다. 둘 중 하나는 맞는 알고리즘임을 알지만 어떤 것이 맞는지 모른다. 둘 중 하나가 맞다는 것을 아는 것은 유효한 알고리즘이 존재한다는 것을 알기에 충분하다.

알려진 유효한 알고리즘을 가진 문제는 보통 해당 문제를 푸는 많은 알고리즘이 있다. 일반적으로 낮은 복잡도를 가진 알고리즘을 선호한다. 이런 알고리즘을 어떻게 선택할 수 있는가? 이 질문이 다음 절의 주제다.

B.1.1 빅오 표기법

많은 문제는 알려진 여러 알고리즘을 가지며, 이는 다음 예제에서 볼 수 있다.

> **예제 B.2:** 오름차순으로 정렬된 n개의 정수인 $(a_1, a_2, \ldots, a_n)$ 리스트를 갖는다고 가정하자. 이 리스트가 특정 정수 b를 포함하는지 결정할 때 사용하는 다음 두 알고리즘을 살펴보자.
>
> 1. **선형 탐색**^{linear search} **사용.** 입력값 b를 리스트의 처음부터 시작해서 리스트의 각 엔트리와 비교한다. 같다면 YES를 반환하고 그렇지 않다면 리스트의 다음 엔트리로 넘어간다. 최악의 경우 이 알고리즘은 해답을 찾으려고 n번 수행해야 한다.
> 2. **이진 탐색**^{binary search} **사용.** 리스트의 중간부터 시작해서 중간의 엔트리 $a_{(n/2)}$와 b를 비교한다. 같다면 YES를 반환하고 그렇지 않다면 $b < a_{(n/2)}$인지 결정한다. 이 조건이 참이라면 리스트의 앞쪽 반에서만 탐색을 계속하고, 이 조건이 거짓이면 리스트의 뒤쪽 반에서만 탐색을 진행한다. 이 알고리즘의 각 단계는 첫 번째 알고리즘보다 더 복잡하지만 일반적으로 더 적은 수행 횟수가 필요하다. 최악의 경우 $\log_2(n)$번의 수행이 필요하다.
>
> n이 클수록 이 두 알고리즘은 확연한 차이를 보인다. n이 4096이면 최악의 경우에 첫 번째 알고리즘은 4096번 수행해야 하고 두 번째 알고리즘은 12번만 수행하면 된다.

알고리즘이 수행하는 단계의 횟수를 알고리즘의 시간 복잡도$^{\text{time complexity}}$라고 한다. 보통 다른 세부 내용을 무시하고 시간 복잡도를 측정해 알고리즘을 비교한다. 앞 예제에서는 알고리즘에서 각 단계의 복잡도를 무시하고 입력 크기 n에 따라 복잡도가 얼마나 증가하는지만 고려했다. 예제 B.2의 1번 알고리즘이 수행하는 데 $K_1 n$초가 걸리고 2번 알고리즘이 $K_2 \log 2(n)$초가 걸린다면 보통 상수인 K_1과 K_2는 무시한다. n이 크다면 이 상수 값들은 어떤 알고리즘이 더 좋은지는 판단하는 데 의미가 없다.

이런 비교를 위해 보통 빅오$^{\text{big O}}$ 표기법을 사용한다. 이 표기법은 입력 크기가 큰 경우 이 입력의 크기에 대한 함수로 가장 빠르게 증가하는 시간 복잡도 항을 찾고, 나머지 항들은 무시한다. 그리고 항에서 모든 상수 요소를 무시한다. 이런 측정은 점근 복잡도$^{\text{asymptotic complexity}}$ 측정이며, 입력의 크기가 커짐에 따라 제한된 증가율만 연구한다.

> **예제 B.3:** 한 알고리즘이 시간 복잡도 $5 + 2n + 7n^3$을 가지며, n은 입력의 크기다. 이 알고리즘은 $O(n^3)$ 시간 복잡도를 갖는다고 말하며 '오더 n 큐브'라고 읽는다. $7n^3$ 항에서 n이 가장 빠르게 증가하고 숫자 7은 상대적으로 중요하지 않은 상수다.

보통 다음과 같은 복잡도 측정이 많이 사용된다.

1. **상수 시간:** 시간 복잡도는 입력의 크기에 전혀 의존하지 않는다. 복잡도는 $O(1)$이다.
2. **로그 시간:** 임의의 고정된 m에 대해 $O(\log_m(n))$ 복잡도를 갖는다.
3. **선형 시간:** $O(n)$ 복잡도
4. **이차 시간:** $O(n^2)$ 복잡도
5. **다항 시간:** 임의의 고정된 $m \in \mathbb{N}$에 대해 $O(n^m)$ 복잡도

6. **지수 시간:** 임의의 $m > 1$에 대해 $O(m^n)$ 복잡도

7. **계승 시간:** $O(n!)$ 복잡도

앞의 목록은 비용이 덜 드는 것부터 정렬돼 있다. 큰 입력 크기 n에 대해 목록 아래쪽의 알고리즘은 위쪽의 알고리즘보다 구현할 때 보통 비용이 더 많이 든다.

> **예제 B.4:** 예제 B.2의 알고리즘 1은 선형 시간 알고리즘이고 알고리즘 2는 로그 시간 알고리즘이다. 큰 n에 대해, 알고리즘 2가 더 효율적이다.

물론 알고리즘이 수행돼야 하는 단계의 횟수만이 비용의 척도는 아니다. 어떤 알고리즘은 적은 단계를 수행하지만 매우 많은 메모리를 필요로 한다. 필요한 메모리 크기는 빅오 표기법을 사용해 유사하게 표현할 수 있고 공간 복잡도^{space complexity}를 측정한다.

B.2 문제, 알고리즘, 프로그램

알고리즘은 문제를 풀려고 개발된다. 문제를 풀려고 최상의 알고리즘을 찾았는지 어떻게 알 수 있을까? 알려진 알고리즘들의 시간 복잡도는 비교할 수 있지만, 생각해보지 않은 알고리즘은 어떤가? 문제를 해결하기 위한 알고리즘이 없는 문제가 있는가? 이는 어려운 질문들이다.

한 알고리즘의 입력이 모든 가능한 입력의 집합 W의 원소이고 출력은 모든 가능한 출력의 집합 Z의 원소라고 가정하자. 이 알고리즘은 함수 $f: W \to Z$를 계산한다. 수학적 대상인 함수 f는 풀어야 할 문제며, 알고리즘은 문제를 푸는 메커니즘이다.

문제와 메커니즘의 차이를 이해하는 것은 중요하다. 서로 다른 많은 알고리즘이 같은 문제를 풀 수 있다. 어떤 알고리즘은 다른 알고리즘보다 더 좋을 수 있다. 예

를 들어 한 알고리즘은 다른 알고리즘보다 더 낮은 시간 복잡도를 가질 수 있다. 다음과 같은 두 가지 흥미로운 질문을 살펴보자.

- 모든 입력 $w \in W$에 대해 $f: W \to Z$ 형태의 함수를 계산할 수 있는 알고리즘이 존재하지 않는 함수가 있는가? 이는 계산 가능성 문제다.
- 특별한 함수 $f: W \to Z$가 주어질 때 이 함수를 계산하는 알고리즘의 시간 복잡도에 대한 하계$^{\text{lower bound}}$가 존재하는가? 이는 복잡도 문제다.

W가 유한 집합이면 첫 번째 질문의 답은 명확하게 "아니요"다. 특별한 함수 $f: W \to Z$가 주어질 때 항상 동작하는 알고리즘은 모든 입력 $w \in W$에 대해 $f(w)$를 나열하는 룩업 테이블을 사용한다. 입력 $w \in W$가 주어지면 이 알고리즘은 간단히 테이블에서 답을 찾는다. 이는 상수 시간 알고리즘이다. 이 알고리즘은 단 하나의 단계, 즉 테이블에서 찾는 작업만 필요하다. 따라서 이 알고리즘은 두 번째 질문의 답을 제공한다. 즉, W가 유한 집합이면 가장 낮은 시간 복잡도는 상수 시간이다.

룩업 테이블 알고리즘은 시간 복잡도가 상수일지라도 최선의 선택이 아닐 수 있다. W를 모든 32비트 정수의 집합이라고 가정하자. W는 2^{32} 원소를 갖는 유합 집합이므로 테이블은 40억 이상의 엔트리가 필요하다. 시간 복잡도와 더불어 알고리즘 구현 시 필요한 메모리도 고려해야 한다.

앞 질문들은 가능한 입력들의 집합 W가 무한일 때 더 흥미로워진다. 앞으로 **결정 문제**$^{\text{decision problem}}$, 즉 두 개의 원소를 갖는 집합 $Z = \{\text{YES, NO}\}$에 중점을 둘 것이다. 결정 문제는 각 $w \in W$에 대해 yes나 no를 결정하는 것이다. 가능한 입력들의 가장 간단한 무한 집합은 자연수인 $W = \mathbb{N}$이다. 따라서 $f: \mathbb{N} \to \{\text{YES, NO}\}$ 형태의 결정 문제에서 근본적인 제약을 생각해볼 것이며 첫 번째 질문의 답은 yes다. 계산 불가능한 이러한 형태의 함수가 존재한다.

B.2.1 프로그램의 근본적인 제약

알고리즘을 설명하는 한 가지 방법은 컴퓨터 프로그램을 제공하는 것이다. 컴퓨터 프로그램은 항상 집합 $\{0, 1\}^*$의 원소, 즉 비트들의 유한 수열 집합으로 나타낼 수 있다. 프로그래밍 언어는 $\{0, 1\}^*$의 부분집합이다. 모든 결정 문제를 컴퓨터 프로그램으로 풀 수 있는 것은 아니라고 밝혀졌다.

> **명제 B.1.** $f: \mathbb{N} \to \{YES, NO\}$ 형태의 모든 함수에 대한 프로그램을 표현할 수 있는 프로그래밍 언어는 없다.

> **증명.** 이 명제를 증명하려면 프로그래밍 언어로 된 프로그램보다 $f: \mathbb{N} \to \{YES, NO\}$ 형태의 함수가 엄격히 더 많음을 보이면 된다. 프로그래밍 언어는 $\{0, 1\}^*$의 부분집합이므로, 집합 $\{YES, NO\}^{\mathbb{N}}$이 집합 $\{0, 1\}^*$보다 엄격히 크다는 것을 보이면 된다. 이 증명은 다음과 같이 캔터의 대각선 논법^{Cantor's diagonal} ^{argument} 변형을 사용할 수 있다.
>
> 먼저 $\{0, 1\}^*$ 집합 원소는 순서대로 나열할 수 있다. 좀 더 구체적으로, 다음과 같이 2진수 순서대로 나열할 수 있고,
>
> $$\lambda, 0, 1, 00, 01, 10, 11, 000, 001, 010, 011, \dots \tag{B.1}$$
>
> λ은 공 수열이다. 이 리스트는 무한이지만 집합 $\{0, 1\}^*$의 모든 원소를 포함한다. 이 집합의 원소는 이렇게 나열될 수 있으므로 집합 $\{0, 1\}^*$은 가산^{countable} 혹은 가산 무한^{countably infinite}이라고 한다.
>
> 모든 프로그래밍 언어로 작성되는 프로그램들은 식 (B.1)의 리스트 어딘가에 나타날 것이다. 이 리스트의 첫 번째 프로그램이 $f_1: \mathbb{N} \to \{YES, NO\}$ 결정 함수를 구현하고, 이 리스트의 두 번째 프로그램이 $f_2: \mathbb{N} \to \{YES, NO\}$를 구현

한다고 가정하자. 이 리스트의 어떤 프로그램에 의해서도 계산되지 않는 g: $\mathbb{N} \rightarrow \{YES, NO\}$ 함수를 생성할 수 있다. 구체적으로 모든 $i \in \mathbb{N}$에 대해 다음과 같이 정의할 수 있다.

$$g(i) = \begin{cases} YES & \text{if } f_i(i) = NO \\ NO & \text{if } f_i(i) = YES \end{cases}$$

이 함수 g는 리스트의 모든 함수 f_i와 다르므로 이 리스트에 포함되지 않는다. 따라서 함수 g를 계산하는 언어로 작성된 컴퓨터 프로그램은 없다. □

이 정리는 프로그램이나 알고리즘이 모든 결정 문제를 풀지는 못함을 보여준다. 다음 절에서 효과적으로 계산 가능한 함수effectively comutable function로 알려져 있는, 프로그램이 풀 수 있는 문제 유형을 살펴본다. 이를 위해 튜링 머신을 사용한다.

B.3 튜링 머신과 결정 불가능성

1936년에 앨런 튜링Alan Turing은 튜링 머신(Turing, 1936)으로 불리는 계산 모델을 제안했다. 그림 B.1에 보이는 튜링 머신은 유한 상태 기계와 비슷하지만 무제한 메모리를 갖는다. 이 메모리는 튜링 머신이 읽거나 쓸 수 있는 무제한의 테이프 형태다. 이 머신은 유한 상태 기계 제어기와 읽기/쓰기 헤드head, 일련의 셀로 구성된 무한 테이프로 구성된다. 각 셀은 유한 집합 Σ에서 뽑은 값이나 빈 셀empty cell을 나타내는 특별한 값 □에서 뽑은 값을 포함한다. FSM은 테이프 위로 읽기/쓰기 헤드를 이동시키는 출력을 만들어 읽기/쓰기 헤드 제어기처럼 동작한다.

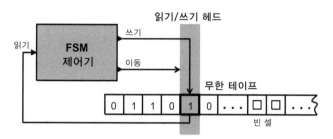

그림 B.1: 튜링 머신의 예

그림 B.1에서 테이프의 비어있지 않은 셀의 값은 2진수인 Σ = {0, 1} 집합에서 선택한 값이다. FSM은 두 개의 출력 포트를 갖는다. 위쪽 출력 포트는 '쓰기'이며 Σ 타입을 갖는다. 그리고 값을 생성해 읽기/쓰기 헤드의 현재 위치에 있는 셀에 쓴다. 아래 출력 포트는 '이동'이며, {L, R} 타입을 갖는다. 출력 기호 L은 읽기/쓰기 헤드를 왼쪽으로 이동시키며(테이프의 시작에서는 움직이지 않음), R은 오른쪽으로 이동시킨다. FSM은 한 개의 입력 포트 '읽기'를 가지며, Σ 타입을 갖는다. 이 포트는 읽기/쓰기 헤드 위치의 셀이 갖는 값을 받는다.

이 테이프는 **입력 문자열**로 초기화되고 이 문자열은 Σ 원소의 무한 수열 집합 Σ*의 원소며, 그 뒤로 빈 셀의 무한 수열로 채워진다. 튜링 머신은 테이프의 왼쪽 끝에 읽기/쓰기 헤드가 위치하며 FSM의 초기 상태에서 시작한다. 각 반응에 따라 FSM은 읽기/쓰기 헤드 밑의 현재 셀에서 값을 입력으로 받으며, 해당 셀의 새 값(현재 값과 같을 수도 있음)을 지정하는 출력과 헤드를 왼쪽이나 오른쪽으로 이동하는 명령을 생성한다.

튜링 머신의 제어기 FSM은 수락 상태인 accept, 거부 상태인 reject로 구성된 두 가지 최종 상태를 갖는다. 튜링 머신이 유한 횟수의 반응 후에 accept나 reject에 닿으면 이 기계는 종료됐다고 하며, 실행은 **계산 정지**^halting computation라고 부른다. FSM이 accept에서 종료되면 실행은 계산 수락이라고 하며, reject에서 종료되면 실행은 계산 거부라고 한다. 튜링 머신은 accept나 reject가 아닌 곳으로 갈 수도 있는데, 이는 정지되지 않음을 의미한다. 튜링 기계가 정지되지 않을 때 **루프**^loop에 있다고 표현한다.

제어기 FSM이 결정적일 때, 튜링 머신 또한 결정적이라고 한다. 입력 문자열 $w \in \Sigma^*$가 주어질 때 결정적 튜링 머신 D는 고유의 계산을 나타낸다. 따라서 입력 문자열 $w \in \Sigma^*$가 주어지면 결정적 튜링 머신 D는 정지되거나 정지되지 않을 수 있고, 정지된다면 w를 수락하거나 거부할 것이다. 이 절에서는 명시적으로 언급하지 않는 한 결정적 튜링 머신만을 살펴본다.

B.3.1 튜링 머신의 구조

각 결정적 튜링 머신은 $D = (\Sigma, M)$ 쌍으로 더 형식적 표현이 가능하다. 여기서 Σ는 기호들의 유한 집합이며, M은 다음 속성을 갖는 임의의 FSM이다.

- 두 가지 최종 상태인 수락이나 거부를 포함하는 상태들의 유한 집합 $States_M$
- Σ 타입인 입력 포트 $read$
- Σ 타입인 출력 포트 $write$와
- $\{L, R\}$ 타입인 출력 포트 $move$

3.3.3절에서 설명한 것처럼 다른 FSM과 유사하게 이 FSM은 초기 상태 s_0와 전이 함수 $update_M$를을 반드시 가져야 한다. 읽기/쓰기 헤드가 □를 포함하는 셀에 있다면 이 FSM의 읽기 포트의 입력은 $absent$가 된다. 한 반응에서 FSM의 쓰기 출력이 $absent$이면 읽기/쓰기 헤드 밑의 셀은 지워지고, 셀 값은 □로 설정된다. $D = (\Sigma, M)$으로 표현된 튜링 머신은 두 머신인 FSM M과 테이프 T의 동기적 결합이다. 테이프 T는 유한 상태를 갖지 않으므로 FSM이 아니다. 그럼에도 이 테이프는 (확장) 상태 기계이며, FSM을 나타내려고 3.3.3절에서 사용한 5 튜플을 이용해 나타낼 수 있다. 단, 집합 $States_T$가 여기서는 무한이다. 이 테이프의 데이터는 정의역 $\mathbb{N}$과 공역 $\Sigma \cup \{□\}$를 갖는 함수로 모델링될 수 있고, 읽기/쓰기 헤드의 위치는 자연수로 모델링될 수 있으므로 다음이 성립한다.

$$States_T = \mathbb{N} \times (\Sigma \cup \{□\})^{\mathbb{N}}$$

테이프 기계 T는 Σ 타입의 입력 포트 *write*를 가지며, 타입 $\{L, R\}$의 입력 포트 *move*, Σ 타입의 출력 포트 *read*를 갖는다. $update_T$ 전이 함수는 이제 형식적으로 쉽게 정의될 수 있다(연습문제 1 참고).

테이프 기계 T가 모든 튜링 머신에서 같으므로 특정 튜링 머신의 명세인 $D = (\Sigma, M)$에 T를 포함시킬 필요가 없다. 명세 D는 특별한 프로그래밍 언어로 작성된 프로그램으로 이해할 수 있다. 튜링 머신 형식 명세 내의 모든 집합은 유한이므로 모든 튜링 머신은 $\{0, 1\}^*$의 비트들로 구성된 유한 수열로 인코딩될 수 있다.

제어기 FSM M과 테이프 기계 T가 모두 출력을 생성하지만 튜링 머신 스스로는 출력을 생성하지 않는다. 튜링 머신은 제어기 FSM 상태 간 전이나 테이프 업데이트, 왼쪽이나 오른쪽으로 이동에 의해 계산만 한다. 이 절은 어떤 입력 문자열 w에 대해 튜링 머신이 정지하는지, 그리고 정지한다면 w를 수락 혹은 거부하는지에만 관심을 둔다. 따라서 튜링 머신은 입력 문자열 $w \in \Sigma^*$을 $\{accept, reject\}$로 매핑하려고 한다. 그러나 일부 입력 문자열에 대해 답을 구하지 못할 수도 있다.

명제 B.1를 통해 튜링 머신이 특정 입력 문자열에 대한 답을 구할 수 없다는 사실이 놀랍지 않다. $\Sigma = \{0, 1\}$이라고 가정하면 어떤 입력 문자열 $w \in \Sigma^*$는 $\mathbb{N}$ 내 자연수를 이진법으로 표현한 것으로 볼 수 있다. 따라서 튜링 머신은 $f: \mathbb{N} \rightarrow \{accept, reject\}$ 형태의 부분 함수를 구현한다. 이 함수는 부분 함수인데, 어떤 $n \in \mathbb{N}$에 대해 이 기계는 루프를 가질 수 있기 때문이다. 튜링 머신은 프로그램이므로 명제 B.1은 튜링 머신이 $f: \mathbb{N} \rightarrow \{accept, reject\}$ 형태의 모든 함수를 구현할 수 없음을 보여준다. 이 제약은 루프로 드러난다.

처치–튜링 논제 Church-Turing thesis로 알려진 컴퓨터 과학의 핵심 이론은 효과적으로 계산 가능한 모든 함수는 튜링 머신으로 구현할 수 있다고 주장한다. 이 이론은 수학자 알론조 처치Alonzo Church와 앨런 튜링Alan Turing의 이름에서 따왔다. 이런 의미에서 오늘날의 컴퓨터에서 표현되고 있는 계산의 개념은 튜링 머신 모델과 동일하다. 컴퓨터는 튜링 머신이 구현할 수 있는 함수를 정확하게 구현한다. 더 이상 혹은 더 이하도 아니다. 알고리즘의 비형식적 표현과 계산의 정확한 튜링 머신 모델 간 연결은 정리^{theorem}가 아니며, 증명될 수 없다. 이는 계산의 기초가 되는 원리다.

B.3.2 결정 가능과 결정 불가능 문제

이 절에서 설명하는 튜링 머신은 YES 또는 NO 답만을 갖는 결정 문제를 해결하고 자 설계된다. 튜링 머신의 입력 문자열은 문제 인스턴스$^{problem\ instance}$의 인코딩을 표 현한다. 튜링 머신이 수락하면 YES로 나타나고, 튜링 머신이 거부하면 NO로 나타 난다. 튜링 머신이 루프에 있는 경우도 있다.

> **예제 B.5:** 방향 그래프 G가 두 개의 노드 s와 t를 갖고 있을 때 s부터 t까지의 경로가 있는지 결정하는 문제를 생각해보자. G의 모든 노드와 에지를 나열 하는 긴 문자열을 s와 t가 뒤따르는 것으로 이 문제를 생각할 수 있다. 따라 서 이 경로 문제 인스턴스는 테이프에 입력 문자열로 튜링 머신에 제공될 수 있다. 이 문제의 인스턴스는 특정 그래프 G와 노드 s와 t다. G에 s부터 t까 지의 경로가 존재한다면 이는 YES 문제 인스턴스이고 그렇지 않다면 NO 문 제 인스턴스다.
>
> 튜링 머신은 특정 문제 인스턴스가 아닌 문제를 풀려고 설계된다. 이 예제 에서는 임의의 그래프 G와 노드 s, t에 대해 G에 s부터 t까지의 경로가 존재 하는지 결정하는 튜링 머신을 설계한다.

결정 문제는 함수 $f: W \rightarrow \{YES, NO\}$임을 기억하자. 튜링 머신에서 정의역은 집합 Σ에 있는 기호들의 유한 수열 집합 $W \subseteq \Sigma^*$다. 문제 인스턴스는 이 문제에 대한 답 이 $f(w) = YES$이거나 $f(w) = NO$가 되는 $w \in W$다. $Y \subseteq W$가 문제 f의 모든 YES 인스 턴스 집합이라고 하자. 즉, 다음과 같다.

$$Y = \{w \in W \mid f(w) = YES\}$$

결정 문제 f가 주어질 때 튜링 머신 $D = (\Sigma, M)$은 D가 모든 문자열 $w \in Y$를 수락하고 D가 모든 $w \in W \backslash Y$를 거절하면 이 튜링 머신을 f에 대한 **결정 절차**decision procedure라고 한다. 여기서 $\backslash$는 차집합set subtraction을 의미한다. 결정 문제는 어떤 입력 문자열 $w \in W$에 대해 항상 정지된다.

문제 f에 대한 결정 절차인 튜링 머신이 존재한다면 문제 f는 결정 가능하다고 한다. 그렇지 않다면 문제가 결정 가능하지 않다(혹은 풀 수 없다)고 한다. 결정 가능하지 않은 문제 f는 모든 입력 문자열 $w \in W$에 대해 올바른 해답 $f(w)$를 가진 채 종료되는 튜링 머신이 존재하지 않는다.

20세기 수학과 컴퓨터 과학의 중요한 철학적 결과 중 하나는 결정 가능하지 않는 문제의 존재다. 결정 가능하지 않음을 증명해야 하는 첫 번째 문제 중 하나는 튜링 머신의 **정지 문제**halting problem다. 이 문제는 다음과 같이 기술할 수 있다.

> 튜링 머신의 테이프에 입력 문자열 $w \in \Sigma^*$로 초기화되는 튜링 머신 $D = (\Sigma, M)$이 주어질 때 M이 정지되는지 결정해보자.

명제 B.2. (Turing, 1936) 정지 문제는 결정 가능하지 않다.

증명. 이것은 결정 문제 $h: W' \rightarrow \{YES, NO\}$다. W'는 모든 튜링 머신의 집합과 입력을 나타낸다. 이 명제는 캔터의 대각선 논증의 변형을 사용해 증명할 수 있다.

이진 테이프 기호인 $\Sigma = \{0, 1\}$을 가진 튜링 머신의 부분집합에 대해 이 정리를 증명하면 된다. 또한 이 집합의 모든 튜링 머신은 2진수(비트)의 유한 수열로 나타날 수 있음을 일반성을 잃지 않고 가정할 수 있다. 따라서 다음이 성립한다.

$$W' = \Sigma^* \times \Sigma^*$$

비트의 모든 유한 수열이 튜링 머신을 나타낸다고 가정하자. 이 결정 문제의 형태는 다음과 같다.

$$h: \Sigma^* \times \Sigma^* \rightarrow \{YES, NO\} \tag{B.2}$$

$h(D, w)$의 값을 결정하는 과정을 찾아보자. D는 튜링 머신을 나타내는 비트의 유한 수열이며, w는 튜링 머신의 입력을 나타내는 비트의 유한 수열이다. 튜링 머신 D가 입력 w일 때 정지된다면 $h(D, w)$의 답은 YES이고, 튜링 머신 D가 루프를 돈다면 NO다.

다음과 같은 형태의 효과적으로 계산 가능한 모든 함수의 집합을 생각해 보자.

$$f: \Sigma^* \times \Sigma^* \rightarrow \{YES, NO\}$$

이 함수들은 튜링 머신(처치-튜링 논제에 의해)으로 주어질 수 있고, 이러한 함수들의 집합은 $f_0, f_1, f_2, \ldots$처럼 나열할 수 있다. 정지 문제 식 (B.2)는 이 리스트에 없다. 즉 $h = f_i$인 f_i는 없다.

D_i가 i번째 튜링 머신을 나타내는 비트들의 수열인 튜링 머신 $D_0, D_1, \ldots$의 수열을 생각해보자. D_i는 $f_i(D_i, D_i) = NO$이면 정지하고, 그렇지 않다면 루프를 반복한다. f_i는 계산 가능한 함수이므로 이러한 튜링 머신을 만들 수 있다. 리스트 $f_0, f_1, f_2, \ldots$ 내의 계산 가능한 함수 중 하나가 함수 h와 같을 수 없다. 이는 이 리스트의 모든 함수 f_i는 입력 (D_i, D_i)에 대해 잘못된 답을 주기 때문이다. 튜링 머신 D_i가 입력 $w = D_i$에 대해 정지하면 함수 f_i는 $f_i(D_i, D_i) = NO$가되고, $h(D_i, D_i) = YES$가 된다. 계산 가능한 함수들의 리스트 $f_0, f_1, f_2, \ldots$ 내의 어떤 함수도 동작하지 않으므로 함수 h는 계산 가능하지 않다. □

더 알아보기: 재귀 함수와 집합

논리 학자는 튜링 머신이 구현할 수 있는 함수들 간 차이를 구분한다. 전역 재귀 함수[total recursive function]는 함수를 구현하는 튜링 머신이 모든 입력 $w \in \Sigma^*$에 대해 종료되는 함수를 말한다. 부분 재귀 함수[partial recursive function]는 튜링 머신이 특정 입력 $w \in \Sigma^*$에 대해 종료되거나 종료되지 않는 함수다. 정의에 의해 모든 전역 재귀 함수는 부분 재귀 함수가 되지만, 그 반대는 성립하지 않는다.

논리 학자는 튜링 머신을 사용해 집합들 간 차이도 구분한다. 자연수 집합을 생각해보자. $\Sigma = \{0, 1\}$이고, 입력 $w \in \Sigma^*$가 자연수의 이진법인 튜링 머신이 있다. 모든 입력 $w \in \mathbb{N}$에 대해 종료되며 $w \in C$인 경우 *accept*이고 $w \notin C$인 경우 *reject*인 튜링 머신이 존재하면 자연수 집합 C는 **가산 집합**(혹은 재귀 집합 혹은 결정 가능 집합)이다. 입력 w가 집합 E에 있을 때만 종료되는 튜링 머신이 존재한다면 $E \subset \mathbb{N}$ 집합은 **계산 가능 열거 집합**[computably enumerable set](혹은 재귀적 열거 집합 혹은 준결정성 집합[semideciable set]이다.

B.4 난제: P와 NP

B.1절은 특정 알고리즘으로 문제를 푸는 비용(시간 혹은 공간)이 입력의 크기에 따라 얼마나 빠르게 증가하는지 측정하는 점근적 복잡도를 살펴봤다. 이 절은 알고리즘보다 문제를 고려한다. 문제를 풀려고 특정 점근적 복잡도를 가진 알고리즘이 '존재'하는지에 관심을 두자. 이는 특정 복잡도 종류[class]를 가진 알고리즘이 '알려져 있는지' 묻는 것과는 다르다.

복잡도 종류는 동일한 점근적 복잡도를 가진 알고리즘들이 존재하는 문제의 모음이다. 이 절에서는 복잡도 종류 P와 NP를 간략히 소개한다.

먼저 앞 절에서 설명한 결정적 튜링 머신의 개념을 떠올려보자. 비결정적 튜링 머신 $N = (\Sigma, M)$은 세어 FSM M이 비결정적 FSM이 될 수 있다는 것을 제외하면 결정적 튜링 머신과 동일하다. 어떤 입력 문자열 $w \in \Sigma^*$에 대해 비결정적 튜링 머신 N은 여러 계산을 보일 수 있다. N은 '어떤' 계산이 w를 수락하면 accept라고 하고, '모든' 계산이 w를 거부하면 N이 w를 reject한다고 한다.

결정 문제는 $W \subseteq \Sigma^*$인 함수 $f: W \rightarrow \{\text{YES, NO}\}$다. 모든 입력 $w \in W$에 대해 어떤 비결정적 선택을 하더라도 모든 계산이 정지될 때 N은 f에 대한 결정 과정이라고 일컫는다. 비결정적 튜링 머신 N의 특정 실행은 잘못된 답을 줄 수 있음을 주의하자. 즉, 입력 w에 대해 정답이 $f(w)$ = YES일 때 NO를 줄 수 있다. 그러나 '어떤' 실행이 YES라면 최종 정답을 YES로 정의하기 때문에 이 튜링 머신은 결정 과정이 될 수 있다. '모든' 실행이 YES를 제공할 필요는 없다. 이 미묘한 점이 비결정적 튜링 머신의 표현력 기초가 된다.

입력 w를 수락하는 실행을 인증서^{certificate}라고 한다. 이 인증서는 w를 수락하는 튜링 머신이 수행한 선택들의 유한 리스트로 표현된다. $f(w)$ = YES임을 알려면 단 한 개의 유효한 인증서만 필요하다.

위 정의들이 주어질 때 이제 P와 NP를 소개할 준비가 됐다. P는 다항 시간 안에 '결정적' 튜링 머신이 결정 가능한 문제들의 집합이다. 반면 NP는 다항 시간 안에 '비결정' 튜링 머신이 결정 가능한 문제들의 집합이다. 즉, 문제 f에 대한 결정 과정인 비결정적 튜링 머신 N이 존재하고, 모든 입력 $w \in W$에 대해 이 튜링 머신의 모든 실행이 어떤 $m \in \mathbb{N}$에 대해 $O(n^m)$보다 크지 않은 시간 복잡도를 갖는다면 이 문제 f는 NP다.

다항 시간 안에 YES에 대한 인증서의 유효성을 체크할 수 있는 모든 문제의 집합이라고 NP를 정의할 수도 있다. 문제 f에 대한 결정 과정인 비결정적 튜링 머신 N이 존재하고 입력 w와 인증서가 주어지면 이 인증서가 유효한지(즉 나열하는 선택들이 실제로 w를 수락하는지) 다항 시간 안에 확인할 수 있다면 문제 f는 NP다. 여기서

NO에 대한 언급은 없다. 이 비대칭이 NP 정의의 일부다.

복잡도 종류 연구를 체계화하는 데 중요한 개념은 복잡도 종류의 대표적인 문제를 식별하는 완전성^{completeness}이다. NP 관점에서 NP인 다른 문제 B가 다항 시간 안에 문제 A로 바뀔 수 있다면 문제 A는 NP-하드^{hard}라고 한다. 즉, A는 NP인 모든 문제만큼 어렵다는 것이다. A에 대한 다항 시간 알고리즘이 있다면 먼저 B에 대한 인스턴스를 A에 대한 인스턴스로 바꾸고, A를 풀기 위한 이 알고리즘을 실행시켜 B에 대한 알고리즘을 도출할 수 있다. (i) 문제 A가 NP이고, (ii) A가 NP-하드이면 A는 NP-완전^{complete}이다. 즉, NP-완전 문제는 NP인 모든 다른 문제만큼 어려운 NP 문제라는 의미다.

임베디드 시스템의 모델링 및 설계, 분석 시의 여러 핵심 문제는 NP-완전 문제다. 그중 하나는 NP-완전으로 증명된 불리언^{boolean} **충족 가능성**$^{SAT, satisfiability}$ 문제다. SAT 문제는 불리언 변수 $x_1, x_2, \ldots, x_n$으로 표현된 명제 논리식$^{propositional \ logic \ formula}$ ϕ가 주어질 때 $\phi(x_1, x_2, \ldots, x_n) = true$를 만족하는 x_i 변수들의 값매김이 존재하는지 결정하는 것이다. 이러한 값매김이 존재하면 ϕ는 **충족 가능**^{satisfiable}이라고 하고, 그렇지 않다면 ϕ는 충족 가능하지 않다고 한다. SAT 문제는 $f: W \rightarrow \{\text{YES, NO}\}$ 형태의 결정 문제며, 각 $w \in W$는 명제 논리식 ϕ의 인코딩^{encoding}이다.

예제 B.6: 다음 명제 논리식 ϕ를 생각해보자.

$$(x_1 \lor \neg x_2) \land (\neg x_1 \lor x_3 \lor x_2) \land (x_1 \lor \neg x_3)$$

$x_1 = x_3 = true$로 설정하면 ϕ는 참이 된다. 이 식의 인코딩을 입력으로 사용하는 비결정적 튜링 머신을 만들 수 있다. 비결정적 선택은 각 변수 x_i의 값매김을 선택하는 것이고, 이 식^{formula}이 충족 가능하면 비결정적 튜링 머신이 입력 식을 수락하고 그렇지 않다면 거부하게 된다. 입력 w가 위 식 ϕ를 인코딩하면 $f(w) = \text{YES}$를 나타내는 인증서 중 하나는 $x_1 = x_2 = x_3 = true$ 선택이다.

다음 대체식 ϕ를 살펴보자.

$$(x_1 \lor \neg x_2) \land (\neg x_1 \lor x_2) \land (x_1 \lor x_2) \land (\neg x_1 \lor \neg x_2)$$

이 경우 불리언 값을 x_i 변수에 어떻게 대입하더라도 $\phi' = true$는 성립하지 않는다. 따라서 ϕ는 충족 가능하지만, ϕ'는 충족 가능하지 않다. 위와 동일한 비결정적 튜링 머신은 ϕ'의 인코딩인 입력 w'를 거부한다. 이 입력을 거부하는 것은 '모든' 선택이 *reject*에서 종료되는 실행을 의미한다.

NP-완전인 또 다른 문제는 **정수 선형 계획법**^{ILP, Integer Linear Program}의 실행 가능성을 검사하는 것이다. 정수 선형 계획법의 실행 가능성 문제는 정수 변수들에 대한 선형 부등식의 집합 내 각 부등식이 만족하는 정수 변수들의 값매김을 찾는 것이다.

SAT와 ILP가 모두 NP-완전으로 주어지면 둘 중 하나의 인스턴스를 다른 하나의 인스턴스로 다항 시간 안에 바꿀 수 있다.

예제 B.7: 다음 정수 선형 계획법은 예제 B.6의 식 ϕ'에 대응하는 SAT 문제와 같다.

다음을 만족하는 x_1, $x_2 \in \{0, 1\}$을 찾아라.

$$x1 - x2 \geq 0$$
$$-x1 + x2 \geq 0$$
$$x1 + x2 \geq 1$$
$$-x1 - x2 \geq -1$$

위의 모든 부등식을 동시에 참으로 만드는 x_1과 x_2 값매김은 없음을 알 수 있다.

NP-완전 문제는 P인 문제보다 더 어려울 것 같이 보인다. 충분히 큰 입력 크기에 대해 이 문제들은 난제^{Intractability}다. 즉, 현실적으로 풀기 어렵다는 의미다. 인증서가 주어지지 않은 어떤 w에 대해 $f(w)$ = YES임을 결정하고자 일반적으로 w를 수락하는 실행을 찾기 전에 비결정적 튜링 머신의 모든 실행을 탐색해야 한다. 가능한 실행의 횟수는 입력 크기의 지수가 될 수 있다. 실제로 NP 완전 문제를 푸는 다항 시간 알고리즘은 알려진 것이 없다. 놀랍게도 이 책을 쓰는 시점에 이런 알고리즘이 존재하지 않는다는 것을 증명하지 못했다. NP가 P보다 엄격하게 큰 문제 집합이라고 여겨지고 있지만 증명되지 않았으므로 확신할 수 없다. P와 NP 문제는 오늘날 수학계의 풀지 못한 문제 중 하나다.

NP-완전 문제를 풀기 위한 다항 시간 알고리즘이 없지만 이러한 많은 문제를 실제로는 풀 수 있다. 예를 들어 SAT 문제들은 의외로 빨리 풀 수 있고 매우 효과적인 많은 SAT 해법기가 있다. 이 해법기들은 최악 경우 지수 복잡도를 가진 알고리즘을 사용하고, 어떤 입력에 대해 알고리즘이 끝나고자 많은 시간이 소비됨을 의미한다. 그러나 대부분의 입력에 대해 이 해법기들은 빨리 끝난다. 따라서 문제가 NP-완전이라고 해서 문제 해결을 그만두지 않아야 한다.

B.5 요약

부록 B는 두 개의 서로 관련된 주제인 복잡도와 계산 가능성 이론을 간략히 소개했다. 이 절은 알고리즘의 복잡도 측정에 관해 먼저 설명하고, 풀어야 할 문제와 문제를 풀기 위한 알고리즘의 근본적인 차이를 살펴봤다. 또한 풀지 못하는 문제가 존재함도 보였다. '계산 가능'으로 여겨지는 모든 문제에 대한 해법 과정을 설명할 수 있는 튜링 머신을 살펴봤다. 마지막으로 비슷한 복잡도를 갖는 알고리즘으로 풀 수 있는 복잡도 종류 P와 NP를 간략히 살펴봤다.

연습문제

1. 테이프 머신 T의 형식적 정의를 T의 초기 상태와 전이 함수 $update_T$의 수학적 정의를 이용해 만들어보자.

2. 방향, 비순환 그래프$^{\text{DAG, Directed, Acyclic Graph}}$는 임베디드 시스템의 모델링과 설계, 분석에 사용된다. 예를 들어 작업의 우선순위 그래프와 루프가 없는 프로그램의 제어 흐름 그래프를 나타내는 데 사용한다(16장 참고). DAG의 일반적인 동작은 그래프의 노드를 위상적^{topologically}으로 정렬하는 것이다. V가 집합 $\{v_1, v_2, \ldots, v_n\}$이고 E는 에지의 집합인 DAG $G = (V, E)$를 생각해보자. G의 위상 정렬$^{\text{topological sort}}$은 꼭짓점^{vertex} $\{v_1, v_2, \ldots, v_n\}$의 선형 순서다. 즉, $(v_i, v_j) \in E$라면(즉, v_i에서 v_j로의 방향 에지가 존재하면) 이 순서에서 v_i가 v_j보다 앞에 있다. Kahn(1962)의 다음 알고리즘은 DAG의 꼭짓점들을 위상적으로 정렬한다.

알고리즘 B.1: DAG 내의 꼭짓점 위상 정렬하기

입력: n개의 꼭짓점과 m개의 에지를 가진 DAG $G = (V, E)$.
출력: 위상 정렬된 V 내의 꼭짓점 리스트 L

1   $L \leftarrow$ 빈 리스트
2   $S \leftarrow \{v \mid v$는 들어오는 에지가 없는 꼭짓점$\}$
3   **while** S가 비어있지 않음 **do**
4   S에서 꼭짓점 v 제거
5   리스트 L의 끝에 v 추가
6   **for** 에지 (v, u)가 E에 있는 각 꼭짓점 u **do**
7   에지 (v, u) 마킹
8   **if** u로 들어오는 모든 에지가 마킹됨 **then**
9   u를 집합 s에 추가
10   **end**
11   **end**
12 **end**
    L은 위상 정렬된 G의 모든 꼭짓점을 포함한다.
13

빅오 표기법을 사용해 알고리즘 B.1의 점근적 시간 복잡도를 설명해보자. 이 설명의 정확성을 증명해보자.

참고 문헌

Abelson, H. and G. J. Sussman, 1996: Structure and Interpretation of Computer Programs. MIT Press, 2nd ed.

Adam, T. L., K. M. Chandy, and J. R. Dickson, 1974: A comparison of list schedules for parallel processing systems. Communications of the ACM, 17(12), 685–690.

Adve, S. V. and K. Gharachorloo, 1996: Shared memory consistency models: A tutorial. IEEE Computer, 29(12), 66–76.

Allen, J., 1975: Computer architecture for signal processing. Proceedings of the IEEE, 63(4), 624–633.

Alpern, B. and F. B. Schneider, 1987: Recognizing safety and liveness. Distributed Computing, 2(3), 117–126.

Alur, R., 2015: Principles of Cyber-Physical Systems. MIT Press.

Alur, R., C. Courcoubetis, and D. Dill, 1991: Model-checking for probabilistic real-time systems. In Proc. 18th Intl. Colloquium on Automata, Languages and Programming (ICALP), pp. 115–126.

Alur, R. and D. L. Dill, 1994: A theory of timed automata. Theoretical Computer Science, 126(2), 183–235.

Alur, R. and T. A. Henzinger, 1993: Real-time logics: Complexity and expressiveness. Information and Computation, 104(1), 35–77.

Anderson, R., F. Bergadano, B. Crispo, J.-H. Lee, C. Manifavas, and R. Needham, 1998: A new family of authentication protocols. ACM SIGOPS Operating Systems Review, 32(4), 9–20.

Anderson, R. and M. Kuhn, 1998: Low cost attacks on tamper resistant devices. In Security Protocols, Springer, pp. 125–136.

Andr´e, C., 1996: SyncCharts: a visual representation of reactive behaviors. Tech. Rep. RR 95–52, revision: RR (96–56), University of Sophia–Antipolis. Available from: http://www-sop.inria.fr/members/Charles.Andre/CA\%20Publis/SYNCCHARTS/overview.html.

ARM Limited, 2006: CortexTM-M3 technical reference manual. Tech. rep. Available from: http://www.arm.com.

Audsley, N. C., A. Burns, R. I. Davis, K. W. Tindell, and A. J. Wellings, 2005: Fixed priority pre-emptive scheduling: An historical perspective. Real-Time Systems, 8(2–3), 173–198. Available from: http://www.springerlink.com/content/w602g7305r125702/.

Ball, T., V. Levin, and S. K. Rajamani, 2011: A decade of software model checking with SLAM. Communications of the ACM, 54(7), 68–76.

Ball, T., R. Majumdar, T. Millstein, and S. K. Rajamani, 2001: Automatic predicate abstraction of c programs. In ACM SIGPLAN Conference on Programming Language Design and Implementation, vol. 36 of ACM SIGPLAN Notices, pp. 203–213.

Ball, T. and S. K. Rajamani, 2001: The SLAM toolkit. In 13th International Conference on Computer Aided Verification (CAV), Springer, vol. 2102 of Lecture Notes in Computer Science, pp. 260–264.

Barr, M. and A. Massa, 2006: Programming Embedded Systems. O'Reilly, 2nd ed.

Barrett, C., R. Sebastiani, S. A. Seshia, and C. Tinelli, 2009: Satisfiability modulo theories. In Biere, A., H. van Maaren, and T. Walsh, eds., Handbook of Satisfiability, IOS Press, vol. 4, chap. 8, pp. 825–885.

Ben-Ari, M., Z. Manna, and A. Pnueli, 1981: The temporal logic of branching time. In 8th Annual ACM Symposium on Principles of Programming Languages.

Benveniste, A. and G. Berry, 1991: The synchronous approach to reactive and real-time systems. Proceedings of the IEEE, 79(9), 1270–1282.

Berger, A. S., 2002: Embedded Systems Design: An Introduction to Processes, Tools, &

Techniques. CMP Books.

Berry, G., 1999: The Constructive Semantics of Pure Esterel – Draft Version 3. Book Draft. Available from: http://www-sop.inria.fr/meije/esterel/doc/main-papers.html.

—, 2003: The effectiveness of synchronous languages for the development of safety-critical systems. White paper, Esterel Technologies.

Berry, G. and G. Gonthier, 1992: The Esterel synchronous programming language: Design, semantics, implementation. Science of Computer Programming, 19(2), 87–152.

Biere, A., A. Cimatti, E. M. Clarke, and Y. Zhu, 1999: Symbolic model checking without BDDs. In 5th International Conference on Tools and Algorithms for Construction and Analysis of Systems (TACAS), Springer, vol. 1579 of Lecture Notes in Computer Science, pp. 193–207.

Boehm, H.-J., 2005: Threads cannot be implemented as a library. In Programming Language Design and Implementation (PLDI), ACM SIGPLAN Notices, vol. 40(6), pp. 261 – 268.

Boneh, D., R. A. DeMillo, and R. J. Lipton, 2001: On the importance of eliminating errors in cryptographic computations. Journal of cryptology, 14(2), 101–119.

Booch, G., I. Jacobson, and J. Rumbaugh, 1998: The Unified Modeling Language User Guide. Addison-Wesley.

Brumley, D. and D. Boneh, 2005: Remote timing attacks are practical. Computer Networks, 48(5), 701–716.

Bryant, R. E., 1986: Graph-based algorithms for Boolean function manipulation. IEEE Transactions on Computers, C-35(8), 677–691.

Bryant, R. E. and D. R. O'Hallaron, 2003: Computer Systems: A Programmer's Perspective. Prentice Hall.

Brylow, D., N. Damgaard, and J. Palsberg, 2001: Static checking of interrupt-driven software. In Proc. Intl. Conference on Software Engineering (ICSE), pp. 47–56.

Buck, J. T., 1993: Scheduling Dynamic Dataflow Graphs with Bounded Memory Using the Token Flow Model. Ph.d. thesis, University of California, Berkeley. Available from: http://ptolemy.eecs.berkeley.edu/publications/papers/93/jbuckThesis/.

Burns, A. and S. Baruah, 2008: Sustainability in real-time scheduling. Journal of Computing Science and Engineering, 2(1), 74–97.

Burns, A. and A. Wellings, 2001: Real–Time Systems and Programming Languages: Ada 95, Real–Time Java and Real–Time POSIX. Addison–Wesley, 3rd ed.

Buttazzo, G. C., 2005a: Hard Real–Time Computing Systems: Predictable Scheduling Algorithms and Applications. Springer, 2nd ed.

—, 2005b: Rate monotonic vs. EDF: judgment day. Real–Time Systems, 29(1), 5–26.

Cassandras, C. G., 1993: Discrete Event Systems, Modeling and Performance Analysis. Irwin.

Cataldo, A., E. A. Lee, X. Liu, E. Matsikoudis, and H. Zheng, 2006: A constructive fixedpoint theorem and the feedback semantics of timed systems. In Workshop on Discrete Event Systems (WODES), Ann Arbor, Michigan. Available from: http://ptolemy.eecs.berkeley.edu/publications/papers/06/constructive/.

Chapman, B., G. Jost, and R. van der Pas, 2007: Using OpenMP: Portable Shared Memory Parallel Programming. MIT Press.

Chetto, H., M. Silly, and T. Bouchentouf, 1990: Dynamic scheduling of real–time tasks under precedence constraints. Real–Time Systems, 2(3), 181–194.

Clarke, E. M. and E. A. Emerson, 1981: Design and synthesis of synchronization skeletons using branching–time temporal logic. In Logic of Programs, pp. 52–71.

Clarke, E. M., O. Grumberg, S. Jha, Y. Lu, and H. Veith, 2000: Counterexample–guided abstraction refinement. In 12th International Conference on Computer Aided Verification (CAV), Springer, vol. 1855 of Lecture Notes in Computer Science, pp. 154–169.

Clarke, E. M., O. Grumberg, and D. Peled, 1999: Model Checking. MIT Press.

Clarkson, M. R. and F. B. Schneider, 2010: Hyperproperties. Journal of Computer Security, 18(6), 1157–1210.

Coffman, E. G., Jr., M. J. Elphick, and A. Shoshani, 1971: System deadlocks. Computing Surveys, 3(2), 67–78.

Coffman, E. G., Jr. (Ed), 1976: Computer and Job Scheduling Theory. Wiley.

Conway, R. W., W. L. Maxwell, and L. W. Miller, 1967: Theory of Scheduling. Addison–Wesley.

Cousot, P. and R. Cousot, 1977: Abstract interpretation: A unified lattice model for static analysis of programs by construction or approximation of fixpoints. In Symposium on

Principles of Programming Languages (POPL), ACM Press, pp. 238–252.

Dennis, J. B., 1974: First version data flow procedure language. Tech. Rep. MAC TM61, MIT Laboratory for Computer Science.

Derenzo, S. E., 2003: Practical Interfacing in the Laboratory: Using a PC for Instrumentation, Data Analysis and Control. Cambridge University Press.

Diffie, W. and M. E. Hellman, 1976: New directions in cryptography. Information Theory, IEEE Transactions on, 22(6), 644–654.

Dijkstra, E. W., 1968: Go to statement considered harmful (letter to the editor). Communications of the ACM, 11(3), 147–148.

Eden, M. and M. Kagan, 1997: The Pentium ® processor with MMXTM technology. In IEEE International Conference (COMPCON), IEEE, San Jose, CA, USA, pp. 260–262.

Edwards, S. A., 2000: Languages for Digital Embedded Systems. Kluwer Academic Publishers.

Edwards, S. A. and E. A. Lee, 2003: The semantics and execution of a synchronous blockdiagram language. Science of Computer Programming, 48(1), 21–42.

Eidson, J. C., 2006: Measurement, Control, and Communication Using IEEE 1588. Springer.

Eidson, J. C., E. A. Lee, S. Matic, S. A. Seshia, and J. Zou, 2009: Time–centric models for designing embedded cyber–physical systems. Technical Report UCB/EECS-2009-135, EECS Department, University of California, Berkeley. Available from: http://www.eecs.berkeley.edu/Pubs/TechRpts/2009/EECS-2009-135.html.

Einstein, A., 1907: Uber das relativitatsprinzip und die aus demselben gezogene folgerungen. Jahrbuch der Radioaktivitat und Elektronik, 4, 411–462.

Emerson, E. A. and E. M. Clarke, 1980: Characterizing correctness properties of parallel programs using fixpoints. In Proc. 7th Intl. Colloquium on Automata, Languages and Programming (ICALP), Lecture Notes in Computer Science 85, pp. 169–181.

European Cooperation for Space Standardization, 2002: Space engineering – SpaceWire – links, nodes, routers, and networks (draft ECSS-E-50-12A). Available from: http://spacewire.esa.int/.

Ferguson, N., B. Schneier, and T. Kohno, 2010: Cryptography Engineering: Design Principles and Practical Applications. Wiley.

Fielding, R. T. and R. N. Taylor, 2002: Principled design of the modern web architecture. ACM Transactions on Internet Technology (TOIT), 2(2), 115–150.

Fishman, G. S., 2001: Discrete-Event Simulation: Modeling, Programming, and Analysis. Springer-Verlag.

Foo Kune, D., J. Backes, S. S. Clark, D. B. Kramer, M. R. Reynolds, K. Fu, Y. Kim, and W. Xu, 2013: Ghost talk: Mitigating EMI signal injection attacks against analog sensors. In Proceedings of the 34th Annual IEEE Symposium on Security and Privacy.

Fujimoto, R., 2000: Parallel and Distributed Simulation Systems. John Wiley and Sons.

Gajski, D. D., S. Abdi, A. Gerstlauer, and G. Schirner, 2009: Embedded System Design – Modeling, Synthesis, and Verification. Springer.

Galison, P., 2003: Einstein's Clocks, Poincar´e's Maps. W. W. Norton & Company, New York.

Galletly, J., 1996: Occam-2. University College London Press, 2nd ed.

Gamma, E., R. Helm, R. Johnson, and J. Vlissides, 1994: Design Patterns: Elements of Reusable Object-Oriented Software. Addison Wesley.

Geilen, M. and T. Basten, 2003: Requirements on the execution of Kahn process networks. In European Symposium on Programming Languages and Systems, Springer, LNCS, pp. 319–334.

Ghena, B., W. Beyer, A. Hillaker, J. Pevarnek, and J. A. Halderman, 2014: Green lights forever: analyzing the security of traffic infrastructure. In Proceedings of the 8th USENIX conference on Offensive Technologies, USENIX Association, pp. 7–7.

Ghosal, A., T. A. Henzinger, C. M. Kirsch, and M. A. Sanvido, 2004: Event-driven programming with logical execution times. In Seventh International Workshop on Hybrid Systems: Computation and Control (HSCC), Springer-Verlag, vol. LNCS 2993, pp. 357–371.

Goldstein, H., 1980: Classical Mechanics. Addison-Wesley, 2nd ed.

Goodrich, M. T. and R. Tamassia, 2011: Introduction to Computer Security. Addison Wesley.

Graham, R. L., 1969: Bounds on multiprocessing timing anomalies. SIAM Journal on Applied Mathematics, 17(2), 416–429.

Halbwachs, N., P. Caspi, P. Raymond, and D. Pilaud, 1991: The synchronous data flow programming language LUSTRE. Proceedings of the IEEE, 79(9), 1305–1319.

Halderman, J. A., S. D. Schoen, N. Heninger, W. Clarkson, W. Paul, J. A. Calandrino, A. J.

Feldman, J. Appelbaum, and E. W. Felten, 2009: Lest we remember: cold-boot attacks on encryption keys. Communications of the ACM, 52(5), 91–98.

Halperin, D., T. S. Heydt-Benjamin, B. Ransford, S. S. Clark, B. Defend,W. Morgan, K. Fu, T. Kohno, and W. H. Maisel, 2008: Pacemakers and implantable cardiac defibrillators: Software radio attacks and zero-power defenses. In Proceedings of the 29th Annual IEEE Symposium on Security and Privacy, pp. 129–142.

Hansson, H. and B. Jonsson, 1994: A logic for reasoning about time and reliability. Formal Aspects of Computing, 6, 512–535.

Harel, D., 1987: Statecharts: A visual formalism for complex systems. Science of Computer Programming, 8, 231–274.

Harel, D., H. Lachover, A. Naamad, A. Pnueli, M. Politi, R. Sherman, A. Shtull-Trauring, and M. Trakhtenbrot, 1990: STATEMATE: A working environment for the development of complex reactive systems. IEEE Transactions on Software Engineering, 16(4), 403–414.

Harel, D. and A. Pnueli, 1985: On the development of reactive systems. In Apt, K. R., ed., Logic and Models for Verification and Specification of Concurrent Systems, Springer-Verlag, vol. F13 of NATO ASI Series, pp. 477–498.

Harter, E. K., 1987: Response times in level structured systems. ACM Transactions on Computer Systems, 5(3), 232–248.

Hayes, B., 2007: Computing in a parallel universe. American Scientist, 95, 476–480.

Henzinger, T. A., B. Horowitz, and C. M. Kirsch, 2003: Giotto: A time-triggered language for embedded programming. Proceedings of IEEE, 91(1), 84–99.

Hoare, C. A. R., 1978: Communicating sequential processes. Communications of the ACM, 21(8), 666–677.

Hoffmann, G., D. G. Rajnarqan, S. L. Waslander, D. Dostal, J. S. Jang, and C. J. Tomlin, 2004: The Stanford testbed of autonomous rotorcraft for multi agent control (starmac). In Digital Avionics Systems Conference (DASC).

Holzmann, G. J., 2004: The SPIN Model Checker – Primer and Reference Manual.

Addison–Wesley, Boston.

Hopcroft, J. and J. Ullman, 1979: Introduction to Automata Theory, Languages, and Computation. Addison–Wesley, Reading, MA.

Hopcroft, J. E., R. Motwani, and J. D. Ullman, 2007: Introduction to Automata Theory, Languages, and Computation. Addison–Wesley, 3rd ed.

Horn, W., 1974: Some simple scheduling algorithms. Naval Research Logistics Quarterly, 21(1), 177 – 185.

Islam, M. S., M. Kuzu, and M. Kantarcioglu, 2012: Access pattern disclosure on searchable encryption: Ramification, attack and mitigation. In 19th Annual Network and Distributed System Security Symposium (NDSS).

Jackson, J. R., 1955: Scheduling a production line to minimize maximum tardiness. Management Science Research Project 43, University of California Los Angeles.

Jantsch, A., 2003: Modeling Embedded Systems and SoCs – Concurrency and Time in Models of Computation. Morgan Kaufmann.

Jensen, E. D., C. D. Locke, and H. Tokuda, 1985: A time–driven scheduling model for realtime operating systems. In Real–Time Systems Symposium (RTSS), IEEE, pp. 112–122.

Jin, X., A. Donz'e, J. Deshmukh, and S. A. Seshia, 2015: Mining requirements from closedloop control models. IEEE Transactions on Computer–Aided Design of Circuits and Systems, 34(11), 1704–1717.

Joseph, M. and P. Pandya, 1986: Finding response times in a real–time system. The Computer Journal (British Computer Society), 29(5), 390–395.

Kahn, A. B., 1962: Topological sorting of large networks. Communications of the ACM, 5(11), 558–562.

Kahn, G., 1974: The semantics of a simple language for parallel programming. In Proc. of the IFIP Congress 74, North–Holland Publishing Co., pp. 471–475.

Kahn, G. and D. B. MacQueen, 1977: Coroutines and networks of parallel processes. In Gilchrist, B., ed., Information Processing, North–Holland Publishing Co., pp. 993–998.

Kamal, R., 2008: Embedded Systems: Architecture, Programming, and Design. McGraw Hill.

Kamen, E. W., 1999: Industrial Controls and Manufacturing. Academic Press.

Klein, M. H., T. Ralya, B. Pollak, R. Obenza, and M. G. Harbour, 1993: A Practitioner's Guide for Real-Time Analysis. Kluwer Academic Publishers.

Kocher, P., J. Jaffe, and B. Jun, 1999: Differential power analysis. In Advances in CryptologyCRYPTO99, Springer, pp. 388–397.

Kocher, P. C., 1996: Timing attacks on implementations of diffie-hellman, rsa, dss, and other systems. In Advances in CryptologyCRYPTO96, Springer, pp. 104–113.

Kodosky, J., J. MacCrisken, and G. Rymar, 1991: Visual programming using structured data flow. In IEEE Workshop on Visual Languages, IEEE Computer Society Press, Kobe, Japan, pp. 34–39.

Kohler, W. H., 1975: A preliminary evaluation of the critical path method for scheduling tasks on multiprocessor systems. IEEE Transactions on Computers, 24(12), 1235–1238.

Koopman, P., 2010: Better Embedded System Software. Drumnadrochit Education. Available from: http://www.koopman.us/book.html.

Kopetz, H., 1997: Real-Time Systems : Design Principles for Distributed Embedded Applications. Springer.

Kopetz, H. and G. Bauer, 2003: The time-triggered architecture. Proceedings of the IEEE, 91(1), 112–126.

Kopetz, H. and G. Grunsteidl, 1994: TTP – a protocol for fault-tolerant real-time systems. Computer, 27(1), 14–23.

Koscher, K., A. Czeskis, F. Roesner, S. Patel, T. Kohno, S. Checkoway, D. McCoy, B. Kantor, D. Anderson, H. Shacham, et al., 2010: Experimental security analysis of a modern automobile. In IEEE Symposium on Security and Privacy (SP), IEEE, pp. 447–462.

Kremen, R., 2008: Operating inside a beating heart. Technology Review, October 21, 2008. Available from: http://www.technologyreview.com/biomedicine/21582/.

Kurshan, R., 1994: Automata-theoretic verification of coordinating processes. In Cohen, G. and J.-P. Quadrat, eds., 11th International Conference on Analysis and Optimization of Systems – Discrete Event Systems, Springer Berlin / Heidelberg, vol. 199 of Lecture Notes in Control and Information Sciences, pp. 16–28.

Lamport, L., 1977: Proving the correctness of multiprocess programs. IEEE Trans. Software Eng., 3(2), 125–143.

—, 1979: How to make a multiprocessor computer that correctly executes multiprocess programs. IEEE Transactions on Computers, 28(9), 690–691.

Landau, L. D. and E. M. Lifshitz, 1976: Mechanics. Pergamon Press, 3rd ed.

Lapsley, P., J. Bier, A. Shoham, and E. A. Lee, 1997: DSP Processor Fudamentals – Architectures and Features. IEEE Press, New York.

Lawler, E. L., 1973: Optimal scheduling of a single machine subject to precedence constraints. Management Science, 19(5), 544–546.

Le Guernic, P., T. Gauthier, M. Le Borgne, and C. Le Maire, 1991: Programming real–time applications with SIGNAL. Proceedings of the IEEE, 79(9), 1321 – 1336.

Lea, D., 1997: Concurrent Programming in Java: Design Principles and Patterns. Addison–Wesley, Reading MA.

—, 2005: The java.util.concurrent synchronizer framework. Science of Computer Programming, 58(3), 293–309.

Lee, E. A., 1999: Modeling concurrent real–time processes using discrete events. Annals of Software Engineering, 7, 25–45.

—, 2001: Soft walls – modifying flight control systems to limit the flight space of commercial aircraft. Technical Memorandum UCB/ERL M001/31, UC Berkeley. Available from: http://ptolemy.eecs.berkeley.edu/publications/papers/01/softwalls2/.

—, 2003: Soft walls: Frequently asked questions. Technical Memorandum UCB/ERL M03/31, UC Berkeley. Available from: http://ptolemy.eecs.berkeley.edu/papers/03/softwalls/.

—, 2006: The problem with threads. Computer, 39(5), 33–42.

—, 2009a: Computing needs time. Tech. Rep. UCB/EECS–2009–30, EECS Department, University of California, Berkeley. Available from: http://www.eecs.berkeley.edu/Pubs/TechRpts/2009/EECS–2009–30.html.

—, 2009b: Disciplined message passing. Technical Report UCB/EECS–2009–7, EECS Department, University of California, Berkeley. Available from: http://www.eecs.berkeley.edu/Pubs/TechRpts/2009/EECS–2009–7.html.

Lee, E. A. and S. Ha, 1989: Scheduling strategies for multiprocessor real–time DSP. In Global Telecommunications Conference (GLOBECOM), vol. 2, pp. 1279 –1283.

Lee, E. A., S. Matic, S. A. Seshia, and J. Zou, 2009: The case for timing–centric distributed software. In IEEE International Conference on Distributed Computing Systems

Workshops: Workshop on Cyber-Physical Systems, IEEE, Montreal, Canada, pp. 57–64. Available from: http://chess.eecs.berkeley.edu/pubs/607.html.

Lee, E. A. and E. Matsikoudis, 2009: The semantics of dataflow with firing. In Huet, G., G. Plotkin, J.-J. L'evy, and Y. Bertot, eds., From Semantics to Computer Science: Essays in memory of Gilles Kahn, Cambridge University Press. Available from: http://ptolemy.eecs.berkeley.edu/publications/papers/08/DataflowWithFiring/.

Lee, E. A. and D. G. Messerschmitt, 1987: Synchronous data flow. Proceedings of the IEEE, 75(9), 1235–1245.

Lee, E. A. and T. M. Parks, 1995: Dataflow process networks. Proceedings of the IEEE, 83(5), 773–801.

Lee, E. A. and S. Tripakis, 2010: Modal models in Ptolemy. In 3rd International Workshop on Equation-Based Object-Oriented Modeling Languages and Tools (EOOLT), Link¨oping University Electronic Press, Link¨oping University, Oslo, Norway, vol. 47, pp. 11–21. Available from: http://chess.eecs.berkeley.edu/pubs/700.html.

Lee, E. A. and P. Varaiya, 2003: Structure and Interpretation of Signals and Systems. Addison Wesley.

—, 2011: Structure and Interpretation of Signals and Systems. LeeVaraiya.org, 2nd ed. Available from: http://LeeVaraiya.org.

Lee, E. A. and H. Zheng, 2005: Operational semantics of hybrid systems. In Morari, M. and L. Thiele, eds., Hybrid Systems: Computation and Control (HSCC), Springer-Verlag, Zurich, Switzerland, vol. LNCS 3414, pp. 25–53.

—, 2007: Leveraging synchronous language principles for heterogeneous modeling and design of embedded systems. In EMSOFT, ACM, Salzburg, Austria, pp. 114 – 123.

Lee, I. and V. Gehlot, 1985: Language constructs for distributed real-time programming. In Proc. Real-Time Systems Symposium (RTSS), San Diego, CA, pp. 57–66.

Lee, R. B., 1996: Subword parallelism with MAX2. IEEE Micro, 16(4), 51–59.

Lemkin, M. and B. E. Boser, 1999: A three-axis micromachined accelerometer with a cmos position-sense interface and digital offset-trim electronics. IEEE J. of Solid-State Circuits, 34(4), 456–468.

Leung, J. Y.-T. and J. Whitehead, 1982: On the complexity of fixed priority scheduling of periodic real-time tasks. Performance Evaluation, 2(4), 237–250.

Li, X., Y. Liang, T. Mitra, and A. Roychoudhury, 2005: Chronos: A timing analyzer for embedded software. Technical report, National University of Singapore.

Li, Y.-T. S. and S. Malik, 1999: Performance Analysis of Real-Time Embedded Software. Kluwer Academic Publishers.

Lin, C.-W., Q. Zhu, C. Phung, and A. Sangiovanni-Vincentelli, 2013: Security-aware mapping for can-based real-time distributed automotive systems. In Computer-Aided Design (ICCAD), 2013 IEEE/ACM International Conference on, IEEE, pp. 115–121.

Liu, C. L. and J. W. Layland, 1973: Scheduling algorithms for multiprogramming in a hard real time environment. Journal of the ACM, 20(1), 46–61.

Liu, J. and E. A. Lee, 2003: Timed multitasking for real-time embedded software. IEEE Control Systems Magazine, 23(1), 65–75.

Liu, J. W. S., 2000: Real-Time Systems. Prentice-Hall.

Liu, X. and E. A. Lee, 2008: CPO semantics of timed interactive actor networks. Theoretical Computer Science, 409(1), 110–125.

Liu, X., E. Matsikoudis, and E. A. Lee, 2006: Modeling timed concurrent systems. In CONCUR 2006 – Concurrency Theory, Springer, Bonn, Germany, vol. LNCS 4137, pp. 1–15.

Luminary Micro ®, 2008a: Stellaris ® LM3S8962 evaluation board user's manual. Tech. rep., Luminary Micro, Inc. Available from: http://www.luminarymicro.com.

—, 2008b: Stellaris ® LM3S8962 microcontroller data sheet. Tech. rep., Luminary Micro, Inc. Available from: http://www.luminarymicro.com.

—, 2008c: Stellaris ® peripheral driver library – user's guide. Tech. rep., Luminary Micro, Inc. Available from: http://www.luminarymicro.com.

Maler, O., Z. Manna, and A. Pnueli, 1992: From timed to hybrid systems. In Real-Time: Theory and Practice, REX Workshop, Springer-Verlag, pp. 447–484.

Maler, O. and D. Nickovic, 2004: Monitoring temporal properties of continuous signals. In Proc. International Conference on Formal Modelling and Analysis of Timed Systems (FORMATS), Springer, vol. 3253 of Lecture Notes in Computer Science, pp. 152–166.

Malik, S. and L. Zhang, 2009: Boolean satisfiability: From theoretical hardness to practical success. Communications of the ACM, 52(8), 76–82.

Manna, Z. and A. Pnueli, 1992: The Temporal Logic of Reactive and Concurrent Systems.

Springer, Berlin.

—, 1993: Verifying hybrid systems. In Hybrid Systems, vol. LNCS 736, pp. 4–35.

Marion, J. B. and S. Thornton, 1995: Classical Dynamics of Systems and Particles. Thomson, 4th ed.

Marwedel, P., 2011: Embedded System Design – Embedded Systems Foundations of Cyber–Physical Systems. Springer, 2nd ed. Available from: http://springer.com/
978-94-007-0256-1.

McLean, J., 1992: Proving noninterference and functional correctness using traces. Journal of Computer security, 1(1), 37–57.

—, 1996: A general theory of composition for a class of possibilistic properties. Software Engineering, IEEE Transactions on, 22(1), 53–67.

Mealy, G. H., 1955: A method for synthesizing sequential circuits. Bell System Technical Journal, 34, 1045–1079.

Menezes, A. J., P. C. van Oorschot, and S. A. Vanstone, 1996: Handbook of Applied Cryptography. CRC Press.

Milner, R., 1980: A Calculus of Communicating Systems, vol. 92 of Lecture Notes in Computer Science. Springer.

Mishra, P. and N. D. Dutt, 2005: Functional Verification of Programmable Embedded Processors – A Top-down Approach. Springer.

Misra, J., 1986: Distributed discrete event simulation. ACM Computing Surveys, 18(1), 39–65.

Montgomery, P. L., 1985: Modular multiplication without trial division. Mathematics of Computation, 44(170), 519–521.

Moore, E. F., 1956: Gedanken-experiments on sequential machines. Annals of Mathematical Studies, 34(Automata Studies, C. E. Shannon and J. McCarthy (Eds.)), 129–153.

Murata, T., 1989: Petri nets: Properties, analysis and applications. Proceedings of IEEE, 77(4), 541–580.

Nemer, F., H. Cass, P. Sainrat, J.-P. Bahsoun, and M. D. Michiel, 2006: Papabench: A free real-time benchmark. In 6th Intl. Workshop on Worst-Case Execution Time (WCET) Analysis.   Available   from:

http://www.irit.fr/recherches/ARCHI/MARCH/rubrique.php3?id rubrique=97.

Noergaard, T., 2005: Embedded Systems Architecture: A Comprehensive Guide for Engineers and Programmers. Elsevier.

Oshana, R., 2006: DSP Software Development Techniques for Embedded and Real-Time Systems. Embedded Technology Series, Elsevier.

Ousterhout, J. K., 1996: Why threads are a bad idea (for most purposes) (invited presentation). In Usenix Annual Technical Conference.

Paar, C. and J. Pelzl, 2009: Understanding cryptography: a textbook for students and practitioners. Springer Science & Business Media.

Papadimitriou, C., 1994: Computational Complexity. Addison-Wesley.

Parab, J. S., V. G. Shelake, R. K. Kamat, and G. M. Naik, 2007: Exploring C for Microcontrollers. Springer.

Parks, T. M., 1995: Bounded scheduling of process networks. Ph.D. Thesis Tech. Report UCB/ERL M95/105, UC Berkeley. Available from: http://ptolemy.eecs.berkeley.edu/papers/95/parksThesis.

Patterson, D. A. and D. R. Ditzel, 1980: The case for the reduced instruction set computer. ACM SIGARCH Computer Architecture News, 8(6), 25–33.

Patterson, D. A. and J. L. Hennessy, 1996: Computer Architecture: A Quantitative Approach. Morgan Kaufmann, 2nd ed.

Perrig, A., J. Stankovic, and D. Wagner, 2004: Security in wireless sensor networks. Communications of the ACM, 47(6), 53–57.

Perrig, A., R. Szewczyk, J. D. Tygar, V. Wen, and D. E. Culler, 2002: SPINS: Security protocols for sensor networks. Wireless networks, 8(5), 521–534.

Perrig, A. and J. D. Tygar, 2012: Secure Broadcast Communication in Wired and Wireless Networks. Springer Science & Business Media.

Plotkin, G., 1981: A Structural Approach to Operational Semantics.

Pnueli, A., 1977: The temporal logic of programs. In 18th Annual Symposium on Foundations of Computer Science (FOCS), pp. 46–57.

Pottie, G. and W. Kaiser, 2005: Principles of Embedded Networked Systems Design. Cambridge University Press.

Price, H. and R. Corry, eds., 2007: Causation, Physics, and the Constitution of Reality.

Clarendon Press, Oxford.

Queille, J.-P. and J. Sifakis, 1981: Iterative methods for the analysis of Petri nets. In Selected Papers from the First and the Second European Workshop on Application and Theory of Petri Nets, pp. 161–167.

Ravindran, B., J. Anderson, and E. D. Jensen, 2007: On distributed real-time scheduling in networked embedded systems in the presence of crash failures. In IFIFP Workshop on Software Technologies for Future Embedded and Ubiquitous Systems (SEUS), IEEE ISORC.

Rice, J., 2008: Heart surgeons as video gamers. Technology Review, June 10, 2008. Available from: http://www.technologyreview.com/biomedicine/20873/.

Rivest, R. L., A. Shamir, and L. Adleman, 1978: A method for obtaining digital signatures and public-key cryptosystems. Communications of the ACM, 21(2), 120–126.

Roscoe, A. W., 1995: Csp and determinism in security modelling. In Security and Privacy, 1995. Proceedings., 1995 IEEE Symposium on, IEEE, pp. 114–127.

Sander, I. and A. Jantsch, 2004: System modeling and transformational design refinement in forsyde. IEEE Transactions on Computer-Aided Design of Circuits and Systems, 23(1), 17–32.

Schaumont, P. R., 2010: A Practical Introduction to Hardware/Software Codesign. Springer. Available from: http://www.springerlink.com/content/978-1-4419-5999-7.

Scott, D. and C. Strachey, 1971: Toward a mathematical semantics for computer languages. In Symposium on Computers and Automata, Polytechnic Institute of Brooklyn, pp. 19–46.

Seshia, S. A., 2015: Combining induction, deduction, and structure for verification and synthesis. Proceedings of the IEEE, 103(11), 2036–2051.

Seshia, S. A. and A. Rakhlin, 2008: Game-theoretic timing analysis. In Proc. IEEE/ACM International Conference on Computer-Aided Design (ICCAD), pp. 575–582.

—, 2012: Quantitative analysis of systems using game-theoretic learning. ACM Transactions on Embedded Computing Systems (TECS), 11(S2), 55:1–55:27.

Sha, L., T. Abdelzaher, K.-E. A°rze´n, A. Cervin, T. Baker, A. Burns, G. Buttazzo, M. Caccamo, J. Lehoczky, and A. K. Mok, 2004: Real time scheduling theory: A historical perspective. Real-Time Systems, 28(2), 101–155.

Sha, L., R. Rajkumar, and J. P. Hehoczky, 1990: Priority inheritance protocols: An approach to real-time synchronization. IEEE Transactions on Computers, 39(9), 1175–1185.

Shoukry, Y., M. Chong, M. Wakiaki, P. Nuzzo, A. Sangiovanni-Vincentelli, S. A. Seshia, J. P. Hespanha, and P. Tabuada, 2016: SMT-based observer design for cyber physical systems under sensor attacks. In Proceedings of the International Conference on Cyber-Physical Systems (ICCPS).

Shoukry, Y., P. D. Martin, P. Tabuada, and M. B. Srivastava, 2013: Non-invasive spoofing attacks for anti-lock braking systems. In 15th International Workshop on Cryptographic Hardware and Embedded Systems (CHES), pp. 55–72.

Shoukry, Y., P. Nuzzo, A. Puggelli, A. L. Sangiovanni-Vincentelli, S. A. Seshia, and P. Tabuada, 2015: Secure state estimation under sensor attacks: A satisfiability modulo theory approach. In Proceedings of the American Control Conference (ACC).

Simon, D. E., 2006: An Embedded Software Primer. Addison-Wesley.

Sipser, M., 2005: Introduction to the Theory of Computation. Course Technology (Thomson), 2nd ed.

Smith, S. and J. Marchesini, 2007: The Craft of System Security. Addison-Wesley.

Sriram, S. and S. S. Bhattacharyya, 2009: Embedded Multiprocessors: Scheduling and Synchronization. CRC press, 2nd ed.

Stankovic, J. A., I. Lee, A. Mok, and R. Rajkumar, 2005: Opportunities and obligations for physical computing systems. Computer, 23–31.

Stankovic, J. A. and K. Ramamritham, 1987: The design of the Spring kernel. In Real-Time Systems Symposium (RTSS), IEEE, pp. 146–157.

—, 1988: Tutorial on Hard Real-Time Systems. IEEE Computer Society Press.

Sutter, H. and J. Larus, 2005: Software and the concurrency revolution. ACM Queue, 3(7), 54–62.

Terauchi, T. and A. Aiken, 2005: Secure information flow as a safety problem. In In Proc. of Static Analysis Symposium (SAS), pp. 352–367.

Tiwari, V., S. Malik, and A. Wolfe, 1994: Power analysis of embedded software: a first step towards software power minimization. IEEE Transactions on VLSI, 2(4), 437–445.

Tremblay, M., J. M. O'Connor, V. Narayannan, and H. Liang, 1996: VIS speeds new media processing. IEEE Micro, 16(4), 10–20.

Tromer, E., D. A. Osvik, and A. Shamir, 2010: Efficient cache attacks on aes, and countermeasures. Journal of Cryptology, 23(1), 37–71.

Turing, A. M., 1936: On computable numbers with an application to the entscheidungsproblem. Proceedings of the London Mathematical Society, 42, 230–265.

Vahid, F. and T. Givargis, 2010: Programming Embedded Systems – An Introduction to Time-Oriented Programming. UniWorld Publishing, 2nd ed. Available from: http://www.programmingembeddedsystems.com/.

Valvano, J. W., 2007: Embedded Microcomputer Systems – Real Time Interfacing. Thomson, 2nd ed.

Vardi, M. Y. and P. Wolper, 1986: Automata-theoretic techniques for modal logics of programs. Journal of Computer and System Sciences, 32(2), 183–221.

von der Beeck, M., 1994: A comparison of Statecharts variants. In Langmaack, H., W. P. de Roever, and J. Vytopil, eds., Third International Symposium on Formal Techniques in Real-Time and Fault-Tolerant Systems, Springer-Verlag, L¨ubeck, Germany, vol. 863 of Lecture Notes in Computer Science, pp. 128–148.

Wang, Y., S. Lafortune, T. Kelly, M. Kudlur, and S. Mahlke, 2009: The theory of deadlock avoidance via discrete control. In Principles of Programming Languages (POPL), ACM SIGPLAN Notices, Savannah, Georgia, USA, vol. 44, pp. 252–263.

Wasicek, A., C. E. Salloum, and H. Kopetz, 2011: Authentication in time-triggered systems using time-delayed release of keys. In 14th IEEE International Symposium on Object/Component/Service-Oriented Real-Time Distributed Computing (ISORC), pp. 31–39.

Wiener, N., 1948: Cybernetics: Or Control and Communication in the Animal and the Machine. Librairie Hermann & Cie, Paris, and MIT Press,Cambridge, MA.

Wilhelm, R., 2005: Determining Bounds on Execution Times. In Zurawski, R., ed., Handbook on Embedded Systems, CRC Press.

Wilhelm, R., J. Engblom, A. Ermedahl, N. Holsti, S. Thesing, D. Whalley, G. Bernat, C. Ferdinand, R. Heckmann, T. Mitra, F. Mueller, I. Puaut, P. Puschner, J. Staschulat, and P. Stenstr, 2008: The worst-case execution-time problem – overview of methods and survey of tools. ACMTransactions on Embedded Computing Systems (TECS), 7(3), 1–53.

Wolf, W., 2000: Computers as Components: Principles of Embedded Computer Systems

Design. Morgan Kaufman.

Wolfe, V., S. Davidson, and I. Lee, 1993: RTC: Language support for real-time concurrency. Real-Time Systems, 5(1), 63–87.

Wolper, P., M. Y. Vardi, and A. P. Sistla, 1983: Reasoning about infinite computation paths. In 24th Annual Symposium on Foundations of Computer Science (FOCS), pp. 185–194.

Young, W., W. Boebert, and R. Kain, 1985: Proving a computer system secure. Scientific Honeyweller, 6(2), 18–27.

Zeigler, B., 1976: Theory of Modeling and Simulation. Wiley Interscience, New York.

Zeigler, B. P., H. Praehofer, and T. G. Kim, 2000: Theory of Modeling and Simulation. Academic Press, 2nd ed.

Zhao, Y., E. A. Lee, and J. Liu, 2007: A programming model for time-synchronized distributed real-time systems. In Real-Time and Embedded Technology and Applications Symposium (RTAS), IEEE, Bellevue, WA, USA, pp. 259 – 268.

Zhuang, L., F. Zhou, and J. D. Tygar, 2009: Keyboard acoustic emanations revisited. ACM Transactions on Information and System Security (TISSEC), 13(1), 3.

| 찾아보기 |

사이버 물리 시스템을 이용한 임베디드 시스템 2/e

발 행 | 2021년 6월 29일

지은이 | 애드워드 애쉬포드 리 · 산지트 센시아
옮긴이 | 정병혁 · 이일영

펴낸이 | 권 성 준
편집장 | 황 영 주
편 집 | 조 유 나
디자인 | 윤 서 빈

에이콘출판주식회사
서울특별시 양천구 국회대로 287 (목동)
전화 02-2653-7600, 팩스 02-2653-0433
www.acornpub.co.kr / editor@acornpub.co.kr

한국어판 ⓒ 에이콘출판주식회사, 2021, Printed in Korea.
ISBN 979-11-6175-540-3
http://www.acornpub.co.kr/book/embedded-systems

책값은 뒤표지에 있습니다.